Die Highlights

2 **SEMINYAK** Der beste Platz, um in Seminyak den Sonnenuntergang zu genießen, sind die Sitzkissen der bunten Strandbars. Bei einem eisgekühlten Cocktail kommt hier garantiert Urlaubsstimmung auf. S. 175

3 PURA LUHUR ULUWATU
In atemberaubender Lage direkt auf den Klippen oberhalb der tosenden Brandung thront der Tempel, der zu den wichtigsten Heiligtümern der Insel zählt. S. 195

4 TANZAUFFÜHRUNGEN IN UBUD Der Besuch einer der vielfältigen Tanzaufführungen im kulturellen Zentrum Balis ist der beste Einstieg in die einmalige Kultur der Insel. S. 206

5 ESSEN IN UBUD Ein Paradies für jeden Feinschmecker: Ob balinesisches Spanferkel, Rippchen nach US-Art, hauchdünne Crêpes oder laotisch-kreolische Kreationen, schon zum Mittagessen bietet sich eine überwältigende Vielfalt. S. 214

DIE HIGHLIGHTS

6 AFFENWALD VON SANGEH
Der magisch anmutende Wald beherbergt nicht nur einen Tempel, sondern auch Hundertschaften frecher Affen. S. 225

7 GUNUNG KAWI Spektakulär in den Fels geschlagene hinduistische Monumente, Einsiedlerhöhlen und kunstvolle Reisterrassen säumen die steile Schlucht des Pakrisan-Flusses. S. 237

8 PURA TIRTA EMPUL
Die Tempelanlage rund um die sagenumwobenen heiligen Quellen ist ein beliebter Wallfahrtsort. Täglich pilgern viele Gläubige für ein heilsames Bad hierher, denn das Wasser soll magische Kräfte besitzen. S. 238

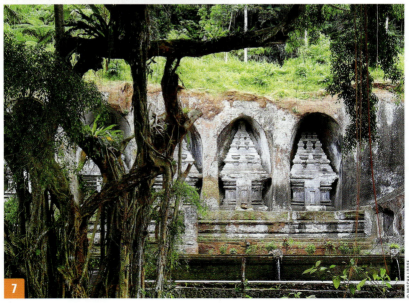

6 DIE HIGHLIGHTS

DIE HIGHLIGHTS

9 TANAH LOT Der meerumtoste Tempel ist der am eindrucksvollsten gelegene der Insel. Er besitzt für die Balinesen eine besondere spirituelle Bedeutung. S. 246

10 DIE HIGHLIGHTS

10 **JATILUWIH** Die größten Reisterrassenanlagen der Insel laden zu einem Spaziergang am Hang des Gunung Batukaru ein. S. 253

11 **NEGARA** Beim Wasserbüffelrennen donnern die sonst so schwerfälligen Tiere mit verblüffender Geschwindigkeit über die Rennstrecke. S. 261

12 **SEKUMPUL UND GITGIT** Die schönsten Wasserfälle Balis finden sich im Norden. Beide stürzen aus großer Höhe in dicht bewachsene Dschungelschluchten – ein beeindruckendes Naturschauspiel. S. 283

DIE HIGHLIGHTS   11

13 PURA ULUN DANU BRATAN Malerisch direkt an einem Bergsee gelegen, zählt die Tempelanlage zu den schönsten der Insel. S. 283

DIE HIGHLIGHTS

14 **BEDUGUL** Ein Besuch des gepflegten Botanischen Gartens gleicht einer Fahrt durch einen saftig grünen Märchenwald. Der ideale Ort für ein Picknick. S. 284

15 **NUSA-INSELN** Die Unterwasserwelt mit ihren Korallengärten, Hochseefischen und Steilwänden ist ein Paradies für Taucher. Beim Strömungstauchen lassen sich Mantarochen und manchmal sogar die urzeitlichen Mondfische entdecken. S. 312

16 **DIE GILIS** Die drei kleinen, flachen Inseln vor der Küste von Lombok laden zum Faulenzen, Sonnenbaden und Feiern ein. Taucher und Schnorchler können oft Meeresschildkröten erspähen. S. 392

DIE HIGHLIGHTS **15**

17 **GUNUNG RINJANI** Die Besteigung von Indonesiens zweithöchstem Vulkan ist ein anstrengendes, aber sehr lohnenswertes Abenteuer. S. 403

Inhalt

Highlights 2
Reiseziele und Routen 21
Klima und Reisezeit 30
Reisekosten 31

Traveltipps von A bis Z 33

Anreise 34
Botschaften und Konsulate 37
Einkaufen 38
Elektrizität 40
Essen und Trinken 40
Fair reisen 46
Feste und Feiertage 47
Fotografieren 48
Frauen unterwegs 49
Geld 49
Gepäck 51
Gesundheit 52
Informationen 56
Internet und E-Mail 57
Kinder 58
Medien 59
Post 59
Reisende mit Behinderung 60
Sicherheit 61
Sport und Aktivitäten 62
Telefon 67
Transport 69
Übernachtung 73
Unterhaltung 74
Verhaltenstipps 74
Versicherungen 76
Visa 77

Weiterreise 79
Zeit und Kalender 80
Zoll 80

Land und Leute 81

Land und Geografie 82
Flora und Fauna 83
Umwelt und Naturschutz 85
Bevölkerung 87
Geschichte 94
Regierung und Politik 111
Wirtschaft 112
Religion 112
Kunst und Kultur 118

Süd-Bali 143

Denpasar 145
Kuta 151
Legian 164
Seminyak 168
Surfstrände nördlich von Seminyak 178
Sanur 180
Serangan 189
Benoa Harbour 190

INHALT **17**

Jimbaran	190
Nusa Dua	192
Tanjung Benoa	193
Uluwatu	195
Surfstrände auf der Bukit-Halbinsel	196

Zentral-Bali 199

Ubud	201
Westlich von Ubud	225
Südlich von Ubud	230
Östlich von Ubud	233
Nördlich von Ubud	236
Gianyar und Umgebung	240
Bangli und Umgebung	241

West-Bali 243

Tanah Lot und Umgebung	246
Tabanan	248
Umgebung von Tabanan	248
Jatiluwih	253
Batukaru	254
Jembrana-Küste	256
Negara und Umgebung	260
Gilimanuk	262
Bali Barat-Nationalpark	263
Pemuteran	265

Nord-Bali 269

Singaraja	271
Lovina	274
Umgebung von Lovina	279
Bratan-Massiv	280
Munduk und Umgebung	286
Batur-Massiv	287
Von Singaraja nach Osten	293

Ost-Bali 297

Semarapura (Klungkung)	298
Umgebung von Semarapura	302
Besakih	303
Gunung Agung	306
Südlich des Gunung Agung	306
Sidemen	307
Nusa Penida	310
Nusa Lembongan	314
Goa Lawah	320
Padang Bai	321
Candi Dasa	326
Tenganan	331
Amlapura (Karangasem)	333
Umgebung von Amlapura	335
Gunung Seraya	337
Amed und Umgebung	339
Tulamben	345

Lombok 347

Lembar	352
Batugendeng-Halbinsel	353
Kuta Lombok und Umgebung	357
Von Kuta Lombok nach Selong Blanak	362
Von Kuta Lombok nach Ekas	362
Praya und der Flughafen	363
Sukarara	364
Tetebatu und Umgebung	365
Mataram	367
Östlich von Mataram	373
Senggigi	375
Bangsal und Umgebung	382
Gili Trawangan	383
Gili Meno	395
Gili Air	399
Gunung Rinjani	403
Labuhan Lombok und Umgebung	410

Anhang 411

Sprachführer	412
Glossar	420
Reisemedizin zum Nachschlagen	422
Bücher	428
Filme	430
Index	431
Danksagung	440
Bildnachweis	442
Impressum	443
Kartenverzeichnis	444

Reiseatlas 445

INHALT **19**

Themen

Weniger fliegen – länger bleiben! Reisen und Klimawandel	35
Bali-Wein	44
All Safe in Paradise – Zur Gefahr eines Terroranschlags auf Bali	63
Tsunami-Gefahr auf Bali	64
Tauchreviere vor Bali und Lombok	66
Spas: Tempel der Erholung und Ruhe	67
Verkehrsregeln auf Bali	72
Balinesische Hunde	84
Die heiligen Banyan-Bäume	85
Tierschutz auf Bali	86
Frauen auf Bali	88
Lontar-Schriften	89
Warum es so viele Wayans und Ketuts gibt	92
Der Hahnenkampf	94
Eine Million Opfer ohne Anerkennung	104
Bali vor über 35 Jahren	109
Terrorismus	110
Das indonesische Staatswappen	111
Der Kris (Keris)	132
Tänze für Touristen	136
Die Rolle des Clowns	140
Das Ramayana	141
Eat, Pray, Love auf Bali	202
Wie die Künstler nach Ubud kamen	203
Die 13 wichtigsten Bühnen Ubuds und ihr Programm	206
Legong-Tanzunterricht	207
Ratna Banten	234
Balinesisches Dorfleben und Geschichte hautnah erleben	235

Der „Mond von Pejeng"	235
Die Reiher von Petulu	236
Der Petanu-Fluss und Pura Tirta Empul	239
Batik und Endek	240
Naturkräfte bedrohen Tanah Lot	246
Die Versöhnung: Tabanan und Buleleng	255
Die Wasserbüffelrennen von Negara	261
Tauchreviere bei Pulau Menjangan	264
Das Biorock-Projekt	265
Touren in Nord-Bali	282
Die Legende vom Batur-See	288
Bergsteigen am Batur-Massiv	290
Der Hof von Gelgel	300
Meersalzgewinnung	302
Eka Dasa Rudra	304
Tauchen vor den Nusa-Inseln	312
Die Algenfarmer	316
Die Unterweltschlangen	320
Korallenabbau	326
Wie die Bali Aga zu ihren Ländereien kamen	331
Traditionen der Bali Aga	332
Gebug-Kampfspiele	333
Das Königreich von Karangasem	333
Charlie und die Schokoladenfabrik	336
Auf die Pauke gehauen	352
El Dorado im Wilden Westen	353
Zwei Jahre für eine Perle	354
Das grüne Gewissen der Gilis	386
Tauchen vor den Gilis	392

Reiseziele und Routen

Reiseziele

Die tropischen Sonneninseln Bali und Lombok haben alles zu bieten, was das Touristenherz höherschlagen lässt: abwechslungsreiche und spektakuläre Naturlandschaften, eine weltweit einzigartige, lebendige Kultur und lange Sandstrände, an denen man atemberaubende Sonnenuntergänge erleben kann. Intakte, bunte Korallenriffe und Surfgebiete von Weltklasse, kunstvoll an die Berghänge gebaute Reisterrassen und riesige Vulkane. Exzellente Restaurants, Partymeilen und Shoppingoasen. Beeindruckendes klassisches Kunsthandwerk, moderne und traditionelle Malerei und die höchste Tempeldichte der Welt mit spektakulären, reich verzierten Bauten. Dies sind nur einige der Gründe, warum jedes Jahr Millionen von Touristen ihren Urlaub auf diesen vielseitigen Inseln verbringen.

Bali und Lombok sind zudem von ihrer Größe her überschaubar, besonders auf Bali ist es dank der guten Infrastruktur problemlos möglich, jeden Winkel der Insel innerhalb weniger Stunden zu erreichen. Ein bisschen Luxus kann sich hier jeder leisten, denn die komfortablen Resorts und Spa-Angebote sind, verglichen mit europäischen Preisen, günstig und laden mit wunderschönen Anlagen zum Entspannen ein.

Wer die balinesische Kultur entdecken möchte, muss nur vor die Tür treten. Auf den schmalen Straßen liegen unzählige kleine Opfergaben für die Dämonen bereit, in erhöhter Position finden sich auch solche für die Götter. Tausende Tempel in mannigfaltigen Formen warten darauf, erkundet zu werden. Nicht nur die einheimische Baukunst, sondern auch detailgenaue Reliefarbeiten mit einer Fülle von Motiven und die vielen traditionellen Tänze bringen Besucher zum Staunen. Bei einer Fahrt über die Insel wird man nicht selten festlichen Prozessionen begegnen und auf aufwendig geschmückte Tempelanlagen stoßen, denn dank des komplexen religiösen Lebens gibt es jeden Tag etwas zu feiern. Religion und Alltagsleben sind unmittelbar miteinander verbunden, weshalb die balinesische Kultur noch überall gelebt und gepflegt wird und auch für Touristen tagtäglich erlebbar ist.

Kunstvoll bemalte Reisbauernhüte sind ein beliebtes Souvenir.

Der Natur auf der Spur

Egal, ob sich Besucher für Wasserschildkröten oder seltene Vogelarten interessieren, gern wandern oder lieber unter einem *Banyan*-Baum sitzen, um dort wie einst Buddha die Erleuchtung zu finden – Bali und Lombok bieten für jeden etwas: von Palmen, Farn- und Gebirgswäldern bis hin zu kargen Vulkanlandschaften, von den grünen Reisterrassen bis hin zu steilen Klippen.

Für Bergsteiger sind der **Gunung Batur** (S. 287) im Norden von Bali, der **Gunung Agung** (S. 306) im Osten und der **Gunung Rinjani** (S. 403) auf Lombok am besten geeignet. Trekking ist zudem rund um die Orte **Sidemen** (S. 307), **Tirtagangga** (S. 335) und **Munduk** (S. 286) möglich.

Die entspannendste Möglichkeit, die Natur zu genießen, bietet der **Botanische Garten** (S. 284) von Bedugul in Nord-Bali. Im Nordteil der Insel versteckt sich in einer tiefen Dschungelschlucht auch der **Gitgit-Wasserfall** (S. 283), der höchste Wasserfall der Insel, und nicht weit entfernt der **Sekumpul-Wasserfall** (S. 283), der schönste. Vor der Nordküste bei **Lovina** (S. 274) lassen sich zum Sonnenaufgang Delphine beobachten.

Die trockensten Gegenden erstrecken sich entlang der gesamten Nordküste, vom ausgedehnten **Bali-Barat-Nationalpark** (S. 263) bis in den äußersten Osten der Insel zum Gunung Seraya. Auf der dem Nationalpark vorgelagerten Insel Menjangan kommen Taucher voll auf ihre Kosten. Der Nationalpark bietet Vogelkundlern die Möglichkeit, besonders seltene Arten zu beobachten. Auch die gesamte Insel **Nusa Penida** (S. 310) ist zu einem Vogelreservat erklärt worden.

Wer ein Faible für Affen hat, kann sich in Zentral-Bali rund um den Tempel von **Sangeh** (S. 225) oder im Monkey Forest in **Ubud** (S. 207) mit frechen Makaken auseinandersetzen. Imposante Wasserbüffel, die regelmäßig in Rennen gegeneinander antreten, gibt es in **Negara** (West-Bali, S. 260) zu bestaunen.

Balinesische Kunst und Kultur

Kaum jemand wird Bali und Lombok verlassen, ohne einen bleibenden Eindruck von der Kultur und den Traditionen der Menschen bekom-

Der Barong Ket ist ein menschenfreundliches, löwenartiges Fabeltier, das im Kampf gegen das Böse antritt.

men zu haben. Für die Balinesen ist Religion ein allseits präsenter Bestandteil des Alltags. Die prächtigen Tempel werden gehegt und gepflegt, täglich gibt es aufwendige religiöse Feste und große Umzüge, und die omnipräsenten Opfergaben, die auf den Straßen liegen, bezeugen die einmaligen hinduistischen Traditionen der Balinesen im kleinen. Die Bewohner von Lombok sind größtenteils Moslems, pflegen in den alten Traditionen ihrer *Wetu-Telu*-Mischreligion jedoch auch animistische Riten.

Im direkten Kontakt mit den einheimischen Lebensweisen werden Reisenden viele Fragen in den Sinn kommen: Warum sehen die balinesischen Masken oft so böse aus? Warum wird beim Theater immer wieder die Geschichte des *Ramayana* aufgeführt? Welche Bedeutung haben all die Tänze? Warum liegen Opfergaben vor jedem Haus und an jeder Kreuzung?

Die besten Antworten auf diese und viele weitere Fragen gibt es in **Ubud** (S. 201). Die vielseitigen Tanzaufführungen, Schattenspiele, Musikdarbietungen, kulturellen Workshops und Manufakturen für Kunsthandwerk beweisen vor allem eines: Religion und Kunst sind auf der Insel Bali fest in den Alltag eingebunden und untrennbar miteinander verwoben.

Über die ganze Insel sind Tausende von **Tempeln** verstreut. Viele sind schlicht gestaltet, verwandeln sich aber zu ihrem Jahrestag, dem **Odalan-Fest** (S. 118), in wahre Prachtstücke. Dann schmücken die Frauen des Dorfes die Tempelmauern mit aufwendig gearbeiteten Blumengestecken und bunten Tüchern. Andere Tempel wie der Muttertempel **Besakih** (S. 303) sind jederzeit beeindruckend und ziehen Scharen von Touristen an, die die detailreichen Reliefs in den Mauern bewundern. Im Südwesten der Insel zeigt der **Pura Tanah Lot** (S. 246), wie ein Tempel mit seiner natürlichen Umgebung verschmelzen kann. Auf einem Felsen thronend und von Wasser umtost, bringt er selbst Balinesen zum Staunen. Auch die Heiligtümer des **Pura Ulun Danu Bratan** (S. 283) in Nord-Bali, **Pura Luhur Uluwatu** (S. 195) in Süd-Bali sowie **Gunung Kawi** (S. 237) und die Quellen von **Pura Tirta Empul** (S. 238) in Zentral-Bali beeindrucken durch ein atemberaubendes Zusammenspiel mit der Natur.

Organisierte Touren

Unzählige Reisebüros, Hotels, Res
Tauchschulen bieten Touren mit en
deutschsprachigen Führern an. Be   en
organisierten Touren stellen sich die Guides voll auf ihre Reisegruppe ein und Teilnehmer haben die Chance, an Tempeln ein bisschen länger zu verweilen. Zu spontanen Stopps und Abstechern können der Guide und die anderen Teilnehmer dagegen wohl kaum überredet werden.

Individuelle Touren stellt das Reisebüro **Rasa Sayang** im Swiss Restaurant in Legian (S. 167) zusammen. Wer Bali auf eigene Faust erkunden will, kann sich bei der Organisation des Mietwagens und der Zusammenstellung der Route helfen lassen und erhält außerdem wertvolle Tipps und Ratschläge. ✆ 0361-762345, ✉ rasa-sayang@gmx.net. Weitere Tourenvorschläge unter 🖥 bali-swiss.weebly.com/bali-auf-eigene-faust.html.

Eine Übersicht über die wichtigsten Tempel auf Bali findet sich auf S. 128.

Kunstinteressierten ermöglichen die **Museen von Ubud** (S. 202) und das **Bali Museum** (S. 146) in Denpasar Einblicke in das Schaffen balinesischer und auf der Insel beheimateter Künstler. In zahlreichen Dörfern rings um Ubud werden noch auf traditionelle Weise verschiedene künstlerische Handwerke verfolgt. So ist **Celuk** (S. 231) für seine Schmiede, **Batubulan** (S. 233) für seine Bildhauer und **Mas** (S. 230) für seine Holzschnitzer bekannt.

Strände für Wassersportler und Sonnenanbeter

Die Inseln Bali und Lombok genießen unter Wassersportlern einen Ruf als erstklassige Surf- und Tauchparadiese. Sowohl Surf-Anfänger als auch Profis finden Wellen in der richtigen Schwierigkeitsstufe, und die Korallenriffe rund um die Inseln beheimaten unzählige bunte Meeresbewohner. Schöne Badestrände gibt es

Bali und Lombok sind ein Paradies für mutige Wellenreiter.

auch, viele mit weißem, andere mit schwarzem Sand oder Steinen.

Die Gewässer vieler Strände sind jedoch für Surfer reserviert: Vielerorts wäre Schwimmen einfach zu gefährlich, da die oftmals von Touristen unterschätzte Strömung zu stark ist. Wo die Strömung es zulässt, ist Schwimmen natürlich erlaubt – auch an sogenannten Surfstränden.

Die anspruchsvollsten Wellen finden Surfer auf der trockenen **Bukit-Halbinsel** (S. 196) im äußersten Süden und an der **Jembrana-Küste** (S. 256) in West-Bali. Wer kein Profi ist, sollte lieber am Strand von **Kuta** (S. 151) üben, denn die messerscharfen Korallen der Profistrände können sehr schmerzhaft sein, im Extremfall sogar lebensgefährlich.

Die Riffe vor **Amed** (S. 339) und **Tulamben** (S. 345) in Ost-Bali eignen sich hervorragend zum Schnorcheln und Tauchen. Absolute Highlights sind die Korallenriffe von **Nusa Penida** (S. 310), **Pulau Menjangan** (S. 264) sowie der **Gilis** (S. 383) vor Lombok.

Wer einfach nur in der Sonne liegen und ab und zu ins Wasser springen möchte, ist in **Kuta** (S. 151), **Legian** (S. 164), **Seminyak** (S. 168), **Sanur** (S. 180) oder **Nusa Dua** (S. 192) am besten aufgehoben. Nach einem entspannten Strandtag ruft besonders in Kuta und Seminyak das quirlige Nachtleben.

Reiserouten

Auf Bali kann man problemlos einen ganzen Monat mit abwechslungsreichen Aktivitäten füllen. Es spricht natürlich nichts dagegen, sich während der Reise vorwiegend an einem Ort aufzuhalten und voll und ganz in den lokalen Alltag einzutauchen. Die gut entwickelte Infrastruktur erleichtert es Touristen jedoch, jeden Winkel der Insel zu erforschen und dabei immer wieder Neues und Spannendes zu entdecken.

Schon allein die Strände bieten neben dem Sonnenbaden eine Vielzahl von Aktivitäten: Surfen, Schnorcheln, Tauchen, Kitesurfing und vieles mehr. Doch auch wasserscheue Besucher kommen voll auf ihre Kosten. Die ausgesuchten

Routenvorschläge ermöglichen es, von allem etwas mitzunehmen: das quirlige Süd-Bali mit seinem ausgeprägten Nachtleben, Natur und Trekking im Westen, Norden, Osten und auf Lombok, die faszinierende balinesische Kultur, die überall auf der Insel zu finden ist, und natürlich die wunderschönen Sandstrände mit ihren atemberaubenden Sonnenuntergängen.

Die Routenvorschläge beginnen immer in Süd-Bali, da fast jeder Tourist mit dem Flugzeug anreist, der Flughafen hier liegt und die meisten Besucher die ersten Tage hier verbringen.

Bali für Einsteiger

■ 7 Tage

Wer nur eine Woche zur Verfügung hat, hat die Qual der Wahl: eine entspannte Woche auf Bali zu verbringen, mit dem Wissen, nur einen mikroskopisch kleinen Teil der Insel kennengelernt zu haben, oder innerhalb von sieben Tagen so viel zu sehen und zu erleben wie nur irgend möglich. Hier unsere Vorschläge für die zwei Varianten:

So entspannt wie möglich

Für Touristen, die direkt aus Europa anreisen und mit der Zeitumstellung zu kämpfen haben, empfiehlt sich zunächst ein dreitägiger Aufenthalt in Süd-Bali. Die Strände von **Kuta** (S. 151), **Legian** (S. 164), **Seminyak** (S. 168) und **Sanur** (S. 180) eignen sich hervorragend für eine Akklimatisierung. Wer will, kann in einer Tagestour Richtung Nordwesten den eindrucksvollen Tempel **Tanah Lot** (S. 246) oder Richtung Süden den **Pura Luhur Uluwatu** (S. 195) besichtigen und an einem der beiden Tempel der Aufführung des *Kecak*-Tanzes beiwohnen. Auf dem Rückweg kann man ein Abendessen in **Jimbaran** (S. 190) in einem der Seafood-Restaurants am Sandstrand genießen. Am vierten Tag führt der Weg ins Landesinnere nach **Ubud** (S. 201), wo man in einem der Spas Entspannung finden, durch die weiten Reisfelder spazieren und in Kunstgalerien stöbern kann. Am fünften Tag wird die Umgebung von Ubud erforscht: die beeindruckenden Tempelanlagen **Gunung Kawi** (S. 237) und **Pura Tirta Empul** (S. 238) sowie die prächtigen Reisterrassen von **Tegallalang** (S. 237). Die letzten beiden Tage sind für den Norden der Insel reserviert. Hier können die Berglandschaften um **Bedugul** (S. 285), **Munduk** (S. 286) oder **Kintamani** (S. 289) erkundet werden, bevor es wieder zum Flughafen in den Süden geht.

So viel wie möglich

Tag 1: Nach einem zweistündigen **Surfkurs** oder einem Ausflug zum meerumtosten Tem-

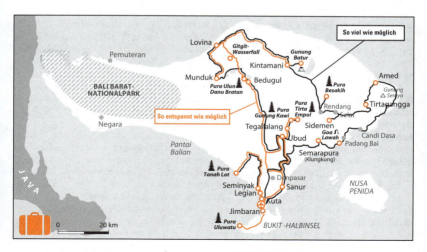

www.stefan-loose.de/bali REISEROUTEN | Bali für Einsteiger 25

Immer mit der Ruhe: In den idyllischen Dörfern Balis ticken die Uhren etwas langsamer.

pel **Tanah Lot** (S. 246) kann das Nachtleben von **Kuta** (S. 151) und **Seminyak** (S. 168) erforscht und gebührend auf einen schönen Urlaub angestoßen werden.

Tag 2: Es geht in das kulturelle Zentrum der Insel, nach **Ubud** (S. 201). Nach dem Touristentrubel erscheint der magische **Affenwald** (S. 207) wie eine andere Welt. Hinterher bietet sich ein Besuch in einem der weltberühmten **Spas** an. Abends kann einer der bezaubernden **Tanzaufführungen** beigewohnt werden.

Tag 3: Der Tag beginnt mit einer (geführten) **Wanderung durch die Reisfelder** oder einer **Fahrradtour** rund um Ubud. Am frühen Nachmittag geht es Richtung Norden zum **Pura Gunung Kawi** (S. 237) und dem nahe gelegenen Quellheiligtum **Pura Tirta Empul** (S. 238). Auch ein Besuch in einem der zahlreichen Künstlerdörfer in der Umgebung von Ubud bietet sich an.

Tag 4: Nach dem Frühstück fährt man von Ubud aus in das Hochland bei Bedugul. Auf den Besuch des am Bergsee gelegenen **Pura Ulun Danu Bratan** (S. 283) folgt ein Picknick im wunderschön gestalteten **Botanischen Garten** (S. 284). Frisch gestärkt geht es über die landschaftlich spektakuläre, kurvige Strecke, vorbei an den Bergseen Danau Buyan und Danau Tamblingan, ins beschauliche, auf einem Bergkamm gelegene **Munduk** (S. 286).

Tag 5: Von Munduk führt die Reise an die Nordküste der Insel. Nach einem frühen Mittagessen in **Lovina** (S. 274) folgt man der Straße ins Inland zur beeindruckenden Mondlandschaft des Vulkans **Gunung Batur** (S. 287). Nachmittags geht es über Selat zu einer der Unterkünfte inmitten der Reisterrassen von **Sidemen** (S. 307). Optional kann die Besichtigung des balinesischen Muttertempels **Pura Besakih** (S. 303) eingebaut werden.

Tag 6: Morgens geht es weiter zum **Wasserpalast von Tirtagangga** (S. 335) und entlang des Westhangs des Gunung Seraya in die Gegend von **Amed** (S. 339). Hier kann man die Seele baumeln lassen oder beim Tauchen und Schnorcheln die Wasserwelt erkunden.

Tag 7: Von Amed führt der Weg zurück Richtung Süd-Bali entlang der trockenen Ostküste via Candi Dasa und Padang Bai zur Tempelhöhle

Goa Lawah (S. 320), in der Tausende Fledermäuse zu Hause sind. Die in **Semarapura** (Klungkung, S. 301) gelegene Parkanlage Taman Gili mit der alten Gerichtshalle ist ebenso einen Besuch wert, bevor es auf der gut ausgebauten Schnellstraße nach **Sanur** (S. 180) geht.

Von hier aus ist der Flughafen in 30 Minuten zu erreichen.

Bali Standard

■ 2 Wochen

Viele Touristen entscheiden sich für einen mindestens zweiwöchigen Aufenthalt, was hinsichtlich der langen Anreise und der Zeitumstellung eine gute Idee ist. Nach der Ankunft in Süd-Bali werden zunächst die Strandorte **Kuta** (S. 151), **Legian** (S. 164), **Seminyak** (S. 168) und **Sanur** (S. 180) erkundet. Ein Ausflug auf die trocken-karge **Bukit-Halbinsel** (S. 196) stellt einen Ausgleich zum Trubel in den Touristenzentren dar. Nach drei Tagen steht der Aufbruch nach West-Bali an. Nach einem Abstecher zum Hang des Berges **Gunung Batukaru** (S. 282) und zu den monumentalen Reisterrassen von **Jatiluwih** (S. 253) kann man den Sonnenuntergang am **Tanah Lot Tempel** (S. 246) genießen und am östlich gelegenen **Pantai Canggu** (S. 178) oder am weiter westlich gelegenen **Pantai Balian** (S. 257) übernachten. Am nächsten Tag geht es bis nach **Pemuteran** (S. 265) quer durch den **Bali-Barat-Nationalpark** (S. 263). In der westlichsten Ecke angekommen, bleibt ein voller Tag, um die Natur des Nationalparks zu erkunden und vor der **Insel Menjangan** (S. 264) in die bunte Unterwasserwelt einzutauchen.

Von West-Bali aus geht es weiter Richtung **Lovina** (S. 274), wo ein Tag für die Delphinbeobachtung und für einen Besuch des **Gitgit**- oder **Sekumpul-Wasserfalls** (S. 283) eingeplant werden sollte. Danach führt der Weg entweder ins Hochland von **Bedugul** (s. Tour „So viel wie möglich", Tag 4) oder entlang der Küste nach **Amed** (S. 339) und von dort weiter nach **Tirtagangga** (S. 335) zum Wassertempel. Eine Übernachtung bietet sich im landschaftlich reizvollen **Sidemen** (S. 307) an. Von hier aus ist die **Besteigung des Gunung Agung** (S. 306) möglich, und der Tempel **Pura Besakih** (S. 303) am Südhang des Berges ist leicht zu erreichen. Danach kann in **Semarapura** (Klungkung, S. 301) der ehemalige Palast Taman Gili bewundert werden, bevor in der Umgebung von **Candi Dasa** (S. 326) nochmals zwei Tage Strandurlaub möglich sind, um sich von den Strapazen der Bergbesteigung zu erholen. Das nahe **Tenganan** (S. 331), ein Dorf der balinesischen Ureinwohner, lohnt einen

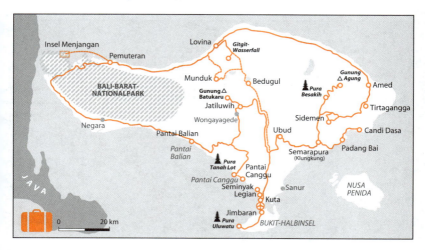

Bali und Lombok total

■ ab 3 Wochen

Wer drei Wochen oder mehr Zeit hat, kann länger an den Stränden und in den Bergen der Insel Bali verweilen und stressfrei nach Lombok und auf die Gilis reisen. Los geht es wieder in **Süd-Bali**, wo Besucher sich die ersten Tage in einem der Touristenzentren akklimatisieren können. Nachdem ein Transportmittel (mit oder ohne Fahrer) organisiert wurde, führt ein Ausflug auf die trockene **Bukit-Halbinsel** (S. 196) zum feurigen *Kecak*-Tanz am **Pura Uluwatu** (S. 195).

Danach geht es ins Landesinnere nach **Ubud** (S. 201), dem Herz der balinesischen Kunst und Kultur. In der nahen Umgebung gibt es viel zu entdecken, deshalb sollte man hier mindestens drei Tage verbringen. Nach diesem Einstieg in die balinesische Kultur führt der Weg zum Bergheiligtum **Pura Luhur Batukaru** (S. 254), von wo aus ein Abstecher zu den Reisterrassen von **Jatiluwih** (S. 253) am Hang des Gunung Batukaru lohnt. Am nächsten Morgen geht es nach **Tabanan** (S. 248) ins Subak Museum, wo man viel über das einfache Leben der Reisbauern lernen kann, und weiter zum spektakulär gelegenen Tempel **Pura Tanah Lot** (S. 246), dessen Anblick man am besten bei Sonnenuntergang genießt. Eine Übernachtung bietet sich am entspannten **Pantai Balian** (S. 257) an. Die

Mit Blüten verzierte Statuen schmücken viele Hotelanlagen und Privathäuser.

Besuch. Die Route endet mit einem dreitägigen Aufenthalt in **Ubud** (S. 201), wo Besucher sich von der balinesischen Kunst und Kultur verzaubern lassen können.

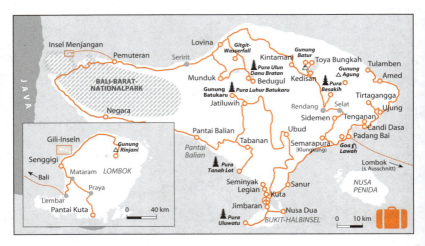

Saftig grüne Reisterrassen, ein Bild das viele mit der Insel der Götter assoziieren.

nächsten Stationen sind **Negara** (S. 260), vorausgesetzt hier findet gerade eines der berühmten Wasserbüffelrennen statt, und der **Bali-Barat-Nationalpark** (S. 263) im Westen der Insel. **Pemuteran** (S. 265) bietet sich als gute Basis an, um vor der Insel **Menjangan** (S. 264) zu schnorcheln und zu tauchen oder den Nationalpark mit seinem einmaligen Vogelbestand zu erkunden.

Danach führt der Weg bis nach Seririt und landeinwärts auf der wunderschönen Straße via **Munduk** (S. 286) nach **Bedugul** (S. 285) in den Botanischen Garten und zum malerisch gelegenen Tempel **Pura Ulun Danu Bratan** (S. 283). Über den **Gitgit-Wasserfall** (S. 283) geht es nun wieder zurück an die Nordküste der Insel, wo man in **Lovina** (S. 274) an einer der morgendlichen Delphintouren teilnehmen kann. Danach führt die Tour weiter in die Berge nach **Kintamani** (S. 289) und zum Gipfel des **Gunung Batur** (S. 287). Nach der morgendlichen Besteigung geht es durch die schöne Berglandschaft zum Heiligtum **Pura Besakih** (S. 303) und via Rendang und Selat in die für ihre Reisterrassen berühmte Gegend um **Sidemen** (S. 307).

Weiter führt die Reise über **Semarapura** (Klungkung, S. 301) mit seiner Palastanlage Taman Gili, zur Fledermaushöhle **Goa Lawah** (S. 320) und weiter nach **Candi Dasa** (S. 326), von wo aus das *Bali Aga*-Dorf **Tenganan** (S. 331) besucht werden kann. Nach einer Visite bei den Wasserpalästen von **Ujung** (S. 335) und **Tirtagangga** (S. 335) geht es in die trockene Gegend um **Tulamben** (S. 345) und **Amed** (S. 339), die besonders bei Tauchern beliebt ist und mit dem leichtesten Wracktauchgang der Welt lockt. Auf der landschaftlich reizvollen Strecke entlang der Küste erreicht man den ruhigen Hafenort **Padang Bai** (S. 321).

Am nächsten Morgen setzt die Fähre nach **Lombok** (S. 347) über. Hier kann man einige Tage an den blendend weißen Stränden auf den **Gilis** (S. 383) entspannen, in **Senggigi** (S. 375) feiern, im Süden der Insel am **Pantai Kuta** (S. 151) surfen oder vor der **Batugendeng-Halbinsel** (S. 353) tauchen. Wer keine Lust auf Strand hat, kann die beeindruckende Natur- und Berglandschaft des **Gunung Rinjani** (S. 403) erkunden.

Wieder in Padang Bai angekommen, beginnt die Rückfahrt Richtung Süd-Bali. Hier bietet sich ein letzter Zwischenstopp in **Sanur** (S. 180) an, das nur 30 Minuten vom Flughafen entfernt liegt.

Klima und Reisezeit

Bali liegt nur acht Grad südlich des Äquators und hat daher ein tropisches **Klima**: Das ganze Jahr über ist es fast gleichmäßig heiß, dazu kommt eine hohe Luftfeuchtigkeit. Die Tagestemperaturen betragen auf Meereshöhe durchschnittlich 30 °C, nachts kühlt es sich nur leicht ab. Pro 100 Höhenmeter verringert sich die Temperatur um etwa 1 °C, in Bergdörfern kann das Thermometer daher nachts bis auf frische 10 °C sinken.

Da die Insel sowohl im Einzugsbereich des feuchten Nordwest-Monsuns als auch des trockeneren Südost-Monsuns liegt, gibt es auf Bali relativ deutlich ausgeprägte „Jahreszeiten", nämlich die Trockenzeit von Mai bis Oktober und die Regenzeit von November bis April. Selbst in der Regenzeit regnet es jedoch im Normalfall nur ein paar Stunden am Tag.

Die zentrale Gebirgskette sorgt dafür, dass sich **Regen** sehr ungleichmäßig auf der Insel verteilt. Im Durchschnitt fallen im fruchtbaren und dicht besiedelten Flachland von Süd-Bali 2000 mm Niederschlag bei 100 bis 140 Regentagen im Jahr. In den zentralen Gebirgsmassiven erhöht sich die Niederschlagsmenge auf über 3000 mm bei 160 bis 210 Regentagen. Zu den niederschlagsärmsten Gebieten zählt die gesamte Nordküste, die im Regenschatten der Berge liegt. Hier werden zum Teil weniger als 1000 mm bei 50 bis 80 Regentagen gemessen, und zur Zeit des Südost-Monsuns herrscht eine ausgeprägte Trockenheit.

Der Nordosten gleicht einer von Steinen und Lavamassen übersäten Halbwüste, auf der nur noch Kakteen und die anspruchslose Lontar-Palme gedeihen. Hier regnet es manchmal in sechs Monaten kein einziges Mal. Wenig Regen erhalten auch die Bukit-Halbinsel und die vorgelagerten Nusa-Inseln. Da die porösen Kalkböden kaum Feuchtigkeit speichern können, handelt es sich um dünn besiedelte Dürregebiete mit wenig ertragreichen Böden.

Im Zuge des weltweiten **Klimawandels** kann es auch auf Bali vorkommen, dass sich die Regenzeit verspätet, unerklärbare Winde auftreten oder es plötzlich deutlich wärmer oder kühler wird als für die Region und Jahreszeit üblich. Die Veränderungen der Temperaturen und Niederschlagsmengen lassen sich durch kein Klimadiagramm erklären oder vorhersagen. Daher sind Informationen zum Klima nur als Anhaltspunkte zu verstehen. Bali ist aber das ganze Jahr über problemlos zu bereisen, auch zur Regenzeit.

Auf Bali und Lombok gibt es eine touristische **Hochsaison** von Juni bis September und im Dezember und Januar sowie in der Woche nach Ende des muslimischen Fastenmonats Ramadan. Zum Jahreswechsel wird es besonders teuer. In den übrigen Monaten herrscht Nebensaison.

Reisekosten

Tagesbudget

Mit wie viel Geld man pro Tag rechnen muss, hängt sehr stark von der Art des Reisens und der Saison ab. Wer viel Wert auf einen hohen Standard legt, kann sehr viel Geld auf der Insel lassen. Doch auch wer mit eingeschränkten finanziellen Mitteln haushalten muss, findet überall preisgünstige Alternativen. Budget-Reisende, die sich mit einfachen Unterkünften, öffentlichen Transportmitteln und Essen von Straßenständen *(Warung)* zufriedengeben und nicht allein unterwegs sind (ein Einzelzimmer kostet fast immer gleich viel wie ein Doppelzimmer), können in der Nebensaison mit Ausgaben unter 20 € pro Tag zurechtkommen. Wer sich ein Hotel mit Pool, Warmwasser und Klimaanlage (AC) leistet, die Insel mit Leihwagen und Guide erkunden möchte, gerne auch mal Taxi fährt und kulinarisch mehr als nur Nasi Goreng erwartet, kommt in der Nebensaison mit 30 bis 70 € am Tag aus. Touristen, die einen luxuriösen Lebensstil bevorzugen, können jedoch weit mehr ausgeben. Die Obergrenzen sind vor allem bei Hotels offen. Gezahlt wird grundsätzlich mit dem indonesischen Rupiah (Rp), bei größeren Beträgen werden aber auch Dollar- und Euronoten oder Kreditkarten angenommen.

Zimmerpreise: Saisonaufschläge

Die in diesem Buch angegebenen Zimmerpreise beziehen sich auf die **Nebensaison**. In der touristischen **Hochsaison** von Ende Juni–Mitte September werden vermehrt **Aufschläge** erhoben. Je nach Reiseziel können diese bis zu 80 % betragen, in der Regel sind sie aber deutlich geringer. Bei der letzten Recherche waren die Preisunterschiede in Amed und Sidemen sowie auf Nusa Lembongan und den Lombok vorgelagerten Gilis (besonders Gili Meno) am höchsten. Wo es ein Überangebot an Hotels gibt, macht sich die Hochsaison preislich hingegen kaum bemerkbar.

Eintrittspreise und Guides

Bei einigen Tempeln wird überhaupt kein Eintritt erhoben, immer mehr Dorfgemeinschaften fordern jedoch eine geringe Gebühr von 2000 bis 20 000 Rp. Hinzu kommt häufig eine Parkgebühr, die unabhängig von der Parkdauer 1000 bis 5000 Rp beträgt. Bei fast allen Tempeln ist das Tragen eines Sarongs und eines Tempelschals *(Slendang)* Pflicht, für die gelegentlich eine geringe Leihgebühr eingefordert wird. Falls für die Instandhaltung der Tempel eine Spende erwartet wird, sind 15 000 bis 25 000 Rp angemessen. Es kann durchaus vorkommen, dass nette Einheimische, manchmal auch Kinder, Touristen bei ihren Besichtigungen begleiten und Interessantes über die Tempel erzählen. Am Ende verlangen sie eine Entlohnung. Hier sind mindestens 20 000 Rp angebracht.

Bei einer selbst organisierten Trekkingtour müssen mindestens 300 000 Rp für einen Guide einkalkuliert werden. Die Preise beziehen sich jedoch immer auf eine Gruppe und gelten nicht pro Person. Die Besteigung des Berges Gunung Rinjani auf Lombok ist weitaus teurer und anspruchsvoller, aber eine unglaublich imposante und lohnenswerte Erfahrung.

Übernachtung

Einfache Unterkünfte kosten 100 000 bis 300 000 Rp und sind oft nur spartanisch mit einem kleinen Bad ausgestattet. Ein einfaches Frühstück, häufig Toast, Marmelade, Bananen und Tee oder Kaffee, ist meist inklusive. Mittelklassezimmer kosten 300 000 bis 1 Mio. Rp., Luxusresorts und Villen kosten ab 1 Mio. Rp.

Die vielen Begriffe, die es auf Bali für Unterkünfte gibt, geben über das preisliche Niveau wenig Aufschluss. So ist ein Losmen oft identisch mit einem Homestay, Guesthouse, Hostel oder Hotel. Ein Hotel kann aber auch eine riesige 4-Sterne-Anlage sein. Bungalows unterscheiden sich von Villen vor allem in Design, Größe und niedrigerem Preisniveau. Ansonsten besteht kein enger Zusammenhang zwischen Preis und Qualität. Ältere, heruntergekommene Hotels sind oftmals teurer als neue oder frisch renovierte Anlagen und manches 4-Sterne-Hotel schlechter als andere 2-Sterne-Unterkünfte.

Was kostet wie viel?	
1,5 l Trinkwasser	2000–7000 Rp
0,3 l Softdrink	3000–15 000 Rp
Großes Bier	20 000–38 000 Rp
Frühstück	20 000–40 000 Rp
Nasi Goreng	ab 10 000 Rp
westliche Speisen	ab 20 000 Rp
Kaffee	5000–20 000 Rp
Eintrittspreise	5000–70 000 Rp
1 l Benzin	6500–8000 Rp
Taxifahrt (3 km)	ca. 17 000 Rp
Bemos im Nahverkehr	3000–10 000 Rp
längere Busfahrt	10 000–30 000 Rp
Hotelzimmer	
Budget	bis 300 000 Rp
Mittelklasse	bis 1 Mio. Rp
Luxus	ab 1 Mio. Rp
Mietwagen	
Bali	ab 120 000 Rp pro Tag
Lombok	ab 160 000 Rp pro Tag
mit Fahrer	ab 350 000 Rp pro Tag

Bei den Hotelbeschreibungen sind stets Walk-in-Preise für die Nebensaison angegeben, das sind Tagespreise, die vor allem bei den höheren Preiskategorien weit unter den offiziellen Preisen liegen. Häufig gibt es bei längeren Aufenthalten einen deutlichen Preisnachlass. Es lohnt sich also immer, nach Rabatten zu fragen oder nach Angeboten im Internet Ausschau zu halten.

Transport

Für den Nahverkehr stehen **Angkot** und **Taxis** zur Verfügung. Angkot sind kleine Minibusse, die etwa zehn Leute fassen. Um ein Angkot anzuhalten, muss ein winkendes Handzeichen gegeben werden. Eine Fahrt kostet selten über 10 000 Rp. In ländlichen Gebieten verkehren die Minibusse nur unregelmäßig. Bei einer Taxifahrt mit 3 km Entfernung ist mit etwa 17 000 Rp zu rechnen.

Für längere Strecken und den Transport zwischen Touristenorten bieten verschiedene Unternehmen ihre Dienste zu vernünftigen Preisen an. Der weitverbreitete Shuttle-Anbieter **Perama** bedient mit Bussen und kleinen Schiffen alle Touristenorte auf Bali und Lombok zu etwas teureren Festpreisen. Das Unternehmen betreibt in den meisten Orten ein eigenes Büro. Die Preise belaufen sich je nach Transportmittel, Distanz und Zielort auf 25 000 bis 550 000 Rp und sind unter 🖥 www.peramatour.com einzusehen.

Für einen **Mietwagen** sollten mit mindestens 120 000 Rp pro Tag gerechnet werden, inkl. Versicherung (ohne Haftpflicht!). Wer sich der Verkehrssituation auf Bali nicht selbst stellen möchte, kann einen Fahrer inklusive Auto in Anspruch nehmen. Hierfür sind Kosten in Höhe von mindestens 350 000 Rp pro Tag zu veranschlagen.

Rabatte

Ein internationaler Studentenausweis ist auf Bali so gut wie nutzlos. Rabatte sind allein durch Verhandlungsgeschick erhältlich und nicht durch den Status als Student oder Rentner.

Wer mit Kindern reist, kann in vielen Hotels ein Zusatzbett für unter 10 € bekommen.

Traveltipps von A bis Z

Anreise S. 34
Botschaften und Konsulate S. 37
Einkaufen S. 38
Elektrizität S. 40
Essen und Trinken S. 40
Fair reisen S. 46
Feste und Feiertage S. 47
Fotografieren S. 48
Frauen unterwegs S. 49
Geld S. 49
Gepäck S. 51
Gesundheit S. 52
Informationen S. 56
Internet und E-Mail S. 57
Kinder S. 58

Medien S. 59
Post S. 59
Reisende mit Behinderung S. 60
Sicherheit S. 61
Sport und Aktivitäten S. 62
Telefon S. 67
Transport S. 69
Übernachtung S. 73
Unterhaltung S. 74
Verhaltenstipps S. 74
Versicherungen S. 76
Visa S. 77
Weiterreise S. 79
Zeit und Kalender S. 80
Zoll S. 80

Anreise

Die meisten Bali-Besucher reisen auf dem Luftweg ein und landen nach mindestens 14 Std. Flugzeit am großen Flughafen **Ngurah Rai International**. Verschiedene Airlines fliegen Bali von Europa direkt oder mit einem Zwischenstopp im Nahen Osten an. Man kann auch einen Flug nach Bangkok, Kuala Lumpur, Singapore oder Jakarta buchen und von dort mit dem Flieger, Schiff oder mit Bus und Fähre über Land weiterreisen.

Flughafen

Der große internationale Flughafen von Bali, der **Ngurah Rai International Airport**, Flughafencode DPS, ✆ 0361-751011, ext. 5123, 🖥 www. ngurahrai-airport.co.id/home/eng, liegt 3 km südlich von Kuta an der schmalsten Stelle der Insel und ist gemessen am Passagieraufkommen nach dem Flughafen von Jakarta der zweitgrößte des Landes. Bereits 1931 wurde das erste Flugfeld der Insel eröffnet, das im Zweiten Weltkrieg von den Japanern asphaltiert und ausgebaut wurde. 1959 landete der erste Flieger mit internationalen Touristen und 1978 wurde der internationale Terminal vom damaligen indonesischen Präsidenten Suharto feierlich eingeweiht. Auffällig ist neben der Verwendung vieler typisch balinesischer Gestaltungselemente der flache Baustil der Gebäude, die im Einklang mit der lokalen Gesetzgebung nicht höher als eine Palme sind. Mittlerweile nehmen die Start- und Landebahn sowie die zwei Terminals fast die gesamte Ausdehnung der 3 km breiten Landenge zwischen Tuban und Jimbaran ein. Ein 750 m langes Teilstück der Landebahn wurde bereits auf aufgeschüttetem Land ins Meer gebaut, sodass es bei der Ankunft bis kurz vor dem Aufsetzen sehr spektakulär über die tosende Brandung hinweggeht.

Im Jahre 2011 wurden fast 13 Mio. Passagiere abgefertigt, deutlich mehr als die eigentliche Kapazität von 8 Mio. hergibt. Folgerichtig wurde ein neuer, moderner internationaler Terminal gebaut, der 2013 fertiggestellt wurde. Um den in die Jahre gekommenen Flugplatz zu entlasten, wurde die Nutzfläche mehr als verdoppelt und so die Kapazität auf über 15 Mio. Passagiere pro Jahr angehoben.

Die Provinzregierung plant ab 2014 eine US$10 hohe „heritage protection fee" einzuführen, die jeder internationale Besucher zahlen soll. Allerdings ist das letzte Wort darüber noch nicht gesprochen. Zudem soll in den kommenden Jahren ein weiterer kleinerer internationaler Flughafen an Balis Nordküste entstehen.

Neben zahlreichen Verbindungen nach Lombok (s. Praya, Flüge, S. 364), ins restliche Indonesien und in die Region Südostasien gibt es auch Flüge nach Europa und Australien (s. Flugverbindungen S. 35). Direkt links von der internationalen Abflughalle befinden sich ein McDonald's, ein Dunkin Donuts und ein paar kleine Geschäfte, weitere in der Passage zwischen Parkplatz und Terminals. Vor dem Inlandsterminal liegt ein Starbucks. Die Kofferträger, die am Flughafen ihre Dienste anbieten, erwarten pro Gepäckstück etwa 10 000 Rp, so viel wie ein Trinkgeld in einem guten Hotel.

Flughafentransfers auf Bali

Direkt vom Flugplatz von Denpasar aus erreicht man alle Touristenzentren der Insel mit überteuerten Coupon-Taxis der Gesellschaft **Ngurah Rai**, ✆ 0361-751011. Die Firma besitzt ein fragwürdiges Monopol auf den Transport vom Flughafen aus und kann es sich daher erlauben, einen kräftigen Aufschlag im Vergleich zu den Taxameterpreisen zu verlangen. Die sonderbare Begründung für das Festpreissystem lautet, dass die Fahrer lange auf ihre Kundschaft warten müssten. Die Schalter, an denen die Tickets erhältlich sind, befinden sich außerhalb der Ankunftshallen, nur wenige Meter vom Ausgang entfernt. Hier hängt auch eine Preisliste aus.

Fahrten kosten:
CANDI DASA 375 000 Rp.
DENPASAR 90 000–120 000 Rp.
JIMBARAN 80 000–100 000 Rp.
KUTA 55 000–65 000 Rp.
LEGIAN 70 000 Rp.
PADANG BAI 350 000 Rp.
SANUR und NUSA DUA 125 000 Rp.

Weniger fliegen – länger bleiben! Reisen und Klimawandel

Der Klimawandel ist vielleicht das dringlichste Thema, mit dem wir uns in Zukunft befassen müssen. Wer reist, erzeugt auch CO_2: Der Flugverkehr trägt mit einem Anteil von bis zu 10 % zur globalen Erwärmung bei. Wir sehen das Reisen dennoch als Bereicherung: Es verbindet Menschen und Kulturen und kann einen wich-

tigen Beitrag für die wirtschaftliche Entwicklung eines Landes leisten. Reisen bringt aber auch eine Verantwortung mit sich. Dazu gehört darüber nachzudenken, wie oft wir fliegen und was wir tun können, um die Umweltschäden auszugleichen, die wir mit unseren Reisen verursachen. Wir können insgesamt weniger reisen – oder weniger fliegen, länger bleiben und Nachtflüge meiden (da sie mehr Schaden verursachen). Und wir können einen Beitrag an ein Ausgleichsprogramm wie 🖥 www.atmosfair.de leisten.

Dabei ermittelt ein Emissionsrechner, wie viel CO_2 der Flug produziert und was es kostet, eine vergleichbare Menge Klimagase einzusparen. Mit dem Betrag werden Projekte in Entwicklungsländern unterstützt, die den Ausstoß von Klimagasen verringern helfen.

SEMINYAK 80 000–90 000 Rp.
UBUD 250 000 Rp.

Wem diese Preise zu hoch erscheinen, kann auch Richtung Ausgang laufen und entweder auf der Strecke oder außerhalb der Absperrungen zum Flughafengelände ein (Blue-Bird-)Taxi zu den normalen „Meter"-Preisen nehmen. Dann kostet die Fahrt nach Kuta weniger als die Hälfte. Auf dem Weg sollte man sich nicht von aufdringlichen Taxifahrern und Schleppern beeindrucken lassen. Ab Kuta besteht die Möglichkeit, mit Touristenbussen kostengünstig alle Teile der Insel zu erreichen.

Flugverbindungen mit Europa

Die Preise für Flüge in der Economy Class von Europa nach Denpasar und zurück liegen bei 700–1200 €.
Cathay Pacific, 🖥 www.cathaypacific.com, fliegt 1x tgl. ab Frankfurt mit einem Zwischenstopp in Hongkong.
KLM, 🖥 www.klm.com, fliegt 1x tgl. ab Amsterdam via Singapore sowie über Jakarta und Kuala Lumpur.
Lufthansa, 🖥 www.lufthansa.com, fliegt seit Sommer 2014 5x wöchentlich ab Frankfurt/Main via Kuala Lumpur nach Jakarta. Von dort besteht die Möglichkeit, mit anderen Airlines (s. u.) weiter nach Bali zu reisen.
Malaysia Airlines, 🖥 www.malaysiaairlines.com, fliegt 5x wöchentlich ab Frankfurt/Main mit einem Zwischenstopp in Kuala Lumpur.
Qatar Airways, 🖥 www.qatarairways.com, fliegt mehrmals wöchentlich ab Berlin, Frankfurt/Main, Genf, München, Wien und Zürich mit Zwischenstopp in Doha.
Singapore Airlines, 🖥 www.singaporeair.com, fliegt 2x tgl. ab Frankfurt/Main und 1x tgl. ab München und Zürich mit Zwischenstopp in Singapore.
Thai Airways International, 🖥 www.thaiair.com, fliegt 2x tgl. ab Frankfurt/Main und 1x tgl. ab München und Zürich mit einem Zwischenstopp in Bangkok.

Flugverbindungen mit Südostasien und Australien

Wenn man ein paar Euro sparen möchte oder noch ein anderes Land in der Region besuchen will, bietet es sich an, bis nach Bangkok, Jakarta, Kuala Lumpur oder Singapore zu fliegen und von dort mit einem asiatischen Billigflieger weiterzureisen. Dieser kann von zu Hause aus über das Internet per Kreditkarte gebucht werden.

Air Asia, 🖳 www.airasia.com, fliegt 5x tgl. nach Kuala Lumpur, 3x wöchentlich nach Kota Kinabalu, 4x tgl. nach Singapore und 1x tgl. nach Bangkok. Außerdem 4x tgl. nach Perth und 4x wöchentlich nach Darwin (Australien). Ab Lombok (LOP) auch 1x tgl. nach Kuala Lumpur.

Jet Star, 🖳 www.jetstar.com, fliegt 2x tgl. nach Singapore und mehrmals wöchentlich von Bali und Lombok (LOP) nach Adelaide, Brisbane, Melbourne und Perth.

Malindo Air, 🖳 www.malindoair.com, fliegt 1x tgl. nach Kuala Lumpur.

Silk Air, 🖳 www.silkair.com, fliegt ab Lombok (LOP) 3x wöchentlich direkt nach Singapore.

Tiger Airways, 🖳 www.tigerair.com, fliegt 2–3x tgl. nach Singapore.

Flugverbindungen in Indonesien

Air Asia, 🖳 www.airasia.com, fliegt 6x tgl. nach Jakarta, 2x tgl. nach Surabaya und 1x tgl. nach Yogyakarta.

Citilink, 🖳 www.citilink.co.id, fliegt 4x tgl. nach Jakarta und 3x tgl. nach Surabaya.

Garuda Indonesia, 🖳 www.garuda-indonesia. com, fliegt 15x tgl. nach Jakarta, 3x tgl. nach Yogyakarta und 6x tgl. nach Surabaya.

Garuda Express, 🖳 www.garuda-indonesia. com, fliegt nach Bima (Sumbawa), Tambaloka (Sumba), Ende und Labuan Bajo (beide Flores).

Lion Air/Wings Air, 🖳 www.lionair.co.id, fliegt 12x tgl. nach Jakarta, 5–7x tgl. nach Surabaya, 6x tgl. nach Lombok (LOP), 3x tgl. nach Kupang (Timor), 2x tgl. nach Yogyakarta, Makassar (Sulawesi) und Bima (Sumbawa) sowie 1x tgl. nach Malang.

Merpati, 🖳 www.merpati.co.id, fliegt u. a. nach Jakarta, Bandung, Semarang, Surabaya (alle Java), Makassar (Sulawesi), Sumbawa Besar und Bima (beide Sumbawa), Labuan Bajo, Ende und Maumere (alle Flores) sowie Kupang (Timor).

Sky Aviation, 🖳 www.sky-aviation.co.id, fliegt 1x tgl. nach Surabaya und Labuan Bajo (Flores).

Sriwijaya Air, 🖳 www.sriwijayaair.co.id, fliegt nach Jakarta und Surabaya.

Tiger Airways, 🖳 www.tigerair.com, fliegt 1x tgl. nach Jakarta.

TransNusa, 🖳 www.transnusa.co.id, fliegt u. a. nach Lombok (LOP), Labuan Bajo (Flores) und Kupang (Timor).

Flugtickets

Flüge können über ein Reisebüro, im Internet oder direkt bei den jeweiligen Fluggesellschaften gebucht werden. Die Angebote der asiatischen Billigflieger, wie Air Asia, Jet Star oder Lion Air, sind immer am günstigsten, wenn sie im Netz gekauft werden. Lion Air bietet zudem die Zahlungsabwicklung in allen Alfamaret-Supermärkten, einer landesweite Kette.

Normalerweise ist die **Geltungsdauer** von günstigen Flugtickets auf ein, zwei oder drei Monate begrenzt. Zudem kann man mit ihnen nicht die Fluggesellschaft wechseln und erhält kein Geld zurück, wenn der Flug nicht angetreten wird. Bei weniger strikter Handhabung ist zumindest eine Stornierungsgebühr fällig. Für die **Umbuchung** des Rückflugs fallen bei den großen internationalen Fluggesellschaften etwa 50–70 € an.

Gebuchte Flüge müssen bei einigen wenigen Fluggesellschaften noch spätestens drei Tage vor Abflug rückbestätigt werden, was telefonisch geschehen kann. In seltenen Fällen sind die Maschinen überbucht, und die Letzten kommen trotz **Rückbestätigung** nicht mehr mit.

Es empfiehlt sich immer, rechtzeitig am Flughafen zu erscheinen. Besonders bei lange im Voraus erstandenen Tickets lohnt es zudem, den Flugplan der Airline ein paar Tage vor dem Abflug zu konsultieren, denn es kommt immer wieder zu mittelfristigen Änderungen der Abflugzeiten.

Flugbuchung

Um Flüge online zu buchen, muss man kein Experte sein. Am Erfolg versprechendsten ist die Suche über die bekannten Flug-Preisvergleichs-

36 ANREISE

www.stefan-loose.de/bali

Seiten und die etablierten Reiseportale, aber auch die Seiten der jeweiligen Fluggesellschaften können einen Blick lohnen, da es oft besondere Online-Tarife gibt.

Auch in **Reisebüros** kann nach günstigen Angeboten gefahndet werden. Zudem hat diese Methode den Vorteil, dass es dort einen Ansprechpartner gibt, der bei Problemen kontaktiert werden kann. Wer flexibel ist, findet auch Seiten mit Last-Minute-Angeboten oder Sondertarifen für Flüge oder Hotelzimmer, die teils nur im Netz offeriert werden.

Folgende Buchungsportale sind empfehlenswert:
- 🖥 **www.swoodoo.de**
- 🖥 **www.skyscanner.de**
- 🖥 **flug.idealo.de**
- 🖥 **www.billigflieger.de**

Folgende Reiseportale sind empfehlenswert:
- 🖥 **www.holidaycheck.de**
- 🖥 **www.tripadvisor.de**
- 🖥 **www.opodo.de**
- 🖥 **www.travelchannel.de**.

Anreise mit der Fähre

Von Singapore bzw. der vorgelagerten indonesischen Insel Batam und vielen anderen indonesischen Häfen aus bietet sich die Alternative, mit den staatlichen Fähren von **PELNI** (Büro auf Bali: Jl. Raya Kuta 299, ✆ 0361-765758, 🖥 www.pelni.co.id/?bhs=en) bis zum Benoa Harbour (Pelabuhan Benoa) auf Bali zu reisen. PELNI-Fähren verkehren nach festen Fahrplänen alle zwei Wochen oder jeden Monat auf vorgegebenen Routen. Diese Strecken können je nach Bedarf miteinander kombiniert werden.

Von Banyuwangi auf Java setzen Fähren nach Gilimanuk im äußersten Westen Balis über; eine weitere Fährverbindung mit großen Schiffen besteht zwischen Padang Bai im Osten der Insel und Lembar auf der Nachbarinsel Lombok.

Nähere Informationen zu den Fähren von Bali nach Java S. 263 und von Bali nach Lombok S. 325.

Botschaften und Konsulate

Vertretungen Indonesiens im Ausland

Botschaft in Deutschland

Botschaft der Republik Indonesien, Lehrter Str. 16–17, 10557 Berlin,
✆ 030-4780 7200, 📠 4473 7142,
🖥 www.botschaft-indonesien.de.
🕐 Visastelle: Beantragung Mo–Do 9–12.30, Abholung 14.30–15.30, Fr 9–12 Uhr.

Generalkonsulate

Frankfurt: Zeppelinallee 23, 60325 Frankfurt am Main,
✆ 069-247 0980, 📠 2470 9840,
🖥 www.indonesia-frankfurt.de.
🕐 Mo–Do 9.30–12.30, Fr 9.30–12 Uhr.
Hamburg: Bebelallee 15, 22299 Hamburg,
✆ 040-513 2570, 📠 511 7531,
🖥 www.kjrihamburg.de.
🕐 Mo–Fr 9–13 und 14–17 Uhr.

Honorarkonsulate

Bremen: Herr Friedrich Lürssen, Zum Alten Speicher 11, 28759 Bremen,
✆ 0421-660 4400, 📠 660 4395.
🕐 Mo–Fr 10–12 Uhr.
Kiel: Dr. Dieter Murmann, Brauner Berg 15, 24159 Kiel,
✆ 0431-394020, 📠 394025.
🕐 Mo–Fr 10–12 und 14–16 Uhr.
München: Herr Wolfgang Schoeller, Widenmayerstr. 24, 80538 München,
✆ 089-294609, 📠 989876.
🕐 Di–Do 9–11.30 Uhr.
Stuttgart: Herr Karlheinz Kögel, Flughafen Stuttgart, Dienstleistungsgebäude E5, Raum 5.045, 70629 Stuttgart,
✆ 0711-797 0788, 📠 797 0769.
🕐 Mo–Fr 10–12 und 14–18 Uhr.

Botschaft in Österreich

Botschaft der Republik Indonesien, Gustav Tschermakgasse 5–7, 1180 Wien,

📞 01-476230, 📠 479 0557, 🖥 www.kbriwina.at.
🕐 Visastelle: Beantragung Mo–Fr 9–12 Uhr,
Abholung Mo–Do 13.30–16 und Fr 14.30–16 Uhr.

Botschaft in der Schweiz
Botschaft der Republik Indonesien,
Elfenauweg 51, 3006 Bern, 📞 031-352 0983,
📠 351 6765, 🖥 www.indonesia-bern.org.
🕐 Visastelle: Mo–Fr 9–12 Uhr.

Ausländische Vertretungen in Indonesien

Deutsche Botschaft Jakarta
Jl. M. H. Thamrin 1, Jakarta 10310,
📞 021-3985 5000, Notfalltelefon: 0811-152526,
📠 3985 5130, 🖥 www.jakarta.diplo.de.
🕐 Konsularabteilung, Pass- und Visastelle:
Mo–Fr 7.30–11.30 Uhr, Botschaft: Mo 7.15–15.30,
Di–Do 7.15–15.45 und Fr 7.15–13 Uhr.
Der erfahrene Botschaftsarzt ist ein guter
Ansprechpartner für medizinische Fragen.

Deutsches Konsulat Bali
Jl. Pantai Karang 17, Sanur, 📞 0361-288535,
📠 288826, ✉ sanur@hk-diplo.de.
🕐 Mo–Fr 8–12 Uhr.

Österreichische Botschaft Jakarta
Jl. Diponegoro 44, Menteng,
Jakarta Pusat 10310, 📞 021-2355 4005,
Notfalltelefon 0811-833790, 📠 3190 4881,
🖥 www.austrian-embassy.or.id.
🕐 Mo–Fr 9–12 Uhr.

Schweizerische Botschaft Jakarta
Jl. H.R. Rasuna Said, Blok X 3/2,
Kuningan, Jakarta-Selatan 12950,
📞 021-525 6061, 📠 520 2289,
🖥 www.eda.admin.ch/jakarta.
🕐 Mo–Fr 9–12 Uhr.

Schweizerisches Konsulat Bali
(auch für Österreicher zuständig)
Jl. Ganetri 9D, Denpasar,
📞 0361-878 4343, 📠 878 4466,
✉ bali@honrep.ch. 🕐 Mo–Fr 9–13 Uhr.

Australisches Konsulat Bali (auch für Kanada
und Neuseeland zuständig)
Jl. Tantular 32, Renon, Denpasar,
📞 0361-241118, 📠 221195,
🖥 www.bali.indonesia.embassy.gov.au.
🕐 Mo–Fr 8–16 Uhr. Hier gibt es Visa für
Australien.

Einkaufen

Auf den ersten Blick wirken die touristischen
Flaniermeilen in Kuta, Legian, Seminyak oder
Ubud wie gigantische Einkaufszentren mit vereinzelten Restaurants und Unterkünften. Neben
zahlreichen Ständen mit Souvenirs, schlecht gefälschten Markenwaren und einheimischen Produkten finden sich besonders im Süden der Insel
Bekleidungsgeschäfte aller namhaften Surfmarken sowie große, nach westlichem Vorbild
konzipierte **Einkaufszentren**, aber auch zunehmend schicke **Boutiquen** mit eigenständigen,
geschmackvollen Designs, die besonders in
Seminyak entstanden sind.

Man sollte sich niemals am ersten Tag zu
Spontankäufen verleiten lassen, sondern erst
einmal das Angebot sondieren und später mehrere Dinge gleichzeitig in einem Laden erwerben, denn so hat man bessere Möglichkeiten
zu handeln (Tipps zum Handeln S. 40). In den
großen Geschäften und Einkaufszentren hingegen werden Festpreise verlangt. Wohin es
auch geht, ein Gang über den **Markt** ist immer

Kleiner Einkaufsatlas

Die Preise für **balinesisches Kunsthandwerk**
sind in den Touristenzentren logischerweise
deutlich höher als in den Dörfern der Produzenten. Günstig kauft man Kleidung in Kuta,
Batik-Stoffe in Denpasar, Holzschnitzereien
in Mas, Bilder in und um Ubud, Lederpuppen
in Bedulu, Steinmetzarbeiten in Batubulan
und den nördlichen Nachbardörfern, Silber in
Celuk, Antiquitäten, *Lontar*-Schriften und *Ikat*-
Stoffe in Klungkung und *Ikat*-Webereien und
traditionelle Masken auf Lombok.

lohnenswert, denn er bietet einen Überblick über Angebot und Preise und die Möglichkeit, sich mit Waren des täglichen Bedarfs, Obst und kleinen Snacks einzudecken.

Auf den Kauf von Antiquitäten (für Gegenstände, die älter als 50 Jahre sind, benötigt man ohnehin eine Exportgenehmigung) und Gegenständen, die von geschützten Tierarten stammen (z. B. Schildpatt, Elfenbeinschnitzereien, Krokodilleder oder Korallen), sollte generell verzichtet werden. Der Zoll beschlagnahmt diese Gegenstände ersatzlos und es ist mit hohen Strafen zu rechnen!

Textilien

Dekorative **Batikbilder und -textilien** (Sarongs, Kleidungsstücke, Taschen usw.) sind ein beliebtes Mitbringsel. Sie brauchen wenig Platz im Gepäck und ein Batik-Sarong kann zugleich als Kleidungsstück und als Decke benutzt werden. Die Batikmalerei hat zwar ihren Ursprung in Yogyakarta auf Java, wird aber auch in Bali verkauft. Da es große qualitative Unterschiede gibt, variieren die Preise erheblich. Vorsicht: Oft werden billige Drucke, die beim Waschen stark ausfärben, als echte Batik angeboten.

Mit Goldfäden durchwirkte **Songket-Stoffe** für festliche Kleidungsstücke werden vor allem in Blayu (West-Bali) gewebt und teuer verkauft. **Ikat-Decken** von den östlichen indonesischen Inseln Flores und Sumba, handgesponnen und mit Naturfarben gefärbt, erzielen in den Touristenzentren Höchstpreise. Preiswertere Stoffe werden zu Taschen oder Kleidungsstücken verarbeitet.

Kleidung für Touristen, von T-Shirts in allen Farben über Badebekleidung und schicke Klamotten bis zu grellbunten Shorts, gibt es vor allem in Kuta, Legian und Seminyak. Neben den billigen Kopien bekannter Surf- und Lifestylemarken bringen kreative Designer Jahr für Jahr neue Erfolgsmodelle auf den Markt, die mit etwas Verspätung auch in Deutschland zum vielfachen Preis angeboten werden. Wer nach dem Bali-Aufenthalt noch nach Java reist, sollte sich beim Einkaufen zurückhalten, denn dort sind die Preise deutlich niedriger.

Kunst, Kunsthandwerk und weitere Souvenirs

Wer in Bali **Silberschmuck** kaufen oder anfertigen lassen möchte, sollte auf dem Weg nach Mas einen Zwischenstopp in Celuk einlegen. Auch in Kamasan bei Klungkung wird Silber zu Schmuck und dekorativen Gegenständen verarbeitet.

Mas, das balinesische Dorf der Brahmanen, ist Zentrum der **Holzschnitzer**. Kunstvolle Masken und Statuen aus Edelhölzern, aber auch Möbel werden zu beachtlichen Preisen angeboten. Preiswertere, bunt bemalte Stücke schnitzt man in Sukawati, Möbel in Batuan und Pengosekan sowie an der Jl. Bypass Ngurah Rai bei Sanur, echt wirkende Tiere und Pflanzen in Teges, Tegallalang und Pujung.

Walter Spies und Rudolf Bonnet begründeten in Ubud die moderne **Malerei**, die heute noch hier beheimatet ist. In den Dörfern der Umgebung kann man Künstlern bei der Arbeit über die Schulter schauen und die Gemälde zu einem günstigeren Preis als in den Kunstgalerien von Ubud bekommen. Im Dorf Penestanan sind die Young Artists zu Hause und in Kamasan die traditionellen Maler. Die dazu passenden Holzrahmen werden u. a. in Petulu gefertigt.

Die **Schattenspielfiguren** aus Büffelleder, *Wayang Kulit*, stammen überwiegend aus Yogyakarta. Selten werden noch balinesische Figuren aus Sukawati oder Klungkung angeboten.

Wer eine **Steinstatue** in Batubulan oder direkt bei den Steinmetzen in den nördlichen Nachbarorten Singapadu oder Kutri kauft, sollte eine der zahlreichen Speditionen in Anspruch nehmen. Da mindestens 1 m³ (unabhängig vom Gewicht) bezahlt werden muss, lohnt es sich oft, noch zuzuladen.

Weitere beliebte Mitbringsel sind Muschelschmuck, Knochenschnitzereien, Messingwaren, bunte Mobiles, Windspiele, Korbwaren und *Lontar*-Bücher, aber auch *Kretek* (Nelken-Zigaretten). Dabei sollten immer die jeweiligen Zollbestimmungen beachtet werden.

Weitere Tipps sind in den Regionalkapiteln zu finden.

www.stefan-loose.de/bali

EINKAUFEN

Handeln

Außerhalb der großen Geschäfte mit Fixpreisen gehört das Handeln zum Einkaufen dazu. Die Preise werden je nach Geschick des Käufers und Laune des Verkäufers gemacht. Keiner sollte sich dabei betrogen fühlen, sondern sich der Aufforderung, ins Gespräch zu kommen und die Kunst des Handelns zu erlernen, stellen. Fast alle Verkäufer lassen mit sich reden. Falls nicht, sollte man lieber woanders einkaufen.

Zunächst gilt es zu überlegen, welchen Preis man selbst gerne zahlen würde. Der vom Verkäufer zuerst genannte Preis ist eigentlich immer deutlich überhöht. Zuerst sollte man kein Gegengebot nennen, sondern mindestens einen zweiten, niedrigeren Preis einfordern. Jetzt kann ein Gebot von etwa der Hälfte des genannten Preises abgegeben werden. Nun geht es hin und her und je nach Verhandlungsgeschick und Sympathiepunkten kann ein erheblich günstigerer Preis ausgehandelt werden. Sollten die Verhandlungen dennoch ins Stocken geraten und der Preis nicht den eigenen Vorstellungen entsprechen, lohnt es sich, mit einer überzogenen Geste dem Straßenhändler den Rücken zu kehren und davonzulaufen. Oft wird man dann noch einmal zurückgerufen und erhält das Produkt doch zum gewünschten Preis.

In der Regel lohnt es sich, kein übermäßiges Interesse am ausgewählten Produkt zu zeigen und mit den Einkäufen zu warten, bis man sich einen Überblick über die Preisspannen verschafft hat. Auch helfen ein gesunder Teint sowie ein paar Worte Indonesisch dabei, einen günstigeren Preis zu bekommen. Die Preise in den Touristenzentren sind meist überhöht. Auch sollte man sich beim Einkaufen nicht von einem Guide begleiten lassen, der am Ende eine hohe Provision kassiert.

Gleichzeitig gilt es, als Käufer nicht durch unrealistisch niedrige Preisforderungen respektlos gegenüber den Verkäufern zu erscheinen, die in Kleinbetrieben nicht selten auch die Hersteller der feilgebotenen Produkte sind. Auch ein Silberschmied oder ein Batikhändler muss nach Deckung seiner Kosten noch von etwas leben. Man bedenke stets den Bedeutungsunterschied, den 10 000 Rp für das Portemonnaie eines Touristen und eines Einheimischen haben.

Elektrizität

Die **Stromversorgung** auf Bali ist (für indonesische Verhältnisse) sehr gut und erreicht nahezu alle Dörfer. Unregelmäßige Stromausfälle kommen dennoch, besonders in der Regenzeit, vor. Sie können nur wenige Minuten, manchmal aber auch Stunden dauern und werden vornehmlich mit Dieselgeneratoren überbrückt. Zur Sicherheit sollte eine kleine Taschenlampe in keinem Reisegepäck fehlen.

Die meisten **Steckdosen** sind Schuko-Steckdosen, die auch als Stecker Typ F oder „deutsche Steckdosen" bekannt sind. Dieser Umstand ist den Holländern zu verdanken und macht in der Regel den Einsatz eines Adapters überflüssig. Selten findet man den Stecker Typ G (englische Steckdosen), der für drei flache Stifte konzipiert ist. Achtung: Die Steckdosen verfügen meist über keine Erdung, das Risiko eines Stromschlags ist daher deutlich höher als bei uns.

Wer elektronische Geräte mitbringt, muss mit standardmäßig 220 V und 50 Hz rechnen, genau wie in Deutschland. Die **Spannung** kann aber instabil sein und zwischen 110 und 310 Volt schwanken.

Auch die **Frequenz** kann 50 Hz deutlich über- und unterschreiten. Für empfindliche elektronische Geräte (wie z. B. Laptops) kann das in seltenen Fällen zum Problem werden. In größeren Hotelanlagen muss man sich darüber keine Gedanken machen. Hier gibt es meist einen Gleichrichter, der Schwankungen ausgleicht, sowie geerdete Steckdosen.

Essen und Trinken

Wie überall in Südostasien ist **Reis** das Grundnahrungsmittel Nummer eins. Berühmt ist die indonesische Küche für den Gebrauch ihrer **Gewürze**. Der Kampf europäischer Großmächte um das lukrative Monopol im Gewürzhandel (Molukken = „Gewürzinseln") zeugt von der historischen Bedeutung des Gewürzanbaus für den Archipel.

Balinesische Spezialitäten

Balinesische Spezialitäten sind Gerichte mit Enten- und Schweinefleisch sowie Süßspeisen aus Reis. Unbedingt probieren sollte man Bali-Ente, **Bebek Betutu**. Eine ganze Ente wird mit Haut und Knochen in einer scharfen Gewürzmischung mariniert und in Bananenblätter gewickelt gegart. Sie ist meist erst einen Tag nach Vorbestellung zu bekommen, da sie traditionell im Freien bis zu acht Stunden auf einer Glut aus Kokosnussschalen garen muss. Die Bananenblätter halten das Fleisch dabei zart und saftig, während die Marinade für die unverwechselbare Würze sorgt.

Babi Guling ist die balinesische Variante des Spanferkels und wird auf Festen serviert. Dafür wird das ganze Schwein immer wieder mit einer Mischung aus Kokosnussöl und Kurkuma begossen, damit es seine orangeschimmernde Farbe erhält. Mittags ist Babi Guling frisch gegrillt mit scharfen Beilagen an vielen kleinen Essenständen zu bekommen. In Restaurants wird es seltener angeboten.

Etwas ungewohnt schmecken einheimische **Süßspeisen**, die zumeist aus Klebreis, Palmzucker und Kokosmilch zubereitet werden, wie z. B. der beliebte Kuchen Wajik.

Typische indonesische Gerichte

Nasi Goreng

Das bekannteste Gericht des Landes besteht aus gebratenem weißem Reis mit Gemüse und Fleisch oder Krabben und süßer Sojasoße. Manchmal wird das Ganze noch von einem Spiegelei gekrönt. Dann heißt das Gericht Nasi Goreng Spesial. **Mie Goreng** ist das Gleiche mit Nudeln (*Mie* = "Nudeln"). Es wird sowohl zum Frühstück als auch zum Mittag- oder Abendessen oder auch als Zwischenmahlzeit serviert – die kulinarische Allzweckwaffe Indonesiens.

Nasi Campur

Das indonesische "Nationalgericht" bekommt man an Essenständen und in fast allen Restaurants. Zum Reis gibt es unterschiedliche, oft kalte Beilagen, meist verschiedene Gemüsesorten, geröstete Erdnüsse, Tempe (frittierte fermentierte Sojabohnen), Kokosraspeln, Rindfleisch oder auch Huhn, Fisch und Ei. Wie *Nasi Campur* werden auch *Nasi Rames* und *Nasi Rawon* (mit Erdnusssoße) zubereitet.

Nasi Padang/Makanan Padang

Die Gerichte, die aus verschiedensten Zutaten mit viel Chili zubereitet werden, liegen rot und gelb leuchtend in den Auslagen der Essenstände. Die hochkonzentrierte Schärfe der Speisen macht den Kühlschrank überflüssig und das Essen für Ungeübte zur Mutprobe. Fisch- und Hühnchencurry, Gemüse, getrocknetes Fleisch, extrascharf gewürztes Rindfleisch, Eier, Tempe, Tofu oder Aal werden aus einzelnen Schälchen kalt mit viel Reis serviert.

Vegetarier und Veganer

Für alle Vegetarier und Veganer gibt es eine gute Nachricht: Auch ohne den Verzehr von Fleisch kann man auf Bali überleben. Speisen wie Nasi Campur, Nasi Padang, Nasi Goreng, Mie Goreng oder Gado-Gado sind meistens vegetarisch, können aber auch tierische Bestandteile beinhalten. Schon bei der Bestellung der gewünschten Mahlzeit sollte darauf hingewiesen werden, dass man Vegetarier ist. Veganer müssen zudem darauf achten, dass keine Eier *(Telur)* ins Essen gemischt werden. Milch und Käse stehen ohnehin nicht auf der Speisekarte.

Da einige Balinesen unter einem Vegetarier jemanden verstehen, der kein Rind- und Schweinefleisch, aber Fisch und Geflügel isst, sollte genau erklärt werden, was man essen möchte. Fleisch kann z. B. mit Tempe (frittierte fermentierte Sojabohnen) oder Tofu substituiert werden.

Krupuk (Kräcker), oft und gern als Beilage gereicht, enthalten neben Weizen, Cassava und Tapioka meist auch Fisch oder Krabben. Auch hier sollte man vorsichtshalber nachfragen, da es auf den ersten Blick (oder Riecher) nicht immer ersichtlich ist. Gleiches gilt für manche Sorten Sambal.

ESSEN UND TRINKEN

Sop und Soto

Sop ist ein Eintopf aus Kokosmilch, Gemüse, Fleisch und Reis. Sop Buntut, auch als indonesische Ochsenschwanzsuppe bekannt, gilt als der Klassiker. Klare Suppen werden unter dem Begriff **Soto** zusammengefasst. Die bekannteste ist die Soto Ayam, eine Hühnersuppe, die meist mit Reis serviert wird.

Mie

Nudeln *(Mie)* kommen in Indonesien je nach Kombination unterschiedlich zubereitet auf den Tisch: als Suppe (z. B. **Mie Bakso** mit Fleischbällchen oder **Mie Rebus** mit Blattgemüse und Ei) oder gebraten (**Mie Goreng** Ayam mit Huhn oder Mie Goreng Daging mit Rindfleisch). Nudelsuppen sind ein gängiges und günstiges Gericht aus mobilen Garküchen.

Cap Cai

Cap Cai ist die indonesische Bezeichnung für das chinesische Chopsuey, ein Gericht aus gekochten, klein geschnittenen Gemüsestückchen, unter Umständen auch mit gebratenem Ei, Fleisch oder Krabben. Als Suppe heißt das Gericht *Cap Cai Kuah*. Einfaches gebratenes Gemüse ist **Sayur Goreng**.

Sate

Vor allem auf Märkten gibt es Stände, die diese kleinen Fleischspieße (sprich: Satee) verkaufen. Sie werden in Zucker und Gewürzen eingelegt und anschließend über Holzkohle gegrillt. Dazu gibt es eine würzig-süße Erdnusssoße. Man verwendet vor allem Ziegen- *(Kambing)* und Hühnerfleisch *(Ayam)*, auf Bali oft auch Schweinefleisch *(Babi)*.

Gado-Gado

Ein kalter Salat aus gekochtem Mischgemüse und Kartoffeln oder Lontong mit viel Sojasprossen, der mit Erdnusssoße angemacht wird. Dazu werden *Krupuk* (Krabbenmehlkräcker) gereicht.

Roti

Der allgemeine Ausdruck für Brot, zumeist Weißbrot. In den Touristenhochburgen gibt es Brote nach westlichem, auch deutschem, Geschmack.

Lontong

In Bananenblättern gekochter Klebreis, der oft als Beilage zu Sate oder Gado-Gado gereicht wird.

Pisang Goreng

Gebratene Bananen, als erstes Frühstück oder als Zwischenmahlzeit, sind auf jedem Markt erhältlich.

Getränke

Neben den üblichen Softdrinks können viele Fruchtsäfte, balinesische Weine, Kaffees und Tees probiert werden.

Alkoholische Getränke

Tuak (Palmwein) und **Brem** (Reiswein) steigen schnell zu Kopf und variieren sowohl geschmacklich als auch in ihrem Alkoholgehalt lokal stark voneinander.

Arak ist destillierter Reisschnaps und unberechenbar in seiner Wirkung. Er kann sowohl klar als auch milchig trüb sein.

Anggur Hitam ist eine Art süßlicher, dickflüssiger Rotwein, der als kräftigendes, gesundheitsförderndes Tonikum verkauft wird.

Bir (Bier) bekommt man ab 12 000 Rp je kleine Flasche. Am weitesten verbreitet ist die einheimische Marke Bintang, ein annehmbares Standard-Bier. Ebenfalls zu finden sind die lokalen Biere Bali Hai und Anker sowie die ausländischen Marken Heineken, Carlsberg und San Miguel.

Nichtalkoholische Getränke

Teh	Tee
… tawar / pahit	… ohne alles
… manis	… mit Zucker
… panas	… heiß
Susu	Milch, oft süße Dosenmilch
Susu Lembu	Kuhmilch
Coklat	Schokolade
Es	Eiswürfel
Kopi	Kaffee
Kopi Susu Es	Eiskaffee mit Milch
Air/Air putih	Wasser/Trinkwasser

Jus (…)	Fruchtsaft
Jus Jeruk	Orangensaft
Jus Jeruk Nipis	Limettensaft
Jus Mangga	Mangosaft
Air Kelapa Mudah	junge Kokosmilch
Es Buah	geraspeltes Eis mit Fruchtgelee

Keine Angst vor Eis

Der Genuss von eisgekühlten Getränken muss auf Bali kein Kopfzerbrechen bereiten, da selbst die Eiswürfel in einem kleinen Essenstand staatlich kontrolliert und stets aus abgekochtem Wasser industriell hergestellt werden.

Früchte

Alpukat Avocado
Belimbing Karambola bzw. Sternfrucht. Bis zu 12 cm große, gelbe oder grünliche Frucht, sauer.
Delima Granatapfel
Duku Samtige, taubeneigroße Frucht, süß, mit weißem, durchscheinendem Fruchtfleisch.
Durian Stachelfrucht, Stinkfrucht. Grüne und stachelige Frucht bis zur Größe einer Wassermelone. Wegen des eigenartigen, strengen Geruchs, der von der „Königin der Früchte" ausgeht, ist ihr Genuss in vielen Hotels verboten und wird von vielen Europäern gemieden. Hingegen schwelgen Indonesier während der Erntezeit im Durian-Rausch. Es ist gesundheitlich riskant, sie zusammen mit Alkohol zu genießen, da der Körper stark erhitzt wird. Durian wird in großen Mengen eine berauschende, aphrodisierende Wirkung nachgesagt.
Jambu Air Rosenapfel. Kleine, rote, glatte, glänzende Frucht, festes, süßes Fruchtfleisch. Schnell verderblich.
Jambu Biji Guave. Grünlich gelbe Frucht, rosafarbenes oder gelbes Fruchtfleisch mit winzigen Samen, apfelartige Konsistenz.
Jambu Bol Malacca-Apfel. Große rötliche Frucht.
Jambu Monyet Cashew-Apfel. Dessen Kern ist die Cashewnuss.

Dringende Warnung vor billigem Arak

In den letzten Jahren gab es vermehrt durch illegal destillierten Arak hervorgerufene Todesfälle, auch unter Touristen, auf Bali und Lombok, daher sollte man auf billige Arak-Cocktails unbedingt verzichten (weitere Informationen S. 380)!

Jeruk Zitrusfrüchte. Jeruk Bali = Pomelo, Jeruk Besar = Grapefruit, Jeruk Manis = Orange, Jeruk Kepruk = Mandarine, Jeruk Asam = Limone/Limette.
Kecapi Santolfrucht. Orangengroß, mit flaumiger, gelber Schale und weißem Fruchtfleisch.
Kedongdong Goldapfel oder Apfelmango. Kleine, grün-gelbliche Frucht mit großem Kern.
Kelapa Kokosnuss
Longan Longanfrucht, auch Mata Kucing (Katzenauge) genannt. Klein, braun, rauschalig, wird in Bündeln verkauft, süßsaurer Geschmack, im reifen Zustand dann süßlich wie Litschi.
Mangga Mango
Manggis Mangosteen. Apfelgroße, schwarzlila Frucht, süßsaure Fruchtsegmente. Saft der Schale stark färbend. Nie mit Zucker süßen.
Markisa Passionsfrucht. Grün bis rötlich-violette Frucht.
Nanas Ananas
Nangka Jackfrucht. Die ovalen, grünen Früchte (bis 20 kg schwer!) haben süßes, gelbes Fruchtfleisch. Wird auch als Kochgemüse verwendet.
Papaya Papaya. Melonenähnliche, grünlichgelbe Frucht mit orangefarbenem oder gelbem Fruchtfleisch, mit Limettensaft probieren.
Pisang Banane
Rambutan Rambutan. Haarige, pflaumengroße, rötlich-gelbe Frucht. Unter der weichen Schale verbirgt sich ein süßes, weißes Fruchtfleisch. In der Mitte ein großer Kern.
Salak Schlangenfrucht. Kleine, braune Frucht, deren feste Schale an eine Schlangenhaut erinnert, apfelartiger Geschmack der Fruchtsegmente. Schnell verderblich.
Sawo Sapotillapfel. Braun, in Form einer Kartoffel, Geschmack ähnlich einer reifen Birne.
Semangka Wassermelone
Sirsak Sauersack, Stachelanone. Lange, herzförmige, grüne Frucht. Das weiße und saftige

Bali-Wein

Im Norden der Insel werden seit über 100 Jahren Trauben geerntet, die bis Anfang der 1990er-Jahre ausschließlich als Obst verkauft oder zu süßem *Anggur Hitam* vergoren wurden. Wie im gesamten südostasiatischen Raum hat das Keltern von Wein keinerlei Tradition. Weder der klebrig-süße Rotwein noch der Reiswein entsprachen dem Geschmack der Touristen, die auf teure, importierte Weine angewiesen waren. Doch die erfolgreiche Zusammenarbeit von I.B. Rai Budarsa, dem Besitzer einer Reiswein-Kelterei, und Vincent Desplat, einem französischen Winzer, machte es möglich: **Hatten Wines**, 🖥 www.hattenwines.com, ein dem westlichen Geschmack entsprechender Wein, wird seit 1994 im Nordwesten der Insel angebaut und gekeltert. Das erste, gut eingeführte Produkt ist der fruchtige, frische Rosé, der auch zu den würzigen indonesischen Speisen passt. Daneben werden sieben weitere Weine hergestellt. Die Produkte der ersten balinesischen Winzer sind in vielen Hotels, Restaurants und Supermärkten erhältlich.

Wem auch die Hatten-Weine nicht zusagen, der kann die auf Bali hergestellten Weine von **Plaga Wine**, 🖥 www.plagawine.com, probieren. Sie werden aus importierten australischen und chilenischen Trauben auf Bali unter Aufsicht eines Argentiniers gekeltert – ein wahrhaft multikulturelles Produkt. Flaschen kosten 150 000–200 000 Rp und sind in den großen Supermärkten zu bekommen.

Fruchtfleisch mit schwarzen Samen eignet sich sehr gut für Fruchtsäfte, die es in Indonesien auch abgefüllt zu kaufen gibt.

Gemüse

Bawang Merah/Putih	Zwiebel/Knoblauch
Jagung	Mais
Kacang	Erdnüsse
Kacang Hijau	grüne Bohnen
Kangkung	Wasserspinat, Nachtschattengewächs, das wie eine Kreuzung aus Spinat und Weißkohl schmeckt
Kentang	Kartoffel
Kol	Kohl
Kol Bunga (Hijau)	Blumenkohl (Brokkoli)
Tahu/Tau	Tofu
Tomat	Tomate
Ubi Kayu	Maniok, Kassava, Brotwurzel, Wurzelknollen, die auch in trockenen Böden gedeihen und ähnlich wie Kartoffeln verwendet werden, mehlige Konsistenz
Wortel	Karotte

Fleisch und Fisch

Daging	Fleisch
Ayam	Huhn
Babi	Schwein
Bakso	Fleischbällchen, die besonders in Suppen verwendet werden
Bebek	Ente
Kambing	Ziege
Sapi	Rind
Tanpa daging	fleischlos, ohne Fleisch
Ikan	Fisch
Cumi-cumi	Tintenfisch
Siput	Muscheln, Schnecken
Tongkol	Thunfisch
Udang	Krabbe, Shrimp
Udang galah	Hummer

Gewürze

Asam	Tamarinde
Bawang Putih	Knoblauch
Cengkeh	Nelken

Garam	Salz
Gula	Zucker
Jahe	Ingwer
Kayu manis	Zimt
Kepulaga	Kardamom
Ketumbar	Koriander
Cabe	Chili
Lada, Merica	Pfeffer
Biji pala	Muskatnuss
Serai	Zitronengras

Außerdem runden folgende Bestandteile ein Essen geschmacklich ab:

Santan	Kokosmilch
Krupuk	in Öl gebackene Krabbenmehlkräcker
Kecap manis	süße Sojasoße
Sambal	Chilipaste/-soße

Weitere Begriffe sind im Sprachführer ab S. 412 zu finden.

Wo essen?

Warung

Viele kleine Garküchen, sogenannte Warung, bieten warme Mahlzeiten zu erstaunlich günstigen Preisen an. Während einige hausgemachte Leckereien verkaufen, kochen andere lediglich Instant-Nudelsuppen auf und geben auf Wunsch ein paar einfache Zutaten bei.

Es ist in den Touristenzentren kein Problem, zu jeder Tageszeit etwas Essbares zu bekommen, außer während einiger inselweiter Feiertage (*Nyepi* und *Galungan* auf Bali sowie während des islamischen Fastenmonats Ramadan auf Lombok).

Auf dem Land sind die Essensmöglichkeiten zumeist auf einfache Warung begrenzt. Höchstens die **Essensmärkte** auf Straßen oder großen Plätzen locken mit einem umfangreicheren Angebot. Fast jeder Stand bietet andere, frisch zubereitete Spezialitäten: *Sate, Krupuk*, Klebreis, gebackene Bananen, aber auch komplette Gerichte.

Hingegen gibt es in den Touristenzentren auf Bali ein vielfältiges Überangebot. Neben den unzähligen Restaurants, die auch westliche Speisen anbieten, finden sich auf Märkten und abseits der Ballungsräume viele Warung. Wer hier essen möchte, braucht bloß Fahrer oder Guides zu fragen, wo sie essen.

Rumah Makan

In billigen einheimischen Restaurants, *Rumah Makan*, muss es nicht unbedingt schlecht schmecken. In der Mittagshitze sitzt man angenehmer und vor allem kühler als in den Warung. Das Essensangebot ist zumeist in Schüsseln und auf Platten am Eingang unter Glas aufgestellt. Man sucht sich die Gerichte heraus, die man haben möchte. Das Essen ist oft kalt, doch durch die reichlichen Mengen an Chilis oder ausgiebiges Frittieren verdirbt es auch in der tropischen Hitze nicht schnell. Für ein Gericht zahlt man um 30 000 Rp.

Restaurants

Ebenfalls günstig sind die Gerichte in Restaurants in den Touristenzentren, die europäischem Geschmack angepasstes **Traveller-Food** servieren und oft einfachen Unterkünften angeschlossen sind. Das Angebot ist vielfältig und man muss weder auf Sandwiches, Pizza und Pasta

Moslemische Feiertage und Fastenzeiten 2015–2018		
Ramadan	**Idul Fitri**	**Idul Adha**
18.06.2015–17.07.2015	17.07.2015	23.09.2015
06.06.2016–05.07.2016	05.07.2016	11.09.2016
27.05.2017–25.06.2017	25.06.2017	01.09.2017
16.05.2018–14.06.2018	15.06.2018	22.08.2018

noch auf Pancakes verzichten. Die Preise pro Gericht liegen im Bereich zwischen 20 000 und 50 000 Rp.

Die qualitativ besten, aber auch teuersten **Restaurants** servieren hochwertige westliche wie asiatische Gerichte sowie leckeres Seafood. Einige Köche, die überwiegend aus westlichen Ländern stammen, haben in Bali zudem erfolgreich die kreative **Fusion Cuisine** etabliert. Sie nutzt traditionelle westliche und östliche Zutaten und Methoden, um völlig neue geschmackliche wie ästhetische Kreationen zu schaffen.

In fast allen Restaurants wird auf die ausgewiesenen Preise noch **Steuer und Trinkgeld** erhoben (je nach Preisklasse 5–21 %), in manchen aber nicht richtig darauf hingewiesen.

Fair reisen

Reisen wirkt sich auf die Umwelt und die besuchten Menschen aus. Das reicht von der An- bzw. Abreise über die Arbeitsbedingungen für Angestellte der Tourismusbranche bis zur Nutzung lokaler Ressourcen und dem Entstehen von Abfällen. Touristen verbrauchen durchschnittlich mehr Wasser und Strom und produzieren mehr CO_2 und Müll als Einheimische. Viele Lebensmittel, die Touristen im Ausland verzehren, müssen umweltschädlich importiert werden. Beschäftigte im Tourismus werden meist schlecht bezahlt, arbeiten weit über acht Stunden täglich und erhalten nur selten Sozialleistungen. Auch werden im Tourismus Menschenrechte verletzt, z. B. wenn Einheimische von ihrem Land vertrieben werden, damit neue Hotelanlagen entstehen können, oder Einheimische unter Wassermangel leiden, während Touristen nebenan üppige Badelandschaften genießen. Zudem gibt es im Tourismus noch immer zahlreiche Fälle von Prostitution Minderjähriger und Kinderarbeit.

Natürlich hat der Tourismus gute Seiten. Er hat vielen Menschen einen Weg aus der Armut aufgezeigt, ihnen einen Beruf und Weiterbildung verschafft. Er stimuliert lokale Investitionen, verbindet Kulturen und trägt zur Gleichberechtigung der Geschlechter bei. Außerdem hat er vielerorts Naturräume geschützt, die ohne Touristen zerstört worden wären.

Tipps für umweltbewusstes und sozial verträgliches Reisen

Beim Reisen ist jeder Einzelne gefordert, auch in Ländern, in denen die Bevölkerung sich selbst nicht immer umweltbewusst verhält. Das Argument „Die Einheimischen machen das doch auch" ist wenig überzeugend. Besser mit gutem Beispiel vorangehen und die goldene Regel anwenden: Jeden Ort so verlassen, wie man ihn selbst gerne vorfinden würde.

Umweltbewusst reisen

- Den durch die An- bzw. Abreise verursachten **CO_2-Ausstoß** (Flug, Bus, Schiff, Zug) mithilfe des Kompensationsprogramms einer Klimaagentur neutralisieren (S. 35).
- Bei **Busausflügen** den Fahrer bitten, den Motor auszuschalten.
- Keine **Souvenirs** aus bedrohten Pflanzen oder Tieren kaufen! Das Washingtoner Artenschutzabkommen verbietet deren Import nach Europa.
- **Klimaanlagen** vermeiden bzw. in jedem Fall Licht und AC ausstellen, wenn man das Zimmer verlässt.
- Mit **Wasser** immer sparsam umgehen. Duschen statt baden.
- Eine **Flasche** von zu Hause mitbringen oder Plastikflaschen wiederverwenden und in Hotels oder Restaurants auffüllen lassen.
- Toilettenpapier und **Hygieneartikel** nicht in die Toilette, sondern in die danebenstehenden Eimer werfen!
- Von zu Hause biologisch abbaubare **Shampoos und Seifen** mitbringen.
- Für Einkäufe einen **Baumwollbeutel** mitbringen; die Ware nicht in Tüten packen lassen.

Sozial verantwortlich reisen

- Auf **respektvollen Umgang** mit der Bevölkerung und den Angestellten der

Tourismusbetriebe achten und ggf. auch Mitreisende darauf hinweisen.
- Den persönlichen **Wohlstand nicht zur Schau stellen**. Bettelnden Kindern kein Geld geben. Wirksamer ist es, einer lokalen Kinderhilfsorganisation Geld zu spenden.
- Kleinen lokalen Hotels, Restaurants, Veranstaltern, Guides etc. gegenüber großen Ketten den Vorzug geben – das erhöht die Chance, **zu lokalen Einkommen beizutragen**.
- **Kunsthandwerk** möglichst direkt beim Produzenten bzw. Kleinunternehmer kaufen und große Zwischenhändler umgehen.
- Landwirtschaftliche **Produkte aus der Umgebung** statt importierte Waren kaufen.

Besuch von Naturschutzgebieten, Trekking- und Kajaktouren
- Den **ökologischen Fußabdruck** minimieren: Plastikmüll vermeiden, organischen Müll vergraben, nichtorganischen mit in die nächste Stadt nehmen sowie Flora und Fauna ungestört lassen.
- Ehrgeizige Reisende sammeln den herumliegenden **Müll** auf einer Trekkingroute bzw. beim Schnorcheln oder Tauchen auf – eine schöne Art, Mitreisende und die lokale Bevölkerung für das Thema zu sensibilisieren.
- Beim **Buchen eines Treks** möglichst darauf achten, dass die Agentur ihren Mitarbeitern (Guides, Trägern, Köchen etc.) gesetzliche Arbeitnehmeransprüche wie Mindestlohn, Ausrüstung und Verpflegung garantiert. In ländlichen Gebieten nachfragen, ob die lokale Bevölkerung von dem Besuch profitiert.

Nützliche Adressen

Wer mehr zum Thema „umweltfreundliches und sozial verantwortliches Reisen" wissen möchte, findet bei folgenden Adressen Anregungen:
Brot für die Welt – Tourism Watch, Caroline-Michaelis-Str. 1, 10115 Berlin, ✆ 030-6521 11806, 🖥 www.tourism-watch.de. Website mit Hintergrundberichten zu den Themen Tourismuspolitik,

 Fair und grün – gewusst wo

Einrichtungen, die sich durch besonders umweltfreundliches oder sozial verträgliches Verhalten auszeichnen, sind in diesem Buch mit einem Baumsymbol gekennzeichnet. Sie verwenden zum Beispiel Solarenergie, bieten Bioprodukte an, zahlen faire Löhne, investieren ihre Gewinne in soziale Projekte, propagieren einen nachhaltigen Tourismus oder stellen Besuchern Informationen für umweltverträgliches Verhalten bereit.

Umwelt, Menschenrechte und Wirtschaft. Zudem Links, Literaturkritiken und Veranstaltungshinweise.

CSR-Tourism-Certified und forum anders reisen, 🖥 www.tourcert.org, www.forumandersreisen.de. Seit 2009 können sich Tourismusunternehmen mit dem Siegel „CSR-Tourism-Certified" auszeichnen lassen. Es bewertet die gesamte Dienstleistungskette einer Reise. Die meisten dieser Veranstalter sind im forum anders reisen organisiert. Sie streben eine nachhaltige Tourismusform an, die laut eigenen Angaben „langfristig ökologisch tragbar, wirtschaftlich machbar sowie ethisch und sozial gerecht für ortsansässige Gemeinschaften sein soll".

Fair unterwegs, arbeitskreis tourismus & entwicklung, Missionsstr. 21, 4003 Basel, ✆ +41-61-261 4742, 🖥 www.fairunterwegs.org. Sehr umfangreicher Webauftritt mit aktuellen Hintergrundinfos, Themen, die von Menschenrechten über Ethik bis zu Tourismuskritik reichen, Länderprofilen und Tipps zum fairen Reisen. An junge Leute richten sich die Informationen und Angebote (z. B. zu Freiwilligenarbeit) im Bereich jung&fair.

Weitere Webadressen und Buchtipps unter 🖥 www.stefan-loose.de.

Feste und Feiertage

Einen Grund, ein Fest zu feiern, finden Balinesen fast täglich. Die meisten Feierlichkeiten sind religiöser Natur und wiederholen sich nach dem

Staatliche Feiertage

1. Januar	Neujahr
Januar/Februar	Chinesisches Neujahr
März	Nyepi (balinesisches Neujahr)
März/April	Karfreitag, Ostersonntag
21. April	Kartini-Tag (indonesischer Muttertag)
Mai	Christi Himmelfahrt
17. August	Indonesischer Unabhängigkeitstag
25. Dezember	Weihnachten

Bewegliche Feiertage:
- Geburtstag des Propheten Muhammad
- Muhammads Himmelfahrt
- Buddhas Geburtstag (Wesak)
- Idul Fitri (Fest zum Ende des Ramadan)
- Islamisches Opferfest
- Islamisches Neujahrsfest

Pawukon-Kalender alle 210 Tage. Andere Feste richten sich nach dem islamischen oder gregorianischen Kalender, viele auch nach dem Mondkalender. Die wichtigsten Zeremonien und Feste sind ab S. 118 beschrieben, die Kalender ab S. 117.

Auf Bali gibt es staatliche, moslemische, chinesische, buddhistische, christliche und örtliche Feiertage. Verschiedene Feiertage folgen verschiedenen Kalendersystemen und fallen jedes Jahr auf einen anderen Tag. Die Daten der religiösen Feiertage und Feste findet man in der in den Touristinformationen erhältlichen Broschüre *Calender of Events*, unter 🖥 www.asien-feste. de oder 🖥 www.balitrips.net/temple_ceremony/ calender_of_event.html.

Fotografieren

Dass man die Kamera wie eine Waffe handhaben kann und sie auch wie eine solche empfunden wird, wissen wir nicht erst, seitdem der Tourismus die entferntesten Winkel der Welt entdeckt hat. Gerade das Fotografieren von Menschen erfordert Respekt und Sensibilität. Oft genügt es schon, sich vorzustellen, wie es ist, eine Kamera auf sich gerichtet zu fühlen, noch dazu bei so privaten Tätigkeiten wie Essen, Schlafen, Beten oder beim Feiern von Festen.

Vor allem ältere Menschen haben manchmal Angst davor, auf Fotos festgehalten zu werden, da sie glauben, dass ihre Seele nach dem Tod auf dem Foto gefangen gehalten wird. Kinder hingegen sind zumeist ganz wild darauf, ein Foto von sich schießen zu lassen und haben großen Spaß daran, die Bilder auf dem Display zu betrachten.

Die besten Fotos entstehen, wenn man sich viel Zeit nimmt, sich mit den Menschen unterhält, Witze macht und immer wieder lächelt. Das entspannt die Atmosphäre und im Ergebnis hat man nicht nur schönere Fotos, sondern auch eine spannende Erfahrung gemacht. Unbedingt sollte das Gegenüber mit einem freundlichen *„Boleh foto?"* um Erlaubnis gefragt werden.

Balinesische Feiertage 2015–2018

Galungan (Mi)	Kuninganz (Sa)	Nyepi
15.07.2015	25.07.2015	21.03.2015
10.02.2016	20.02.2016	09.03.2016
07.09.2016	17.09.2016	28.03.2017
05.04.2017	15.04.2017	17.03.2018
01.11.2017	11.11.2017	
30.05.2018	09.06.2018	
Mehr zum balinesischen Kalender S. 117		

Die elementarsten Regeln der Höflichkeit sollten auch beim Fotografieren eingehalten werden. Sich bei Zeremonien und religiösen Handlungen diskret im Hintergrund zu halten, ist nur eine davon. Mit Geld oder Geschenken Bilder zu erkaufen, ist eine entwürdigende Instrumentalisierung und wird auch so empfunden.

Wer sich nicht mit Digitalkameras anfreunden kann, sollte sich ausreichend mit Fotofilmen eindecken. Diese sind auf Bali zwar teils noch erhältlich, liegen aber oft schon Jahre in den Auslagen und sind hoher Luftfeuchtigkeit, Sonnenlicht und Hitze ausgesetzt.

Frauen unterwegs

Das Risiko, ernsthaft belästigt zu werden, ist auf Bali relativ gering. Harmlose Anmache ist meist mit einer guten Portion Humor und selbstsicherem Auftreten zu ertragen. Auf Lombok ist jedoch mehr Vorsicht geboten. Grundsätzlich sollten einige **Verhaltensregeln** beachtet werden.

Lockere Umgangsformen und allzu luftige Kleidung können zu unangenehmen Missverständnissen führen. Außerhalb der Touristenzentren auf Bali und auf ganz Lombok gilt es als unsittlich, Männern direkt ins Gesicht zu sehen, keinen BH zu tragen oder zu viel von Schulter oder Beinen zu zeigen. Ein realer oder fiktiver Ehemann, im Idealfall mit Foto, kann hilfreich sein. Schwanger oder gar mit Kindern wird eine Frau in den heiligen Status der Mutter erhoben und nahezu unantastbar.

Andere Situationen sind generell gefährlich: vom kostenlosen Übernachten in Wohnungen selbst ernannter Guides bis zu nächtlichen Spaziergängen an einsamen Stränden oder durch unbelebte Stadtviertel. Es empfiehlt sich auch, um Gruppen betrunkener Männer einen großen Bogen zu machen.

Anfassen ist nicht immer als Anmache zu verstehen. Indonesier berühren die Haut, auch die von Männern, und bewundern die helle Farbe, ein Kennzeichen für Menschen, die es nicht nötig haben, auf den Feldern zu arbeiten. Trotzdem ist es wichtig zu wissen, dass sich einhei-

mische Frauen eine solche Berührung von fremden Männern niemals gefallen lassen würden.

Ein Phänomen, das in vielen Urlaubsorten zu beobachten ist, sind die **Strandboys** (Buaya = Krokodile). Gut aussehend, außerordentlich charmant und chronisch pleite haben es sich viele dieser jungen Männer zum Hauptberuf gemacht, Touristinnen zu betören und sich als Ferienflirt zur Verfügung zu stellen. Neben Spaß spielt dabei vor allem Geld eine große Rolle.

In Bali ist die Anmache allerdings längst nicht so groß wie in einigen Ländern Nordafrikas oder im Vorderen Orient und Frauen können die Insel nahezu bedenkenlos allein erkunden.

Geld

Währung

Währungseinheit in Indonesien ist die indonesische **Rupiah** (Rp). In Umlauf sind Banknoten zu 1000, 2000, 5000, 10 000, 20 000, 50 000 und 100 000 Rp. Die Aluminiummünzen, die an die Währung der DDR erinnern, gibt es im Wert von 50, 100, 200, 500 und 1000 Rp. Anstelle der Münzen werden oft kleine Naschereien als Wechselgeld gegeben. Besondere Vorsicht gilt beim Ausgeben von Scheinen zu 10 000 Rp und 100 000 Rp, da diese leicht verwechselt werden können.

Größere Beträge werden in Dollar angegeben und können meistens mit Dollars, Euro oder Rupiah gezahlt werden.

Vorsicht beim Geldwechsel

Bei allzu verlockenden Wechselkursen ist Vorsicht geboten: Sollte ein Moneychanger einen verdächtig guten Kurs anbieten, bekommt man oft Falschgeld, alte Scheine, die nicht mehr im Umlauf sind, zu wenig Geld oder es wird im Nachhinein eine Kommission erhoben, die es eigentlich nicht geben sollte. Auch getürkte Taschenrechner finden Verwendung; also am besten mit dem Rechner im Handy selbst nachrechnen.

TRAVELTIPPS VON A BIS Z

Geldwechsel

Die **Öffnungszeiten** der Banken sind für gewöhnlich Mo–Fr (außer feiertags) von 8–15 Uhr. In den meisten Wechselstuben kann täglich von 8–22 Uhr Geld gewechselt werden.

Neben Banken tauschen **Moneychanger** sowohl Bargeld als auch Reiseschecks. Reiseschecks europäischer Währungen (vor allem €, £ und sFr) erzielen neben dem US$ die besten Wechselkurse.

Bargeld

Bargeld birgt das größte Risiko, da bei Diebstahl alles weg ist. Doch mit ein paar US$-Noten kann schnell ein Taxi oder die Airport Tax bezahlt werden. Dollarscheine sind überall bekannt, aber auch Euro-Scheine werden auf Bali akzeptiert.

Travellers Cheques

Sicherheit bieten Travellers Cheques, die gegen 1 % Provision bei jeder Bank erhältlich sind. US$-, €-, £- oder sFr-Reiseschecks von AMEXCO (American Express), Visa oder Thomas Cook können in den Touristenzentren eingelöst werden. Da die Gebühr beim Einlösen pro Scheck berechnet wird, sollten lieber Schecks mit einem hohen Wert mitgenommen werden. Bei Verlust oder Diebstahl werden sie im nächsten Vertragsbüro ersetzt. Wichtig ist, dass für den Nachweis die Kaufabrechnung an einer anderen Stelle aufbewahrt wird als die Schecks.

Wechselkurse	
1 € = 15 496 Rp	10 000 Rp = 0,64 €
1 sFr = 12 796 Rp	10 000 Rp = 0,78 sFr
1 US$ = 11 682 Rp	10 000 Rp = 0,86 US$

Aktuelle Wechselkurse sind im Internet einzusehen unter 🖥 www.oanda.com oder 🖥 de.finance.yahoo.com/waehrungen/waehrungsrechner.

Außerdem hilft eine Aufstellung aller bereits eingelösten Schecks, denn diese werden natürlich nicht ersetzt.

Verlust der Travellers Cheques

Bei Verlust ist **Pacto Ltd.**, Jl. By Pass Ngurah Rai 378, Sanur, ✆ 0361-288247, 📠 288240, 🖥 www.pactoltd.com, der Ansprechpartner. Theoretisch ⏰ 7.30–21 Uhr, aber nur Mo–Sa 8–16 Uhr ist das Büro komplett besetzt. Geldüberweisungen (MoneyGram) über dieses Büro funktionieren zuverlässig.

Geld- und Kreditkarten

Bei den großen Banken kann mit der Geheimzahl und einer Master- oder Visa-Karte sowie mit Bankkarten mit Maestro- oder Cirrus-Symbol Geld aus dem **Geldautomaten** (ATM) abgehoben werden, mit manch anderen Bankkarten klappt dies allerdings nicht! Deshalb ist es erforderlich, vor der Abreise bei der heimischen Bank nachzufragen und evtl. die internationale Kartensperre aufheben zu lassen. Auch der Maximalbetrag, meist 500–1000 € pro Tag, und die Gebühren pro Transaktion variieren von Bank zu Bank. Umgerechnet wird zum tagesaktuellen Briefkurs.

Kostenlos ist die Abhebung mit der Postbank Sparcard zehnmal jährlich an Visa/Plus-Automaten und mit einer Visa-Karte verschiedener Direktbanken, wie der Deutschen Kreditbank (DKB), 🖥 www.dkb.de, oder der Comdirect, 🖥 www.comdirect.de, unlimitiert oft.

Geldautomaten gibt es in allen wichtigen touristischen Destinationen auf Bali und zunehmend auch in den ländlichen Zentren. Der Höchstbetrag pro Abhebung liegt bei Automaten, die nur 50 000-Rp-Scheine ausspucken, meist bei 1,25 Mio. Rp, bei 100 000-Rp-Automaten bei 2,5 Mio. Rp. Am Flughafen und in Denpasar können Inhaber einer Citibank-Karte bis zu 5 Mio. Rp pro Abhebung vom Automaten bekommen. Auf Lombok ist die Geldautomaten-Dichte noch deutlich niedriger.

Mit Kreditkarten können höhere Summen beglichen werden, allerdings wird bei einer

50   GELD

www.stefan-loose.de/bali

Kreditkartenbetrug

Die Kreditkarte darf beim Bezahlen nicht aus den Augen gelassen werden, damit kein zweiter Kaufbeleg erstellt werden kann, auf dem später die Unterschrift gefälscht wird. Sie darf auch niemals in einem Safe, der auch anderen zugänglich ist, verwahrt werden. Schon viele Reisende mussten zu Hause den Kontoauszügen entnehmen, dass während ihrer Abwesenheit hemmungslos „geshoppt" wurde.

Zahlung häufig ein Aufschlag von 3 % verlangt, bei American Express sogar mehr. Verlust oder Diebstahl müssen sofort gemeldet werden, damit man gegen den Missbrauch der Karte abgesichert ist (maximale Haftung ca. 50 €).

Verlust der Kreditkarte

Beim Verlust deutscher Kredit- oder Maestrokarten kann man diese unter folgender einheitlicher Nummer sperren lassen: ✆ 0049-116116, alternativ ✆ 0049-30-4050 4050.

Verlust der Visa-Kreditkarte

Alle Visa-Kreditkarten (auch aus Österreich oder der Schweiz) werden von Visa International unter der aus Indonesien kostenlos erreichbaren Nummer ✆ 001-803-1-933-6294 gesperrt; unter ✆ 001-303-967-1096 besteht zudem die Möglichkeit, ein R-Gespräch zu führen.

Achtung: Selbstverständlich ist ein Anruf nicht kostenlos, wenn ein Handy mit deutscher, österreichischer oder Schweizer SIM-Karte verwendet wird!

Verlust der MasterCard

Alle MasterCard-Kreditkarten (auch aus Österreich oder der Schweiz) werden unter der aus Indonesien kostenlos erreichbaren Nummer ✆ 001-803-1-887-0623 gesperrt.

Verlust der American-Express-Karte

Bei American Express findet man als Deutscher unter ✆ 0049-(0)69-9797 2000 Hilfe. Schweizer wählen ✆ 0041-44-659 6900 und Österreicher ✆ 0043-810910.

Gepäck

Kleiderordnung

Das meistgetragene Kleidungsstück auf dem Land ist, neben Flip-Flops, der Wickelrock (Sarong). Auch Touristen können ihn außer zum Baden als Rock im Haus oder am Strand und als Tempelbekleidung tragen. Es ist empfehlenswert, ein ordentliches Kleidungsstück im Gepäck zu haben, falls man von Einheimischen eingeladen wird.

Bei der Auswahl der Kleidung empfiehlt sich eine Kombination aus lässig-bequemer und gut aussehender Kleidung. Auf Bali beurteilt man die Menschen weit mehr als in Europa nach ihrem äußeren Erscheinungsbild. Ein schmuddeliges oder sehr gewagtes Outfit stößt auf Ablehnung. Wäsche wird fast überall innerhalb von 24 Stunden für wenig Geld gewaschen und gebügelt. Am besten zählt man gemeinsam die Anzahl der Kleidungsstücke und notiert diese, damit bei der Abholung die Vollständigkeit der Wäsche überprüft werden kann.

Rucksäcke, Koffer und Taschen

Wer überwiegend mit öffentlichen Verkehrsmitteln unterwegs ist, reist am besten mit einem **Backpacker-Rucksack**. Beim Kauf probiert man ihn mit etwa 15 Kilo Inhalt an. Einen Kompromiss zwischen Koffer und Rucksack stellen die Koffer-Rucksäcke dar, die von der Vorderseite bepackt werden. Der heute so beliebte **Rollkoffer** ist auch auf Bali eine praktische Alternative, besonders wenn man nicht viel auf öffentliche Verkehrsmittel angewiesen ist.

Zusätzlich ist ein **Tages-Rucksack** von Vorteil, da er diebstahlsicherer und geräumiger ist als eine Handtasche. Wer im Urlaub zu viel eingekauft haben sollte, bekommt überall billige Koffer und Reisetaschen. Für Kameras benötigt man Fototaschen, die möglichst nicht von außen auf den wertvollen Inhalt schließen lassen.

Wertsachen wie Geld, Pässe und Flugtickets lassen sich am besten nah am Körper in einem breiten **Hüftgurt** aufbewahren. Unter Hosen und

TRAVELTIPPS VON A BIS Z

www.stefan-loose.de/bali

GEPÄCK **51**

✕ Gepäck-Check

Kleidung

- [ ] **Feste Schuhe** (für Trekking-Touren reichen bequeme Turnschuhe mit Profil meist aus)
- [ ] **Sandalen**
- [ ] **Flip-Flops** zum Duschen
- [ ] **Bequeme Hosen** bzw. **Röcke** aus Baumwolle
- [ ] **Kurze Hosen** (bei Männern mindestens bis zum halben Oberschenkel, bei Frauen bis zum Knie, Shorts und Minis ausschließlich am Strand)
- [ ] **Hemden, Blusen**
- [ ] **T-Shirts, Tops**
- [ ] **Jacke** oder **Pullover** (kühle Nächte in den Bergen und AC-Busse)
- [ ] **Regenschirm** (keine Gummijacke wegen Wärmestau)
- [ ] **Sonnenschutz**: Hut, Brille (in unzerbrechlicher Box)
- [ ] **Baumwollsocken**
- [ ] **Unterwäsche**
- [ ] **Badekleidung**

Hygiene und Pflege

- [ ] **Zahnbürste** und **Zahnpasta**
- [ ] **Shampoo** und andere Haarpflegemittel, die auf europäische Haare abgestimmt sind
- [ ] **Rasierer** (in abgelegenen Gebieten ist ein Nassrasierer zu bevorzugen)
- [ ] **Papiertaschentücher** oder **Feuchttücher** für die Hygiene unterwegs

- [ ] ausreichend **Tampons** (nur in den Touristenzentren auf Bali erhältlich)
- [ ] **Nagelclipper, -schere** und **-feile**
- [ ] **Nähzeug**

Sonstiges

- [ ] **Taschenlampe**
- [ ] **Taschenmesser**
- [ ] **Reiseapotheke** (S. 55)
- [ ] **Reisepass**
- [ ] **Internationaler Führerschein**
- [ ] **Impfpass**
- [ ] **Geld** (Kreditkarte, Bargeld, Reiseschecks, Abrechnungsbeleg über Schecks)
- [ ] **Kopien der Reisedokumente**
- [ ] **Reiseführer, Landkarten**
- [ ] **Reiselektüre**

Wer in einfachen Unterkünften wohnen wird, braucht zudem

- [ ] **Seife** im bruchsicheren Behälter
- [ ] dünnes **Handtuch**, das schnell trocknet
- [ ] **Waschmittel** in der Tube
- [ ] **Kordel** und **Klebeband**
- [ ] **Vorhängeschloss** (und kleine Schlösser für das Gepäck)
- [ ] **Moskitonetz** und Reißzwecken oder Klebeband zum Befestigen
- [ ] **Schlafsack** (leichter Leinenschlafsack, Bettbezug, zwei dünne Tücher oder ein Sarong)

locker fallenden Kleidern kann man ihn um die Hüfte gebunden unauffällig tragen. Alle Papiere, auch Bargeld, sollten zusätzlich durch eine Plastikhülle geschützt werden, denn Schweiß ist zerstörerisch und unleserliche Passstempel oder Flugtickets machen nur Ärger.

und rohe bzw. nicht ausreichend gekochte oder gebratene Speisen meidet und sich so weit wie möglich vor Mückenstichen schützt, braucht keine Angst vor schweren Krankheiten zu haben.

Eine alphabetische Aufstellung der wichtigsten Gesundheitsrisiken findet sich im Anhang, S. 422, unter Reisemedizin zum Nachschlagen.

Gesundheit

Auf Bali sind die Gesundheitsrisiken relativ gering. Sorge bereitet in letzter Zeit vor allem die starke Zunahme von Dengue-Fieber-Erkrankungen (Näheres S. 422). Wer ungeschältes Obst

Impfungen

Es ist ratsam, sich rechtzeitig um einen ausreichenden **Impfschutz** zu kümmern, vor allem um den Basisimpfschutz gegen Tetanus (Wundstarrkrampf), Polio und Diphterie aufzufrischen, wenn seit der letzten Impfung mehr als zehn Jahre vergangen sind.

Für Bali ist eine Immunisierung gegen Hepatitis A (S. 423), Tuberkulose und Typhus (S. 426) empfehlenswert. Manche Ärzte raten auch zum Schutz vor Hepatitis B, Tollwut und Japanischer Encephalitis.

Bei der Einreise nach Indonesien ist eine Impfung gegen Gelbfieber nur erforderlich, wenn man aus einem Infektionsgebiet (West- und Zentralafrika oder Südamerika) kommt.

Da die Impfungen bis zu acht Wochen vor Abflug erfolgen müssen, empfiehlt es sich, frühzeitig den Hausarzt oder ein tropenmedizinisches Institut zu konsultieren. Eine detaillierte Listung aller tropenmedizinisch weitergebildeten Ärzte findet sich unter 🖵 tropeninstitut.de/impfung/wo_impfen.php.

Alle Impfungen werden in einen **Internationalen Impfausweis** eingetragen, der zu den Reiseunterlagen gehört.

Medizinische Hilfe auf Bali

Im Vergleich zu einigen privaten Krankenhäusern, die westlichen Standard erreichen, sind die **öffentlichen Krankenhäuser** (RSU = *Rumah Sakit Umum*) merklich schlechter ausgestattet. Man sollte darauf vorbereitet sein, dass viele Dinge im indonesischen Gesundheitssystem anders funktionieren als daheim.

Nicht überall findet man öffentliche Krankenhäuser, sondern nur sogenannte *Puskesmas (Pusat Kesehatan Masyarakat),* Erste-Hilfe-Stationen oder Gesundheitszentren, in denen natürlich nicht in drei Acht-Stunden-Schichten gearbeitet wird. In vielen Krankenhäusern wird erwartet, dass die Familie für Medizin oder anderes Material sorgt und sich um das Essen des Patienten kümmert, d. h., in vielen Krankenhäusern wird nicht gekocht. Üblich ist auch, dass sich die gesamte Familie und viele Freunde fast rund um die Uhr am Krankenbett aufhalten.

Liegen schwierige Probleme vor oder steht eine **Operation** an, sollte der Patient möglichst nach Surabaya, Jakarta oder, noch sicherer, nach Singapore, Bangkok oder Darwin ausgeflogen werden.

Krankentransporte per Hubschrauber oder Flugzeug ins Ausland werden von **International SOS Assistance**, Pt. Abhaya Eka Astiti, 📞 0361-710505, 📠 710515, 🖵 www.sosindonesia.com, ausgeführt.

Die **Krankenhausbehandlung** in den öffentlichen Krankenhäusern ist bis auf die Aufnahmegebühr kostenfrei. Medikamente müssen hingegen selbst bezahlt werden, sind aber im Vergleich zu den in Europa üblichen Preisen günstig. Häufig lohnt es, auf frei praktizierende Ärzte zurückzugreifen. In größeren Städten gibt es medizinische Labors *(Laboratorium)*, die auch ohne Überweisung Tests (Stuhl, Urin, Malaria usw.) durchführen. Für kleinere Verletzungen und Schnittwunden steht in allen größeren Hotels ein medizinischer Dienst zur Verfügung.

Krankenhäuser auf Bali

Staatliche **Krankenhäuser** genießen nicht den besten Ruf. Deshalb sind hier nur die von Konsulaten empfohlenen aufgeführt:

Siloam Hospital Bali, Jl. Sunset Rd. 818, 📞 0361-779911, 📠 779933, 🖵 www.siloamhospitals.com. Seit Ende 2012 gibt es auf Bali eine Niederlassung der erfolgreichen indonesischen Krankenhauskette. Mehr als 350 Betten, internationaler Standard, moderne Geräte und die Möglichkeit,

---

Reisemedizin im Internet

Wer sich vor dem Besuch beim Tropenarzt schon einmal über die Gesundheitsrisiken in Bali kundig machen möchte, findet auf den folgenden Webseiten Informationen:

Arbeitskreis Hamburger Tropenmediziner
🖵 www.tropenmedizin.net
Centrum für Reisemedizin
🖵 www.crm.de
Deutsche Gesellschaft für Reise- und Touristik-Medizin
🖵 www.drtm-online.de
Deutsche Gesellschaft für Tropenmedizin und internationale Gesundheit
🖵 dtg.org
Reisemedizin
🖵 www.die-reisemedizin.de

Tropeninstitute

Deutschland

Berlin, Institut für Tropenmedizin und internationale Gesundheit, Spandauer Damm 130, Haus 10, 14050, ☎ 030-301166, ☏ 3011 6888, ⌨ tropeninstitut.charite.de. Impfambulanz-Zweigstelle in der Filiale des Globetrotter-Geschäfts in Steglitz, Schloßstr. 78–82, 12165.

Dresden, Zentrum für Reisemedizin, Friedrichstr. 39, Haus A, 01067, ☎ 0351-480 3805, ☏ 480 3809, ⌨ www.khdf.de.

Düsseldorf, Tropenmedizinische Ambulanz, Gebäude 13.57, Moorenstr. 5, 40225, ☎ 0211-811 7031, ☏ 810 4855, ⌨ www.uniklinik-duesseldorf.de.

Freiburg, Tropen- und Reisemedizinische Beratung, Häge 20, 79111, ☎ 0761-34100, ☏ 33916, ⌨ www.tropenmedizin.de.

Göttingen, Gelbfieberimpfstelle und tropenmedizinische Beratungsstelle, Kreuzbergring 57, 37075, ☎ 0551-395858, ☏ 395861, ✉ skoepke@gwdg.de.

Hamburg, Reisemedizinisches Zentrum am Bernhard-Nocht-Institut, Bernhard-Nocht-Str. 74, 20359, ☎ 040-312851, ☏ 4281 8400, ⌨ www.gesundes-reisen.de.

Heidelberg, Klinische Tropenmedizin, Im Neuenheimer Feld 324, 69120, ☎ 06221-562 2905, ☏ 565204, ⌨ www.klinikum.uni-heidelberg.de/Sektion-Klinische-Tropenmedizin.5489.0.html.

Leipzig, Zentrum für Reise- und Tropenmedizin, Delitzscher Str. 141, 04129, ☎ 0341-909 2601, ☏ 909 2630.

München, Abteilung für Infektions- und Tropenmedizin, Leopoldstr. 5, 80802, ☎ 089-2180 13500, ☏ 336038, ⌨ www.tropinst.med.uni-muenchen.de.

Rostock, Abteilung für Tropenmedizin und Infektionskrankheiten, Ernst-Heydemann-Str. 6, 18057, ☎ 0381-494 7511, ☏ 494 7509, ⌨ www.tropen.med.uni-rostock.de.

Tübingen, Institut für Tropenmedizin, Wilhelmstr. 27, 72074, ☎ 07071-298 2365, ⌨ www.medizin.uni-tuebingen.de/Zuweiser/Kliniken/Medizinische+Klinik/Tropenmedizin.html.

Ulm, Tropenmedizinische Beratungsstelle, Medizinische Klinik, Ebene 01, Albert-Einstein-Allee 23, 89081, ☎ 0731-5004 4032, ☏ 5004 5555.

Würzburg, Tropenmedizinische Ambulanz der Missionsärztlichen Klinik, Salvatorstr. 7, 97074, ☎ 0931-791 2829, ⌨ tropen.missioklinik.de.

Österreich

Wien, Zentrum für Reisemedizin, Alserstr. 48/2, 1090, ☎ 01-403 8343, ☏ 4038 34390, ⌨ www.reisemed.at.

Schweiz

Basel, Schweizerisches Tropeninstitut, Socinstr. 57, 4051, ☎ 061-284 8111, ☏ 284 8101, ⌨ www.sti.ch.

---

auf digitalem Wege auch von Experten in anderen Siloam-Krankenhäusern untersucht zu werden, machen es zu einem der besten (und luxuriösesten) Krankenhäuser der Insel.
BIMC – Bali International Medical Center, Jl. By Pass Ngurah Rai 100X, ☎ 0361-761263, ☏ 764345, ⌨ www.bimcbali.com. Die Einrichtung an der großen Kreuzung in Kuta zählt zu den modernsten und besten der Insel. Hier arbeiten auch ausländische Ärzte.
RSU Sanglah, Jl. Kesehatan 1, am nördlichen Ende zwischen Jl. Teuku Umar und

Jl. Diponegoro, Denpasar, ☎ 0361-227911-5, ☏ 224206, ⌨ www.sanglahhospitalbali.com (nur auf Indonesisch). Modernes und empfehlenswertes Krankenhaus, das auch eine International Wing unterhält, in der alle im Notfall wichtigen Ärzte anzutreffen sind. Hier gibt es auch eine für Taucher wichtige Dekompressionskammer.
International SOS – Klinik Medika, Jl. By Pass Ngurah Rai 505X, Kuta, ☎ 0361-710505, ☏ 710515, ⌨ www.sosindonesia.com. Auch diese Klinik entspricht internationalem Standard.

✗ Vorschlag für die Reiseapotheke

- ☐ **Verbandzeug** (Heftpflaster, Leukoplast, Blasenpflaster, Mullbinden, elastische Binde, sterile Kompressen, Verbandpäckchen, Dreiecktuch, Pinzette)
- ☐ **Fieberthermometer**
- ☐ **Mückenschutz**
- ☐ **Sonnenschutz**
- ☐ **Kondome**

Schmerzen und Fieber
- ☐ **Dolormin, Paracetamol** (keine acetylsalicylsäurehaltigen Medikamente, wie z. B. Aspirin)
- ☐ **Buscopan** (gegen krampfartige Bauchschmerzen)
- ☐ **Antibiotika*** gegen bakterielle Infektionen (in Absprache mit dem Arzt)

Magen- und Darmerkrankungen
- ☐ **Imodium akut** oder **Lopedium** (gegen Durchfall, vor allem vor längeren Fahrten)
- ☐ **Elotrans** (zur Rückführung von Mineralien, Kinder: Oralpädon Pulver)
- ☐ **Dulcolax Dragees, Laxoberal Tropfen** (gegen Verstopfung)
- ☐ **Talcid, Riopan** (gegen Sodbrennen)

Erkrankungen der Haut
- ☐ **Desinfektionsmittel** (Betaisodona Lösung, Hansamed Spray, Kodan Tinktur)
- ☐ **Wund- und Heilsalbe** (Bepanthen, Betaisodona)
- ☐ **Tyrosur Gel, Nebacetin Salbe RP** (bei infizierten oder infektionsgefährdeten Wunden)

- ☐ **Fenistil Salbe, Soventol Gel, Azaron Stift** (bei Juckreiz nach Insektenstichen, Sonnenbrand oder allergischen Reaktionen)
- ☐ **Soventol Hydrocortison Creme, Ebenol Creme** (bei starkem Juckreiz oder stärkerer Entzündung)
- ☐ **Cortison- und antibiotikahaltige Salbe** gegen Bläschenbildung nach Quallenkontakt
- ☐ **Fungizid ratio, Canesten** (bei Pilzinfektionen)
- ☐ **Berberil, Yxin** (Augentropfen bei Bindehautentzündungen)
- ☐ **Zinksalbe** (z. B. Penaten-Creme bei nässenden, oberflächlichen Wunden oder Ausschlag)

Erkältungskrankheiten
- ☐ **Olynth Nasenspray, Nasivin**
- ☐ **Dorithricin, Dolo Dobendan, Neo-Angin** (bei Halsschmerzen)
- ☐ **Silomat** (Hustenstiller)
- ☐ **ACC akut, Mucosolvan, Gelomyrtol** (zum Schleim lösen)

Kreislauf
- ☐ **Korodin, Effortil** (kreislaufanregend)

Reisekrankheit
- ☐ **Superpep Kaugummis, Vomex**

Sonnenschutz mit UVA- und UVB-Filter
- ☐ **Ladival Milch bzw. Gel, Ilrido ultra Milch**
- ☐ **Sonnenschutzstift** für die Lippen.

Bitte bei den Medikamenten Gegenanzeigen und Wechselwirkungen beachten und sich vom Arzt oder Apotheker beraten lassen.
(* rezeptpflichtig in Deutschland).

Bali Royal Hospital, Jl. Tantular 6, Denpasar, ✆ 0361-222588, ✉ 226051, 🖥 baliroyalhospital. co.id. Neues, modernes Krankenhaus.

Ärzte und Spezialisten auf Bali
Bali 911 Dental Clinic, Jl. Patimura 9, Denpasar, ✆ 0361-249749, 🖥 www.bali911dentalclinic. com. Moderne, sehr saubere Zahnklinik mit europäischem Standard und kompetenten

Ärzten. Filiale in der Bali Galleria Mall, 2nd Floor, 2C-58/59.
Dr. Indra Guizot, Jl. Pattimura 19, Denpasar, ✆ 0361-222445. Der etablierte Arzt ist auf Zahnersatz und komplizierte Eingriffe spezialisiert. ⏲ Mo–Fr 17–21 Uhr, telef. Anmeldung ab 10 Uhr.
Dr. Made Intaran, Apotik Anugerah II, Gator Subroto 1 2A, Denpasar, ✆ 0361-419737. Empfehlenswerter Hals-Nasen-Ohren-Arzt.

Dr. I.G.A. Sumedha Pindha, Astiti Clinic, Jl. Diponegoro 115, Denpasar, ℡ 0361-261290. Guter Hautarzt.
Dr. Alex Hostiadi, Apotik Anugerah, Jl. Kapt. Patimura 57, Denpasar, ℡ 0361-231215. Empfehlenswerter praktizierender Frauenarzt.

Medikamente

Von allen regelmäßig benötigten Medikamenten sollte ein ausreichender Vorrat mitgenommen werden. Nicht zu empfehlen sind Zäpfchen oder andere hitzeempfindliche Arzneimittel. In den Apotheken in Indonesien gibt es viele Präparate billiger und ohne Rezept. Wer in einem Krankenhaus oder einer Privatklinik behandelt wird, erhält die Medikamente dort passend abgezählt.

Informationen

Viele Informationen in diesem Buch sind unvorhersehbaren Veränderungen unterworfen. Preise, Öffnungszeiten oder Einreisebestimmungen können sich schnell ändern.

Um auf dem aktuellen Stand zu bleiben, können zusätzlich die Updates im Netz unter 🖥 www.stefan-loose.de heruntergeladen, der Bali & Lombok Travel Club derselben Seite genutzt werden oder bei den Fremdenverkehrsämtern Infos eingeholt werden.

Im deutschsprachigen Raum gibt es derzeit kein indonesisches Fremdenverkehrsamt, sondern nur einen **Tourism Officer**, c/o Global Communication Experts GmbH, Hanauer Landstraße 184, 60314 Frankfurt, ℡ 069-1753 71048, ✉ visit. indonesia@gce-agency.com.

Das Hauptbüro des Directorate General of Tourism befindet sich in Jakarta. Es besitzt Zweigstellen in allen Provinzhauptstädten. Daneben hat jede der 32 indonesischen Provinzen ein eigenes Fremdenverkehrsamt, dessen Büros unter dem Namen **Dinas Pariwisata** bekannt sind. Auf Bali bekommt man Informationen beim staatlichen Touristeninformationszentrum **Government Tourism Office**, Jl. S. Parman, Denpasar (S. 150).

Internet

Es gibt im Internet unzählige Seiten, die sich als Touristeninformation ausgeben. Neben ein paar oberflächlichen Informationen über das Land und die Insel werden Hotels und Villen sowie Touren angeboten, die selbstverständlich gleich online buchbar sind. Auch alle größeren Hotels verfügen über eine eigene Homepage. Einige Seiten vermitteln hingegen sehr fundiertes, qualitativ hochwertiges Wissen und aktuelle Informationen und eignen sich gut, um sich einzulesen und die Reise zu planen.

Allgemeine Informationen zu Bali
🖥 **www.balitourismboard.org**
Offizielle Webseite des balinesischen Fremdenverkehrsamtes.
🖥 **www.tourismus-indonesien.de**
Offizielle deutsche Webseite des indonesischen Fremdenverkehrsamtes.
🖥 **indahnesia.com**
Aktuelle allgemeine Informationen zu Indonesien, wie Wechselkurse und Benzinpreise.
🖥 **www.bali-paradise.com**
Umfangreiche Informationen mit Traveller-Forum auf Englisch.
🖥 **www.baliblog.com**
Weitere gute, aktuelle, englischsprachige Tipps für einen Aufenthalt auf Bali.
🖥 **www.warungnet.de**
Viele nützliche Informationen über Land, Leute, Kunst, Kultur und Religion auf Bali.
🖥 **www.bali-indonesien-guide.de**
Umfangreiche Sammlung von Infos über Bali.
🖥 **www.bali3d.com**
Eine Sammlung von schönen 360°-Aufnahmen aus allen Ecken Balis, die einen tollen Eindruck der Insel, ihrer Sehenswürdigkeiten und einmaligen religiösen Zeremonien vermitteln.

Politik und Gesellschaft
🖥 **www.watchindonesia.org**
Kritische Informationen über Demokratisierung, Menschenrechte und Umweltschutz auf Deutsch.
🖥 **www.walhi.or.id/en**
Die größte Umweltorganisation Indonesiens, mit einem Regionalbüro auf Bali.

🖥 **www.fnpf.org**
Engagierte Naturschutzstiftung mit Projekten auf Bali und Kalimantan.

Sicherheit und Gesundheit
🖥 **www.auswaertiges-amt.de**
Länderinfos und Reisewarnungen der Bundesregierung.
🖥 **www.fit-for-travel.de**
Reisemedizinischer Informationsservice.

Traveller-Seiten
🖥 **www.dzg.com**
Deutsche Zentrale für Globetrotter.
🖥 **www.stefan-loose.de/globetrotter-forum/topics/indonesien_bali**
Reisende berichten und tauschen sich aus.
🖥 **www.balitravelforum.com**
Beliebtes Forum auf Englisch.
🖥 **www.lonelyplanet.com/thorntree**
Umfangreichstes und aktuellstes englischsprachiges Forum zu Indonesien.

Reiseberichte
🖥 **www.ingrids-welt.de/reise/bali**
Ingrid teilt ihre Erfahrungen aus drei Bali-Reisen, zwar schon älter, aber gut recherchiert und ansprechend zusammengetragen.
🖥 **www.guidosreiseberichte.info/indexindonesien.htm**
Berichte von vielen Bali- und Indonesien-Reisen eines passionierten Globetrotters.

Nachrichten im Netz
🖥 **en.tempo.co**
Die englische Homepage des bekanntesten indonesischen Nachrichtenmagazins.
🖥 **english.kompas.com**
Zahlreiche aktuelle Artikel des wichtigen Nachrichtenmagazins auf Englisch.
🖥 **www.thejakartaglobe.com** und
🖥 **www.thejakartapost.com**
Die wichtigsten englischsprachigen Tageszeitungen in Indonesien.
🖥 **www.thebalitimes.com**
Größte englischsprachige Tageszeitung auf Bali.
🖥 **www.insideindonesia.org**
Umfangreiche, englischsprachige Infos sowie kurze Artikel zu allem, was in Indonesien passiert.

Landkarten und Stadtpläne

Wem der Reiseatlas auf den letzten Seiten dieses Buches nicht detailliert genug ist, findet die besten Übersichts- und Detailkarten der Insel im Straßenatlas von **Periplus**. Besonders praktisch für Reisende, die die Insel mit einem Mietwagen erkunden, ist, dass auch Einbahnstraßen sowie viele Hotels und Restaurants verzeichnet sind. Der Atlas kann in Deutschland über den Buchhandel geordert werden und ist in allen Periplus-Filialen auf Bali für 195 000 Rp erhältlich. Für Lombok gibt es eine empfehlenswerte Faltkarte von Periplus, die besser auch auf Bali gekauft wird, da sie auf Lombok schwer zu bekommen ist.

Internet und E-Mail

Internetcafés gibt es in allen größeren Touristenorten. Die Preise liegen bei 100–300 Rp pro Minute, je nach Wettbewerbslage und Verbindungsgeschwindigkeit. Das Internet ist für indonesische Verhältnisse schnell, im Vergleich zu Europa jedoch recht langsam. Längere E-Mails sollten zwischendurch immer wieder als Entwurf im Mailprogramm oder in einem Word-Dokument gesichert werden, da Stromausfälle die lange Schreibarbeit innerhalb von Sekunden zunichtemachen können.

Auf Bali und Lombok finden sich immer mehr **WLAN-Netzwerke** in Hotels, Restaurants und Bars, die in der Regel kostenfrei von Gästen genutzt werden können. In luxuriösen Anlagen kann die Funkverbindung sehr teuer werden. Mit einem WLAN-fähigen Handy, Computer oder Tablet ist es wesentlich leichter und komfortabler, mit den Daheimgebliebenen in Kontakt zu bleiben oder die Geschehnisse am anderen Ende der Welt zu verfolgen. Bei Einrichtungen mit WLAN wird dies in den jeweiligen Beschreibungen im praktischen Teil dieses Buches erwähnt.

Auch der Zugang über die mittlerweile gut ausgebauten **Mobilfunknetze** ist eine gute und recht günstige Möglichkeit, das Internet zu nutzen; weitere Details S. 68.

Kinder

TRAVELTIPPS VON A BIS Z

Im Allgemeinen werden sich Kinder auf Bali und Lombok sehr wohlfühlen. Vor allem Stadtkinder genießen die freie Natur, die Strände und Märkte und sind fasziniert von den Tempeln und Tänzen. Spaß macht es auch, zusammen mit den Kindern in den Werkstätten die Handwerker und Künstler bei der Arbeit zu beobachten. Auf dem Land finden Kinder zu ihrer Freude Hühner, Enten, Hunde und Katzen, auch wenn der hautnahe Kontakt mit Haustieren nicht immer bedenkenlos ist. Das größte Plus: Die Menschen sind sehr kinderfreundlich und der Kontakt zu einheimischen Kindern, die selbstverständlich fast immer und überall dabei sind, ist schnell geknüpft.

Die Anreise mit dem Flugzeug und die damit verbundene **Zeitverschiebung** ist immer beschwerlich, muss jedoch nicht zum Stress werden. Am lästigsten sind die Wartezeiten auf den Flughäfen, die allerdings sehr gut dazu genutzt werden können, um sich und die Kinder in den vorhandenen Wasch- bzw. Mutter-und-Kind-Räumen in Ruhe zu reinigen, die Zähne zu putzen und die Kleidung zu wechseln, was in den beengten Flugzeugtoiletten nur mit Mühe zu bewerkstelligen ist.

Der Komfort im **Flugzeug** selbst variiert je nach Fluggesellschaft. Die renommierten bieten „schwebende" Kinderbettchen für Säuglinge und Kinder-Menüs, die vor denen für Erwachsene serviert werden, damit man den Kindern beim Essen behilflich sein kann. Meist gibt es Spiele, Bastelmaterial oder Ähnliches. Es kann aber passieren, dass es weder Milch noch eine Möglichkeit, sie zu erwärmen, gibt, von Babynahrung ganz zu schweigen. Besonders mit einem Kind unter zwei Jahren, das noch keinen Anspruch auf einen Sitzplatz hat, sollte ein Flug nur mit einer der großen, kinderfreundlichen Fluggesellschaften in Betracht gezogen werden. Detaillierte Bewertungen aller Fluggesellschaften finden sich unter 🖵 www.airlinequality.com.

Eine **Rückentrage** für die Kleinsten hat sich bewährt. Sie kann notfalls auch im Flugzeug aufgestellt werden und dem Kind somit ein Minimum

an Bewegungsfreiheit geben. Ein Krabbelkind zehn bis zwölf Stunden auf dem Schoß zu halten, übersteigt die Kräfte eines einzelnen Menschen. Gerade als allein reisendes Elternteil sollte man sich nicht scheuen, Mitreisende und Flugpersonal um Hilfe zu bitten. In jedem Fall empfiehlt sich eine Ausrüstung mit Windeln, Babynahrung und Wechselwäsche wie für eine Dreitagereise, denn für einen unvorhergesehenen Aufenthalt sollte man immer gewappnet sein.

Für die ersten Nächte nach der Ankunft braucht man ein gutes, möglichst ruhiges **Hotel**, in dem sich niemand übermäßig durch ein weinendes oder aufgedrehtes Kind gestört fühlt. Ältere und reisegewohnte Kinder kommen mit der Umstellung leichter zurecht, dennoch ist es besser, auf großartige Unternehmungen gleich nach der Ankunft zu verzichten.

Man sollte keine übertriebene Angst vor Schmutz, Krankheiten und fremder Sprache

---

✗ Nicht vergessen

- ☐ **Reisepass** (Kinder brauchen einen eigenen Pass)
- ☐ **Impfpass**
- ☐ **SOS-Anhänger** mit allen wichtigen Daten
- ☐ **Kleidung** (möglichst strapazierfähige, leichte Sachen)
- ☐ **Wegwerfwindeln**
- ☐ **Babynahrung**
- ☐ **Fläschchen für Säuglinge**
- ☐ **MP3-Player** mit Hörspielen und der Lieblingsmusik
- ☐ **Spiele und Bücher**, Videospiele für lange Busfahrten
- ☐ **Fotos von wichtigen Daheimgebliebenen** gegen Heimweh
- ☐ **Kuscheltier** (muss gehütet werden wie ein Augapfel, denn ein verloren gegangener Liebling kann allen den Rest der Reise verderben. Reiseerprobte Kinder beugen vor, indem sie nur das zweitliebste Kuscheltier mitnehmen.)
- ☐ **Sonnencreme** mit hohem Lichtschutzfaktor
- ☐ **Kopfbedeckung**

haben, denn Kinder haben normalerweise gute Abwehrkräfte, finden leicht Anschluss und regeln viele Sachen nonverbal. Sie verstehen sehr schnell die Notwendigkeit, sich öfter als gewohnt die Hände zu waschen, kein Wasser aus der Wasserleitung zu trinken usw. Man sollte das Kind vor der Reise gründlich untersuchen lassen und darauf achten, dass es alle erforderlichen Impfungen, einschließlich derer gegen jegliche Kinderkrankheiten, besitzt.

Beim **Essen** schmecken den meisten Kindern vor allem Obst, *Sate* und *Krupuk*. In den Touristenzentren braucht auch niemand auf die gewohnte Pizza oder Spaghetti zu verzichten. Nahrungsmittel sollten in Plastikdosen aufbewahrt oder mit Klebeband luftdicht verschlossen werden, sonst dauert es nicht lange, bis Ameisen und anderes Kleinvieh die Leckereien entdecken.

Babynahrung und Wegwerfwindeln sind in den Touristenzentren erhältlich.

Sehr wichtig ist die **Einbeziehung der Kinder** in die Vorbereitung der Reise. Kinder möchten am Planen oder Kofferpacken teilnehmen und ihre Wünsche sollten im Rahmen des Möglichen berücksichtigt werden. Es ist auch hilfreich, darüber zu sprechen, was es auf Bali zu sehen und zu erleben gibt. Welches Kind wird nicht von der Vorstellung vom Buddeln und Muscheln suchen am Strand und von den geheimnisvollen Tempeln und Tänzen begeistert sein?

Medien

Bücher, Zeitungen, Magazine

In den Touristenzentren gibt es Buchhandlungen, die schöne **Bildbände**, **Reiseführer** und **Karten** verkaufen. Das größte Angebot haben die zwölf Periplus-Buchläden auf Bali (in Kuta, Seminyak, Sanur, Jimbaran, Nusa Dua und Ubud). Eine recht gute Auswahl an Taschenbüchern, zumeist in englischer Sprache, aber auch auf Deutsch, halten auch die Secondhand-Buchläden in Kuta, Legian, Amed und Ubud bereit. Sie sind nicht bil-

lig, nehmen aber ausgelesene Bücher oft zum halben Preis wieder zurück.

Aktuelle **Tageszeitungen** aus vielen Ländern können über NewspaperDirect, ☎ 0361-769414, 🖵 www.newspaperdirect-bali.com, oder in den MiniMarts in Süd-Bali bestellt werden. Die ausgedruckten Zeitungen werden am Vortag geordert und dann ins Hotel geliefert oder liegen im MiniMart zur Abholung bereit. Bereits ab 50 000 Rp kann man so auf Bali die Printausgaben des *Tagesspiegels*, der *Süddeutschen Zeitung*, des *Kickers* oder auch der *Erlanger Nachrichten* lesen. Auch viele österreichische und Schweizer Zeitungen sind erhältlich. Eine gute Auswahl an **Magazinen** in englischer Sprache sowie *Spiegel*, *Stern* und *Focus* findet man zudem in den Periplus-Buchläden.

Radio und Fernsehen

Die Deutsche Welle hat ihr Radioprogramm Ende 2011 eingestellt; aktuelle Podcasts, Streams und das Fernsehprogramm finden sich unter 🖵 www.dw.de.

Die Deutsche Welle strahlt ihr 24-stündiges Fernsehprogramm **DW-TV** über den Satelliten AsiaSat 3S digital aus. Einige Hotels speisen das Programm ein, um ihren Gästen deutsche, französische, englische und spanische Nachrichten bieten zu können.

Weit weniger kompliziert ist es, die aktuellen Nachrichten im Internet z. B. unter 🖵 www.tagesschau.de oder 🖵 www.heute.de anzusehen.

Post

Das indonesische Post- und Telefonsystem ist nicht immer verlässlich. Eine Postkarte oder ein Brief aus Bali kommt nach ein bis vier Wochen in Europa an. Per Luftpost ist ein Brief in der Regel etwa eine Woche unterwegs. Pakete auf dem Seeweg lassen meist zwei bis drei Monate auf sich warten. Manche Briefe oder Pakete kommen auch gar nicht an und fallen Briefmarkensammlern in die Hände. Wer einem Schreiben kleine Muscheln oder Münzen beifügt, vermindert die Chancen, dass es sein Ziel erreicht.

Briefe und Postkarten können in allen kleinen und großen Postämtern aufgegeben werden. Die Preise können jedoch variieren. Pakete sollten lieber zum Hauptpostamt gebracht werden, wo Männer beim Einpacken, Einnähen und Beschriften mit Rat, Tat und Material zur Seite stehen. Für ihre Dienste ist eine Bezahlung von 20 000 Rp angebracht. Postbeamte werfen gerne einen zollgeschulten Blick in die noch unverpackten Päckchen. Vor dem Versand muss eine **Zollerklärung** ausgefüllt werden, auf der der Inhalt detailliert dargelegt wird. In Deutschland kann der Zoll wesentlich strenger und unnachgiebiger sein als in Indonesien.

Die größten Postämter sind das **Central Post Office**, Jl. Raya Puputan, Denpasar, ✆ 0361-223568, und das **Kuta Post Office**, Jl. Raya Kuta, Gang Selamat, ✆ 0361-754012. ⊖ Denpasar: Mo–Fr 8–15 und Sa 8–12 Uhr, Kuta: ⊕ Mo–Sa 8–16 Uhr.

Es lohnt sich nicht, einen dringenden Brief per Express zu schicken, weil er erst im Ankunftsland bevorzugt behandelt wird. Schneller ist ein **Fax**, eine DIN-A-4-Seite nach Deutschland kostet ca. 20 000 Rp, oder ein eingescanntes Schreiben. Faxe können in vielen Hotels und Internetcafés aufgegeben werden. In einigen Unterkünften steht der Faxanschluss Gästen auch zum Empfangen von Nachrichten zur Verfügung.

Bei größeren Einkäufen sollte sich in den entsprechenden Städten um eine **Spedition** bemüht werden, falls sich nicht der Händler darum kümmert (in diesem Fall immer auf eine exakte Quittung bestehen). Speditionskosten schlüsseln sich nach Seefracht (bis zum jeweiligen Hafen) und Landfracht (Hafen–Heimatort) auf. Letztere kann ein Vielfaches der Seefracht betragen.

Porto für den Versand nach Deutschland	
Paket bis 10 kg	655 000 Rp (Seefracht)
Paket bis 5 kg	485 000 Rp (Seefracht), 990 000 Rp (Luftpost)
Paket bis 1 kg	519 000 Rp (Luftpost)
Brief	16 000 Rp
Postkarte	10 000 Rp

DHL, Jl. Legian 451, Legian, ✆ 0361-762138, 🖥 www.dhl.co.id/en. DHL findet definitiv eine Lösung für Versandprobleme aller Art. Weitere Filialen am Flughafen, in Ubud, Seminyak, Denpasar und Sanur. ⊕ Mo–Fr 9–17, Sa 9–14 Uhr.

Reisende mit Behinderung

Für Menschen mit einer Behinderung ist eine Reise durch Bali möglich, aber oft schwierig und nur jenen anzuraten, die bereit sind, sich Herausforderungen zu stellen. Reiseerfahrung und eine gute Kondition sind sicher von Vorteil. Auch auf Bali gibt es Hotels, die behindertengerechte Zimmer anbieten, z. B. das Hard Rock Hotel in Kuta oder das Legian Beach Hotel. Die Balinesen sind hilfsbereite Menschen und man wird immer jemanden finden, der einem bei Treppen oder anderen Hindernissen mit Rat und Tat zur Seite steht. Der Transport mit öffentlichen Verkehrsmitteln ist für Rollifahrer sehr umständlich. Zum Glück sind die Mietpreise für Autos aber recht günstig und die großen Jeeps bieten auf jeden Fall genug Platz für einen Rollstuhl.

Das erste Unternehmen auf Bali, das Betreuung, Transport und individuell zusammengestellte Ausflüge für körperlich behinderte Menschen anbietet, ist **Bali Access Travel**, ✆ 0361-851 9902, 0813-3776 6544, 🖥 www.baliaccesstravel.com. Die gut ausgebildeten Guides und das Pflegepersonal helfen dabei, dass der Bali-Aufenthalt in guter Erinnerung bleibt, und rollstuhlgerechte Fahrzeuge erleichtern den Transport. Zudem gibt es einen Rollstuhlverleih und einen kostenpflichtigen Service, der die Behindertengerechtheit von Unterkünften überprüft oder geeignete vorschlägt.

Auch das **Internet** hilft auf vielen Seiten mit zahlreichen Tipps und Tricks. Wer denkt, er könne mit einem Rollstuhl nicht die ganze Welt bereisen, wird auf 🖥 www.mitschontour.de eines Besseren belehrt. Die **Nationale Koordinationsstelle Tourismus für Alle e. V. (NatKo)**, Kirchfeldstr. 149, 40215 Düsseldorf, ✆ 0211-336 8001, 🖥 www.natko.de, hält hilfreiche Infos für das Reisen mit Behinderung bereit.

Sicherheit

Wertgegenstände

Nichts kann die Lust am Reisen mehr verderben als der Verlust der Wertsachen. Es passiert immer wieder, dass jemandem die Tasche aus der Hand gerissen wird, Zimmer aufgebrochen und durchwühlt sind oder ein netter „Freund" mit der Kamera das Weite gesucht hat. Auch in einem Minibus verschwindet schnell mal etwas aus einer Tasche. Da Reisende ihre Besitztümer fast immer mit sich herumtragen, sind sie einem erhöhten Diebstahlrisiko ausgesetzt. Selbst mit US$500 in der Tasche trägt man mehr Geld mit sich herum, als mancher Indonesier in einigen Monaten verdient. Die einfachste Lösung besteht darin, möglichst wenige Wertsachen mit sich zu führen. Teurer Schmuck gehört nicht ins Reisegepäck und im Hotel kann Wertvolles im Safe verschlossen oder gegen Quittung abgegeben werden (Schecks mit Nummern separat auflisten, niemals Kreditkarten abgeben), was vor allem bei einem Strandurlaub empfehlenswert ist. Im Perama-Büro in Kuta können zudem schweres Gepäck und unhandliche Souvenirs gebunkert werden. Eine Woche kostet 10 000 Rp. Der Handtasche ist ein Tagesrucksack vorzuziehen, da dieser nicht ohne Weiteres vom Körper gerissen werden kann. Wer Geld und Papiere nicht sicher einschließen kann, sollte stets einen Geldgürtel umhaben. Kleingeld und ein paar Scheine haben in tiefen, vorderen Hosentaschen Platz.

Sicheres Reisegepäck und Zimmer

Eigentlich sollte das Gepäck keinen Moment unbeaufsichtigt bleiben. In der Praxis ist dies, besonders für Alleinreisende, schlicht unmöglich. Ist man mit einem guten Bekannten unterwegs, kann z. B. nach der Ankunft in einem neuen Ort einer die Besitztümer hüten, während der andere auf Zimmersuche geht. Die Gepäckaufbewahrung am Flughafen ist relativ sicher und günstig. Eine natürliche Skepsis gegenüber Reisebekanntschaften ist angebracht, besonders bei den „I want to practise my English"-Freunden.

Manche Zimmer in billigen Unterkünften sind nur mit einem Vorhängeschloss zu verschließen. Man erhält zwar ein Schloss und einen Schlüssel, doch ein eigenes Hängeschloss für die Tür verspricht mehr Sicherheit.

Verhalten bei Diebstählen

Verluste und Diebstähle müssen bei der Polizei gemeldet werden, die zumeist Englisch spricht und ein Protokoll verfasst. Manchmal wird dafür eine Gebühr von 100 000 Rp verlangt.

Ein Einbruch ins Hotelzimmer: Nach einem Diebstahl muss auf jeden Fall die Polizei verständigt werden. Eine Reisegepäckversicherung zahlt nur, wenn ein Polizeiprotokoll vorliegt. Ist es nicht in Englisch abgefasst, lässt man es am besten noch in Asien übersetzen und beglaubigen. In Singapore gibt es zuverlässige und relativ günstige Übersetzungsbüros. Im Internet finden sich zudem schnell zahlreiche seriöse Übersetzer und Übersetzungsagenturen für jede gängige Sprachkombination, 🖵 www.proz.com.

Die Schecks wurden gestohlen: Die Kaufbelege und die Schecks selbst sollten immer getrennt aufbewahrt werden. Gestohlene oder verlorengegangene Schecks werden nur ersetzt, wenn die Abrechnung vorgewiesen werden kann, S. 50.

Der Pass ist weg: Der Personalausweis und Kopien aller wichtigen Dokumente sollten an unterschiedlichen Stellen aufbewahrt oder vor der Reise kopiert und als Datei an die eigene E-Mail-Adresse geschickt werden. Es ist dann leichter, bei der nächsten Botschaft oder einem Konsulat die Identität nachzuweisen. Der Verlust der Papiere kostet immer viel Zeit und Rennerei (Polizei – Botschaft – Immigration). Adressen der Botschaften und Konsulate S. 38.

Polizei

Für allgemeine Verkehrsprobleme ist die **Polizeizentrale** in Denpasar in der Jl. W.R. Supratman zuständig. Bei anderen Problemen (Diebstahl

TRAVELTIPPS VON A BIS Z

> ### Reisedokumente absichern
>
> Es ist sehr sinnvoll, die wichtigsten Reisedokumente wie Flugtickets, Reisepass, Impfpass und Krankenversicherung vor der Reise einzuscannen und an die eigene E-Mail-Adresse zu schicken. So sind die Papiere gesichert und im Notfall von (fast) jedem Ort der Welt abrufbar.

usw.) sollte die nächste Polizeidienststelle direkt kontaktiert werden. Speziell für die Probleme ausländischer Touristen ist die **Tourist Police** zuständig, die Büros in Kuta, Seminyak, Sanur und Nusa Dua unterhält. Zudem gibt es die Hotline des **Tourist Assistance Centre**, ✆ 0361-224111.
In **Denpasar**: Jl. W. R. Supratman 7,
✆ 0361-227711.
In **Kuta**: Tourist Police, Jl. Pantai Kuta,
✆ 0361-784 5988.
In **Seminyak**: Tourist Police, Blue Ocean Boulevard, rund um die Uhr besetzt.
In **Sanur**: Tourist Police, Jl. Danau Tamblingan, neben dem Hyatt Hotel, ✆ 0361-853 1960.
In **Nusa Dua**: Tourist Police, ✆ 0361-744 2622.

Strafbare Handlungen

Von **Drogen** sollte man die Finger lassen, auch von Marihuana, damit der Aufenthalt in Indonesien nicht ungeplant verlängert wird – und zwar hinter Gittern. Die Strafen sind drastisch genug: Allein der Konsum (!) kann zwei bis drei Jahre Gefängnis einbringen. Der Besitz selbst geringer Mengen von Cannabis oder anderer Drogen bringt vier bis zwölf Jahre, dazu Geldstrafen ab 800 Mio. Rp. Bei Handel oder Schmuggel von Drogen winkt sogar die Todesstrafe. Mitwisser, die nicht die Polizei verständigen (betrifft häufig Ehefrauen), werden mit max. einem Jahr bestraft. Informanten bleiben anonym und erhalten in vielen Fällen eine Belohnung.

Kuta ist also längst nicht mehr das Hippie-Paradies, das es vor 20 bis 30 Jahren war. Einige Ausländer sitzen zurzeit wegen Drogen im Gefängnis von Kerobokan Haftstrafen von fünf Monaten bis 17 Jahren ab.

Gewarnt sei auch vor Pilz-Omeletts mit sogenannten **Magic Mushrooms**, die zwar nicht gesetzlich verboten sind, aber ihre Tücken haben, denn die Wirkung ähnelt der von LSD und ist nicht zu unterschätzen.

Unter Drogeneinfluss (auch Alkohol) sollte man keinesfalls Motorroller fahren oder schwimmen gehen. Letzteres ist wegen der starken Strömungen schon in nüchternem Zustand nicht ungefährlich.

Ein Gesetz verbietet **Nacktbaden**. Wer dabei erwischt wird oder in Badekleidung außerhalb der Strände herumläuft, kann mit bis zu drei Jahren Gefängnis bestraft werden. Zumindest in Süd-Bali ist die Polizei aus Angst, Touristen zu vertreiben, jedoch in der Regel nachsichtig. Dennoch ist es strafbar und der einheimischen Bevölkerung gegenüber höchst respektlos, in Bikini oder Badehose in Restaurants zu sitzen oder durch die Straßen zu gehen.

Sport und Aktivitäten

Abenteuer (Rafting, Mountainbiking, Canyoning, Ausritte und Trekking)

Ein Tagesausflug mit dem Mountainbike, eine Rafting-, Canyoning- oder Trekkingtour ermöglichen es, einen Blick auf das andere, das „wahre" Bali zu erhaschen, traditionelle Dörfer kennenzulernen und in die Geheimnisse der hiesigen Natur einzutauchen.

Die Preise der Veranstalter unterscheiden sich kaum voneinander, alle hier angegebenen sind offizielle „Published Rates". Sämtliche Aktivitäten können vor Ort mit etwas Verhandlungsgeschick außerhalb der touristischen Hochsaison preiswerter gebucht werden. Der Transport vom Hotel zum Ausgangspunkt und zurück ist im Regelfall im Preis inbegriffen. Alle hier angegebenen Preise gelten für jeweils eine Person.

Adventure and Spirit, Jl. Raya Mas 62, Mas,
✆ 0361-971288, 0853-3388 5598, 🖥 adventure

All Safe in Paradise – Zur Gefahr eines Terroranschlags auf Bali

Am 12.10.2002 explodierten auf der Vergnügungsmeile von Kuta mehrere Sprengsätze, die 202 Menschen das Leben kosteten und das bis dahin fleckenlose Image von Bali als einem der letzten Urlaubsparadiese dieser Welt zerstörten. Seither ist viel getan worden, um die Sicherheitslage auf Bali und in Indonesien zu verbessern. Die Attentäter des ersten Anschlags, dem weitere folgten, wurden hingerichtet, der Top-Terrorist Nurdin M. Top wurde im Jahr 2009 eliminiert und weitere Jemaah-Islamiyah-Mitglieder verhaftet.

Auf Bali besteht eine enge und erfolgreiche Kooperation zwischen Polizei und Tourismussektor. Projekte wie die Errichtung eines gemeinsamen Funk-Kommunikationssystems und die Zusammenarbeit in der Frühwarnung entwickeln Signalwirkung, auch weit über Bali hinaus. Für den balinesischen Gouverneur Made Mangku Pastika, der nach dem ersten Bombenanschlag für seine damalige Rolle als Polizeichef der Ferieninsel auch international viel Lob erhielt, hat das Thema Sicherheit ohnehin einen hohen Stellenwert.

Einen hundertprozentigen Schutz gegen terroristische Anschläge gibt es jedoch nicht. Das gilt für Bali wie für alle anderen Orte auf der touristischen Landkarte – von London bis Bangkok. Meist genügt gesunder Menschenverstand, um risikobehaftete Orte und Situationen zu erkennen und zu vermeiden. Die Wahrscheinlichkeit, auf Bali bei einem Verkehrsunfall zu Schaden zu kommen, ist ungleich höher als die Gefahr, in einen terroristischen Anschlag verwickelt zu werden.

Die Reisehinweise des Auswärtigen Amts informieren über Sicherheitsrisiken und die Vermeidung gefährlicher Situationen, 🖥 www.auswaertiges-amt.de.

Ein Beitrag von Alexander Kesper (ehemaliger CIM-Berater des indonesischen Ministeriums für Tourismus und Kreativwirtschaft)

---

andspirit.com. Im Angebot sind eine ganze Reihe von abenteuerlichen Canyoning-Touren durch die Natur ab US$110, bei denen neben Abseilen entlang von Wasserfällen, Klettern, Rutschen und Schwimmen auch Wandern und Höhlenerkundungen auf dem Programm stehen – vielgelobt.

Bali Adventure Tours, Jl. By Pass Ngurah Rai, Pesanggaran, ✆ 0361-721480, 🖥 www.bali adventuretours.com. Das breit gefächerte Programm des seit 1989 aktiven Anbieters beinhaltet White Water Rafting auf dem Yeh Ayung für US$79 oder River Kayaking für US$89, einfaches Downhill-Mountainbiking von Kintamani bis zum Elephant Safari Park in Taro für US$75 inkl. Eintritt zum Safari Park, Trekking in Taro für US$66 oder eine Elefantensafari für US$86 (als Nachtausritt inkl. touristischer Show und Abendessen US$109). Kinder zahlen etwa 30 % weniger.

Bali Trailblazers, 🖥 www.bali-trailblazers.com, und **Bali Rides**, 🖥 www.bali-rides.com. Mountainbiketouren, die weit ab vom Schuss durch das ursprüngliche Bali an den Hängen des Batur (Single-Trail, nicht extrem anspruchsvoll, teils starke Steigungen) oder Agung (ausgefahrene Dirt-Trails, anstrengender, viele Steigungen) führen. Tagestouren ab 750 000 Rp.

Cocostravel, Jl. Latang Hidung 5A, Sanur, ✆ 0813-3764 0179, 🖥 www.cocostravel.com. Der deutsche Werner Duderstadt und sein engagiertes Team veranstalten mehrtägige, abenteuerliche Touren mit dem Mountainbike durch Bali, Java, Lombok oder Flores. Die 5-tägige Entdeckungstour durch Bali gibt es ab 579 €. Zudem Tagestouren ab 40 € und Verleih von guten Mountainbikes.

Nicktours, Jl. Danau Tamblingan 68, Sanur, ✆ 0361-287792, 🖥 www.nicktours.com. Empfehlenswerter Tourveranstalter mit dänischem Management. Das breite Angebot umfasst alles von geführten Reisfeldwanderungen (ab 550 000 Rp) über Mountainbiken in Jatiluwih (700 000 Rp) und Vulkanbesteigungen (ab 875 000 Rp) bis hin zu Schiffsreisen nach Komodo und Flores. Zudem

Tsunami-Gefahr auf Bali

Die Vielfalt und Schönheit der balinesischen Natur und die damit verbundenen Gefahren wie Erdbeben, Tsunamis und Vulkanausbrüche sind zwei untrennbare Seiten einer geologisch sehr dynamischen Region.

Tsunamis treten zwar vergleichsweise selten auf, haben aber, wenn sie zuschlagen, eine verheerende Wirkung. Indonesien wird im Schnitt alle zwei bis drei Jahre von einem dieser zerstörerischen Tsunamis getroffen. Bali selbst hat in den letzen 100 Jahren mehrere kleinere Tsunamis erlebt. Tsunamis werden in den meisten Fällen von größeren Erdbeben verursacht. Da derartige Erdbebenzonen dicht vor der Küste der Insel liegen, ist die Zeit zwischen dem Erdbeben und dem möglichen Auftreten eines Tsunamis sehr kurz.

Daher sollte man sich frühzeitig mit den Vorsichtsmaßnahmen vertraut machen. Jedes fühlbare Erdbeben ist ein erstes Warnsignal. Strände oder Flussuferbereiche in Küstennähe sollten umgehend verlassen werden. Ein rapides Zurückweichen der Wasserlinie ist ein weiteres natürliches Warnzeichen für einen unmittelbar bevorstehenden Tsunami. Viele der großen Hotels in Bali haben bereits Vorsorgepläne und Evakuierungswege ausgewiesen. Am besten fragt man direkt nach der Ankunft danach. Besonders die Hotels der Bali Hotels Association (BHA) sind gut vorbereitet.

Indonesien hat mit deutscher Unterstützung ein Tsunami-Frühwarnsystem errichtet. Das nationale Warnzentrum in Jakarta gibt bei Tsunami-Gefahr innerhalb weniger Minuten nach dem Auftreten eines starken Erdbebens Tsunami-Warnungen heraus. Diese werden über die nationalen Radio- und Fernsehsender verbreitet und an die Lokalregierungen gesendet. In Bali sind an mehreren Stränden (z. B. in Kuta, Legian, Nusa Dua und Sanur) Sirenen errichtet worden, die im Falle einer Tsunami-Gefahr aktiviert werden. Allerdings ist die Reichweite begrenzt, es werden längst nicht alle Strandabschnitte beschallt.

Weitere Informationen zum Thema Tsunami und Frühwarnung gibt es beim Deutsch-Indonesischen Projekt zur Tsunami-Frühwarnung, 🖳 www.gitews.de, und beim Tsunami Information Center in Jakarta, 🖳 www.jtic.org.

Ein Beitrag von Harald Spahn (GIZ-Experte für Tsunami-Frühwarnsysteme)

Autovermietung mit Fahrer. ⏱ Mo–Sa 9–13 und 17–20 Uhr.

Sobek, Jl. By Pass Ngurah Rai 100X, ✆ 0361-768050, 🖳 www.balisobek.com. Der etablierte Anbieter veranstaltet seit über 20 Jahren abenteuerliches Wildwasserrafting auf dem Yeh Ayung und dem Telaga Waja. Preis für eine 2-stündige Tour US$79, Kinder bis 15 Jahre US$52. Außerdem Mountainbiking für US$79 und Trekking im Angebot. Die erfahrenen und gut ausgebildeten Guides legen viel Wert auf Sicherheit.

Nicht ganz so gut organisiert treten folgende Veranstalter auf:

Alam Amazing Adventures, Denpasar, ✆ 0361-912 4888, 🖳 www.alam-amazing-adventures. com. Von Rafting und Mountainbiking am Batur

(beide US$88) reicht das Programm über Gunung Batur- und Agung-Besteigungen (US$118) bis hin zu Touren nach Java (ab US$198) und Komodo (ab US$550).

Ayung River Rafting, Denpasar, ✆ 0361-239440, 🖳 www.ayungriverrafting.com. Rafting mit 6 Pers. pro Boot für US$76, Kinder US$52, Fahrradtouren im Hochland um Kintamani für US$77, Kinder US$53. Auch Ausritte auf Elefanten oder Pferden sowie VW-Safaris.

Bali Horse Adventure, Stable Kuda Bahagia, Jl. Pura Dalem Lingsir, nördlich vom Echo Beach, ✆ 0361-365 5597, 🖳 www.balihorse adventure.com. In Pererenan werden Pferdeausritte mit einem Guide an den Strand und weiter bis nach Seminyak angeboten. Ein 1-stündiger Ritt kostet 400 000 Rp, für 2 Std. werden 690 000 Rp fällig. Auch Reitkurse und

Ponyritte für die Kleinsten für 80 000 Rp im Angebot. Ein ähnliches Angebot bei **Bali Island Horse**, 🖳 www.baliislandhorse.com.

Bali Rafting, Jl. By Pass Ngurah Rai 297, Sanur, ✆ 0361-270744, 🖳 www.baliactionadv.com. Schlauchbootfahrten auf dem Telaga Waja für US$45, Mountainbiken für US$65, Trekking am Fuße des Gunung Agung für US$60 und eine Besteigung für US$100.

Paddy Adventure, ✆ 0361-759048, 🖳 www.paddyadventurebali.com. Auf ATV-Bikes (Quads, kleine, offene Geländewagen) durch Matsch und Reisfelder am Fuße des Gunung Batukaru zischen und sich dabei richtig einsauen – hier ist man an der richtigen Adresse. Die Bikes können einzeln oder im Tandem gefahren werden. Erfahrenes Personal instruiert Neulinge in der Handhabung der Buggys. Einzel ab US$72, Tandem US$112, Mahlzeiten kosten extra.

SeeBali Adventures, Denpasar, ✆ 0361-794 9693, 🖳 www.seebaliadventures.com. Bietet Tagestouren mit Guide, spaßorientierte Fahrten mit ATV-Bikes für US$88, Tandem US$138, Dirt-Bikes für US$79 oder Mountainbikes für US$69 (Kinder US$59) an.

Waka Land Cruises, Denpasar, ✆ 0361-426972, 🖳 www.wakaland.com. Veranstaltet Touren mit einem Landrover über Nebenstraßen zum Gunung Batukaru für US$117.

Bootstouren

Bootsfahrten sind nicht nur eine ansprechende Art der Fortbewegung, sondern auch eine wunderschöne Gelegenheit für Liebesschwüre und Heiratsanträge. Der Transport vom Hotel zum Ausgangspunkt und zurück ist im Regelfall im Preis inbegriffen. Alle hier angegebenen Preise gelten für jeweils eine Person.

Bali Hai Cruises, Hafen von Benoa, ✆ 0361-720331, 🖳 www.balihaicruises.com. Die beste Adresse für Touren mit Motor- oder Segelbooten zu vorgelagerten Inseln und Riffen (ab US$65); im Angebot ist auch eine Fahrt zum Sonnenuntergang inkl. Abendessen für US$60.

Island Explorer Cruises, Jl. By Pass Ngurah Rai 622, Denpasar, ✆ 0361-728088, 🖳 www.bali-activities.com. Touren mit Motor- oder Segelbooten nach Nusa Lembongan ab US$89, auch Übernachtungen auf der Insel in Bungalows möglich. Weitere Aktivitäten wie Surfen, Tauchen, Fischen, Fahrrad- oder Mangroventouren gegen Aufpreis.

Sail Sensations, Hafen von Benoa, ✆ 0361-725864, 🖳 www.sail-sensations.com. Der Veranstalter fährt mit einem luxuriösen, 27 m langen Katamaran zur Nusa Lembongan, der Ausflug dauert von 9 bis 17 Uhr und kostet US$150 inkl. allem außer Tauchen und einer 2 1/2-stündigen Tour durch die Mangroven. Außerdem gibt es jeden Sa eine Tour zum Sonnenuntergang inkl. 6-gängigem Menü für US$83. Kinder bis 12 Jahre zahlen nur die Hälfte. Günstige Online-Angebote.

Surfen

Die Inseln Bali und Lombok sind ein wahres **Paradies für erfahrene Wellenreiter**. Nicht ohne Grund finden jedes Jahr internationale Wettkämpfe vor den zerklüfteten Küsten der Inseln statt. Die meisten Surfspots sind nur für Profis empfehlenswert, da die oft meterhohen Wellen über Riffen brechen und so jede noch so kleine Unachtsamkeit zu schwerwiegenden Verletzungen führen kann. Auch die unberechenbaren Strömungen leisten ihren Beitrag dazu, dass traumhafte Bedingungen für Profisurfer herrschen.

Zum Glück gibt es aber auch einige Strände, an denen sich Anfänger bei ihren ersten Stehversuchen keine ernsthaften Sorgen um ihre Gesundheit machen müssen. Besonders in Kuta auf Bali finden sich **Surfschulen**, die täglich Kurse für Anfänger veranstalten (S. 152). Die Stände um Pantai Canggu (S. 178) sind ein beliebtes Ziel für Anfänger mit Vorkenntnissen. Weiter im Süden an den Stränden der Bukit-Halbinsel (S. 196) und im Westen in Balian (S. 258) und Medewi (S. 257) sind hingegen nur erfahrene Wellenreiter anzutreffen. Das Gleiche gilt für die Strände rund um Kuta Lombok (S. 360).

Weiterführende Informationen zu den verschiedenen Surfspots auf Bali und Lombok inkl.

detaillierter Bewertungen und Informationen, zahlreicher Bilder und Erfahrungsberichte finden sich auf den englischsprachigen Webseiten ⌨ www.surfingbali.com und ⌨ www.wannasurf.com/spot/Asia/Indonesia.

gänge, können aber abhängig vom Tauchgebiet bei längeren Anfahrten bei deutlich über US$100 für zwei Tauchgänge liegen. Bevor man sich für einen Anbieter entscheidet, sollte die Ausrüstung genau unter die Lupe genommen werden.

Tauchen

Bali und Lombok sind für ihre farbenprächtige, lebendige Unterwasserwelt bekannt. Besonders vor den Küsten im Nordwesten und Osten der Insel Bali, den vorgelagerten Inseln Nusa Lembongan und Nusa Penida sowie den Gilis bei Lombok bieten sich hervorragende Bedingungen für Taucher. Für detaillierte Informationen zu den einzelnen Tauchgebieten lohnt sich ein Blick in den Kasten unten sowie ein Besuch der Seite ⌨ www.taucher.net, die sehr umfangreich mit allen wichtigen Daten aufwartet und zahlreiche Berichte anderer Taucher bereithält.

Für nähere Auskünfte zu möglichen Tauchschulen, -gängen und -kursen folgt man am besten den Empfehlungen in den Regionalkapiteln. Die Preise beginnen in der Regel bei US$35 für einen Tauchgang bzw. US$60 für zwei Tauch-

Wellness

Massagen

An den Stränden in Süd-Bali sowie in vielen Unterkünften bieten Massagefrauen ihre Dienste an. Für rund 50 000 Rp ölen sie den Körper ein und kneten ihn in einer Stunde von oben bis unten kräftig durch. Die meisten Frauen haben keinerlei Ausbildung, allerdings entspricht es der balinesischen Tradition, wenn gegen den venösen Blutstrom ausgestrichen wird.

Spas

Wer Erholung für Körper und Geist sucht und Stress abbauen möchte, kann sich in einem Spa mit Thermal- und Blütenbädern, Massagen aller Art, Packungen und anderen wohltuenden Körperbehandlungen in luxuriöser Atmosphäre entspannen (Kasten S. 67).

Tauchreviere vor Bali und Lombok

Sanur und Nusa Dua Nicht das beste Riff der Insel, aber fischreich, in Strandnähe und in wenigen Minuten mit dem Boot zu erreichen. Die Sicht variiert zwischen 8 und 15 m.

Nusa Penida Sehr fischreiche Riffe mit Steilabfällen, zu erreichen über Padang Bai (1 Std.) oder Sanur bzw. Nusa Dua (1 1/2 Std.). Sicht ca. 15 m, aber starke, unberechenbare Strömungen, die mitunter richtig gefährlich sein können.

Padang Bai Relativ flache Riffe, 15 Min. mit dem Auslegerboot vom Strand entfernt. Die Sicht variiert zwischen 6 und 15 m, es gibt keine starken Strömungen, aber recht niedrige Wassertemperaturen.

Pulau Tepekong Äußerst fischreiche, steil abfallende Riffe und ein Unterwasser-Canyon vor Pulau Tepekong (Pulau Kambing). 30 Min. mit dem Boot ab Nusa Dua oder Padang Bai, Sicht 6–20 m, wegen starker Strömungen nur für erfahrene Taucher geeignet.

Amed und Tulamben 5 Min. vor der Küste, Riffe in 6–30 m Tiefe und ein Schiffswrack, ein amerikanisches Versorgungsschiff, das 1942 von Japanern versenkt wurde. Sehr fischreich, kaum Strömungen, Sicht 10–20 m, das beliebteste und meistbesuchte Tauchziel der Insel.

Pulau Menjangan Steil abfallende und zerklüftete Riffe, 30 Min. mit dem Boot von Labuan Lalang entfernt. Sehr gute Sichtweiten von 25–50 m. Die Insel Menjangan ist Teil des Bali-Barat-Nationalparks.

Die Gilis Mehr als 15 Tauchspots, sowohl für Anfänger als auch für fortgeschrittene Taucher geeignet. Am Shark Point gibt es ab 18 m sogar Weißspitzen-Riffhaie zu sehen.

Tempel der Erholung und Ruhe

Bali weist mit die höchste Konzentration an Spas in Südostasien, wenn nicht sogar weltweit, auf. Jedes große Hotel wirbt mit seinem exklusiven Wellness-Bereich, aber auch weniger Betuchte finden ein vielfältiges Angebot.

Von warmen und kalten Pools eröffnet sich ein unverstellter Blick über Reisterrassen. Im orientalischen Stil gestaltete romantische Behandlungsräume gehen nahtlos in üppig-grüne Tropengärten über. In dieser Umgebung ist es ein Genuss, sich von geschickten Händen die Muskulatur lockern zu lassen und durch ein Körper-Peeling mit feinem Korallensand die alte Haut abzustreifen, in einem Bad bedeckt von Hibiskus und Jasminblüten im warmen Wasser zu schweben und in Joghurt oder Papayamus gepackt vor sich hin zu träumen. Auch kann man sich mit meditativer Musik auf der Entspannungsterrasse bei einer Tasse aromatischen Tees ausruhen und die betörenden Düfte ätherischer Öle aus Sandelholz, Zitronengras oder Ylang-Ylang einatmen, die unsere Sinne umschmeicheln und Verspannungen lösen. Es ist eine rituelle Reinigung, bei der unser Körper seine Balance wiederfindet und der Geist zur Ruhe kommt.

Im **Angebot** ist eine internationale Mixtur: Ayurveda aus Sri Lanka, Massagen im thailändischen oder schwedischen Stil, Akupressur und Kinesiologie aus China, Shiatsu aus Japan und selbst Lomi Lomi aus Hawaii sowie Behandlungsmethoden aus der westlichen Badekultur, wie Fangopackungen, Wassergymnastik und Kneippkuren, die mit traditionellen asiatischen Methoden eine Symbiose eingehen. In erster Linie begeistern jedoch die ureigenen balinesischen Therapieformen: die kräftige traditionelle Massage mit einheimischen Ölen und Kräutern sowie die zartfühlende, zuvorkommende Art der Balinesen und ihre grundsätzlich große Bereitschaft, offen auf Fremde zuzugehen.

Massagen und Heilkräuter sind ein wesentlicher Bestandteil des balinesischen Alltags und damit auch des traditionellen Gesundheitssystems. Traditionell werden viele Zutaten der balinesischen Küche wie Kokosöl, Kardamom, Gelbwurz, Pfeffer, Muskatnuss und Ingwer verwendet. Sie entfalten auch bei äußerlicher Anwendung ihre wohltuende Wirkung. Selbst Kaffee, Reis, Joghurt, Papaya und Karotten kommen zum Einsatz.

Hotels sind oft mit eigenen Spas ausgestattet, die auch von Tagesgästen besucht werden können. Schon legendär sind die Spas in den Luxushotels, wie dem Bali Hyatt in Sanur oder The Oberoi in Seminyak, aber auch weniger Wohlbetuchte kommen etwa im Jari Menari oder Smart Salon in Kuta und Seminyak oder dem Nur Salon in Ubud auf ihre Kosten. Weitere Empfehlungen finden sich in den jeweiligen Regionalkapiteln.

In jedem Dorf gibt es *Tukang Pijit*, weibliche wie männliche **Masseure**; manche von ihnen können sogar gebrochene Knochen richten und Krankheiten heilen. Ihr Wissen wird innerhalb des Dorfverbandes von Generation zu Generation weitergegeben. Ziel dabei ist es, die Körperenergien ins Gleichgewicht zu bringen, die Balance wiederherzustellen zwischen *Yin*, dem weiblichen Element, und *Yang*, dem männlichen Element, entsprechend der ewigen Gegensätze des kosmischen Kreislaufs. Dabei wird die Muskulatur nicht geknetet, sondern gestreckt, gedehnt und an den Energiepunkten fest gedrückt, wobei diese mit sanften, ausstreichenden Bewegungen miteinander verbunden werden.

Eine richtige Massage dauert um die zwei Stunden, längere Behandlungen mit Packungen, Bädern, kosmetischen Behandlungen und anderen Therapien können durchaus einen ganzen Tag in Anspruch nehmen.

Telefon

Die mehr als 246 Mio. Indonesier sind große Fans der Telekommunikation. Selbst in den kleinsten Dörfern gibt es Verkaufsstände, die Prepaid-Guthaben *(Pulsa)* verkaufen. Wer längere Zeit auf Bali bleibt oder öfter telefonieren will und sich die saftigen Roaming-Gebühren der heimischen

Mobilfunkgesellschaften sparen möchte, sollte sich für sein Handy auf jeden Fall eine indonesische **Prepaid-SIM-Karte** zulegen und sie am besten gleich beim Kauf aktivieren lassen.

In den letzten Jahren haben die großen Mobilfunkanbieter stark in den Ausbau der UMTS-Netze investiert, sodass auch außerhalb der Ballungszentren oftmals eine schnelle Datenverbindung verfügbar ist, die auch datenintensivere Anwendungen wie Youtube-Videos oder Streams ermöglicht. Mancherorts sind die UMTS-Netze zu Stoßzeiten so überlastet, dass ein Rückgriff auf die langsameren, aber zuverlässigeren GSM-Netze zu empfehlen ist.

SIM-Karten

Eine Reihe von Unternehmen hat SIM-Karten im Angebot. Wenn man sich nur in den Touristenzentren und Hauptorten aufhält, kann jede Karte genutzt werden. Soll die Reise auch in entlegene Regionen der Insel gehen, stehen nur die zwei großen Mobilfunkanbieter Telkomsel (Simpati, Kartu As oder kartuHalo) und Indosat (Mentari oder IM3) zur Auswahl. Die SIM-Karten Preise variieren sehr stark je nach Inklusivguthaben, Lage des verkaufenden Geschäfts und Laune des Verkäufers. Sie beginnen bereits bei 10 000 Rp und werden in vielen kleinen Geschäften und Supermärkten verkauft, wo auch bereits erstandene Karten aufgeladen werden können.

Preise

Gespräche innerhalb Indonesiens sind mit diesen Karten erheblich günstiger als mit der heimischen Karte und kosten je nach Tarif und Tageszeit bis maximal 1200 Rp pro Min.

Neben der Netzabdeckung sprechen auch die Preise für **Auslandsgespräche** und SMS für die SIM-Karten von Simpati. Um ein günstiges Gespräch nach Deutschland, Österreich oder in die

Vorwahlen			
Indonesien	0062	Singapore	0065
Deutschland	0049	Thailand	0066
Österreich	0043	Malaysia	0060
Schweiz	0041	Australien	0061

Schweiz zu führen, wird die 01017 vor der eigentlichen Nummer (also z. B. 01017-49-30-1234567) gewählt, und schon zahlt man nur 2400 Rp (ca. 0,15 € pro Minute) nach Deutschland und in die Schweiz sowie 4000 Rp (ca. 0,25 € pro Minute) nach Österreich. **SMS** in die Heimat kosten mit 600 Rp sogar nur einen Bruchteil davon.

Möchte man sein bestehendes Guthaben überprüfen, wählt man die *888#. Unter der *999# kommt man in das Hauptmenü, in dem alle möglichen Tarifoptionen gebucht werden können.

Bei bestehender Internetverbindung sind Gespräche über **Skype** zu Festnetznummern in Deutschland für zurzeit 0,02 € pro Minute eine noch günstigere Variante für die Kommunikation mit den Daheimgebliebenen. Man kann also auch ohne böse Überraschungen auf der Handyrechnung mit der Heimat in Verbindung bleiben.

Es ist zudem möglich, sich aus Deutschland für zurzeit 0,01–0,02 € pro Minute über einen der zahlreichen Call-by-Call-Anbieter anrufen zu lassen. Eine tagesaktuelle Liste der günstigsten Anbieter ist auf 🖥 www.teltarif.de erhältlich.

Datenverbindungen

Eine weitere interessante Option von Simpati ist die preiswerte Nutzung von mobilen **Internetdiensten**. Für 5 Rp pro Kilobyte kann man direkt ins mobile Netz gehen. Alternativ besteht die Möglichkeit, ein wesentlich günstigeres Internetpaket zu buchen, das es in vielerlei Varianten gibt. Für 25 000 Rp bekommt man etwa 30 Tage Zugang bis zu einer Datenmenge von 600 Megabyte (davon 450 MB nur über UMTS) oder für 60 000 Rp bis zu 3 Gigabyte, die je nach Destination in Indonesien auf normales Netz, UMTS und Verbindungen zwischen Mitternacht und 9 Uhr morgens verteilt sind. Das hört sich komplizierter an, als es ist: Am einfachsten ist die Buchung der Pakete über die im Android Play Store und im Apple Store verfügbare MyTelkomsel App. Hier wählt man im Hauptmenü einfach den Unterpunkt „Package" und das gewünschte Datenpaket aus. Alternativ ist auch die Auswahl über das Wählfeld des Telefons möglich: *363# eingegeben und das entsprechende Paket unter dem Menüpunkt „1" (Hot Offer) oder „2" (Telkomsel Flash) auswählen. So kann man für ein paar Rupiah seine E-Mails ab-

68 TELEFON

Wichtige Telefonnummern	
Polizei	110
vom Handy	112
Feuerwehr	113
vom Handy	112
Ambulanz	118 oder 119
Such- und Rettungsdienst	111, 115
	oder 151
Immigration	0361-227828
Flughafen	0361-751000

fragen oder sich über die neuesten Nachrichten und Sportergebnisse auf dem Laufenden halten. Besonders an Orten ohne preiswerte oder zuverlässige Internetverbindung empfiehlt sich diese Option als unkomplizierte Alternative.

Das verbleibende Internetguthaben kann über das Tastenkürzel *889# oder direkt in der MyTelkomsel-App abgerufen werden.

Transport

„Transport" ist wohl das häufigste Wort, das auf den Straßen von Kuta oder Ubud zu hören ist, denn an jeder Straßenecke bieten Fahrer ihre Dienste an. Zudem steht ein breites Angebot an öffentlichen Verkehrsmitteln zur Verfügung, sodass es keinen Ort auf Bali gibt, der nicht innerhalb eines Tages zu erreichen wäre. Wer auf ein eigenes Transportmittel Wert legt, hat die Wahl zwischen Minibussen oder Autos mit Chauffeur, Mietwagen, Motorrädern oder Fahrrädern. Gängige Verkehrsmittel sind Minibusse *(Angkot)*, Taxis und Busse.

Nahverkehr

Minibusse (Angkot)
Ein Angkot (manchmal auch *Bemo* genannt) ist ein Minibus in der Größe eines Transporters, der festgelegte Strecken abfährt und auf der Straße angehalten werden kann. Die kleinen Minibusse verkehren in dicht besiedelten Gebieten außerhalb Kutas recht regelmäßig, werden aber in

abgelegeneren Regionen immer seltener. Es gibt keine festen Abfahrtszeiten, sondern es geht los, wenn nach Meinung des Fahrers keine weitere Person Platz hat. Besonders an Markttagen kann dies eine hautnahe Erfahrung werden. Start- und Endpunkt einer Route liegen oft in der Nähe eines Marktes oder Busbahnhofs. Vor einer Angkot-Fahrt sollte man sich bei Einheimischen über den Preis informieren und das Geld passend bereithalten. Auf eine höhere Preisforderung sollte gar nicht erst eingegangen werden. Macht der Minibus auf Wunsch einen Umweg, so ist es besser, eventuelle Extrakosten bereits im Voraus zu klären. Ist z. B. die reguläre Fahrt nach 25 km an einem Marktplatz zu Ende und man wird noch 2 km weiter zum Strand gebracht, so kann es geschehen, dass sich der Fahrpreis verzehnfacht. Der Fahrer nimmt stillschweigend an, man hätte sein Auto gechartert.

Taxi
In den Touristenzentren in Süd-Bali schalten viele Taxis ihr Taxameter nicht anstandslos ein. Besonders zu späterer Stunde wollen die Fahrer häufig kein Taxameter verwenden und der Preis muss vor Antritt der Fahrt ausgehandelt werden. Die Einschaltgebühr inkl. des ersten Kilometers beträgt auf Bali 6000 Rp, jeder weitere Kilometer kostet 5700 Rp.

Vom Flughafen aus sind die (überhöhten) Preise festgelegt. Man erwirbt am Taxistand des Flughafens einen Coupon für das gewünschte Ziel und bekommt ein Taxi zugewiesen. Für eine detaillierte Preisliste und weitere Informationen zu der Situation S. 34.

Am empfehlenswertesten sind die **Blue-Bird**-Taxis (immer auf den Namen achten, denn andere Unternehmen haben das Logo und die Farbe der Taxis nahezu perfekt kopiert). Die Autos sind immer in einem gepflegten Zustand und mit einer funktionierenden Klimaanlage ausgestattet, die Fahrer sind freundlich und zuverlässig. Sollte man ein Gepäckstück im Taxi vergessen, hat man zudem gute Chancen, es wiederzubekommen. Taxis erreicht man rund um die Uhr bei:
Blue Bird Bali, ☏ 0361-701111, Customer Care Center: 701621, 🖥 www.bluebirdgroup.com. Für eine telefonische Bestellung müssen sich die Fahrtkosten mindestens auf 25 000 Rp belaufen.

Wichtig: Internationaler Führerschein

Wer keinen **Internationalen Führerschein** vorweisen kann, muss mit einer Strafe rechnen. Die Polizei auf Bali hat diese Einnahmequelle entdeckt und kontrolliert besonders hellhäutige Rollerfahrer fleißig und regelmäßig. Im Regelfall reicht es, einen 50 000-Rp-Schein unauffällig in die Fahrzeugpapiere zu legen, auf jeden Fall sollte man sich auf keine längeren Diskussionen einlassen. Falls man vergessen hat, einen internationalen Führerschein in der Heimat zu beantragen, besteht die Möglichkeit, auf Bali für Ersatz zu sorgen. Bei der Polizei kann für ca. 10 € ein Formular gekauft werden, das bescheinigt, dass der internationale Führerschein verloren wurde. Ob dies der Wahrheit entspricht oder nicht, interessiert dann keinen Polizisten mehr.

Ngurah Rai Taxi, ☎ 0361-724724.
Pan Wirthi Taxi, ☎ 0361-723954.

Fahrrad

Für Fahrräder zahlt man in Süd-Bali und Ubud ab 20 000 Rp pro Tag, auf Gili Trawangan ab 40 000 Rp. Im Stadtgebiet von Denpasar, auf allen Hauptstraßen sowie im verkehrsreichen Süden ist Radfahren nicht zu empfehlen. Schwierige Bergstrecken können samt Drahtesel auch in einem Minibus bewältigt werden.

Transport über die Insel

Wer sich auf Bali selbstständig mit einem Mietfahrzeug bewegen will, sei gewarnt: Der Verkehr ist dicht, für Unerfahrene oft gefährlich und endet manchmal sogar tödlich. Motorräder sind neben öffentlichen Verkehrsmitteln die am häufigsten genutzten Fortbewegungsmittel. Im dicht besiedelten Süden verstopfen sie neben Autos, Lkw und Bussen die Straßen, bevölkern die Fußwege und sind zudem häufig in Unfälle verwickelt.

Bei kleineren Verkehrsdelikten wird in der Regel eine Geldstrafe in Höhe von 50 000 Rp fällig, Vergehen sollten nicht teurer als 250 000 Rp werden.

Überlandbusse

Es gibt eine große Zahl von Unternehmen, die den Transfer zwischen den Touristenorten mit Minibussen organisieren, dabei unterscheiden sich die Preise nur geringfügig voneinander.

Die einfachste und zuverlässigste, wenn auch nicht immer preisgünstigste und schnellste Variante für den Überland-Transport auf Bali ist **Perama**. Es werden jeden Tag alle wichtigen Touristenorte der Insel angefahren. Für den Transport nach Lombok bietet Perama auch Überfahrten mit Fähren oder Schnellbooten zu fairen Preisen. Ein Perama-Büro gibt es in jedem größeren Ort. Es ist auf den jeweiligen Stadtplänen verzeichnet. In Lovina ist im Ticketpreis sogar eine Übernachtung in einem sehr einfachen Guesthouse inbegriffen. Bei Vorlage des Hinfahrt-Tickets bekommt man 10 % Rabatt. Die Zielorte sowie die aktuellen Preise sind unter 🖥 www.peramatour.com und in den jeweiligen Regionalkapiteln zu finden. Das Hauptbüro liegt in der Jl. Legian 39, Kuta, ☎ 0361-751875, 750808 (Hotline).

Motorräder

Motorräder lassen sich in allen touristischen Zentren für 40 000–60 000 Rp pro Tag ausleihen, auf Lombok auch mal 80 000 Rp. Bei längerer Leihdauer kann ein kräftiger Rabatt ausgehandelt werden.

Achtung: Es werden fast ausschließlich Roller mit 125ccm verliehen, für die ein normaler Führerschein der Fahrzeugklasse B nicht gültig ist, das heißt, die meisten deutschen Touristen haben keine gültige Fahrerlaubnis. Bei Polizeikontrollen interessiert nur, dass man einen internationalen Führerschein bei sich führt; bei Unfällen hingegen wird es sehr teuer, denn keine

Steigende Kosten

Aufgrund von Benzinpreissteigerungen im Jahr 2013 besteht die Möglichkeit, dass in den kommenden Jahren Transport und besonders auf kleineren Inseln die Lebensmittel deutlich teurer werden. Der starke Wertverlust des indonesischen Rupiah macht zudem jegliche Importprodukte teurer.

Fahrzeug-Checkliste

Bevor ein Fahrzeug gemietet wird, sollte es genau überprüft werden, deshalb ein paar Vokabeln:

Deutsch	Englisch	Indonesisch
Blinker	indicator	lampu sen
Bremsen	brakes	rem
Ersatzrad	spare wheel	roda serep
Zündkerze	spark plug	busi
(Ersatz-) Reifen	(spare) tyre	ban (serep)
Scheinwerfer	headlights	lampu sorot
Tank	tank	tanki
Werkzeug	tools	alat-alat
Wagenheber	jack	dongkrak
Werkstatt	garage	bengkel mobil
Tankstelle	gas station	pompa bensin
Führerschein	driving license	surat izin mengemudi (SIM)

Versicherung zahlt ohne gültigen Führerschein die entstandenen Schäden.

Auf Bali herrscht **Helmpflicht**. Zuwiderhandlungen werden von der Polizei mit einer Geldbuße geahndet.

Ausländische Rollerfahrer, die, mit Surfbrett beladen, nur mit Bikini oder Badehose bekleidet durch die vielen Einbahnstraßen brettern, überschätzen ihre Fahrkünste oft maßlos und landen dann (bestenfalls) im Krankenhaus. Beifahrer verbrennen sich zudem regelmäßig den rechten Unterschenkel am ungeschützten Auspuff. Nur erfahrene Fahrer sollten sich das Roller- und Motorradfahren in Süd-Bali zutrauen. In weniger besiedelten Regionen der Insel sind besonders der in Küstengegenden abrupt auftretende Wind sowie die Spurrillen nicht zu unterschätzen.

Mietwagen

Dem Roller ist ein Mietwagen vorzuziehen, der bei einem Unfall mit einer Knautschzone vor Verletzungen schützen kann. Es ist mit folgenden Mindestpreisen pro Tag zu rechnen (günstigere Preise lassen sich bei einer Mietdauer von mindestens einer Woche aushandeln): Suzuki Katana (Jimny) 150 000 Rp, Toyota Avanza oder Daihatsu Xenia 200 000 Rp und Toyota Kijang 160 000 Rp.

Benzin (Premium) kostet an Pertamina-Tankstellen 6500 Rp pro Liter, Diesel (Solar) 5500 Rp. Bei privaten Händlern ist das Benzin teurer, in den Bergen kostet es mitunter sogar über 8000 Rp.

Erfahrung, Service und Haftpflicht

Andre Sewatama Rent a Car, Jl. By Pass Ngurah Rai 330, Sanur, ✆ 0361-288126, 🖥 www.andre-sewatama-bali.com. Der Anbieter mit deutschem Management vermietet Jeeps und Autos für Selbstfahrer in gepflegtem Zustand. Ein Suzuki Katana kostet 20 € pro Tag, ein Daihatsu Feroza 25 €, ein Daihatsu Xenia oder Suzuki Splash 28 € und ein Toyota Kijang 32 €. Bei längerer Mietdauer werden Rabatte von bis zu 15 % gewährt. Andre Sewatama scheint der einzige Vermieter auf Bali zu sein, der neben einer Vollkaskoversicherung auch eine deckende Haftpflicht mit 100 € Selbstbeteiligung anbietet. Fahrer können für 15 € pro Tag (maximal 10 Std.) gebucht werden. Über einen externen Anbieter können GPS-Geräte gemietet werden. Eine Woche kostet 500 000 Rp, plus Pfand von US$200. Die Übergabe des Autos findet immer im Büro statt, damit Andre seinen Kunden ein paar Ratschläge mit auf den Weg geben kann. Abholung vom Flughafen inkl.

Verkehrsregeln auf Bali

Theoretisch gelten auf Bali ähnliche Verkehrsregeln wie in Deutschland. Praktisch sieht es jedoch etwas anders aus. Hier die wichtigsten Regeln für Selbstfahrer:

- Es herrscht Linksverkehr.
- Immer defensiv fahren und nachgeben, vor allem gegenüber stärkeren Verkehrsteilnehmern wie Lkw oder Busse!
- Vorfahrt hat der Stärkere, Größere, Schnellere oder Geschicktere. In jedem Fall Vorfahrt gewähren!
- Immer nach vorn schauen, niemals zurück. Der Verkehr ist gerade im Süden und der Zentralebene so komplex, dass ein Beobachten des rückwärtigen Verkehrs von keinem Menschen, auch nicht von Balinesen, bewältigt werden kann.
- Da Motorräder sowohl links als auch rechts überholen, sollte ein Spurwechsel niemals abrupt, sondern immer mit anzeigendem Blinker und viel Vorsicht durchgeführt werden
- Viele Einbahnstraßen gelten nur für Autos, Busse und Lkw. Zweiräder fahren in beide Richtungen.
- Auch aus Seitenstraßen können immer Roller und Motorräder herausschießen.
- Steht die Ampel auf Orange, unbedingt weiterfahren, um Auffahrunfälle zu vermeiden.
- Nicht auf Verkehrszeichen verlassen, denn sie werden oft nicht beachtet.
- Nach Einbruch der Dunkelheit (18.15 Uhr) sollte man nie fahren, da viele Roller ohne Licht unterwegs sind und schnell übersehen werden können.
- Bei einem Unfall ersetzen auf die Straße gelegte Zweige das Warndreieck.
- Das Hupen ist ein Mittel, um (besonders bei Überholvorgängen) auf sich aufmerksam zu machen. Wer nicht hupt, lebt gefährlich!
- Das Benutzen der Lichthupe bedeutet nicht, dass man ein entgegenkommendes Fahrzeug passieren lässt, sondern dass man sich die Vorfahrt erzwingt!
- Das Setzen des Blinkers in Richtung der Mitte der Straße bedeutet, dass das entgegenkommende Fahrzeug zu weit mittig fährt und ausweichen soll.
- Wenn Militärfahrzeuge im Konvoi im Anmarsch sind oder Polizei mit Sirene unterwegs ist, ist Vorsicht geboten. Dann heißt es, runter von der Straße, da sie nur äußerst selten die Bremse gebrauchen.
- Auf der Straße von Gilimanuk Richtung Denpasar sind viele Überlandbusse aus bzw. nach Java unterwegs, die oftmals waghalsige Überholmanöver durchführen und vor denen man sich besonders in Acht nehmen sollte.

Wenn es zu einem **Unfall** kommt, sollten der Versicherungsnachweis, die Fahrzeugpapiere und der internationale Führerschein bereitgehalten werden. Da fast alle Versicherungen mit einer Selbstbeteiligung von US$100 arbeiten, sollte man bei einem von einem anderen Verkehrsteilnehmer verursachten geringfügigeren Schaden sofort versuchen, so viel Geld wie möglich vom Schadensverursacher zu bekommen. Bei einem größeren Schaden ist es ratsam, die Autovermietung direkt zu kontaktieren. Sollten Personen zu Schaden kommen, kann bei kleineren Blessuren die Behandlung direkt gezahlt werden, bei schwerwiegenderen Verletzungen sollten die Verletzten so schnell wie möglich ins nächstgelegene Krankenhaus gebracht werden und, sofern das Auto bei Andre Sewatama gemietet wurde, das Büro verständigt werden.

Will man sich dem Verkehrschaos nicht aussetzen, kann ab 350 000 Rp pro Tag (6–8 Std.) ein **Wagen mit Fahrer** gechartert werden. Die Fahrer fungieren auch als Guide und geben oft einige spannende Anekdoten zum Besten. Der Mietpreis beinhaltet zudem das Benzin, in der Regel jedoch nicht Unterkunft und Verpflegung des Fahrers. Wenn man in einer größeren Gruppe unterwegs ist (ab 3 Pers.), ist dies eine gute Alternative für Tagesausflüge, denn es lohnt sich oft mehr, ein Auto mit Fahrer zu mieten und sich ein eigenes Ausflugsprogramm zusammenzustellen, als auf festgelegte teure Touren zurückzugreifen.

Es spielt keine Rolle, wo die Autovermietungen ihren Hauptsitz haben. Die meisten bringen das Auto gegen einen Aufpreis an fast jeden Ort der Insel und holen es auch wieder ab.

Avis, am Flughafen, ✆ 0361-910 4207, 🖥 www.avis.com.
Golden Bird Bali, ✆ 0361-701111, 🖥 www.bluebirdgroup.com. Hier gibt es neben normalen Mietwagen auch Luxuslimousinen wie Mercedes u. a. mit Chauffeur zu mieten.
MBA Tours & Travel, ✆ 0361-764147, 🖥 www.mba-sensational.com. Zuverlässiger Veranstalter mit zahlreichen Büros in Kuta und Legian. Die Autos sind in gutem Zustand und günstig. Ein Suzuki Katana kostet 120 000–150 000 Rp, ein Daihatsu Xenia 160 000–200 000 Rp pro Tag.
My VW-Tour, ✆ 0812-3618 9015, ✉ myvwtour@yahoo.co.id. Touren mit den klassischen VW-Kübelwagen sind eine lustige Alternative. Ein Tag für bis zu 3 Pers. kostet 650 000 Rp inkl. Fahrer und Benzin. Wo es hingeht, bleibt jedem selbst überlassen.
Sinar Sarana Surya, ✆ 0361-226022, 🖥 sinar-rentcar.com. Hier können relativ günstige Fahrzeuge inkl. Fahrer gemietet werden. 8 Std. in einem komfortablen und für bis zu 4 Mitfahrern geeigneten Toyota Avanza oder Daihatsu Xenia kosten 300 000 Rp.
Trac – Astra Rent a Car, ✆ 0361-703333, 🖥 www.trac.astra.co.id. In ganz Indonesien operierende Autovermietung mit Filialen am Flughafen in der internationalen und nationalen Ankunftshalle.

Übernachtung

Unterkünfte jeder Komfort- und Preisklasse gibt es auf Bali und Lombok wie Sand am Meer. In den letzten Jahren sind besonders im Süden Balis so viele Hotels gebaut worden, dass das Angebot weit über der Nachfrage liegt und außerhalb der Hauptsaison ein regelrechter Preiskampf ausbricht. Vorausbuchungen sind daher nur in der absoluten Hochsaison sowie an Orten mit einer beschränkten Zimmerauswahl notwendig, weitere Informationen in den jeweiligen Regionalkapiteln.

Zimmer verfügen je nach Preisklasse über AC, LCD-TV, Warmwasser, Safe, Kühlschrank und manch anderes komfortables Schmankerl. So warten nahezu alle Mittelklassehotels mit einem Swimmingpool auf. Zimmer in Unterkünften der unteren Preisklasse sind manchmal sehr spartanisch mit nicht mehr als einem Bett und einer kalten Dusche ausgestattet. Gerade bei neueren günstigen Unterkünften darf man sich aber häufig auch über ein Waschbecken, einen Stuhl, einen Kleiderschrank und einen Beistelltisch freuen.

Die Luxushotels lassen hingegen keinerlei Wünsche offen. Sie sind nicht ohne Grund weltbekannt. Daneben sind besonders an den Stränden nördlich von Seminyak und um Ubud viele komfortable Villenanlagen gebaut worden, die meist mit Privatpool und modern durchgestyltem Interieur überzeugen. Viele Villen können unter 🖥 www.villa-bali.com gebucht werden.

Einen Ventilator findet man selbst in den einfachsten Unterkünften. Einige wenige ältere Hotels verfügen noch nicht über eine Dusche und eine westliche Toilette. Dann gibt es stattdessen eine Hocktoilette und ein **Mandi** (großer Wasserbehälter und kleinere Kelle, die man mit Wasser füllt und sich dann über den Kopf schüttet). Auch wenn diese einheimischen Bäder anfangs befremdlich wirken, müssen sie nicht weniger hygienisch sein. Aus einigen Duschen kommt dagegen so spärlicher Wasserdruck, dass man nach einiger Zeit ein Mandi vorzieht. Bei den **Toiletten** sollte man vorsichtig mit übermäßigem Klopapierverbrauch sein, da die Abwasserleitungen dafür nicht vorgesehen sind und leicht verstopfen.

Immer häufiger beinhaltet der Zimmerpreis auch den Zugang zum hoteleigenen **WLAN-Netzwerk**, sodass Leute, die mit Computer, Tablet oder Smartphone reisen, jederzeit ins Internet können. Allerdings ist der Empfang oft auf

TRAVELTIPPS VON A BIS Z

www.stefan-loose.de/bali

ÜBERNACHTUNG **73**

Preiskategorien

Die Unterkünfte sind in diesem Buch in acht Preiskategorien eingeteilt. In größeren Orten wurde zudem eine Unterteilung in untere, mittlere und obere Preisklasse vorgenommen. Die Preise beziehen sich stets auf ein Doppelzimmer in der Nebensaison (Januar bis Juni und Oktober bis November).

❶	bis 100 000 Rp (untere Preisklasse)
❷	bis 200 000 Rp (untere Preisklasse)
❸	bis 300 000 Rp (untere Preisklasse)
❹	bis 500 000 Rp (mittlere Preisklasse)
❺	bis 750 000 Rp (mittlere Preisklasse)
❻	bis 1 Mio. Rp (mittlere Preisklasse)
❼	bis 2 Mio. Rp (obere Preisklasse)
❽	über 2 Mio. Rp (obere Preisklasse)

die direkte Umgebung des Routers beschränkt. Dagegen kostet der Zugang in Luxushotels oft mehr als ein Zimmer inkl. WLAN in den günstigeren Unterkünften.

Besonders in Ost-Bali und auf den Gilis gibt es oft **Open-Air-Badezimmer**. Hinter dem Begriff verbirgt sich nichts Obszönes oder Halböffentliches, sondern ein vor fremden Blicken geschützter, dachloser Raum, in dem unter freiem Himmel geduscht oder gebadet werden kann. Keine Sorge also, es schauen höchstens ein paar Affen oder Vögel zu.

Näheres zu Übernachtungskosten s. Reisekosten, S. 32.

Unterhaltung

Wer Partys feiern will, bei denen laute Musik von internationalen und einheimischen DJs den Raum beschallt, die Frauen leicht bekleidet und tanzwütig, die Männer in Flirt-Laune sind und der Alkohol in Strömen fließt, ist in Kuta goldrichtig. Hier gibt es die lebhaftesten **Clubs** der Insel. Was angesagt ist, wird vom trinkwütigen, größtenteils australischen Partyvolk bestimmt und ändert sich ständig. Vorwiegend wird elektronische Musik, Pop und Hip-Hop in allen denkbaren Ausrichtungen und Härtegraden gespielt. Auf Lombok bilden Senggigi und die Insel Gili Trawangan die Anlaufpunkte für Nachtschwärmer. Die niveauvollsten **Bars und Lounges** finden sich in Seminyak auf der Jl. Laksmana und Jl. Petitenget sowie am Blue Ocean Boulevard direkt am Strand. Hier geht es etwas sittsamer zu, die Getränkepreise sind höher und man kann sich auch in normaler Lautstärke mit seinen Tischnachbarn unterhalten.

Wer von ausgiebig feiernden Jugendlichen lieber Abstand nehmen möchte, muss nicht nach dem Abendessen ins Bett fallen. Stattdessen kann man auf balinesische Art bei einem der vielen **Tempelfeste** mitfeiern (S. 118) oder einer der berühmten lokalen **Tanzvorstellungen** beiwohnen (S. 136) und dabei den ungewohnten Klängen des Gamelan-Orchesters lauschen. Beim Besuch einer *Wayang-Kulit*-Aufführung wird man von den Schattenfiguren auf der Leinwand verzaubert, denen der Puppenspieler wie durch Magie Leben einhaucht (S. 136).

Verhaltenstipps

Wer aus Deutschland, Österreich oder der Schweiz anreist, kommt aus einer Region, die sich dem Perfektionismus und reibungslosen Ablauf von Prozessen verschrieben hat. Doch in anderen Ländern herrschen andere Sitten und deutsche, österreichische oder schweizerische Denkmuster können im Umgang mit Balinesen eher hinderlich werden. Wenn also einmal der Strom ausfällt, die Klimaanlage nicht funktioniert, der Fahrer erst geweckt werden muss oder das Hotelpersonal kaum Englisch spricht, sollte ein Auge zugedrückt, gelächelt und höflich versucht werden, die Situation zu klären. Sich aufzuregen und eine Szene zu machen, ist sinnlos, da ein Balinese die Verärgerung nicht verstehen wird. Darüber hinaus verlieren Touristen, die mit hochrotem Kopf an der Hotelrezeption stehen und sich empört die Seele aus dem Leib schreien, weil es zum Frühstück keinen Orangensaft gab, ihr Gesicht und werden kaum noch ernst genommen. Neben einer gesunden Portion Gelassenheit, die jeder Reisende im Gepäck haben sollte, gibt es ein paar Regeln, die es zu beachten gilt.

davor nicht zurück. Es ist ein Zeichen enger Freundschaft, wenn Männer mit Männern oder Frauen mit Frauen Hand in Hand durch die Straßen bummeln. Körperkontakte zwischen Männern und Frauen allerdings sind in der Öffentlichkeit tabu.

Allgemeine Regeln

Der **Kopf** ist bei den Balinesen heilig, da er den Göttern am nächsten ist. Einem anderen Menschen an den Kopf zu fassen, selbst wenn es der Freund oder Ehemann ist, gilt als respektlos und sollte in der Öffentlichkeit vermieden werden.

Die **Füße** sind unrein, da sie mit dem von Dämonen bewohnten Erdboden in ständigem Kontakt stehen. Es ist daher äußerst unhöflich, jemandem seine blanken Fußsohlen entgegenzustrecken oder gar mit dem Fuß auf jemanden zu zeigen.

Ähnliches gilt für den **Zeigefinger**. Möchte man auf etwas zeigen, sollte lieber der Daumen benutzt werden. Die **linke Hand** gilt als unrein, besonders auf dem muslimisch geprägten Lombok. Wer höflich sein möchte, isst, gibt und nimmt nur mit der rechten Hand. Geschenke überreicht man ebenfalls nur mit der rechten Hand. Sie werden erst geöffnet, nachdem der Schenkende bereits gegangen ist. Wird etwas zu essen und zu trinken angeboten, sollte man warten, bis man aufgefordert wird, mit dem **Essen** zu beginnen. Füllt man sich selbst den Teller, darf man nicht zu viel nehmen, denn man muss mindestens eine zweite Portion essen.

Lombok ist vorwiegend moslemisch. Schultern und Knie sollten hier bei **Frauen** immer bedeckt sein, wenn sie nicht unentwegt angestarrt werden möchten. Das gilt übrigens auch in Tempeln auf Bali.

Beim Betreten eines Hauses sind stets die **Schuhe** auszuziehen, was eigentlich ja eine Selbstverständlichkeit ist. Ähnlich wie bei Tempeln, verunreinigt man damit das Haus, das dann durch eine aufwendige Zeremonie gesäubert werden muss.

Körperkontakt ist normal und selbstverständlich, und selbst Fremden gegenüber scheut man

Verhalten in Tempeln

Bei einer Tempelbesichtigung sind einige zusätzliche Regeln zu beachten, um das Heiligtum nicht spirituell zu verunreinigen bzw. zu entweihen. Ist ein Tempel erst einmal befleckt, müssen spezielle Priester aufwendige Reinigungszeremonien abhalten. Wer bei der Entweihung eines Tempels erwischt wird, muss die nicht unerheblichen Kosten für eine solche Zeremonie selbstverständlich selbst tragen.

- Sittsame Kleidung ist ratsam. Das Tragen eines Sarongs und eines Tempelschals *(Slendang)*, der um die Hüfte gebunden wird, ist beim Betreten des Tempelgeländes Pflicht. Nackte Beine müssen immer bedeckt werden.
- Menschliches Blut gilt als unrein, deshalb dürfen weder menstruierende Frauen noch Besucher mit einer offenen Wunde einen Tempel betreten.
- Über Tempelmauern oder auf Schreine zu klettern, ist verboten.
- Baden in den heiligen Quellen von Pura Tirta Empul ist nur in sittsamer Kleidung erlaubt.
- Bei Tempelfesten sollte niemand höher stehen oder sitzen als die Priester und die Opfergaben.
- Ebenso ist es ein Sakrileg, zwischen Betenden bzw. Opfernden und den Schreinen der Götter, denen die Gebete und Opfer gelten, herumzulaufen.
- Bei Leichenverbrennungen nie vor die Prozession stellen.
- Fotografieren wird zwar geduldet, doch ist Zurückhaltung angebracht. Bei Zeremonien darf kein Blitz verwendet werden.

Auch wenn manche dieser Regeln einem Europäer übertrieben oder unnütz erscheinen, sollte man genug Toleranz und Respekt mitbringen und sich an die vorgeschriebenen Sitten halten.

Sonstiges

In großen Hotels und Restaurants der gehobenen Preisklasse werden zum Rechnungsbetrag 10 % **Trinkgeld** addiert, sodass ein weiteres Trinkgeld nur bei besonders gutem Service sowie für spezielle Dienstleistungen (z. B. Koffertragen) angebracht ist. Der Betrag sollte ca. 10 000 Rp betragen, in internationalen Hotels kann es auch mehr sein.

Das Wort „Nein" zu vermeiden, ist eine Höflichkeitsgeste, die Europäer oft falsch deuten. Wird ein Balinese nach dem Weg gefragt und weiß die Antwort nicht, wird er lange zögern und sich um eine ablehnende Antwort drücken. Statt „nein" sagt man aus **Höflichkeit** lieber „vielleicht" und zeigt durch zögerndes Verhalten seine Ablehnung.

Betteln ist verpönt und sollte vor allem bei Kindern nicht gefördert werden. Wenn aber an den Tempeltoren um eine Spende *(donation)* gebeten wird, sollte das nicht mit Betteln gleichgesetzt werden, denn damit werden Baumaßnahmen finanziert und die Angestellten bezahlt.

Versicherungen

Auslandsreise-Kranken-versicherung

Der Abschluss einer Auslandsreise-Krankenversicherung ist in jedem Fall zu empfehlen. Insbesondere bei Krankenhausaufenthalten kann schnell eine erhebliche Summe zusammenkommen. Bei schwerer Erkrankung wird der Betroffene in die Heimat geflogen, wenn er plausibel darlegen kann, dass am Urlaubsort keine ausreichende Versorgung gewährleistet ist. Dabei ist der Passus „wenn medizinisch notwendig" im Kleingedruckten zu beachten, denn gerade medizinische Notwendigkeit ist selten leicht zu beweisen. Lautet der entsprechende Passus hingegen „wenn medizinisch sinnvoll und vertretbar", kann wesentlich besser für eine Rückholung argumentiert werden. Einschränkungen gibt es zudem bei Zahnbehandlungen (nur Notfallbehandlung) und chronischen Krankheiten.

Im Krankheitsfall müssen die Rechnungen für die Behandlung vorher beglichen werden. Wenn nach der Rückkehr die Belege bei der Versicherung eingereicht worden sind, werden die Kosten erstattet. Manche internationale Krankenhäuser können bei ernsten Erkrankungen und teuren Behandlungen direkt mit der Versicherung abrechnen.

Auslandskrankenversicherungen für Reisen von bis zu sechs Wochen Dauer werden ab 6 € p. P. oder 19 € für die ganze Familie angeboten; wer länger verreist, zahlt je nach Versicherer zwischen 50 Cent und 2,50 € pro Tag. Versicherungen für Reisende über 60 Jahre sind oft deutlich teurer. Anbieter sind u. a. ADAC, Barmenia, Central, Debeka, DKV, Hanse-Merkur, HUK-Coburg, International Service Assekuranz (bis zu 18 Monaten, extra Versicherungen für Sportler), TAS Assekuranz, Signal Iduna, Universa und Victoria. Bei einigen Kreditkarten sind Auslandskrankenversicherungen enthalten. Einen übersichtlichen Preis- und Leistungsvergleich gibt es unter 🖳 www.reiseversicherung.com/vergleich/vergleich_reisekrankenversicherung.html.

Reiserücktrittskosten-versicherung

Bei Pauschalreisen ist die Rücktrittskostenversicherung meist im Preis eingeschlossen (nachfragen!). Sie muss in der Regel 30 Tage vor Reiseantritt abgeschlossen werden. Die Stornokosten werden beim Tod eines Familienmitglieds oder Reisepartners und im Krankheitsfall übernommen, wenn die Reiseunfähigkeit ärztlich nachgewiesen werden kann. Die Kosten der Versicherung liegen bei 29–58 € pro 1000 € Reisepreis.

Einen Anbietervergleich gibt's unter 🖳 www.reiseversicherung.com/vergleich/vergleich_reiseruecktrittskostenversicherungen.html.

Reisegepäckversicherung

Viele Versicherungen sichern auch Gepäck-verlust ab, die Bedingungen sind aber immer sehr eng gefasst. Die Stiftung Warentest rät von einer Gepäckversicherung ab, da sich die Versicherer meist auf die Unachtsamkeit des Reisenden berufen und nicht zahlen. Für wertvolle Sachen wie eine Fotoausrüstung kann eine Fotoversicherung abgeschlossen werden, die zwar relativ teuer ist, aber die Geräte gegen sämtliche Risiken versichert. Die Kamera darf wegen möglicher Motorradräuber nur am Körper befestigt getragen werden. Im Schadensfall muss der Verlust sofort bei der Polizei gemeldet werden. Eine **Checkliste**, auf der alle Gegenstände und ihr Wert eingetragen sind, und Fotos der Gepäckstücke sind dabei hilfreich.

Eine Reisegepäckversicherung mit einer Deckung von rund 2000 € kostet für 17 Tage ca. 35 €, ein Jahresvertrag 70–100 €.

Versicherungspakete

Diese Rundum-Pakete sind auf fünf bis acht Wochen begrenzt und beinhalten neben der Reisekrankenversicherung eine Gepäck-, Reiserücktrittskosten- und Reisenotruf- bzw. Rat&Tat-Versicherung. Letztere bietet eine Notrufnummer zur Soforthilfe während der Reise. Außerdem werden Krankenhauskosten sofort von der Versicherung beglichen und bei ernsthaften Erkrankungen der Rücktrans-

---

Spar-Tipp für längere Reisen

Wer einen ausgedehnten Auslandsaufenthalt plant, sollte sich bei seiner Krankenkasse über die Möglichkeiten einer **Anwartschaftsversicherung** informieren. Sie erlaubt es, die Kranken- und Pflegeversicherung für den Reisezeitraum ruhen zu lassen, wobei nur noch einen stark reduzierter Beitrag erhoben wird – und garantiert nach der Rückkehr die Wiederaufnahme zu gleichen Konditionen. Gerade Selbstständige können so schnell mehr als 1000 € sparen.

---

port übernommen. Wenn der Versicherte nicht transportfähig ist und länger als zehn Tage im Krankenhaus bleiben muss, darf auf Kosten der Versicherung eine nahestehende Person einfliegen. Auch beim Verlust der Reisekasse kann man über den Notruf einen Vorschuss erhalten. Versicherungspakete lassen sich über das Reisebüro zu Hause abschließen, wobei sich die Kosten nach Dauer und Wert der Reise richten.

Bei längeren Reisen sind nur Einzelversicherungen möglich. Ein optimaler Versicherungsschutz wird dann teuer. Bei häufigen Auslandsreisen können Versicherungen auch für ein ganzes Jahr mit automatischer Verlängerung abgeschlossen werden.

🖥 **www.test.de/thema/reiseversicherung**
Die Stiftung Warentest nimmt Versicherungen unter die Lupe.
🖥 **www.dooyoo.de/reiseversicherung**
Dieses Portal sammelt Erfahrungsberichte zu Reiseversicherungen.

Visa

Die Einreisebestimmungen für Indonesien sind in den letzten Jahren erheblich vereinfacht worden. Nach den neuen Regelungen können Bürger aus 62 Ländern (u. a. Deutschland, Österreich und Schweiz) einreisen, ohne zuvor ein Visum beantragt zu haben. Das Visum wird direkt bei der Ankunft am Flughafen oder Hafen ausgestellt und daher **Visa on Arrival** genannt. Das Visa on Arrival kostet US$35 und ermöglicht es, 30 Tage in Indonesien zu bleiben, eine einwöchige Variante gibt es für US$10. Seit Januar 2010 ist das 30-Tage-Visa auch im Land verlängerbar: Für weitere US$25 erhalten Besucher die Möglichkeit, noch einmal 30 Tage in Indonesien zu bleiben. Als Voraussetzung für das Visa on Arrival muss der **Reisepass** bei Einreise mindestens noch sechs Monate gültig sein. Der Antragsteller muss außerdem über ein **Ausreiseticket** verfügen. Die Ausreise kann auch mit dem Schiff erfolgen. Bei Flugtickets werden Open-Date-Tickets akzeptiert.

www.stefan-loose.de/bali

VISA **77**

Auf Bali kann man ein solches Visum sowohl am Flughafen Ngurah Rai International als auch an den Häfen in Padang Bai und Benoa erhalten. Um bei der Einreise Zeit zu sparen, ist es ratsam, die Gebühr gleich passend und bar in US$ oder Rupiah zur Verfügung zu haben. Euro können getauscht werden, die Ausgabe des Rückgelds erfolgt in indonesischen Rupiah. Im Notfall wird auch das Abheben an einem hinter der Passkontrolle gelegenen Geldautomaten erlaubt. Der aktuelle Stand sowie alle Einreisehäfen können auf 🖥 www.indonesianembassy.org.uk/consular/consular_visa_type_arrival.html abgerufen werden.

Ist ein längerer Aufenthalt geplant oder ist man Staatsbürger einer anderen Nation, muss bei einer diplomatischen Vertretung von Indonesien vor der Einreise ein Visum beantragt werden. In diesem Fall erkundigt man sich, welche Art von Visum benötigt wird und wie die aktuellen Bestimmungen lauten oder schaut unter 🖥 www.kemlu.go.id/berlin nach.

Zurzeit werden folgende Arten von Visa ausgestellt:

Visaverlängerung

Alle Arten von Visa können in Indonesien bei der **Einwanderungsbehörde** (Kantor Imigrasi) gegen eine Gebühr von 250 000 Rp verlängert werden. Die Bearbeitung sollte mindestens eine Woche vor Ablauf des Visums beantragt werden und dauert im Regelfall zwischen zwei Tagen und einer Woche, kann aber bei der Inanspruchnahme eines kostenpflichtigen Agenten deutlich schneller vonstattengehen. Auf Bali kann sie bei der Immigration in Denpasar und Singaraja, auf Lombok in Mataram beantragt werden. Teurer wird ein Aufenthalt über sechs Monate. Dann wird bei allen Ausländern die auch für Indonesier obligatorische Ausreisesteuer fällig, die 1 Mio. Rp p. P. beträgt (gilt auch für Kinder).
Wer eine Verlängerung des Visums von vornherein eingeplant hat, sollte diese gleich nach der Ankunft beantragen!

- Ein **Touristen-Visum**, das für 60 Tage gültig ist und bei der Immigration im Einreiseort verlängerbar ist, für 45 €.
- Ein **Sozial-Kultur-Visum** (auch für Forschungstätigkeit, Studienaufenthalt, Seminarteilnahme, journalistische Tätigkeit und den Besuch bei Verwandten indonesischer Nationalität), das für 60 Tage gültig ist, danach vier Mal für je einen Monat in Indonesien verlängert werden kann und 45 € kostet. Dazu benötigt man ein Schreiben von einem indonesischen Verwandten oder einer indonesischen Institution, deren Gast man sein wird.
- Ein **Geschäfts-Visum**, das für 30 Tage gültig ist und bei der Immigration im Einreiseort verlängerbar ist, für 45 €. Dazu benötigt man ein Schreiben einer Firma, in dem bestätigt wird, dass diese sowohl für die Flugkosten (Hin- und Rückreise) als auch für die Aufenthaltskosten aufkommt. Der Grund der Reise muss im Firmenschreiben erwähnt werden.
- Eine **Befristete Aufenthaltserlaubnis**, die in Deutschland nur nach Genehmigung des Ministeriums in Jakarta nach einer Bearbeitungszeit von drei bis sechs Monaten ausgestellt wird. Sie gilt für eine Aufenthaltsdauer von sechs Monaten bis zu zwei Jahren und wird in erster Linie zur Arbeitsaufnahme bei einer Firma ausgestellt. Sechs Monate kosten 50 €, ein Jahr 100 €, zwei Jahre 175 €.

Adressen der indonesischen Botschaften und Konsulate in Deutschland, Österreich und der Schweiz S. 37.

Man sollte die Aufenthaltsdauer seines Visums keinesfalls überziehen. Bei kurzfristigen Überschreitungen des Maximalaufenthalts kostet ein Tag **Overstay** 250 000 Rp. Bei längerfristigen Vergehen gegen die indonesischen Einreisebestimmungen drohen hohe Geldstrafen, Abschiebung oder Inhaftierung bis zu fünf Jahren. Auch sollte dringend davon abgesehen werden, sich Verlängerungsvisa bei sogenannten „travel agents" zu besorgen. Die hier für viel Geld angebotenen und (außerordentlich schlecht) gefälschten Visa können bei der Ausreise große Schwierigkeiten verursachen.

Weiterreise

Reisebusse

Von Denpasar fahren Busse zahlreicher Unternehmen nach **Java**, oft nonstop bis Jakarta. Etwas weniger strapaziös ist es, den Bus bis Surabaya zu nehmen und von dort mit dem Zug weiterzufahren. Tickets gibt es bei allen Reisebüros und direkt bei den Büros der Busunternehmen in Denpasar in der Jl. Diponegoro und der Jl. Sultan Hasanuddin oder am Terminal Ubung. Es werden auch günstige Bus- und Bahn-Kombitickets angeboten, bei denen der Bus nach Gilimanuk, die Fähre nach Ketapang und der Zug in verschiedene Städte auf Java im Preis eingeschlossen ist.

Preisbeispiele für AC-Busse ab Denpasar:
BANDUNG in 26 Std. für 350 000 Rp.
BOGOR in 24 Std. für 375 000 Rp.
JAKARTA in 24 Std. für 330 000–400 000 Rp.
SEMARANG in 17 Std. für 215 000–225 000 Rp.
SURABAYA in 11 1/2 Std. für 160 000–175 000 Rp.
YOGYAKARTA in 18 Std. für 275 000 Rp.

Flüge

Vom Flughafen **Ngurah Rai International**, weitere Informationen S. 34, gibt es neben Verbindungen nach Lombok (s. Praya, Flüge, S. 364), ins restliche Indonesien und in die Region Südostasien auch Flüge nach Europa und Australien (s. Anreise S. 35).

Während der Hochsaison (Juli bis September und besonders zum Ende des Ramadan und um Weihnachten) sind viele Flüge bereits frühzeitig ausgebucht.

Preisbeispiele Inlandflüge:
JAKARTA 450 000 Rp.
LABUAN BAJO 650 000 Rp.
MAKASSAR 500 000 Rp.
MATARAM 250 000 Rp.
SURABAYA 400 000 Rp.
YOGYAKARTA 450 000 Rp.

Kontaktdaten der Fluggesellschaften

Air Asia, Jl. Raya Legian 455, Legian, ✆ 0361-755799, 021-2927 0999, 🖥 www.airasia.com.
Cathay Pacific, 2. Stock im Wisti Sabha Building am Ngurah Rai International Airport, ✆ 080-4188 8888, 🖥 www.cathaypacific.com.
China Airlines, Wisti Sabha Building am Ngurah Rai International Airport, ✆ 0361-935 7298, 🖥 www.chinaairlines.de.
Citilink, ✆ 080-4108 0808, 🖥 www.citilink.co.id.
Eva Airlines, Wisti Sabha Building am Ngurah Rai International Airport, ✆ 0361-935 9773, 🖥 www.evaair.com.
Garuda Indonesia, Jl. Sugianyar 5, Denpasar, ✆ 0361-232400, 🖥 www.garuda-indonesia.com. Weitere Filialen im inländischen Terminal des Ngurah Rai International Airport, Bali Collection Nusa Dua und Kuta Paradiso Hotel.
Jet Star, ✆ 0613-9645 599, 🖥 www.jetstar.com.
Lion Air/Wings Air, Ngurah Rai International Airport, ✆ 0361-765183, 🖥 www.lionair.co.id. 🕐 5–22 Uhr.
Malaysia Airlines, Kuta Paradiso Hotel, Jl. Kartika Plaza, Tuban, ✆ 0361-757760, Call Center: 021-522 9690, 🖥 www.malaysiaairlines.com.
Merpati, Jl. Gatot Subroto 26, Denpasar, ✆ 0361-235358, Call Center: 0804-162 1621, 🖥 www.merpati.co.id.
Qantas, ✆ 021-2555 6300, 🖥 www.qantas.com.au.
Qatar Airways, Discovery Kartika Plaza Hotel, Tuban, ✆ 0361-752222, 🖥 www.qatarairways.com. Weitere Filiale im Wisti Sabha Building am Ngurah Rai International Airport.
Silk Air, Lombok Raya Hotel, Jl. Panca Usaha 11, Mataram, Lombok, ✆ 0370-628255, 🖥 www.silkair.com.
Singapore Airlines, Ngurah Rai International Airport, ✆ 0361-936 8388, 🖥 www.singaporeair.com.
Sky Aviation, ✆ 0361-936 8320, 🖥 www.sky-aviation.co.id.
Sriwijaya Air, Sunset Rd. 101, Blok B, Kuta, ✆ 0361-217 1099, Call Center: 0804-177 7777, 🖥 www.sriwijayaair.co.id.
Thai Airways, Inna Grand Bali Beach Hotel, Sanur, ✆ 0361-288141,

TRAVELTIPPS VON A BIS Z

TRAVELTIPPS VON A BIS Z

Flughafengebühr nicht vergessen!

Anders als an fast allen Flughäfen der Welt ist in Indonesien die Abfluggebühr nicht im Ticketpreis inbegriffen! Am Flughafen von Bali beträgt diese **Airport Tax** 200 000 Rp für internationale Flüge bzw. 75 000 Rp für Inlandflüge, am Flughafen von Lombok 150 000 Rp bzw. 45 000 Rp. Da die Gebühr nicht per Kreditkarte bezahlt werden kann, sollten immer genügend Rp oder US$ zum Abflug mitgenommen werden!

🖳 www.thaiairways.com. Weitere Filiale am Ngurah Rai International Airport.
Tiger Airways, ✆ 021-2939 6688,
🖳 www.tigerair.com.
TransNusa, Sunset Road 100C, Kuta,
✆ 0361-847 7395, 🖳 www.transnusa.co.id.

Schiffe

Fähren nach **Java** (Banyuwangi) fahren alle 15–30 Min. ab Gilimanuk für 6500 Rp, Kind 6000 Rp, Motorrad 18 000–36 000 Rp, Auto 124 000 Rp.

Ab Padang Bai verkehren große Fähren nach Lembar auf **Lombok**, rund um die Uhr ca. stdl. Die Überfahrt dauert je nach Wellengang 4–6 Std. Erwachsene zahlen 40 000 Rp, Kinder 25 000 Rp. Ein Motorrad kostet 112 000 Rp (inkl. 2 Pers.), ein Pkw 733 000 Rp (inkl. 4 Pers.). Von Padang Bai, Amed und Serangan verkehren auch Schnellboote auf die Lombok vorgelagerten Gilis.

Der eigentliche Hafen von Bali ist Benoa Harbour (Pelabuhan Benoa), südlich von Denpasar. Aber auch von Buleleng (Singaraja) fahren in unregelmäßigen Abständen Schiffe, z. B. Richtung Nusa Tenggara.

Fähren der staatlichen Schifffahrtsgesellschaft PELNI (s. Anreise S. 37) bedienen zahlreiche Strecken im Archipel und laufen Benoa Harbour (Pelabuhan Benoa) auf Bali an.

Zeit und Kalender

Die balinesische Uhr ist Deutschland, Österreich und der Schweiz um sieben Stunden voraus. Wenn es in Europa Mitternacht ist, kräht auf Bali schon der erste Hahn. In der mitteleuropäischen Sommerzeit sind es nur sechs Stunden. Im Leben der Balinesen spielt die Zeit jedoch nur eine untergeordnete Rolle. Ob ein Bus nun planmäßig in fünf Minuten kommt oder sich um eine Stunde verspätet, ist für einen Balinesen eher unwichtig. Trotzdem bemüht man sich sehr, die Abfahrtspläne dem touristischen Zeitverständnis anzupassen und Verspätungen zu vermeiden.

Das Kalendersystem auf Bali ist sehr kompliziert, da sowohl der islamische Mondkalender als auch der gregorianische Kalender, der *Pawukon*-Kalender und der *Saka*-Kalender (S. 117) verwendet werden.

Zoll

Üblicherweise sind 200 Zigaretten (oder 25 Zigarren oder 100 g Tabak), 1 l alkoholische Getränke und eine kleine Menge Parfüm zollfrei. Fotoausrüstungen und Aufnahmegeräte müssen (theoretisch) verzollt werden. Verboten ist die Einfuhr von Waffen, Munition, Pornografie, Drogen und Radiogeräten. Kürzlich gekaufte Neuwaren (z. B. Geschenke) müssen bei der Ein- und Ausreise deklariert werden, falls ihr Wert US$250 überschreitet. Persönliche Artikel sind hiervon ausgenommen. Die Ein- und Ausfuhr von indonesischer und ausländischer Währung ist auf 100 Mio. Rp bzw. den entsprechenden Gegenwert beschränkt (höhere Beträge müssen deklariert werden). Frische Früchte, Pflanzen und Tiere bleiben besser zu Hause, denn sie müssen in Quarantäne.

80 WEITERREISE

www.stefan-loose.de/bali

Land und Leute

Land und Geografie S. 82
Flora und Fauna S. 83
Umwelt und Naturschutz S. 85
Bevölkerung S. 87
Geschichte S. 94
Regierung und Politik S. 111
Wirtschaft S. 112
Religion S. 112
Kunst und Kultur S. 118

Land und Geografie

Mit nur 5636 km² Fläche, einschließlich der im Südosten vorgelagerten Inseln Nusa Penida, Nusa Lembongan und Nusa Ceningan, ist Bali eine der kleineren Inseln des indonesischen Archipels. Die maximale Nord-Süd-Ausdehnung beträgt in Luftlinie 88 km, von der Westspitze bis zur Ostspitze sind es auf gerader Linie nur 145 km. Die kürzesten Straßenentfernungen von Ost nach West belaufen sich auf ungefähr 200 km entlang der Nordküste und 210 km auf der günstigsten Südroute. Das mit Abstand am dichtesten besiedelte Gebiet der Insel liegt im Süden und erstreckt sich von der Ebene um die Hauptstadt Denpasar über die allmählich ansteigenden Südhänge der Berge.

Das Meer

Von der großen Nachbarinsel Java im Westen wird Bali durch die Bali-Straße getrennt, die an ihrer engsten Stelle nur 2,2 km breit und 50 m tief ist. Vor etwa 10 000 Jahren waren die beiden Inseln noch durch eine Landbrücke verbunden. Im Osten trennt die 35 km breite und 3000 m tiefe **Lombok-Straße** Bali von seiner kleineren Nachbarinsel Lombok.

Dass die Balinesen ihre Kultur bis heute erhalten konnten, liegt nicht zuletzt daran, dass sich einem potenziellen Eroberer rings um die Insel äußerst unzugängliche **Küsten** entgegenstellen. Wo keine Steilküsten eine Landung von vornherein unmöglich machen, bilden Korallenriffe eine natürliche Barriere. Der vom Strand schnell in große Tiefen abfallende Meeresboden bietet keinen Ankergrund. Dazu kommen die starken, gefährlichen Strömungen, die Bali auf fast allen Seiten umgeben.

Die heftige **Strömung** in der Badung-Straße zwischen Bali und den Nusa-Inseln ist dafür verantwortlich, dass sie nicht ebenso mit Bali verwachsen konnten wie die Bukit-Halbinsel, der südlichste Zipfel von Bali. Die Kalkmasse, welche die Insel Nusa Penida bildet, gehört nämlich zu dem gleichen auseinandergebrochenen Kalkgürtel, dem auch die Bukit-Halbinsel aufsitzt.

Die Berge

Eine Gebirgskette vulkanischen Ursprungs, die sich über die gesamte West-Ost-Achse Balis erstreckt, bedeckt etwa drei Viertel der Inselfläche. Der Rest besteht aus schmalen Küstenstreifen und einer größeren Ebene im Süden. Der Gebirgswall, der in früheren Zeiten wesentlich dichter bewaldet war, stellte vor dem Ausbau einiger weniger Straßen ein fast unüberwindbares Hindernis für den kulturellen und materiellen Austausch zwischen Nord und Süd dar. Während das Gebirge nach Süden sanft ausläuft, fällt es an der Nordseite wesentlich steiler ab.

Im östlichen Teil besteht der Gebirgszug aus vier mächtigen **Vulkanmassiven**. Ganz im Osten liegt der **Gunung Seraya**, eine 1175 m hohe Vulkanruine, die schon lange nicht mehr tätig war. Daneben ragt der majestätische **Gunung Agung** auf, mit 3142 m höchster Berg der Insel. Für die Balinesen ist er der Sitz der Götter und das Zentrum der Welt. Der fast perfekte Vulkankegel spuckte zuletzt 1963 Feuer. Westlich vom Gunung Agung schließt sich der riesige, 10 km breite, kesselförmige Krater des Batur-Massivs an, mit dem Randkegel des **Gunung Abang** (2151 m) als höchster Erhebung. Das Innere des Kraters wird von dem jungen Kegel des im 20. Jh. viermal aktiven **Gunung Batur** (1717 m) und vom Batur-See ausgefüllt. Fast im Zentrum von Bali liegt das **Bratan-Massiv**, das nur noch Reste eines ehemaligen Riesenkraters erkennen lässt und von mehreren Randvulkanen umgeben ist, mit Gunung Catur (2096 m) und Gunung Batukaru (2276 m) als höchste Erhebungen. In diese noch heute dicht bewaldete Bergwelt schmiegen sich drei Seen, **Danau Bratan**, **Danau Buyan** und **Danau Tamblingan**.

Westlich der Bratan-Gruppe läuft das Gebirge in einer zerklüfteten Bergkette aus, die nur Höhen von kaum mehr als 1000 m erreicht, eine wilde, noch von undurchdringlichem Wald überwucherte Gebirgslandschaft, die sehr schmale und steile Grate ausgebildet hat. Diese westlichen Ketten bedecken fast ein Viertel der Insel, nur in den küstennahen Randzonen sind sie spärlich besiedelt. Hier ist der einzige **Nationalpark** der Insel eingerichtet, der 190 km² große Taman Nasional Bali Barat.

Flora und Fauna

Pflanzenwelt

Die **Vegetation** auf Bali war einst überaus vielfältig. Die ursprüngliche Begrünung der Insel ist jedoch nur noch im Nationalpark im Westen und auf den Berghängen erhalten, da der einstige Monsunwald (Regenwald) und die Baumfarne Reisfeldern und Siedlungen weichen mussten. An den Küsten im Westen der Insel sowie im Südosten findet man noch die salzliebenden **Mangrovenbäume**, die halb im Wasser oder Schlamm stehend den Gezeiten und dem Salzwasser trotzen. Im Südwesten sind dort, wo die Landwirtschaft noch nicht überhandgenommen hat, **Palmenwälder** zu finden. Auf dem Weg von der Küste in Richtung der Berggebiete im Norden von Bali weichen die Palmen Nadelbäumen und man befindet sich mitten im tropischen **Nebelwald**. In den kühleren Berggegenden werden sogar Erdbeeren und Salat angebaut. Andere Teile der Insel wie die Bukit-Halbinsel im Süden sind staubtrocken und haben abgesehen von einigen verdorrten Hölzern nur sehr wenig Vegetation zu bieten. Eine üppige Blumenpracht findet man hingegen in jedem Winkel der Insel, da die Blüten auch eine Beigabe zu den vielen Opfergaben sind. Typisch für Bali sind der Hibiskus, die Wachsblume und die lilafarbene Drillingsblume.

Vulkanausbrüche haben der Insel einen sehr ertragreichen Boden beschert, der vor allem Reisanbau, aber auch die Anpflanzung von Tee, Tabak, Vanille, Nelken, Obst, Gemüse und Weintrauben zur Herstellung des balinesischen Weins ermöglicht. Im Landesinneren wird das Landschaftsbild fast ausnahmslos durch die **Sawah**, die bewässerten Reisfelder, bestimmt. Die sich wie überdimensionale Treppenstufen in Terrassen die Berghänge hinaufziehenden Felder sind nicht nur Nahrungsgrundlage der Bevölkerung, sondern auch ein beliebtes Motiv für schöne Urlaubsfotos und zahllose Gemälde.

Unterbrochen werden die *Sawah* nur von den meist in Nord-Süd-Richtung verlaufenden Straßen und Wegen, von den zwischen Obstbäumen, Kokospalmen und Bambushainen versteckten Dörfern und von den tief eingeschnittenen Schluchten der Flüsse.

Enten, die durch die Reisfelder watscheln – ein Bild, das jeder Besucher bald mit Bali verbindet.

Tierwelt

Die Lombok-Straße, die Meerenge, die Lombok von Bali trennt, bildet einen Teil der **Wallace-Linie**, einer tiergeografischen Grenzlinie: Asiatische Großsäugetiere kommen noch auf Bali vor, fehlen aber auf Lombok. Dagegen konnte sich die australische Tier- und Pflanzenwelt teilweise bis nach Lombok ausbreiten, ist aber nicht mehr auf Bali anzutreffen. Auf Lombok trifft man zwar nicht auf Kängurus oder Koalas, dafür aber auf australische Paradiesvögel und Eukalyptusbäume. Auf balinesischer Seite muss man sich vor allem mit **Makaken** (Affen) herumschlagen, die oft rund um Tempelanlagen zu sehen sind und Besucher gern beklauen. Anfang des 20. Jhs. streiften im Nationalpark noch Bali-Tiger umher, die aber inzwischen längst ausgerottet sind. Gerngesehene Gäste in balinesischen Gehöften sind die großäugigen **Geckos**, die ein Haus weitgehend von Insekten und anderem Ungeziefer frei halten. Dank ihrer Haftzehen können sie an den Wänden oder der Decke hängen. Sie sind die einzigen Reptilien, die über eine Stimmbegabung verfügen. Am häufigsten vertreten ist der kleine *Cik Cak*, eine blässlich graue, flinke Echse, die schrille Schnalztöne von sich gibt.

Besonders bemerkenswert ist der **Tokee-Gecko**, ein bis zu 35 cm großes, graues, orangerot getüpfeltes Tier. Er macht seltsame Geräusche, die sich zuerst wie ein anspringendes Auto anhören. Danach kommt mehrmals hintereinander ein Laut, der wie „To-keh" klingt. Ist die Zahl der Tokee-Laute ungerade, darf der Zuhörer sich über Glück freuen. Sind es sogar neun oder elf Tokee-Laute, winkt besonders viel Glück. Mitzählen lohnt sich also! Geckos werden als Glücksbringer und von manchen Balinesen sogar als Hausgötter angesehen, die die Bewohner vor bösen äußeren Einflüssen beschützen. Daher werden in vielen balinesischen Haushalten auch Opfergaben für die Geckos bereitgestellt.

Balinesische Hunde

Unter den zahllosen Straßenhunden auf Bali finden sich die lustigsten und seltsamsten Gestalten, wie z. B. Dackel mit dem Kopf eines deutschen Schäferhundes. Die Hunde sind bei Weitem nicht so viele Streicheleinheiten gewohnt wie deutsche Haustiere und auch längst nicht so zutraulich, denn der Kontakt zwischen Hund und Mensch ist auf Bali nicht besonders eng. Bei einer ersten Annäherung an einen Hund ist immer Vorsicht geboten. Taucht ein Fremder im Dorf auf, stimmen die Hunde ein geradezu höllisches Jaul- und Kläffkonzert an, das schon so manchen Touristen in die Flucht geschlagen hat. Wahrscheinlich hat Covarrubias recht, wenn er in *Island of Bali* schreibt: „… diese Hunde sind zweifellos von den Göttern geschaffen, um zu verhindern, dass Bali perfekt ist."

Für Balinesen ist die Unfreundlichkeit der Hunde jedoch ganz einfach zu erklären: Stirbt eine Großmutter nach einem langen und erfüllten Leben, so darf sie nicht sofort ins erlösende Nirwana übergehen. Zuvor wird sie in einem Zwischenleben als Straßenköter wiedergeboren, um ihre Sünden wiedergutzumachen. Kein Wunder also, dass die Hunde oft so schlecht gelaunt sind: Eigentlich sind es nämlich mürrische alte Omas, die auf den Eingang ins Nirwana warten.

Aufgrund zahlreicher ernsthafter Tollwuterkrankungen wurden im Laufe des Jahres 2009 Tausende von Straßenhunden getötet.

Die durch Spenden finanzierte Einrichtung **BAWA (Bali Animal Welfare)**, Jl. Monkey Forest 100X, Ubud, 🖥 www.bawabali.com. bietet unter ✆ 0361-977217 und ✆ 0811-389004 eine 24-Std.-Hotline: Wer einen Verkehrsunfall mit jeglichen Tieren beobachtet, kann hier anrufen und so für die medizinische Verpflegung der in Mitleidenschaft gezogenen Vierbeiner sorgen. Die Klinik für verletzte Hunde befindet sich in Lodtunduh, wenige Kilometer südlich von Ubud. Zudem werden Sterilisationsprogramme, Tollwutimpfungen, Fütterungen von Straßenhunden und ein Tierheim finanziert und Aufklärungsseminare an Schulen abgehalten. Es gibt in Ubud, Sanur und Seminyak auch Geschäfte, die über die Arbeit von BAWA informieren, Spenden annehmen und kleine Souvenirs verkaufen.

Auf Nusa Penida und Nusa Lembongan werden vermehrt **Seealgen** angebaut (S. 316). Die Korallenriffe sind hier aufgrund der starken, kalten Strömung besonders gut erhalten und überraschen beispielsweise mit dem riesigen, aber ungefährlichen **Mantarochen** und dem **Mondfisch** (Mola-Mola), dem größten Knochenfisch der Welt.

Eine besonders üppige Artenvielfalt bietet die Vogelwelt auf Lombok. Bemerkenswerterweise setzt sich die Fauna der Insel mit dem weißen **Kakadu** auch auf Nusa Penida fort, dieser Vogel kommt aber nicht mehr auf Bali selbst vor. In einem kleinen Teil des Nationalparks im Westen von Bali sowie auf Nusa Penida trifft man auf den hübschen weiß-gefiederten **Bali-Star** mit kräftig blauen Kopffedern, einen sehr seltenen Vogel, der nur hier heimisch ist und durch erfolgreiche Zuchtprojekte (S. 86) vor dem Aussterben bewahrt werden konnte. Vor einem Jahrzehnt gab es wohl nur noch sechs freilebende Exemplare.

Auf den Reisfeldern sieht man oft große Herden von **Enten** im Schlamm herumwühlen, die manchmal von einem kleinen Jungen oder einem alten Mann gehütet werden, häufig aber auch sich selbst überlassen sind. Die Enten sind darauf abgerichtet, immer in der Nähe eines Stocks zu bleiben, an dessen oberem Ende ein Tuch befestigt ist. Der Stock wird einfach irgendwo in die Erde gesteckt, und die Enten halten sich den ganzen Tag in Sichtweite des Tuchs auf. Abends versammeln sie sich dann wieder um den Stock und warten darauf, dass sie abgeholt werden.

Die übrigen Tiere auf Bali sind Nutztiere wie das **Bali-Rind**, das beim Anlegen der Reisterrassen gebraucht wird, sowie Schweine und Hühner. Die **Hähne** nehmen eine gesonderte Stellung ein, da sie die heldenhaften Gladiatoren der Hahnenkämpfe sind (S. 94).

Umwelt und Naturschutz

Auf Bali gibt es weder eine nennenswerte Industrie, die die Luft verpestet oder giftige Abfälle produziert, noch verkehren viele große Schiffe oder Tanker vor den Küsten, die das

Die heiligen Banyan-Bäume

Eine Besonderheit der balinesischen Dörfer sind die heiligen **Banyan-Bäume** *(Bingin)* mit ihren in der Luft hängenden Wurzeln. Sie stehen in der Ortsmitte oder am wichtigsten Tempel des Dorfes sowie an vielen als magisch angesehenen Plätzen. Ein Banyan-Baum wird oft mit schwarz-weiß karierten Baumwolltüchern umwickelt. Je älter der Baum, desto heiliger wird er, und um sehr alte Bäume werden nicht nur kleine Schreine, sondern mitunter ganze Tempel errichtet. Morgens finden im Schatten des mächtigen Gewächses Märkte und nachmittags Versammlungen oder Picknicks statt. Auch als Kulisse für die Aufführung von Tanz und Theater dient seine imposante Erscheinung.

Der Baum beginnt sein Leben parasitär als kleiner Samen in der feuchten Wärme von Palmwipfeln. Sobald seine kleinen Wurzeln die Erde erreichen, setzt ein rasantes Wachstum ein, und der Wirtsbaum wird bald völlig zerstört. Jede Wurzel bildet wiederum neue Wurzeln aus, die alle in den Boden streben und den Baum stärker machen. Seine vielen Stämme bilden eine Art Säulenraum, in dem die ältesten Stämme absterben und den jungen Platz machen. Der Banyan produziert eine rotbraune, feigenartige, aber für Menschen ungenießbare Frucht. Dafür schmeckt sie Vögeln vorzüglich, sodass um einen fruchttragenden Banyan-Baum nicht selten lautes Gezwitscher zu vernehmen ist.

Meerwasser verschmutzen oder Korallenriffe dem Meeresboden gleichmachen könnten. Trotzdem mussten über die Jahre sowohl etliche Pflanzen- als auch manche Tierarten der Spezies Mensch weichen. Nicht nur der Bali-Tiger ist ausgestorben, auch die sehr alten Baumfarne sind in den Nationalpark zurückgedrängt worden. Grund hierfür ist nicht zuletzt der Tourismus. Der Bali-Boom, der in den 1980er-Jahren einsetzte, brachte den Balinesen zwar Wohlstand, andererseits litten viele Strände und andere Naturräume extrem unter dem

Tierschutz auf Bali

Bali ist heute noch immer eine artenreiche Insel. Viele wilde Tiere, wie die Meeresschildkröten, sind dennoch in Gefahr. Die kleinste Tigerart, der **Bali-Tiger** *(Panthera tigris balica)*, ist nicht zufällig von der Bildfläche verschwunden. Nachdem zunächst sein Lebensraum immer kleiner und kleiner wurde, ist er auch noch ein beliebtes Ziel von Jägern geworden. 1937 wurde der letzte Bali-Tiger geschossen.

Bedroht sind vor allem Wasserschildkröten, der Bali Star und andere Vogelarten. Auch der Handel mit abgebrochenen Korallen ist Raubbau am Lebensraum der Tiere. Die **Korallenriffe** leiden teils massiv unter den vielen Tauchern, Schnorchlern und Surfern, die jedes Jahr den nassen Mikrokosmos bestaunen wollen, sich für ein Urlaubsfoto auf die Korallenriffe stellen oder diese sogar als Souvenir abbrechen. In Candi Dasa, im Osten von Bali, ist der Strand aufgrund des Korallenabbaus nahezu komplett verschwunden.

Die **Ausfuhr** von Souvenirs, die aus wild lebenden Tier- und Pflanzenarten gefertigt sind, ist verboten oder unterliegt internationalen Handelsbeschränkungen. Wer unbedingt einen Schildkrötenpanzer oder eine Schlangenlederbörse mit nach Hause nehmen möchte, muss sich um eine Sondergenehmigung bemühen, was nicht ganz einfach werden dürfte. Die eingeschränkte Ausfuhrerlaubnis gilt auch für viele Orchideenarten.

Tierschutzorganisationen auf Bali

ProFauna Indonesia kämpft erbittert um die Erhaltung des Artenreichtums in Indonesien und ist auch auf Bali vertreten, ☎ 0361-808 5800, 🖥 www.profauna.org.

Ein privates Projekt zur Erhaltung des Bali-Star wird seit 1999 von der **Begawan Foundation** geleitet, 🖥 begawanfoundation.org/?idm=8. Aus den ursprünglich zwei Vögeln wurden zunächst auf Nusa Penida und später in der Nähe von Ubud so viele Vögel gezüchtet, dass sie regelmäßig ausgewildert werden konnten (allein 2006 und 2007 65 Vögel) und es heute auf Penida wieder wildgeborene Bali-Stare zu bewundern gibt. Auch Brutprojekte für andere bedrohte Vogelarten werden von der Organisation finanziert.

Der **Manta Trust**, 🖥 www.mantatrust.com, ist weltweit aktiv und auch in Indonesien darum bemüht, die majestätischen Mantarochen zu schützen. Niedrige Fortpflanzungsraten in Kombination mit gezielter Fischerei für den chinesischen Markt, wo die Kiemenplatten als Medizin verwendet werden (und Fischern US$100–500 pro kg einbringen), haben den Populationen gehörig zu schaffen gemacht. Wer den bedrohten Meeresschildkröten helfen möchte, kann sich bei **Project Aware**, 🖥 www.sos-seaturtles.ch, informieren.

Für den Schutz der Haie vor den Küsten Balis und Lomboks setzt sich **Bali Sharks**, 🖥 www.balisharks.com, ein. Die ersten Fische aus dem kommerziellen Projekt auf Serangan wurden bereits 2013 vor den Gilis freigelassen.

Eine Organisation, die sich vollends dem Schutz benachteiligter Tiere verschrieben hat, ist **BAWA (Bali Animal Welfare)**, 🖥 www.bawabali.com. Details Kasten S. 84.

großen Andrang der neugierigen Besucher und des von ihnen hinterlassenen Abfalls. Auch heute ist Müll noch ein großes Problem, das von der Provinzregierung allerdings offensiv angegangen wird. Selbst wenn Bali für manchen ausländischen Urlauber dreckig erscheinen mag, so ist die Situation heute bei Weitem nicht mehr so schlimm wie noch vor einigen Jahren. Was sich bis heute nicht geändert hat, sind die stinkenden Autos und Motorräder, die teils so alt sind, dass sie eine dunkelschwarze Rauch- und Rußwolke hinter sich herziehen und dabei einen ziemlichen Lärm verursachen. Nicht umsonst heißt „Auspuff" auf Indonesisch *Knalpot*.

Bevölkerung

Einwohner: ca. 4,22 Mio.

Bevölkerungswachstum: 2,15 %
(2000–2010)

Lebenserwartung: 72 Jahre

Kindersterblichkeit: 20 pro 1000
(Deutschland: 3,5 pro 1000)

Alphabetisierungsrate: ca. 90 %

Einwohner je Arzt: ca. 3500 (ideal: 2500)

Einwohner pro km²: 730

Ethnische Zusammensetzung

Die heutige Bevölkerung von Bali (4,22 Mio. Einwohner) ist das Ergebnis einer Vermischung verschiedener Völker, die sich im Laufe vergangener Jahrtausende in mehreren aufeinanderfolgenden Wellen von Zentralasien und Süd-China über die indonesischen Inseln ausbreiteten.

Die Zusammensetzung der religiösen Gruppen auf Bali ist ungewöhnlich, da 84,5 % der Einwohner Hindus sind. Damit ist Bali die Region mit den meisten Hindus außerhalb von Indien und Nepal.

Die Balinesen können ihre Religion ungehindert ausüben, obwohl sie von Inseln umgeben sind, die vorwiegend von Moslems bewohnt werden und obwohl Bali Teil des größten moslemischen Landes der Erde ist. Die restlichen 15,5 % der Bevölkerung setzen sich aus Moslems (13,3 %), Christen (1,7 %) und Buddhisten (0,5 %) zusammen. Die Hindus auf Bali waren jedoch nicht die ersten Bewohner der Insel. Die eigentlichen Ureinwohner, genannt **Bali Aga**, leben in den Dörfern Tengangan (Ost-Bali, nahe Candi Dasa, S. 331) und Trunyan (Nord-Bali, nahe dem Batur-See, S. 291). Sie haben sich von der Hinduisierung im 16. Jh. nicht beeindrucken lassen und leben noch heute dem Animismus, eine Naturreligion, bei der an die Beseeltheit aller Dinge geglaubt wird. Die Bali Aga betätigen sich vorwiegend in der Landwirtschaft und in der Herstellung von Textilien und Kunsthandwerk. Ihre religiösen Kulte und Rituale unterscheiden sich grundlegend von denen des Hinduismus. Die Wahl des Ehepartners ist beispielsweise auf die Dorfgemeinschaft beschränkt, Zuzüge von Fremden sind streng untersagt.

Die Bevölkerung auf der Nachbarinsel Lombok (ca. 3,17 Mio.) setzt sich zu 85 % aus Sasak und zu 15 % aus Balinesen, Chinesen und Arabern zusammen. Die Kultur der **Sasak** ist der balinesischen nicht ganz unähnlich. Ihr traditioneller Glauben ist die *Wetu-Telu*-Religion, eine Mischreligion aus Islam, Hinduismus, Animismus und Ahnenverehrung. Der Großteil der Bevölkerung ist mittlerweile jedoch streng moslemisch geprägt. Mehr zur Bevölkerung auf Lombok S. 350.

Überbevölkerung

Die Balinesen haben heute und von jeher mit dem Problem der Überbevölkerung zu kämpfen. Die Einwanderungsrate ist sehr hoch, da viele Bewohner der Insel Java und anderer indonesischer Inseln ihr Glück im wohlhabenden Bali versuchen wollen. Die Einwanderer sind oft illegal auf der Insel und Menschenhandel sowie Schleuserkriminalität sind ein Problem. Seit den Bombenanschlägen 2002 sind die Asylgesetze, die Kontrollen bei der Einreise und der Kampf gegen illegale Einwanderung verschärft worden.

Zudem ist Bali eine Insel mit extrem kinderfreundlichen Bewohnern. Balinesische Familien sind traditionsgemäß groß und kinderreich, und Kinder werden von der Gesellschaft nicht als Belastung angesehen, sondern als Bereicherung. Zwar ist die Kindersterblichkeit auf Bali massiv gesunken, dennoch erhält ein Kind seinen Namen erst 210 Tage nach der Geburt, wenn es ein Alter erreicht hat, ab dem ein Überleben sicher erscheint.

Das **Transmigrasi**-Umsiedlungsprogramm, bei dem in den 1970er-Jahren viele balinesische Familien nach Sumatra, Sulawesi und auf manche Außeninseln umgesiedelt wurden, sollte der Überbevölkerung auf Bali entgegensteuern. Heute verzichtet man auf solche Methoden, da man erkannt hat, dass sie viele kulturelle und ethnische Konflikte nach sich ziehen.

www.stefan-loose.de/bali

Frauen auf Bali

Auf Bali haben Männer und Frauen sehr unterschiedliche Aufgaben. Die Frauen machen den Haushalt und sorgen für die Kinder und das leibliche und seelische Wohl der Familie. Der Mann ist für die ökonomische Sicherung der Familie verantwortlich. Doch Gendermainstreaming und „Gleichberechtigung" sind auch hier keine Fremdwörter mehr. Die praktische Umsetzung scheitert jedoch immer wieder an den tief verwurzelten, traditionellen Rollenverständnissen von Mann und Frau. So ist es für Frauen noch immer üblich, spätestens mit Anfang 20 zu heiraten und Kinder zu bekommen. Noch heute werden bereits minderjährige Mädchen mit einem Mann verheiratet, den die Familie aussucht.

Traditionell aber haben Frauen in ganz Indonesien eine vergleichsweise hohe Stellung. Zwar weisen hinduistische Traditionen und das balinesische *Adat*-Recht (Gewohnheitsrecht) der Frau eine klare Rolle in der Gesellschaft zu, aber das heißt nicht, dass sie ihre Zeit ausschließlich abgeschottet in der Küche verbringt. Frauen übernehmen wichtige Aufgaben bei Ritualen und auch sonst scheint es, als hielten sie den gesamten Dorfbetrieb aufrecht. Sie sind nahezu den ganzen Tag damit beschäftigt, Opfergaben anzurichten, zu kochen oder Gemüse auf dem Markt zu verkaufen. Die Männer hingegen sieht man oft im Schatten sitzen, mit einem Glas Kaffee beim Schachspiel oder beim Streicheln und Vergleichen ihrer Kampfhähne.

Doch auch in Bali bleibt die Zeit nicht stehen und viele selbstbewusste, junge Frauen halten nicht mehr allzu viel davon, früh die Schule abzubrechen, um sich nur noch Familie und Haushalt zu widmen. Verständnis für uneheliche Kinder oder häufig wechselnde Partnerschaften sollte man zwar nicht erwarten, aber ein „Gespräch unter Frauen" kann auf Bali eine lustige und aufschlussreiche Erfahrung sein.

Bildung

Für Kinder zwischen 6 und 15 Jahren besteht theoretisch in ganz Indonesien Schulpflicht. Für ihre Einhaltung gibt es aber keine Kontrollinstanz und viele Kinder brechen ihre Ausbildung schon frühzeitig ab, um bei der Haus- oder Landwirtschaft helfen zu können. Vor allem Mädchen und Kinder in ländlichen Regionen haben oft keinen Schulabschluss. Hinzu kommt, dass die Kosten der Schulausbildung für die Familien oftmals untragbar sind. Die

Schulgebühren werden bei ärmeren Familien zwar vom Staat oder von religiösen Einrichtungen übernommen, die Zusatzkosten für Schuluniform, Transport und Aufnahmegebühren sind aber oft schlichtweg zu hoch. Die Alphabetisierungsrate in Indonesien liegt dennoch bei erfreulichen 88,5 %, auf Bali sogar bei 90 %.

Das indonesische **Schulsystem** ist dreistufig organisiert: Zunächst besuchen die Kinder sechs Jahre lang die Grundschule (1. bis 6. Klasse), danach drei Jahre lang die Mittelstufe (7. bis 9. Klasse) und weitere drei Jahre die Oberstufe (10. bis 12. Klasse). Nach der Oberstufe und einem Eignungstest steht der Weg zu einer Hochschule offen, sofern man die Studiengebühren zahlen kann. Die Auswahl an Schulen und Hochschulen ist in Indonesien recht groß. Schon beim Kindergarten kann man auf private Institutionen zurückgreifen, die aber oft an eine Religion gebunden sind. Die allgemeine Qualität der Schulen lässt zu wünschen übrig. Die Ausstattung mit Büchern und Technik erinnert eher an die 1960er-Jahre als an das 21. Jh. Den staatlichen Schulen wird immer wieder vorgeworfen, dass die Lehrer und auch die Lehrinhalte miserabel seien. Auf dem Land erscheinen die Lehrer oft nicht einmal zum Unterricht. Die indonesische Regierung hat aber erkannt, dass ein solches Bildungssystem dem Druck der Globalisierung nicht standhalten kann und den gewünschten Übergang von einem Agrar- zu einem Industriestaat nicht gerade fördert. Die staatlichen Ausgaben für Bildung wurden in den letzten Jahren drastisch erhöht und das Bildungssystem wird kontinuierlich verbessert.

Die balinesische Gesellschaft

Balinesen leben in einer Welt des Teilhabens und Teilnehmens. Die Bindung an eine oder mehrere Gruppen und die damit einhergehenden Pflichten haben Vorrang gegenüber den Bedürfnissen des Individuums, wobei häufig die individuellen Bedürfnisse nur durch die Gruppe befriedigt werden können. Das ausgeprägte **Gemeinschaftsgefühl** hat sich schon vor 2000 bis 3000 Jahren entwickelt und ist eine direkte Folge der Nassreiskultur. Diese Form der Land-

---

Lontar-Schriften

Lontar-Schriften sind alte balinesische Bücher, die heutzutage nur noch in Tenganan in Ost-Bali hergestellt werden. Dabei wird mit einem Metallgriffel in die Blätter der *Lontar*-Palme geritzt. Mit Hilfe von Rußöl wird das Geschriebene dann sichtbar gemacht.
In den *Lontar*-Schriften sind Texte und Abbildungen zur Mythologie, Religion und Geschichte von Bali zu finden. Viele Balinesen verstehen die alten Schriften als eine Art Bibel, Regelwerk und Wegweiser.

---

wirtschaft erfordert nämlich weitverzweigte, komplexe Bewässerungssysteme, die durch die gebirgige Beschaffenheit der Insel und den Wechsel von regenarmen und regenreichen Jahreszeiten noch zusätzlich kompliziert werden. Es leuchtet daher ein, dass nicht jeder Bauer auf sich gestellt sein eigenes Bewässerungssystem konstruieren konnte.

Subak

Schon die ältesten schriftlichen Dokumente auf Bali erwähnen die *Subak*, die Reisbauern-Kooperativen, in denen jeweils alle Bauern zusammengeschlossen sind, deren Reisfelder von ein und demselben Bewässerungssystem gespeist werden. Auf ganz Bali gibt es rund 1500 *Subak*, jede mit durchschnittlich 200 Mitgliedern und einer Feldfläche von 50 bis 100 ha. Jeder Bauer, der Felder im Bereich eines *Subak* besitzt, ist zur Mitgliedschaft verpflichtet. Ebenso ist es obligatorisch, an den *Subak*-Versammlungen teilzunehmen, die regelmäßig alle 35 Tage und außerdem zu besonderen Anlässen abgehalten werden. Ein Nichterscheinen ohne triftigen Grund kann bestraft werden.

Alle **Entscheidungen**, die bei den Versammlungen getroffen werden, bedürfen der Zustimmung aller Mitglieder. Periodisch wird ein *Subak*-Vorstand gewählt, dessen Dienste nicht gesondert entlohnt werden. Aufgabe des Vorstandes ist es, den Vorsitz bei Versammlungen zu führen, darauf zu achten, dass alle Arbeiten gemäß der traditionellen Regeln ausgeführt werden, wie sie in den alten **Lontar-Schriften**

www.stefan-loose.de/bali

BEVÖLKERUNG **89**

niedergelegt sind, und die Teilnahme der Mitglieder an den *Subak*-Treffen zu kontrollieren und gegebenenfalls Strafen zu verhängen.

Bei den *Subak*-Treffen wird entschieden, wann mit dem Setzen der Pflanzen oder der Ernte begonnen wird, welche Düngemittel und Insektizide wann und in welchem Maße eingesetzt werden, zu welchem Zeitpunkt die nötigen religiösen Zeremonien durchgeführt werden und inwieweit Arbeiten an den Dämmen und Kanälen der Bewässerungsanlagen notwendig sind.

Jedes *Subak* hat einen eigenen *Subak*-Tempel, welcher der Reisgöttin **Dewi Sri** geweiht ist. Hier halten die Mitglieder ihre Versammlungen ab und hier finden die wichtigsten Zeremonien zu Ehren der Reisgöttin statt. Das bedeutendste Fest zu ihren Ehren ist das Erntedankfest *(Ngusaba Nini)*.

Banjar

Eine mindestens ebenso wichtige Rolle wie die *Subak* spielen in der balinesischen Gesellschaft die *Banjar*, deren Mitglieder nicht nur Reisbauern, sondern Angehörige aller Berufsgruppen sind. Der Begriff *Banjar* ist schwer zu übersetzen, die Holländer haben dafür den Ausdruck „Dorf-Republik" geprägt. Das *Banjar* ist eine Organisation, der alle erwachsenen Bewohner eines Dorfes angehören, normalerweise erst nach der Heirat oder nach der Geburt des ersten Kindes. Da die Aufgaben eines *Banjar* auch Frauenarbeit mit einschließen, gehört nach der Aufnahme eines männlichen Mitglieds in die Gemeinschaft automatisch auch seine Ehefrau dazu.

Die Mitgliedschaft im *Banjar* ist Pflicht für jede Familie, ebenso die Teilnahme an den regelmäßigen Versammlungen im *Bale Banjar* (der Versammlungshalle). Selten sind hier mehr als 60 oder 70 Familien zusammengeschlossen, größere Dörfer sind entsprechend in mehrere voneinander unabhängige *Banjar* unterteilt. Sogar die Hauptstadt Denpasar besteht aus Dutzenden von *Banjar*. Alle Entscheidungen innerhalb der Gemeinschaft bedürfen wie bei den *Subak* der Zustimmung sämtlicher Mitglieder. Lange Beratungen sind notwendig, bevor neue Ideen in die Tat umgesetzt werden können. Vielfältig sind die Aufgaben des *Banjar*, jedes Mitglied ist verpflichtet, einen Teil an Arbeit beizutragen. Die Organisation kümmert sich um den Bau und die Instandhaltung von öffentlichen Gebäuden, Märkten, Straßen und Badeplätzen und, falls notwendig, auch um die Aufrechterhaltung von Recht und Ordnung. Darüber hinaus ist das *Banjar* verantwortlich für die Vorbereitung und die Durchführung sämtlicher Tempelfeste und Zeremonien. Sogar wichtige Familienfeiern wie der erste Geburtstag eines Kindes, Zahnfeilungszeremonien, Hochzeiten und Verbrennungen werden oft von sämtlichen Mitgliedern eines *Banjar* gemeinsam veranstaltet. Projekte, die von den Mitgliedern umgesetzt werden sollen, werden durch eine Komplementärwährung, nämlich die **Zeitwährung**, bezahlt. Der Zeitwert, den jedes Mitglied für ein Projekt aufbringen muss, kann in Rupiah umgerechnet und bezahlt werden oder durch Dienstleistungen und den entsprechenden Zeitaufwand abgearbeitet werden. Das Bezahlen der Zeit in Rupiah ist nicht besonders hoch angesehen und wird schnell geächtet.

Außer dem *Bale Banjar*, zu dem immer eine Küche und der Turm mit der *Kul-Kul*-Trommel gehören, mit der die Mitglieder zu den Versammlungen gerufen werden, besitzt jedes *Banjar* meist ein komplettes Set von Gamelan-Instrumenten und diversen Tanzrequisiten sowie Kostüme, Schmuckstücke und Masken, darunter vor allem eine *Rangda* (eine Maske, die das Böse darstellt) und einen *Barong* (Maske des Guten). Auch wenn keine Versammlungen stattfinden oder Vorbereitungen zu einem Fest getroffen werden müssen, sind fast immer einige Männer im *Bale Banjar* anzutreffen – um sich zu unterhalten, um ihre Kampfhähne zu vergleichen oder einfach nur herumzusitzen. Manche Männer ziehen sogar das *Bale Banjar* dem häuslichen Bett vor und verbringen dort die Nacht.

Neben den *Subak* und *Banjar* gibt es noch andere Gemeinschaften, deren Mitgliedschaft aber meist freiwillig ist. Da sind zum Beispiel die sogenannten **Pemaksan**, Vereinigungen oder Gemeinden, die es sich zur Aufgabe gemacht haben, einen bestimmten Tempel, für den sonst niemand zuständig ist, instand zu halten und dafür zu sorgen, dass regelmäßig die **Odalan**, die Jahresfeiern dieses Tempels, zelebriert werden.

Kastenwesen

Einen Gegensatz zum egalitären und demokratischen Charakter der dörflichen Gemeinschaften bildet das Kastenwesen, das die Angehörigen des ostjavanischen Majapahit-Hofes bei ihrer Übersiedlung nach Bali und ihrer Machtergreifung mitbrachten.

In Anlehnung an das indische Kastensystem, mit dem sich vor einigen Tausend Jahren die nach Indien eingefallenen Arier über die unterjochten Urvölker stellten, haben auch die ostjavanischen Eindringlinge sich selbst den drei hohen Kasten *(Triwangsa)* zugeteilt, während die Balinesen, obwohl deutlich in der Überzahl, zu den *Sudra* oder *Jaba*, den unteren Kasten, erklärt wurden. Die Zugehörigkeit zu einer der drei hohen Kasten richtete sich nach Beruf, Ausbildung und sozialer Stellung. Schriftgelehrte und Priester bildeten die **Brahmana**-Kaste, deren Namen mit Ida Bagus (männlich) oder Ida Ayu (weiblich) beginnen. Politisch Mächtige, Fürsten und Prinzen gehörten zur **Ksatriya**-Kaste, mit Titeln wie Anak Agung, Cokorda oder Dewa. In der **Wesya**-Kaste schließlich fasste man hochrangige Krieger und reiche Händler zusammen, deren Namen mit Gusti oder Ngurah beginnen. Das Haus eines Brahmanen wird *Griya* genannt, eine *Wesya*-Familie wohnt in einem *Jero*. Angehörige der *Ksatriya*-Kaste leben für gewöhnlich in einem *Puri*, einem Palastkomplex, in der Nähe eines Dorfes, dessen Bauern in vergangenen Feudalzeiten die Bewohner des Palastes mit Lebensmitteln und Arbeitskräften zu versorgen hatten.

In der heutigen Zeit sind die Unterschiede zwischen den Kasten längst nicht mehr so stark ausgeprägt wie früher. Eine Heirat zwischen Angehörigen verschiedener Kasten ist durchaus möglich. In den *Banjar*-Versammlungen ist von einem Kastensystem nicht viel zu spüren, denn alle Beteiligten haben den gleichen Status. Heutzutage trifft man *Brahmana*-Taxifahrer und *Ksatriya*-Barkeeper ebenso häufig wie *Sudra*-Universitätsprofessoren und *Sudra*-Regierungsbeamte.

Allerdings findet das Kastenwesen noch heute seinen Ausdruck im Gebrauch der balinesischen Sprache oder besser: der **balinesischen Sprachen**. Grundsätzlich gibt es nämlich zwei verschiedene Sprachen: Die gewöhnliche oder niedere Sprache gehört zur malayo-polynesischen (austronesischen) Sprachfamilie. Das Hochbalinesische, die Sprache der *Triwangsa*, hingegen ist eine altjavanische Hofsprache, die sich aus dem Sanskrit ableitet.

Kurioserweise wird von einem Angehörigen der niederen Kaste erwartet, dass er einen Angehörigen der höheren Kaste höflich und respektvoll in der Hochsprache anredet, hingegen bedient sich dieser gegenüber Mitgliedern der unteren Kaste der niederen Sprache. Theoretisch muss ein Balinese immer die Sprache seines Gegenübers gebrauchen. Da viele Leute der unteren Kaste aber nie Gelegenheit hatten, die Hochsprache zu erlernen, setzt sich mehr und mehr eine „mittlere" Sprache durch, ein Gemisch aus der hohen und der niederen Sprache, die ebenfalls als höflich gilt und die häufig zwischen Fremden gebraucht wird, bevor sie die Kastenzugehörigkeit ihres Gesprächspartners festgestellt haben. Um Peinlichkeiten zu vermeiden, können die Balinesen auch immer auf die Amtssprache **Bahasa Indonesia** zurückgreifen. In den Schulen wird sowieso nur noch Indonesisch gesprochen. Alle Schüler, egal welcher Kaste, sitzen, lernen und spielen zusammen.

Abgesehen von der Sprache wird ein *Sudra* seinen Respekt vor einem Angehörigen der höheren Kasten auch in der **Sitzordnung** zum Ausdruck bringen, indem er sich immer etwas niedriger platziert als ein *Brahmana*, *Ksatriya* oder *Wesya*. Dies gilt vor allem bei einem Besuch im Hause eines *Pedanda*, eines hohen Priesters der *Brahmana*-Kaste. Sitzt der *Pedanda* auf einem Stuhl, muss sich ein *Sudra* immer auf dem Fußboden niederlassen. Sollte es sich der *Pedanda* auf einer Matte auf seiner Veranda bequem machen, werden sich alle anderen auf die Stufen vor der Veranda setzen. Die *Sudra* machen heute etwa 90 % der balinesischen Bevölkerung aus. Wie die *Triwangsa* sind auch sie an ihren Namen zu erkennen.

Namen

Neben dem Namen, der sich nach der Geburtsfolge richtet, haben Balinesen meist noch einen **zweiten Namen**, der sich im Laufe eines Lebens mehrmals ändern kann. Zwölf Tage nach der Ge-

www.stefan-loose.de/bali

BEVÖLKERUNG **91**

Warum es so viele Wayans und Ketuts gibt

Das erste Kind eines Ehepaares wird Wayan (oder Gede oder Putu) genannt, das zweite heißt Made (oder Kadek oder Nengah), das dritte Nyoman (oder Komang) und das vierte Ketut (oder Ktut). Hat das Ehepaar noch mehr Kinder, beginnt man wieder von vorn, oft unter Auslassung des Wayan, ein Name, der für das Erstgeborene reserviert ist, oder alle auf das vierte folgenden Kinder heißen gleichfalls Ketut. Diese Namen sind unabhängig vom Geschlecht der Kinder, deshalb wird häufig ein I (männlich) oder ein Ni (weiblich) vorangestellt. Sollte sich die von der Regierung propagierte Familienplanung durchsetzen (*dua anak cukup* = Zwei Kinder sind genug!), wird es wohl in Zukunft keine Nyoman und Ketut mehr geben.

burt erhält das Baby einen vorläufigen Namen. An seinem ersten „Geburtstag" *(Oton)*, 210 Tage nach der Geburt, verleiht ihm der Priester einen persönlichen Namen, der oft nur dem engsten Familien- und Freundeskreis bekannt ist. Im Dorf kennt man das Kind meist nur unter einem Spitznamen oder dem Namen, der die Geburtsfolge angibt. Sollte der Heranwachsende von einer schweren Krankheit heimgesucht werden, kann der Name erneut geändert werden, um die Krankheitsdämonen zu verwirren. Mit der Geburt des ersten Kindes wechselt eine Person nochmals ihren Namen, jetzt heißt sie Vater oder Mutter von Soundso. Sobald dieses Kind selbst Nachkommen hat, wird der Name wieder geändert in Großvater oder Großmutter von Soundso.

Als Folge der sich im Leben ändernden Namen gibt es nach dem Tod älterer Balinesen kaum noch jemanden, der sich an seinen/ihren ursprünglichen Namen erinnern kann. Und wenn dann nach der Leichenverbrennung, oft erst Jahre später, für die Seele des Vorfahren ein Schrein im Familientempel errichtet wird, ist der Name des Ahnen längst vergessen.

Das Dorf

Die überwiegende Mehrheit der Bevölkerung von Bali lebt in Dörfern. Von offizieller Seite sind 1456 Dorfgemeinden *(Desa)* gezählt worden, die sich in 3708 *Banjar* unterteilen. Diese konzentrieren sich vor allem an den Südhängen der Berge und in der fruchtbaren Ebene im zentralen Süden der Insel um die Hauptstadt Denpasar.

Jedes dieser Dörfer ist ökonomisch völlig unabhängig. In der Verwaltung eines Ortes haben die Dorfbewohner weitgehend selbst zu bestimmen, da alle Familien in einem oder mehreren *Banjar* zusammengeschlossen sind.

Dorfstruktur

Das balinesische Dorf ist nicht etwa eine zufällige Ansammlung von Gehöften und Gebäuden, sondern Anlage und Struktur der Siedlung unterliegen einem wohldurchdachten Plan, der wiederum, wie so ziemlich alles auf Bali, auf das Engste mit religiösen Vorstellungen verknüpft ist.

Der breite Hauptweg eines Dorfes verläuft immer in **Kelod–Kaja**-Richtung, also aus Richtung des Meeres oder von „unten" in Richtung der Berge oder nach „oben". Am unteren Ende, etwas außerhalb des Dorfes, liegt der dem Gott Shiva bzw. seiner Frau, Göttin Durga, geweihte Unterweltstempel **Pura Dalem** mit Begräbnis- und Verbrennungsplatz. Am oberen Ende des Dorfes steht der **Pura Puseh**, eine Art Fruchtbarkeitstempel, Gott Vishnu, dem Erhalter geweiht, der das von den Bergen herabkommende, lebensnotwendige Wasser spendet.

Im Dorfzentrum steht der Dorftempel **Pura Desa**, der ursprüngliche Tempel der Dorfgründer. Er ist dem Schöpfergott Brahma geweiht, der gleichzeitig als Bewahrer des Feuers (in der Küche) gilt. Die Hauptstraße wird rechtwinklig von Seitenstraßen gekreuzt, die von West nach Ost verlaufen und fast immer in eine Schlucht hinabführen, an eine Quelle, einen Bach oder einen Fluss, wo sich die Wasch- und Badeplätze der Dorfbewohner befinden.

Das Zentrum des Dorfes nimmt der **Dorfplatz** an der Hauptstraßenkreuzung ein, wo neben dem *Pura Desa* immer eine Versammlungshalle und eine Hahnenkampfarena *(Wantilan)* errichtet sind. Auch nicht fehlen darf der Turm für die *Kul-Kul*-Trommel, die zu Versammlungen ruft, vor Gefahren warnt und den Tod eines Dorfbewohners verkündet. Der Dorfplatz wird meist von einem gigantischen Banyan-Baum überschattet, dem heiligen Baum der Hindus. Hier liegen für gewöhnlich ein paar einfache Essenstände (Warung) und hier wird auch regelmäßig der Markt abgehalten, meist in einem Drei-Tage-Rhythmus.

Der **Markt** ist eine Domäne der Frauen, wie auch die Hausarbeit und das Herstellen der Opfergaben für die Götter und Dämonen meist den Frauen überlassen werden. Dagegen sind das Bestellen der Reisfelder, der Haus- und Tempelbau ebenso wie das Ausschmücken der Heiligtümer mit Steinskulpturen und Reliefs, mit Schnitzereien und Malereien reine Männersache. Viele Arbeiten werden auch von Männern und Frauen gemeinsam bewältigt, z. B. die Reisernte und der Straßenbau. Für Balinesen ist es selbstverständlich, dass sogar kleinere Kinder schon einfache Aufgaben und Arbeiten übernehmen.

Gehöft

Entlang der Dorfstraße reihen sich die Gehöfte aneinander, die durchweg von hohen Mauern umgeben sind, nur unterbrochen von den schmalen Toreingängen, zu denen Stufen emporführen. Nicht immer lassen sich die Eingänge mit Türen verschließen, oft steht dahinter nur eine kurze **Dämonenmauer**, die Angriffe aus der Unterwelt abwehren soll, denn böse Geister haben große Schwierigkeiten, um Ecken herumzugehen.

Im Inneren eines Gehöftes, in dem oft eine Großfamilie lebt, stehen verschiedene mehr oder weniger offene Pavillons und andere kleine Gebäude, deren **Aufbau** und Anordnung wieder auf dem *Kelod-Kaja*-Prinzip beruht. Auf der den Bergen und damit den Göttern zugewandten Seite befindet sich der Familientempel. Im Mittelteil des Gehöftes liegen die einzelnen Schlaf- und Wohnräume der Familie. Küche, Reisscheune, Schweinestall und Abfallgrube sind immer auf der dem Meer zugewandten Seite zu finden. Außer einigen wenigen Schatten spendenden Obstbäumen sowie Bananenstauden und ein paar Blumen hält man das

Gehöft frei von jeglicher Vegetation, um Schlangen und giftigen Insekten keine Gelegenheit zu geben, sich hier einzunisten. Aus dem gleichen Grund wird täglich der aus festgestampftem Lehm bestehende Innenhof gefegt und das herabgefallene Laub und die Abfälle beseitigt.

Die Dimensionen eines traditionellen Gehöftes und der sich darin befindenden Gebäude richten sich nach strengen Regeln, die in den alten *Lontar*-Schriften niedergelegt sind. Grundlage für alle architektonischen **Abmessungen** sind die Körpermaße des Familienoberhaupts, der gleichzeitig auch der Bauherr ist. Ein in den alten Schriften bewanderter Architekt wird also zuerst einmal bestimmte Abmessungen am Körper des Bauherrn vornehmen und diese auf schmalen Bambusstreifen markieren.

Der Abstand zwischen den Spitzen beider Mittelfinger bei seitlich ausgestreckten Armen ist ein *Depa*, der Abstand vom Ellenbogen zur Spitze des ausgestreckten Mittelfingers ist ein *Asta*, und die Breite einer Faust bis zur Spitze des seitlich ausgestreckten Daumens ist ein *Musti*. Die Gesamtlänge einer das Grundstück umgebenden Mauer beträgt immer ein Vielfaches einer kombinierten *Depa-Asta-Musti*-Länge, wobei sich der Multiplikationsfaktor nach der Kaste des Bauherrn, seinen persönlichen Wünschen und finanziellen Mitteln, den örtlichen Gegebenheiten und nach der jeweils benutzten *Lontar*-Schrift richtet.

Die **Größe** der einzelnen Bebauungen (Plattformen oder Gebäude) hängt davon ab, wie viele hölzerne Stützbalken (*Sasaka*) verwendet werden. Die kleinsten Gebäude werden von vier Balken getragen, die größten haben für gewöhnlich nicht mehr als zwölf Balken. Die Maße eines Stützbalkens und die Abstände dazwischen errechnet der Architekt anhand von komplizierten Formeln, die wieder auf bestimmten Körpermaßen des Bauherrn beruhen: Länge des Zeigefingers, Breite des kleinen Fingers usw. Ein Balken, der ja aus einem Baumstamm gesägt wurde, darf niemals „auf dem Kopf" stehen, d. h. das Balkenende, das der Baumwurzel am nächsten war, muss immer im Boden bzw. im Fundament verankert sein, und das Balkenende, das ursprünglich der Baumkrone nahe war, muss jetzt die Dachkonstruktion tragen. Die

Abstände zwischen den einzelnen Bebauungen und die Entfernung der Bebauungen zur Grundstücksmauer beruhen auf einem Längenmaß, das sich wiederum aus einem Vielfachen der Fußlänge des Bauherrn ergibt. Das traditionelle Wohnanwesen ist also bis ins kleinste Detail buchstäblich auf den Bauherrn, das Familienoberhaupt, zugeschnitten. Hierin zeigt sich wiederholt das Bestreben der Balinesen nach Harmonie und Einklang mit allem, was sie umgibt.

Geschichte

Die Insel Bali hat eine einzigartige Geschichte, die sich von jener der umliegenden muslimischen Inseln deutlich unterscheidet. Um die Vorgänge auf Bali in den historischen Gesamtkontext einordnen zu können, ist aber auch ein Überblick über die Geschichte Indonesiens notwendig.

Der Hahnenkampf

Noch vor Sonnenaufgang erwacht das balinesische Dorf mit dem rauen, durchdringenden Krähen der allgegenwärtigen Kampfhähne. Während die Frauen die Innenhöfe vor ihren Häusern fegen oder mit Krügen und Eimern zum Wasserholen gehen, kümmern sich die Männer um ihre Lieblinge. Die Hähne werden gestreichelt, herumgetragen und nach dem sorgfältigen Füttern unter umgestülpten, glockenförmigen Körben in Reihen an den Rand der Dorfstraße gesetzt, damit sie sich am geschäftigen Treiben im Dorf ergötzen können und sich nicht langweilen.

Rituelle Bedeutung

Wie fast alles auf Bali ist auch der Hahnenkampf ein Bestandteil der allumfassenden Religion. In ihm leben vorgeschichtliche Glaubensvorstellungen fort, namentlich die Tieropfer der Megalithkultur. Bei vielen Völkern gilt vergossenes Hahnenblut als ein Mittel zur Besänftigung der Dämonen. Balinesische Priester legen mithilfe des Kalenders die rituell günstigen Tage für derartige Veranstaltungen fest. Zudem sind Hahnenkämpfe bei besonders wichtigen Tempelfesten unerlässlich: Sie begleiten z. B. die Landreinigungszeremonien, bevor die Reisfelder bewässert werden, und gehen dem großen Erntefest im *Subak*-Tempel voraus.

Das Turnier

Hahnenkampfveranstaltungen dauern für gewöhnlich einige Stunden. Sie können sich aber auch über mehrere Tage hinziehen und haben dann Volksfestcharakter. Auf dem Dorfplatz rund um die Arena *(Wantilan)* richten Frauen kleine Verkaufsstände ein. Zu den Kämpfen selbst sind sie traditionsgemäß nicht zugelassen. Die Männer tragen ihre Hähne in seltsamen Taschen aus verflochtenen Kokospalmwedeln, aus denen nur die Schwanzfedern herausschauen, damit diese nicht beschädigt werden.

Vor Beginn der Kämpfe geht es im *Wantilan* recht tumultartig zu. Unter Schreien und Gestikulieren werden die Hähne begutachtet und die Wetten abgeschlossen – eine Leidenschaft, die schon so manche Familie in den wirtschaftlichen Ruin getrieben hat. Ganz vorn in der Arena hocken die Besitzer der Hähne, daneben sitzen die Schiedsrichter, die die Reihenfolge der Kämpfe festlegen. Dahinter stehen dicht gedrängt die Zuschauer. In einer Schüssel schwimmt eine halbe Kokosnussschale mit einem Loch in der Mitte. Ist die Schale voll Wasser gelaufen und sinkt, ertönt ein Gong, und eine Runde ist beendet.

Viele Kämpfe sind schon nach wenigen Sekunden entschieden. Ist aber nach vier Runden noch immer kein Sieger ermittelt, werden die zwei Kontrahenten zusammen unter einen großen Korb gesetzt, wo kein Ausweichen mehr möglich ist. Denn Blut muss unbedingt fließen, um die Dämonen zu besänftigen. Andernfalls geraten nach Meinung der Balinesen die Menschen in Kampflust und werden von einem Blutrausch befallen, der sie gegeneinander kämpfen lässt. Ein Hahn wird disqualifiziert, falls er gleich zu Beginn des Kampfes wegläuft.

Indonesien

Frühgeschichte

Zu den wichtigsten Ausgrabungsstätten, in denen Relikte von Urmenschen gefunden wurden, gehören Sangiran, Mojokerto, Trinil und Ngandong auf Java. Die 40 000 Jahre alten Funde aus den Niah-Höhlen in Sarawak (Borneo) können bereits dem Homo sapiens zugerechnet werden. Die Menschen dieser Zeit waren Jäger und Sammler, aber der Übergang zum Anbau von Pflanzen und zur Tierhaltung erfolgte in Südostasien schon früh. Bei Ausgrabungen in Thailand konnte die Kultivierung verschiedener Pflanzenarten bereits 9000–7000 v. Chr. nachgewiesen werden.

Seither erreichten verschiedene Einwanderungswellen die Inseln. Vor 30 000 Jahren kamen die **Negritos**, deren kraushaarige, dunkelhäutige Nachfahren heute nur noch auf den

Kurz vor dem Kampf, wenn sich die Besitzer mit ihren Tieren in zwei entgegengesetzten Ecken der Arena gegenüberhocken, streicheln und massieren sie nochmals ihre Lieblinge, flüstern ihnen aufmunternde, anspornende Worte ins Ohr, blasen ihnen mit ihrem Atem Kraft in den Schnabel und kneifen sie in den Kamm, um ihre Aggression anzustacheln. Sind die Gegner dann endlich allein auf der Kampfbahn, nähern sie sich einander erst in Zickzackwegen und umkreisen sich lauernd. Zum Kampf selbst gehören verschiedene Sprünge. Die verletzlichste Stelle ist die ungeschützte Brustfläche unter den Flügeln. Der getötete Verlierer geht meist an den Eigentümer des Siegers und wandert in dessen Kochtopf. Häufig werden auch die zerstampften Knochen, Muskeln und das Herz an den siegreichen Hahn selbst verfüttert, wodurch dieser die Kraft seines ehemaligen Gegners in sich aufnehmen soll.

Die Hähne

Höchste Wetten erzielen erfahrene Kampfhähne, die schon häufig, manchmal trotz schwerer Verletzungen, siegreich geblieben sind. Andere Favoriten sind die sogenannten *Srawah*, Abkömmlinge eines göttlichen Hahns, die als besonders streitsüchtig gelten und an bestimmten äußeren Merkmalen zu erkennen sind: z. B. an der Zahl der Hautringe an den Zehen und der ihnen eigenen Art zu krähen. Solche wertvollen Tiere darf nur der Besitzer selbst trainieren und füttern, denn seine Frau und seine Kinder könnten den Hahn vielleicht durch Extra-Leckerbissen verwöhnen und somit verweichlichen. Ebenso sollte ein Kampfhahn niemals mit Hennen zusammenkommen, damit er nicht seine Kraft verliert.

Manchmal sieht man in den Dörfern alte, ziemlich lädierte und deshalb „pensionierte" Kampfhähne die Straßen entlang humpeln. Sie werden bis an ihr Lebensende bevorzugt behandelt und genießen ein hohes Ansehen – haben sie doch ihrem Eigentümer und denen, die auf sie gewettet haben, viel Geld eingebracht.

Nur mit Genehmigung

Unverständlich ist für Balinesen die Abneigung vieler Europäer gegenüber dem Hahnenkampf. Sie sehen darin keine Grausamkeit, denn ein im *Wantilan* getöteter Hahn ist schließlich genauso tot wie ein in der Küche geschlachteter Artgenosse, und sein Ende ist das Gleiche – der Kochtopf. Und wichtiger: Das in der Arena verspritzte Blut hat die Dämonen besänftigt, sodass die Menschen wieder eine Zeit lang von ihnen in Ruhe gelassen werden.

Hahnenkampf ist bereits seit Anfang der 1980er-Jahre verboten, um das Wetten zu unterbinden. Für Kämpfe im Rahmen religiöser Zeremonien müssen vorher amtliche Genehmigungen eingeholt werden. Natürlich gibt es reichlich nicht genehmigte Turniere, bei denen weiterhin hoch gewettet wird, denn der Arm der Justiz reicht noch längst nicht bis in jedes Dorf.

Andamanen, den Philippinen und der malaiischen Halbinsel leben. Verdrängt wurden sie vor etwa 10 000 Jahren von den nachfolgenden Einwanderern, deren Spuren man in Wajak, Ost-Java, entdeckte. Mit den später eintreffenden **Proto- und Deuteromalaien** kam das Wissen um die Gewinnung und Bearbeitung der Metalle Bronze und Eisen. Schon 3000 bis 2500 v. Chr. wurde Nassreis angebaut und die Felder wurden mit Wasserbüffeln umgepflügt.

Die See- und Küstenschifffahrt war allen malaiischen Völkern bekannt, dennoch beschränkte sich die Herrschaft einzelner Fürsten und Sippenoberhäupter auf einen überschaubaren Bereich, der ihnen genügend Nahrung versprach.

So steht am Beginn der aufgezeichneten Geschichte eine Vielzahl kleiner und kleinster Bevölkerungsgruppen, die nur mit ihren unmittelbaren Nachbarn Handelsverbindungen und soziale Kontakte pflegten. Die mehr als 200 Sprachen innerhalb der **malayo-polynesischen Sprachfamilie** repräsentieren noch heute diese Zersplitterung.

Indisierung

In den ersten Jahrhunderten n. Chr. begann die Indisierung. Der griechische Geograf Ptolemäus berichtete schon im 2. Jh. über *Labadiou* (wahrscheinlich Java) und über *Malaiou* (wahrscheinlich Melayu in Südost-Sumatra). Seine Informationsquellen waren indische Händler, die bis an die Küsten Sumatras und Javas gelangt waren. Aber erst zwischen dem 4. und 6. Jh. verzeichnete den südostasiatische Handel einen enormen Aufschwung. Produkte Süd- und Südostasiens waren auf den chinesischen Märkten gefragt, und es entwickelte sich ein reger Schiffsverkehr zwischen Indien, den Siedlungen an den Flussmündungen Sumatras und China. Aus chinesischen Aufzeichnungen geht hervor, dass aus verschiedenen Gebieten Indonesiens Missionen zum Kaiserhof entsandt wurden.

Durch den Handel mit Indien gelangten auch kulturelle Einflüsse in das Land und prägten Sprache, Schrift und Literatur. Brahmanen brachten die heiligen Schriften des **Hinduismus** in die Region, und die sich formierende aristokratische Klasse übernahm zahlreiche Elemente der neuen Religion. Das indische Konzept des Königtums mit verschiedenen Varianten der göttlichen Identität des Herrschers war von nun an bestimmend.

Die bisherigen religiösen Vorstellungen der Bevölkerung erleichterten das Eindringen des Hinduismus. Die Indonesier hatten bereits terrassierte Tempel erbaut, die heilige Berge darstellten und Begräbnisritualen dienten. In dieses Weltbild passte der auf einem heiligen Berg lebende Shiva. Die Megalithkultur fand ihre Parallelen im **Lingga-Kult** des Gottes Shiva. Das komplexe Gesamtsystem des Hinduismus wurde jedoch nicht übernommen. Die Lehre von den Kasten (Varna), der Begründung eines Reiches und einer Dynastie und die heiligen Schriften waren zwar bekannt, fanden aber keinen Eingang in die indonesische Gesellschaft.

Sriwijaya

In den folgenden Jahrhunderten entstanden buddhistische und hinduistische Königreiche, hauptsächlich auf Java und Sumatra. Die Einflusssphären dieser Großreiche umfassten den ganzen südostasiatischen Raum. Im Brennpunkt der wichtigen Handelsroute zwischen China und Indien gelegen, erlangte Sriwijaya im 7. Jh. eine Vormachtstellung.

Sriwijaya war kein zentralisiertes Reich, sondern ein **Stadtstaat**, der andere Fürstentümer militärisch unterwarf und tributpflichtig machte. Man nimmt an, dass die Hauptstadt in der Nähe des heutigen Palembang in Sumatra gelegen haben muss. Über viele Jahrhunderte war es nicht nur ein politisches Machtzentrum, sondern wurde auch für Chinesen, Inder, Araber und die ganze südostasiatische Region zum Inbegriff von Reichtum und Hochkultur. Der Handel, vor allem der Zwischenhandel, war die Grundlage für seinen Erfolg. Alle Schiffe mussten Sriwijayas Häfen anlaufen und Zölle entrichten. Eine starke Flotte bedrohte die, die sich dem widersetzten, aber auch abtrünnige Vasallen. Der chinesische Gelehrte I-Ching besuchte 671 nach einer 20-tägigen Schiffsreise von Kanton aus Sriwijaya. Er erwähnt Tausende von buddhistischen Priestern und spricht von einem Zentrum der buddhistischen Lehre.

Der Niedergang des Sriwijaya-Reichs zeichnete sich im 11. Jh. ab, als chinesische Händler

96   GESCHICHTE

www.stefan-loose.de/bali

begannen, direkt in die Produktionszentren zu segeln. Der Zwischenhandel, die Lebensgrundlage Sriwijayas, verlor an Bedeutung. Dass es in Südost-Sumatra im Gegensatz zu javanischen Reichen keine Überreste von Tempelanlagen aus der Sriwijaya-Periode gibt, liegt nicht zuletzt an der Natur des Schwemmlandes, in dem selbst steinerne Sakralbauten den Fluten der großen Flüsse während des Monsun nicht über Jahrhunderte standhalten oder im Schwemmsand verschwinden.

Konnten die frühen Reiche Sumatras ihre wirtschaftliche und politische Macht nur auf dem Zwischenhandel aufbauen, so war die Situation auf Java anders: Grundlage der frühen Staaten war eine ertragreiche Landwirtschaft auf vulkanischen Böden. Das wichtigste Herrschergeschlecht Javas war die **Sailendra-Dynastie**; selbst Sriwijaya wurde Mitte des 9. Jhs. von einem Sailendra regiert. Borobudur und die Tempel von Prambanan wurden von Herrschern dieser Dynastie in Auftrag gegeben. Buddhismus und Shivaismus existierten in Java nebeneinander. Auf einer buddhistischen Inschrift aus dieser Zeit wird ein Sailendra als *Bodhisattva*, „ein zu Buddha Gewordener", bezeichnet, eine hinduistische Inschrift beschreibt einen Herrscher als Teil Shivas. Diese Qualitäten machten die Könige nicht zu Gott-Königen, sondern zu Gott selbst.

Majapahit

Seit dem 10. Jh. war Ost-Java das politische und kulturelle Zentrum. Das **Kertanegara-Reich** (1268–1292) bei Singosari gilt als Vorläufer von Majapahit und als das erste indonesische Reich mit territorialer Erweiterung über die eigene Insel hinaus. Der gleichnamige Herrscher trotze gar den Tributforderungen des großen Khublai Khan (dem Enkel Dschingis Khans) und wurde als Shiva-Buddha verehrt. In der altjavanischen Dichtung *Negara Kertagama* aus dem Jahr 1365 ist dann der Aufstieg Majapahits belegt. Wichtigster Staatsmann war **Gajah Mada** (1329–1350), der während der Regentschaft einer Tochter Kertanegaras oberster Minister wurde. Er war ein Politiker von durchaus eigenständigem Gewicht und nicht nur Vollstrecker des königlichen Willens. Gajah Mada be-

trieb eine aktive Außenpolitik und dehnte Macht und Einfluss Majapahits systematisch aus.

Zentrum des Reichs war das heutige Trunyan mit dem Kraton des Königs und den Palästen anderer Würdenträger am Brantas-Fluss in der Gegend des heutigen Surabaya. Die Provinzen wurden von Fürsten verwaltet, die vom König oder der Königin ernannt wurden. Von diesen direkt beherrschten Gebieten sind die tributpflichtigen, vasallenartigen Fürstentümer des Archipels zu unterscheiden. Mit den Staaten des südostasiatischen Festlands unterhielt Majapahit Handelsbeziehungen, ebenso mit China und Indien.

Kertanegaras Urenkel **Hayam Wuruk** wurde 1350 zum König, und seine Herrschaft wird heute als die glorreichste Periode javanischer Geschichte betrachtet. Es scheint, so kann man im *Negara Kertagama* nachlesen, dass Hayam Wuruk sein Reich selbst inspizierte. Er besuchte unruhige Grenzgebiete, sprach mit den Ältesten vieler Dörfer, klärte Landstreitigkeiten, trieb Tribut ein, betete an Buddha-Schreinen, Shiva-Statuen und altjavanischen Heiligtümern und besuchte heilige Männer, um zur Erleuchtung zu gelangen. Viele seiner Untertanen hatten die Gelegenheit, ihren göttlichen Herrscher selbst zu Gesicht zu bekommen. Durch die Verschmelzung indischer Einflüsse mit javanischer Tradition bildeten sich die ersten Elemente einer eigenständigen Kultur.

Islamisierung

Entlang der Handelswege zwischen China, Indien und Arabien breitete sich seit dem 13. Jh. der Islam aus. Anhänger der neuen Religion waren zuerst Händler und Kaufleute, deren ausländische Partner häufig Moslems waren. Die Islamisierung breitete sich kontinuierlich aus und erfasste alle sozialen Schichten. Am Ende des 13. Jhs. gab es bereits zwei islamische Sultanate in Nord-Sumatra, Samudra-Pasai und Perlak. In einem königlichen Grab in **Samudra** entdeckte man arabische Inschriften aus dem Jahre 1297.

Im 15. Jh. hatte sich der Islam bereits über die Nordküste Javas bis nach Ternate und Tidore auf die Nord-Molukken ausgebreitet. Der portugiesische Reisende Tom Pires beschreibt in der *Suma Oriental* (1511) die islamischen Kö-

LAND UND LEUTE

www.stefan-loose.de/bali

GESCHICHTE 97

nigreiche Cirebon, Demak, Jepara und Gresik auf Java. Das eigentliche Machtzentrum des malaiischen Raums war **Malacca** auf der malaiischen Halbinsel, dessen Herrscher ihre Dynastie auf Sriwijaya (S. 96) zurückführten und aus handelspolitischen Gründen schon früh zum Islam übertraten.

Die alten aristokratischen Herrscherhäuser Javas standen im Gegensatz zu den moslemischen Fürsten der Küstenstädte. Die islamischen Fürsten von **Demak** weiteten in der ersten Hälfte des 16. Jhs. ihren Einfluss aus und eroberten schließlich das Majapahit-Reich. Der Islam hatte sich konsolidiert, doch gleichzeitig hatten die Fürsten viele der alten hinduistisch-buddhistischen Traditionen angenommen. Tom Pires schreibt von den „ritterlichen Verhaltensweisen der antiken Aristokratie", die von den Herrschern Demaks übernommen wurden. Der Islam verschmolz zwar nicht mit dem javanischen Shivaismus-Buddhismus, war aber für Einflüsse aus der alten Religion empfänglich.

Ende des 16. Jhs. wurde das **Mataram-Reich** zum wichtigsten Machtfaktor auf Java. Unter Panembahan Senopati, der in der Nähe des heutigen Yogyakarta seine Residenz hatte, wurden die moslemischen Küstenstädte unterworfen.

Ankunft der Portugiesen

Im Jahr 1511 eroberten die Portugiesen Malacca auf der malaiischen Halbinsel. Fortan beeinflussten sie als erste europäische Kolonialmacht für beinahe 100 Jahre die Geschichte der Inseln und brachten dank überlegener Waffentechnik und nautischer Fähigkeiten fast den gesamten Handel und wichtige Häfen bis in den Solor-Archipel unter ihre Kontrolle. Als Anreiz winkte das Monopol auf den lukrativen Gewürzhandel, besonders Nelken und Muskat, deren Ursprung auf den molukkischen Gewürzinseln lag. Unter dem Zeichen des Kreuzes wurden Feldzüge gegen schwache Fürsten unternommen – Mord, Plünderungen und Sklavenhandel standen auf der Tagesordnung. Die Einheimischen wurden nicht als Menschen angesehen, sondern waren „nur Heiden". Auf den östlichen Inseln Flores, Solor und Timor blieb der portugiesische Einfluss bis in unsere heutige Zeit spürbar.

Ankunft der Holländer und Herrschaft der VOC

Gegen Ende des 16. Jhs. erschienen die Holländer im Archipel, und Portugals Handelsmonopol brach zusammen. 1595 landeten holländische Schiffe in Banten (West-Java) und kehrten bald darauf mit Gewürzen beladen in die Niederlande zurück. Es sollten 350 Jahre holländischer Herrschaft folgen.

Aufgabe der schon 1602 gegründeten **Vereenigde Oostindische Compagnie (VOC)** war es, europäische Konkurrenten vom Handel auszuschließen sowie den von asiatischen Kaufleuten abgewickelten Handel zu kontrollieren. Die VOC besaß zwar Handelsstützpunkte auf den Molukken und in Batavia, trotzdem war eine territoriale Erweiterung ihrer Macht in dieser ersten Periode nicht maßgeblich. Vielmehr ordnete sie alles dem Streben nach Profit unter. Sie repräsentierte das holländische Handelskapital von 6,5 Mio. Gulden Einlagen der holländischen Städte, wobei Amsterdam allein 3,6 Mio. aufbrachte.

In **Batavia** amtierte der Generalgouverneur als Exekutivorgan der VOC. Neben den von der niederländischen Regierung verbrieften Handelsrechten besaß die VOC weitergehende Rechte wie eigene Gerichtsbarkeit, eigene Streitkräfte, das Recht, über Krieg und Frieden zu entscheiden, Verträge mit anderen Staaten abzuschließen und Handelsstützpunkte und Festungen zu errichten.

Die wichtigste Aufgabe in dieser ersten Entwicklungsphase der VOC war der Gewürzhandel. **Ambon** und **Bandaneira** waren fest in holländischer Hand. Rigoros schränkte die VOC den Anbau von Muskatnuss und Gewürznelken ein, um den Weltmarktpreis zu erhöhen. Ganze Ernten wurden vernichtet, Bevölkerungsgruppen umgesiedelt oder wie auf Bandaneira ausgerottet, wenn sie sich widersetzten.

In politische Auseinandersetzungen wurde die VOC erstmals 1620 verwickelt, als Sultan Agung von Mataram versuchte, seine Macht auf das Sultanat Banten auszudehnen. Zwei Mal wurde Batavia belagert, konnte aber nicht eingenommen werden. **Mataram** verkörperte den traditionellen Typ einer hinduistisch-javanischen Monarchie, während das moslemische **Banten** eine moderne Handelsmacht war. Dänen, Holländer und Engländer besaßen eigene Kontore in der Nähe der Stadt, eine starke chinesische Minderheit durfte sogar innerhalb der Befestigungsanlagen wohnen.

Interne Schwierigkeiten und Erbfolgekriege leiteten den endgültigen Niedergang Matarams im folgenden Jahrhundert ein. Indem die VOC Amangkurat, den Nachfolger Sultan Agungs, unterstützte, konnte sie die ersten größeren territorialen Gewinne einstreichen. Mitte des 18. Jhs. war Mataram in zwei zentral-javanische Sultanate zerfallen, Surakarta und Yogyakarta, und politisch in die Bedeutungslosigkeit versunken. Banten geriet 1683 endgültig in holländischen Besitz.

Niedergang der VOC

Verschiedene Gründe führten 1799 zur Auflösung der VOC. Schon 1784 musste England im Vertrag von Paris das Recht eingeräumt werden, in Indonesien Handel zu treiben. Das Monopol der VOC war damit gebrochen, ihre Verschuldung wuchs. Obwohl 1781 eine Anleihe in Höhe von 14 Mio. Gulden aufgenommen wurde, gelang es der VOC durch Manipulationen und eine bewusste Verschleierungstaktik, ihren Nimbus vom sagenhaften Reichtum zu wahren. So wurde im gleichen Jahr jede VOC-Aktie immer noch mit einem Kurswert von 200 % gehandelt.

War einerseits die veränderte Lage in Europa für den Niedergang der VOC verantwortlich, so lagen die Gründe andererseits in den asiatischen Kolonien selbst. Die Administration der riesigen Territorien überstieg die finanziellen Möglichkeiten der VOC bei Weitem. Standen z. B. im ersten Jahrhundert der VOC-Herrschaft in Indonesien etwa 1500 Personen im Sold der Compagnie, so waren es Mitte des 18. Jhs. bereits etwa 18 000. Die hauptsächlich auf den Monopolhandel ausgerichtete Organisation der VOC blieb jedoch bis zuletzt unverändert und war den neuen Anforderungen nicht mehr gewachsen.

Keinesfalls kann man den Grund für den Niedergang der VOC allein in der Korruption unter den Angestellten oder im Schmuggel monopolisierter Waren sehen. Von Beginn an war dies übliche Praxis, hervorgerufen auch durch die niedrigen offiziellen Gehälter.

Britisches Interregnum

Im Jahr 1806 wurde Holland zum Königreich von Napoleons Gnaden, und der nach Batavia entsandte **Herman Willem Daendels** war vor allem mit der Verteidigung Ost-Indiens gegen eine mögliche britische Invasion beschäftigt. Er konzipierte auch das später in die Realität umgesetzte **Zwangsanbausystem** und ließ die erste Fernstraße von Surabaya nach Batavia anlegen.

Britische Soldaten der East India Company unter Lord Minto, dem Generalgouverneur von Britisch-Indien, landeten 1811 auf Java. Nach der Eroberung Batavias sowie der Befestigungsanlagen von Cornelis und Buitenzorg durch die Briten wurde **Stamford Raffles** zum Gouverneur der Kolonie. Raffles war in erster Linie ein glühender Nationalist, der die strategische und handelspolitische Rolle Ost-Indiens früh erkannt hatte. Für ihn galt es, das holländische Kolonialreich dem britischen einzugliedern. Die fünf Jahre britischer Herrschaft brachten besonders Java weitreichende Veränderungen administrativer, wirtschaftlicher und politischer Natur. Raffles gliederte Java in 16 Residentschaften, beschränkte den Sklavenhandel und entmachtete Sultane und Regenten. Er meinte, durch ihre Entmachtung die Bauern zu befreien und dadurch zu motivieren, ihre Produktion für den freien Markt zu erhöhen, übersah dabei aber, dass die traditionellen Herrscher Javas keinerlei Rechte am Land ihrer Untertanen besaßen, sie also nie feudale Landbesitzer gewesen waren.

Typisch für diese Politik war die katastrophale Erstürmung des Kratons von **Yogyakarta** unter Raffles' Kommando im Jahr 1812. Der Kronschatz wurde geplündert und unter den Streitkräften verteilt. Dem Sultanat Yogyakarta wurde ein Vertrag aufgezwungen, in dem es weitere Gebiete abtreten musste und keine eigenen Streitkräfte mehr unterhalten durfte. Nur die bis heute bestehende Leibgarde des Sultans war davon ausgenommen.

Raffles betätigte sich nicht nur politisch, sondern war auch wissenschaftlich vielseitig interessiert. Eine Pionierleistung war die Veröffentlichung seines zweibändigen Werks *A History of Java* (1817), einer interpretierten Sammlung aus diversen Übersetzungen, eigenen Beobachtungen und einer Prise Hörensagen.

LAND UND LEUTE

Rückkehr der Holländer

1816 erfolgte die Rückgabe des ehemaligen niederländischen Kolonialbesitzes an die alte Kolonialmacht. Die neuen Generalgouverneure waren als Erstes gezwungen, ihre Autorität zu festigen und Unruhen auf den Molukken und Sulawesi, in West-Kalimantan und Palembang niederzuschlagen. Viele Gebiete wurden dadurch der Kolonialverwaltung zum ersten Mal direkt unterstellt.

Während sich die britische Verwaltung aus den seit 1803 andauernden Auseinandersetzungen in West-Sumatra zwischen orthodoxen islamischen Gruppen und der sogenannten **Adat-Partei**, der Minangkabau-Fürsten herausgehalten hatte, intervenierte Holland für die Adat-Partei. Der Grund für diese Auseinandersetzung lag in der laxen Auslegung des Islam durch die Minangkabau. Die orthodoxen Padri lehnten das matrilineare Erb- und Familienrecht ab und wollten Sufismus, Alkoholgenuss, Glücksspiel, Hahnenkampf und Opiumrauchen verbieten. Nach der holländischen Intervention zeichnete sich die Niederlage der Padri ab. 1837 wurde ihr Führer **Imam Bonjol** gefangen genommen und deportiert.

Aufstand Diponegoros

Der **Java-Krieg** (1825–1830) war der erste eindeutig antikoloniale Massenaufstand gegen die holländische Verwaltung. Die wirtschaftliche Situation der Bauern, Handwerker, einheimischen Kleinhändler und Unternehmer hatte sich enorm verschlechtert. Gleichzeitig wurden die traditionellen Rechte der javanischen Aristokratie immer mehr beschnitten. **Prinz Raden Mas Antawirya Diponegoro** (1785–1855) aus dem Herrscherhaus von Yogyakarta erfuhr die politischen Intrigen der Kolonialverwaltung persönlich, denn seine Rechte auf die Thronfolge wurden übergangen.

Auslöser des Aufstands waren zwei Tatsachen: Zum einen wurden alle Pachtverträge, die von Landbesitzern mit Europäern abgeschlossen waren, für nichtig erklärt. Das verbitterte die zumeist aristokratischen Landbesitzer, die bereits erhaltene Vorschüsse zurückzahlen mussten. Zum anderen baute die Verwaltung eine Straße über den Friedhof der Sultansfamilie in Tegalrejo, Magelang, was die religiösen Gefühle der Bevölkerung verletzte.

Diponegoro stellte sich an die Spitze des Aufstands und erzielte in den ersten Jahren einige militärische Erfolge. Yogyakarta wurde erobert, und die Kampfhandlungen griffen auf die Nordküste über. Die Aufständischen vermieden offene Feldschlachten und führten stattdessen einen Guerillakrieg. Doch den längeren Atem hatten die Holländer. General Hendrik Merkus de Kock konnte Hilfstruppen von den Außeninseln mobilisieren und Java mit einem Netz aus befestigten Militärposten überziehen, die durch Straßen verbunden wurden. Verrat im eigenen Lager schwächte Diponegoros Position zusätzlich.

Unter diesen Voraussetzungen wollte er mit der Kolonialregierung verhandeln, doch trotz zugesicherten freien Geleits wurde er 1830 festgenommen und samt seiner Familie nach Makassar deportiert, wo er 25 Jahre später in Haft verstarb. Seine Verhaftung stellt das berühmteste Motiv des Malers Raden Saleh, *Penangkapan Diponegoro* dar.

Zwangsanbausystem

Schätzungen gehen davon aus, dass fast 200 000 Javaner während des Kriegs umkamen. Die Kolonialverwaltung in Batavia verlor 15 000 Mann, davon mehr als die Hälfte Europäer. Viel Land war verödet, die Bevölkerung verarmt und die Kosten für die niederländische Regierung enorm.

Nicht zuletzt deshalb wurde das schon von Daendels geplante Zwangsanbausystem (Cultuurstelsel) eingeführt. Jedes Dorf wurde dazu verpflichtet, ein Fünftel seiner Anbaufläche mit landwirtschaftlichen Exportprodukten zu bepflanzen und die Erträge dem Staat abzuliefern. War die Summe dieser Produkte höher als die veranlagte Grundsteuer, konnte das Dorf eine entsprechende Rückvergütung verlangen. Umgekehrt, wenn das Dorf weniger als die veranlagte Grundsteuer produzierte, musste es zusätzliche Leistungen erbringen.

Exportprodukte waren zuerst Indigo und Zuckerrohr, bald gefolgt von Kaffee, Tee, Tabak und Pfeffer. Der Wert der Exporte stieg von 13 Mio. Gulden im Jahr 1830 auf 74 Mio. Gulden zehn Jahre später. Zwischen 1840 und 1880 konnten so dem holländischen Staatshaushalt jährlich 18 Mio. Gulden zugeführt werden.

Um das neue Wirtschaftssystem möglichst effektiv zu gestalten, musste die gesamte Administration umgeformt werden. Der meist einheimische, aus der Aristokratie stammende **Regent** wurde einem Staatsbeamten ähnlich in das Kolonialsystem integriert. Der ihm zur Seite stehende holländische **Resident** war für die Ablieferung der Ernten aus seinem Bezirk verantwortlich.

Vom Regenten abwärts bis zum **Kepala Desa** (Dorfoberhaupt) waren holländische *Controleurs* damit beschäftigt, die Produktion zu überprüfen. Korruption war alltäglich. Zum einen konnte man überhöhte Forderungen an die Dörfer stellen und die Differenz als zusätzlichen Gewinn in die eigene Tasche stecken. Zum anderen konnten Bauern verpflichtet werden, um private Arbeiten durchzuführen. In vielen Fällen musste deshalb die Eigenversorgung der Bauern vernachlässigt werden. Auch für staatliche Arbeiten beim Straßenbau, der Errichtung von militärischen Anlagen usw. konnten die Bauern verpflichtet werden.

Liberale Politik

In den 1860er-Jahren geriet das Zwangsanbausystem in den Niederlanden in die Kritik. Dabei standen nicht so sehr humanitäre Aspekte im Vordergrund, sondern holländisches Kapital sollte in großen **Plantagen** investiert werden, was unter dem alten System nicht möglich war. Diese sogenannte **Liberale Politik** wurde 1870 eingeführt.

Europäische Investoren konnten langfristige Pachtverträge mit indonesischen Landbesitzern abschließen oder, im Fall von unbebautem Land, mit der Kolonialregierung. Große Plantagen entstanden auf Java und vor allem in Nord-Sumatra. Dies leitete eine Phase der wirtschaftlichen Expansion ein: Die Exporte verzehnfachten sich zwischen 1870 und 1930 von 107 Mio. auf 1,16 Mrd. Gulden. Parallel dazu verlief eine **territoriale Expansion**. Bis 1910 war Indonesien in den heutigen Grenzen im Besitz Batavias.

Ethische Politik

Am Ende des 19. Jhs. wuchs in Holland eine einflussreiche Bewegung, die sich dafür einsetzte, dass den Indonesiern größere Bildungschancen eingeräumt und ihre Lebensbedingungen insgesamt verbessert werden sollten. Mentor dieser Bewegung war der Anwalt **van Deventer**, der von einer „Ehrenschuld" der Niederlande gegenüber Indonesien sprach, also der moralischen Verpflichtung, für die zurückliegenden Leistungen der Indonesier aufzukommen. Auch hier spielte Selbstinteresse eine wichtige Rolle. Gebildete Indonesier wurden für Posten in Wirtschaft und Verwaltung dingend gebraucht. Insgesamt war diese neue Ethische Politik idealistisch, und von den Visionen van Deventers wurde kaum etwas in die Realität umgesetzt.

Trotzdem wurden gewaltige soziale Veränderungen eingeleitet, die allerdings nicht so sehr auf die Politik selbst, sondern auf die wirtschaftlichen, kapitalistischen Zwänge zurückgeführt werden können. Die javanische Bevölkerung, die sich im Laufe des 19. Jhs. von 6 Mio. auf 30 Mio. verfünffacht hatte, erreichte 1920 mehr als 40 Mio. Das **Bevölkerungswachstum** und die zunehmende Verstädterung, das **Eindringen der Geldwirtschaft** in die Gütergemeinschaft der Dörfer und der Bedarf der kapitalistisch-westlichen Unternehmen an Arbeitskräften zerstörten traditionelle Strukturen.

Am erfolgreichsten war die Ethische Politik in der Heranbildung einer kleinen, europäisch gebildeten Elite, die die Enttäuschung der breiten Massen auch politisch artikulieren konnte. Selbst im Islam wuchsen **modernistische Ideen**, die versuchten, die Anforderungen des 20. Jhs. mit der Religion in Einklang zu bringen. Die ursprüngliche Absicht der Kolonialmacht, sich durch eine Öffnung der Bildungseinrichtungen eine folgsame, einheimische Elite zu schaffen, verkehrte sich ins Gegenteil.

Nationales Erwachen

Im Jahr 1908 entstand **Budi Utomo** („Hohes Bestreben"), eine elitäre Gemeinschaft, deren Ziele mehr kulturell als politisch waren. Andere nationalistische Gruppen, Parteien und Gewerkschaften folgten – so auch 1908 eine freie Eisenbahnergewerkschaft auf Java. Zahlenmäßig wichtiger war die **Sarekat Dagang Islam** unter Führung des charismatischen Omar Said Cokroaminoto, die erste nationale Massenorganisation, die eine moslemischen, später auch marxistischen Zielen verpflichtete Politik verfolgte. Als

www.stefan-loose.de/bali

erste kommunistische Partei Asiens gründete sich 1920 die **Perserikatan Komunis Di Hindia** (später **Partai Komunis Indonesia, PKI**).

Am Ende des Ersten Weltkriegs war die Kolonialregierung gezwungen, breiteren Bevölkerungsteilen ein Mitspracherecht einzuräumen. Dazu kreierte sie den **Volksraad**, der aus teils gewählten, teils ernannten Mitgliedern der drei Bevölkerungsgruppen (Holländer, Indonesier, andere Asiaten) bestand. Der *Volksraad* hatte jedoch keinerlei legislative oder exekutive Rechte, sondern stellte nur ein Forum für Kritik und Debatten dar. Manche nationalistische Führer akzeptierten Sitze, andere sprachen sich für einen Kampf ohne Kompromisse aus. Diese Gegensätze führten 1921 zum Ausschluss des gesamten linken Flügels aus der Sarekat Dagang Islam. 1926/27 unternahm die PKI Partei einen Aufstandsversuch auf Java und in West-Sumatra, der aber von der Kolonialregierung schnell und brutal niedergeschlagen wurde, wovon sich die Partei bis zum Ende des Zweiten Weltkriegs nicht erholte.

Nach dem Niedergang der PKI und des Sarekat Dagang Islam begann in nationalistischen Kreisen eine erneute Diskussion über den Weg zur Unabhängigkeit. Die allgemeine Losung war „**Indonesia Merdeka!**" Es galt weniger, eine kommende soziale oder politische Ordnung zu entwerfen, als vielmehr, das Ziel der **Unabhängigkeit** zu erreichen. Im Juli 1927 fanden diese Vorstellungen Ausdruck in einer neuen Partei, der **Partai Nasional Indonesia**. Der wichtigste Programmpunkt der PNI war die Verweigerung der Zusammenarbeit mit der Kolonialregierung.

Ihr Vorsitzender war der Ingenieur **Sukarno**, der die Zielvorstellungen der gemäßigten moslemischen Führer, der Kommunisten und der radikalen Nationalisten sehr gut kannte, sich aber keiner dieser Richtungen verpflichtete. Sein Traum war ihre Vereinigung zu einer Unabhängigkeitsbewegung. Nur wenige Monate nach Gründung der PNI gelang es ihm, wichtige politische Gruppen in einer Vereinigung zusammenzuschließen (PPPKI = Permufakatan Perhimpunan-Perhimpunan Politik Kebangsaan Indonesia).

1930 wurde Sukarno mit vier weiteren Führern der PNI angeklagt und zu vier Jahren Gefängnis verurteilt. Von 1933 bis zum Beginn der japanischen Besatzung wurde er zuerst nach Ende auf Flores, dann nach Bengkulu auf Sumatra verbannt. Die PNI löste sich 1931 auf, ein Teil der Mitglieder gründete die **Partai Indonesia** (Partindo). Andere Gruppen schlossen sich zur neuen PNI zusammen, wobei die Abkürzung diesmal für **Pendidikan Nasional Indonesia** (Nationale Erziehung Indonesiens) stand. Ihre Führer waren **Mohammad Hatta** und **Sutan Sjahrir**.

Japanische Besatzung

Der Zweite Weltkrieg in Europa und im Pazifik veränderte die Situation grundlegend. Als 1942 die japanischen Streitkräfte in Indonesien einmarschierten, wurden sie von vielen als asiatische Befreier von europäischer Kolonialherrschaft begrüßt. Die Nationalisten unter Sukarno und Hatta arbeiteten eng mit ihnen zusammen. Die Grundeinstellung zu Japan änderte sich allerdings rasch, als man feststellte, dass man nur die alten Unterdrücker gegen neue eingetauscht hatte. Sukarno versuchte während der Besatzung, die Interessen Indonesiens zu vertreten, und kann nicht einseitig als Kollaborateur betrachtet werden, wie es später von holländischer Seite geschah.

Es gelang Sukarno, die Besatzungsmacht davon zu überzeugen, dass nur eine indonesischen Zielen verpflichtete Organisation die Massen aktivieren könne. 1943 wurde unter seiner Führung **Putera** (*Pusat Tenaga Rakyat* = Zentrum der Volkskraft) gegründet, kurz darauf die **Peta**, in der Indonesier von japanischen Offizieren militärisch ausgebildet wurden und die in den späteren Auseinandersetzungen den Kern der jungen republikanischen Armee bildete.

Im September 1944 gab der japanische Premier eine Absichtserklärung über die indonesische Unabhängigkeit ab, im März 1945 wurde eine **Verfassung** entworfen. Sukarno und Hatta wurden im August 1945 nach Saigon beordert, und ihnen wurde die Unabhängigkeit zugesichert. Am 17. August 1945, zwei Tage nach der japanischen Kapitulation, erklärte Sukarno die **Unabhängigkeit** Indonesiens.

Unabhängigkeitskrieg

Nach der Kapitulation Japans waren britische Truppen damit beauftragt, die japanischen Streitkräfte zu entwaffnen. Die neue Regierung

Indonesiens unter Hatta und Sukarno wollte mit den Alliierten Streitkräften zusammenarbeiten, trotzdem gab es im Herrschaftsbereich der Republik (praktisch nur Java und Teile Sumatras) Zusammenstöße, da holländische Soldaten und Mitglieder der alten Kolonialverwaltung ihnen auf dem Fuße folgten. Schon 1946 war Holland gezwungen, mit Sutan Sjahrir, dem Premierminister der Republik, zu verhandeln. Doch das **Abkommen von Linggarjati**, in dem Holland der jungen Republik die Unabhängigkeit zugestand, wurde nicht lange eingehalten.

1947 besetzten holländische Truppen unter dem Vorwand, durch eine Polizeiaktion Gesetzlichkeit und Ordnung wieder herstellen zu wollen, große Gebiete der Republik. Unter Vermittlung der Vereinten Nationen wurde im Januar 1948 das **Renville-Abkommen** geschlossen.

Innerhalb des republikanischen Lagers fanden danach schwere Auseinandersetzungen statt. Bürgerliche Kräfte aus der PNI wollten die linke Regierung unter Premier **Amir Sjarifuddin** stürzen. Hatta übernahm die Regierungsgewalt, und bald brach der von der PKI initiierte Umsturzversuch um Madiun aus. In den Kämpfen zwischen überlegenen Regierungstruppen und Rebellen wurden die Führer der PKI erschossen. Holland nutzte die Auseinandersetzungen innerhalb der Republik für eine weitere militärische Aktion.

Die indonesischen Rebellen begannen einen aufopferungsvollen Guerillakrieg gegen die Invasoren. Im Frühjahr 1949 waren außer den Außeninseln und den großen Städten auf Java und Sumatra alle Gebiete in republikanischer Hand. Im August 1949 unterzeichnete Holland ein Abkommen zur indonesischen Unabhängigkeit.

Krisen nach der Unabhängigkeit

Die Verfassung von 1950 machte Indonesien zu einem Einheitsstaat, der dem Präsidenten (Sukarno) nur eine repräsentative Rolle zuwies. Innerhalb der folgenden sieben Jahre lösten sich sieben unterschiedliche Regierungen ab, die jeweils von verschiedenen Parteien gebildet wurden. In der Nation wuchs die Desillusionierung mit den Ergebnissen der Revolution.

Staatspräsident Sukarno führte 1957 seine **Gelenkte Demokratie** ein, um den Parteienzwist zu beenden. Er kritisierte das westliche Demokratiekonzept als ungeeignet für Indonesien. Dagegen stellte er das traditionelle System von *Musjawarah* und *Mufakat* (Diskussion und Konsens). Zur gleichen Zeit brachen in Sumatra und auf einigen Außeninseln **Sezessionsbestrebungen** aus. In Padang wurde die Revolutionäre Regierung der Republik Indonesien ausgerufen, der sich andere Provinzen anschlossen. Die Zentralregierung reagierte schnell, und Ende 1958 waren die Aufstände niedergeschlagen.

Sukarno, die Armee und die nicht kompromittierte PKI waren jetzt die Machtfaktoren in der Republik. 1959 wurde die alte Präsidial-Verfassung von 1945 durch ein Dekret des Präsidenten wieder in Kraft gesetzt. Das Konzept **Nasakom** (Nationalismus, Religion, Kommunismus) wurde eingeführt. Sukarnos Macht in der Periode bis 1965 lag in der Balance zwischen Armee und PKI.

Die Außenpolitik war neutralistisch-antiimperialistisch, was sich z. B. in der Bekämpfung *(Konfrontasi)* der unter britischem Vorzeichen geschaffenen Föderation von Malaysia zeigte. Sukarno lehnte die Staatsgründung als Produkt des Neokolonialismus ab und unternahm militärische Aktionen vor allem gegen Sarawak und Sabah (Borneo). Eine große Kampagne wurde in den Jahren 1960–62 um die Eingliederung des westlichen Teils der Insel Neuguinea geführt. **West-Papua**, früher Irian Jaya, wurde nach militärischen Auseinandersetzungen und unter politischem Druck der USA an Indonesien abgetreten.

Die sich verschlechternde wirtschaftliche Situation, politische Machtkämpfe zwischen Parteien und Militärs und der verstärkte Einfluss der PKI führten zu einer **innenpolitischen Krise**. So war der Lebenskostenindex in Jakarta von 100 (1958) auf 36 347 (1965) gestiegen.

Suhartos „Neue Ordnung"

In der Nacht des 30. September 1965 wurden sechs Armeegenerale unter bisher ungeklärten Umständen erschossen. Die Armee-Führung propagierte die Ermordung der Generäle als kommunistischen Aufstandsversuch. In den folgenden Monaten wurde die PKI zerschlagen, mehrere Hunderttausende Menschen wurden unter dem Vorwand der Parteianhängerschaft ermordet. Damit begann der Aufstieg **General Suhartos**.

Eine Million Opfer ohne Anerkennung

Die antikommunistischen Massaker 1965 sind der internationalen Öffentlichkeit weitaus weniger bekannt als der Holocaust in Deutschland oder der Völkermord in Ruanda. In der Geschichte Indonesiens markieren sie aber einen Wendepunkt im politischen und gesellschaftlichen Leben.

Am 30. September 1965 wurden in Jakarta sechs hochrangige Militärgeneräle ermordet. Medien machten die PKI für den Putschversuch verantwortlich. General Suharto nutzte die Situation, um die Autorität des Präsidenten Sukarno zu schwächen und die Macht zu übernehmen. Unter seiner Führung kam es in den folgenden Monaten mit Hilfe westlicher Staaten, insbesondere der USA, zu einer beispiellosen Verfolgung und Ermordung von Kommunisten und deren vermeintlichen Sympathisanten. Die Angaben über die Zahl der Toten variieren, die Menschenrechtsorganisation Amnesty International spricht von mindestens 500 000 Opfern. Die Massaker fanden hauptsächlich in Zentral- und Ost-Java sowie auf der Insel Bali statt und wurden von der Armee und paramilitärischen Einheiten verübt, aber auch lokale Gegner der PKI waren an den Gewaltorgien beteiligt. Die Opfer wurden verhaftet und abtransportiert, an geheimen Orten erschossen, vergraben oder in Flüsse geworfen. Vereinzelt wurden Leichen oder Körperteile öffentlich zur Schau gestellt, um Angst und Schrecken zu verbreiten.

Der Kommunismus gehört in Indonesien noch heute zu den verbotenen Ideologien. Auch nach Suhartos Abdankung 1998 kam es zu keiner staatlichen Anerkennung der Massaker, geschweige denn zur Aufklärung der Verbrechen. Seit mehreren Jahren kämpfen daher zivilgesellschaftliche Organisationen und Opferverbände für Rehabilitierung und Entschädigung, aber auch Wahrheitsfindung und Versöhnung. Die Aufklärung kommt allerdings nur schleppend voran: Ein im Juli 2012 vorgelegter Bericht einer einberufenen Kommission bezeichnete die Ereignisse zwar als schwere Menschenrechtsverletzung, dennoch wurde ein entsprechender Prozess von der Staatsanwaltschaft eingestellt. Die Straflosigkeit der damaligen Mörder ist eine der größten Herausforderungen des heutigen Indonesiens, wie anschaulich im Film „The Act of Killing" dokumentiert wird.

Ein Beitrag von Basilisa Dengen (Watch Indonesia! e.V. Berlin)

Am 11. März 1966 fanden in Jakarta und anderen Städten große Demonstrationen gegen Sukarno statt. Die militärische Führung zwang Sukarno damit, zahlreiche Machtbefugnisse an Suharto abzutreten. Die PKI wurde verboten, 15 Minister Sukarnos wurden verhaftet.

Am 12. März 1967 wurde Suharto Präsident der Republik Indonesien. Suhartos Laufbahn begann in der Kolonialarmee. Während des Unabhängigkeitskriegs war er republikanischer Truppenführer in Zentral-Java, 1960 bereits stellvertretender Stabschef der Armee und 1962 Befehlshaber der Truppen zur Befreiung West-Irians. Im Herbst 1965 war er führend an der Zerschlagung der PKI beteiligt, im folgenden Jahr entmachtete er systematisch den bisherigen Präsidenten Sukarno. Mit Unterstützung des Militärs führte er das Regime der „Neuen Ordnung" ein.

Die **Neue Ordnung** hat dem Land zweifellos Verbesserungen gebracht. Während es einerseits gelang, die Inflation unter Kontrolle zu bringen, konnten andererseits mithilfe großzügiger Unterstützung aus dem Westen Entwicklungsprogramme erfolgreich umgesetzt werden. Die Infrastruktur wurde ausgebaut und die Exportwirtschaft angekurbelt. Gleichzeitig verbesserten sich die Lebensbedingungen der jährlich um ca. 3 Mio. Menschen wachsenden Bevölkerung. Das Pro-Kopf-Einkommen und die Lebenserwartung stiegen. Man sprach sogar schon von einem indonesischen **Wirtschaftswunder**. Die Lebensmittelproduktion wurde um 50 % gesteigert. Großangelegte Kampagnen zur **Familienplanung** zeigten deutliche Erfolge, und über 100 000 Schulen wurden gebaut. Die außenpolitischen Positionen der Sukarno-Ära wurden revidiert. Mit Malaysia besteht ein freundschaftliches Verhältnis, beide Länder wurden Mitglieder des ASEAN-Bundes.

Die Neue Ordnung hatte aber auch ihre Schattenseiten. Suharto und die Regierungspartei **Golkar** (Golongan Karya) regierten mithilfe von Armee und Polizei als ein diktatorisches Regime. Presse, Rundfunk und Fernsehen unterlagen strenger staatlicher Kontrolle. Kritiker und Oppositionelle wurden in Gefängnisse gesteckt, in die Verbannung geschickt oder unter Hausarrest gestellt, eindrucksvoll nachzulesen in *Stilles Lied eines Stummen* von P.A. Toer (S. 428). Die alle fünf Jahre stattfindenden „Wahlen" waren eine Farce, da das Ergebnis schon im Voraus feststand. Die neben der Golkar zugelassene **PPP**, die islamisch orientierte Vereinigte Entwicklungspartei (Partai Persatuan Pembangunan), und die **PDI**, die Demokratische Partei (Partai Demokrasi Indonesia), hatten nie den Hauch einer Chance.

Viele der wirtschaftlichen Verbesserungen kamen nur einer privilegierten Minderheit zugute, während am Rand der Städte die Slums wuchsen und in einigen ländlichen Gegenden, v. a. auf Java, die Armut zunahm. Korruption im gesamten Verwaltungsapparat, vom kleinen Beamten bis hin zum Präsidenten, war gang und gäbe. Darüber hinaus nahm Suhartos Nepotismus immer größere Ausmaße an, indem er enge Freunde und v. a. seine eigene Familie mit Privilegien, Macht und lukrativen Monopolen versorgte.

Nach dem Abzug der Portugiesen im Anschluss an die Nelkenrevolution von 1974 kam es ein Jahr später zur **Besetzung Ost-Timors**, mit der die indonesische Regierung militärisch versuchte, die Unabhängigkeit der ehemaligen portugiesischen Kolonie zu verhindern.

Mehr als drei Jahrzehnte hielt sich Suharto als *Bapak Pembangunan*, Vater der Entwicklung, an der Macht. Sechs Mal ließ er sich jeweils für eine Amtsperiode von fünf Jahren wiederwählen, zuletzt am 10. März 1998. Als seinen Vize-Präsidenten ernannte er den in Deutschland ausgebildeten Ingenieur B. J. Habibie.

Krise

Trotz der in den 1990er-Jahren zunehmenden Kritik an Suhartos Regime hätte er noch etliche Jahre sein Amt behalten können, wenn nicht im August 1997 die von Thailand ausgehende **Asienkrise** auch Indonesien erreicht hätte. In wenigen Monaten verlor die Rupiah drastisch an Wert. Die Preise für alle Importwaren stiegen natürlich entsprechend, kurz darauf zogen auch die Preise für einheimische Produkte nach und stiegen um etwa 100–200 %, wobei die Löhne auf ihrem alten Niveau stagnierten. In kurzer Zeit war die Kaufkraft eines Haushalts um drei Viertel gefallen. Viele Banken meldeten Konkurs an, etliche Fabriken und Unternehmen mussten schließen. Hohe Arbeitslosigkeit und Armut waren die Folge.

In weiten Teilen des Landes brachen blutige **Unruhen** aus. Studenten demonstrierten im April und Mai 1998 in Jakarta, Medan, Yogyakarta und Solo für eine Absetzung des Präsidenten. Aufgebrachte und von den Preissteigerungen in Panik versetzte Massen plünderten Supermärkte, Einkaufszentren und andere Geschäfte, die zumeist Chinesen gehörten. Dazu flammten in Teilen des Archipels ethnisch-religiös bedingte Konflikte auf. In West-Kalimantan bekämpften die einheimischen christlichen Dayak die eingewanderten moslemischen Maduresen. Zu weiteren Ausschreitungen zwischen Christen und Moslems kam es in West-Timor sowie auf den Molukken. Darüber hinaus wurde der separatistische Untergrund in Aceh wieder aktiv.

Versuche, die Finanzkrise durch Zuschüsse vom Internationalen Währungsfonds in den Griff zu bekommen, scheiterten, da der IWF tief greifende ökonomische Reformen forderte, die Suharto nicht erfüllen konnte oder wollte. Als die Unruhen im Mai 1998 ihren Höhepunkt erreichten – allein in Jakarta waren über 6000 Gebäude beschädigt oder zerstört worden, es gab schätzungsweise 1200 Tote –, hatte Suharto schließlich ein Einsehen. Am 21. Mai 1998 legte er sein Amt nieder, und Vize-Präsident Habibie wurde als Präsident vereidigt.

Habibie, der als linientreuer Suharto-Anhänger und Technokrat bekannt ist, genoss im Volk fast genauso wenig Vertrauen wie sein Vorgänger, und es war offensichtlich, dass er nur eine Übergangslösung war. Zwar entließ er politische Gefangene, versprach Reformen und baldige Neuwahlen, doch bekam auch er die Krise nicht in den Griff. Die Reformen blieben aus, und das

www.stefan-loose.de/bali

Datum für die Neuwahlen wurde immer wieder aufgeschoben. Wie schon im Mai wurde erneut im November 1998 der Ruf nach *„Reformasi"* und *„Demokrasi"* laut, und es kam abermals zu blutigen Zusammenstößen zwischen demonstrierenden Studenten und dem Militär.

Neuwahlen und Demokratisierung

Relative Ruhe kehrte Anfang 1999 ein, als das endgültige Datum für die Neuwahlen festgelegt wurde, nämlich der 7. Juni 1999. Diesmal standen 48 Parteien zur Wahl. Als Sieger mit 35 % der Stimmen ging wie erwartet die PDI aus den Wahlen hervor, gefolgt von Golkar mit ca. 20 %. Gleichzeitig verstärkten sich die separatistischen Bestrebungen in Aceh, West-Papua und anderen Landesteilen.

Präsident Habibie hatte der Bevölkerung Ost-Timors ein Referendum über die Unabhängigkeit zugestanden, das gegen den Willen führender Militärs am 30. August stattfand. 78,5 % der Ost-Timoresen entschieden sich für die Unabhängigkeit. Proindonesische Milizen richteten daraufhin ein Blutbad unter der Bevölkerung an.

Vier Wochen später wählte der Volkskongress **Abdurrahman Wahid**, „Gus Dur" (älterer Bruder Dur) von seinen Anhängern genannt, von der größten islamischen Organisation des Landes, der Nahdlatul Ulama, zum neuen Präsidenten. Zur gleichen Zeit erkannte das Parlament die Ergebnisse der Volksabstimmung in Ost-Timor an, damit war die ehemalige 27. indonesische Provinz nach 22 Jahren der Besatzung und vieler Gräueltaten der indonesischen Armee und pro-indonesischen Milizen de facto unabhängig. In einem klugen Schachzug ernannte Wahid Megawati Sukarnoputri, eine Tochter Sukarnos und die Vorsitzende der stärksten Partei des Landes, der PDI, zur Vizepräsidentin.

Auch der vierte Präsident Indonesiens geriet immer mehr in die Kritik, bis hin zu wütenden Demonstranten, die im Januar 2001 das Parlament stürmten und Wahids Abtritt forderten. Schließlich sah sich der Volkskongress gezwungen, Gus Dur am 25. Juli 2001 abzusetzen. Gleichzeitig wurde **Megawati Sukarnoputri** als Präsidentin eingesetzt. Doch auch ihr gelang es bis 2004 weder, die ökonomischen Probleme des Landes in den Griff zu bekommen, noch die politische Stabilität wieder herzustellen. Viele ihrer Anhänger waren enttäuscht, „Mega" galt als schwache Präsidentin.

Yudhoyono und das Ende des Aceh-Konflikts

Bei den Präsidentenwahlen im Juli 2004 erhielt der ehemalige General **Susilo Bambang Yudhoyono** mit 33 % die meisten Stimmen. Yudhoyono – im Volksmund einfach SBY genannt – war unter seinen Vorgängern bereits Minister für Bergbau und Energie sowie Koordinierender Minister für Sicherheit und Politik. Er wurde 2009 mit über zwei Dritteln der Stimmen wiedergewählt. Bereits 2005 ernannte ihn der erste Volkskongress zum Obersten Vorsitzenden. Wenngleich sich der reformfreudige Präsident für bessere Bildung und Gesundheitsversorgung, eine dezentrale Verwaltung, den Umweltschutz die Terror- und Korruptionsbekämpfung sowie für den Investitionsstandort Indonesien stark macht und nebenbei sogar Musikalben veröffentlicht, ist der „denkende General" kein unumstrittener Präsident, vor allem was sein Verhältnis zur alten Suharto-Elite sowie zu den eigenen Ministern angeht.

Im Zuge der verheerenden Zerstörung, die der Tsunami vom 26. Dezember 2004 im Norden Sumatras anrichtete und der insgesamt mehr als 220 000 Menschen das Leben kostete, fanden die **Unabhängigkeitsbewegung Acehs (GAM)** und die indonesische Regierung zu neuen Friedensgesprächen, die 2005 – nach 29 Jahren gewaltsamen Konflikts um Aceh – in vertraglich festgehaltener Teilautonomie der Provinz und gegenseitiger Duldung beim Wiederaufbau der verwüsteten Gebiete resultierten.

Bali

Frühgeschichte

Auch wenn archäologische Beweise fehlen, ist anzunehmen, dass auf Bali wie auf seiner Nachbarinsel Java schon vor mehr als 10 000 Jahren altsteinzeitliche Menschen lebten.

Megalithische und bronzezeitliche Funde, die im Archäologischen Museum von Pejeng (östlich von Ubud) ausgestellt sind, gehen auf das letzte vorchristliche Jahrtausend zurück. Die Balinesen dieser Zeit kannten schon die Nassreiskultur und waren in Dorfgemeinschaften organisiert. Ihre religiösen Vorstellungen basierten auf dem Animismus und der Ahnenverehrung.

Handelsverbindungen und erste Königreiche

Zu Beginn unserer Zeitrechnung tauchten die ersten **südindischen Händler** an den Küsten Balis auf, wodurch sich nach und nach buddhistische und hinduistische Anschauungen auf der Insel verbreiteten. Auf Sumatra und Java entstanden im 1. Jt. große buddhistische und hinduistische Reiche, Sriwijaya, Sailendra und Mataram, deren Einflusssphären bis nach Bali reichten. Die ältesten Inschriften der Insel stammen aus dem 9. Jh. n. Chr. Sie sind in altbalinesischer Sprache verfasst und belegen, dass auf Bali gleichzeitig shivaitische und buddhistische Einsiedler und Mönche lebten.

Es ist nicht bekannt, wann die ersten **Königreiche** auf Bali entstanden. Der früheste schriftliche Beleg stammt aus dem Jahre 917 n. Chr. und erwähnt einen König Warmadewa, dessen Hauptstadt in Zentral-Bali in der Nähe von Pejeng lag. Der berühmteste Herrscher der Warmadewa-Dynastie war Udayana, der 989 die ostjavanische Prinzessin Mahendradatta heiratete. Seit jener Zeit sind die Geschicke der Insel eng mit denen von Ost-Java verknüpft gewesen. Passenderweise sind balinesische Dokumente aus dieser Zeit in Altjavanisch abgefasst.

Nach Udayanas Tod gelangten seine beiden Söhne an die Macht: Airlangga herrschte über Ost-Java, sein jüngerer Bruder Anak Wungsu regierte Bali, vermutlich in Tributpflicht von Airlangga. Mitte des 11. Jhs. starb Airlangga und in Ost-Java setzten interne Machtkämpfe ein, die Bali für die nächsten drei Jahrhunderte wieder eine relative Unabhängigkeit bescherten.

Einfluss von Majapahit

Im Jahre 1343 wurde Bali von **Gajah Mada** erobert, einem Minister des Majapahit-Reiches, der neuen großen Macht in Ost-Java, die ihren Einfluss über den gesamten Archipel ausdehnte. Gajah Madas Invasionsarmee vernichtete die bis dahin über Bali herrschende **Pejeng-Dynastie**, deren letzter König Dalem Bedaulu war. Der ostjavanische Minister etablierte einen Vasallenfürsten auf der Insel, der seinen Hof *(Kraton)* in Gelgel, in der Nähe von Klungkung (Ost-Bali), ansiedelte.

Majapahit war das letzte der großen hinduistischen Reiche in Indonesien. Ab dem 12. Jh. breitete sich der Islam von Nord-Sumatra ausgehend im gesamten Inselreich aus. Anfang des 15. Jhs. griff er auch auf Java über und nur knapp 100 Jahre später war Majapahits Macht gebrochen. Eine in der indonesischen Geschichte beispiellose **Massenflucht** begann: Zu Tausenden verließen die letzten hinduistischen Angehörigen des Hofes mitsamt ihrer Leibwache, ihren Priestern und Künstlern Ost-Java und suchten Zuflucht auf Bali, wo sie in Gelgel die Herrschaft über die Insel antraten. Mit sich brachten sie das aus Indien entlehnte Kastenwesen. Die Majapahit-Abkömmlinge bildeten die drei oberen Kasten: die Brahmanen, die Fürsten *(Ksatriya, Satria)* und die Krieger *(Wesya)*. Alle übrigen Balinesen, meist Reisbauern, wurden zur unteren Kaste *(Sudra)* erklärt.

Der in **Gelgel** lebende König *(Raja)* von Bali nannte sich fortan Dewa Agung. Erfolgreichster Träger dieses Titels war Batu Renggong, der um 1550 regierte und Lombok sowie Blambangan im äußersten Südosten Javas eroberte. Unter seiner Herrschaft erlebte die Kunst ihre erste große Blütezeit, höfische Kunst und Kultur begannen sich auch unter dem einfachen Volk zu verbreiten. Seine Nachfolger standen unter einem weniger guten Stern. Nach und nach teilten sie Bali unter sich auf und es entstanden die **Raja-Reiche** von Klungkung (Nachfolger von Gelgel), Karangasem (Ost-Bali), Buleleng (Nord-Bali), Jembrana (West-Bali), Badung (Süd-Bali), Tabanan (West-Bali), Mengwi (West-Bali), Bangli (Zentral-Bali) und Gianyar (Zentral-Bali).

Interne Machtkämpfe und holländische Kolonialpolitik

Bis weit ins 19. Jh. hinein war die Geschichte der Insel von wechselnden Bündnissen und Kriegen zwischen den einzelnen Königreichen geprägt. Davon profitierten allein die Holländer, denen es 1849 nur mit militärischen Mitteln gelang, in Nord-Bali Fuß zu fassen. Singaraja wurde 1882 holländische Verwaltungshauptstadt der Insel. 1894 annektierten die **Holländer** auch die Nachbarinsel Lombok, sechs Jahre später stellte sich der *Raja* von Gianyar freiwillig unter holländische Oberherrschaft. Ein 1904 in Sanur im Süden von Bali gestrandetes und nach altem Brauch von Balinesen geplündertes chinesisches Handelsschiff lieferte den Vorwand, den bislang noch unnachgiebigen *Raja* von Badung unter Druck zu setzen. Als er sich weigerte, die geforderte Entschädigung zu zahlen, rückten 1906 holländische Truppen gegen seinen Palast vor. Der *Raja* und sein mehrere Hundert Menschen umfassendes Gefolge erkannten die militärische Übermacht, dachten aber nicht an Kapitulation. Nur mit Dolchen bewaffnete Männer, Frauen und Kinder, allen voran der *Raja*, stellten sich den feindlichen Gewehren und Kanonen. Wer nicht von den Kugeln getroffen wurde, tötete sich selbst mit dem *Kris*. Dieser als **Puputan** bekannt gewordene rituelle Massenselbstmord hatte zur Folge, dass die Kolonialpolitik in Holland infrage gestellt wurde.

Zwei Jahre später ereignete sich ein zweites *Puputan* am Hofe von Klungkung und kurz darauf war ganz Bali fest in den Händen der Kolonialherren. Da es auf der Insel nicht viel gab, was eine wirtschaftliche Ausbeutung lohnte, beschränkten sich die holländischen Aktivitäten weitgehend auf die politische Verwaltung.

Aufkommender Tourismus und nationale Unabhängigkeit

In den 1920er- und 1930er-Jahren tauchten die ersten **Touristen** auf Bali auf, darunter viele Anthropologen und Künstler, die schnell dem Zauber der Insel verfielen und oft jahrelang blieben. Gleichzeitig erlebten Kunst und Kultur eine neue Blütezeit, die bis in die Gegenwart hineinreicht.

1942 wurden die Holländer von den **Japanern** abgelöst, die sich bis 1945 halten konnten. Obwohl Sukarno am 17. August 1945 die Unabhängigkeit Indonesiens erklärte, kehrten die Holländer zurück. Vielerorts kam es zu blutigen Auseinandersetzungen, so auch auf Bali. Im November 1946 wurde eine 100 Mann starke Guerillatruppe, angeführt von dem jungen Oberst **I Gusti Ngurah Rai**, in der Nähe von Tabanan im Westen der Insel vollständig vernichtet. Ngurah Rai avancierte zum Nationalhelden, der internationale Flughafen und die einzige mehrspurige Schnellstraße der Insel tragen heute seinen Namen und sein Portrait ziert den 50 000-Rp-Schein. Die Kampfhandlungen dauerten noch bis 1948. Erst 1949 erlangte Indonesien internationale Anerkennung als unabhängiger Staat. Am 29. Dezember wurde Bali Teil der Republik der Vereinigten Staaten von Indonesien. 1956 erhielt die Insel den Status einer **Provinz der Republik Indonesien**, drei Jahre später wurde Denpasar, das ehemalige Badung, Provinzhauptstadt.

Durch die Kolonialzeit und die nachfolgenden blutigen Unruhen war Bali in höchstem Maße spirituell verunreinigt worden. Um die Harmonie wieder herzustellen, beschloss man 1963, im Muttertempel Besakih, dem wichtigsten Heiligtum der Insel am Fuße des Gunung Agung in Ost-Bali, die nur alle hundert Jahre stattfindende **Eka-Dasa-Rudra-Zeremonie** (S. 304, Kasten) abzuhalten. Viele Priester und religiöse Autoritäten rieten davon ab: Die Zeit sei noch nicht reif für diese Feier, man müsse noch einige Jahre warten. Doch die Warnungen blieben unbeachtet und im März des gleichen Jahres nahm die Zeremonie ihren Lauf. Dies erregte offenbar den Zorn der Götter. Auf dem Höhepunkt der Feierlichkeiten brach der bis dahin erloschen geglaubte Gunung Agung aus und forderte zahlreiche Opfer. Das Eka-Dasa-Rudra-Fest konnte nicht mehr zu Ende gebracht werden.

Kommunistenverfolgung

Doch noch Schlimmeres stand Bali bevor. Ende September 1965 startete die immer stärker werdende Kommunistische Partei angeblich in Jakarta einen Putschversuch, bei dem fünf Generäle getötet wurden. Dies löste eine landesweite **Kommunistenverfolgung** aus, deren Ergebnis ein gigantisches Massaker war. Auch auf Bali mussten Tausende von Kommunisten und solche, die man dafür hielt, ihr Leben lassen, insgesamt schätzungsweise 5 % der Bevölkerung! Für die Balinesen kam dies einer Dämonenaustreibung gleich, da doch die Kommunisten als Feinde der Religion galten. Sukarno musste dem General Suharto weichen, der von 1967 bis 1998 als autoritärer Präsident regierte. Die Kommu-

Bali vor über 35 Jahren

Als ich nach 27 Monaten auf Überlandreise mit meinem VW-Campingbus im März 1975 mein Ziel Bali erreichte, war gerade *Nyepi*, das balinesische Neujahr und Tag der absoluten Ruhe. Kuta war ein kleines Fischerdorf in einem wunderschönen Palmenhain am Meer. Es gab keine asphaltierte Straße und auf den 2 km von unserem „Swiss Restaurant", das ich zwei Jahre später in Legian eröffnet habe, bis nach Kuta standen gerade einmal drei Häuser. Nachts gab es noch kein elektrisches Licht, bei uns standen Petroleum-Lampen auf den Tischen.

Bali war noch schöner, als ich es mir durch den bekannten Bildband von Theo Maier erträumt hatte. Täglich fanden spektakuläre Tempelfeste statt, überall sah man Frauen, die dabei waren, Opfergaben an den Hausaltären zu platzieren, und auch die kleinen Opfergaben auf dem Boden für die Dämonen und negativen Kräfte nicht vergaßen – und damit die Balance des Kosmos zwischen Gut und Böse sicherten. Das alles geschieht auch nach all den Jahren heute noch mitten in Kuta.

Unsere Gäste waren Backpacker, die sich nach oft monatelangen, entbehrungsreichen Reisen über eine Scheibe dunkles Brot oder Käse freuten wie kleine Kinder. Zum Sonnenuntergang am traumhaften Strand von Kuta sah man täglich junge Leute, die sich vor Lachen nicht halten konnten, hatten sie doch die bekannten „Magic Mushrooms" gegessen.

Immer wenn ich in unserem Wochenendhaus am Pantai Pasut in West-Bali bin, habe ich das alte Kuta wieder vor mir. Hoffentlich wird hier nicht einmal nach dem Motto „Palmen weg, Beton her" eine Touristenenklave aus dem Boden gestampft. Das „alte" Bali kann man immer noch finden, man muss sich nur etwas von den Haupttouristenrouten entfernen und ins Landesinnere dieser wunderschönen, vielseitigen Insel begeben.

Ein Beitrag von Jon Zürcher, Restaurantbesitzer und langjähriger Schweizer Konsul auf Bali

nistische Partei wurde verboten und im März 1979 wurde ein neuer Versuch gestartet, die Eka-Dasa-Rudra-Zeremonie abzuhalten, diesmal jedoch im Einklang mit dem balinesischen Kalender. Das sechs Wochen dauernde Fest konnte ohne Zwischenfälle abgeschlossen werden.

Sonderstatus

Seit Ende der 1970er-Jahre wird als **Gouverneur von Bali** kein islamischer Javaner mehr eingesetzt, sondern ein Balinese. Diese Veränderung war sicher von Vorteil für die Entwicklung der Insel, denn nur ein Balinese, so heißt es, könne richtig beurteilen, was für seine Insel und ihre einzigartige Kultur gut ist und was nicht. Abgesehen davon haben die Balinesen im Laufe ihrer langen, turbulenten Geschichte oft genug bewiesen, dass sie dank ihrer Anpassungsfähigkeit durchaus in der Lage sind, fremde Einflüsse zu verarbeiten und in ihre Kultur aufzunehmen oder das, was ihnen nicht gefällt, als unbrauchbar von sich zu weisen. Bisher hat diese einzigartige Kultur alle Veränderungen unbeschadet

überstanden und es bestehen berechtigte Hoffnungen, dass sie es auch in Zukunft tun wird.

Massentourismus

Im Laufe der 1980er-Jahre entwickelte sich die Insel Bali zu einem der beliebtesten Fernreiseziele. Damit einher gingen ein besonders in Süd-Bali einsetzender Bauboom und eine spürbare Steigerung des Lebensstandards in den Regionen, die am meisten vom Tourismus profitierten. Allerdings hatte der aufkommende Massentourismus auch **negative Auswirkungen**. So entwickelte sich in Kuta ein höchst kommerzieller touristischer Mikrokosmos, der in erster Linie australische Urlauber anzieht, die auf Strand, Party, Spaß und Alkohol aus sind und dabei viele einheimische Traditionen und Wertvorstellungen außer Acht lassen. Die Balinesen begegneten diesem Phänomen zwar größtenteils mit der ihnen eigenen Gelassenheit, aber die exzessiven Schaumpartys und öffentlichen Zurschaustellungen von Gefühlen erregten die Gemüter vieler gläubiger Muslime.

Bombenanschläge und ihre Folgen

Doch selbst diese hätten niemals geahnt, welche Tragödie sich am späten Abend des 12. Oktober 2002 in und vor den beliebten Nachtclubs Paddy's und Sari ereignen würde. In dem an diesem Samstagabend prall gefüllten Club Paddy's zündete zunächst ein Selbstmordattentäter eine Rucksackbombe. In Panik rannten viele der Besucher auf die Straße, wo unmittelbar danach vor dem Club Sari eine weitere, wesentlich kraftvollere Autobombe explodierte. In dem Inferno kamen insgesamt 202 Menschen ums Leben, über 200 weitere wurden zum Teil mit schweren Verbrennungen in die völlig überforderten Krankenhäuser eingeliefert. Die meisten der Toten waren junge australische Urlauber (88), aber auch Einheimische (38), Briten, US-Amerikaner, Deutsche, Schweden, Holländer, Franzosen und Staatsbürger 14 weiterer Nationen waren unter den Opfern. Parallel dazu explodierte ein weiterer kleiner Sprengsatz vor dem Konsulat der USA in Denpasar, der aber nur Sachschäden anrichtete.

Der zweitgrößte Terroranschlag in der Geschichte der Menschheit und der schwerste Indonesiens sorgte für weltweite Anteilnahme, aber auch negative Schlagzeilen, die die balinesische Tourismusindustrie, den Hauptzweig der einheimischen Wirtschaft, in eine tiefe Krise stürzten. In den Tagen und Wochen nach der Tragödie brach der Tourismus zusammen: Es kamen kaum mehr Besucher auf die Insel, Hotelzimmer standen leer und die Flaniermeilen glichen Geisterstädten. Viele der im Tourismus tätigen Einheimischen verloren ihre Lebensgrundlage und kehrten auf die Reisfelder ihrer Familien zurück. Es dauerte über zwei Jahre, bis sich die Touristenzahlen wieder etwas stabilisiert hatten, und noch länger, bis wieder die alten Besucherzahlen erreicht wurden.

Die Drahtzieher der Anschlagsserie wurden im Umfeld der **Jemaah Islamiyah**, einer radikal-islamistischen Organisation in Indonesien, verortet. In der Folgezeit wurden die drei Hauptverdächtigen Imam Samudra, Amrozi Nurhasyim und Ali Ghufron verhaftet und im November 2008 von einem Erschießungskommando hingerichtet. Weitere Mittäter wurden zu teils langen Freiheitsstrafen verurteilt.

In den letzten Jahren kam es sowohl auf Bali als auch in Jakarta wiederholt zu Bombenanschlägen. So explodierte im August 2003 eine Autobombe vor dem Marriott Hotel in Indonesiens Hauptstadt, im September 2004 wurde die australische Botschaft Ziel eines Anschlags, im Oktober 2005 kam es zu drei Explosionen in Strandrestaurants in Jimbaran und vor dem Matahari am Kuta Square, die 23 Menschenleben kosteten, und schließlich wurden im Juni 2009 erneut das Marriott Hotel und das Ritz-Carlton zum Ziel terroristischer Bombenattentäter.

Die Tourismusindustrie auf Bali konnte sich mittlerweile aber komplett von diesem Schock erholen und begrüßte im Jahr 2013 mehr aus-

---

Terrorismus

Indonesien gilt weithin als moslemisch dominierte, pluralistische und tolerante Demokratie – in kaum einem anderen Land leben so viele verschiedene Gruppen friedlich in respektvollem Miteinander. Dennoch ist der Staat nicht vor den schlimmen Auswüchsen globaler und regionaler Terrorismusnetzwerke sicher. Waren Angriffe und Attentate im Rahmen politischer Konflikte zwischen der Regierung und separatistischen Gruppen (etwa in Aceh oder auf den Molukken) auch in den Jahrzehnten zuvor ein gängiges Mittel zur Einschüchterung des Gegners, so bekam der Terrorismus 2002 mit dem Bombenanschlag auf Bali eine neue, fundamentalistisch-religiöse Qualität. In den folgenden Jahren gab es immer wieder Selbstmord- und Bombenattentate auf Botschaften, Diskotheken oder Hotels.

Besonders im Vorfeld religiöser Feiertage besteht seither erhöhte Alarmbereitschaft, da gut besuchte Kirchen, Moscheen und Tempel oftmals Ziel der Anschläge sind. Kurz vor Ostern 2011 konnten mehrere kiloschwere Bomben an Kirchen sichergestellt werden. Dabei richtet sich diese Art von Terrorismus auch gegen Muslime: Anhänger der Ahmadiya-Glaubensbewegung wurden in jüngster Zeit zunehmend Opfer radikaler Muslime, wie zuletzt im Februar 2011 auf Banten, wo drei Ahmadis ermordet wurden.

ländische Besucher als jemals zuvor. Mittlerweile entstanden zahlreiche neue Hotels, Nachtclubs und Einkaufsmöglichkeiten. Nur das Bomb Memorial an der geschäftigen Jalan Legian in Kuta, die gegenüberliegende Brachfläche, auf der der Sari Club stand, und die überall zu beobachtenden Sicherheitsmaßnahmen zeugen noch vom einschneidendsten Ereignis der letzten Jahrzehnte.

Regierung und Politik

Bali gehört seit 1949 zur Republik Indonesien und stellt eine eigene Provinz dar. Indonesien ist eine Präsidialrepublik und wird seit 2004 von Präsident Susilo Bambang Yudhoyono regiert, der durch eine absolute Mehrheit gewählt wurde und Mitglied der Demokratischen Partei ist. Seit 2004 wird der Präsident für fünf Jahre direkt vom Volk gewählt, was Indonesien weltweite Anerkennung als demokratischer Staat einbrachte. Die Minister werden vom Präsidenten ernannt, bei dem alle Exekutivgewalt liegt. Im Notstand kann der Präsident per Dekret auch allein regieren. Die Legislative besteht aus einem Parlament, das über Gesetzesvorlagen abstimmt. Der Präsident behält sich jedoch bei den Abstimmungen ein Vetorecht vor. Die Rechtsprechung unterliegt dem Obersten Gerichtshof, Obergerichten und Distriktgerichten. Das Strafrecht wird in ganz Indonesien gleich ausgelegt. Durch die jüngere dezentrale Politik kamen aber erhebliche Unterschiede im Zivilrecht zustande.

Verwaltung

Alle Provinzen Indonesiens werden von einem Gouverneur verwaltet, der vom Präsidenten ernannt wird. Auf Bali ist dies stets ein Balinese, der seinen Amtssitz in der Hauptstadt Denpasar hat. Die Provinz Bali besteht zudem aus den acht Landkreisen Badung, Bangli, Buleleng, Gianyar, Jembrana, Karangasem, Klungkung und Tambanan. Der Vorstehende eines Landkreises, *Bupati* genannt, untersteht dem Gouverneur, der wiederum direkt dem Präsidenten von Indonesien untergeordnet ist. Jedes Dorf in einem Landkreis hat einen Dorfvorsteher, *Kepala Desa*, der viel Autorität genießt und für Recht und Ordnung sorgt. Seine Aufgaben sind in etwa mit denen eines Bürgermeisters zu vergleichen.

Das indonesische Staatswappen

Schildhalter des Staatswappens ist der Garuda mit 17 Flug- und acht Schwanzfedern. Damit wird der 17.8.1945, der Tag der Unabhängigkeit, symbolisiert.
Die Fünf Grundprinzipien von Indonesien *(Panca Sila)* sind im eigentlichen Wappen dargestellt:

- Stern bedeutet Glaube an den einen Gott, ganz gleich ob christlicher oder islamischer Schöpfer, ob Buddha oder Shiva.
- Büffelkopf symbolisiert den Nationalismus, der alle indonesischen Ethnien vereint.
- Banyan-Baum steht für indonesische Demokratie, die auf der Tradition des Dorfes aufgebaut ist und über Beratung und Konsens definiert wird.
- Reis- und Baumwollpflanze symbolisieren die Gerechtigkeit der Gesellschaft, die ihren Mitgliedern genügend Nahrung und Kleidung gibt.
- Kette steht für die Humanität der Gesellschaft, die ein Mitglied im Kreis der Nationen ist.

Er wird vom *Klian*, dem Oberhaupt der *Banjar* (S. 90), unterstützt. Diese Gliederung ermöglicht einen hohen Grad an Mitspracherecht für die Balinesen. Manchmal ist die Entscheidungsfindung in den Dorfversammlungen jedoch mühselig, da alle Dorfmitglieder einem Vorschlag zustimmen müssen. Oft gehen nächtelange Diskussionen voraus.

Wirtschaft

Indonesien in Zahlen

BIP pro Kopf (nach Kaufkraftparität): US$4900

Beschäftigungsstruktur nach Sektoren
Agrarsektor: 38,3 %
Industriesektor: 12,8 %
Dienstleistungen: 48,9 %
Export: US$187,3 Mrd.
Import: US$178,7 Mrd.

Bali in Zahlen

Wachstum: 6,2 %
Inflation: 4,3 %
Arbeitslosenquote: 6,1 %

Die meisten Bewohner Balis sind noch immer in der Landwirtschaft tätig. Der **Nassreisanbau** spielt dabei die größte Rolle. Da die balinesischen Speisen zum Großteil aus Reis bestehen, wird die gesamte Ernte als Eigenbedarf verbraucht. An den Berghängen werden auch Gewürznelken, Obst, Gemüse und Tee angebaut, die teils selbst verzehrt, teils exportiert werden.

Der einzige erwähnenswerte Industriezweig Balis ist die **Textilindustrie**. Meist noch in Handarbeit fertigen Frauen Strandkleidung für Touristen, aber auch den begehrten *Ikat*-Stoff, der für seine besondere Webart und Färbung bekannt ist und in aller Herren Länder exportiert wird.

Das **Kunsthandwerk**, das oft noch von den alten Männern im Dorf in liebevoller Handarbeit hergestellt wird, ist ein weiterer Exportschlager. Dazu gehören vor allem balinesische Masken, Figuren aus dem traditionellen Schattenspiel

(Wayang Kulit) und hölzerne Schnitzereien sowie zahllose Malereien.

Der am schnellsten wachsende, aber auch krisenanfälligste Wirtschaftszweig ist der **Tourismus**. Zum einen hat der Tourismus einen gewaltigen Einfluss auf den industriellen Sektor, da Stoffe und Kunsthandwerk fast ausschließlich von Touristen gekauft werden. Zum anderen reagieren Touristen sehr sensibel auf politische oder natürliche Gefahren. Die vielen Menschen, die die Insel bisher besucht haben, haben den Balinesen zunächst – im Vergleich zu anderen indonesischen Inseln – Wohlstand gebracht. Hotels und Restaurants wurden aus dem Boden gestampft, um den ankommenden Touristen jeglichen Komfort bieten zu können. Nach den Bombenanschlägen 2002 veränderte sich die Situation schlagartig: Die Touristen blieben lange aus, Hotels und Restaurants mussten schließen, und viele Menschen waren gezwungen, von den Städten wieder zurück aufs Land zu ziehen, um sich dort ihren Lebensunterhalt zu verdienen. Mittlerweile hat sich der Tourismus jedoch wieder erholt und die Besucherzahlen sind höher als jemals zuvor. 2013 war mit über 3 Mio. ausländischen Besuchern das beste Jahr, das die balinesische Tourismusindustrie je erlebt hat.

Religion

Religion ist Leben und Leben ist Religion. Dieser Satz beschreibt die Einstellung der Balinesen zu ihrer Religion, denn sie ist ein fester Bestandteil ihres Alltags. Auf der Insel herrscht Religionsfreiheit; neben wenigen Christen und einer kontinuierlich wachsenden Zahl von Moslems (vor allem auf Lombok) überwiegen auf Bali die Hindus mit einem Bevölkerungsanteil von 84,5 %.

Die Religion der Balinesen heißt offiziell *Agama Hindu* oder *Hindu Dharma*, meist spricht man einfach vom balinesischen Hinduismus. Hinter dieser Bezeichnung verbirgt sich ein außerordentlich komplexer Glauben, der aus den unterschiedlichsten Elementen zusammengesetzt ist. Die ältesten Komponenten sind zweifellos ein altmalaiischer Animismus, ein Glaube an die Beseeltheit der Natur und die Verehrung der vergöttlichen Ahnen. Der später hinzugekommene Hinduismus wie auch der Buddhismus haben diese alten Glaubensvorstellungen weder verdrängt noch überlagert, sondern ergänzt und bereichert. Alle Elemente sind zu einer einzigartigen Religion verschmolzen, die so nur auf Bali zu finden ist.

Religionsgeschichte

Hinduismus und **Buddhismus** erreichten die Insel im ersten nachchristlichen Jahrtausend vermutlich auf Handelswegen direkt aus Südindien. Der Hinduismus war schon zu dieser Zeit eine sehr alte Religion, in der sich die Kulte der Ackerbauern des Indus-Tals vereint hatten. Das Pantheon aus Naturgottheiten (z. B. Indra, Gott des Donners und der Kriege) brachten die arischen Stämme, ein Volk von Viehzüchtern, bei ihrer Invasion nach Nordindien etwa 1500 v. Chr. mit.

Wenige Jahrhunderte später, nachdem sich die Arier in Indien etabliert und sie die alteingesessenen Völker unterworfen hatten, entstanden die **Veden**, die ältesten religiösen Texte der Welt: eine ganze Reihe von Schriften, die Tausende von Hymnen, Versen und magischen Formeln *(Mantra)* umfassen. Die Veden und die späteren **Upanishaden**, die philosophischen Kommentare zu den Veden, gelten auch heute noch als die heiligsten Bücher der Hindus. Allerdings waren sie ausnahmslos für den Gebrauch durch die Priester *(Brahmanen)* bestimmt und ihr esoterischer Inhalt und ihre stark symbolhafte Sprache waren nur einem kleinen Kreis von Gebildeten verständlich.

Noch vor Beginn unserer Zeitrechnung wurden die großen Epen **Mahabharata** und **Ramayana** geschrieben, womit zum ersten Mal die philosophischen und esoterischen Inhalte des Hinduismus in leicht verständlicher Versform, eingepackt in spannende Abenteuer um Krieger, Helden, Götter und Dämonen, der breiten Masse der Hindus zugänglich gemacht wurden. Diese Epen haben bis heute nichts an ihrer Popularität und Bedeutung eingebüßt, wie man vor allem auf Bali (aber auch auf Java) feststellen kann.

Parallel zu den direkten Einflüssen aus Indien erreichten Hinduismus und Buddhismus die Insel Bali auch auf dem Umweg über Java, wo die Religionen eine Anpassung an altjavanische Glaubensvorstellungen erfahren hatten. Bis heute haben sich die Geschichten, Sagen und Legenden erhalten, die sich um die Taten und Wunder einiger heiliger Männer aus Java ranken, meist shivaitische Priester oder Wandermönche, die als Lehrer, Prediger oder Einsiedler nach Bali kamen und die in beachtlichem Maße die Religion Balis geprägt und beeinflusst haben.

Der erste dieser geistigen Pioniere war der ostjavanische Priester **Danghyang Markandeya** (8. Jh. n. Chr.), der sich an einer uralten Kultstätte am Fuße des Gunung Agung niederließ, um ein Kloster und eine Lehranstalt einzurichten – die Keimzelle des heutigen Tempelkomplexes von Besakih. Danghyang Markandeya machte die Balinesen mit dem monotheistischen Aspekt des Hinduismus vertraut, demzufolge nämlich all die vielen Götter, Geister und Dämonen nur verschiedene Erscheinungsformen eines allmächtigen Gottes sind, den er Ida Sanghyang Widhi Wasa nannte, identisch mit dem vedischen Begriff *Brahman* (das universelle Selbst, das Absolute).

Markandeyas Sohn, **Empu Sang Kulputih**, setzte die Tradition seines Vaters fort. Er veranlasste die ersten Übersetzungen hinduistischer Schriften ins Balinesische, die in *Lontar*-Palmblätter eingeritzt wurden. Weiterhin lehrte er die Balinesen die verfeinerte Kunst des Opferns und der damit verbundenen Zeremonien. Zu seiner Zeit wurden erstmals die bunten, symbolträchtigen, turmartigen Opfergaben *(Banten Tegeh)* aus Früchten, Kuchen und Blumen hergestellt. Gleichzeitig entwickelte Kulputih spezielle Riten, die alljährlich in regelmäßiger Folge wiederholt werden müssen: das *Odalan*, das jährliche Tempelfest, sowie die inselweiten Zeremonien *Galungan, Kuningan* (beides Feiern zum Jahrestag der Schöpfung der Welt) und *Pagerwesi*, ein Feiertag, an dem Gott um mentale Stärke gebeten wird.

Empu Kuturan, der im 11. Jh. von Java nach Bali kam und sich eine Einsiedelei in den Hügeln oberhalb von Padang Bai erbaute, gestaltete die Symbolik des balinesischen Weltbilds: die neunblättrige Lotosblüte als Abbild des Kosmos mit den vier Himmelsrichtungen *(Kaja, Kelod, Kauh* und *Kangin)*, den vier Zwischenrichtungen und dem Zentrum, dem Menschen. Vom Heiligen

www.stefan-loose.de/bali

RELIGION **113**

Kuturan stammen auch die komplizierten architektonischen Richtlinien, nach denen Anlage und Ausmaße von Tempeln und Wohngehöften bis ins Detail mit Makrokosmos und Mikrokosmos harmonisieren müssen.

Einige Jahrhunderte nach Empu Kuturan, etwa gleichzeitig mit der Ankunft der vor dem Islam geflohenen Angehörigen des ostjavanischen Majapahit-Hofes, wirkte auf Bali der Wanderpriester **Danghyang Nirartha**. Nirartha war ein Shiva-Priester, dessen Lehren stark von buddhistischen Anschauungen durchsetzt waren. Auch im Majapahit-Reich existierten der Mahayana-Buddhismus und der Hinduismus einträchtig nebeneinander und beide galten lediglich als unterschiedliche Wege zum gleichen Ziel. Während seiner Wanderungen auf der Insel soll Nirartha eine Reihe von Wundern vollbracht haben. Er inspirierte dadurch den Bau vieler Tempel, vor allem einiger berühmter Küstentempel wie Pura Tanah Lot und Pura Pulaki im Westen der Insel. Er gilt als Gründer der Brahmanen-Kaste und Stammvater aller Brahmanen aus dem Dorf Mas bei Ubud, wo er jahrelang gewohnt und die Tochter des Dorfoberhaupts geheiratet hat. Nirartha hat auch veranlasst, dass in allen Tempeln neben den Schreinen für die diversen Gottheiten ein besonderer Thron *(Padmasana)* für den höchsten Gott Sanghyang Widhi selbst errichtet wird.

Einige Grundbegriffe

Aufgrund der im Laufe der Jahrtausende angesammelten **Vielschichtigkeit** des Hinduismus haben sich die unterschiedlichsten und scheinbar gegensätzlichsten Sekten und Kultrichtungen gebildet – vom Tantrismus mit seinen orgiastischen Riten bis hin zum Asketentum. Alle nennen sie sich Hindus, ob sie nun die furchterregende Göttin Kali als oberste Gottheit verehren, Anhänger des Krishna-Kultes sind oder sich in philosophischen Betrachtungen über das *Brahman* ergehen. Hindus kennen keine Dogmen, und so wird verständlich, wie der Hinduismus auf Bali so nahtlos mit den altmalaiischen Ahnenkulten und animistischen Anschauungen verschmelzen konnte.

Wie der indische, so stellt sich auch der balinesische Hinduismus alles andere als einheitlich dar. Selbst Experten sind sich nicht einig, da sie zu verschiedenen Zeiten an verschiedenen Orten und unter verschiedenen Umständen ihre Feldforschungen angestellt haben. Auf Bali gleicht keine Zeremonie einer anderen, keine zwei Tempel sehen sich völlig ähnlich. Selbst Antworten auf religiöse Fragen und Erklärungen für rituelle Handlungen variieren von Person zu Person. Die Balinesen haben dafür den Ausdruck **Desa, Kala, Patra** geprägt: Ort, Zeitpunkt und Situation. Das bedeutet, was man über Bali in Erfahrung bringt, hängt davon ab, wann und wo und unter welchen Umständen man seine Beobachtungen macht und seine Fragen stellt. Immerhin gibt es doch einige grundsätzliche religiöse Konzepte, die für alle Hindu-Balinesen verbindlich sind, auch wenn der Grad des Verstehens von Person zu Person stark schwankt.

Sehr wichtig sind die Vorstellungen von einem geordneten **Kosmos**, der sich in einem ständigen evolutionären Prozess befindet. Das Universum ist nicht etwa eine chaotische Ansammlung von Energie und Materie, vielmehr hat jedes Teilchen einen festen Platz. Jeder Mensch, jedes Tier, jede Pflanze und jedes andere Objekt sind integrale Teile des Kosmos.

Das **Dharma** ist die Kraft, die die Ordnung im Universum und in den einzelnen Teilen des Universums aufrechterhält und die Beziehungen zwischen den Einzelteilen bestimmt. Ohne dieses Ordnungsprinzip würde der Kosmos ins Chaos zurücksinken, denn so, wie es eine ordnende Kraft gibt, so existieren auch überall entgegengesetzte Kräfte, deren Bestreben es ist, die Ordnung aufzulösen und zu zerstören. Der Idealzustand ist nur dann gegeben, wenn beide Kräfte im völligen Gleichgewicht stehen. Die auflösenden Kräfte, genannt **Adharma**, können nie eliminiert werden, denn sie sind ebenso ein Teil des Universums wie das *Dharma*.

Gottheiten

Die ordnenden und die zerstörerischen Kräfte sind vereint im höchsten Gott **Ida Sanghyang Widhi Wasa**. Er steht jenseits von *Dharma* und

114   RELIGION

www.stefan-loose.de/bali

Adharma. Er ist das Absolute, das Unfassbare und Unbegreifliche. Die Scharen der Götter und Göttinnen (Dewa und Dewi) sind die Manifestation seiner ordnenden Kräfte, so wie sich in den Dämonen (Bhuta und Kala) die zerstörerischen Kräfte personifizieren.

Sanghyang Widhis wichtigste und meistverehrte Manifestation ist die Dreigestalt der **Trimurti**, der Götter Brahma, Vishnu und Shiva. Brahma gilt als Schöpfergott, Vishnu als Erhalter und Shiva als Zerstörer.

Von diesen dreien nimmt **Shiva** die zentrale Stellung ein. Obwohl er als Zerstörer bezeichnet wird, vereinigt er auch schöpferische Kräfte in sich, da Schöpfung und Zerstörung in einem endlosen Kreislauf miteinander verbunden sind. Shiva wird häufig mit dem höchsten Gott selbst identifiziert. Er ist der „Gott mit den 1008 Namen" und repräsentiert die vielen Aspekte, in denen sich eine Gottheit zeigen kann. So ist Shiva z. B. der kosmische Tänzer *Nataraja* (= König des Tanzes) wie auch der Asket aus dem Himalaja oder ein wandernder Bettler. Shiva ist ebenso bekannt als der große Lehrer *Bhatara Guru* und als Vernichter von Dämonen oder als Gott des Sturms (*Rudra*). Auf Bali wird Shiva mit dem Sonnengott *Surya* und mit *Mahadeva*, dem Gott des höchsten Berges, Gunung Agung, gleichgesetzt.

Vishnu, der Erhalter, ist die Manifestation von Güte und Gnade. Von seinen Inkarnationen erfreuen sich besonders diejenigen großer Beliebtheit, in denen er sich als menschgewordener Volksheld zeigt, nämlich als Rama, Held des *Ramayana*, und als Krishna, Flöte spielender Hirte, unbezwinglicher Frauenheld und weiser Freund und Berater von Arjuna. Arjuna ist eine Figur aus dem *Mahabharata*: Im Laufe der Handlung des Epos führt Arjuna ein langes Gespräch mit Krishna. Diese Unterredung, bekannt als die *Bhagavadgita*, enthält die Quintessenz der hinduistischen Philosophie.

Jedem Gott ist meist eine Göttin als Gemahlin zugeordnet, die das weibliche, das dynamische Prinzip des Gottes verkörpert, seine **Shakti**, seine schöpferische Energie. Brahmas Gemahlin ist Saraswati, die Göttin der Literatur und der schönen Künste. Vishnu hat die Göttin Lakshmi an seiner Seite, die Göttin des Reichtums und

Arjuna

des Glücks. Unter dem Namen Dewi Sri verehrt sie der Reisbauer, als Sita, Gattin von Rama, spielt sie die weibliche Hauptrolle im *Ramayana*. Die Namen und Erscheinungsformen von Shivas Shakti sind fast ebenso zahlreich wie die des Gottes selbst. Sie ist Uma, die Muttergottheit aus vorvedischer Zeit, Parvati, die asketische Göttin aus dem Himalaja, Durga, die Göttin des Todes, oder Kali, „die Schwarze", die Zerstörerin der Zeit.

Die Aufzählung von Göttern und Göttinnen ließe sich noch seitenlang fortsetzen. Ebenso umfangreich wäre eine Liste aller Dämonen und Bewohner der Unterwelt, die jede gewünschte Gestalt annehmen können, Tier, Zwerg, Riese oder Ungeheuer, und die als Feinde der Götter und Menschen und als Zerstörer der kosmischen Ordnung gelten.

Die Rolle des Menschen

Zwischen den ordnenden und den zerstörerischen Kräften des Kosmos, zwischen den Göttern und den Dämonen steht der Mensch. Als Teil des Universums, als Mikrokosmos, besitzt jeder Mensch sein eigenes *Dharma* und sein eigenes *Adharma*. Aufgabe des Menschen ist es, die Balance zwischen diesen beiden Kräften aufrechtzuerhalten. Die Taten eines Menschen – sein **Karma** – müssen im Einklang stehen mit seinem *Dharma*, damit sich dieses wiederum harmonisch in das Dharma des Kosmos einfügt.

In dem Maße, in dem es einem Menschen gelingt, mit seinem Karma sein eigenes *Dharma* zu erfüllen, entscheidet sich auch die Zukunft seiner unsterblichen Seele, **Atman**. Denn sein *Atman* unterliegt bis zur endgültigen Befreiung *(Moksa)* einem Kreislauf von Reinkarnationen *(Samsara)*. Je positiver das Karma, desto größer die Chance, in der nächsten Inkarnation dem letzten Ziel, Moksa zu erlangen, wieder ein Stück näher zu kommen.

Es gibt drei Möglichkeiten, **Moksa**, die Vereinigung von *Atman* mit dem höchsten Gott, zu erreichen. Der schnellste, direkte Weg führt über die Meditation und die völlige Entsagung, er ist aber nur einigen wenigen Auserwählten vorbehalten.

Die zweite Möglichkeit, „der Weg des Wissens", ist die Suche nach Erkenntnis durch Studium der heiligen Schriften oder Unterweisung durch einen Lehrer. Dazu gehört die strenge Befolgung sittlicher Gebote wie: nicht stehlen, nicht lügen, nicht morden, maßvoll leben usw.

Die dritte Möglichkeit, der einzige Weg für die meisten Balinesen, ist der Weg der Gottesverehrung durch Rituale und Zeremonien, deren wichtigste und unablässige Bestandteile das Gebet und das Opfer sind – wobei es keinen Unterschied macht, ob Sanghyang Widhi selbst oder eine oder mehrere seiner Manifestationen (Götter, Dämonen, vergöttlichte Ahnen, Menschen, Tiere, beseelte Objekte) im Mittelpunkt des Rituals stehen.

Das Ziel von Gebet, Opfer und Ritual ist es, das Gleichgewicht der gegensätzlichen Kräfte aufrechtzuerhalten. Deshalb sind **Opferzeremonien** sowohl für die Götter als auch für die Dämonen notwendig, für die einen als Danksagung, für die anderen zur Besänftigung oder als Ablenkung. Nach balinesischer Anschauung gehört die Erde den Göttern, und wenn man ihnen Opfer darbringt, gibt man eigentlich nur etwas von dem zurück, was man von den Göttern erhalten hat.

Die Rituale reichen von den einfachen Opfern, die täglich den Göttern, Ahnen und Dämonen innerhalb jedes einzelnen Gehöftes dargebracht werden, über alljährliche Tempelfeste bis hin zu inselweiten Feierlichkeiten. Durch die nie abreißende Kette von Zeremonien ist ein Balinese mindestens ebenso häufig und intensiv mit seinen Göttern und den Dämonen verbunden wie mit den Menschen seiner Umwelt.

Diese Vertrautheit versetzt ihn in die Lage, die meisten der alltäglichen Rituale ohne Anleitung eines Priesters auszuführen. Nur bei größeren Tempelfesten oder wenn der Ritus zu kompliziert ist und spezielles Wissen erfordert, wird ein Priester, ein *Pemangku*, hinzugerufen. Brahmanen-Priester, *Pedanda*, nehmen nur sehr selten an Ritualen in den Dorftempeln teil. Ihre Mithilfe ist nur bei den wichtigsten, inselweiten Zeremonien unumgänglich. Darüber hinaus ist es die wesentliche Aufgabe und gleichzeitig das Privileg der Pedanda, das für die meisten Opferzeremonien benötigte heilige Wasser *(Tirtha)* herzustellen.

Makrokosmos – Mikrokosmos

Für die Balinesen ist die Insel als Makrokosmos in drei übereinander geschichtete Sphären aufgeteilt: die Gipfel der Berge und die Region darüber als Welt der Götter, der Untergrund und der Erdboden als Welt der dunklen Mächte und Dämonen und dazwischen die Welt des Menschen.

Der menschliche Körper als ein Mikrokosmos weist die gleiche Dreiteilung auf: Kopf, Körper und Füße. Der Kopf ist der heiligste Teil, da er den Göttern am nächsten ist. Die Füße gelten als unrein, da sie mit dem Boden, der Region der Dämonen, in Berührung kommen. Diese Dreiteilung übertragen die Balinesen auch auf die Anlage ihrer Dörfer und auf jeden Tempel mit seinem Vorhof, dem mittleren Hof und dem Innenhof als Allerheiligstem und ebenso auf das Gehöft mit Familientempel (oben), Schlaf- und Wohnräume (Mitte) und Küche und Abfallgrube (unten).

Wie bei der Anlage des Wohnanwesens legen die Balinesen auch beim Schlafen ein aus-

116 RELIGION

www.stefan-loose.de/bali

geprägtes Richtungsbewusstsein an den Tag: Der Kopf sollte nämlich immer nach *Kaja*, also bergwärts weisen, auf die Welt der Götter gerichtet, oder zumindest nach *Kangin* (Osten), der zweitheiligsten Richtung, dahin, wo die Sonne aufgeht, in der sich der mächtige Sonnengott *Surya* manifestiert.

Der balinesische Kalender

Feiertage und Feste richten sich in Indonesien einmal nach dem islamischen, zum anderen nach dem international gebräuchlichen gregorianischen Kalender. Auf Bali verfügt man zusätzlich noch über zwei weitere Kalendersysteme, welche die endlose Folge von Festen und Zeremonien bestimmen und Aufschluss darüber geben, ob ein Tag günstig oder ungünstig für irgendeine Art von Unternehmen ist, z. B. den Beginn einer Reise, den Bau eines Hauses, das Fällen eines Baumes usw. Diese beiden Kalender sind der aus Südindien stammende, ältere *Saka*-Kalender und der jüngere, ostjavanische *Pawukon*- (oder *Wuku*-) Kalender.

Pawukon-Kalender

Dem *Pawukon*-Kalender folgen die meisten (aber nicht alle) religiösen Zeremonien, die Markttage, die günstigen und ungünstigen Tage sowie die persönlichen Jahresfeiern. Im eigentlichen Sinn ist der *Pawukon* gar kein Kalender – es gibt nämlich keine Jahre –, sondern eine Folge von Zyklen mit je 210 Tagen, wobei die einzelnen Zyklen nicht benannt oder gezählt werden. Ist ein Zyklus abgelaufen, beginnt eben eine neue, völlig identische 210-Tage-Periode.

Im Gegensatz zu unserem Kalender, der nur die 7-Tage-Woche kennt, hat der *Pawukon*-Kalender zehn verschiedene Wochensysteme, die zur gleichen Zeit nebeneinander ablaufen: die 1-Tag-Woche, die 2-Tage-Woche, die 3-Tage-Woche usw. bis zur 10-Tage-Woche. Es laufen also innerhalb des 210-Tage-Zyklus zum Beispiel 70 3-Tage-Wochen, 30 7-Tage-Wochen, 23 9-Tage-Wochen (zuzüglich 3 Schalttage) und 21 10-Tage-Wochen parallel zueinander. Die zehn verschieden langen Wochen tragen Sanskrit-Namen, die sich auf die Anzahl der jeweili-

gen Tage beziehen. Auch die einzelnen Tage der verschiedenen Wochen haben ihre eigenen Namen, sodass sich ein Balinese 55 Tagesnamen merken muss, wobei ein Kalendertag zehn Namen trägt.

Nicht nur auf den ersten Blick erscheint der *Pawukon*-Kalender fürchterlich kompliziert. Nur wenige Balinesen sind in der Lage, ihren Kalender komplett zu verstehen. Im Zweifelsfall wird ein Experte gefragt, meist ein Priester oder jemand, der die alten *Lontar*-Schriften lesen kann.

Glücklicherweise vereinfacht sich das System dadurch, dass von den zehn unterschiedlichen Wochen nur drei von allgemeiner Bedeutung sind, die 3-Tage-Woche, die 5-Tage-Woche und die 7-Tage-Woche, die von allen die wichtigste ist. Hier bietet sich ein Anknüpfungspunkt zum gregorianischen Kalender, denn der 1. Tag der 7-Tage-Woche *(Redite)* fällt immer auf einen Sonntag, der 2. Tag *(Coma)* ist ein Montag usw.

Einen kompletten *Pawukon*-Zyklus, bezogen auf die 7-Tage-Woche *(Saptawara)*, stellen die Balinesen als **Tika** dar, eine Übersichtstafel, meist in Holz geschnitzt oder auf Stoffbahnen gemalt. Der *Tika* hat sieben waagerechte Kästchenreihen, die den Tagen der 7-Tage-Woche entsprechen, und 30 senkrechte Reihen, die die 30 7-Tage-Wochen eines vollständigen *Pawukon* darstellen, insgesamt also 210 Kästchen.

Man liest einen *Tika* von oben nach unten und von links nach rechts. Das erste Kästchen links oben steht folglich für den 1. Tag *(Redite)* der 1. 7-Tage-Woche *(Sinta)*, der Beginn eines *Pawukon*-Zyklus.

Man wird auf einem *Tika* nichts Geschriebenes finden, dafür stehen in den einzelnen Kästchen diverse, regelmäßig verteilte geometrische Figuren, welche die herausragenden Tage eines *Pawukon* symbolisieren.

Die besonders wichtigen Tage eines *Pawukon* ergeben sich, wenn bestimmte Tage der 3-Tage-, 5-Tage- und 7-Tage-Woche zusammentreffen. Solch ein bedeutender Tag ist z. B. **Kajeng Kliwon**, der der letzte Tag der 3-Tage-Woche und gleichzeitig der letzte Tag der 5-Tage-Woche ist und regelmäßig alle (3 x 5 =) 15 Tage auftritt. Von großer Bedeutung sind

www.stefan-loose.de/bali

RELIGION **117**

auch die *Tumpek*-Tage, wenn der letzte Tag der 5-Tage-Woche mit dem letzten Tag der 7-Tage-Woche zusammenfällt, was alle (5 x 7 =) 35 Tage vorkommt. Diese 35-Tage-Periode wird gern als Monat bezeichnet.

Saka-Kalender

Das zweite in Bali gebräuchliche Kalendersystem ist der *Saka*-Kalender, ein Mondkalender, der auf das Jahr 78 n. Chr. zurückgeht und nach einer südindischen Herrscher-Dynastie benannt ist. Der *Saka*-Kalender hat 12 Monate *(Sasih)* mit 30 bzw. 29 Tagen, die mit dem Neumond *(Tilem)* enden. Mitte des Monats ist also Vollmond *(Purnama)*, ein wichtiges Datum für viele *Odalan*. In den *Pura Dalem*, den Unterweltstempeln, feiert man das *Odalan* dagegen oft an *Tilem*, in der dunkelsten Nacht des Monats.

Kurioserweise endet das *Saka*-Jahr mit dem letzten Tag des 9. Monats und beginnt wieder mit dem 1. Tag des 10. Monats. Begründet wird das damit, dass die Zahl 9 die höchstmögliche Ziffer ist, während sich z. B. die 10 wieder aus einer 1 und einer 0 zusammensetzt. **Nyepi**, der erste Tag eines *Saka*-Jahres (Neujahr), ist immer kurz vor oder nach der Frühlings-Tagundnachtgleiche der nördlichen Erdhalbkugel, also meistens im März. Der Bezug auf den Frühlingsbeginn der Nordhemisphäre erklärt sich daraus, dass der *Saka*-Kalender aus Indien stammt, das nördlich des Äquators liegt. Durch regelmäßiges Hinzufügen eines zusätzlichen Schaltmonats jedes 3. oder 4. Jahr wird das etwas kürzere *Saka*-Jahr immer wieder dem gregorianischen Kalender angeglichen.

Die schwarz-weiß gedruckten balinesischen Papierkalender, auf die kein Haushalt verzichten kann, stellen eine Kombination der verschiedenen Systeme dar. Jeweils bezogen auf einen gregorianischen Monat sind hier alle Tage mit ihren entsprechenden *Pawukon*-Namen versehen. Weiterhin aufgeführt sind die jeweiligen Tagesnamen auf Englisch, Indonesisch und Japanisch und es wird Bezug genommen auf den chinesischen, den islamischen, den buddhistischen und natürlich den *Saka*-Kalender. Sämtliche balinesischen, christlichen, islamischen und staatlichen Feiertage sowie die wichtigsten balinesischen Tempelfeste sind auf S. 48 aufgelistet.

Kunst und Kultur

Rituale und Feste

Die Balinesen unterscheiden fünf verschiedene Kategorien von festlich begangenen Riten:

- **Dewa Yadnya** – Riten für die Götter bzw. für Gott *Sanghyang Widhi* in seinen unzähligen Erscheinungsformen
- **Pitra Yadnya** – Riten für die Ahnen
- **Rsi Yadnya** – Riten für die Hindu-Heiligen (selten zu sehen)
- **Manusia Yadnya** – persönliche Übergangsriten
- **Bhuta Yadnya** – exorzistische Riten zur Besänftigung bzw. Vertreibung der Dämonen

Für eine Auflistung der *Galungan*-, *Kuningan*- und *Nyepi*-Termine der nächsten Jahre s. S. 48.

Dewa-Yadnya-Riten

Zu den wichtigsten Zeremonien dieser Gruppe zählen sicherlich die **Odalan**, die Jahresfeiern jedes einzelnen Tempels auf Bali. Da es nach vorsichtigen Schätzungen mehr als 10 000 Tempel auf der Insel gibt, die kleinen Haus- oder Familientempel nicht mitgezählt, hat man sehr gute Chancen, auch bei einem nur einwöchigen Aufenthalt solch ein Fest mitzuerleben.

Die *Odalan* der meisten Tempel (vor allem die, die ab dem 16. Jh. erbaut wurden) folgen dem *Pawukon*-Kalender, sie wiederholen sich also alle 210 Tage. Bei vielen anderen Tempeln (älter als 16. Jh.) werden die *Odalan*-Daten dagegen nach dem *Saka*-Kalender bestimmt, was bedeutet, dass die Feste alle 354 (oder 355) Tage stattfinden bzw. alle 383 (oder 384) Tage, falls das *Saka*-Jahr einen Schaltmonat enthält. Im Falle des *Saka*-Kalenders begeht man die Tempelfeste fast immer an Vollmond *(Purnama)* bzw. an Neumond *(Tilem)*, der dunkelsten Nacht eines Monats, wenn es sich um Unterweltstempel *(Pura Dalem)* handelt. Beim Tourist Office bekommt man den *Calendar of Events*, eine Broschüre, in der die wichtigsten Feste Balis aufgelistet sind. Auch im Internet sind Feste aufgelistet, z. B. ⌨ www.asien-feste.de.

Die meiste Zeit steht ein balinesischer Tempel ziemlich verlassen da, erst an seinem *Odalan* erwacht er zum Leben. Für gewöhnlich dauert dieses Fest, abgesehen von der Vorbereitung, drei Tage, bei kleinen Tempeln vielleicht auch nur einen Tag, bei großen bis zu zehn Tage. Da während dieser Zeit die Götter im Tempel anwesend sind, muss ihnen zu Ehren das Heiligtum geschmückt werden. Für die gesamte Dauer eines *Odalan* reißen die Aktivitäten im und um den Tempel nicht ab. Prozessionen festlich gekleideter Frauen tragen Opfergaben herbei, oft bis zu 2 m hohe Türme aus Früchten, Kuchen oder anderen Speisen, die kunstvoll arrangiert sind. Vor den Schreinen setzen sie die Opfer ab, beten zu den Göttern und werden vom Priester mit heiligem Wasser besprengt. Haben die Götter die Essenz der Speiseopfer angenommen, bringen die Frauen die Gaben nach Hause, wo sie von der Familie verzehrt werden.

Nachts unterhält man die Götter und die Festteilnehmer mit Musik und Tänzen, besonders heilige Tänze werden nur im Inneren des Tempels aufgeführt, weniger heilige im Tempelvorhof. Auch Hahnenkämpfe dürfen nicht fehlen, um die allgegenwärtigen Dämonen mit dem vergossenen Blut bei guter Laune zu halten. Balinesische Volksopern *(Arja)* sowie *Wayang-Kulit*-Aufführungen sind ebenfalls häufig während eines *Odalan* zu sehen. Bei großen Tempelfesten verwandelt sich die Umgebung des Heiligtums in einen Jahrmarkt mit Dutzenden von Essen- und Verkaufsständen.

Im Gegensatz zu den *Odalan*, die immer nur für einzelne Tempel zelebriert werden, gibt es auch *Dewa-Yadnya*-Riten, die von inselweiter Bedeutung sind. Sie richten sich, mit der Ausnahme von *Nyepi*, nach dem *Pawukon*-Kalender und finden folglich alle 210 Tage statt.

Am auffälligsten sind die Tage zwischen **Galungan** und **Kuningan**, wenn sämtliche Hauseingänge mit **Penjor** geschmückt werden: lange, verzierte Bambusstangen, deren Spitzen sich in einem anmutigen Bogen zur Straßenmitte hin neigen, weil kunstvoll aus Palmblättern, chinesischen Münzen und Früchten gearbeitete Opfergaben *(Capah)* daran hängen. Die Penjor symbolisieren den heiligen Gunung Agung.

Vor dem Eingang eines jeden Gehöftes ist ein kleiner Bambusaltar aufgestellt. Daran ist ein **Lamak** befestigt, ein langer, schmaler, mattenähnlicher Behang. Er wird aus dunkelgrünen Blättern der Zuckerpalme und hellgrünen Blättern junger Kokospalmen geflochten, meist in einem komplizierten Muster geometrischer Figuren. Oft ist das **Cili-Motiv** dargestellt, eine stark stilisierte, menschenähnliche Gestalt, welche die Reisgöttin *Dewi Sri* symbolisiert.

Die *Galungan*-Periode beginnt mit dem *Galungan*-Tag am Mittwoch der elften *Pawukon*-Woche und endet elf Tage später mit dem *Kuningan*-Tag am Samstag der zwölften Woche. Das Fest symbolisiert einen mythologischen Kampf der Götter gegen die Mächte des Bösen. Auch wenn die Götter immer wieder siegen, sind die Dämonen doch nie völlig unterlegen. Nur wenn beide Kräfte im Gleichgewicht stehen, herrschen Harmonie und Frieden. Während der *Galungan*-Tage sind die vergöttlichten Ahnen in den Haustempeln zu Besuch, wo sie mit Gebeten sowie Opferzeremonien und -gaben willkommen geheißen und unterhalten werden. Die Balinesen nutzen die Feiertage meist für Familientreffen und Ausflüge. Am *Kuningan*-Tag kehren die göttlichen Ahnen dann wieder in ihre himmlischen Gefilde zurück. Der Name *Kuningan* bezieht sich auf die Tatsache, dass an diesem Tag gelb *(Kuning)* gefärbter Reis geopfert wird.

Eine zweite wichtige Periode heiliger Tage ereignet sich am Ende des *Pawukon*-Zyklus und zu Beginn eines neuen Zyklus. Der letzte Tag des *Pawukon*, Samstag der 30. Woche, ist der Göttin **Saraswati** geweiht, der Gattin Brahmas. Sie ist die Gottheit der schönen Künste, der Literatur und der Gelehrsamkeit. An ihrem Festtag ehren die Balinesen alle Bücher mit Opfern und Gebeten, vor allem die alten, heiligen *Lontar*-Schriften, in denen sich die Göttin manifestiert. Schüler und Schülerinnen erscheinen festlich gekleidet mit Opfergaben in ihren Schulen und bedanken sich bei *Dewi Saraswati* dafür, dass sie ihr Wissen erweitern dürfen. Studenten treffen sich zu einer Zeremonie im großen Tempel Pura Jagatnata in Denpasar. Allerdings darf am *Saraswati*-Tag weder gelesen noch geschrieben werden.

www.stefan-loose.de/bali

KUNST UND KULTUR **119**

Die ersten vier Tage der ersten *Pawukon*-Woche sind ebenfalls speziellen Riten gewidmet, die besonders in Nord-Bali mit großem Aufwand zelebriert werden. Der erste Tag, **Banyu Pinaruh**, ein Sonntag, dient der körperlichen und spirituellen Reinigung. Wer nicht zu weit von der Küste entfernt wohnt, begibt sich an den Strand, Gebirgsbewohner pilgern zu einer nahen heiligen Quelle, um ein rituelles Vollbad zu nehmen. Dies geschieht meist schon vor Sonnenaufgang, damit man früh wieder zu Hause ist, um den restlichen Tag bei Gebeten und Waschungen mit heiligem Wasser zu verbringen.

Der nächste Tag wird **Comaribek** genannt und ist der Reisgöttin Dewi Sri geweiht. Es darf kein Reis verkauft werden, auch die Arbeit in den Reismühlen muss an diesem Tage ruhen. Am dritten Tag, **Sabuh Emas**, stehen Opferzeremonien für Schmuck und Gold auf dem Programm. Der vierte Tag, **Pagerwesi**, ist zugleich Höhepunkt und Abschluss der Feiertage, die mit dem *Saraswati*-Tag begonnen haben. *Pagerwesi* bedeutet „eiserner Zaun", mit dem man sich symbolisch umgeben soll, um die Mächte des Bösen von sich fernzuhalten.

Alle 35 Tage, immer an einem Samstag, gibt es ein Ritual, das **Tumpek** genannt wird, und zwar an den Samstagen der 2., 7., 12., 17., 22. und 27. Woche des *Pawukon*. Jeder *Tumpek*-Tag erfordert bestimmte Opferrituale für jeweils spezielle Gruppen von alltäglichen Objekten, die nach Meinung der Balinesen beseelt und Manifestationen der Götter sind bzw. den Gott *Sanghyang Widhi* darstellen.

Tumpek Landep, Samstag der 2. Woche: An diesem Tag ehrt man die Waffen, also Speere, Messer und natürlich den *Kris*, aber auch Sägen, Beile und andere eiserne Werkzeuge. Sogar Maschinen und Fahrzeuge, Motorräder usw., die ja auch tödliche Waffen sein können, zählen heute zu den beseelten Objekten, denen man an *Tumpek Landep* Opfer darbringen muss – ein weiteres Beispiel für die Fähigkeit der Balinesen, etwas Fremdem und Neuem einen Platz in ihrer Religion einzuräumen. Besonders wichtig ist der Tag für Angehörige des *Pande*-Clans, die Eisenschmiede.

Tumpek Uduh, Samstag der 7. Woche, ist ein Tag zur Verehrung der Bäume, vor allem solcher Bäume, die für die Balinesen nützlich sind, z. B. Obstbäume, allen voran die Kokospalme. Besitzer von Kokosplantagen „bekleiden" die Stämme einzelner, ausgesuchter Palmen mit traditionellen Sarongs, Schärpen und Kopftüchern.

Tumpek Kuningan, Samstag der 12. Woche, wird einfach als *Kuningan*-Tag bezeichnet und unterscheidet sich von den anderen fünf *Tumpek* dadurch, dass nicht einer speziellen Objektgruppe geopfert wird. Trotzdem ist *Kuningan* ein sehr wichtiges *Tumpek*, denn es bildet den Abschluss der *Galungan*-Tage (S. 119) und ist außerdem gleichzeitig ein *Kajeng-Kliwon*-Tag (S. 123).

Tumpek Krulut, Samstag der 17. Woche: An diesem Tag beten und opfern vor allem die Musik- und Tanzgruppen. Objekte der Verehrung sind alle Musikinstrumente und Tanzkostüme sowie die Tanzmasken *(Topeng)*.

Tumpek Kandang, Samstag der 22. Woche, ist den Haustieren der Balinesen gewidmet: den Hühnern, Enten, Schweinen, den Kühen und Wasserbüffeln. Zuerst werden die Stallungen gereinigt und mit Palmblattgeflechten dekoriert, dann badet man die Tiere und schmückt sie mit traditionellen Tüchern und Schärpen. Die Tiere werden an diesem Tag besonders gut gefüttert und dürfen auch die Opfergaben verzehren.

Tumpek Wayang, Samstag der 27. Woche, wird von Leuten zelebriert, die *Wayang-Kulit*-(Schattenspiel-)Figuren, traditionelle Musikinstrumente oder Tanzzubehör besitzen, und ist ein besonders bedeutender Tag für alle Puppenspieler. Die flachen Lederpuppen werden aus ihren Behältern genommen und wie für eine Vorstellung aufgebaut. Dann bringt der Spieler seine Opfer dar, betet und besprenkelt die Figuren mit heiligem Wasser.

Zu den *Dewa-Yadnya*-Riten gehören auch die zahlreichen Zeremonien und Feiern zu Ehren der Reisgöttin *Dewi Sri*, welche die Arbeit auf den Reisfeldern und das Wachstum der Reispflanzen begleiten.

Das größte Ereignis für die Reisbauern ist das Erntedankfest **Ngusaba Nini**, das im *Subak*-Tempel abgehalten wird. Unablässiger Bestandteil der Opfergaben sind dabei die *Jaja*, Reiskuchen, die es auf Bali in einer unüberschaubaren Fülle von Sorten und Farben gibt.

Pitra-Yadnya-Riten

In dieser Kategorie fassen die Balinesen alle Riten zusammen, die der Verehrung der Ahnen dienen. Das mit Abstand spektakulärste Ritual dieser Art ist die Leichenverbrennung, **Pengabenan** oder **Ngaben**.

Nach hinduistischer Vorstellung ist der Körper nur eine vergängliche und unreine Hülle für die zwar unsterbliche, aber ebenfalls unreine Seele. Nach dem Tod eines Menschen hält sich seine Seele noch so lange beim Körper auf, bis sich dieser in seine fünf Grundelemente aufgelöst hat: Erde, Luft, Feuer, Wasser und Atmosphäre. Je nach ihrem **Karma** wird die Seele im Himmel belohnt oder in der Hölle bestraft und anschließend zur Wiedergeburt entlassen. Bei überwiegend gutem *Karma* geschieht dies in einer besseren oder höheren Form, nach balinesischem Glauben meist sogar in derselben Familie wie im vergangenen Leben, bei schlechtem *Karma* in einer niedrigeren Form. Der Kreislauf von Tod und Wiedergeburt wiederholt sich so lange, bis die Seele rein genug ist, *Moksa* zu erlangen, die Vereinigung mit Gott, um von nun an im ewigen Frieden des Nirwanas zu leben.

Aufgabe der Angehörigen eines Toten ist es, der Seele die Gelegenheit zu verschaffen, sich so schnell wie möglich vom Körper zu befreien, d. h. den Körper den fünf Elementen zu übergeben. Dies erreicht man am besten durch die Verbrennung der Leiche, was für die meisten Balinesen allerdings ein großes Problem darstellt: Die begleitenden Rituale und Festlichkeiten sind aufwendig und kostspielig, sodass sich nur reiche Leute eine Verbrennungsfeier kurz nach dem Ableben eines Familienangehörigen leisten können. Auch hohe Priester werden gleich nach ihrem Tode verbrannt.

Angesichts der enormen Kosten ist die Mehrzahl der Familien gezwungen, ihre Toten erst zu begraben und mit der Kremation so lange zu warten, oft jahrelang, bis sie genug Geld gespart haben, sich einige Familien zu einer gemeinschaftlichen Verbrennungsfeier zusammengetan haben (dann heißt die Zeremonie *Ngaben Ngerit*) oder sich die Gelegenheit bietet, an der Zeremonie einer reichen Person teilzunehmen. Die eigentliche Verbrennung ist nur der Höhepunkt einer Serie komplexer Zeremonien, die schon Monate vorher beginnen und erst Wochen nach der Kremation beendet sind. Oft sind Hunderte von Menschen wochen- und monatelang mit den Vorbereitungen für den großen Tag beschäftigt, den ein Priester anhand des balinesischen Kalenders festlegt.

Der Leichnam eines Verstorbenen oder, wenn dieser lange beerdigt war, nur noch ein paar Knochen bzw. eine Ersatzfigur wird in einem Turm zum Verbrennungsplatz getragen. Der Turm *(Wadah)* ist eine aufwendig geschmückte, mit Stoffen und buntem Papier verkleidete Bambuskonstruktion, die wie ein Tempelschrein von einem mehrstufigen Dach gekrönt ist. Die Höhe des Turms richtet sich nach dem Stand bzw. der Kaste des Verstorbenen, nach den finanziellen Mitteln der Angehörigen und nach der Höhe der Strom- und Telefonleitungen, die den Weg zum Verbrennungsplatz überspannen. Oft baut man die Kabel auch einfach für diesen Tag ab.

Der *Wadah* wird mithilfe eines Bambusgerüsts von einer Gruppe junger Männer unter lautem Geschrei, ausgelassenem Gelächter und mit viel Hin- und Hergezerre, begleitet von einer fröhlichen Menge, im Zickzack durchs Dorf getragen – zum einen, um die Seele des Verstorbenen zu verwirren, sodass sie nicht mehr den Weg zurück nach Hause findet, zum anderen, um auch die bösen Geister davon abzuhalten, störend in das Geschehen einzugreifen. Die fröhliche Stimmung der Menge und der Angehörigen des Toten entspricht dem erfreulichen Ereignis, eine Seele endlich auf den Weg zu den Göttern zu schicken.

Mit dem *Wadah* wird auch der leere Kremations-Sarkophag *(Patulangan)* auf einem Bambusgerüst durchs Dorf getragen. Der **Patulangan** ist meist ein ausgehöhltes Stück Baumstamm, welches mit Stoffen und buntem Papier so verkleidet wird, dass es einen überdimensionalen Tierkörper darstellt. Je nach Kaste des Verstorbenen repräsentiert der Sarkophag eine weiße Kuh oder einen schwarzen Bullen für Angehörige höherer Kasten – oder einen geflügelten Löwen, einen Hirsch oder den Elefantenfisch für die niedere Kaste.

Auf dem Verbrennungsplatz *(Pamuhunan)*, der meist in der Nähe des *Pura Dalem* (Unterweltstempel) in der *Kelod*-Richtung (meerwärts) liegt, wird die Leiche bzw. die Ersatzfigur aus dem *Wadah* herausgeholt, mit heiligem Wasser übergossen und im Tiersarkophag untergebracht. Dann zündet man den Turm und den *Patulangan* an und in wenigen Minuten werden diese Produkte monatelanger Arbeit Opfer der Flammen. Wenn alles heruntergebrannt ist, sammelt man sorgfältig die weiße Knochenasche auf, um sie anschließend in einer festlichen Prozession dem Meer oder einem Fluss zu übergeben. Nun ist die Seele endgültig vom Körper befreit.

Um ihr den Aufstieg zur Götterwelt zu ermöglichen, sind noch eine ganze Reihe von abschließenden Riten erforderlich, die in der **Nyekah**-Zeremonie einige Wochen nach dem *Pengabenan* gipfeln. Dazu bastelt die Familie Figuren, die Körper und Seele des Verstorbenen symbolisieren. Die Figuren werden verbrannt – diesmal herrscht eine ruhigere Atmosphäre als bei der eigentlichen Kremation – und es folgt eine Prozession mit einem Miniatur-*Wadah* zum Meer bzw. zu einem Fluss. Die Asche wird ins Wasser gestreut, nun endlich ist die Seele auf dem Weg zu Gott.

Für die nächsten Angehörigen des Toten sind die Aktivitäten aber noch nicht beendet: Begleitet von weiteren Zeremonien muss im Familientempel ein neuer Schrein für den jetzt vergöttlichten Ahnen errichtet werden. Wie kann aber die Seele gleichzeitig wiedergeboren werden und ein göttlicher Ahne sein? Die Idee der Reinkarnation ist hinduistisch, also indischen Ursprungs, der vergöttlichte Ahne entspricht dagegen altmalaiischer, animistischer Anschauung. Doch für den Balinesen gibt es solche Widersprüche nicht: Die Seele kann eben beides.

Manusia-Yadnya-Riten

In die vierte Kategorie ordnet man jene Rituale ein, welche die einzelnen Lebensabschnitte eines heranwachsenden Balinesen von seiner Geburt bis zu seiner Heirat markieren (sogenannte Übergangsriten). Es sind meist kleinere Familienfeiern, die nach dem *Pawukon*-Kalender festgelegt werden. Fast immer sind Gäste willkommen, auch ausländische – vorausgesetzt, dass diese dem Anlass entsprechend gekleidet sind. Kleinere Geschenke werden gerne angenommen.

Wird ein Kind geboren, kommen gleichzeitig auch seine vier mythischen Geschwister zur Welt, die *Kanda Empat:* persönliche Schutzgeister, die sich in Fruchtwasser, Blut, Plazenta und Nabelschnur verkörpern und einen Balinesen bis an sein Lebensende begleiten. Allerdings erfüllen sie ihre Schutzfunktion nur, wenn ihnen die nötigen Opfer gebracht werden, andernfalls können sie sich auch in Dämonen verwandeln und Schaden anrichten. Die Nachgeburt wird gleich nach der Entbindung neben dem Eingang zum Gehöft begraben. Zwölf Tage nach seiner Geburt erhält das Baby einen vorläufigen Namen. Am 42. Tag nach der Geburt unterziehen sich Mutter und Kind einer **Reinigungszeremonie** – beide gelten bis dahin als unrein –, die von einer Familienprozession zum Badeplatz gekrönt wird. Das erste größere Fest findet am 105. Tag statt (ein halber *Pawukon*-Zyklus), wenn das Baby das erste Mal den Boden berühren darf. Allerdings muss es weiterhin ständig von jemandem getragen werden, denn ein Kind darf niemals auf dem (unreinen) Boden herumkrabbeln „wie ein Tier".

Die nächste große Feier wird nach 210 Tagen abgehalten, was einem kompletten *Pawukon*-Zyklus entspricht und so etwas wie ein **Geburtstag** ist. Das Kind und die *Kanda Empat* erhalten einen neuen Namen und ein Priester nimmt den ersten Haarschnitt vor. Eine festlich geschmückte, puppenähnliche Figur, quasi ein Abbild des Kindes, nimmt mit dem Kind an den Zeremonien teil, wird aber später als Ablenkungsmanöver für Übel verbreitende Dämonen auf die Straße geworfen.

Nach dem Eintritt in die Pubertät und möglichst noch vor der Hochzeit soll sowohl bei Mädchen als auch bei Jungen die **Zahnfeilungs-Zeremonie**, *Masangih* bzw. bei höheren Kasten *Mapandes*, vorgenommen werden. Dabei werden die sechs Vorderzähne des Oberkiefers gerade gefeilt – häufig begnügt man sich auch mit ein paar symbolischen Strichen mit der Feile –, um die Jugendlichen von den folgenden sechs Übeln zu befreien: Wollust, Habgier, Zorn, Trunksucht, Dummheit und Eifersucht. Um die immensen Kosten für die Zahnfeilungs-Zeremonie zu reduzieren, wird diese oft mit anderen Feiern kombiniert, oder mehrere Familien tun sich zusammen.

Die **Hochzeit** ist das letzte Ritual, das Eltern für ihre Kinder arrangieren müssen. In Bali kommt eine Heirat auf zwei verschiedene Arten zustande: Wenn die Heirat schon vorher zwischen Brauteltern und Eltern des Bräutigams verabredet worden ist, findet eine aufwendige Feier *(Madegen-degen)* im Haus oder Familientempel der Letzteren statt, deren Kosten sich die beiden Elternpaare teilen. Hierbei werden zeremoniell die Götter um ihren Segen für die Ehe und die daraus entspringenden Kinder gebeten. Die Brauteltern geben sich gespielt beleidigt über den „Diebstahl" der Tochter. Eine nur zwischen den Partnern und Eingeweihten verabredete Hochzeit *(Ngerorod* oder *Malaib)* wird wie ein Brautraub inszeniert. Mann und Frau suchen dabei einen privaten Raum, etwa das Haus von Freunden, auf und verbringen die Nacht miteinander. Die Frau kann danach nicht mehr als Tochter in das Haus ihrer Familie zurückkehren, welche nicht selten von dem Ereignis überrascht wird. Anschließend segnet ein Priester den Bund formell *(Makala-kalaan)* und man hält die Hochzeitsfeier in kleinem Rahmen ab. Die in diesem Fall wesentlich geringeren Kosten trägt der Vater des Bräutigams. Beide Hochzeitsarten finden ihr Ende in einem informellen Empfang, bei dem auch Freunde und entfernte Verwandte ohne besondere Kleiderordnung auftauchen, gratulieren und sich am Buffet gütlich tun dürfen.

Das zentrale Ereignis der Hochzeitsfeier ist ein von einem Priester durchgeführtes Ritual, mit dem das junge, festlich gekleidete Paar rituell gereinigt wird. Die Braut zieht immer zu ihrem Ehemann, ist also von nun an ein Mitglied seiner Familie und verehrt in Zukunft seine Familiengötter und seine Ahnen. Der Bräutigam hingegen wird endgültig zum Mann und übernimmt damit folgende Pflichten *(Pemanes)*: Gemeinschaftsarbeit, Tempeldienste und familiäre Verantwortung.

Das nächste große Fest für das Ehepaar ist dann wieder die **Geburt** seines ersten Kindes. Es ist Pflicht eines jeden Balinesen, Kinder zu haben, vor allem Söhne, damit die Verehrung der Ahnen auch in späteren Generationen nicht abreißt. Außerdem hofft man, dass die Ahnen in den eigenen Kindern wiedergeboren werden.

Weiterhin kann ein Mann oft nur dann Mitglied des *Banjar*, des Dorfrates, werden, wenn er Vater geworden ist.

Bhuta-Yadnya-Riten

So wie die Balinesen in ständigem Kontakt mit ihren Göttern stehen, sind sie auch unablässig von böswilligen Dämonen umgeben. Das Gute kann ja nur zusammen mit dem Bösen existieren, beide Kräfte müssen lediglich im Gleichgewicht stehen. Um zu verhindern, dass die Dämonen die Oberhand gewinnen, sind besondere **Opferzeremonien** notwendig. Dies können einfache Speiseopfer sein, die man täglich in jedem Haushalt in Körbchen aus Bananenblättern auf den Boden legt, wo sich Dämonen mit Vorliebe aufhalten. Gleichzeitig gibt es ebenso einfache Opfer für die Götter, die man auf Altären platziert, welche sich meist in Kopfhöhe oder darüber befinden. Größere Opferzeremonien findet man in Form von spektakulären exorzistischen Ritualen, die inselweit zelebriert werden. Auch das bei Hahnenkämpfen vergossene Blut vermag die Dämonen zu besänftigen.

Die zwei in Bali gebräuchlichen Kalender weisen in regelmäßiger Folge bestimmte Tage auf, an denen die dunklen Mächte besonders aktiv sind, Tage, die folglich besondere Rituale zur Besänftigung der Dämonen erfordern. Ein solcher Tag ist **Kajeng Kliwon**, der nach dem *Pawukon*-Kalender bestimmt wird und sich alle 15 Tage wiederholt. Alle Familien stellen Opfergaben vor die Eingangspforte ihres Anwesens, um dieses zu schützen. Die magisch geladenen *Barong*- und *Rangda*-Masken, die man im Tempel aufbewahrt, werden an diesem Tag hervorgeholt und durchs Dorf getragen. Besonders Straßenkreuzungen und Friedhöfe sind von Dämonen bevölkert.

Barong ist ein Sammelbegriff für verschiedene Arten mythischer Wesen, die meist in Tierform auftreten, aber auch als menschenähnliche Riesen *(Barong Landung)*. Es gibt z. B. den *Barong Macan* (Tiger-*Barong*), den *Barong Bangkal* (Eber-*Barong*) und den am häufigsten anzutreffenden *Barong Ket*, ein löwenähnliches Fabelwesen. Unter dem Kostüm des *Barong* verbergen sich zwei Männer, der eine stellt die Hinterbeine, der andere die Vorderbeine dar. Der

www.stefan-loose.de/bali

KUNST UND KULTUR **123**

Vordermann trägt die riesige Maske und lässt deren Unterkiefer klappern. Ein *Barong* verfügt über gewaltige magische Kräfte, die er für gewöhnlich zugunsten der Menschen einsetzt. Aber es ist äußerste Sorgfalt geboten: Wird eine *Barong*-Maske falsch behandelt, kann sie ihre Kraft gegen den Menschen richten.

Von ähnlich großer Macht sind die *Rangda*-Masken. **Rangda** ist die Königin der Hexen, und ihre schwarze Magie wird gefürchtet. Ihr Aussehen ist schrecklich: Eine lange Zunge schaut zwischen spitzen Fangzähnen hervor. Sie hat lange Fingernägel, monströse, hin- und herpendelnde Brüste und eine dichte, verfilzte Mähne, die den ganzen Körper einhüllt. Obwohl *Rangda* die Personifikation übler Kräfte ist, kann sie auch in den Dienst der Menschen gestellt werden und das Dorf vor dämonischen Übergriffen schützen.

Häufig treten *Barong* und *Rangda* gemeinsam auf, namentlich im exorzistischen **Calonarang**-Ritual, der Aufführung eines Dramas um eine Witwe *(Rangda)* aus Ost-Java, deren Tochter niemand heiraten will. Von der Todesgöttin *Durga* mit magischer Kraft ausgestattet, richtet *Rangda* in ihrer Wut eine Menge Unheil an. Das Drama gipfelt in einem Kampf zwischen *Rangda* und *Barong*, bei dem keiner von beiden den anderen endgültig besiegen kann. Durch den Kampf wird aber das Gleichgewicht der gegensätzlichen Kräfte wieder hergestellt. Die magiegeladene Atmosphäre dieses Rituals führt oft dazu, dass Darsteller wie auch einige Zuschauer in Trance fallen. Der *Barong* wird von einer Gruppe junger Männer begleitet, seinen Helfern, die in Trance ihre Dolche *(Kris)* gegen ihre eigene Brust richten, sich aber selten dabei verletzen, selbst wenn sie heftig zustoßen.

Einmal im Jahr kurz vor und bei Neumond, wenn das *Saka*-Jahr zu Ende geht – meist im März – veranstaltet ganz Bali eine Reihe von sehenswerten *Bhuta-Yadnya*-Riten. Die Festivitäten beginnen mit den farbenfrohen **Melasti**-Prozessionen, wenn die **Pratima** sämtlicher Tempel zur rituellen Reinigung ans Meer oder zu einer Quelle getragen werden. *Pratima* sind kleine, hölzerne Statuen, in denen die Götter Platz nehmen, wenn sie zu einem Tempelfest eingeladen werden. Auf ihrem Weg zum Meer schützt man die *Pratima* mit bunten Zeremonialschirmen. Normalerweise nehmen auch die *Barong* an den Prozessionen teil.

Am letzten Tag des *Saka*-Jahres, meist gegen Mittag, werden in jedem Dorf in einer großen Zeremonie spezielle Opfergaben für die Dämonen an der Hauptstraßenkreuzung niedergelegt. Abends erreicht das Tawur-Kesanga-Fest seinen Höhepunkt in der **Ngerupuk**-Zeremonie, wenn die Kinder und Jugendlichen des Dorfes mit Lärm erzeugenden Gegenständen und Fackeln unter viel Geschrei und abbrennenden Knallkörpern durch die Dorfstraßen ziehen. Wichtigste Teilnehmer dieser Umzüge sind riesige **Ogoh-Ogoh**-Monster, fantasievolle Horrorgestalten aus Bambus, Holz, Styropor oder Pappmaschee, die von jungen Männern eines jeden *Banjar* hergestellt und mithilfe von Bambusgerüsten getragen werden. An allen Kreuzungen und Abzweigungen werden die *Ogoh Ogoh* hin- und hergezerrt und dreimal entgegen des Uhrzeigersinns um die eigene Achse gedreht; zu guter Letzt werden sie verbrannt. Das alles dient dazu, die bösen Geister und Dämonen zu verwirren und sie aus dem Dorf zu vertreiben. Die größte Parade, mit bis zu 200 kg schweren und mit Licht- und Raucheffekten ausgeschmückten *Ogoh Ogoh,* findet in Seminyak statt.

Der nächste Tag, das balinesische Neujahr (**Nyepi**), ist ein Tag der Stille und Reinigung: Jegliche Aktivität ist verboten, ob Arbeit oder Vergnügen, niemand darf auf die Straße (das gilt auch für Touristen). Es darf weder gekocht noch Licht gemacht werden. Man hofft, dass eventuell zurückkehrende Dämonen glauben, die Insel sei verlassen, und deshalb wieder abziehen. Für die Balinesen ist der Tag eine Gelegenheit zu innerer Einkehr und Meditation.

Der balinesische Tempel (Pura)

Der balinesische Tempel ist kein geschlossenes, überdachtes Gebäude, sondern ein meist rechteckiger, offener Platz, der von einer Mauer umgeben ist. Das kommt auch in der Bezeichnung **Pura** zum Ausdruck, einem Sanskrit-Wort, das „befestigte Stadt" bedeutet und in vielen Ortsnamen vorkommt (z. B. Jaipur, Singapore, Kuala

Lumpur). Nebenbei bemerkt: Einen Palast bezeichnen die Balinesen als *Puri*, was die gleiche Bedeutung hat.

Weiterhin gibt es im Tempel keine Götterstatuen, die im Mittelpunkt der Verehrung stehen. Balinesische Gottheiten sind unsichtbar und leben in himmlischen Sphären oberhalb der Berggipfel. Nur bei Tempelzeremonien lassen sie sich herab, um für ein paar Tage in den ihnen zugedachten Schreinen eines Tempels zu Gast zu sein.

Mauern und Tore

Der Tempelbezirk ist ein heiliger, spirituell reiner Ort, eine Stätte der Begegnung zwischen Menschen und Göttern. Die Mauer hat die Funktion, diesen Bezirk von der unreinen Außenwelt abzugrenzen, die von üblen Dämonen bevölkert wird. Die architektonisch aufwendigsten und beeindruckendsten Teile eines Tempels sind die Tore, durch die man einen Tempel betritt und welche die einzelnen Höfe des Heiligtums miteinander verbinden.

Es gibt zwei Typen von Tempeltoren. **Candi Bentar**, das gespaltene Tor, sieht aus wie eine in der Mitte glatt durchgeschnittene, schlanke Stufenpyramide, deren identische Hälften auseinandergerückt sind. Das zweite Tor wird **Kori Agung** oder *Padu Raksa* genannt. Es ähnelt dem *Candi Bentar*, ist aber oben geschlossen und lässt nur einen schmalen Durchgang frei, der von einer hölzernen Tür versperrt wird. Meist führen Treppenstufen zu den Toren hinauf, die von steinernen Dämonen oder, bei Unterweltstempeln, von Hexen flankiert werden. Diese Statuen, ebenso wie die in die Tore eingemeißelten Fratzen, haben die Aufgabe, draußen auf der Lauer liegenden, bösen Geistern und übelwollenden Dämonen den Eintritt zu verwehren. Zusätzlich kann sich gleich hinter dem Durchgang noch eine kurze Mauer befinden, um die man herumgehen muss, um in den heiligen Bezirk zu gelangen. Dämonen rennen sich hier die Köpfe ein, denn sie sind nicht in der Lage, links oder rechts abzubiegen.

Das Tempelinnere

Die meisten Tempel bestehen aus drei Höfen, dem Vorhof *Jaba*, meerwärts *(Kelod)* aus-

gerichtet, dem mittleren Hof *Jaba Tengah* und dem Allerheiligsten oder Tempelinneren *Jeroan*, das immer bergwärts *(Kaja)* gelegen ist. Oft sind auch nur zwei ummauerte Höfe vorhanden, dann übernimmt der Tempelvorplatz die Funktion des *Jaba*.

In vielen Tempeln ist der Vorplatz von einem riesigen Banyan-Baum aus der Familie der Feigen überschattet.

Gebäude im Tempelvorhof

- ein Turm für die **Kul Kul**, die hölzerne Schlitztrommel, die geschlagen wird, um die Leute zu den Vorbereitungen für ein Tempelfest zu versammeln,
- ein oder mehrere offene Pavillons, die als **Paon** (Küche) fungieren, wo die Speiseopfer zubereitet werden. Frauen kochen den Reis und backen die Reiskuchen, Männer kümmern sich um die Fleischgerichte,
- die Hahnenkampfarena **Wantilan**, eine auf allen Seiten offene, quadratische Halle, die von einem zwei- oder dreistufigen, pagodenartigen Dach bedeckt ist. Hahnenkämpfe gelten als Blutopfer für solche Dämonen, die sich überwiegend in Bodennähe aufhalten.

Gebäude im Jaba Tengah

- das **Bale Agung**, die offene Versammlungshalle des Dorfrates, die man aber nur im Dorftempel (Pura Desa) findet, der deshalb auch oft Pura Bale Agung genannt wird,
- das **Bale Gong**, in dem bei Tempelfesten die Mitglieder des Gamelan-Orchesters mit ihren Instrumenten untergebracht werden,
- mehrere offene *Bale*, in denen die Teilnehmer eines Tempelfestes Platz nehmen können.

Gebäude im Jeroan

- **Palinggih** nennt man die in Reihen angeordneten Schreine, in denen die speziell in diesem Tempel verehrten Gottheiten während eines Festes residieren. Sie haben oft einen mehrstufigen, pagodenartigen Überbau *(Meru)*, der den Götterberg *Mahameru* symbolisiert. Die Anzahl der übereinandergeschichteten, sich nach oben verjüngenden Dächer *(Tumpang)* – immer

Der balinesische Tempel

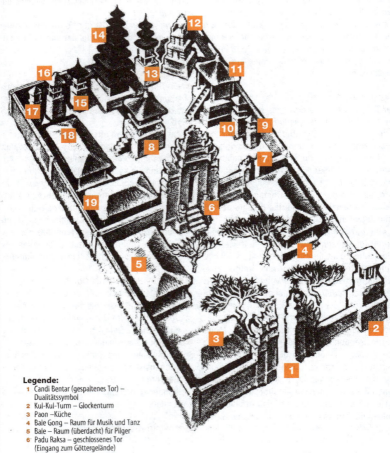

Legende:
1. Candi Bentar (gespaltenes Tor) – Dualitätssymbol
2. Kul-Kul-Turm – Glockenturm
3. Paon – Küche
4. Bale Gong – Raum für Musik und Tanz
5. Bale – Raum (überdacht) für Pilger
6. Padu Raksa – geschlossenes Tor (Eingang zum Göttergelände)
7. Seiteneingang
8. Paruman oder Pepelik – Rastraum für die Götter und Ahnenseelen mit Opferplattform
9. Ngrurah gede – Schrein für Götterdiener
10. Ngrurah alit – Schrein für Götterdiener
11. Gedong pesimpangan – Besuchsplatz für die Seelen der Dorfgründer
12. Padmasana – Thron des Sonnengottes Surya (Rücken immer zum Gunung Agung gerichtet)
13. Schrein für den vergöttlichten Gunung Agung
14. Meru – Schrein des Sang Hyang Widhi
15. Schrein für den vergöttlichten Gunung Batur
16. Maospait – Schrein für die Siedler aus Majapahit (Ost-Java)
17. Taksu – Schrein für den Vermittler zwischen Menschen und Göttern (Übersetzer)
18. Raum für Opfergaben
19. Raum für Opfergaben

eine ungerade Zahl von eins bis elf – richtet sich nach der Rangordnung der Götter.

- **Pasimpangan** sind Schreine für die Gottheiten aus anderen Tempeln, die hier keinen eigenen *Palinggih* haben, aber gelegentlich zu Besuch kommen,
- **Panimpanan** sind geschlossene Schreine *(Gedong)*, in denen magiegeladene Gegenstände aufbewahrt werden, z. B. Steine, Masken und *Pratima*, kleine Figuren, die von Göttern beseelt sein können,
- **Bale Paruman** sind offene Pavillons, in denen die dekorativen Opfergaben aufgestellt werden, damit die Gottheiten deren Essenz in Empfang nehmen können,
- **Bale Pewedaan** ist der erhöhte Sitz für den Brahmanen-Priester, *Pedanda*, der die Rituale leitet und die Gemeinde mit heiligem Wasser besprengt,
- **Padmasana** (oder *Sanggar Agung*), der Lotusthron, ist ein steinerner Sessel auf einer Säule, dessen Rückenlehne immer auf den Gunung Agung ausgerichtet ist. Hier nimmt bei Festen der eine Gott Sanghyang Widhi Platz, oft in einer Inkarnation als Shiva oder als Sonnengott Surya. Der *Padmasana* symbolisiert den balinesischen Kosmos: Den Sockel bildet die Weltenschildkröte *Bedawang*, umschlungen von den zwei Urschlangen *Basuki* und *Antaboga*. Der Steinsitz ist das Götterreich, dazwischen liegt die Welt der Menschen.

Insel der 10 000 Tempel

Noch niemandem ist es gelungen, die Anzahl aller balinesischen Tempel präzise anzugeben. Rechnet man sämtliche Haus- und Familientempel hinzu, müssen es Zigtausende sein. Tempel findet man überall: auf Bergen und Hügeln, in Höhlen, an der Küste, an Seen, Flüssen und Quellen, in Wäldern, Dörfern und Städten, zwischen den Reisfeldern und auf Marktplätzen.

Der Standort eines Tempels ist nicht etwa willkürlich gewählt, sondern bezieht sich entweder auf die an diesem Platz verehrten Gottheiten oder hängt vom jeweiligen Kreis der Personen ab, die den Tempel für ihre speziellen kultischen Zwecke errichtet haben. Entsprechend lassen sich die Tempel auf Bali in verschiedene Kategorien einteilen.

Obligatorisch für jedes Dorf *(Desa)* sind die **Kahyangan Tiga**, die drei Dorftempel: **Pura Puseh**, Gott Vishnu, dem Erhalter und Spender des lebensnotwendigen Wassers, geweiht, liegt fast immer am oberen Ende des Dorfes in Richtung der Berge *(Kaja)*, von wo das Wasser kommt. **Pura Desa**, auch Pura Bale Agung genannt, ist der ursprüngliche Tempel der Dorfgründer. Er liegt im Dorfzentrum und ist dem Schöpfergott Brahma, dem Hüter des (Küchen-)Feuers, geweiht. Der Pura Desa enthält immer eine Versammlungshalle *(Bale Agung)* für die regelmäßigen Sitzungen der Dorfgemeinschaft. **Pura Dalem**, der Unterweltstempel, liegt immer außerhalb des Dorfes an seinem unteren Ende in Richtung Meer *(Kelod)* und ist Gott Shiva bzw. seiner Gemahlin (Shakti) in ihrer Manifestation als Durga, der Göttin des Todes, geweiht. In seiner Nähe liegen die Beerdigungs- und der Verbrennungsplatz.

Die meisten Heiligtümer gehören zur Gruppe der **Familientempel**, die unablässiger Bestandteil des typischen balinesischen Gehöfts oder Wohnanwesens sind: Pura Sanggah nennt man die Tempel für die Ahnen einfacher Familien, höher gestellten Adelsfamilien verehren ihre Ahnen in den Pura Pamerajan. Größere Familiengruppen errichten Clan-Tempel, die Pura Dadya, Pura Kawitan, Pura Perwiti, Pura Ibu, Pura Paibon oder Pura Panti genannt werden, je nach Größe und Einfluss des Clans.

Die Reisbauern sind in *Subak* organisiert, Gemeinschaften, die von ein und demselben Bewässerungssystem abhängen. Die *Subak* verehren die Reisgöttin Dewi Sri in speziellen Tempeln, die als Pura Subak, Pura Bedugul oder Pura Ulun Siwi bekannt sind. Ebenso haben die Fischer ihre eigenen Tempel, die dem Meeresgott geweiht sind, die Pura Segara, während die Händler und Marktfrauen die Göttin des Reichtums und des Handels in den Pura Melanting verehren. Aus der Zeit, als Bali noch in verschiedene Königreiche unterteilt war, stammen die sogenannten Reichstempel, die Pura Prasada, die Pura Candi und die Pura Penataran, wo die Könige ihre Vorfahren, die Dynastiegründer, als vergöttlichte Ahnen verehrten.

Die wichtigsten Heiligtümer

Die wichtigsten und heiligsten Tempel der Insel, die von allen Balinesen in gleichem Maße verehrt werden, sind die **Sad Kahyangan** (*Sad* = sechs, *Kahyangan* = Tempel). Es gibt mehrere Listen, die jeweils sechs Tempel aufführen, aber nicht in allen Punkten identisch sind. Am häufigsten aufgelistet sind:

- **Pura Besakih**, am Fuße des Gunung Agung
- **Pura Luhur Lempuyang**, auf dem Gunung Seraya, ganz im Osten der Insel
- **Pura Luhur Batukaru**, am Fuße des Gunung Batukaru in West-Bali
- **Pura Goa Lawah**, die Fledermaushöhle zwischen Kusamba und Padang Bai, an der Südküste Ost-Balis
- **Puru Luhur Uluwatu**, ganz im Süden von Bali auf der Bukit-Halbinsel
- **Pura Pusering Jagat**, in Pejeng im Distrikt Gianyar in der Umgebung von Ubud

Kunsthandwerk

Besucher sind immer wieder vom Reichtum der künstlerischen Formen und Ausdrucksmittel auf Bali überrascht. Miguel Covarrubias und Theo Meier, selbst zwei angesehene Künstler, waren sicher nicht die einzigen, die – der eine 1937, der andere 1975 – zu dem Schluss kamen: „Jeder Balinese ist ein Künstler." Wie man selbst feststellen kann, gibt es kaum einen Balinesen oder eine Balinesin, der oder die nicht irgendwie künstlerisch tätig ist. Schon in frühester Kindheit nehmen Balinesen an allen Aktivitäten ihrer Eltern teil. Kreative sowie religiöse Betätigung ist ebenso alltäglich wie die Arbeit im Haus oder auf den Reisfeldern. Alltag, Arbeit, Kunst und Religion bilden eine untrennbare Einheit, wobei der Antrieb zur Kunst die Religion ist, der Dienst an der Gottheit. Tempel werden mit Skulpturen und Reliefs verziert und zum alljährlichen *Odalan* mit aufwendig gearbeiteten Opfergaben geschmückt, um die Götter, die bei allen Zeremonien unsichtbar anwesend sind, zu verehren und zu unterhalten. Denn was den Menschen gefällt, das erfreut auch die Götter, und die Balinesen schätzen die technische Präzision und das bis ins Feinste ausgearbeitete Detail am meisten an ihrer Kunst.

Balinesische Künstler sind in erster Linie Handwerker, die gelegentlich individuell, meist aber in Gruppen arbeiten. Sie dienen der Gesellschaft und ihrem Kult und drücken in ihrer Kunst nicht ihre Persönlichkeit, sondern ein gemeinschaftliches Weltverständnis aus. Die balinesische Sprache hat nicht einmal Worte für Kunst und Künstler, dagegen wird sehr genau unterschieden zwischen Maler, Holzschnitzer, Bildhauer, Maskenbildner, Waffenschmied, Kunstschmied, Musiker, *Topeng*-Tänzer, *Jauk*-Tänzer usw. Auch wenn ein besonders begabter Künstler ein angesehenes Mitglied seiner Dorfgemeinschaft wird und vielleicht sogar darüber hinaus inselweite Berühmtheit erlangt, bleibt er ein Mensch wie jeder andere und geht weiterhin seinem Hauptberuf nach, meist dem des Reisbauern. Erst wenn seine Kunstfertigkeit benötigt wird, ruft ihn die Gemeinschaft, damit er seinen Beitrag zum gemeinsamen Kunstschaffen leisten kann.

Balinesische Kunst ist entweder von vornherein für den sofortigen Nutzen bestimmt oder äußere Einflüsse beschränken die Lebensdauer eines Kunstwerks auf kurze Zeit. Geflochtene Opfergaben *(Canang Sari)* verwelken in einem Tag, fantasievolle Kremationstürme sind in wenigen Minuten zu Asche verbrannt, Malereien und Holzskulpturen werden schnell Opfer des feuchten Klimas, des Schimmelpilzes und der Termiten. Selbst die Skulpturen und Reliefs aus den weichen, vulkanischen Tuff- und Sandgesteinen der Insel verwittern in wenigen Jahren, werden vom Regen zerfressen und von Moos und Flechten überwachsen. Es besteht also ein ständiger Bedarf an neuen Kunstwerken, der die Produktion nie abreißen lässt.

Über die Jahrtausende haben sich die verschiedensten Einflüsse und Stile aus Indien, China und Java mit altbalinesischen Kultelementen vermengt und eine einzigartige Volkskunst hervorgebracht, die noch heute so lebendig ist wie vor Hunderten von Jahren. Neue Kunstformen werden schnell assimiliert, vorausgesetzt, dass sie dem Geschmack der Bali-

Besonders in und um Ubud werden Gemälde in jeglichen Stilrichtungen feilgeboten.

nesen entsprechen und in ihr Weltbild passen. Hat ein einzelner Künstler eine neue Idee publik gemacht, die allgemein Gefallen und Anerkennung findet, wird diese Idee im Handumdrehen von vielen anderen kopiert. Modernes und Altüberliefertes stehen so im heutigen Kunstschaffen der Insel gleichrangig nebeneinander.

Kunstgeschichte

Vor- und Frühzeit

Die frühesten Zeugnisse balinesischer Kunst, zu bestaunen im Archäologischen Museum von Pejeng bei Ubud, stammen noch aus dem letzten vorchristlichen Jahrtausend: megalithische Kultobjekte (z. B. Stein-Sarkophage) und Schmuck, Waffen und Zeremonialgegenstände aus Bronze.

Das berühmteste Beispiel bronzezeitlicher Kunst ist der „**Mond von Pejeng**", eine fast 2 m hohe Kesseltrommel, die mit in Tiefrelief gearbeiteten Ornamenten reich verziert ist. Auf der Schlagplatte erkennt man einen achtstrahligen, zentralen Stern, umgeben von einem Muster ineinander verschlungener Doppelspiralen. Die Seiten zeigen rundum laufende Reihen von kleinen, spitzen Dreiecken, ein Muster, das als *Tumpal*- (Speerspitzen-) Motiv noch heute in vielen balinesischen Flechtarbeiten und in der javanischen Batik vorkommt. Zwischen den Griffen des Kesselgongs schauen Paare menschlicher Gesichter mit großen, magisch anmutenden Augen herab, die Ohrläppchen lang gezogen von schweren Ohrringen, wie es bei einigen Völkern auf Borneo der Brauch ist.

Man nimmt an, dass die Balinesen der Bronzezeit schon die Kunst des Webens und Töpferns beherrschten. Wahrscheinlich hat auch das **Wayang Kulit**, das Schattenspiel, seinen Ursprung in jener Zeit. Die Schatten flacher Lederpuppen, die sich auf der von hinten erleuchteten Leinwand bewegen, verkörperten die Ahnen, mit denen man auf diese Weise Kontakt aufnehmen konnte. Mit der Verbreitung des Hinduismus änderten sich zwar die Inhalte des *Wayang Kulit*, denn nun führt man Episoden aus den großen indischen Epen *Ramayana* und *Mahabharata* auf, doch erfreut sich diese Kunstform ungetrübter Beliebtheit.

Es ist nicht zu übersehen, dass das *Wayang Kulit* die traditionelle Malerei mit ihrer zweidimensionalen Darstellungsweise beeinflusst hat. Deshalb bezeichnet man diese Malerei als *Wayang*-Stil oder, nach dem Ort, wo die traditionelle Malerei noch immer ausgeübt wird, als *Kamasan*-Stil.

Mindestens ebenso alt wie das Schattenspiel ist das **Cili-Motiv**, eine stark stilisierte weibliche Figur, Symbol für Nini Pantun, die vorhinduistische Reismutter bzw. für Dewi Sri, die Reisgöttin des hinduistischen Pantheons. *Cili* haben oft die Form einer Sanduhr: zwei mit den Spitzen aufeinandergestellte, gleichschenklige Dreiecke. Das untere Dreieck bildet den Körper, das obere den Kopf mit einem großen, fächerförmigen Kopfschmuck. Auf den Reisfeldern, kurz vor der Ernte, werden *Cili*-Figuren einfach dargestellt, indem man ein Bündel noch stehender Reishalme in der Mitte zusammenbindet. Die eng geschnürte Mitte ist die schmale Hüfte der Figur, die unteren Teile streben konisch auseinander und bilden das Gewand, die oberen Enden der Halme sind zu einer Dreiecksform geflochten und mit Stücken von Palmblättern versehen, wodurch der Figur eine Art Gesicht gegeben wird.

Das *Cili*-Motiv zählt zu den gebräuchlichsten Symbolen in der dekorativen Kunst auf Bali. Es findet sich gemalt, geschnitzt, getöpfert, gewoben, geflochten oder in Metall gehämmert, es wiederholt sich in unzähligen Arten von Opfergaben und ziert fast jedes *Lamak*, die aus Palmblättern geflochtenen, schmalen, rechteckigen Altarbehänge.

Die Ausbreitung von Hinduismus und Buddhismus

Hinduistisches und buddhistisches Gedankengut verbreitete sich im ersten nachchristlichen Jahrtausend in ganz Südostasien und erreichte auch die Insel Bali, zum großen Teil auf dem Umweg über Java. Zwischen dem 8. und 14. Jh. entstand eine ganze Reihe von Kunstwerken aus Stein, die teils deutlich an indischen Vorbildern orientiert sind, teils schon ostjavanische Züge tragen, teilweise aber auch einheimische Vorstellungen zum Ausdruck bringen. Die meisten dieser Werke, vollplastische Götterstatuen und Felsenreliefs, sind in der Gegend um Pejeng und

Bedulu (beides Zentral-Bali) und beiderseits des nahen Pakrisan-Flusses entdeckt worden, dem Zentrum des frühesten balinesischen Königreichs (Warmadewa-Dynastie).

Eine sehenswerte Sammlung von Steinstatuen dieser Epoche steht in einem Tempel am Gunung Penulisan (nahe Kintamani, Gunung Batur), andere Werke findet man in den Tempeln um Pejeng und Bedulu, und natürlich gehören auch die Goa Gajah (die Elefantenhöhle), das Felsenrelief von Yeh Puluh und die Felsen-Candi von Gunung Kawi zu den Kunstwerken jener Zeit.

Die Majapahit-Epoche

Im Jahre 1343 fiel Bali unter die direkte Herrschaft des ostjavanischen Majapahit-Reiches, das einen Vasallen als Verwalter der Insel einsetzte, der seinen Hof in **Gelgel**, in der Nähe des heutigen Semarapura, etablierte. Den zahlreichen Dokumenten aus jener Zeit ist zu entnehmen, dass die ostjavanischen Herrscher großen Wert darauf legten, nicht nur politische Kontrolle auszuüben, sondern auch ihre Kultur, einen javanischen Hinduismus, zu verbreiten.

Der königliche Hof von Gelgel wurde zu einem Zentrum der Kunst. Ganze Künstlerkolonien ließ der Herrscher in seiner Nähe ansiedeln, Sanskrit- und altjavanische *Kawi*-Texte wurden ins Balinesische übersetzt und kopiert, und es gab öffentliche Theater- *(Wayang-)* Aufführungen und Tanzdarbietungen, die von großen Orchestern begleitet wurden.

In der ornamentalen Kunst, die vor allem im überreichen, barocken Ausschmücken der Tempel und Paläste zum Ausdruck kam (und heute noch kommt), zeigte sich die Tendenz, neben religiösen Themen und Szenen aus dem *Mahabharata* oder *Ramayana* auch Erscheinungen aus dem Alltag, erotische Begebenheiten sowie Fabelwesen, Tier- und Dämonengestalten abzubilden, eingebettet in üppig wucherndes Pflanzen- und Rankendekor, das jede noch so kleine, verfügbare Fläche bedeckt.

Der javanische Kultureinfluss bekam neuen Antrieb, als zwischen Ende des 15. und Anfang des 16. Jhs. der gesamte Majapahit-Hofstaat auf der Flucht vor der Islamisierung von Java nach Gelgel übersiedelte. Doch nach nur kurzer

Blütezeit zerfiel die Gelgel-Dynastie in zahlreiche kleine und voneinander unabhängige Fürstentümer.

Die überall auf der Insel verstreuten Höfe formten ihrerseits wieder neue Zentren künstlerischer Aktivität. Nach und nach gewann so die Majapahit-Kunst, inzwischen bereits stark balinesisch modifiziert, in den Dörfern an Einfluss. Damit setzte ein Prozess ein, in dessen Verlauf eine anfangs rein höfische Kunst zu einer echten Volkskunst reifte. Nach der Machtergreifung der Holländer wurden die Fürstenhöfe zur Bedeutungslosigkeit degradiert, die Kunst florierte aber in den Dörfern weiter.

Das frühe 20. Jahrhundert

In diesen Jahren wurden balinesische Künstler mit einer Reihe weitreichender Veränderungen und Neuerungen konfrontiert. Aufträge durch die machtlosen Fürsten blieben aus, wurden aber durch Aufträge der holländischen Verwaltung ersetzt, die sich bemühte, die balinesische Kultur zu erhalten. Die großen Gamelan-Orchester der Höfe *(Gong Gede)* wurden von den Musikgruppen der *Banjar* und Dörfer übernommen, die sich bislang meist mit einem Bambus-Gamelan begnügt hatten. Diese reduzierten die Anzahl der Instrumente und formten sie nach eigenem Geschmack um, wodurch eine völlig neue Art des Gamelan-Orchesters entstand, das *Gong Kebyar*. So veränderte sich auch die balinesische Musik, sie wurde lebhafter und dynamischer, ganz im Gegensatz zu dem getragenen, verfeinerten Stil der Höfe, der noch heute für das javanische Gamelan typisch ist. Gleichzeitig wurden viele neue Tänze kreiert.

Die ersten Touristen kamen nach Bali und begannen, Holzschnitzereien zu kaufen, und schon Ende der 1930er-Jahre gab es eine Massenproduktion von Holzstatuen. Zum ersten Mal arbeiteten balinesische Künstler nicht im Dienste der Gemeinschaft, sondern um Geld zu verdienen. Der Beruf des Künstlers war geboren.

Der größte Wandel in der Orientierung der Kunst erfolgte auf dem Gebiet der **Malerei**. Bis dahin hatte sich die traditionelle Malerei (*Wayang*-Stil) darauf beschränkt, nach strengen Regeln Themen aus der Hindu-Mythologie (*Mahabharata* und *Ramayana*) darzustellen,

oft mehrere Szenen auf einem Gemälde. Diese Werke dienten ausschließlich der Ausschmückung von Palästen und Tempeln. In den frühen Jahrzehnten des 20. Jhs. lernten die Maler erstmals, mit europäischen Malutensilien umzugehen. Zudem war die Insel von westlichen Malern entdeckt worden, die oft jahrelang unter den Balinesen lebten und die einheimischen Künstler mit westlichen Maltechniken vertraut machten.

Plötzlich wurde eine Reihe neuer Stile ins Leben gerufen. Zentren der „modernen" Malerei waren vor allem die Dörfer Ubud, Batuan (Zentral-Bali) und Sanur (Süd-Bali). Zu den traditionellen Motiven, die jetzt auch mit modernen Techniken ausgeführt wurden, gesellten sich zum ersten Mal Themen aus Alltag und Natur. Die szenischen Darstellungen (dörfliches Leben, religiöse Feste, Episoden aus Volksmärchen) waren nun umgeben von der üppigen Natur der Insel, mit Dschungel, Vulkanen und Reisterrassen. Jedes Blatt, jedes Insekt wurde bis ins Detail minuziös ausgearbeitet. Erstmalig signierten balinesische Maler in dieser Zeit ihre Bilder.

Welche Impulse für diesen revolutionären Umschwung von den Balinesen selbst ausgingen und wie groß dabei der Einfluss der europäischen Maler war, konnte nie ganz geklärt werden. Fest steht, dass keines der balinesischen Gemälde des neuen Stils einfach nur westliche Vorbilder kopiert. Auch wenn sich Maltechnik und Thematik weiterentwickelt haben, ist doch jedes Werk sofort als balinesische Kunst zu erkennen.

Von den vielen westlichen Künstlern, die Bali besuchten und teilweise jahrelang dort lebten, haben sich vor allem der holländische Maler **Rudolf Bonnet** (1895–1978) und der deutsche Maler und Musiker **Walter Spies** (1895–1942) sehr um die Erhaltung und Förderung balinesischer Kunst bemüht. Spies ließ sich 1927 in Ubud nieder, zwei Jahre später wurde Bonnet sein Nachbar. Neben ihrer eigenen Arbeit beschafften sie ihren balinesischen Kollegen westliche Malutensilien und erklärten und demonstrierten deren Gebrauch. Sie sammelten balinesische Kunstwerke aller Art und arrangierten internationale Ausstellungen, um der balinesischen Kunst einen größeren Markt zu erschließen.

Der Kris (Keris)

Die Schmiedekunst des Archipels feiert ihre höchsten Triumphe bei der Herstellung des *Kris*, des Dolches mit der geflammten oder geraden, zweischneidigen Klinge, deren Oberfläche eine besondere, nur im indonesischen Raum bekannte Art von Damaszierung *(Pamor)* aufweist.

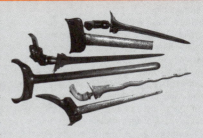

Es ist unbekannt, wann diese Kunst entstanden ist. Auf den Reliefs des Borobudur-Tempels auf Java taucht der *Kris* noch nicht auf. Erst am später errichteten Candi Penataran (Ost-Java) ist er abgebildet. Chinesische Quellen aus jener Zeit (Majapahit) berichten von der auf Java üblichen Sitte, einen *Kris* zu tragen. Das älteste erhaltene Exemplar stammt aus dem Jahre 1342 und ähnelt stark dem heutigen Typ. Es ist bereits so kunstvoll gearbeitet, dass dieses Handwerk schon zu jener Zeit hoch entwickelt gewesen sein muss.

Das Schmieden des *Kris*, der mehr als nur eine Waffe ist, gilt als weihevolle Handlung, die ein aufwendiges Zeremoniell begleitet. In hohem Ansehen stehen daher die Waffenschmiede *(Pande Wesi)*, deren Stellung fast der eines Priesters gleichkommt. Für gewöhnlich werden die Herstellungsgeheimnisse vererbt, die eine Reihe komplizierter Schmiedevorgänge umfassen.

Viele Lagen von Nickeleisen, ursprünglich aus Meteoriten gewonnen, und gewöhnlichem Eisen werden zusammengeschmiedet, um so die Verzierungen in die Klinge einzuarbeiten, die aber erst nach abschließender Ätzung des Nickelstahls sichtbar werden. Es ist also eine Arbeit, die viel Erfahrung voraussetzt. Weiterhin muss der Schmied ein überdurchschnittliches Wissen von mythologischen und religiösen Zusammenhängen haben, denn die Zeichnungen und Figuren sind bedingt durch ihre magisch-zeremonielle und soziale Bedeutung.

Die Klingen, gerade (Ruhezustand) oder gewellt (Bewegung), symbolisieren das Urbild der mythischen Schlange *Naga*. Auch die Verzierungen zeigen als häufigsten Schlangen, aber auch *Kala*-Figuren, *Garuda*- oder Blattmotive. Als Griff (aus Gold, Silber, Elfenbein, Horn, Stein oder Holz) finden sich, manchmal bis zur Unkenntlichkeit stilisiert, Götter- und Vogelgestalten oder Dämonenfiguren, um böse Kräfte abzuwehren. Zur Waffe gehört unbedingt die Scheide, die in der Regel einfach gehalten ist, etwa aus poliertem Edelholz, die aber auch mit prunkvollem Goldschmuck verziert sein kann.

Ein besonders magisch „geladener" *Kris* führt ein regelrechtes „Eigenleben" und trägt sogar einen eigenen Namen. Durch seine magische Kraft sichert er die Macht eines Fürsten und übernimmt zudem die Rolle seines „Stellvertreters": Begibt sich der Fürst auf Reisen oder Pilgerfahrt, kann er den *Kris* als Symbol seiner Herrschaft zurücklassen, und niemand würde an der Macht des *Kris* zu zweifeln wagen.

Vicki Baum berichtet in ihrem Roman *Liebe und Tod auf Bali* von einem Fürsten, der aufgrund seiner Leidenschaft für Kampfhähne nicht zu seiner eigenen Hochzeit kommen wollte und stattdessen stellvertretend seinen *Kris* hinbringen ließ. Solch mächtige Waffen werden als sakrale Erbstücke betrachtet, denen man besondere Verehrung und Opfergaben darbringt. Mancher Dolch ist mit einem bösen Fluch beladen und stürzt seinen Träger ins Unglück. Legt ein Mann seinen *Kris* nachts unter sein Kopfkissen, dann ist die Waffe in der Lage, je nach Art ihrer Magie, ihm gute oder böse Träume zu bescheren.

Heutzutage gibt es nur noch wenige *Kris*-Schmiede. Schon seit Ende des 19. Jhs. haben immer mehr berühmte Schmiedefamilien, die alle ihr spezielles *Pamor*-Design als eine Art Markenzeichen hatten, ihr traditionelles Handwerk aufgegeben.

1936 gründeten die beiden Europäer zusammen mit **Cokorda Gede Agung Sukawati**, dem Prinzen von Ubud, und **I Gusti Nyoman Lempad**, einem vielseitig talentierten Künstler, die Künstlervereinigung **Pita Maha**. Diese Organisation, die bald mehr als 100 Mitglieder aus ganz Zentral-Bali zählte, erwies sich als enorm fruchtbar. Regelmäßige Treffen dienten dem Ideenaustausch, der gegenseitigen Inspiration sowie einer Qualitätskontrolle. Ausstellungen in Europa und Amerika förderten den Verkauf der Arbeiten.

Lempad, einer der Initiatoren von Pita Maha, war schon in den 1920er-Jahren bekannt und berühmt als meisterlicher Schnitzer, Bildhauer, Architekt und Schöpfer von *Barong*-Masken und Verbrennungstürmen. Er war bereits über 60 Jahre alt, als er Walter Spies kennenlernte und dieser ihn mit Tusche und Papier bekannt machte. In den nächsten Jahrzehnten produzierte Lempad unzählige Tuschezeichnungen in einem unverkennbaren, in der Tradition wurzelnden Stil, von denen viele nun in Museen auf der ganzen Welt zu bewundern sind. Als er 1978 im gleichen Jahr wie seine Freunde Rudolf Bonnet und Agung Sukawati starb, muss er weit über 100 Jahre alt gewesen sein.

Der Zweite Weltkrieg und die 1950er- und 1960er-Jahre

Der Zweite Weltkrieg und der Tod von Walter Spies (1942) führten zur Auflösung der Pita Maha. Jegliche künstlerische Aktivität erlahmte während der japanischen Besetzung. Zusätzlich verzögerten die nachfolgenden Wirren des indonesischen Unabhängigkeitskampfes ein Wiederaufleben der Künste bis in die 1950er-Jahre hinein. Zu dieser Zeit kehrte Rudolf Bonnet nach Bali zurück und machte einige Maler mit Leinwand und Temperafarben vertraut, wodurch er neue Anregungen schuf und an sein vor dem Weltkrieg begonnenes Werk anknüpfte. Sein größter Erfolg war die lange geplante Gründung des Puri-Lukisan-Museums von Ubud im Jahre 1957.

Anfang der 1960er-Jahre – wer von den Pita-Maha-Künstlern noch aktiv war, zählte inzwischen zur älteren Generation – blühte in Penestanan, westlich von Ubud, ein neuer Malstil auf, der Stil der **Young Artists**. Er wurde ins Leben gerufen, als **Arie Smit**, ein holländischer Maler, Leinwand und Acrylfarben an Kinder und Jugendliche des Dorfes verteilte. Die jungen Künstler stammten überwiegend aus Bauernfamilien und stellten in ihren Bildern ausschließlich ländliche Motive dar, meist in recht kräftigen Farben. Gemälde der Young Artists und ihrer Nachfolger werden oft in gemeinschaftlicher Arbeit hergestellt. Jeder malt nur das, was er am besten beherrscht – der eine die Bäume, ein anderer die Personen, ein Dritter die Häuser und Tempel usw.

Im Zeitalter des Tourismus

Abgesehen von den künstlerischen Experimenten individualistischer Einzelgänger haben sich in den 1970er-, 1980er- und 1990er-Jahren keine nennenswerten neuen Malstile entwickelt. Seitdem jährlich weit über 1 Mio. Touristen auf die Insel kommen, schießen überall Kunstgalerien wie Pilze aus dem Boden, doch das meiste, was angeboten wird – ob „neuer" Stil oder traditionelle *Wayang*-Malerei – entspringt einer kundenorientierten Produktion, die wenig Wert auf Qualität legt.

Trotz der Vermarktung von Malerei und Holzschnitzerei ist die balinesische Kunst in ihrer Gesamtheit so lebendig wie eh und je. Kunst als Dienst an der Gottheit hat immer noch einen weit höheren Stellenwert als die für die Touristen bestimmte Ware. Obwohl die meisten Künstler heute für Geld arbeiten, sind sie jederzeit bereit, ihre Arbeit beiseitezulegen und beim Ausschmücken eines Tempels, der Herstellung von Verbrennungstürmen oder der Vorbereitung eines Tempelfestes zu helfen.

Noch immer verzieren die Bildhauer Tempelwände und -tore mit Reliefs und Skulpturen, flechten Frauen kunstvolle Gebilde aus Palmblättern und formen nicht minder kunstvolle Opfergaben. Noch immer werden die Götter bei Tempelfesten mit Tanz und Musik unterhalten, beschwört der Puppenspieler *(Dalang)* mit seinen Schattenspielfiguren mythische Welten herauf und werden Masken geschnitzt, die so „magisch geladen" sind, dass kein Unbefugter es wagen würde, sie auch nur zu berühren. Und solange sich die Balinesen nicht von ihren

Göttern trennen, werden sie fortfahren, diese durch ihre Kunst zu erfreuen und zu ehren.

Musik, Tanz und Drama

Tänze, Tanztheater und Musik sind unumgänglicher Bestandteil eines jeden Tempelfestes und jeder größeren religiösen Zeremonie auf Bali. Sie dienen in erster Linie zur **Unterhaltung der Gottheiten**, die man eingeladen hat, der Zeremonie beizuwohnen.

Darüber hinaus führen besonders sakrale Tänze nicht selten zu **Trance-Zuständen**, wodurch sogar ein direkter Kontakt zu den Göttern hergestellt wird. Andere Aufführungen haben einen rein exorzistischen Charakter und sollen helfen, die durch dunkle Mächte und Dämonen gestörte Ordnung wiederherzustellen, z. B. nach Missernten oder Epidemien. Was auch immer der Anlass sein mag, Tanzvorstellungen erfreuen sich größter Beliebtheit und locken die Zuschauer, ob jung oder alt, in Scharen herbei, egal wie oft diese die Tänze und Dramen schon gesehen haben.

Von frühester Kindheit an mit ihren Tänzen vertraut, sind die Balinesen ein sehr kritisches Publikum. Um wie viel anspruchsvoller müssen da erst die Götter sein, die sich schließlich schon seit Urzeiten durch den Tanz der wunderschönen Himmelsnymphen *(Dedari, Widadari)* unterhalten lassen? Balinesische Tänze haben im Laufe von Jahrhunderten einen so hohen Standard an technischer Perfektion entwickelt, dass eine Ausbildung zum Tänzer oder zur Tänzerin jahrelanges, tägliches Training erfordert.

Mit der **Ausbildung** sollte schon im zarten Kindesalter begonnen werden, solange der Körper noch biegsam und geschmeidig ist. Ein Balinese lernt nicht „das Tanzen" schlechthin, sondern immer nur einen ganz bestimmten Tanz: *Legong* oder *Baris* oder *Kebyar Duduk* usw. Der Tanzlehrer (oder die Tanzlehrerin) leitet jede Bewegung des Schülers, indem er (oder sie) hinter ihm tritt, ihn bei den Handgelenken fasst und jede Geste und jeden Schritt mit ihm gemeinsam ausführt. Der Schüler lernt nicht etwa nach und nach die einzelnen Elemente des Tanzes, die dann später zusammengesetzt werden, sondern

von Anfang an wird der Tanz als Ganzes in seiner endgültigen Form unterrichtet. Durch endloses Wiederholen bekommt der Schüler allmählich ein Gefühl für den Tanz, bis er in der Lage ist, jede Bewegung alleine auszuführen.

Die meisten Tänze unterliegen einer strengen **Choreografie**, sowohl in ihrem Ablauf – denn oft wird eine Geschichte dargestellt – als auch in den einzelnen stilisierten Bewegungen, die einem traditionellen Muster folgen und wenig oder gar keinen Raum für Improvisationen oder individuelle Stile lassen. Man unterscheidet 30 verschiedene Schritte, Fuß- und Beinstellungen, 16 Armhaltungen, 19 Hand- und Fingerhaltungen, 15 Rumpfhaltungen, 20 Hals- und Schulterhaltungen und 16 Arten von Gesichtsausdrücken, die hauptsächlich auf Bewegungen der Augen beruhen. Jede Pose, jede Bewegung, jede Geste hat ihren eigenen Namen, und jeder Zuschauer kennt ihre Bedeutung. Balinesen erwarten von einem guten Tänzer, dass er einerseits alle vorgeschriebenen Bewegungen präzise und in Harmonie mit der ihn begleitenden Musik ausführt, andererseits trotzdem noch seine Persönlichkeit und Gefühlskraft zum Ausdruck bringt. Welche Geschichte oder Episode einer Geschichte in dem Tanz erzählt wird, spielt dabei oft nur eine untergeordnete Rolle.

Gamelan-Musik

Auf Bali haben sich eine ganze Anzahl verschiedener Gamelan-Orchester entwickelt, die sich nicht nur im Klang, sondern auch nach Art der Instrumentierung, Anzahl der Musiker (von zwei bis vierzig) und verwendeter Tonleiter unterscheiden. Dabei ist genau festgelegt, welches Orchester welchen Tanz und welches Tanzdrama begleitet.

Am häufigsten zu hören und am beliebtesten ist das Gamelan *Gong Kebyar*, das sich aus etwa 20 bis 25 Instrumenten zusammensetzt, hauptsächlich aus Metallophonen, verschiedenen Gongs und Zimbeln sowie zwei Trommeln und vielleicht noch einer Flöte.

Ohne die beiden **Trommler** könnte kein Gamelan-Orchester spielen und kein Tänzer tanzen. Die Trommeln leiten das Orchester, kontrollieren das Tempo, markieren den Rhythmus und bestimmen die Struktur der Musik und des Tanzes. Die kleinere, etwas höher klingende, „männliche" Trommel *(Wadong)* übernimmt die führende Rolle gegenüber der etwas tiefer tönenden, größeren, „weiblichen" Trommel *(Lanang)*. Mit komplizierten, genau festgelegten rhythmischen Mustern und mit Gesten der Hände und des Kopfes halten die Trommler ständigen Kontakt zu Musikern und Tänzern und koordinieren die Tanzbewegungen mit musikalischen Akzenten.

Welch tragende Rolle die Trommeln im Orchester spielen, zeigt auch die Tatsache, dass Tanzschüler bei ihrem täglichen Training ebenso wie voll ausgebildete Tänzer bei späteren Proben meist nur von einem Trommler begleitet werden und problemlos auf die restlichen Instrumente verzichten können.

Der führende Trommler ist nicht nur der wichtigste Musiker des Orchesters, sondern auch der versierteste. Bevor er die Trommel übernehmen darf, muss er sämtliche anderen Instrumente perfekt beherrschen und überdies mit den zu begleitenden Tänzen aufs Genaueste vertraut sein. Ebenso ist es unumgänglich, dass die jungen, angehenden Tänzer von Anfang an mit allen Feinheiten der Musik vertraut gemacht werden.

Die Balinesen haben ein außergewöhnliches musikalisches Gedächtnis. Hören sie nur ein paar Mal eine ihnen ganz neue Gamelan-Komposition, und sei sie auch noch so lang und kompliziert, sind sie sofort in der Lage, sie mit ihren Instrumenten oder durch Singen lautmalender Silben fast fehlerfrei wiederzugeben, obwohl sie keine Notenschrift kennen und ihre Musik in keiner Weise aufzeichnen.

Tanz und Tanztheater

Tanzaufführungen werden in **drei Kategorien** eingeteilt, die sich nach dem Grad ihrer „Verweltlichung" richten:

■ In der ersten Kategorie *(Wali)* werden all jene Tänze zusammengefasst, die ausschließlich **im Rahmen einer religiösen Zeremonie** aufgeführt werden, entweder im Tempelinneren *(Jeroan)*, bei Leichenverbrennungen oder im Falle exorzistischer Tanzriten sogar auf dem Friedhof. Die *Wali*-Tänze sind Kulthandlungen, die

als obligatorischer Bestandteil bestimmter Opferrituale bzw. selbst als ein getanztes Opfer betrachtet werden. Zu ihnen gehören der *Rejang*, der *Pendet* (oder *Mendet*), der *Baris Gede* und einige Trance-Tänze wie *Sanghyang* und *Calonarang*. Die Mehrzahl der *Wali*-Tänze stammt aus prähinduistischer Zeit. Mit Ausnahme des *Baris Gede* unterscheiden sie sich von späteren Tänzen durch einen relativ einfachen Bewegungsablauf, der keine spezielle Ausbildung erfordert.

■ Die zweite Gruppe *(Bebali)* umschließt **weniger heilige Tanzaufführungen** und Tanzdramen, die entweder im mittleren Hof des Tempels *(Jaba Tengah)* oder an den Fürstenhöfen dargeboten werden. *Bebali*-Aufführungen folgen hindu-balinesischer oder hindu-javanischer Hoftradition und sind vorzugsweise in Zusammenhang mit *Manusia-Yadnya*-Riten (Übergangsriten) zu sehen. Zur Gruppe der *Bebali* zählen das *Gambuh*-Tanztheater, der *Topeng-Pajegan*-Tanz und das *Wayang Wong*.

■ Die dritte Kategorie *(Balih-Balihan)* umfasst alle mehr oder weniger **weltlichen Tänze**. Sie mögen eine religiöse Bedeutung haben und deshalb oft bei einem Tempelfest im Tempelvorhof *(Jaba)* aufgeführt werden, können aber ebenso gut an anderen Orten gezeigt werden, z. B. im *Bale Banjar* oder auf einer Bühne vor zahlenden Zuschauern. Ständig werden neue Tänze kreiert. Die Tänze sind meist jüngeren Datums, lassen aber zum Teil deutlich erkennen, dass sie aus alten Ritualtänzen abgeleitet wurden. Dazu gehören z. B. der *Legong Kraton* und der *Kecak*, das *Ramayana*-Ballett und die *Arja*-Volksoper, der *Solo Baris*, der *Topeng Panca* und der *Jauk*, der *Joged*, der *Kebyar Duduk*, der *Oleg Tambulilingan* usw.

Auch das Schattenspiel *Wayang Kulit* fällt in die Gruppe der *Balih-Balihan*. Schließlich ist das Schattenspiel, das gewöhnlich von vier Musikern begleitet wird, der Vorläufer sämtlicher balinesischer (und javanischer) Theaterformen.

www.stefan-loose.de/bali

Die wichtigsten Tänze und Tanzdramen

Wayang Kulit

Die *Wayang*- (= Theater) Aufführungen sind ein typischer Aspekt der javanischen Kultur. *Wayang Kulit*, das Schattenspiel mit flachen, bemalten Lederpuppen, gilt als die älteste Form. Bereits aus vorhinduistischer, animistischer Zeit sind Vorgänger der heutigen Puppen überliefert. Nach dem Tod bedeutsamer Führer blieb man mit ihnen über ein Medium, den Puppenspieler *(Dalang)*, in Verbindung. Über die Puppen konnte er die Botschaften der Geister den Lebenden mitteilen.

Als der Hinduismus Java erreichte, verlor das Schattenspiel zwar etwas von seiner magischen Funktion, stellte aber die großen hinduistischen Epen *Ramayana* und *Mahabharata* dar und wurde zum allgemeinen Vergnügen der Bevöl-kerung aufgeführt. Die hinduistischen Inhalte haben sich über den Islam überlebt. Daneben wurde die Islamisierung des Landes selbst zum Thema des *Wayang*, ebenso wie Volksmärchen, biblische Themen und der Unabhängigkeitskampf des indonesischen Staates. Von Zentral-Java aus verbreitete sich das *Wayang Kulit* in abgewandelter Form über die anderen Inseln. Vor allem in Ost-Java und Bali ist es noch weitverbreitet.

Der *Dalang*, der gleichzeitig Erzähler, Darsteller und Leiter des Begleitorchesters ist, wird hoch geachtet. Er sitzt bei einer Vorführung hinter einer weißen Leinwand, über ihm eine Lampe, die von hinten die Schattenspiel-figuren erleuchtet. Die Puppen sind auf einem Bananenstrunk aufgesteckt – auf einer Seite die guten, auf der anderen Seite die bösen Figuren. Zu Beginn der Vorführung wird in die Mitte der Bühne ein *Gunungan*, eine bergähnliche, spitz

---

Tänze für Touristen

In den letzten Jahrzehnten hat sich gewissermaßen eine vierte Kategorie von Tanzveranstaltungen entwickelt, für die die Balinesen noch keine eigene Bezeichnung gefunden haben: die Tanzshows für Touristen.

Das sind selbstverständlich keine traditionellen religiösen Zeremonien mehr, auch wenn die darge-botenen Tänze, ihre Bewegungen und Motive in der Tradition und Religion wurzeln. Die Tanzshows sind keine Aufführungen, die ein Balinese für seine eigenen Zwecke veranstalten würde, und nur selten finden sich Balinesen unter den Zuschauern. Es handelt sich ausnahmslos um Darbietungen, die eigens für den Touristengeschmack entworfen wurden. Meist fassen sie Ausschnitte moderner, traditioneller und sakraler Tänze zusammen, stark gekürzt und vereinfacht, sodass die Shows leicht verständlich, aber doch abwechslungsreich bleiben.

Trotzdem können die Aufführungen von hoher Qualität sein und mit etwas Glück wird die Show an Virtuosität, Dramatik und Ausdruckskraft nichts zu wünschen übrig lassen.

Die Tanzshows für Touristen bieten einige Vorteile: Sie finden in der Nähe von Touristenzentren statt, beginnen pünktlich zu einer festgelegten Uhrzeit, dauern selten länger als zwei Stunden und können von Touristen problemlos ins Tagesprogramm eingebaut werden. Es gibt genügend Sitzplätze und man hat immer eine gute Sicht. Dazu verschafft einem das gebotene Repertoire einen recht guten Überblick über die Vielfalt balinesischer Musik- und Tanzformen.

Die Balinesen beginnen eine traditionelle Veranstaltung selten zu einer festgelegten Stunde, son-dern erst dann, wenn alle das Gefühl haben, dass der richtige Augenblick gekommen ist. Es kann passieren, dass man auf eine für 18 Uhr angesagte Aufführung bis 21 Uhr warten muss, oder dass sie, wenn man pünktlich erscheint, schon längst begonnen hat. Die meisten Veranstaltungen fangen gegen Abend an und können, mit Unterbrechungen, bis in die frühen Morgenstunden dauern. Dazu ist man die ganze Zeit von den dicht gedrängten Zuschauern umgeben, die, wenn sie nicht stun-denlang stehen wollen, nur die Möglichkeit haben, sich auf den Boden zu setzen. Wem es also an Zeit, Geduld und überdurchschnittlichem Unternehmungsgeist mangelt, der sollte sich besser an die Tanzshows für Touristen halten.

Wayang Kulit

zulaufende Figur, gesetzt, die den Lebensbaum symbolisiert.

Während der Vorstellung bilden zwei dieser Figuren den Bühnenabschluss. Der *Dalang* sitzt mit gekreuzten Beinen hinter der Leinwand. Über Stunden erzählt er mit verschiedenen Stimmen die Geschichte von Helden und schönen Frauen, hält das Publikum in Spannung, lässt die Puppen auf der Bühne agieren und bedient gleichzeitig mit den Füßen eine Rassel, womit besonders aktionsgeladene Szenen unterstrichen werden. Dialoge verschiedener Akteure werden durch einen dumpfen Schlag mit einem Holzhammer getrennt.

Die Handlung wird von einem Gamelan-Orchester begleitet, das hinter dem *Dalang* sitzt. Auf Bali sitzen alle Zuschauer vor der Leinwand. Normalerweise dauert eine Aufführung etwa zwei bis dreieinhalb Stunden.

In den letzten Jahrzehnten gab es einige Neuerungen bei den Aufführungen: So sind die Gamelan-Orchester größer geworden als früher, die Vorstellungen kürzer, die Kostüme opulenter und die Lautstärke durch die Verwendung von Verstärkern und Lautsprechern (teils unangenehm) höher. Avantgardistische Aufführungen können sogar mehrere *Dalangs* umfassen, die auf Skateboards umherfahren und sich Nebelmaschinen, gesampelte Soundeffekte und Stroboskoplichter zunutze machen.

Kecak („Affentanz")

Der *Kecak*-Tanz ist einer der faszinierendsten Tänze auf Bali und (neben den *Sanghyang*-Tänzen) der einzige, der ohne Orchesterbegleitung auskommt. Um seinen magischen Charakter voll zum Ausdruck zu bringen, wird er erst nach Einbruch der Dunkelheit aufgeführt. 80 bis 120 Männer, nur mit kurzen, schwarzweiß karierten Lendentüchern bekleidet, sitzen in mehreren konzentrischen Kreisen um einen freien Platz, in dessen Mitte ein Armleuchter mit Öllämpchen steht.

Auf dem freien Platz führen kostümierte Tänzer und Tänzerinnen in kurzen Szenen die Haupthandlung des *Ramayana* auf, die Geschichte von Rama und seiner schönen Frau Sita, die von dem Dämonenfürsten Rawana durch eine List entführt und mithilfe des Affengenerals Hanuman gerettet wird.

Die begleitende Musik liefert der Chor der sitzenden Männer, die Hanumans Affenheer darstellen. Während des gesamten Tanzes, der etwa eine Stunde dauert, stoßen die Männer rhythmische *cak-cak-cak*-Laute aus, unterbrochen von wildem Kriegsgeschrei, Zischen und Summen und einigen melodischen Sequenzen, das Ganze so abwechslungsreich strukturiert wie eine Gamelan-Komposition.

Die Dramatik wird noch verstärkt durch die ekstatischen Bewegungen des Chors, das gleichzeitige Hin- und Her- und Auf- und Abwogen der Körper, das Schwenken der Arme und das Vibrieren der ausgestreckten Hände.

In der Regel wird im Anschluss an den Kecak der spektakuläre *Sanghyang Jaran* (Feuertanz) aufgeführt bei dem ein im Trance schwelgender Mann auf brennenden Kokoshülsen tanzt (S. 141).

Der *Kecak* entwickelte sich aus einem sakralen Trance-Tanz *(Sanghyang)*. In seiner heutigen Form, mit den eingebauten *Ramayana*-Szenen, wurde der Tanz erstmals 1931 aufgeführt, und zwar für einen Film deutscher Produktion, der, obwohl einer der ältesten, immer noch einer der besten Filme über Bali ist, die je gedreht wurden: *Die Insel der Dämonen* (Produzent, Regie: Victor Baron von Plessen; Kamera: Dr. Dahlsheim; Drehbuch, Choreografie: Walter Spies). Eine *Kecak*-Tanzaufführung in passender Umgebung kann man täglich zum Sonnenuntergang am Uluwatu-Tempel in Süd-Bali besuchen (S. 195).

Legong

Der Anfang des 19. Jhs. entstandene Tanz wurde ursprünglich nur an den Fürstenhöfen aufgeführt und diente zur Unterhaltung der Herrscherfamilien. Angeblich waren dem Schöpfer des *Legong* im Traum einige Himmelsnymphen erschienen, die ihm den Tanz offenbarten.

Der *Legong* verkörpert das balinesische Ideal weiblicher Schönheit und ist der Inbegriff von Anmut und Grazie. Nur sehr junge, hübsche und zart gebaute Mädchen, die unbedingt jungfräulich sein müssen, dürfen ihn tanzen. Bereits als Kinder, im Alter von fünf oder sechs Jahren beginnen sie mit dem anstrengenden, täglichen Training, aber schon mit dem Einsetzen der Menstruation ist ihre Laufbahn beendet, da die Tänzerinnen dann die erforderliche „Reinheit" verloren haben.

Der Tanz wird von drei Mädchen aufgeführt, die in kostbare, golden schimmernde Brokatkostüme gekleidet sind und auf dem Kopf eine kunstvolle, mit Blüten geschmückte Krone tragen. Sie „erzählen" mit stilisierten, auf das Feinste und Sorgfältigste abgestimmten Gesten und Bewegungen, vor allem der Hände und der Augen, die aus dem 12. Jh. stammende Geschichte des Königs Lasem, die von der Entführung der Prinzessin Rangkesari und dem daraus resultierenden Krieg berichtet. Im Laufe der Handlung schlüpfen die drei Tänzerinnen fast unmerklich in die unterschiedlichsten Rollen, ohne dabei ihre Kostüme zu wechseln.

Zwei der Mädchen, die eigentlichen *Legong*, sind völlig identisch gekleidet, sollen sich möglichst ähnlich sehen und führen viele Tanzbewegungen synchron aus. Sie verkörpern die verschiedenen Mitglieder der königlichen Familien. Die dritte Tänzerin, die *Condong*, stellt eine Dienerin dar.

Der im *Legong* entwickelte Tanzstil bildet die Grundlage für die Mehrzahl der anderen Mädchen- und Frauentänze auf Bali. Abhängig von den jeweils dargestellten Episoden sind bis zu 14 verschiedene Versionen des Tanzes bekannt. In den unter dem Titel „*Legong*-Tanz" aufgeführten Tanzshows für Touristen wird nur eine stark gekürzte Fassung einer dieser Versionen geboten, immer in Kombination mit anderen Tänzen, die in keinem inhaltlichen Zusammenhang mit dem *Legong* und untereinander stehen. Die Shows beginnen regelmäßig mit dem Willkommenstanz *Panyembrama*, der sich vom sakralen Opfertanz *Pendet* ableitet. Dann folgen Fragmente des *Legong*, des *Solo Baris* oder des *Kebyar Duduk*, des *Topeng* oder des *Jauk* und abschließend noch des *Oleg Tambulilingan*.

Barong („Kris-Tanz") / Calonarang

Kernstück des Tanzdramas, in dem bis zu 20 Akteure auftreten können, ist der ewige Kampf zwischen den entgegengesetzten Kräften des Kosmos, die sich im **Barong Ket**, einem löwenähnlichen, gutmütigen und menschenfreundlichen Fabeltier, und in der furchterregenden Hexe **Rangda** (auch Calonarang genannt) manifestieren. Die Handlung des Dramas ist nicht festgelegt und kann verschiedenen Geschichten folgen. In den Tanzshows für Touristen verwendet man normalerweise eine Episode aus dem *Mahabharata*, verwoben mit Elementen aus klassischen *Legong* und des *Topeng*.

Die Aufführungen im Dorf, die ein nächtliches, rein exorzistisches Ritual darstellen und oft auf dem Friedhof stattfinden, sind der *Calonarang*-Legende entnommen: Mahendradatta, die javanische Prinzessin, die im 10. Jh. den balinesischen König Udayana heiratet, wendet sich in späteren Jahren als Witwe (balinesisch: *Rangda*) der schwarzen Magie zu und wird zur Hexe Calonarang. Da niemand ihre Tochter Ratna Menggali heiraten will, überzieht sie in ihrer Wut das Land mit Seuchen und Katastrophen. Erst dem von ihrem Sohn Airlangga ausgesandten Heiligen und Asketen Empu Barada gelingt es nach langwierigem Kampf mithilfe weißmagischer Kräfte, die Witwenhexe in ihre Schranken zu weisen.

Egal, welche Geschichte dem *Barong-Rangda*-Drama zugrunde liegt, Höhepunkt der Aufführung ist immer die direkte Konfrontation der beiden Mächte: auf der einen Seite die weiße Magie, auf der anderen Seite die schwarze. Keinem gelingt es, den anderen zu besiegen. Das Gute wie das Böse sind untrennbare Aspekte des Kosmos und können im günstigsten Fall im Gleichgewicht gehalten werden. Das zeigt sich sehr deutlich in der packenden Schlussszene des Dramas: Der *Barong* ruft seine Helfer herbei, die *Kris*-Tänzer, die in Trance mit ihren Waffen die Hexe angreifen. Aber *Rangda* schlägt einen Bannkreis um sich und verhext die Tänzer, sodass diese ihre Dolche gegen die eigene Brust richten. Doch der gute Zauber des *Barong* verhindert, dass sie sich verletzen, auch wenn sie mit dem scharfen *Kris* noch so heftig zustoßen.

Jauk

Im Rahmen des *Calonarang*-Rituals treten oft einige Dämonen auf, dargestellt von maskierten Tänzern in bizarren Kostümen, die **Jauk**. Man erkennt sie gleich an ihrem hohen, konisch geformten, goldbemalten Kopfschmuck, unter dem langes, zotteliges Haar hervorquillt, an den Handschuhen mit den aufgenähten, extrem langen, künstlichen Fingernägeln und an den hervorstehenden Glotzaugen ihrer Masken. Die *Jauk* mit der weißen Maske werden auch *Sandaran* genannt. Sie verkörpern gutmütige Dämonen, während die mit der braunen Maske auf der Seite der Hexe Rangda stehen. Vor dem eigentlichen Kampf zwischen *Barong* und Rangda kommt es schon zu einer gewaltsamen Konfrontation zwischen den beiden *Jauk*-Gruppen.

Daraus hat sich ein eindrucksvoller Solotanz entwickelt, der in seinen Bewegungen fast mit dem *Solo Baris* identisch ist. Der Tänzer ist an keine Spielhandlung gebunden und hat viel Raum für Improvisation, um das Dämonische seiner Erscheinung, die unheilvolle, drohende Kraft herauszustellen. Zögernde, lauernde Schritte wechseln mit wilden Sprüngen und Drehungen, unterstrichen vom hypnotischen Blick seiner starren Augen und dem ständigen Vibrieren seiner langen Fingernägel. Da er das Geschehen alleine bestimmt, hat sich die Musik nach dem Tänzer zu richten.

Baris

In seiner ursprünglichen Form ist **Baris Gede** ein sakraler Tempeltanz, der auch bei Kremationen aufgeführt wird. Er stammt noch aus der Zeit, als die balinesischen Könige im ständigen Krieg miteinander lagen und spezielle Opferriten vonnöten waren, um die Götter zu besänftigen.

Der „Tanz der Krieger" wird von einer größeren Gruppe unmaskierter Männer mittleren Alters getanzt, die in weiße oder schwarz-weiß karierte Kostüme gekleidet sind und eine charakteristische, dreieckige Kopfbedeckung aus weißem Tuch tragen. Die bewaffneten Tänzer stehen sich in zwei langen Reihen gegenüber und demonstrieren in heroischen Posen und mit wechselnder Mimik ihren Kampfeswillen, ihren Stolz, ihren Mut und ihre Todesverachtung. Begleitet von einem Gamelan-Orchester, das den Bewegungen der Tänzer folgt, führen die Männer einige militärische Manöver aus, die schließlich in einem Scheinkampf gipfeln.

Der *Baris*-Tanz erfordert viel Kraft, Konzentration und Körperbeherrschung und ist nur durch langes Training zu erlernen. Je nach Art der getragenen Waffen unterscheidet man bis zu 20 Versionen. Der im *Baris* entwickelte Tanzstil bildet die Grundlage der meisten Männertänze auf Bali.

Aus dem *Baris Gede* ist ein Solotanz hervorgegangen, der im Gegensatz zum sakralen Gruppentanz von meist jungen Tänzern dargeboten wird. Der **Solo Baris** ist eine verfeinerte Form des *Baris Gede*. Hier wird noch mehr Wert auf den wechselnden Ausdruck des Gesichts gelegt, in dem sich die gemischten Gefühle eines jungen Kriegers widerspiegeln, der sich auf seine erste Schlacht vorbereitet.

Topeng

Man unterscheidet zwei Arten von *Topeng*-Tänzen: *Topeng Pajegan* und *Topeng Panca*. *Topeng* ist das indonesische Wort für Maske. Der **Topeng Pajegan** ist ein rituelles Tanzdrama, das nur im Zusammenhang mit religiösen Zeremonien aufgeführt wird. Die verschiedenen Themen des *Topeng* entstammen balinesischen Geschichtschroniken, die von den Taten und Untaten der Fürstenfamilien berichten.

Ein einzelner Tänzer verwandelt sich in die unterschiedlichsten Charaktere, indem er vor den Augen des Publikums die Masken wechselt. Mal ist er ein Prinz, mal ein Clown, dann wieder eine Prinzessin, ein Diener oder ein alter Mann. Ein *Topeng*-Tänzer hat bis zu 30 Masken zu seiner Verfügung, muss also ein wahrer Virtuose sein. Einige der Masken sind Vollmasken, andere dagegen Halbmasken, die es dem Tänzer erlauben, seine Charaktere sprechen zu lassen. Die darge-

Die Rolle des Clowns

Im *Wayang Kulit* sind die Figuren sowie die Bemalungen und der Text der Puppen durch das *Ramayana* vorgeschrieben und dürfen nicht geändert werden. Die Figur des Clowns jedoch ist frei von allen Regeln. Ihm darf man eine riesige rote Nase und abstehende Ohren verpassen. Auch der Text des Clowns kann frei erfunden werden und muss nicht vom *Ramayana* handeln. Der Clown tritt im Allgemeinen als Vermittler zwischen Puppen und Publikum auf. Wird der Text in Altjavanisch vorgetragen, fungiert der Clown als Übersetzer. Oft lockert er die Stimmung auf und macht sich über die eine oder andere Figur des *Ramayana* lustig. In spitzfindigen Bemerkungen äußert er sich aber auch über Politik, Berühmtheiten und aktuelle Themen oder kritisiert sie auf geschickte Art und Weise, sodass ihm niemand etwas vorwerfen kann, jeder Zuschauer aber versteht, was gemeint ist. Besonders zur Zeit des holländischen Kolonialismus bot der Clown auch die Möglichkeit, unterschwellig Kritik zu üben, ohne sich strafbar zu machen, und erfreute sich daher besonderer Popularität. Die Einlagen des Clowns sind wohl auch der Grund dafür, warum viele Balinesen mit so viel Begeisterung immer wieder die gleiche Geschichte von *Rama* und *Sita* sehen möchten. In unsere europäische Kultur übertragen kann man sich analog eine Aufführung von *Romeo und Julia* vorstellen, die immer wieder durch Kommentare von Harald Schmidt unterbrochen wird.

stellte Geschichte ist im *Topeng Pajegan* zweitrangig. Wichtig ist, dass auch die letzte Maske, genannt *Sida Karya*, zum Einsatz kommt. Denn diese letzte Maske gilt als besonders heilig und magisch aufgeladen. Ihr Erscheinen garantiert, dass die Zeremonie den gewünschten Erfolg hat.

Demgegenüber dient der **Topeng Panca** eher der Unterhaltung. *Panca* bedeutet „fünf", was darauf hindeutet, dass bei dieser Form des *Topeng*-Tanzes mehrere Akteure auftreten, wenn auch nicht unbedingt fünf. Der *Topeng Panca* schöpft seine Themen aus den gleichen Quellen wie der *Topeng Pajegan*, verzichtet aber auf die heilige *Sida-Karya*-Maske. Zudem wechseln die Darsteller ihre Masken nicht vor den Zuschauern, sondern hinter einem Vorhang, vor dem sie dann immer wieder in neuer Gestalt auftauchen und dabei ihren Auftritt dramatisch verzögern, indem sie den Vorhang erst nur leicht bewegen, dann eine Hand, dann das Gesicht und endlich ihre ganze Gestalt sichtbar werden lassen.

Eine wichtige Rolle im *Topeng Panca* spielen die Clowns, die gewöhnlich Halbmasken tragen und das Geschehen mit witzigen Bemerkungen kommentieren. Bei den *Legong*-Tanzshows für Touristen ist häufig ein kleiner Ausschnitt aus dem *Topeng* zu sehen, meist nur eine einzige Maske, nämlich die *Topeng Tua*, die einen alten Mann darstellt.

Sanghyang

Das Wort bedeutet „von einem Geist besessen". Unter diesem Sammelbegriff fasst man einige Trance-Tänze zusammen, die nur bei Bedarf, nämlich zur Abwehr von Gefahr und Unheil, aufgeführt werden. Durch den monotonen Gesang eines Frauenchors bzw. durch rhythmische *cak-cak-cak*-Laute eines Männerchors werden die Tänzer oder Tänzerinnen in Trance versetzt und die gewünschten Geister herbeigelockt. Zwei der Trance-Tänze werden in verkürzter Version regelmäßig vor Touristen aufgeführt, wobei von einem echten Trance-Zustand aber oft nicht mehr die Rede sein kann:

Sanghyang Dedari: Himmelsnymphen *(Dedari)* lassen sich in den Körpern von zwei jungen Mädchen nieder, die in *Legong*-Kostüme gekleidet sind. Mit geschlossenen Augen tanzen die Kinder auf den Schultern von Männern

Das Ramayana

Dasarata, der König des Reiches Kosala, hat vier Söhne von unterschiedlichen Frauen seines Harems. Als er merkt, dass er älter wird, bestimmt er seinen ältesten Sohn **Rama** zu seinem Nachfolger. Doch die Mutter von Barata, einem jüngeren Sprössling Dasaratas, will nur ihren Sohn auf dem Thron von Kosala sehen und erinnert den König an ein lange zurückliegendes, doch bindendes Versprechen. Dadurch wird Barata gegen seinen Willen zum König, und sein Bruder Rama wird für 14 Jahre in die Verbannung geschickt.

Zusammen mit seiner wunderschönen Frau **Sita** und seinem Bruder Laksmana lebt er in den Wäldern von Dandaka, bis **Rawana**, der Dämonenkönig, ihr Versteck entdeckt und von der Schönheit Sitas geblendet ist. Er beschließt, sie zu rauben.

Beide Brüder lockt er durch eine List von der Hütte weg, indem er sich in ein schönes, goldenes Reh verwandelt. Die zurückgebliebene Sita ist schutzlos dem Dämon ausgeliefert, der sich nun in einen Riesenvogel verwandelt und sie mit seinen großen Krallen über Berge und Meere in sein Reich *Alengka* davonträgt. Vom König der Vögel erfahren die beiden Brüder vom Schicksal Sitas und beschließen, sie zu retten.

Unterwegs begegnen sie dem weißen Affengeneral **Hanuman**, dem sie helfen, sein Reich zurückzuerobern. Als Dank dafür will er Rama helfen, seine Frau aus der Gewalt des Dämonen zu befreien. Er geht als Kundschafter nach Alengka und muss viele Gefahren überstehen, bis er Sita im Palast von Rawana entdeckt.

Durch die Ankunft des weißen Affengenerals verbreitet sich Furcht unter der Bevölkerung des Dämonenreiches. Hanuman wird gefangen genommen, kann sich jedoch wieder befreien und hinterlässt bei seiner Flucht eine niedergebrannte Stadt. Rama ist glücklich, dass Sita noch am Leben ist.

Die Armeen rüsten sich zum Angriff. Die ersten Kämpfe werden von Ramas Truppen gewonnen. Rawana selbst ist durch einen Zauber unsterblich geworden. Doch bei der entscheidenden, letzten Schlacht kann Hanuman diesen Zauber brechen, und Rawana fällt, getroffen von Ramas Pfeil, tödlich verwundet zu Boden.

Rama und Sita kehren zurück in ihr Reich, wo sie als Regenten nach 14-jährigem Exil freudig aufgenommen werden.

Doch es dauert lange und braucht viele Beweise, bis Rama endlich von der Treue seiner Frau während ihrer Zeit im Dämonenreich überzeugt ist.

---

oder auf dem Boden in meist völlig synchronen Bewegungen Motive des *Legong*, obwohl sie nie darin ausgebildet wurden. Sobald der begleitende Männer- oder Frauenchor den Gesang abbricht, stürzen die Mädchen bewusstlos zu Boden. Ein Priester holt sie mit Gebeten und durch Besprengen mit heiligem Wasser wieder aus der Trance zurück.

Sanghyang Jaran (Feuertanz): Drei oder vier Männer werden von einem Geist besessen, der sich wie ein wild gewordenes Pferd benimmt. Die Männer reiten auf Steckenpferden ekstatisch kreuz und quer über den Platz und laufen dabei mit nackten Füßen immer wieder über einen Haufen glühender Kokosschalen, sodass die Funken nach allen Seiten auseinanderstieben.

Kebyar Duduk

Der Solotanz eines jungen Mannes, der in überwiegend sitzender oder hockender Haltung dargestellt wird (*duduk* = sitzen), wird von den dynamischen Klängen des Gamelan *Gong Kebyar* begleitet. Dem Tänzer bleiben also nur die Bewegungen des Oberkörpers, der Arme, der Schultern, der Hände und des Kopfes und vor allem sein sich ständig veränderndes Mienenspiel, um die wechselnden Stimmungen eines Jünglings in der Pubertät auszudrücken.

Bis heute unübertroffener Meister des *Kebyar Duduk*, der ein hohes Maß an schauspielerischem Talent und mimischer Virtuosität voraussetzt, war der Tänzer I Nyoman Mario aus Tabanan, der den Tanz selbst Mitte der 1920er-

Jahre kreierte. Jeder Balinese kennt noch heute seinen Namen.

Joged Bumbung

Nur eine von vielen Versionen des *Joged*-Tanzes, die alle reine Unterhaltungstänze sind und eines gemeinsam haben: die Teilnahme von Zuschauern. Mehrere Tänzerinnen tanzen einige Motive des *Legong* und fordern etwa nach der Hälfte des Tanzes durch Berühren mit einem Fächer männliche Zuschauer auf, mitzutanzen. Da die meisten Balinesen die grundsätzlichen Tanzbewegungen beherrschen, entwickelt sich daraus oft ein bemerkenswert künstlerisches Tanzduett, das nicht selten erotische (kontrovers diskutierte) Züge annimmt. Wenn der ausgewählte Partner aber ein ungeübter und ungelenker Ausländer ist, steigert sich der Tanz zu einer grotesken Komödie, sehr zum Vergnügen der Zuschauer. Der *Joged Bumbung* wird von einem Bambus-Gamelan begleitet und wurde erst 1946 vom Tänzer I Gusti Made Labda entwickelt.

Gambuh

Ein traditionelles Tanzdrama im klassischen Stil, das schon über 400 Jahre alt ist und von dem alle anderen Tänze, Tanzformen und -traditionen abgeleitet sind. Dargestellt wird für gewöhnlich eine Episode aus dem **Malat**, einem romantischen Legenden-Zyklus um den Prinzen Panji und seine Braut Candra. Die Tänzer sind nicht maskiert. Gesungen und gesprochen wird in *Kawi* (Altjavanisch), das natürlich kaum einer der Zuschauer versteht, aber wie immer in solchen Fällen sind da noch die Clowns, die alle Texte auf humorvolle Weise ins Balinesische übersetzen. Das Gamelan *Gambuh* wird von langen, tief tönenden Flöten und der geigenähnlichen *Rebab* begleitet.

Arja und Drama Gong

Zwei Formen der balinesischen Volksoper, die sich aus dem *Gambuh* entwickelt haben. Die Tanzbewegungen und die Instrumentalmusik treten etwas in den Hintergrund, dafür wird mehr Gewicht auf die gesungenen oder gesprochenen Texte gelegt. Die Sprache ist Hochbalinesisch, das von den Clowns ins Niederbalinesische übersetzt wird. Die Themen bei *Arja* bzw. *Drama Gong* stammen wie beim *Gambuh* oft aus dem *Malat*, aber auch aus dem *Mahabharata* oder aus der *Jayaprana*-Legende und werden von den Clowns mit einer Prise Humor gewürzt. *Arja*-, *Drama Gong*- wie auch *Gambuh*-Aufführungen können mitunter eine ganze Nacht dauern.

Ramayana-Ballett

Stimuliert von den erfolgreichen javanischen Aufführungen beim Prambanan-Tempel nahe Yogyakarta, schuf Kokar, das balinesische Konservatorium für darstellende Kunst, 1965 eine moderne Adaption des populären Hindu-Epos (Kasten S. 141).

Es werden natürlich nur kurze Ausschnitte der extrem langen Geschichte gezeigt, die vom Gamelan *Gong Kebyar* begleitet werden.

Höhepunkt ist immer der dramatische Auftritt des weißen Affengenerals Hanuman. Das *Ramayana*-Ballett ist bei Touristen und Balinesen gleichermaßen beliebt, es wird auf Bühnen, in Hotels und bei Tempelfesten aufgeführt.

Wayang Wong

Eine ältere Form des Tanzdramas, die ihre Themen ausschließlich aus dem **Ramayana** schöpft und an das *Wayang Kulit* anknüpft: Die Tänzer personifizieren hier die Lederpuppen des Schattenspiels. Die „Bösen" betreten den Tanzplatz von links, die „Guten" von rechts. Bis auf die edleren Charaktere wie *Rama*, *Sita* und *Laksmana* tragen alle Akteure (50–100 Personen) Masken. Gesungen und gesprochen wird in *Kawi*, das wiederum von Komödianten übersetzt wird.

Das *Wayang Wong* wird ausnahmslos im Zusammenhang mit Tempelfesten oder religiösen Zeremonien aufgeführt und übernimmt dabei die Rolle eines exorzistischen Rituals. Schließlich gipfelt ja das *Ramayana* in einer Dämonenaustreibung: Rama, eine Inkarnation des Gottes Vishnu, besiegt mit Hilfe von Hanuman und dessen Affenheer den Dämonen Rawana.

Süd-Bali

Stefan Loose Traveltipps

Denpasar Die Kunst- und Kulturschätze, Tempel und authentischen Märkte in der quirligen Metropole Balis. S. 145

1 Kuta Wer will, kann einen Surfkurs belegen und zum ersten Mal auf dem Brett über das Wasser gleiten. S. 152

2 Seminyak Zum Sonnenuntergang schmeckt ein Cocktail am Strand besonders gut. Ein super Auftakt, um anschließend die vielseitigen kulinarischen Köstlichkeiten zu genießen. S. 175

Jimbaran Der lebendige Fischmarkt mit seinem Riesenangebot lädt zum Bummeln ein. S. 190

3 Pura Luhur Uluwatu Der kleine, aber bedeutende Tempel ist spektakulär gelegen. Besonders eindrucksvoll ist das prächtige Klang- und Feuerspiel des Kecak-Tanzes zum Sonnenuntergang. S. 195

SÜD-BALI

SÜD-BALI Übersichtskarte S. 144

Tabanan — Dauhjero
s. Karte Umg. Tabanan S. 250

Tanah Lot
Pura Tanah Lot

Munggu
Dukuh
Sangiangan
Mengening
Seseh
Kankang
Kalutulang
Canggu
Tibubeneng
Petambingan
Berawa
Canggu Plaza
Malas
Braban

Pantai Seseh
Pantai Echo
Pantai Batu Bolong
Pantai Canggu
Pantai Brawa

Tumbak-bayuh
Dalung
Gaji
Pohgading
Celuk
Jambe
Kerobokan

Sempidi
Peguyangan
Umahanyar
Tanguntiti
Ubung Busbahnhof

Tabanan
Tegaltamu
Ubud
Batubulan
Semaga
Tambau
Kesiman
Puri Kesiman
Denpasar
s. Detailplan Denpasar S. 147

Sahadewa
Batubulan Busbahnhof
Tohpati
Sasih
Klungkung
Blaung
Padang Galak

Buwagen
Abiantimbul
s. Detailplan Seminyak S. 170

Seminyak

Legian
s. Detailplan Legian S. 165

Kuta
s. Detailplan Kuta S. 154

Pemongan
Kepawoh
Ambengan

Padungan
Sidakaria
Suwung-penagel

Panjer
Renon
Tanjung-bunkak
Monumen Perjuangan Rakyat Bali
Sanur
s. Detailplan Sanur S. 181
Batujimbar
Semawang

R.S.U. Prima Medika
Turtle Conservation and Education Center
Taman Penyu (Turtle Park)
Pura Sakenan

Transport:
1 Ubung Busbahnhof
2 Batubulan Busbahnhof
3 Fähren nach Nusa Lembongan und Gili Trawangan, PELNI-Fähren nach Nusa Tenggara, Sulawesi und West-Papua

Tuban
Mangrove Information Centre
Vihara Satya Dharma

P. SERANGAN

Pesang-garan
Benoa Harbour

Bandara Ngurah Rai
Kedonganan Fischmarkt

Nusa Lembongan, Gili Trawangan, Nusa Tenggara, Sulawesi, West-Papua

Tanjung Benoa
s. Detailplan Nusa Dua/Tj. Benoa S. 194

Jimbaran
Pura Ulun Siwi
Pengederan
Puja Mandala

Balangan Beach
Dreamland Beach
Bingin Beach
Impossible Beach
Labuan Sait Beach
Padang Padang beach
Suluban Beach
Pura Balangan
Gua Peteng
Universität Udayana

Nusa Dua
Pura Geger

Simpangan
Kampial

Bukit-Halbinsel

Pura Luhur Uluwatu
Pecatu
Ungasan
Kutuh

Sawangan
Pura Gunung Payung

Nyangnyang Beach
Pura Masuka
Pura Batu Pageh

144   SÜD-BALI

www.stefan-loose.de/bali

Übernachtung:
DENPASAR (S. 148)
① Hotel Griya Anom Sari
② Fave Hotel

NÖRDLICH VON SEMINYAK (S. 178)
③ The Chillhouse Surf Retreat
④ Jepun Bali Homestay
⑤ Ecosfera
⑥ The Green Room Canggu
⑦ Coconuts Gh.
⑧ Hotel Tugu Bali

JIMBARAN (S. 191)
⑨ Sari Segara Resort
⑩ Villa Puri Royan
⑪ Keraton Jimbaran Resort
⑫ Ayana Resort Bali

BUKIT-HALBINSEL (S. 197)
⑬ Bingin Garden
⑭ Uluwatu Cottages
⑮ Rocky Bungalows
⑯ Pink Coco Bali
⑰ Bali Bule Home Stay
⑱ Mamo Hotel
⑲ Bhujangga's Village
⑳ Jacko House

NUSA DUA (S. 192)
㉑ The Mulia

Essen:
1 Deus Ex Machina Café
2 Sticky Fingers
3 Trattoria Italian Rest.
4 Bali Bakery
5 Blue Marlin Café
6 Menega Café
7 Klapa Rest.
8 El Kabron Spanish Rest. & Cliff Club
9 Trattoria
10 Warung Yeye's
11 Single Fin
12 ULU Restaurant
13 The Gong Restaurant

Sonstiges:
1 Canggu Deli
2 DHL
3 The Rock Bar
4 Blue Heaven
5 Blue Point
6 Impossible Surf School
7 Finn's Beach Club

Die Region um Kuta, Legian und Seminyak hat alles, was das Touristenherz begehrt: Hotels in jeder Preislage, zahllose Souvenirgeschäfte, Modeboutiquen und Kunstgalerien, Restaurants internationaler Klasse, kommerzielle Nachtclubs und blankpolierte Bars. Dazu gibt es noch den berühmten, sehr breiten Sandstrand, der getrost als Copacabana Indonesiens gelten darf. Idyllische, einsame Strände wird man hier aber nicht entdecken, und das Schwimmen ist bei den unberechenbaren, starken Strömungen oft sehr gefährlich.

Im Westen der Region überwiegen steile Felsklippen, die von der tosenden Brandung umspült werden. Im Osten dehnen sich unzugängliche Mangrovensümpfe aus. Bis auf die trockene Bukit-Halbinsel ist die fruchtbare Ebene im Süden sehr dicht besiedelt. Entsprechend chaotisch ist der Verkehr. Für Entlastung sorgt neuerdings die US$220 Mio. teure, auf 33 835 Betonpfeilern mutig ins Meer hineingebaute **Bali Mandara Tollway**, eine Autobahn, die den Flughafen auf direktem Weg mit Nusa Dua im Süden und Benoa Harbour im Norden verbindet.

So kann man bei Fahrten zwischen dem Flughafen, Sanur und der Bukit-Halbinsel eine Menge Zeit sparen.

Angelockt von den tropischen Stränden und dem hochentwickelten touristischen Angebot, wohnen die meisten Besucher in den Ortschaften rund um die wenig attraktive Hauptstadt **Denpasar**. Hier hat sich die Insel in den letzten Jahrzehnten am stärksten verändert: Das an der Westküste gelegene **Kuta** ist zum Herzstück des kommerziellen australischen Partytourismus geworden. Feierwütige Jugendliche und einheimische Wochenendtouristen sorgen dafür, dass es nie wirklich ruhig wird. Auch **Legian** hat sich von einem verschlafenen Fischerdorf zu einem Pauschaltouristenzentrum par excellence gewandelt. Die Hotelgäste sind lediglich etwas älter. **Seminyak** ist bekannt für seine hervorragenden Restaurants und stylischen Bars, die auch von der großen Zahl der hier lebenden Ausländer frequentiert werden. In **Sanur** auf der Ostseite Süd-Balis ist die Auswahl an Unterkünften und Restaurants ähnlich groß, doch geht es hier geruhsamer zu.

Der imposante, 12,7 km lange Bali Mandara Tollway überbrückt die an Mangroven reiche Bucht zwischen Sanur und **Nusa Dua**, dem am Reißbrett entworfenen, von der Weltbank geförderten und durch Eingangstore abgetrennten Luxustourismusprojekt. Nördlich von Nusa Dua bieten sich am Strand von **Tanjung Benoa** zahlreiche Wassersportmöglichkeiten. Besonders im Südwesten der staubtrockenen **Bukit-Halbinsel** liegen einige der besten Surfreviere der Welt.

Denpasar

Bei Balinesen auch unter dem alten Namen Badung bekannt, ist Denpasar mit fast 800 000 Einwohnern die größte Stadt der Insel und zugleich die Hauptstadt der Provinz Bali. Sie vereint all das, was man sich nicht unter Bali vorstellt: lärmende Motorroller und Minibusse, die kreuz und quer durch das Einbahnstraßenlabyrinth der Stadt kurven, Hektik und Abgasgestank. Dabei ist die Stadt mit ihrer Geschichte, ihren Monumenten und Museen für historisch und kulturell Interessierte durchaus einen Besuch wert. Nicht ohne Grund wurde sie 2013 von der Unesco zur Weltkulturerbestadt erklärt. Dennoch verirren sich nur wenige Besucher zu den authentischen Märkten, Kunstakademien und Tempeln.

Auf dem zentralen, von schönen alten Bäumen umstandenen **Puputan-Platz** erinnert ein Denkmal an den *Puputan* – den kollektiven Selbstmord der balinesischen Königsfamilie, die damit der Unterwerfung durch die niederländische Kolonialmacht zuvorkam. Den Kilometer Null und spirituellen Mittelpunkt der Stadt bildet die 9 m hohe Statue **Catur Muka** („vier Gesichter"), die 1973 vom berühmten Bildhauer I Gusti Nyoman Lempad gestaltet wurde. Als Manifestation Brahmas, des Weltenschöpfers, blicken ihre vier Gesichter in alle Himmelsrichtungen.

Am östlichen Puputan-Platz steht der Tempel **Pura Jagatnata**. Er ist der obersten hinduistischen Gottheit Ida Batara Sang Hyang Widhi Wasa gewidmet, deren goldene Statue im Tempel zu sehen ist. Der Staatstempel feiert sein *Odalan* nicht wie sonst üblich nach dem *Pawukon*-Kalender (210 Tage), sondern nach dem *Saka*-Kalender, einmal im Jahr während des Vollmondes *(Purnama)* im Oktober oder November.

Nur 300 m nördlich des Puputan-Platzes befand sich früher der Königspalast, **Puri Denpasar**, der 1906 von den Holländern zerstört wurde. An gleicher Stelle liegt heute der Sitz des Gouverneurs von Bali. Der **Puri Kesiman** in der Jalan W. R. Supratman, 2 km östlich des Zentrums, ist eine gut erhaltene und gepflegte Anlage mit außergewöhnlicher Architektur, die während der Trance-Feiern, sieben Tage nach *Galungan* (S. 119), viele Gäste anzieht.

Museen

In Nachbarschaft zum Pura Jagatnata liegt in der Jalan Mayor Wisnu das sehenswerte **Bali Museum**, ℘ 0361-222680. Bereits 1910 eröffnet, wurde es 1917 durch ein Erdbeben zerstört und 1932 von den Holländern im traditionellen balinesischen Stil wieder aufgebaut. Die in den vier (davon drei kürzlich renovierten) Gebäuden untergebrachten, auch auf Englisch beschilderten Ausstellungsstücke geben einen knappen Überblick über die Entwicklung der balinesischen und indonesischen Kunst von prähistorischer Zeit bis heute: Die im ostbalinesischen Stil gestaltete Karangasem-Galerie erläutert u. a. die Details der hinduistischen *Panca-Yadnya*-Zeremonie; die Denpasar-Galerie im Stil Zentral-Balis zeigt historische Kunstsammlungen und Waffen sowie Fotos, Keramik und alte Bronzefunde; die Buleleng-Galerie im nordbalinesischen Stil stellt traditionelle Stoffe aus. Besonders schön ist die Sammlung von Tanzmasken. ⊕ Sa–Do 8–16, Fr 8–12.30 Uhr, feiertags geschlossen, Eintritt 10 000 Rp, Kinder 5000 Rp, Kamera 1000 Rp.

Das kleine, private **Museum Lukisan Sidik Jari** in der Jalan Hayam Wuruk 175, Richtung Sanur, stellt Gemälde des Künstlers I Gusti Ngurah Gede Pemecutan aus, der für seinen pointillistischen Gebrauch der Fingerspitzen als Malwerkzeug bekannt ist. Damit verleiht er den traditionellen Motiven mit Landschaften, Zeremonien oder Tänzern eine mosaikhafte Erscheinung. Im Gebäude sind auch ein Atelier und eine Bühne für Tanzvorführungen untergebracht, auf der kleine Mädchen unterrichtet werden. Eintritt frei, Spende willkommen, ⊕ Mo–Sa 9–16 Uhr, ℘ 0361-23511.

Das **Monumen Perjuangan Rakyat Bali** ist ein beeindruckendes Denkmal für den Unabhängigkeitskampf der Balinesen im Regierungsviertel Renon im Osten der Stadt. In der zweiten Etage gibt es eine kleine Ausstellung zur Entwicklung der balinesischen Religion und Kultur. Von der Wendeltreppe weiter oben bietet sich eine gute Aussicht. ⊕ Mo–Fr 8.30–15.30, Sa und So 9–15 Uhr, feiertags geschlossen, Eintritt 10 000 Rp, Kinder 5000 Rp.

Aufführungen

Im 1973 an der Jalan Nusa Indah, ca. 2 km östlich des Puputan-Platzes, erbauten **Taman Werdi Budaya** (Art Center), ℘ 0361-222 776, einer schöne Anlage mit viel Grün, kleinen Teichen, Ausstellungsräumen und einer großen Bühne, werden besonders im Juni, Juli sowie zu Vollmondnächten auf der Freilichtbühne aufwendige Vorstellungen und *Kecak*-Tänze dargeboten. ⊕ Mo–Do 8–15, Fr–So bis 13 Uhr, Eintritt frei (Veranstaltungen ausgenommen).

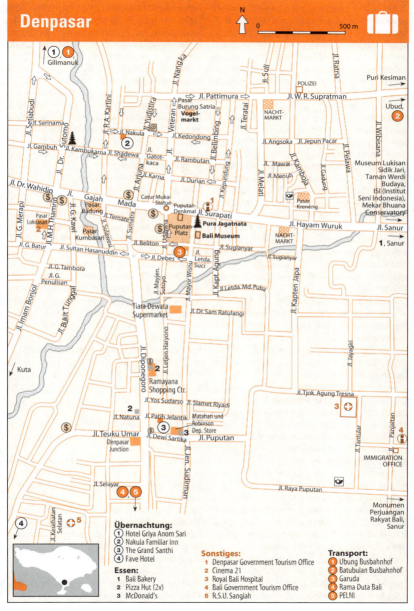

Nördlich hinter dem Taman Werdi Budaya liegt die landesweit angesehene, auch in Yogyakarta und Bandung vertretene Kunsthochschule **ISI** (Institut Seni Indonesia). Hier werden Studenten (auch Ausländer) in Tanz, Musik und Schattenspiel unterrichtet, und man kann den angehenden Künstlern bei den Proben zusehen. ⊙ Mo–Fr 8–16 Uhr.

Märkte

Der **Pasar Badung** ist der größte Markt der Stadt und liegt wenige hundert Meter westlich des Puputan-Platzes in der Jalan Gajah Mada. Das geteilte, große Eingangstor (*Candi Bentar*) weist den Weg vorbei am **Pura Melanting**, einem Tempel zu Ehren des Gottes des Handels. Auf dem Markt werden rund um die Uhr Obst, Gemüse, Gewürze, Fleisch und Fisch, aber auch traditionelle Textilien (besonders in der Jl. Sulawesi und im dritten Stock) und Kunsthandwerk aus allen Ecken der Insel feilgeboten. Zwischen Mitternacht und 4 Uhr morgens kann man beobachten, wie die Bauern ihre Waren an die Händler verkaufen.

Ebenfalls am Fluss Tukad Badung liegt südlich des Pasar Badung der **Pasar Kumbasari**. Im vorderen Teil werden Obst, Gemüse und Blumen verkauft, während man sich im dahinter liegenden dreistöckigen Marktgebäude mit Textilien, traditionellem Kunsthandwerk und günstigen Souvenirs eindecken kann.

Ein für Tierfreunde wenig erfreulicher Anblick bietet sich auf dem **Pasar Burung Satria** (Vogelmarkt) am Puri Satria, dem einstigen Palast des Königs von Denpasar, 500 m nördlich des Puputan-Platzes. Hier werden exotische Vögel, Affen, Eichhörnchen, Fische und andere Tiere in engen Käfigen zum Kauf angeboten. ⊙ bis 18 Uhr.

Abends findet hier ein **Nachtmarkt** statt. Hinter dem Markt in der Jalan Veteran, nördlich der Jalan Kedondong, befindet sich ein mit Pavillons und Bäumen gesäumtes Tempelgelände – eine Oase der Ruhe inmitten der belebten Umgebung. 500 m östlich des Puputan-Platzes öffnet abends der Nachtessensmarkt **Pasar Asoka**.

ÜBERNACHTUNG

Fave Hotel, Jl. Teuku Umar 175–179, ✆ 0361-842 2299, ⌨ www.favehotels.com. Der 4-stöckige

Block mit Pool gleich neben einem Starbucks bietet die für die Hotelkette typischen schmucklosen und wenig hochwertigen, aber günstigen Mittelklasse-Zimmer mit AC, TV, Safe und guten Matratzen sowie teils Fenstern zum Gang. Frühstück und WLAN inkl. ❹

Hotel Griya Anom Sari, Jl. Pidada 32, ✆ 0361-410852. Wer nahe dem Busbahnhof Ubung übernachten muss, findet westlich des Terminals etwas dunkle Zimmer mit Ventilator, Schaumstoffmatratzen und schmuddeligen Du/WC. In der Nachbarschaft sind weitere Absteigen einen Versuch wert. ❷

€ **Nakula Familiar Inn**, Jl. Nakula 4, ✆ 0361-226446, ⌨ www.nakula familiarinn.com. In einem 2-stöckigen Bau mit kleinem Garten liegen 8 geräumige, saubere Zimmer mit komfortablen Matratzen, Terrasse und Du/WC, teils auch AC. Die freundliche Vermieterin Adi hat Stadtpläne und gute Infos. Frühstück möglich, WLAN. ❷

The Grand Santhi, Jl. Patih Jelantik 1, ✆ 0361-224183, ⌨ www.hotelsanthi.com. Hotel mit Pool sowie einem älteren und einem neueren, hohen Gebäude. Die 74 teils hellen Zimmer haben gute Matratzen, AC, LCD-TV und Du oder Bad/WC. Manche bieten einen schönen Blick über die Dächer der Stadt. Freundliches Personal. Frühstück und WLAN in der Lobby inkl. ❹ – ❺

Weitere Übernachtungsmöglichkeiten s. **eXTra [4076]**.

ESSEN

Im Stadtgebiet gibt es überall kleine Warung und Restaurants, die preiswertes Essen anbieten.

Im großen Marktgebäude des **Pasar Kumbasari** in der Jl. Gajah Mada, Ecke Jl. Sulawesi, gibt es einige billige Restaurants und einen **Nachtmarkt**.

Ein weiterer **Nachtmarkt** befindet sich im Norden am Sportstadion, Jl. W. R. Supratman, Ecke Jl. Melati, sowie in der Jl. Hayam Wuruk, östlich des Puputan-Platzes.

In der **Denpasar Junction**, Jl. Teuku Umar, sind teils klimatisierte Restaurants.

McDonald's, **KFC** (bzw. diverse Verschnitte) und **Pizza Hut** sind mehrfach vertreten, s. Karte.

Über dem Verkehrschaos der Hauptstadt erhebt sich der hinduistische Schöpfergott Brahma.

Bali Bakery, Jl. Hayam Wuruk 181, ☎ 0361-243147, 🖥 www.balibakery.com. Englische Frühstücksmenüs mit Ei Benedikt auf Walnussbrot, Schinken, gebackenem Omelette auf dunklem Sesam-Bagel oder auch die Tortilla mit Avocado, Salat, Bohnen, Käse und Ei – wer Appetit auf ein herzhaftes Frühstück hat, wird hier fündig. Außerdem gibt es Mittagsgerichte, Brot, Wein und Kuchen. ⏱ 7.30–22.30 Uhr.

FESTE

Seit 1979 findet im Taman Werdi Budaya (S. 146) im Juni und Juli das mehrwöchige **Bali Arts Festival** *(Pesta Kesenian Bali)*, 🖥 www.baliartsfestival.com, statt. Auf dem Programm stehen u. a. Tanz-, Musik- und Theaterdarbietungen, umfangreiche Aufführungen aus den *Ramayana-, Mahabharata-, Sutasoma- und Panji-Epen* sowie Ausstellungen zu den balinesischen Handwerkskünsten. Tausende Balinesen, aber nur wenige Touristen besuchen dieses Festival, das für den Erhalt und die Entwicklung der balinesischen Kunst und Kultur eine wichtige Rolle spielt.

EINKAUFEN

Die Geschäfte in der Jl. Gajah Mada und der Jl. M. H. Thamrin verkaufen **Textilien**, **Holzschnitzereien** und andere Souvenirs. Die Jl. Hasanuddin ist auch als Straße der **Goldschmiede** bekannt, mit sehr schönen Stücken in den Auslagen.
Im bunten Gewühl der Jl. Sulawesi gibt es **Schmuck-**, **Leder-** und vor allem feine **Stoffgeschäfte**. Wer mit dem Gedanken spielt, sich ein traditionelles balinesisches Gewand schneidern zu lassen, sollte einen Abstecher hierher machen.
Das große **Ramayana Shopping Center** an der Jl. Diponegoro, der **Matahari** und der **Robinson Department Store** in der Jl. Dewi Sartika, sind die größeren Einkaufszentren.

www.stefan-loose.de/bali

AKTIVITÄTEN UND TOUREN

Jeden Sa finden kostenlose, 2-stündige **Stadtrundfahrten** mit Stopps am Bali Museum, dem Puputan-Platz, dem Taman Werdi Budaya und in Renon statt. Informationen beim Denpasar Government Tourism Office, s. u., Abfahrten um 8, 9, 10.05, 11.05, 13.10, 14.10, 15.15 und 16.15 Uhr in Sanur.

Gamelan und Tanz
Mekar Bhuana Conservatory, Jl. Gandapura III 501X, ✆ 0361-464201, 0819-9919 1104, 🖳 www.balimusicanddance.com. Einzelunterricht und Workshops führen in die Grundlagen und Feinheiten balinesischer Gamelan-Musik und klassischer Tänze ein. Das vom Neuseeländer Vaughan (der auch im Orchester mitspielt) begründete, private Konservatorium dient auch der Dokumentation und Rekonstruktion fast vergessener Musikstücke und Choreographien. Zudem individuelle Programme inkl. Koch- oder Sprachkurs, Puppenspiel oder Batik.

SONSTIGES

Immigration
Immigration Office, Jalan D. I. Panjaitan, Renon, ✆ 0361-227828. Visaverlängerungen dauern 8 Tage und leiden unter bürokratischer Ineffizienz. Wer (kostenpflichtige) Hilfe bei der Visaverlängerung in Anspruch nehmen möchte, ist bei **Jaya Amertha**, Jl. Imam Bonjol 387, ✆ 0361-823 6677, ✉ jaya.amertha@yahoo.com, richtig.

Informationen
Bali Government Tourism Office, Jl. Letjen S. Parman, Renon, ✆ 0361-222387, 🖳 www.balitourismboard.org. Bietet neben aktuellen Informationen auch den *Calendar of Events*, in dem alle Feste aufgelistet sind. ⏱ Mo–Do 8–15, Fr 8–13 Uhr.
Denpasar Government Tourism Office, Jl. Surapati 7, ✆ 0361-223602, 234569, 🖳 pariwisata.denpasarkota.go.id. Informationen über die unübersichtlichen öffentlichen Verkehrsmittel in Denpasar und Umgebung. ⏱ Mo–Do 8–15.30, Fr 8–13 Uhr.

Internet
Internetcafés verlangen 3000–5000 Rp pro Std.

Kino
Cinema XXI, Jl. Thamrin, Lokitasari Shopping Center, 3. OG, ✆ 0361-849 7688, 🖳 www.21cineplex.com. Mo–Do 50 000 Rp, VIP 75 000 Rp, Fr–So 60 000/100 000 Rp.

Medizinische Hilfe
In und um Denpasar gibt es eine Vielzahl von professionell geführten Krankenhäusern und Kliniken, S. 53.

Polizei
Polizeistation, Jl. W. R. Supratman, ✆ 0361-227713, 235397, Notruf ✆ 110.

Post
Hauptpostamt, an der Jl. Raya Puputan in Renon, ✆ 0361-223566, ⏱ Mo–Fr 8–15, Sa bis 12 Uhr. Filialen u. a. in der Jl. Kamboja, Kreneng, ✆ 0361-222004.
DHL, gegenüber dem Fave Hotel, Jl. Teuku Umar 174A, ✆ 0361-966 9169.

NAHVERKEHR

Angkot (Minibusse) verkehren bis ca. 21 Uhr auf festen Routen durch das Zentrum zu Krankenhäusern, Märkten sowie Busbahnhöfen. Eine Fahrt kostet je nach Entfernung 5000–10 000 Rp.

TRANSPORT

Busse und Minibusse
Insgesamt gibt es im unüberschaubaren Stadtgebiet 5 Busbahnhöfe, von denen aber nur 2 für Touristen relevant sind: **Batubulan** im Nordosten und **Ubung** 5 km nördlich von Zentrum in der Jl. Cokroaminoto. Große Busse verkehren zu festen Zeiten, jedoch nur auf den Hauptstrecken Gilimanuk–Denpasar–Padang Bai und Denpasar–Singaraja–Gilimanuk, oft zum gleichen Preis wie Minibusse. Minibusse fahren von 6–16 Uhr fast jeden Ort der Insel an, jedoch nur bei genügend Passagieren. Deswegen muss oft schon ab mittags ein Minibus gechartert werden, was je nach Strecke 60 000–150 000 Rp kostet.

150 DENPASAR

www.stefan-loose.de/bali

Batubulan für Busse nach Norden und Osten.
AMLAPURA und CANDI DASA via
SEMARAPURA (20 000 Rp, 1 Std.) für 30 000 Rp
in 3 Std.
BANGLI für 25 000 Rp in 1 1/2 Std.
GIANYAR für 15 000 Rp in 30–45 Min.
KINTAMANI für 30 000 Rp in 2 Std.
NUSA DUA mit dem TransSarbagita-Bus für
3500 Rp in 1 Std.
PADANG BAI für 50 000 Rp (über Semarapura)
in 1–2 Std.
SINGARAJA für 40 000 Rp in 2 Std.
UBUNG-BUSBAHNHOF für 10 000 Rp in 1 Std.
UBUD für 30 000 Rp in 1 Std.

Ubung für Ziele im Norden und Westen sowie
Java, Lombok und Sumbawa.
Busbahnhofaufsicht, ✆ 0361-427172.
GILIMANUK für 25 000–35 000 Rp in 3 Std.
LOVINA und SINGARAJA für 25 000–34 000 Rp
in 3 Std.
TABANAN, MENGWI und NEGARA für 31 000–
33 000 Rp in 1–2 Std.

Nach Nusa Tenggara mit diversen Unternehmen
von 5–7 Uhr:
MATARAM für 150 000–210 000 Rp in 8 Std.
SUMBAWA BESAR, DOMPU und BIMA
(Sumbawa) für 350 000–450 000 Rp in
22–29 Stunden.
LABUAN BAJO (Flores) für 550 000 Rp in 38 Std.

Nach Java mit diversen Unternehmen von
14.30–18 Uhr. Auf Wunsch ist der Ausstieg in
Probolinggo (weiter zum Bromo-Tengger-
Semeru-Nationalpark) möglich.
BANDUNG und BOGOR um 6.30 und 11.30 Uhr
für 500 000 Rp in 22 Std.
JAKARTA um 6.30 und 15 Uhr für 450 000 Rp
in 24 Std.
MALANG um 17.30 Uhr für 175 000 Rp in 12 Std.
SEMARANG um 11.30 und 15 Uhr für 300 000 Rp
in 18 Std.
SOLO/YOGYAKARTA um 14.30 und 15 Uhr für
275 000 Rp in 18 Std.
SURABAYA um 18 Uhr für 175 000 Rp in 12 Std.

Flüge
Infos zu Flugverbindungen S. 35.

Kuta

Das ehemalige Fischerdorf Kuta an einem kilometerlangen, menschenleeren Sandstrand hat
sich in den letzten Jahrzehnten in das quirligs-
te und kommerziellste **Touristenzentrum** Indonesiens verwandelt. Zuerst kamen die Hippies,
dann entstanden mehr und mehr billige Unterkünfte, die Traveller anzogen. Reiseveranstal-
ter und große Hotels witterten das Geschäft,
und mit ihnen kamen die Kurzurlauber und Pauschaltouristen. Bungalows und Hotelblöcke,
Restaurants und Boutiquen schossen ab den
1990er-Jahren wie Pilze aus dem Boden. Heute
bevölkern geschäftstüchtige Händler die Straßen, während sonnen- und partyhungrige Touristen den Strand für sich erobert haben. Für
eine detaillierte Darstellung der Geschichte
Kutas s. **eXTra [4080]**.

In Kuta sind sie alle vertreten: Globetrotter
aus Europa, Pauschaltouristen aus Asien, Familien aus Australien und züchtig angezogene Indonesier, die kichernd den freizügigen Sonnen-
anbetern nachschauen. Neben vielen Surfern
und denen, die es werden wollen, kommen
mehrheitlich australische Pauschalurlauber
hierher. Die zahlreichen Hotels, Bars, Restaurants, Souvenirstände, Nachtclubs und Surfer-
läden haben sich gut auf ihre Klientel eingestellt. Auf manch einen, der bereits länger in
entlegeneren Regionen Südostasiens unterwegs war, kann das „Mallorca der Australier"
wie ein Kulturschock wirken.

Kuta hat sich so weit ausgedehnt, dass es
mit Tuban im Süden sowie Legian, Seminyak
und Kerobokan im Norden verschmolzen ist.
Die Jalan Legian stellt die Hauptverkehrsader
zwischen Kuta, Legian und Seminyak dar und
ist über Kilometer von Geschäften und Restaurants gesäumt. Hier und auf der parallel am
Strand verlaufenden Jalan Pantai Kuta staut
sich zu fast jeder Tageszeit der Verkehr, doch
auch in den schmalen Querstraßen Jalan Benesari, Poppies Lane 1 und Poppies Lane 2 sind jede Menge Menschen, Motorroller und Autos
unterwegs. Inzwischen hat der Bauboom auch
weite Teile des Hinterlands erreicht und die großen Schnellstraßen links und rechts mit einem
Saum aus Hotels, Karaoke-Restaurants und gro-

www.stefan-loose.de/bali

Achtung beim Schwimmen

Außerhalb von den durch rot-gelb gestreifte **Flaggen** markierten Bereichen ist das Schwimmen aufgrund starker, unberechenbarer Strömungen sehr gefährlich! An Strandabschnitten, die durch mit Totenköpfen bedruckte rote Flaggen abgesteckt sind, sogar lebensbedrohlich! Obwohl immer **Rettungsschwimmer** im Einsatz sind, kommt es jedes Jahr zu tödlichen Unfällen mit Touristen, die die Gefahr unterschätzen, zu weit hinausschwimmen oder von der Strömung hinausgetragen werden und ertrinken. Selbst an den als sicher markierten Bereichen sollte man das tosende Meer nicht unterschätzen. Auch sollte man immer ein Auge auf die **Surf-Anfänger** haben, die ihre Bretter noch nicht perfekt unter Kontrolle haben, denn ein Zusammenstoß kann mehr als nur schmerzhaft enden. An vielen Stellen, wie etwa auf Höhe der Jl. Double Six, fließen ungeklärte **Abwässer** ins Meer. Hier sollte man aus naheliegenden Gründen nicht ins Wasser gehen.

ßen Souvenirgeschäften für asiatische Reisegruppen „verziert".

Nach dem verheerenden **Bombenanschlag** im Oktober 2002 hielten sich die Touristen von Bali fern. Der einst so hektische Ferienort glich stellenweise einer Geisterstadt. Heute strömen jedoch mehr Urlauber nach Bali als je zuvor. Neben Australiern, Europäern und Japanern sind es vor allem immer mehr Besucher aus China, Taiwan, Südkorea und südostasiatischen Ländern.

Zehn Jahre nach dem Bombenanschlag erinnert nur noch die marmorne Tafel der Gedenkstätte **Bali Bomb Memorial** an die 202 Toten. Das gepflegte Denkmal steht auf der Fläche des zerstörten Paddy's Pub und wird jeden Abend erleuchtet. Auf der als Parkplatz genutzten Freifläche gegenüber stand der ebenfalls zerstörte Sari Club. Es ist angedacht, hier einen Peace Park im Gedenken an die Opfer zu errichten.

Das hektische Touristenleben mag anderes vermitteln, aber die Balinesen pflegen auch in Kuta ihre Kultur und Religion. Die kleinen Opferkörbe vor Tempeln, Geschäften und Haustüren gehören auch mitten im Trubel zum Straßenbild.

An *Nyepi*, dem balinesischen Neujahr, ist es hier (fast) ebenso still wie überall sonst auf der Insel.

Der feine **Sandstrand** von Kuta, Legian und Seminyak ist breit und ideal zum Sonnenbaden und Entspannen. Allerdings sind besonders auf Höhe der Poppies Lane 1 und 2 viele aufdringliche fliegende Händler unterwegs, die billige Sarongs, Souvenirs, Sonnenbrillen, temporäre Tätowierungen oder auch frisches Obst an den Urlauber bringen wollen. Eine Lösung besteht darin, eine Sonnenbrille zu tragen, damit nicht jeder Blick in einen Verkaufsmarathon ausartet.

Die kilometerlangen breiten Sandstrände rund um Kuta sind für ihre wunderschönen **Sonnenuntergänge** bekannt. Zum späten Nachmittag füllt sich der Strand mit Touristen und Einheimischen. Man unterhält sich, trinkt ein Bier oder springt noch einmal kurz ins Meer, bevor dann alle gemeinsam das wunderschöne Naturschauspiel bestaunen.

Das von Rettungsschwimmern und ProFauna Indonesia (S. 86) betriebene **Kuta Sea Turtle Project**, ⌨ www.kutaseaturtle.com, unterhält auf Höhe des Rettungsschwimmer-Postens eine Aufzuchtstation, die den gefährdeten Nachwuchs der Oliv-Bastardschildkröten pflegt, bevor die Tiere (zur Saison von Mai–Oktober tgl.) ab 16.30 Uhr am Strand direkt südlich des Hard Rock Hotels mithilfe von Touristen freigelassen werden. Weitere Infos auf ⌨ www.baliseaturtle.org.

In der angenehm luftigen Beach Walk Mall (s. Einkaufen) an der Jalan Pantai Kuta stellt das moderne **Museum Kain** im obersten Stock 60 wertvolle Textilien aus, ergänzt durch Infos auf Touch Screens. Eigentümerin Josephine Komara verfügt als Sammlerin und Verkäuferin exklusiver Stoffe, ⌨ www.binhouse.com, über eine rund 600 Stücke fassende Kollektion, die in halbjährlichen Abständen durch die Ausstellung rotiert. ⏱ 10–22 Uhr.

1 HIGHLIGHT

Surfen lernen

Das erste Mal auf einer Welle dahinzugleiten, ist ein wunderbares Gefühl, und es gibt wenige Orte auf Bali, an denen man das Surfen so gut erlernen kann wie am Strand von Kuta. Die Wellen sind verhältnismäßig klein und die Strömung einigermaßen vorhersehbar. So wundert es kaum, dass sich jede Menge **Surfschulen** (S. 161) angesiedelt haben, die es sich zur Aufgabe gemacht haben, blutige Anfänger zu leidenschaftlichen Surfern auszubilden. Alternativ können Sparfüchse an kleinen Ständen am Strand Bretter ausleihen und einen günstigeren (wenn auch weniger professionellen) Surflehrer bekommen.

Die Schulen unterscheiden sich, abgesehen von den günstigsten, nur geringfügig voneinander: Sie sind von Surfermarken wie Billabong, Rip Curl oder Oakley gesponsert, verfügen über relativ neue Bretter und bieten morgens und am frühen Nachmittag ihre Anfängerkurse an. Die genauen Zeiten sind immer von Ebbe und Flut abhängig. Der Spaß am Surfen wird in den Kursen mit meist drei bis fünf Teilnehmern großgeschrieben, aber natürlich werden auch Verhaltensregeln und Sicherheitsfragen behandelt. Die Kursgebühr sollte eine Versicherung beinhalten. Fast alle Schulen bieten einen kostenlosen Abholservice für Süd-Bali an, einschließlich Nusa Dua, Jimbaran und Sanur.

Verwirrende Straßennamen

Besonders in Kuta, Legian und Seminyak werden oft mehrere Namen für eine Straße verwendet. Neben dem allgemein verbreiteten Namen existiert meist noch ein offizieller, aber nicht sehr gebräuchlicher Name. Hier ein Überblick über die wichtigsten Straßen mit doppeltem Namen:

Poppies Lane 2	=	Jl. Batu Bolong
Jl. Pantai Kuta	=	Jl. Pantai Banjar Pande Mas
Jl. Kartika Plaza	=	Jl. Dewi Sartika
Jl. Doublesix	=	Jl. Arjuna
Jl. Werkudara	=	Jl. Pura Bagus Taruna
Jl. Padma	=	Jl. Yudistra
Jl. Laksmana	=	Jl. Oberoi
Jl. Dhyana Pura	=	Jl. Abimanyu oder Jl. Camplung Tanduk

Die körperliche Anstrengung sollte nicht unterschätzt werden: Zwei Stunden im Wasser können schon so sehr ermüden, dass das Paddeln und Aufrichten schwerfällt und erste Koordinationsprobleme auftreten. Spätestens dann ist eine Pause angebracht. Auch auf die Sonne muss geachtet werden: Immer reichlich Sonnencreme benutzen und alle ein bis zwei Stunden erneuern; gegen Sonnenbrand während des Surfens ein T-Shirt oder Neopren-Shortie tragen.

ÜBERNACHTUNG

Neben den teuren Luxushotels in Strandnähe gibt es viele Budget-Unterkünfte, oft mit ruhigen Innenhöfen im balinesischen Stil, und schöne Bungalowanlagen mit Pool in der mittleren Preisklasse. In der Hochsaison (Juli–Sep und Weihnachten) können die Unterkünfte teurer oder ausgebucht sein. Es empfiehlt sich dann rechtzeitig zu reservieren.

Weitere Übernachtungsmöglichkeiten s. **eXTra [4081]**.

Untere Preisklasse

Bali Dwipa Gh., Benesari Lane, ☎ 0361-751446. Etwas zurückversetzt von der lauten Gasse liegen 50 alte, relativ saubere und einfache Zimmer mit Schaumstoffmatratzen und Warmwasser-Du/WC, teils auch LCD-TV und AC. Frühstück und WLAN inkl. ❷

Bamboo Inn, Jl. Singosari, Gang Kresek 1, ☎ 0361-751935. Ruhig gelegene, kleine und familiäre Anlage mit netter Dekoration, Garten sowie 8 einfachen, ordentlichen und sauberen AC-Zimmern mit Du/WC. Frühstück inkl. ❷

Bunut Garden, Jl. Kartika Plaza, Gang Puspa Ayu, ☎ 0361-752971, ✉ bunutgarden@yahoo.com. Enge, aber gemütliche Anlage mit einfachen, sauberen Zimmern mit Federkernmatratzen, Bambusmöbeln und Bad/WC, einige auch mit AC und TV. Eine Alternative für Budget-Traveller, die dem Trubel der Poppies Lanes entkommen wollen. Viele Moskitos. Frühstück inkl. ❷–❸

Komala Indah I, Poppies Lane 1, ☎ 0361-751422. Budget-Unterkunft mit 8 sehr einfachen, aber sauberen Zimmern mit älterem Bad/WC. Bananen und Tee gibt es den ganzen Tag umsonst. ❶

www.stefan-loose.de/bali

Kuta

SÜD-BALI Übersichtskarte S. 144

Jl. Pantai Legian
Jl. Melasti
Jl. Sri Wijaya
Jl. Bau Tegeh
SPORT-PLATZ
Banyan-Baum
Jl. Patih Jelantik
Jl. Dewi Sri
Denpasar
Jl. Merta Nadi
Pullman Legian Nirwana
Istana Kuta Galleria
Jl. Imam Bonjol

△ s. Karte Legian S. 165 △

Jl. Lebak Bene
Jl. Legian
Jl. Pattimura
Gang Cempaka
G. Muria
Jl. Benesari
Benesari Lane
Gang Mangga
Jl. Mataram
Jl. Majapahit
Jl. Raya Merdeka

TOURIST POLICE
Beach Walk
NIR-MARKT
Poppies Lane 2
South
G. Sorga
Gang Sorga
Bali Bomb Memorial
Gang Mawar
Jl. Tegehsari
Bali Shell Museum

Jl. Pantai Kuta
Kutabex
Poppies Lane
Jl. Setiabudi
Kuta
Jl. Griya Anyar
Gang Ronta
G. Bedugul
Tempel
Jl. Raya
Chin. Tempel
Bali Galleria Mall
Sanur
Matahari

Kuta Sea Turtle Project
Pantai Kuta
Bakung Sari
MARKT
POLIZEI
Payung
NACHT-MARKT
Kuta Square
Jl. Tegal
Wangi
Jl. Buni Sari
Jl. Kalianget

Kuta Art Market
TOURIST POLICE
SOUVENIR-MARKT
Jl. Bakung Sari/Jl. Singosari
Jl. Banjar Sari
Jl. Kauripan

Discovery Mall
Waterbom Park
Kartika Plaza
SOUVENIR-MARKT
Bali Dynasty Resort

Jl. Tamansari
Jl. Kubu Anyar
Jl. Sadasari
Jl. Raya Kuta
Jl. Blambangan
Jl. Kendedes
Ngurah Rai Bypass

FLUGHAFEN
Jimbaran, Nusa Dua

Übernachtung:
1. Komala Indah II Sunset
2. Un's Hotel
3. Zuk Hotel
4. Villa de daun
5. Adi Dharma Cottages
6. Sari Indah Cottages
7. Bali Dwipa Gh.
8. Taman Mekar Beach Inn 1
9. Sheraton Bali Kuta Resort
10. The Spot
11. Mimpi Bungalows & Villa Kojutan
12. Masa Inn
13. Fat Yogi Cottages
14. Komala Indah I
15. Poppies Cottages
16. Hard Rock Hotel
17. The Pavilion Kuta Hotel
18. Tune Hotel Kuta
19. Fave Hotel Kuta Square
20. Bamboo Inn
21. Bunut Garden
22. Eden Hotel

Sonstiges:
1. Pro Surf School
2. Buchladen
3. Buchladen
4. Batik Keris Filiale
5. Velvet
6. Eikon Bar & Lounge
7. M Bar Go
8. Shinkei Spa
9. Wocky Surf School
10. Arztpraxis
11. Maccaroni
12. Vi Ai Pi
13. Sky Garden Lounge
14. Shinkei Spa
15. Buchladen
16. Ayu Laundry Service
17. MBA Tours
18. Smart Spa Filiale
19. Uluwatu Filiale
20. Buchladen
21. Odysseys Surf School
22. Smart Salon
23. Uluwatu (Hauptfiliale)
24. Kerta Bookshop
25. Gramedia, Periplus
26. Matahari Dept. Store, Periplus Buchladen
27. Apotheke
28. Oceans 27
29. Periplus Buchladen
30. Batik Keris
31. DVD-Laden

Essen:
1. Mama's German Restaurant
2. Warung Totemo
3. Boost Juice Bar
4. Staff Mojo's
5. Café Kopi Pot
6. Mojo's Flying Burritos
7. Kori Restaurant
8. Warung Pama
9. Warung Souvlaki
10. Bella Italia
11. Gong Corner
12. Rosso Vivo
13. McDonald's
14. Havana Club
15. TJ's Restaurant
16. Poppie's Restaurant
17. Burger King
18. Ryoshi Japanese Restaurant
19. IFIORI
20. Queen's of India
21. Kin Khao Thai Restaurant
22. Kunyit Bali Restaurant

Transport:
1. Perama Tours
2. Bushaltestelle Perama Tours und Shuttlebusse
3. MBA Tours & Travel
4. Bemo Corner

Komala Indah II Sunset, Jl. Pantai Kuta, ✆ 0361-751670, ✉ komalaindahsunset@yahoo.com. Die 2-stöckigen Bungalows um einen hübschen Garten beheimaten 10 sehr einfache, aber saubere Zimmer mit älterem Bad/WC und Terrasse, die teureren auch mit AC, Kühlschrank und Warmwasser. Freundlicher Service und sehr gutes Preis-Leistungs-Verhältnis. Frühstück und WLAN inkl. ❷–❸

Sari Indah Cottages, Jl. Benesari, ✆ 0361-754047, 🖥 sariindahcottages.blogspot.de. Kleines, um einen Innenhof gebautes Hotel mit 17 verhältnismäßig ruhigen, einfachen und sauberen Zimmern mit weichen Schaumstoffmatratzen und Du/WC sowie gutem Preis-Leistungs-Verhältnis. In einigen Zimmern gab es Probleme mit Schimmel und Bettwanzen. Kleines Frühstück und WLAN inkl. ❷

Taman Mekar Beach Inn 1, Poppies Lane 2 Nr. 6, ✆ 0361-753798, ✉ tamanmekar.inn@gmail.com, 🖥 auf Facebook. 22 nicht ganz saubere, gefliese, teils mit AC und kleinem LCD-TV ausgestattete Zimmer. Freundliches Personal. Nachts ist es wegen der Diskotheken ziemlich laut. Einfaches Frühstück und WLAN inkl. ❷–❸

€ **Tune Hotel Kuta**, Jl. Kahyangan Suci, ✆ 0215-697 0060, 🖥 www.tunehotels.com. Das Konzept der Billig-Fluglinie, übertragen auf den Hotelaufenthalt: Für AC, Handtücher oder WLAN werden Extragebühren verlangt. So können die 139 kleinen und dunklen, aber komfortablen Zimmer mit etwas kurzen, aber sehr bequemen Betten und Du/WC, teils auch TV, für wenig Geld angeboten werden. Sehr günstige Onlineangebote. WLAN 40 000 Rp pro Tag. ❷–❹

Zuk Hotel, Gang Cempaka 3, ✆ 0361-758418, 🖥 zukhotel.com. In dem 3-stöckigen, U-förmig um einen Pool gebauten Haus liegen 33 kleine, moderne, etwas dunkle und spartanische Zimmer mit LCD-TV, bequemen Betten und Kühlschrank. Frühstück 50 000 Rp, WLAN inkl. ❸

Mittlere Preisklasse

Adi Dharma Cottages, Jl. Legian 155, ✆ 0361-751527, 🖥 www.adidharmahotel.com. Hinter der hübschen Dämonenwand, die böse Geister verwirren soll, verbirgt sich das ruhige Hotel im balinesischen Stil mit gepflegtem Garten und schön gestaltetem Pool mit Wasserfalldusche. Die 37 relativ sauberen, älteren und etwas dunklen Zimmer sind gut instandgehalten und haben eine Veranda, AC, LCD-TV, Wasserkocher, Kühlschrank und Du oder Bad/WC. Frühstück und WLAN inkl. **❺**

Eden Hotel, Jl. Kartika Plaza 42, ✆ 0361-300 2121, 🖥 myedenhotels.com. Die 177 sauberen, modern und mit viel Grün gestalteten Zimmer sind zwar nicht sehr hochwertig eingerichtet, bieten aber komfortable Betten, Balkon, Wasserkocher, Föhn, LCD-TV und Balkon. Viele asiatische Gäste, Zimmer zum Innenhof mit Pool und Kinderbecken sind ruhiger. WLAN. **❺**

🏨 **Fat Yogi Cottages**, Poppies Lane 1, ✆ 0361-751665, 🖥 www.indo.com/ hotels/fat_yogi. 26 Zimmer umfassende Anlage mit einem schönen Garten und kleinem Pool mit Liegen. Die empfehlenswerten Zimmer im Anbau auf der östlichen Seite sind geräumig, ruhig und mit AC, LCD-TV, Kühlschrank und schön verglaster Du/WC oder Bad/WC mit Warmwasser sowie Schrankwand und beleuchteten Bildern modern eingerichtet. Die Zimmer im hinteren, westlichen Bereich sind älter und nicht so ansprechend. Frühstück und WLAN inkl. **❸–❹**

Fave Hotel, Jl. Kahyangan Suci, ✆ 0361-781 9999, 🖥 www.favehotels.com. Typische Niederlassung der Kette mit 95 Mittelklasse-Zimmern, s. Beschreibung S. 148. Der Aufpreis für das Frühstück lohnt nicht. **❹**

Masa Inn, Poppies Lane 1 Nr. 27, ✆ 0361-758507, 🖥 masainn.com. Die 3-stöckige, ruhige Anlage mit 2 großen Pools im gepflegten Garten eignet sich dank der geräumigen 3-Pers.-Zimmer besonders für Familien. Die 89 etwas älteren Zimmer – davon 3 mit schicken balinesischen Verzierungen – mit AC, Bad/WC, Kühlschrank, TV und Safe sind sehr sauber, aber etwas überteuert. Frühstück und WLAN inkl. **❹–❺**

Mimpi Bungalows & Villa Kojutan, Poppies Lane 1, ✆ 0361-751848, ✉ kumimpi@yahoo. com.sg. Die unspektakulären, älteren Bungalows in der dicht bepflanzten Gartenanlage lassen kaum vermuten, dass im Obergeschoss der hinteren Villa noch schicke, nicht mehr ganz

frische, aber große und luftige Zimmer liegen, mit mediterranem Touch, AC, TV, Safe und mosaikhaft gekachelten Bad/WC. Frühstück und WLAN inkl. **❷–❺**

🏨 **The Pavilion Kuta Hotel**, Jl. Kuta Theatre 8, ✆ 0361-752 292, 🖥 www. thepavilionkuta.com. Das moderne, freundliche Kleinhotel in ruhiger Lage mit 14 kühlen, kleinen, sauberen Zimmern hat einen gepflegten Pool mit Liegen und auch Zimmer mit Twin-Betten; zudem teurere, geringfügig größere Zimmer. Freundliches Personal. WLAN. **❹**

The Spot, Jl. Legian, Gang Troppozone, ✆ 0361-854 8990, 🖥 www.thespotbali.com. Kleines Hotel mit 21 individuell dekorierten, bunten und nicht immer pieksauberen Zimmern mit AC und bequemen Betten sowie Film- und Themenpostern (z. B. Mona Lisa oder New York). Frühstück und WLAN inkl. **❹**

🏨 **Un's Hotel**, Jl. Benesari 16, ✆ 0361-757409, 🖥 www.unshotel.com. Unter schweizerischem Management werden um den hübschen Garten mit Pool 30 empfehlenswerte kühle, saubere, ältere, aber gepflegte Zimmer für bis zu 3 Pers. vermietet. Alle mit Schaumstoffmatratzen, TV, Du/WC und schön geschnitzten Türen, teils auch mit AC, Moskitonetz und Open-Air-Bad/WC. Das Warmwasser wird durch Solarzellen auf dem Dach erhitzt. Frühstück und WLAN inkl. **❹–❺**

Obere Preisklasse

Hard Rock Hotel, Jl. Pantai Kuta, ✆ 0361-761869, 🖥 bali.hardrockhotels.net. Der riesige, inzwischen bald 15 Jahre alte Hotelkomplex mit 418 gepflegten Zimmern bietet neben einer gigantischen Poolanlage mit Beachvolleyball-Platz und 2 Restaurants auch einen Club in der Lobby, in dem jeden Abend ab 21 Uhr Livebands auftreten. Die modernen Zimmer sind komfortabel und im Stil von 4 Musikrichtungen thematisch gestaltet; so gibt es z. B. Rock- oder Reggae-Zimmer. Freundliches Personal, Fitnessraum und Spa. Frühstück und WLAN inkl. **❽**

Poppies Cottages, Poppies Lane 1, ✆ 0361-751059, 🖥 www.poppiesbali.com. Schon seit knapp 40 Jahren gibt es im gepflegten tropischen Garten mit Pool komfortable Bungalows im balinesischen Stil. Alle 20 sind sehr sauber und mit AC, LCD-TV und DVD-Player, hübschen Open-Air-Du/WC und Stereoanlage ausgestattet. Auch ein günstiges *Lumbung* mit Außen-Du/WC. Guter Service, Frühstück für US$8, WLAN inkl. ❼

Sheraton Bali Kuta Resort, neben der Beach Walk Mall, Jl. Pantai Kuta, ✆ 0361-846 5555, 🖵 www.sheraton.com/balikuta. Seit Dezember 2012 können Gäste in den 203 eleganten und großzügigen Räumen wohnen, die dezent mit hübschen Bad/WC, LCD-TV und Safe ausgestattet sind. Pool mit Kinderbecken und Blick aufs Meer, Spa, Fitnessraum. Frühstück US$20, WLAN inkl. ❼

Villa de daun, Jl. Legian, ✆ 0361-756276, 🖵 www.villadedaun.com. Für Pärchen und Flitterwöchler auf der Suche nach Entspannung und Verwöhnung eignet sich dieses wunderschöne Boutiquehotel im Herzen Kutas mit sehr gutem, aufmerksamem Service. Jeder der 12 luxuriösen, elegant eingerichteten Villen hat Privatpool, komplett ausgestattete Kochinsel, wunderschönes Wohnzimmer und riesige Bäder. Flughafentransfer, Frühstück und WLAN inkl. ❽

ESSEN

In Kuta gibt es jede Menge Restaurants, die alle erdenklichen kulinarischen Wünsche befriedigen. Zahlreiche Cafés bieten auch ein gutes Frühstück nach westlichen Vorstellungen an.
Mehr Restauranttipps s. **eXTra [4089]**.

Amerikanisch

Mojo's Flying Burritos, 2x in der Benesari Lane, ✆ 0361-764930. In dem kleinen, beliebten Imbiss werden äußerst schmackhafte und preisgünstige Burritos und Enchiladas vor den Augen der Gäste frisch zubereitet. Man kann sich die Burritos auch nach eigenen Wünschen zusammenstellen. Sehr leckere hausgemachte Guacamole und Limonade. Zudem Frühstück. Nicht besonders schneller Lieferservice. Weitere Filialen in Seminyak und Ubud. ⊕ 10–23 Uhr.

TJ's Rest., Poppies Lane 1, ✆ 0361-751093, 🖵 www.tjsbali.com. Mexikanisches Restaurant, das seit über 28 Jahren Enchiladas,

internationale Gerichte und hausgemachte Salsas zubereitet. Hauptgerichte ab 70 000 Rp, Set Lunch 75 000 Rp, Cocktails ab 60 000 Rp. Zudem große Tequila-Auswahl und Kuchen. WLAN. ⊕ 9–23 Uhr.

Asiatisch

Eine große Auswahl an südostasiatischen Klassikern bietet der Food Court im Obergeschoss des **Beach Walk**.

Kin Khao Thai Rest., Jl. Kartika Plaza 170, ✆ 0361-757808. Wem der Sinn nach Essen aus dem Land des Lächelns steht, bekommt hier leckere Speisen. Hauptgerichte ab 50 000 Rp. WLAN. ⊕ 9–23 Uhr.

Kunyit Bali Rest., Jl. Kartika Plaza, ✆ 0361-759991. Dieses elegante Gartenrestaurant serviert authentische balinesische Küche ohne Glutamat. Empfehlenswert sind die Reistafel und die Entengerichte wie Bebek Betutu. Hauptgerichte ab 70 000 Rp. ⊕ 11–23 Uhr.

€ Nachtmarkt, Jl. Tanjung Sari, nahe dem Hauptpostamt. Die einfachen Restaurants werden hauptsächlich von Einheimischen frequentiert und bieten die Möglichkeit, abseits des Touristentrubels sehr günstiges indonesisches und chinesisches Essen auszuprobieren. ⊕ ab 18 Uhr.

Queen's of India, Jl. Kartika Plaza, ✆ 0361-765988, 🖵 bali.queenstandoor.com. In dem indischen Restaurant diniert man in edlem Ambiente mit nettem, zuvorkommendem Service. Gute Auswahl an Currygerichten. Empfehlenswert ist das Butter Chicken. Hauptgerichte ab 60 000 Rp, Fleischgerichte sind teurer. Lieferservice. WLAN. ⊕ 12–23.30 Uhr.

Ryoshi Japanese Rest., Jl. Kartika Plaza, ✆ 0361-766 302, 🖵 www.ryoshibali.com. Die Niederlassung der beliebten Sushi-Kette serviert sehr leckere, frische und preisgünstige Sushi- und Sashimi-Sets sowie japanische Spezialitäten für den kleinen Hunger. ⊕ 12–24 Uhr.

Cafés und Saftbars

Boost Juice, Jl. Legian, 🖵 boostjuice indonesia.com. Der kleine Saftladen bietet allerlei Saft- und Smoothie-Variationen ab 35 000 Rp. ⊕ 9–21 Uhr.

Café Kopi Pot, Jl. Legian, ✆ 0361-752614. Strohgedecktes, kleines Gartencafé mit entspanntem Ambiente, das für seine große Auswahl an Tee, Kaffee (guter Eiskaffee!) und Kuchenspezialitäten bekannt ist. Auch viele Suppen, indonesische Gerichte, Snacks (z. B. Lumpia) und leckere Salate ab 40 000 Rp, teils auch glutenfreie und vegetarische Alternativen. WLAN. ⏸ 8–24 Uhr.

Europäisch

€ **Bella Italia**, Gang Ronta, ✆ 0361-758067. Das mit typisch italienischem Interieur aufgehübschte Restaurant mit Tischen im klimatisierten Innenraum sowie draußen bietet Pizza und Pasta ab 45 000 Rp sowie von 11–17 Uhr günstige Mittagsmenüs für 69 000 Rp inkl. Vor- und Nachspeise. ⏸ 9–22 Uhr.
IFIORI, Jl. Kartika Plaza, ✆ 0361-750158, 🖥 www.ifioribali.com. In dem klimatisierten, hellen, verglasten Bau gibt es gehobene italienische Küche zu ebensolchen Preisen in stilvollem Ambiente mit ausgezeichnetem Service. Auch australische Steaks. ⏸ 11–24 Uhr.

🏨 **Mama's German Rest.**, Jl. Legian, Ecke Jl. Benesari, ✆ 0361-761151, 🖥 www.bali-mamas.com. In bayerischer Biergartenatmosphäre gibt es zu gehobenen, aber angemessenen Preisen alles, was das (süd-)deutsche Herz begehrt: Brezeln, Schweinshaxe, Wiener Schnitzel oder Nürnberger Bratwürste mit Sauerkraut in großen Portionen. Das riesige Eisbein reicht bei normalem Appetit locker für 2 Pers. Hauptspeisen ab 60 000 Rp. Bundesliga-Liveübertragungen, deutsche Tageszeitungen und WLAN. ⏸ 24 Std.
Rosso Vivo, Jl. Pantai Kuta, ✆ 0361-751961, 🖥 www.kutaseaviewhotel.com/rosso-vivo. Die exklusive Kombination aus Cocktailbar und Restaurant im modernen Loungestil liegt direkt an der Strandpromenade und serviert vorwiegend westliche und Fusion-Gerichte ab 70 000 Rp. Für ein romantisches Abendessen sind die Tische auf dem Dach ideal. Jeden Di, Mi, Fr und So von 17–23 Uhr lateinamerikanische Livemusik. WLAN. ⏸ 7–1, Do–So bis 2 Uhr.

Warung Souvlaki, Gang Ronta, 🖥 www.facebook.com/warung.souvlaki. Das kleine, griechisch geführte Restaurant serviert günstige Gerichte vom Peloponnes sowie gewöhnungsbedürftige Interpretationen bekannter Speisen aus dem mediterranen Raum (z. B. Bruschetta). Geduld ist eine Tugend – besonders wenn der Service schlecht organisiert und langsam ist.

International

€ **Gong Corner**, Gang Ronta. Ruhig gelegenes, äußerst günstiges Traveller-Restaurant mit einer großen Auswahl an westlichen, chinesischen und indonesischen Speisen. Empfehlenswert ist das Cordon bleu. Hauptspeisen ab 10 000 Rp. ⏸ 8–24 Uhr.
Havana Club, Poppies Lane 1, ✆ 0361-762448. Restaurant mit mittelamerikanischem Flair, das zu Salsa-Musik gute Burger, Wraps, Salate, Steinofenpizzen und Tapas serviert. Große Auswahl an Cocktails. Hauptgerichte ab 60 000 Rp. Do und So ab 19.30 Uhr Livemusik. WLAN. ⏸ 7.30–24 Uhr.
Kori Rest., Poppies Lane 2, ✆ 0361-758605, 🖥 www.korirestaurant.co.id. Mehrfach ausgezeichnetes, hochpreisiges und aufgelockert gestaltetes Restaurant mit gemütlichen Sitzecken am Fischteich. Es werden frischer Fisch, Meeresfrüchte und andere Delikatessen serviert. Große Auswahl an Champagner, Weinen und Havanna-Zigarren ab 100 000 Rp. Hauptgerichte ab 80 000 Rp. Mi und Fr Live-Blues ab 20.30 Uhr. ⏸ 8–24 Uhr.
Poppie's Rest., Poppies Lane 1, ✆ 0361-751059, 🖥 www.poppiesbali.com. Das 1973 eröffnete Restaurant ist eine Oase der Ruhe im Trubel des Kommerztourismus. Im schönen Garten werden äußerst leckere Seafood-Gerichte sowie indonesische und westliche Speisen ab 55 000 Rp aufgetischt. Die Reistafel für 2 Pers. gibt einen guten Überblick über die indonesische Küche. Reservierung empfehlenswert. WLAN. ⏸ 8–23 Uhr.

€ **Warung Pama**, Gang Ronta, ✆ 0361-752021. In dem Familienbetrieb bekommt man frische Obstsäfte, Sandwiches und Salate sowie indische und Thai-Gerichte oder Pizza zu sehr günstigen Preisen. Der ideale Ort für einen guten Start in den Tag oder einen herzhaften Snack zwischendurch. ⏲ 7–22.30 Uhr.

Warung Totemo, Jl. Benesari, ✆ 0361-787 5998, 🖥 warungtotemo.blogspot.com. In dem 2-stöckigen, nett eingerichteten Restaurant werden sehr günstige, leckere indonesische und internationale Gerichte sowie gute Säfte aufgetischt. Ein anständiges Cordon Bleu kostet schlappe 33 000 Rp. ⏲ 8–24 Uhr.

UNTERHALTUNG

Wenn die Sonne untergeht, erwacht das Nachtleben in Kuta. Aus den modern gestalteten und mit guter Technik ausgestatteten Clubs schallt größtenteils kommerzielle elektronische Musik. Doch die Auswahl ist groß: Von Oldies bis Reggae ist für jeden Musikgeschmack und jede Altersstufe etwas dabei. Auch an stylischen Lounges und Cocktailbars herrscht kein Mangel.

Einige größere Etablissements verlangen ein Eintrittsgeld, das ein Gratisgetränk beinhaltet, aber oft ist der Eintritt frei. Es herrscht keine strenge Türpolitik, allerdings haben es Indonesier wesentlich schwerer, in einen Club zu kommen, als westliche Touristen.

Normalerweise erreicht die Stimmung zwischen 1 und 4 Uhr nachts ihren Höhepunkt. Mehr Unterhaltungstipps s. **eXTra [4089]**.

Bars

Eikon Bar & Lounge, Jl. Legian 178, ✆ 0361-750701, 🖥 www.eikonbar.com. Mischung aus Bar und Club mit einer langen Theke, an der von 20–24 Uhr die Cocktails zum halben Preis gemixt werden. Martini- und Weinlounge im 2. Stock. Bier ab 35 000 Rp, zur Happy Hour 20 000 Rp. Auch Burger und Snacks. WLAN. ⏲ 13–3 Uhr.

Maccaroni, Jl. Legian 52, ✆ 0361-754662, 🖥 www.maccaroniclub.com. Exklusiv anmutende, beliebte Lounge. In Sesseln kann man mediterran essen, Cocktails genießen oder der Musik lauschen. Hauptgerichte und Cocktails ab 65 000 Rp. Happy Hour ab 21 Uhr. ⏲ 11–2 Uhr.

Oceans 27, Jl. Kartika Plaza, direkt am Strand vor der Discovery Kartika Plaza, 🖥 www.oceans27.net. Modern gestaltete, große und teure Lounge mit Restaurant und fantasievoller

Poollandschaft. Von den Liegen am Strand bieten sich schöne Ausblicke auf den Sonnenuntergang. Bier ab 35 000 Rp, Cocktails ab 85 000 Rp. Livemusik Mo und Fr von 19–22 Uhr, Poolparty jeden So ab 16 Uhr. ⏲ 11–2 Uhr.

Velvet, im Obergeschoss des Beach Walk, nördlicher Flügel, 🖥 www.vhbali.com. Die Bar mit großer Terrasse und Korbmöbeln bietet sich mit der tollen Aussicht zum gehobenen Sundowner an. Große Auswahl an Weinen, Cocktails und Shishas. Mi und So kann in der Club-Lounge **Hypnotized** die Nacht zum Tag gemacht werden. ⏲ 11–24, Fr–So bis 2 Uhr.

Clubs

M Bar Go, Jl. Legian, ✆ 0361-756000, 🖥 www.mbargonightclub.com. Moderner Club, der sich besonders nach 1 Uhr mit einem jungen, größtenteils indonesischen Publikum füllt, das zu Hip Hop, R&B, Dubstep und Techno die Hüften schwingt. Die Tanzfläche ist durch eine große Bar vom roten Loungebereich getrennt. Im 2. Stock eine weitere Lounge, in der am Wochenende Elektro aufgelegt wird. Eintritt frei, von 20–24 Uhr 2 Cocktails zum Preis von einem. ⏲ bis 4 Uhr.

Sky Garden Lounge, Jl. Legian 61, ✆ 0361-755423, 🖥 www.61legian.com. Der populärste und größte Club von Kuta hat von der Rooftop Lounge eine tolle Aussicht über Kuta, teils sehr günstige Getränkeangebote, Unterhaltungsprogramme mit Tänzerinnen und Akrobaten und eine lange Öffnungszeiten – nur einige der Gründe, warum die Location so beliebt ist. Jede Nacht füllen sich die 4 Floors mit trinkfreudigen Urlaubern, die zu House oder Hip Hop tanzen. Biergarten, irisches Pub, der esc-Diner und eine Sportsbar runden das Angebot ab. ⏲ ab 20 Uhr, Pub ab 11 Uhr.

Vi Ai Pi, Jl. Legian 88, ✆ 0361-750425, 🖥 www.viaipibali.com. Fast jeden Tag treten Livebands, DJs und leichtbekleidete Tänzerinnen in der großen Bar im 2. Stock auf. Bei seichter Elektromusik am frühen Abend auch ein guter Ort für den Sundowner. Happy Hour bis 22 Uhr. Cocktails ab 65 000 Rp, Snacks ab 40 000 Rp, jeden Abend Spezialangebote. ⏲ 11–3 Uhr.

Kino

Cinema 21, Bali Galeria Mall, ℡ 0361-767 021, und im Beach Walk, ℡ 0361-846 5621, 🖥 www.21cineplex.com. Das aktuelle Programm ist online nachzulesen, Karten kosten 50 000–75 000 Rp.

Aplitheatre, Discovery Shopping Mall. „Movie under the moon" heißt die Vorführungsreihe, die jeden Sa und So ab 19 Uhr das Freiluft-theater der Mall mit einem ausgewählten Film bespielt. Aktuelles Programm auf 🖥 www.discoveryshoppingmall.com.

FESTE

Seit 2003 wird im Sep oder Okt ein großer, bunter **Karneval** mit viel Musik, Tanz und Essen veranstaltet. Genaue Termine und Programm auf der Facebook-Seite, unter ℡ 0361-761306 oder ✉ kutakarnival9@gmail.com.

EINKAUFEN

Das Angebot an Souvenirs, Kunsthandwerk und Textilien ist überwältigend. Nicht immer gilt dies jedoch für Preise und Qualität. Man sollte sich von penetranten Verkäufern nicht zu Spontankäufen verleiten lassen, sondern sich Zeit nehmen zum Vergleichen und Handeln. Weitere Tipps zum Handeln S. 40.

Bücher

Kleine Buchläden verkaufen überwiegend englischsprachige gebrauchte Bücher, häufig auch ein paar deutschsprachige. Manchmal kaufen die Buchhändler auch gelesene Bücher an.

Gramedia, in der Bali Galeria Mall, ℡ 0361-758072. Neben indonesischer Literatur gibt es auch Deutsch-Indonesisch-Wörterbücher.

Kerta Bookshop, Jl. Pantai Kuta 6B, ℡ 0361-758047. Der älteste Secondhand-Buchladen auf Bali existiert seit 1975 und führt auch deutsche Bücher. ⏱ 10–18 Uhr.

Periplus Bookshop, in der Bali Galeria Mall, ℡ 0361-752670. Die größte eng-lischsprachige Buchhandlung mit einem breiten Angebot an aktuellen Reiseführern, Karten, Zeitschriften und neuen Büchern. Weitere Filialen im Carrefour-Supermarkt an der Sunset Rd., in der Discovery Shopping Mall,

im Matahari im Kuta Square, im Seminyak Square und am Flughafen.

Filme und Fernsehserien

In Süd-Bali verkaufen Geschäfte eine riesige Auswahl an (illegalen) Kopien von Filmen und Fernsehserien auf DVD oder Blu-Ray für 10 000 Rp pro DVD. Ab dem 10., teils ab dem 5. gekauften Silberling gibt es noch weitere umsonst dazu. Zudem werden Filme für 6000 Rp und Musik-CDs für 4000 Rp direkt auf einen mitgebrachten USB-Datenträger überspielt. Insbesondere bei aktuellen Filmen handelt es sich oft um im Kino mitgeschnittene Versionen mit minderwertiger Bild- und Ton-Qualität. DVD-Player sind ebenfalls für 25 000 Rp ausleihbar. **Achtung**: Die Einfuhr von Raubkopien nach Europa ist illegal und es muss damit gerechnet werden, dass der Zoll die Kopien einzieht; ferner droht ab einer bestimmten Menge die strafrechtliche Verfolgung.

Einkaufszentren

Bali Galeria Mall, an der Umgehungsstraße zum Flughafen, ℡ 0361-758875, 🖥 www.dfs. com/en/tgalleria-bali. Das größte Einkaufs-zentrum der Insel mit vielen Boutiquen.

Beach Walk, Jl. Pantai Kuta, ℡ 0361-846 4888, 🖥 www.beachwalkbali.com. In den angenehm begehbaren, halboffenen Passagen der neusten und schönsten Mall finden Klamottenläden aus Bali und aller Welt, Kosmetikgeschäfte, ein Bali Deli Supermarkt, Kaffeeketten, teure Restau-rants, ein Foodcourt sowie ein Kino und ein Parkhaus Platz. ⏱ 10–23, Sa und So bis 24 Uhr.

Discovery Shopping Mall, Jl. Kartika Plaza, ℡ 0361-75552, 🖥 www.discoveryshoppingmall. com. Die Mall vereint zahlreiche westliche Geschäfte unter einem Dach, z. B. Marks & Spencer und Sport- und Souvenirläden, aber auch teure Batik und Schmuck sowie ein guter Delikatessenladen mit großer Weinauswahl.

Kutabex, Jl. Pantai Kuta. In dem 2013 noch halbleeren, neuen Einkaufskomplex befanden sich immerhin schon ein 24 Std. geöffneter Telkomsel-Shop, Klamottenläden, eine Apo-theke und ein Black Canyon Café.

Kuta Square am südlichen Ende der Jl. Pantai Kuta. Viele Mode- und Sportgeschäfte und der große, eher auf asiatische Kundschaft ausgerichtete **Matahari Department Store**.

Kleidung

Alle bekannten Surf- und Lifestyle-Marken wie Billabong, Roxy oder Rip Curl betreiben in Kuta große Geschäfte. Günstiger sind die Läden, die alle Marken unter einem Dach verkaufen. Vor dem Kauf sollte die Ware genau begutachtet werden, denn es gibt oft Fälschungen oder Ausschussware.

Batik Keris, in der Discovery Shopping Mall, 🖳 www.batikkeris-indonesia.com. Indonesiens bekanntestes Batik-Kaufhaus hat auch auf Bali eine Niederlassung. Schicke Kleidung für Sie und Ihn – allerdings nicht ganz billig. 🕙 8–21 Uhr.

Uluwatu, Hauptfiliale in der Jl. Legian 118 und weitere Filialen in der Jl. Legian 43 und Jl. Pantai Kuta, 📞 0361-287638, 🖳 www.uluwatu.co.id. Die eleganten Baumwollkleider dieser balinesischen Marke gibt es nur in drei Farben: schwarz, weiß und beige. Ein Stück kostet mind. 400 000 Rp. Vor allem japanische Touristen lieben die hochwertigen Textilien mit Lochstickereien mit hübschen traditionellen Ornamenten.

Souvenirs

Im Seitenflügel der **Discovery Shopping Mall** sowie im Erdgeschoss des **Matahari Department Store** im Kuta Square gibt es eine riesige Auswahl an Souvenirs zu Festpreisen, sodass man hier stressfrei und in aller Ruhe stöbern kann. Eine weitere Möglichkeit ist ein Besuch bei **Geneva Handicraft**, s. Seminyak, „Einkaufen", S. 177.

AKTIVITÄTEN

Schwimmen

Waterbom Park, Jl. Kartika Plaza, 📞 0361-755676, 🖳 www.waterbom-bali.com. Im Süden von Kuta bietet der 3,8 ha große Park mit Jacuzzi, Spa und 23 Wasserrutschen, von denen 8 nur für Kinder sind, seit 1993 Nervenkitzel und Unterhaltung für die ganze Familie. Eintritt für Erwachsene US$31, Kinder von 2–12 Jahren US$19. 🕙 9–18 Uhr.

Spielen

Miniapolis, im Beach Walk, 📞 0361-846 4975, 🖳 www.myminiapolis.com. In dem vielseitigen Kinderspielparadies können die Kleinen spielerisch und unter Aufsicht das Klettern, Laufen, Verstecken, Basteln und Entdecken üben. Eintritt 85 000 Rp, 🕙 10–22 Uhr.

Surfen

In Surfläden, günstigen Unterkünften und am Strand werden Surfbretter vermietet. Sie kosten pro Std. ab 20 000 Rp bzw. 70 000 Rp pro Tag.

Odysseys Surf School, im Mercure Hotel, Jl. Pantai Kuta, 📞 0361-767410, 🖳 de.odyssey surfschool.com. Die von Oakley gesponserte Schule bietet 2 1/2-stündige, von fachkundigen und engagierten Lehrern geführte Kurse mit max. 4 Pers. für 30 € und Privatstunden für 50 € an. Die Ausrüstung wird gestellt und es wird mit „weichen" Longboards trainiert. Freundliches Personal. Fotos von den ersten Surfversuchen für 150 000 Rp. Abholservice aus Süd-Bali, Handtuch, Duschen, Versicherung und Schließfächer inkl.

Pro Surf School, Jl. Pantai Kuta, zwischen Jl. Melasti und Jl. Benesari ganz im Norden, 📞 0361-751200, 🖳 www.prosurfschool.com. Die von Billabong unterstützte Schule mit Pool und Sonnendeck arbeitet nur mit zertifizierten Surflehrern und max. 3 Pers. pro Gruppe. Dafür beginnen die Kurspreise erst bei 45 €. Auch längere Kurse. Abholservice vom Hotel inkl.

Rip Curl School of Surf, Blue Ocean Boulevard, Seminyak, Karte S. 170, 📞 0361-735858, 🖳 www.ripcurlschoolofsurf.com. Mit max. 5 Schülern werden 3x tgl. Kurse in allen Erfahrungsstufen abgehalten. Der Anfängerkurs mit drei 2-stündigen Lektionen kostet 1,7 Mio. Rp inkl. eines Rip Curl-T-Shirts, Einzelstunden 600 000 Rp, Privatstunden 1 Mio. Rp. In Sanur auch Wakeboarding, Wind- und Kitesurfing (S. 187). Bilder der ersten Surfversuche kosten 150 000 Rp. Weitere Filialen in Canggu und Sanur. 🕙 8–18 Uhr.

Up2U Surf School, Jl. Pantai Kuta, 📞 0361-784 4299, 🖳 www.up2usurfschool.com. Die beliebte Surfschule führt max. 3 Teilnehmer pro Trainer in die Grundtechniken ein, bevor es für

US$35 pro Tag (US$95 für 3 Tage) inkl. Abholung in die je nach Wetterlage geeigneten Surfreviere geht. Kinderstunden US$30. Auch Kurse auf StandUp Paddles für US$50–72. ⏱ 8–20 Uhr.
Wocky Surf School, Poppies Lane 2, ✆ 0813-3850 9247, ✉ wockysurfschool@gmail.com. Die preisgünstigste Schule für einen Anfängerkurs. Hier kann man schon für US$25 2 Std. auf dem Brett stehen, Einzelkurse für US$35 und 3-Tages-Kurse für US$60. Allerdings können die Gruppen etwas größer und die Surfbretter älter sein. Auch Frauenkurse. Zudem Verkauf und Verleih von Surfbrettern und Ausrüstung.

Wellness

An der Jl. Legian nördlich des Bali Bomb Memorials reiht sich ein billiger Massagesalon an den nächsten. Preise unterscheiden sich kaum und liegen um die 50 000 Rp pro Std. für eine Ganzkörperbehandlung. Es gibt einige Salons mit überdurchschnittlichem Service zu etwas höheren Preisen:
Shinkei Spa, Jl. Legian 64, ✆ 0361-764515. Angenehmes und preisgünstiges Spa mit 2 Niederlassungen in der Nähe des Bali Bomb Memorials. Die entspannende Atmosphäre wird leider ab 21 Uhr von der Musik der benachbarten Nachtclubs zerstört. Traditionelle Massagen ab 90 000 Rp. ⏱ 9.30–23.30 Uhr.
Smart Salon, Jl. Pantai Kuta 204, ✆ 0361-858 0892, 🖥 www.smartspa-bali.com. Großer und beliebter Salon mit professionellen Therapeuten. Balinesische Ganzkörpermassage ab 140 000 Rp pro Std., zudem u. a. Shiatsu und Thai-Massagen. Mehrstündige Wellnesspakete ab 550 000 Rp. Weitere Niederlassung in der Jl. Legian 41. ⏱ 10–24 Uhr.

TOUREN

Achtung bei Billigangeboten: Oftmals wird im Rahmen der Tagesausflüge kleiner Reisebüros „Seafood-Dinner" am Strand angeboten. Dabei landet man bei einem entlegenen Strand-Restaurant und findet auf der Karte nur extrem teure Gerichte. Die Fahrer erhalten von den Restaurants Provision.
MBA Tours & Travel, Poppies Lane 1 und zahlreiche weitere Niederlassungen in Kuta und Legian, ✆ 0361-767346, 🖥 www.mba-

sensational.com. Hier können fast alle Freizeitangebote auf Bali günstig gebucht werden. ⏱ 7–23 Uhr.
Perama Tours, Jl. Legian, ✆ 0361-751875, 🖥 www.peramatour.com. Der Veranstalter bietet Touren zu fairen Preisen, sachkundige Beratung und praktische Infos und ist eine zuverlässige, aber nicht unbedingt die schnellste und günstigste Wahl, wenn es um den Transport auf Bali geht. Mit einem Ticket können beliebig viele Zwischenstopps entlang der Strecke eingelegt werden. So kann man z. B. während der Tour von Kuta nach Lovina ein paar Tage in Ubud rasten, ohne mehr zu bezahlen. Gepäckaufbewahrung s. Sonstiges.

SONSTIGES

Autovermietungen
Näheres S. 71.

Geld
Zahlreiche **Geldautomaten** und **Money Changer** sorgen für Nachschub. Einige spucken bis zu 3 Mio. Rp aus, während andere max. 1,25 Mio. Rp auszahlen.

Gepäckaufbewahrung
Bei **Perama**, s. Touren, kann das Gepäck 1 Tag kostenfrei und 1 Woche für 10 000 Rp abgestellt werden.

Internet
Es gibt immer mehr kostenloses WLAN, jedoch immer weniger **Internetcafés**. Der gängige Tarif beträgt 150–300 Rp pro Min. Mehr Details S. 57.

Medizinische Hilfe
In Süd-Bali gibt es eine Vielzahl von guten und professionell geführten **Krankenhäusern** und

Vorsicht beim Geldwechsel

Liegt der Wechselkurs deutlich über dem aktuellen Bankkurs, bekommt man oft Falschgeld oder zu wenig Geld ausbezahlt. Manchmal sind auch die Rechner gezinkt oder es wird eine zusätzliche Gebühr verlangt, die es eigentlich nicht geben sollte, S. 49.

Kliniken, S. 53. Für kleinere Blessuren bieten sich kleine **Arztpraxen** an, die pro Konsultation um 300 000 Rp berechnen.

Post

Kuta Post Office, Gang Selamat, Jl. Raya Kuta, ✆ 0361-754012. In der Hauptfiliale der Post kann man Pakete sicher einnähen lassen und verschicken. Preise S. 60. ⏲ Mo–Sa 8–16 Uhr. Briefe und Pakete können auch an kleinen **Postannahmestellen** abgegeben werden, die über das Stadtgebiet verteilt sind. Sogenannte „Postal Agents" liegen in der Jl. Benesari, der Jl. Pattimura und im Gang Ronta. ⏲ Mo–Sa 9–18 Uhr, So geschlossen.
DHL, Jl. Legian 451, ✆ 0361-762138. ⏲ 9–17, Sa bis 13 Uhr.

TRANSPORT

Angkot

Die Minibusse (auch Bemo genannt) verkehren nicht mehr innerhalb der Orte Kuta, Legian und Seminyak. Sie fahren aber vom Bemo Corner am östlichen Ende der Jl. Legian für 10 000 Rp p. P. zum Busbahnhof Tegal in Denpasar. Von dort für 7000 Rp p. P. weiter in die Innenstadt.

Busse

Seit 2011 gibt es 2 **Trans Sarbagita**-Buslinien, deren Busse von 6–21 Uhr alle 30 Min. von Nusa Dua im Süden durch Kuta und Denpasar bis zum Busbahnhof Batubulan fahren und dabei an festen Haltestellen anhalten. Eine Fahrt kostet unabhängig vom Ziel 3500 Rp.
Die Haltestellen von Süd nach Nord: BTDC Terminal – Nusa Dua Beach – Taman Griya (Jl. By Pass) – Jimbaran – Jl. Kedonganan – Jl. Tuban (Graha Asih Hospital) – Dewa Ruci Statue – Sunset Road (Carrefour) – Central Park Terminal – Jl. Pedungan (nahe der Militärbasis) – Pelabuhan Benoa (Hafen) – Jl. Serangan – Jl. Danau Poso – Sindhu Beach – Matahari Terbit Beach – Padang Galak Beach – Jl. I. B. Mantra – Tohpati – Batubulan Terminal.

Busse zu **anderen Zielen** auf Bali fahren am Perama-Büro in der Jl. Legian und von den

Busbahnhöfen rund um Denpasar ab. Tickets können bei Agenten gebucht werden. In der Regel wird man (gegen 10 000 Rp Aufschlag) in relativ komfortablen Minibussen vom Hotel abgeholt und am Zielort zur gewünschten Adresse gebracht.

Preisbeispiele:
CANDI DASA und PADANG BAI um 6, 6.30, 9, 10, 11, 13 und 13.30 Uhr für 60 000–100 000 Rp.
LOVINA um 9, 10, 11 und 13 Uhr für 125 000–200 000 Rp.
MEDEWI um 11 und 13 Uhr für 225 000 Rp.
SANUR um 6, 9, 10, 11, 13, 13.30, 16 und 16.30 Uhr für 25 000–60 000 Rp.
UBUD um 6, 9, 10, 11, 13, 13.30, 16 und 16.30 Uhr für 50 000–80 000 Rp.

Bei mind. 2 Pers. werden auch folgende Strecken bedient:
AMED und TULAMBEN um 6, 9, 10 und 11 Uhr für 185 000 Rp.
BEDUGUL um 10 Uhr für 75 000 Rp.
KINTAMANI um 9 und 10 Uhr für 125 000–150 000 Rp.
NUSA DUA um 9.30 Uhr für 80 000–100 000 Rp.
TIRTAGANGGA um 6 und 10 Uhr für 185 000 Rp.
TANAH LOT und ULUWATU für 125 000 Rp.

Für den Transport nach Nusa Lembongan, Lombok oder auf die Gilis gibt es Angebote inkl. Bootstransfer:
GILIS um 6, 6.30, 9, 10 und 11 Uhr für 180 000–200 000 Rp.
KUTA (Lombok) ab 2 Pers. um 6, 6.30, 9 und 11 Uhr für 225 000–275 000 Rp.
MATARAM und SENGGIGI um 6, 6.30, 9 und 11 Uhr für 150 000–165 000 Rp, SENGGIGI zudem mit Schnellboot um 10 Uhr für 500 000 Rp.
NUSA LEMBONGAN um 6, 6.30, 9 und 10 Uhr für 125 000–150 000 Rp.
TETEBATU ab 2 Pers. um 6 Uhr für 275 000 Rp.
Nähere Informationen zu Bussen S. 79.

Taxis

In Kuta, Legian und Seminyak ist es leicht, ein Taxi zu bekommen. Die Grundgebühr für Fahrten mit dem Taxameter beträgt 5000 Rp (inkl. 1 km), jeder weitere Kilometer kostet 6000 Rp. Am

Flughafengebühr nicht vergessen!

Anders als an fast allen Flughäfen der Welt, ist in Indonesien die Abfluggebühr nicht im Ticketpreis inbegriffen! Am Flughafen von Bali beträgt diese **Airport Tax** 150 000 Rp für internationale Flüge bzw. 50 000 Rp für Inlandflüge. Da die Gebühr nicht per Kreditkarte bezahlt werden kann, sollten immer genügend Rp zum Abflug mitgenommen werden!

besten sind die blauen Bluebird-Taxis. Die überteuerten Coupon-Taxis vom Flughafen verlangen nach Kuta, Legian oder Seminyak 55 000–90 000 Rp.

Flüge

Infos zu Flugverbindungen S. 35.

Legian

Schlendert man entlang der Jalan Legian in Richtung Norden, ändert sich das Stadtbild. Die Zahl der Partytouristen nimmt ab, dafür tauchen häufiger Galerien und Kunsthandwerksgeschäfte auf. Das Warenangebot ist auch hier auf eine australische Kundschaft ausgerichtet. Insgesamt geht es etwas geruhsamer und gesitteter zu als weiter südlich.

ÜBERNACHTUNG

Es sind viele neue Hotels entstanden, die mit schickem Design und Komfort punkten. Die Mehrzahl richtet sich an ein älteres, wohlsituiertes Publikum, aber einige günstige Alternativen locken auch Backpacker an. Große, luxuriöse Hotelkomplexe dominieren die Strandgegend.
Weitere Übernachtungsmöglichkeiten s. **eXTra [4111]**.

Untere Preisklasse

Ayodia Beach Inn, Gang Three Brothers, ☎ 0361-752169. Preisgünstige Unterkunft in einer kleinen, engen Anlage mit 12 einfachen, spärlich eingerichteten Zimmern mit Bad/WC, teils auch AC. ❷

Bhuwana Beach Cottages, Jl. Padma Utara, Gang Abdi 2, ☎ 0361-752234. Backpacker-Unterkunft mit kleinen und einfachen, nicht immer pieksauberen Zimmern auf zwei Ebenen mit Du/WC, Moskitonetz und Balkon, die älter, aber ok sind. Für kleine Gruppen eignen sich die größeren, teureren, sehr geräumigen Bungalows. ❷

Hotel Oka, Jl. Padma, ☎ 0361-751085, ✉ okasaricv@yahoo.co.id. Ruhig abseits der Straße wohnt man in freundlicher, familiärer Atmosphäre in 22 sehr einfachen, alten und spartanisch eingerichteten, aber sauberen Zimmern mit weichen Matratzen und Du/WC bei einer herzensguten Besitzerin. Manche der Zimmer im Erdgeschoss stinken etwas. ❶

Padma Surya, Jl. Padma 12, ☎ 0361-751452, 🖥 padmasuryahomestay.webs.com. Das von außen wenig einladende Hotel beherbergt überraschend moderne Zimmer mit AC, LCD-TV und sauberen, kleinen Du/WC, aber wenig Tageslicht und etwas Straßenlärm. Kleines Frühstück und WLAN inkl. ❸

Senen Beach Inn, Jl. Melasti, Gang Senen 2, ☎ 0361-755470. Eine der günstigsten Unterkünfte in Legian mit ebenso preiswertem Restaurant, freundlichen Vermietern und sauberen Zimmern mit großem Bad/WC und relativ guten Matratzen. Die neueren, aber wenig attraktiven Zimmer haben Open-Air-Bad/WC. Günstiger Motorrad- und Surfbrettverleih. ❶–❸

Sri Ratu Cottages, Gang Three Brothers, ☎ 0361-754468, ✉ sriratuhotel@yahoo.com. In einer recht engen, ruhigen Anlage mit Pool, aber ohne Garten liegen große, relativ saubere, unspektakuläre Zimmer mit AC, TV und Warmwasser-Du/WC. Die Zimmer mit Gemeinschaftsbalkon im oberen Stockwerk sind größer und komfortabler. Frühstück und WLAN inkl. ❸–❹

Mittlere Preisklasse

Amaris Hotel, Jl. Padma Utara, ☎ 0361-756 021, 🖥 www.amarishotel.com/amaris-legian. Mittelklassehotelkette mit 115 modern gestalteten Zimmern mit kleinem LCD-TV, guten Matratzen, Waschbecken im Zimmer und Du/WC sowie

Legian

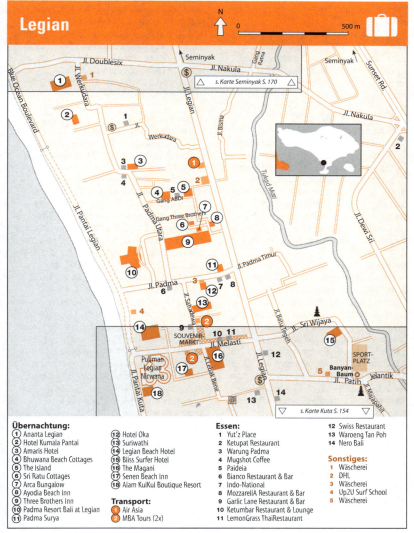

Übernachtung:
1. Ananta Legian
2. Hotel Kumala Pantai
3. Amaris Hotel
4. Bhuwana Beach Cottages
5. The Island
6. Sri Ratu Cottages
7. Arca Bungalow
8. Ayodia Beach Inn
9. Three Brothers Inn
10. Padma Resort Bali at Legian
11. Padma Surya
12. Hotel Oka
13. Suriwathi
14. Legian Beach Hotel
15. Bliss Surfer Hotel
16. The Magani
17. Senen Beach Inn
18. Alam KulKul Boutique Resort

Transport:
1. Air Asia
2. MBA Tours (2x)

Essen:
1. Yut'z Place
2. Ketupat Restaurant
3. Warung Padma
4. Mugshot Coffee
5. Paideia
6. Bianco Restaurant & Bar
7. Indo-National
8. MozzarellA Restaurant & Bar
9. Garlic Lane Restaurant & Bar
10. Ketumbar Restaurant & Lounge
11. LemonGrass ThaiRestaurant
12. Swiss Restaurant
13. Waroeng Tan Poh
14. Nero Bali

Sonstiges:
1. Wäscherei
2. DHL
3. Wäscherei
4. Up2U Surf School
5. Wäscherei

bunten Akzenten und gutem Preis-Leistungs-Verhältnis. Schmaler Pool im Innenhof. Frühstück und WLAN inkl. ❹
Arca Bungalow, Gang Three Brothers, ✆ 0819-3305 2599, 🖥 www.arcabungalow.com.

Die etwas spärlich bepflanzte Anlage mit nettem Pool bietet 4 geräumige, komfortable Bungalows mit AC, Himmelbett, LCD-TV, großen Du/WC und Terrasse; auch große Familien-Apartments mit halboffener Wohnküche. Netter

Besitzer, der gutes Englisch spricht. Frühstück und WLAN inkl. **4**

Bliss Surfer Hotel, Jl. Sriwijaya 88, ☎ 0361-767222, 🖥 www.blisssurfer hotel.com. Das ganz dem Surferthema verschriebene und mit Surfbrettern verzierte Hotel mit Innenhof, Pool und offenem Restaurant bietet moderne, komfortable Zimmer mit guten Matratzen, LCD-TV, Wasserkocher und Du/WC. Frühstück und WLAN inkl. **5**

Hotel Kumala Pantai, Jl. Werkudara, ☎ 0361-755500, 🖥 www.kumalapantai.com. Schöne 3-Sterne-Anlage in einem tropischen Garten mit 2 riesigen Pools, Spa und Restaurant an der Strandpromenade. Hinter der mit pompösen Statuen überladenen Lobby geht es zu 90 älteren, gepflegten und geräumigen Zimmern mit edlem Marmorboden, Balkon, separater Du und Bad/WC, Föhn sowie LCD-TV. Reservierung empfehlenswert. Frühstück und WLAN inkl. **6**

Suriwathi, Jl. Sahadewa 12, ☎ 0361-753162, 🖥 www.suriwathi.com. Im weitläufigen, grünen Garten liegt die familienfreundliche Anlage mit Pool, Liegen und 50 etwas überteuerten Zimmern. Diese sind geräumig und einfach, gepflegt und sauber mit guten Matratzen, AC, Terrasse oder Balkon und Warmwasser-Du/WC. Freundliches und hilfsbereites Personal. Frühstück und WLAN am Poolbereich inkl. **4** – **5**

The Island, Jl. Padma Utara, Gang Abdi 18, ☎ 0361-762722, 🖥 www.theisland hotelbali.com. Viele allein reisende Frauen finden den Weg in diesen angenehmen, modernen und ruhig gelegenen „Boutique-Hangout" mit kleinem Pool und entspannter Atmosphäre. Neben 10 schönen kleinen Zimmern mit AC und privatem Du/WC sowie teils Doppelstockbetten gibt es einen sehr sauberen, weißen Schlafsaal mit AC, bequemen Doppelstockbetten, Schließfächern und Gemeinschafts-Du/WC für 200 000 Rp p. P. Sehr leckere Sandwiches, Steinofenpizzen und frisch zubereitete Smoothies im Restaurant, zudem eine Bar auf dem Dach. Freundliches Personal. Frühstück, WLAN und ab 3 Nächten im Privatzimmer Massage inkl. **5**

Three Brothers Inn, Jl. Legian, Gang Three Brothers, ☎ 0361-751566, 🖥 www.three

brothersbungalows.com. Charmante, weitläufige Parkanlage mit prächtigem Garten und großem Pool. Es werden geräumige und saubere, aber ältere und etwas dunkle Zimmer mit AC, TV und netter Open-Air-Du/WC, teils auch mit DVD-Player und Badewanne, geboten. Die Ventilator-Zimmer sind überteuert. Frühstück und WLAN inkl. **4** – **6**

Obere Preisklasse

Alam KulKul Boutique Resort, Jl. Pantai Kuta, ☎ 0361-752520, 🖥 www.alamkulkul.com. Ein seit 24 Jahren bewährtes, mehrfach ausgezeichnetes und stilvolles Hotel mit Teichen in zentraler, aber ruhiger Strandlage. 80 komfortable, nett dekorierte Zimmer mit Marmorboden, teils auch Himmelbett; zudem große Familienzimmer und exklusive Villen mit Open-Air-Bad/WC. 2 Pools sowie ein tolles Spa, in dem traditionelle javanische Rezepturen verwendet werden. DVD-Player für 50 000 Rp pro Tag. Frühstück und WLAN inkl. **7**

Ananta Legian Hotel, Jl. Werkudara, ☎ 0361-738989, 🖥 anantalegian.com. Hinter dem ungewöhnlichen, mit schablonenhaften Designs dekorierten Pyramidenbau der Lobby führen Gänge vorbei am Innenhof mit Kletterpflanzen, Pool und Karpfenteich zu 175 modernen, kleinen, sauberen Zimmern in Brauntönen mit LCD-TV, Wasserkocher und komfortablen Betten. Die Dachterrasse mit kleiner Bar ist noch etwas karg. Im Internet günstiger. Frühstück und WLAN inkl. **6** – **8**

Legian Beach Hotel, Jl. Melasti, ☎ 0361-751711, 🖥 www.legianbeachbali.com. Die riesige 4-Sterne-Anlage am Strand bietet 218 luxuriöse Zimmer, 2 Pools und 4 Restaurants in einem weitläufigen Garten. Es gehört nicht umsonst seit Jahren zu den 99 beliebtesten Hotels der Welt. **7** – **8**

Padma Resort Bali at Legian, Jl. Padma 1, ☎ 0361-752111, 🖥 www.padmahotels.com. Riesiges 5-Sterne-Hotel in einer wunderschönen Gartenanlage mit 409 sehr stilvoll eingerichteten, großen Zimmern mit LCD-TV mit DVD-Player, Balkon, blitzsauberem Bad/WC und allem erdenklichen Komfort. 2 große Pools, Fitnessraum, Sauna und 4 Restaurants. Höchst professioneller Service. Frühstück und WLAN inkl. **8**

The Magani Hotel & Spa, Jl. Melasti, ☎ 0361-765188, 🖥 www.themagani.com. Schlichte Eleganz mit Holztönen zeichnet die 108 komfortablen Zimmer mit großem LCD-TV, Du/WC und separatem Waschbecken, teils auch Privatpool oder Jacuzzi aus. Der 4-stöckige Bau ist hell und luftig gehalten, und der große Pool, ein MozzarellA Restaurant (s. unten rechts) sowie das Spa lohnen einen Besuch. Sehr aufmerksamer Service. Frühstück und WLAN inkl. ❼ – ❽

ESSEN
Asiatisch
LemonGrass ThaiRest., Jl. Melasti, ☎ 0361-369 8652, 🖥 www.lemongrassbali.com. Das freundliche, nach vorne offene und innen nett ausgeleuchtete Restaurant serviert schmackhafte thailändische Gerichte. Hauptgerichte ab 60 000 Rp. Auch Lieferservice. ⏲ 7–23 Uhr.

€ **Waroeng Tan Poh**, Jl. Legian 355, ☎ 0361-757741. Kleines, offenes, mit Bildern im Retro-Stil gestaltetes Restaurant im Steingarten mit überwiegend indonesischen Gerichten ab 15 000 Rp. WLAN. ⏲ 9–23 Uhr.

Cafés
Mugshot, Jl. Padma Utara 5, ☎ 0361-750335, ✉ mugshotcoffee@hotmail.com. Das nette kleine Café servierte Baguettes um 45 000 Rp, Müsli für 35 000 Rp sowie Frühstück, guten Kaffee und Tee. Wer 10 000 Rp für ein Waisenhaus in Bali spendet, darf sein Porträt zu denen an der Wand hinzufügen. ⏲ 6–18 Uhr.
Paideia, Gang Abdi. Etwas versteckt gelegen, kann man in dem verspielt gestalteten, kleinen Café mit guten Saftkreationen, Kaffee oder Bio-Tees in Ruhe ein paar Magazine durchblättern oder die hausgemachten Waffeln für 19 000–26 000 Rp probieren. ⏲ 7–16 Uhr.

Europäisch
Garlic Lane Rest. & Bar, Jl. Sahadewa 3, ☎ 0361-755285, 🖥 www.garliclanerestaurant.com. Kleines, mit gemustertem dunklem Holz ansprechend gestaltetes Restaurant mit einer Auswahl an Pasta und wenigen Pizzen. Hauptgerichte ab 43 000 Rp. ⏲ 7–23 Uhr.
Ketumbar Rest. & Lounge, Jl. Melasti, ☎ 0361-754144. Italienisches Restaurant in quietschbunten Farben, das Steinofenpizzen ab 50 000 Rp, eine kleine Auswahl an Weinen, Cocktails für 75 000 Rp sowie ein Mittagsmenü mit 3 Gängen für 80 000 Rp auftischt. WLAN. ⏲ 8–22.30 Uhr.
Swiss Rest., Jl. Legian, ☎ 0361-762345, 🖥 bali-swiss.weebly.com. Das seit 1977 bestehende Restaurant des freundlichen Jon und seiner bezaubernden Frau Suci steht wieder am alten Ort mitten im Trubel. In der schwarz-weiß gefliesten Stube werden Klassiker wie Geschnetzeltes oder Bratwürste mit Rösti, aber auch indonesische Gerichte und Frühstück serviert. Mit etwas Glück erzählt Jon Anekdoten aus seinem spannenden Leben oder spielt auf seiner Violine. Schweizer Hauptgerichte ab 60 000 Rp. WLAN. ⏲ 9–23 Uhr.
Yut'z Place, Jl. Werkudara 521, ☎ 0361-765047, 🖥 www.facebook.com/YutzPlace. Die Speisekarte des gut besuchten Restaurants mit dunklen Holzstühlen und Tischen ist nicht ohne Grund auch deutschsprachig. Hier gibt es leckere Spätzle, Rösti und Weißwürste in großen Portionen zu vernünftigen Preisen. Hauptgerichte ab 40 000 Rp. WLAN. ⏲ 8–24 Uhr.

International
Bianco Rest. & Bar, Jl. Padma, ☎ 0361-760070, 🖥 www.rama-restaurants-bali.com/bianco. Zwischen den weißen Schwingtüren herrscht Kolonialstil. Auf den großen Leinwänden werden Rugby- und Fußballspiele übertragen und an den Tischen italienische Spezialitäten ab 50 000 Rp serviert. ⏲ 9–23.30 Uhr.
Indo-National, Jl. Padma 17, ☎ 0361-759883, 🖥 www.indo-nationalrestaurant.com. In rustikaler und gleichzeitig schicker Atmosphäre gehen unter australischer Leitung westliche, asiatische und Fusion-Gerichte zu Preisen ab 70 000 Rp an die hungrigen Gäste. Auch vegetarische und glutenfreie Alternativen. Happy Hour 16–19 Uhr, Livemusik 19–22 Uhr. ⏲ 8–23 Uhr.
MozzarellA Rest. & Bar, Jl. Padma 9, ☎ 0361-755896, 🖥 www.mozzarella-resto.com. In modernem Ambiente mit viel recyceltem Holz werden frische Salate, Steaks und indonesische Gerichte sowie leckere Desserts serviert. Hauptgerichte ab 65 000 Rp. WLAN.

www.stefan-loose.de/bali

SÜD-BALI Übersichtskarte S. 144

LEGIAN | Essen **167**

⊙ 11–23 Uhr. In der Jl. Padma Utara außerdem das **MozzarellA by the sea**, ✆ 0361-751654, wo es günstige Cocktails und Sa ab 19.30 Uhr Livemusik gibt. Eine weitere Niederlassung ist **MozzarellA Rest. & Bar @ The Magani** in der Jl. Melasti.

Nero Bali, Jl. Legian 384, ✆ 0361-750756. Mediterranes Restaurant mit schickerem Ambiente und gutem Service. Leckeres Souvlaki und Shishkebab und eine große Auswahl an Alkoholika. Hauptgerichte ab 45 000 Rp. WLAN inkl. ⊙ 10–1 Uhr.

€ **Warung Padma**, Jl. Padma Utara. Das offene, kleine Restaurant serviert günstige indonesische und internationale Gerichte wie Pasta oder Sandwiches ab 20 000 Rp. Auch Säfte. ⊙ 9–23 Uhr. Mehr Restauranttipps s. **eXTra [4120]**.

SONSTIGES UND TRANSPORT

Die Informationen im Kuta-Teil (S. 162) gelten auch für Legian.

Seminyak

In nördlicher Richtung geht Legian nahtlos in Seminyak über, dem krönenden Abschluss der drei ineinander verschmolzenen Badeorte, die heute das Herz des kommerziellen Tourismus auf Bali bilden. Es geht bedeutend schicker und kultivierter zu als in Kuta. Ausgefallene Restaurants, hochklassige Hotels und Villenanlagen sowie kreative Boutiquen reihen sich aneinander und laden zum niveauvollen Shoppen und Genießen ein. Die absoluten Highlights warten direkt am Meer: ein Dinner bei Sonnenuntergang im exquisiten Chez Gado Gado, danach ein Cocktail im ultraschicken Ku De Ta und zu guter Letzt direkt am Strand im La Plancha die Nacht zum Tage machen.

ÜBERNACHTUNG

Die Zimmerpreise sind höher und die Auswahl an günstigen Unterkünften ist begrenzt. Die teureren Anlagen überzeugen durch ihre liebevolle Gestaltung und bieten zum Teil Luxus pur. Zudem hat sich in Seminyak eine Vielzahl kleiner, exquisiter **Villenanlagen** angesiedelt.

Oft verfügt jedes Anwesen über einen privaten Pool, Garten und mehrere Schlafzimmer, ideal für Familien, die einen hohen Standard erwarten.
Weitere Übernachtungsmöglichkeiten s. **eXTra [4123]**.

Untere Preisklasse

Blue Ocean Bungalow, hinter der Rip Curl School of Surf, Blue Ocean Boulevard, ✆ 0361-730289. Direkt am Strand gelegene Unterkunft in einer etwas vernachlässigten Gartenanlage mit 30 alten, aber großen und kühlen Zimmern mit durchgelegenen Matratzen und Warmwasser-Bad/WC, teils mit AC. ❸

Inada Losmen, Gang Bima, Ji. Raya Seminyak, ✆ 0361-732269, ✉ putuinada@hotmail.com. Das kleine Losmen mit angenehmer Atmosphäre liegt sehr ruhig in einer winzigen Seitengasse und bietet die wohl günstigsten Zimmer in Seminyak. 12 alte, sehr einfache, aber saubere Räume mit Federkernmatratzen und großen Du/WC sowie Veranda. Motorradverleih. Frühstück und WLAN inkl. ❷

🛍 € **Juada Garden Bungalows**, Jl. Raya Seminyak, ✆ 0361-730990, ✉ juada_garden@yahoo.com. Empfehlenswerte, freundliche und zentral, aber ruhig gelegene Anlage mit 15 Villen mit 1–3 Schlafzimmern und tollem Preis-Leistungs-Verhältnis. Alle gepflegt mit Privatgarten, LCD-TV und modernem Bad/WC mit freistehender Wanne, die teuersten mit kleinem Privatpool. Besonders für Kleingruppen geeignet. Reservierung empfehlenwert. WLAN. ❸–❹

M Hostel, Eingang durch die Taiga Farma, Jl. Raya Seminyak 19, ✆ 0361-730977, 🖥 www.mhostelbali.com. Etwas schwer zu finden, aber zentrales und dennoch ruhiges, modernes Hostel mit nettem Innenhof. Saubere, dunkle, kleine und hellhörige Zimmer mit AC, Kühlschrank, LCD-TV, Safe und Warmwasser-Du/WC sowie 8 teils nach Geschlechtern getrennte Schlafsäle mit bis zu 6 komfortablen Einzelbetten à 150 000 Rp. Kommunikative Atmosphäre im Gemeinschaftsraum mit TV, Computern und Sitzsäcken. Sehr freundliches Personal. Frühstück, Kaffee, Tee und WLAN inkl. ❹

€ **Ned's Hideaway**, Jl. Raya Seminyak, Gang Bima, ✆ 0361-731270. Von teuren Villen umgeben, wohnt man in der schmalen, etwas verschachtelten Anlage entweder in einfachen, günstigen Zimmern mit guten Matratzen, alter Einrichtung und Balkon bzw. Veranda, teils auch mit AC, oder den 3 neuen, komfortablen, bunt gestrichenen Zimmern mit LCD-TV, AC und Kühlschrank. Gutes Preis-Leistungs-Verhältnis. WLAN im Restaurant. ❷–❸

Tune Hotel Legian, Jl. Doublesix, ✆ 0361-735575, 💻 www.tunehotels.com. In dem modernen, von der Jl. Doublesix zurückversetzten Bau liegen die 164 sauberen, wenn auch beengten Zimmer mit AC, sehr bequemen Betten und kleiner Du/WC, teils auch LCD-TV. Die Zimmer in den oberen Stockwerken nach hinten sind ruhiger. Jedes Extra wie AC oder Handtücher kostet zusätzlich. Sehr günstige Angebote im Internet. WLAN 40 000 Rp. ❷–❹

Mittlere Preisklasse

€ **Bali Ayu Hotel & Villas**, Jl. Petitenget 99X, ✆ 0361-473 1263, 💻 www.baliayuhotel.com. Die langgezogene, bei australischen Gästen beliebte Anlage mit Pool und doppelstöckigen Häuschen mit jeweils 2 Zimmern hat für die Gegend sehr gute Preise und ältere, aber gut instand gehaltene, geräumige und saubere Zimmer. Frühstück und WLAN inkl. ❸–❺

Fave Hotel Seminyak, Jl. Camplung Tanduk, ✆ 0361-739000, 💻 seminyak.favehotels.com. Typische Niederlassung der Kette in guter Lage mit kleinen, recht komfortablen Mittelklasse-Zimmern, s. Beschreibung S. 148. Der Aufpreis für das Frühstück lohnt nicht. ❹

Puri Cendana Resort, Jl. Dhyana Pura, ✆ 0361-730869, 💻 www.puricendanaresortbali.com. Anlage mit sehr gepflegtem Garten mit Pool und 24 etwas älteren, balinesisch eingerichteten Zimmern mit AC, TV, Minibar, Himmelbett und großem Bad/WC mit Steinbadewanne. Die teureren teilen sich in einen Wohnbereich mit Bad/WC unten und einen Schlafbereich oben. Große Preisunterschiede zwischen Haupt- und Nebensaison. WLAN im Restaurant und Frühstück inkl. ❺

Puri Puri Kecil, Jl. Raya Seminyak 25, ✆ 0361-738852, 💻 www.puripurikecil.com. Die etwas zurückversetzte, ruhige Anlage mit großem Pool

In Seminyak entstanden in den vergangenen Jahren zahlreiche Street Art- und Grafitti-Kunstwerke.

Seminyak

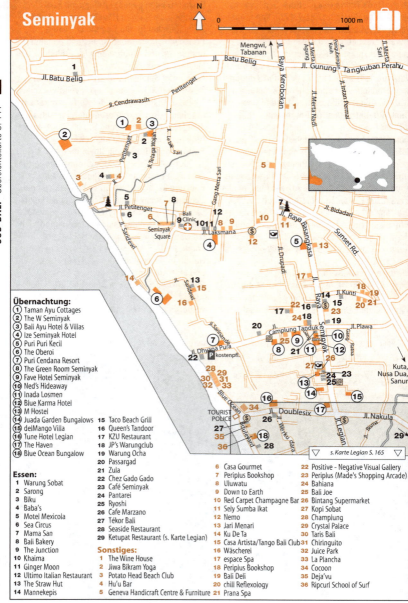

Übernachtung:
1. Taman Ayu Cottages
2. The W Seminyak
3. Bali Ayu Hotel & Villas
4. Ize Seminyak Hotel
5. Puri Puri Kecil
6. The Oberoi
7. Puri Cendana Resort
8. The Green Room Seminyak
9. Fave Hotel Seminyak
10. Ned's Hideaway
11. Inada Losmen
12. Blue Karma Hotel
13. M Hostel
14. Juada Garden Bungalows
15. delMango Villa
16. Tune Hotel Legian
17. The Haven
18. Blue Ocean Bungalow

Essen:
1. Warung Sobat
2. Sarong
3. Biku
4. Baba's
5. Motel Mexicola
6. Sea Circus
7. Mama San
8. Bali Bakery
9. The Junction
10. Khaima
11. Ginger Moon
12. Ultimo Italian Restaurant
13. The Straw Hut
14. Mannekepis
15. Taco Beach Grill
16. Queen's Tandoor
17. KZU Restaurant
18. JP's Warungclub
19. Warung Ocha
20. Passargad
21. Zula
22. Chez Gado Gado
23. Café Seminyak
24. Pantarei
25. Ryoshi
26. Cafe Marzano
27. Tékor Bali
28. Seaside Restaurant
29. Ketupat Restaurant (s. Karte Legian)

Sonstiges:
1. The Wine House
2. Jiwa Bikram Yoga
3. Potato Head Beach Club
4. Hu'u Bar
5. Geneva Handicraft Centre & Furniture
6. Casa Gourmet
7. Periplus Bookshop
8. Uluwatu
9. Down to Earth
10. Red Carpet Champagne Bar
11. Sely Sumba Ikat
12. Nemo
13. Jari Menari
14. Ku De Ta
15. Casa Artista/Tango Bali Club
16. Wäscherei
17. espace Spa
18. Periplus Bookshop
19. Bali Deli
20. chill Reflexology
21. Prana Spa
22. Positive - Negative Visual Gallery
23. Periplus (Made's Shopping Arcade)
24. Bahiana
25. Bali Joe
26. Bintang Supermarket
27. Kopi Sobat
28. Champlung
29. Crystal Palace
30. Taris Bali
31. Chiringuito
32. Juice Park
33. La Plancha
34. Cocoon
35. Deja'vu
36. Ripcurl School of Surf

170 SEMINYAK | Übernachtung

www.stefan-loose.de/bali

bietet gute Budgetvillen, die alle nach einer anderen Hauptstadt benannt sind, und weniger lohnenswerte Zimmer. Alle sind nett dekoriert, gut instand gehalten und mit AC, LCD-TV und separater Du/WC ausgestattet. Die 2-stöckigen Villen mit Privatgarten haben große, offene Wohnzimmer sowie Küchen mit Kühlschrank unten und einen Schlafbereich im 1. Stock. Sehr freundliches Personal. ❸–❺

Taman Ayu Cottages, Jl. Petitenget, ☎ 0361-473 0111, 🖳 www.tamanayucottage.com. Ältere, aber gepflegte Anlage mit Pool und 40 sauberen, komfortablen Zimmern mit AC, TV, Du oder Bad/WC, teils auch mit DVD-Player und Wasserkocher; die schicken Bungalows zudem mit kleiner Küche und Wohnbereich. Freundliches Personal. Frühstück und WLAN inkl. ❹–❻

The Green Room Seminyak, Jl. Dhyana Pura, Gang Puri Kubu 63B, ☎ 0361-731412, 🖳 www.thegreenroombali.com. In dem kleinen, aber feinen, kreativ gestalteten Surfcamp liegen die Zimmer mit Du/WC, teils auch mit Himmelbett, AC und TV mit DVD-Player, rund um einen Natursteinpool mit Jacuzzi. Nachts ist es wegen der Nachtclubs auf der Hauptstraße etwas laut. Reservierung empfehlenswert. WLAN und Frühstück inkl. ❺

Obere Preisklasse

Blue Karma Hotel, Jl. Raya Seminyak, Gang Bima 2, ☎ 0361-737898, 🖳 www.balibluekarma.com. Hochpreisige, sehr kreativ gestaltete Bungalowanlage mit freundlichem Service und einem hübschen gepflegten Garten mit Pool. Die komfortablen Zimmer und Villen sind individuell im Stil indonesischer Stämme gestaltet, mit geschnitzten Türen, Statuen und vielen kleinen Details. Frühstück und WLAN inkl. ❼–❽

delMango Villa, Jl. Raya Seminyak, Gang Taman Sari, ☎ 0361-731178, 🖳 www.delmango bali.com. Wer viel Geld ausgeben möchte und perfekt durchgestylte Villen erwartet, ist hier richtig. Hinter dem opulenten, ungewöhnlich gestalteten Eingangsbau aus Bambus liegen 12 luftige private, neue Villen mit jeglichem Komfort, u. a. Privatpool mit Jacuzzi, riesigem Du/WC, offener Küche, Espressomaschine und

heller Holzeinrichtung. Zuvorkommender, freundlicher Service. Frühstück und WLAN inkl. ❽

Ize Seminyak Hotel, Jl. Laksmana 68, ☎ 0361-846 6999, 🖳 www.ize-seminyak.com. Attraktives Designhotel mit avantgardistischer Architektur und 81 großen Zimmern mit allem Komfort sowie verglaster Jacuzzi-Badewanne. Fitnessraum, Bar und Überlaufpool auf dem Dach mit hübscher Aussicht. Frühstück, WLAN und Minibarinhalt inkl. ❼

The Haven, Jl. Raya Seminyak 500, ☎ 0361-738001, 🖳 www.thehavenbali.com. Elegante und teure 4-Sterne-Anlage mit 192 luxuriösen Zimmern und Suiten mit modern minimalistischer Einrichtung, schönen Bädern und großen Balkonen oder Terrassen. 3 Pools, die teils unter dem Hotelgebäude verlaufen. Shuttle zum Strand, Frühstück und WLAN inkl. ❼

The Oberoi, Jl. Saridewi, ☎ 0361-730361, 🖳 www.oberoibali.com. Das berühmte alteingesessene Luxus-Boutiquehotel bietet auf 15 ha idyllischer Gartenanlage edle, exklusive Zimmer und Villen im balinesischen Stil mit allem erdenklichen Komfort, teils auch mit Privatpool. Hochklassiges und -preisiges Spa, Fitness und Tennisplatz. Großer Pool mit Meerblick. Hervorragender Service. ❽

The W Seminyak, Jl. Petitenget, ☎ 0361-473 8106, 🖳 www.starwoodhotels.com/whotels. Das extrem stylishe Hotel zeichnet sich durch eine Mischung aus modernem und durchdachtem Design, lockerem, aber äußerst professionellem Service und höchstem Komfort und Luxus aus. Die riesige Poollandschaft und angesagten Lounges tun ihr Übriges dazu. ❽

ESSEN

Die Auswahl an kulinarischen Köstlichkeiten ist in Seminyak überwältigend global: Das Angebot reicht von authentischen italienischen, indischen oder indonesischen Gerichten über hochklassiges Seafood, moderne Fusionsküche und vegetarische Kost bis hin zu traditionellem nordafrikanischen, griechischen oder persischen Speisen. Die Preise sind verhältnismäßig hoch, aber der zum Teil hervorragenden Qualität des Essens angemessen. Die größte

Auswahl bietet die auch als „Eat Street"
bekannte Jl. Laksmana.
Mehr Restauranttipps s. **eXTra [4130]**.

Asiatisch

Baba's, Jl. Petitenget, in der Hu'u Bar,
☎ 0361-736443, 🖥 babasbali.com. In dem
eleganten Restaurant kann man rund um den
Pool bei Kerzenschein an weiß gedeckten
Tischen dinieren. Hier werden hochklassige,
raffiniert zusammengestellte asiatische
Gerichte zubereitet. Hauptgerichte und
Cocktails ab 120 000 Rp, auch Zigarrenverkauf.
In dem dekorativ anmutenden Pool kann
sogar gebadet werden. WLAN. ⏱ 11–1 Uhr.

Ketupat Rest., Jl. Dewi Sri, ☎ 0361-758 9699,
🖥 www.ketupatdewisrirestoandbar.com. In
dem schönen Garten mit azurblauem Pool
wird exzellentes indonesisches Essen serviert.
Schon die ausführliche Speisekarte, die
Gerichte aus dem ganzen Inselarchipel
versammelt, lässt einem das Wasser im
Mund zusammenlaufen. Große, schmackhaft
angerichtete Portionen, zuvorkommender
Service. Hauptgerichte ab 40 000 Rp.
⏱ 10–23.30 Uhr.

€ **KZU Rest.**, Jl. Drupadi 80, ☎ 0361-
805 4252, 0878-6053 7373, 🖥 www.kzu.
me. Im kleinen, kreativen Restaurant im mini-
malistischen Stil unter freundlicher japanischer
Leitung stellt man sich sein Essen am gläsernen
Tresen aus einer breit gefächerten Auswahl
selbst zusammen. Die jungen Köche in der
einsehbaren Küche bereiten alle Gerichte
frisch zu, darunter leckere west-östliche
Kreationen und japanische Currys ab 40 000 Rp.
⏱ 11–21 Uhr, So bis 18 Uhr.

🧳 **Mama San**, Jl. Raya Kerobokan 135,
☎ 0361-730436, 🖥 mamasanbali.com.
Hier werden die Geschmackswelten Südostasiens in stilvoll-edler Teehaus-Atmosphäre
auf den Teller gezaubert. Ob Peking-Ente mit
Pflaumensoße, Schweinebauch nach vietname-
sischer Art, Laotisches vom Grill oder indonesisches Dendang Belado – Küchenchef Will
Meyrick teilt seine kulinarischen Entdeckungen
zu sehr gehobenen Preisen. Lounge im 1. Stock
mit bequemen Ledersesseln. ⏱ 11–14 und
18–23 Uhr.

Queen's Tandoor, Jl. Raya Seminyak 73,
☎ 0361-732770, 🖥 bali.queenstandoor.com.
Das Restaurant an der lauten Hauptstraße
serviert authentische Gerichte vom indischen
Subkontinent. Hauptgerichte um 70 000 Rp.
⏱ 11–23.30 Uhr.

Ryoshi, Jl. Raya Seminyak 15, ☎ 0361-731152,
🖥 www.ryoshibali.com. Die große unten
AC-gekühlte, oben offene Hauptfiliale der
japanischen Restaurantkette bietet neben
leckeren, qualitativ hochwertigen Sushi,
Sashimi und Ramen auch jeden Mo, Mi
und Fr guten Live-Jazz ab 21.30 Uhr. Sushi
Sets ab 60 000 Rp, Teriyaki ab 45 000 Rp.
⏱ 12–24 Uhr.

Sarong, Jl. Petitenget 19X, ☎ 0361-473 7809,
🖥 www.sarongbali.com. Hochpreisiges, in
Brauntönen gehaltenes und in einem Garten
gelegenes Restaurant, das hochwertige und
anspruchsvoll angerichtete pan-asiatische
Küche serviert. Die Currys nach Sri-Lanka-Art
sind besonders lecker. Reservierung
empfehlenswert. ⏱ 18–24 Uhr.

Cafés

Bali Bakery, Jl. Laksmana, ☎ 0361-738033,
🖥 www.balibakery.com. Im Seminyak Square
gelegener, gut besuchter Ableger der erfolgreichen Bäckereikette. Hier bekommt man
leckere Kuchen, Brote und guten Kaffee, aber
auch vollwertige Gerichte. ⏱ 8–22 Uhr.

📖 **Biku**, Jl. Petitenget 888, ☎ 0361-857 0888,
🖥 www.bikubali.com. Gemütlich und
heiter geht es in diesem wundervollen, antik
eingerichteten und beliebten Lesecafé zu.
Neben Kaffee, Kuchen, Burgern und Hauptgerichten ab 45 000 Rp gibt es Cocktails ab
75 000 Rp, jede Menge Bücher, von 8–12 und
15–19 Uhr WLAN, interessante Gesprächs-
partner und Jazzmusik. ⏱ 8–23 Uhr.

Café Seminyak, Jl. Raya Seminyak 17,
☎ 0361-736967, 🖥 www.cafeseminyak.com.
Direkt vor dem großen Bintang-Supermarkt
gelegen, bekommt man in dem beliebten Bistro
reichhaltige Frühstücks-Sets ab 50 000 Rp,
frische Säfte und zahlreiche Tees. Die Sandwiches sind nichts Besonderes, aber die
Auswahl an Brot, Bageln und Kuchen für
14 000–33 000 Rp überzeugt. Auch High Tea

nach britischem Geschmack für 110 000 Rp. WLAN. ⊙ 7–23 Uhr.

The Straw Hut, Jl. Saridewi 17, ✆ 0361-736751, 🖥 thestrawhut.com. Ein sehenswertes, stilvolles Café, das sich den lokalen Künsten verschrieben hat. Zudem indonesische und westliche Küche mit Salaten und Smoothies ab 30 000 Rp, Pizzen und Pasta ab 50 000 Rp. Mi und Fr Livemusik, Sa Tango. ⊙ 7.30–23 Uhr.

Europäisch

Cafe Marzano, Jl. Double Six, ✆ 0361-874 4438, 🖥 www.cafemarzano.com. Immer sehr gut besuchtes, authentisches und günstiges italienisches Restaurant mit einer riesigen Auswahl an sehr leckeren Pizzen ab 45 000 Rp sowie hausgemachter Pasta und Lasagne ab 55 000 Rp. Zuvorkommender Service. Lieferservice. ⊙ 9–1 Uhr.

Chez Gado Gado, Jl. Dhyana Pura 99, ✆ 0361-736966, 🖥 www.gadogado restaurant.com. Absolut empfehlenswertes, gediegenes europäisches Seafood-Restaurant im puristischen Stil mit leichtem Fusionsküchen-einschlag und wunderschönem Blick auf das tosende Meer und den berühmten Sonnen-untergang. Exzellente Essensqualität und große Portionen zu gehobenen Preisen. Um-fangreiche Weinkarte. Sehr aufmerksamer und freundlicher Service. Hauptgerichte ab 160 000 Rp. Abends Reservierung empfehlenswert. ⊙ 11–15.30 und 18–23 Uhr.

Mannekepis, Jl. Raya Seminyak 2, ✆ 0361-847 5784. Das 2-stöckige Restaurant serviert neben belgischen Spezialitäten wie Rinder-eintopf und Stoemp auch viele Weine und einige belgische Biere. Sa–Mo sowie Mi und Do treten von 21–23.30 Uhr gute Jazz- und Blues-Livebands auf. Oben zudem Kicker- und Billardtisch sowie ein in den Boden einge-lassener Koi-Teich, der dank des Glasbodens auch von unten bewundert werden kann. Belgische Hauptgerichte ab 90 000 Rp. WLAN. ⊙ 10–24 Uhr.

Pantarei, Jl. Raya Seminyak 17A, ✆ 0361-732567, 🖥 pantareibali.com. Obwohl in Seminyak die europäische Küche sehr gut vertreten ist, sind griechische Speisen eine Seltenheit. In dem seit 1997 bestehenden

rustikalen Lokal gibt es fleischlastige Haupt-gerichte ab 70 000 Rp und Lammgyros für 130 000 Rp. Di und Sa Livemusik. ⊙ 10–23 Uhr.

Ultimo Italian Rest., Jl. Laksmana 104X, ✆ 0361-738720, 🖥 balinesia.co.id. Italienisches Feinschmeckerlokal mit offener Küche und Steinofen. Es werden u. a. Antipasti, hausgemachte Nudelgerichte, Pizzen und frische Meeresfrüchte zu guten Preisen ange-boten. Große Auswahl an Weinen. Haupt-gerichte ab 70 000 Rp, Pizzen und Pasta ab 50 000 Rp. ⊙ 17–24 Uhr.

International

Ginger Moon, Jl. Laksmana, ✆ 0361-734533, 🖥 www.gingermoonbali.com. Elegantes, hübsch gestaltetes, 2-stöckiges AC-Restaurant mit indonesisch und chinesisch angehauchter Fusionsküche. Wen die ausgefallen mit Rendang, Babi Guling oder Peking-Ente belegten Pizzen ab 80 000 Rp nicht begeistern können, bekommt auch Dim Sum. Cocktails und Weine. WLAN. ⊙ 11–23 Uhr.

JP's Warungclub, Jl. Dhyana Pura 6, ✆ 0361-731622, 🖥 jps-warungclub.com. Die Speise-karte des modernen Restaurants ist vorwiegend westlich geprägt, bei der Zubereitung wird aber das Beste aus aller Welt hinzugegeben. Ganz nach britischem Vorbild gibt es auch High Tea. Mo–Sa ab 21 Uhr Livemusik. Hauptgerichte ab 50 000 Rp, Do Buffet. WLAN. ⊙ 8–24 Uhr.

Sea Circus, Jl. Saridewi, ✆ 0361-738667, 🖥 seacircus-bali.com. Das kleine, rustikale Lokal ist sehr beliebt und punktet mit einer bunten, freundlichen Gestaltung. Neben Salaten, Baguettes, Kaffee, Eiscreme und Cocktails werden vor allem Seafood, haus-gemachte Marmeladen und Katerfrühstück-Menüs ab 75 000 Rp mit allem, was die Küche hergibt, serviert. Für 40 000 Rp gibt es eine Schultermassage. WLAN. ⊙ 8–22.30 Uhr, Bar bis 24 Uhr.

Seaside Rest., Blue Ocean Boulevard 14, ✆ 0361-737140, 🖥 www.seasidebali.com. Neben Fischfilets und Burgern steht auch mexikanisches Essen auf der Speisekarte. Abends verwandelt sich das Restaurant in eine Lounge mit Meerblick und das Dach in ein Open-Air-Kino. Wer in der Urlaubszeit ein paar Kilo zugelegt hat, kann im Fitnessstudio nebenan die Pfunde wieder wegstrampeln (80 000 Rp pro Besuch). ⏲ 7–23 Uhr.

Tékor Bali, Blue Ocean Boulevard, ☎ 0361-735268, 🖥 auf Facebook. Egal, ob zum Frühstück, Brunch oder Sonnenuntergangsdinner – das Tékor bietet stets leckere Gerichte und günstige Tagesangebote. Der Schwertfisch, die sautierten Riesengarnelen und die leckeren Beerensäfte sind besonders zu empfehlen. Die eingerahmten Bilder an der Wand zeigen Stars, die bereits hier gegessen haben. WLAN von 8–18 Uhr. ⏲ 7.30–24 Uhr.

The Junction, Jl. Laksmana, ☎ 0361-735610, 🖥 www.the-junction-bali.com. In hellem, attraktiv mit Holz verkleidetem Lounge-Ambiente bekommt man leckere belgische Sandwiches, Crêpes und Nachspeisen, außerdem Pasta und Thai-Gerichte. Hauptgerichte und Cocktails ab 80 000 Rp, Sandwiches ab 40 000 Rp. Abends Reservierung empfehlenswert. Lieferservice. ⏲ 10–24 Uhr.

Warung Ocha, Jl. Raya Seminyak 52, ☎ 0361-736222. Restaurant an der Hauptstraße mit einer großen Auswahl an Salaten, Sandwiches, Nudel- und indonesischen Gerichten ab 30 000 Rp, auch Kuchen. Außerdem kann man sein eigenes (überteuertes) Nasi Campur zusammenstellen. WLAN. ⏲ 7–22 Uhr.

Warung Sobat, Jl. Batu Belig 11A, ☎ 0361-473 8922, 877 9019. Etwas weit ab vom Schuss, aber für Rollerfahrer leicht erreichbar werden in einfachem, aber sauberem Ambiente günstige und leckere Gerichte serviert. Balinesisches, Pasta und Seafood ab 30 000 Rp, auch Europäisches für unter 70 000 Rp und Cocktails für 50 000 Rp. Freundlicher Service. ⏲ 12–23.30 Uhr.

Mexikanisch

Motel Mexicola, Jl. Petitenget, ☎ 0361-736688, 🖥 motelmexicolabali.com. Bereits der skurrile Altar am Eingang verspricht mexikanische Atmosphäre und die toll abgestimmte, künstlerische Einrichtung enttäuscht nicht. Rund um den großen, bunten Innenhof mit der stylischen zentralen Bar fühlt man sich wie in Acapulco. Gute Cocktails ab 90 000 Rp und etwas mäßiges

Essen, wie Tacos ab 18 000 Rp. Freundlicher, hübscher Service. WLAN. ⏲ 11–1 Uhr.

Taco Beach, Jl. Kunti 6, ☎ 0361-854 6262, 🖥 www.tacobeachgrill.com. Der kleine und unscheinbare, aber sehr beliebte Laden liegt zwar nicht am Strand, serviert aber die leckersten Tacos und Burritos (ab 45 000 Rp) weit und breit. Neben klassischen Varianten auch ausgefallene, wie die fantastischen Tacos mit Babi Guling oder geräucherter Ente in Orangensauce. Zudem kreative Saft- und Smoothie-Kreationen wie der sehr erfrischende Baja Brain Freeze. Freundliche, schnelle Bedienung und sehr gutes Preis-Leistungs-Verhältnis. Lieferservice. Abends Reservierung empfehlenswert. WLAN bis 17 Uhr. ⏲ 10–23 Uhr.

Orientalisch

Khaima, Jl. Laksmana, ☎ 0361-742 3925, 🖥 www.khaimabali.com. In minimalistisch-modernem Ambiente können hochklassige Mechoui-Kebabs und Tagine- sowie Couscous-Gerichte mit importierten Zutaten genossen werden. Original marokkanischer Minztee, Shishas und jeden Fr und Sa ab 21 Uhr Vorführungen von Bauchtänzerinnen runden das besondere kulinarische Erlebnis ab. Hauptgerichte 65 000–150 000 Rp. Reservierung empfehlenswert. WLAN. ⏲ 11–24 Uhr.

Passargad, Jl. Dhyana Pura 3, ☎ 0361-738857, 🖥 passargadrestaurantbali.com. Dieses kleine, freundliche Restaurant bietet wohl die einzige Möglichkeit auf Bali, die persische Küche auszuprobieren. Hauptgerichte und Salate ab 50 000 Rp, Shishas ab 70 000 Rp. ⏲ 10–24 Uhr.

Vegetarisch

Zula, Jl. Dhyana Pura 5, ☎ 0361-731080, 🖥 www.downtoearthbali.com. Ein Paradies für jeden Vegetarier und alle Bio-Fans. Die Speisekarte ist äußerst kreativ: Alles Fleischlose wird auf sehr attraktive und leckere Weise zubereitet. Salate können nach eigenem Geschmack zusammengestellt werden, auch Wraps und Suppen. Fabelhafte Säfte, Lassis und Energiedrinks. Gerichte ab 30 000 Rp. Sehr freundlicher, zuvorkommender Service. Verkauf von Bio-Produkten. ⏲ 8–23 Uhr.

UNTERHALTUNG

Die Bars und Lounges in Seminyak sind schicker und teurer als in Kuta. Einige der Bars in der Jl. Dhyana Pura sind besonders bei Homosexuellen beliebt. Am Strand finden sich nördlich des Blue Ocean Boulevards Strandbars, die mit ihren bunten Sitzsäcken dem überaus populären La Plancha nacheifern. Mehr Unterhaltungstipps s. eXTra [4130].

Bahiana, Jl. Dhyana Pura 4, ☎ 0361-738662, ☐ bahiana-bali.com. Rings um die zentrale O-förmige Bar wird am Di, Do und Sa zu kubanischer und brasilianischer Salsa-Musik das Tanzbein geschwungen, So R&B. Die vom freundlichen Personal servierten Cocktails kosten um 80 000 Rp, Essen ab 30 000 Rp, auch Zigarren. Happy Hour 16–22 Uhr. WLAN. ⏰ 17–3 Uhr.

Bali Joe, Jl. Dhyana Pura, ☎ 0361-730931. In dieser Schwulen-Bar kann man auf gemütlichen Sofas und Sesseln sitzend die einfachen Cocktails für 70 000 Rp schlürfen und dabei den durchtrainierten Barkeeper bewundern. Nebenan weitere Bars. ⏰ abends.

Cocoon, Blue Ocean Boulevard, ☎ 0361-731266, ☐ www.cocoon-beach.com. Dass der Trend in Seminyak weg von lauten Nachtclubs in Richtung superedler, aber dennoch informeller Beach Clubs geht, beweist dieser herausgeputzte Komplex mit schöner Poollandschaft und sehr aufmerksamem Service. In mediterranem Ambiente kann man hochwertige Cocktails ab 110 000 Rp, Hauptgerichte ab 75 000 Rp sowie Tapas und Frühstück genießen. 2-für-1-Happy Hour von 16–19 Uhr. ⏰ 10–3 Uhr.

Deja'vu, Blue Ocean Boulevard 7X, ☎ 0361-732777. Nette 2-stöckige Lounge, dessen schicke Dachterrasse zum Sonnenuntergang ideal ist. Auch Snacks. 2-für-1-Happy Hour von 15–18 Uhr, sonst Cocktails für 90 000 Rp, Tapas ab 40 000 Rp, Shisha für 100 000 Rp. Sehr schnelles WLAN. ⏰ 8–0.30 Uhr.

Hu'u Bar, Jl. Petitenget, ☎ 0361-473 6576, ☐ huubali.com. Die hochpreisige, luftige Lounge ist eine edle Institution. Einen Drink an der eleganten dunkelbraunen Bar einzunehmen, ist ein Genuss. Im Baba (S. 172) lässt es sich vorzüglich essen. Aufgelegt wird entspannte balinesische Lounge-Musik oder Jazz. Riesige Auswahl an Cocktails ab 120 000 Rp. ⏰ 17–1, Fr und Sa bis 3 Uhr.

Ku De Ta, Jl. Laksmana 9, ☎ 0361-736969, ☐ www.kudeta.net. Das exklusive Lounge-Restaurant direkt am Meer lässt Café-del-Mar-Feeling aufkommen und ist einer der Treffpunkte der Reichen und Schönen. Mit Blick auf das tosende Meer räkelt man sich auf überdimensionalen Sofas oder im Pool bei Champagner (400 000 Rp, Flaschen ab 900 000 Rp), kreativen Cocktails (130 000 Rp), Zigarren und Whiskeys sowie exzellentem Essen (Hauptgerichte ab 320 000 Rp). Das Ganze ist kein bisschen preiswert, aber edel und etwas Besonderes und für das gute Gewissen

2 HIGHLIGHT

Die angesagtesten Strandbars

Einen entspannten Abend in den Strandbars von Seminyak zu verbringen ist ein Highlight eines jeden Bali-Besuches. Die beste Sicht auf den spektakulären Sonnenuntergang bietet sich nicht etwa aus den edlen Lounges und Restaurants, sondern von den bequemen bunten Sitzsäcken der Bars, die sich direkt am Strand zwischen der Jl. Dhyana Pura und der Jl. Doublesix aneinanderreihen. Ganz im Norden liegt die beliebte Bar **Champlung** und daneben **Crystal Palace**, die durch das weiße Holzhaus, in dem die Bands auftreten, etwas schicker wirkt. Beide Bars sind für ihre gute Livemusik bekannt. Es folgen dicht an dicht **Taris Bali**, **Chringuito** und **Juice Park**. Die mit Abstand beliebteste Bar ist jedoch **La Plancha**, ☎ 0361-890 0000. Zu wechselnder Musik können ein kühles Bier, ein erfrischender Cocktail oder ein Eimer Sangria sowie ein paar Snacks genossen werden. Die humanen Preise und die entspannte, angenehme Atmosphäre machen die Strandbars zum beliebtesten Spot für junge Leute. Im La Plancha finden manchmal gigantische Strandpartys mit über 1000 Besuchern statt.

SÜD-BALI Übersichtskarte S. 144

www.stefan-loose.de/bali

SEMINYAK **|** Unterhaltung **175**

fließen 10 % der Einnahmen von speziell markierten Gerichten an ein Waisenhaus. WLAN. ☉ 8–2 Uhr.

🧳 **Potato Head Beach Club**, Jl. Petitenget, 📞 0361-473 7979, 🖥 www.ptthead.com. Der sehr beliebte Beach Club punktet mit Liegen und Gazebos mit Meerblick und einer ausgelassenen, aber dennoch feinen Atmosphäre. Die Drinks sind teuer und die Musik gediegen elektronisch. Angeschlossen ist das Restaurant Lilin. ☉ 11–2 Uhr.

Red Carpet Champagne Bar, Jl. Laksmana 42C, 📞 0361-737889, 🖥 www.redcarpetbali.com. Von hübschen Bedienungen im knappen rotweißen Hotelpagen-Outfit begrüßt, stolziert der Gast auf dem roten Teppich in die offene, auf superedel getrimmte Bar mit Schmuck- und Mode-Boutique. Bei Häppchen ab 50 000 Rp oder frischen Austern für 40 000 Rp das Stück stoßen die Gäste mit einem aus der riesigen Auswahl auserkorenen Champagner an. Cocktails ab 100 000 Rp. WLAN. ☉ 11–2 Uhr.

AKTIVITÄTEN

Tango
Casa Artista/Tango Bali Club, Jl. Saridewi, 📞 0812-383 9423, 🖥 tangobali.com. Mo, Mi und Fr ab 18.30 Uhr bzw. 19.30 Uhr finden die Kurse für Anfänger und Fortgeschrittene für 120 000 Rp statt. Zudem Fr Milonga für alle. Weitere Veranstaltungen: Mo Milonga im Sector im Grand Bali Beach Hotel in Sanur und Sa im The Straw Hut (S. 173).

Wellness
chill Reflexology, Jl. Kunti 118X, 📞 0361-734701, 🖥 chillreflexology.com. Modernes und edel anmutendes Spa mit Massagen ab 180 000 Rp pro Std. Reservierung empfehlenswert. Günstigere Massagen gibt es schräg gegenüber.
espace Spa, Jl. Raya Seminyak 3B, 📞 0361-730828, 🖥 www.espacespabali.com. Professionelles Spa, das neben aromatherapeutischen Massagen auch Körperpeelings und -masken sowie Maniküre und Pediküre anbietet. Eine 60-minütige Ganzkörpermassage kostet 213 000 Rp. ☉ 9–21 Uhr.

🧳 **Jari Menari**, Jl. Raya Basangkasa 47, 📞 0361-736740, 🖥 www.jarimenari.com. Wer sich von den tanzenden Fingern professioneller männlicher Therapeuten verwöhnen lassen möchte, ist hier richtig. Anspruchsvolle Massagetechniken werden u. a. in der Bewegungsmassage, Klangschalentherapie und der 4-Hände-Harmonie-Massage (475 000 Rp für 1 Std.) verwendet. Auch Gourmet-Massagen inkl. Mittagsmenü und Di von 9–15.30 Uhr ein Massagekurs für US$170 inkl. Mittagessen. Reguläre 75–90-minütige Behandlungen kosten 350 000–400 000 Rp. Oft muss man 2 Tage im Voraus reservieren. Weitere Niederlassung in Tanjung Benoa. ☉ 9–22 Uhr.
Prana Spa, Jl. Kunti, 📞 0361-730840, 🖥 www.pranaspabali.com. In dem opulenten Komplex kann man sich in kitschig-orientalistischem Ambiente auf hohem Niveau verwöhnen lassen. Normale Massagen kosten ab 550 000 Rp pro Std. Mehrstündige Paketangebote wie Divine Unity oder Turkish Trio versprechen ein Erlebnis für alle Sinne. Zudem tgl. Yogakurse und ein Restaurant. Freundlicher Service. Reservierung empfehlenswert. ☉ 9–22 Uhr.

Yoga
Jiwa Bikram Yoga, Jl. Petitenget 78, 📞 0361-841 3689, 🖥 jiwabikramyogabali.com. Modernes Yogastudio mit 2–3 tgl. (8, 10 und 18 Uhr) stattfindenden 90-minütigen Kursen in 38° C heißen Raum für 175 000 Rp, eine Woche uneingeschränkte Kurse für 800 000 Rp. Eine der Lehrerinnen spricht deutsch.

EINKAUFEN

Seminyak verfügt über die höchste Boutiquendichte Balis. Bummelt man die Jl. Raya Seminyak entlang, bekommt man einen guten Eindruck davon, welche Kunst und Mode gerade angesagt ist. Auch die Jl. Laksmana und Jl. Dhyana Pura sind voller kleiner Geschäfte.

Einkaufszentren
Bintang Supermarkt, Jl. Raya Seminyak. Supermarkt mit großer Auswahl an Lebensmitteln, auch Importprodukte, Schreib- und Haushaltswaren sowie Moskitonetze. ☉ 8–23 Uhr.

Seminyak Square, Jl. Laksmana, ✆ 0361-732106, 🖳 www.seminyaksquare.com. Kleines, modernes Shoppingcenter mit Boutiquen der bekannten Surfmarken und balinesischer Labels, einem Periplus-Buchladen, Black Canyon Coffee, einer beliebten Bäckerei (S. 172) und dem Casa Gourmet (s. u.). Jeden Fr–So findet von 10–20 Uhr, So nur bis 18 Uhr, auf dem Parkplatz ein **Markt** mit interessanten Verkaufsständen statt.

Feinschmeckergeschäfte

Bali Deli, Jl. Kunti 117X, ✆ 0361-738686, 🖳 www.balideli.net. Was wären Seminyaks ausländische Bewohner ohne den frischen Bio-Salat aus dem Supermarkt des Bali Deli? Neben allerlei importierten und lokalen Leckereien auch eine gute Bäckerei und riesige Frischfleisch- und Fischauswahl. Wer für ein Picknick oder das Frühstück nach deutschem Geschmack einkaufen möchte, ist hier richtig. Das kinderfreundliche Restaurant serviert knackige Sandwiches und Fleischgerichte. Lieferservice. ⏰ 7–22 Uhr.

Casa Gourmet, im Seminyak Square, ✆ 0361-738026. Gut ausgestatteter Supermarkt mit vielen Importprodukten, etwas günstiger als der Bali Deli. Gutes Brot, Wurst und Käse sowie Kaffees aus Sumatra, Java, Bali, Flores und Sulawesi.

🔶 **Down to Earth**, Jl. Laksmana 99, ✆ 0361-736645, 🖳 www.downtoearth bali.com. In dem beliebten Ableger des Bio-Restaurants Zula bekommen Naturverbundene alle Zutaten für einen ökologisch verträglichen und gesunden Lebensstil zu vernünftigen Preisen. Auch Öko-Kleidung, Yogazubehör und leckeres Bio-Essen für um 50 000 Rp. ⏰ 7–23 Uhr.

Kopi Sobat, Jl. Raya Seminyak 17, 🖳 www. sobatcoffee.com. Hinter dem Bintang-Supermarkt verstecktes Geschäft, in dem man Kaffee aus allen Ecken des Landes nicht nur vor Ort genießen, sondern auch kaufen kann. Da wären *Gayo*-Bohnen aus Aceh, Bio-Kaffee aus Kintamani, *Mandailing*- und *Toraja*-Kaffee aus Sulawesi, Kaffee aus Lampung (alle 50 000 Rp pro 100 g) oder der berühmte *Kopi Luwak* (250 000 Rp pro 100 g). ⏰ 7.30–22 Uhr

The Wine House, Jl. Raya Kerobokan 66, ✆ 0361-737217. Teure Weinhandlung mit großer Auswahl erlesener balinesischer und ausländischer Weine.

Galerien

Positive – Negative Visual Gallery, Jl. Drupadi 92, ✆ 0361-714 2838, 🖳 www.facebook.com/pngallery. Tolle kleine Fotogalerie mit wechselnden Ausstellungen und bezahlbaren, originellen Fotos. Die australische Besitzerin Debbie Amelsvort spricht gern bei einem Glas Wein über die Besonderheiten der Kunst und Musik. ⏰ 10–21, So 12–20 Uhr.

Souvenirs

🔶 **Geneva Handicraft Centre & Furniture**, Jl. Raya Kerobokan 100, ✆ 0361-733542, 🖳 www.genevahandicraft.com. Im Norden gelegen, bietet Geneva auf 4 Stockwerken so ziemlich jedes Souvenir, das auf Bali hergestellt wird, zu sehr günstigen Festpreisen. Der ideale Ort, um am Ende der Reise kistenweise Mitbringsel zu erstehen. Im Erdgeschoss Möbel, im 2. und 3. Stock Souvenirs, auf dem Dach Statuen. Man sollte genügend Zeit mitbringen, um ausführlich im riesigen Angebot stöbern zu können. ⏰ 9–20 Uhr.

Tauchausrüstung

Nemo, Jl. Laksmana 117, in einer Seitenstraße, ✆ 0361-730010, 🖳 www.nemowetsuit.com. Wer viel taucht, legt Wert auf passende und hochwertige Ausstattung. Für Anzüge ist Nemo mit individuell gestaltbare Wetsuits (auch online!) zu günstigen Preisen das Nonplusultra auf Bali: Einen 3 mm dicken, maßgeschneiderten Neoprenanzug gibt es für ca. US$200.

Textilien

Wer die Straßen von Kuta entlangspaziert, kann schon mal den Glauben an gutes Design und Qualität (und womöglich auch Nerven) verlieren. Weiter im Norden hat man aber die Chance, kleine Läden zu entdecken, in denen man sich sicher in das ein oder andere Teil verliebt. Die Preise liegen zwar auf einem ähnlichen Niveau wie in der Heimat, die Qualität ist aber meist höher. Besonders auf der Jl. Raya

Übersichtskarte S. 144

SÜD-BALI

Seminyak und der Jl. Laksmana gibt es viele kleine Läden zum Stöbern.

Größere Labels, die meist mehrere Boutiquen betreiben, sind u. a. Animale, 🖥 www.animale.com, Body & Soul, 🖥 www.bodyandsoul clothing.com, Collezione M, Lost in Paradise und das auf Badebekleidung spezialisierte NicoNico, 🖥 www.niconicointimo.net.

Sely Sumba Ikat, Jl. Raya Basangkasa, ✆ 0361-737122, 0812-391 8999, ✉ selysumba ikat@yahoo.com. Kleiner, günstiger Laden, der mit *Ikat*-Decken in allen Größen von den östlichen Inseln, u. a. Sumba und Flores, vollgestopft ist. Kleine *Ikat* schon ab 60 000 Rp. ⏰ 10–17.30 Uhr.

Twenty.One.Degrees (21dgrs), Jl. Raya Seminyak 47A, 🖥 21conceptstore.com, faith-21.com. Spannendes deutsches Label, das 2009 einen eigenen Shop auf Bali eröffnet hat. Hier wird keine Massenware verkauft, sondern individuelle, teuere, mit Liebe zum Detail gestaltete Kleidung. Geschmückt ist die Boutique mit klein- und großformatigen Illustrationen der Designerin. ⏰ 9.30–21.30 Uhr.

SONSTIGES UND TRANSPORT

Die Infos im Kuta-Teil (S. 162) gelten auch für Seminyak.

Surfstrände nördlich von Seminyak

Entlang der Küste von Seminyak bis Tanah Lot erstrecken sich einige hübsche Strände. Die ehemals saftig grünen Reisfelder im Hinterland mussten in den letzten Jahren vielerorts edlen Villen weichen. Entsprechend verworren ist die Straßenführung. Am feinen schwarzen Sandstrand **Pantai Canggu** bieten sich ausgezeichnete Surfbedingungen. Nördlich schließt sich der **Pantai Batu Bolong** an, der genauso wie der benachbarte **Pantai Echo** (Eintritt 5000 Rp) und der weiter nördlich gelegene **Pantai Seseh** ebenfalls sehr beliebt bei Surfern ist. Weniger Mutige können bei einem Snack oder leckeren Smoothie am Pantai Echo die Surfer bestaunen,

während diese sich in die hohen Wellen der gefährlichen Brandung stürzen.

ÜBERNACHTUNG

Pantai Batu Bolong

Coconuts Gh., Jl. Batu Bolong 92, 350 m vom Strand entfernt, ✆ 0878-6192 7150, 🖥 www.coconutsguesthouse.com. Moderne Villa mit Pool und großen Zimmern mit AC, Minibar, Safe und Du/WC. Gemeinschaftswohnzimmer mit großem LCD-TV und Küche. Reservierung empfehlenswert. WLAN. ❺

Hotel Tugu Bali, Jl. Batu Bolong, ✆ 0361-731701, 🖥 www.tuguhotels.com. Preisgekröntes Boutiquehotel mit Flair und 21 sehr teuren, geräumigen Zimmern, die mit eindrucksvollen Kunstwerken und Antiquitäten ausstaffiert sind und teils Privatpools oder Meerblick haben. Große Auswahl an Freizeitaktivitäten. Großer Lotusteich, Frischwasserpool, Spa, Tennisplatz sowie eine südostasiatische Kunst- und Antiquitätengalerie. Frühstück kostet US$25 extra. ❽

The Chillhouse Surf Retreat, Jl. Kubu Manyar 22, ca. 1 km vom Strand landeinwärts westlich der Straße, ✆ 0361-844 5463, 🖥 www.the chillhouse.com. Innovatives, teures Surfcamp unter österreichischer Leitung mit 8 komfortablen Zimmern mit Himmelbett, iPod, Kühlschrank und Open-Air-Du/WC. Zudem entspannte Aufenthaltsflächen, Pool und Bio-Restaurant. Nur pauschale Wochenangebote, 1 Woche für 2 Pers. ab 669 € inkl. Vollpension. Surf- oder Yogakurse, Massagen und Ausflüge kosten Aufpreis. WLAN. ❼–❽

The Green Room Canggu, Jl. Munduk Catu, ✆ 0361-923 2215, 🖥 www.thegreenroombali.com. Die von Deutschen geführte, bei jungen Travellern und Surfern sehr beliebte Unterkunft des 200 m entfernten Surfcamps, 🖥 www.kimasurf.de, hat einen Pool und vermietet 18 komfortable Zimmer mit AC, LCD-TV und DVD-Player und 2 luxuriöse Villen mit Privatpool sowie Surfbretter und Motorräder. Reservierung empfehlenswert. Frühstück und WLAN inkl. ❺

Pantai Echo

Ecosfera, Jl. Batu Mejan, ✆ 0361-846 9103, 🖥 www.ecosferabali.com. Kleines Boutique-

Auch an den touristischen Stränden des Südens findet Balis gelebte Kultur in Zeremonien Ausdruck.

SURFSTRÄNDE NÖRDLICH VON SEMINYAK

hotel mit 27 geräumigen, rund um den Pool in 2-stöckigen Häuschen untergebrachten Zimmern mit AC, kantigen Massivholzmöbeln, Kühlschrank und oben offenen Du/WC, teils auch Balkon und TV. Spa und Restaurant. Frühstück und WLAN in Lobbynähe inkl. ❺–❻

Jepun Bali Homestay, Jl. Batu Mejan, ✆ 0361-361 0613, ✉ jepunbalihomestay@yahoo.com. Unterkunft mit einfachen, spartanisch eingerichteten, aber hellen Zimmern mit Schaumstoffmatratzen, AC, Veranda oder Balkon und muffigen Warmwasser-Du/WC ohne Waschbecken, teils mit TV. Motorradverleih. Pizzeria vor dem Haus. WLAN. ❸

ESSEN UND EINKAUFEN

Deus Ex Machina Café, Jl. Batu Mejan, Pantai Batu Bolong, ✆ 0361-368 3395. Das stylishe Restaurant bereitet in der offenen, einsehbaren Küche panasiatische Gerichte in kleinen Portionen zu hohen Preisen sowie Burger zu und betreibt daneben einen interessanten, ebenfalls hochpreisigen Shop. Neben restaurierten Vintage-Motorrädern, Fahrrädern und Surfbrettern wird die aktuelle Modekollektion des Besitzers angeboten. Hauptgerichte ab 90 000 Rp, auch Frühstück. So ab 19.30 Uhr Livemusik. Billardtisch. WLAN. ⏰ 7–23 Uhr.

Sticky Fingers, Jl. Batu Mejan, Pantai Echo, ✆ 0361-809 0903. Die aus frischen Zutaten auf den Teller gezauberten Gerichte ab 57 000 Rp (allein 20 Pizza-Variationen) schmecken authentisch und rechtfertigen die leicht gehobenen Preise. Die kleine, unscheinbare Pizzeria mit echter Kaffeemaschine bietet zudem Lieferservice und Frühstück. WLAN. ⏰ 7–22.30 Uhr.

Trattoria Italian Rest., in der Canggu Plaza, ✆ 0361-864 3400, 🖥 www.trattoriaasia.com. Gutes italienisches Restaurant mit leckeren Pizzen und Panini. ⏰ 7.30–23 Uhr.

Canggu Deli, in der Canggu Plaza. Im Spezialitätensupermarkt gibt es Brot, Aufschnitt und andere Importprodukte, die den Aufenthalt in einer der Villen versüßen. Zudem ein Geldautomat. ⏰ 7.30–22 Uhr.

Sanur

Bereits in den 1940er-Jahren entstanden die ersten auf westliche Touristen zugeschnittenen Unterkünfte in Sanur. Der 6 km südöstlich von Denpasar gelegene Ort wird heute weithin sichtbar vom hässlichen, zehnstöckigen Betonklotz des Inna Grand Bali Beach Hotel überragt. Entgegen balinesischer Tradition ist das höchste Haus der Insel höher als die höchste Palme. Sanur zieht ein bunt gemischtes Publikum an. Es ist ruhiger als in Kuta, sodass sich der Urlaubsort auch für ältere Besucher eignet, die Entspannung suchen und etwas mehr Geld ausgeben können. Viele Hotels kooperieren mit Reiseveranstaltern und beherbergen Pauschaltouristen.

Dem **Strand** ist ein großes Korallenriff vorgelagert, das die Unterwasserströmungen und Wellen abschwächt und das Schwimmen sicherer macht. Auch Kinder können ohne große Bedenken ins Wasser gehen. Allerdings ist der Strand bei Weitem nicht so schön breit wie in Kuta, dafür aber sauberer. Zwischen Strand und Hotelanlagen zieht sich eine **Uferpromenade** durch den Ort, die sich gut zum Fahrradfahren eignet. Entlang der Promenade liegen Strandrestaurants und Souvenirstände, die ein recht einförmiges Angebot bereithalten. Auffällig ist die riesige Statue eines Hummers im Norden des Segara Village. Jeden Freitag und Samstag von 17–23 Uhr findet auf Höhe des Respati Beach Hotels der **Weekend Beach Market** mit Essens- und Verkaufsständen statt.

Wer sich für Kunst interessiert, sollte das **Le Mayeur Museum**, ✆ 0361-286201, besuchen. A. J. Le Mayeur, ein belgischer Maler, der 1958 in Brüssel starb, lebte fast 30 Jahre lang am Strand von Sanur. Er war mit Ni Polok verheiratet, einer der berühmtesten *Legong*-Tänzerinnen ihrer Zeit, die er auf vielen Gemälden verewigte. Mit zunehmender Popularität empfing Le Mayeur hohe Staatsgäste wie Präsident Sukarno oder Jawaharlal Nehru. Sein Haus und sein Atelier bilden heute das Museum, das schon weit bessere Zeiten gesehen hat. Die impressionistisch geprägten Gemälde in Öl und Wasserfarben sind durch die Witterung teils bereits stark ausgeblichen und auch die antike Einrichtung leidet unter dem tropischen Klima.

180 SURFSTRÄNDE NÖRDLICH VON SEMINYAK

Sanur

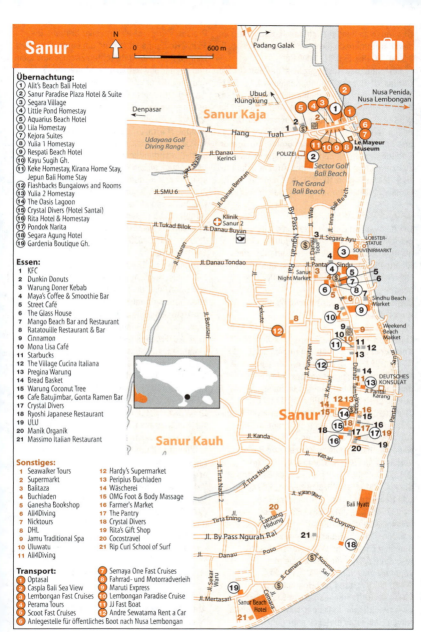

Übernachtung:
1. Alit's Beach Bali Hotel
2. Sanur Paradise Plaza Hotel & Suite
3. Segara Village
4. Little Pond Homestay
5. Aquarius Beach Hotel
6. Lila Homestay
7. Kejora Suites
8. Yulia 1 Homestay
9. Respati Beach Hotel
10. Kayu Sugih Gh.
11. Keke Homestay, Kirana Home Stay, Jepun Bali Home Stay
12. Flashbacks Bungalows and Rooms
13. Yulia 2 Homestay
14. The Oasis Lagoon
15. Crystal Divers (Hotel Santai)
16. Rita Hotel & Homestay
17. Pondok Narita
18. Segara Agung Hotel
19. Gardenia Boutique Gh.

Essen:
1. KFC
2. Dunkin Donuts
3. Warung Doner Kebab
4. Maya's Coffee & Smoothie Bar
5. Street Café
6. The Glass House
7. Mango Beach Bar and Restaurant
8. Ratatouille Restaurant & Bar
9. Cinnamon
10. Mona Lisa Café
11. Starbucks
12. The Village Cucina Italiana
13. Pregina Warung
14. Bread Basket
15. Warung Coconut Tree
16. Cafe Batujimbar, Gonta Ramen Bar
17. Crystal Divers
18. Ryoshi Japanese Restaurant
19. ULU
20. Manik Organik
21. Massimo Italian Restaurant

Sonstiges:
1. Seawalker Tours
2. Supermarkt
3. Balitaza
4. Buchladen
5. Ganesha Bookshop
6. All4Diving
7. Nicktours
8. DHL
9. Jamu Traditional Spa
10. Uluwatu
11. All4Diving
12. Hardy's Supermarket
13. Periplus Buchladen
14. Wäscherei
15. OMG Foot & Body Massage
16. Farmer's Market
17. The Pantry
18. Crystal Divers
19. Rita's Gift Shop
20. Cocostravel
21. Rip Curl School of Surf

Transport:
1. Optasal
2. Caspla Bali Sea View
3. Lembongan Fast Cruises
4. Perama Tours
5. Scoot Fast Cruises
6. Anlegestelle für öffentliches Boot nach Nusa Lembongan
7. Semaya One Fast Cruises
8. Fahrrad- und Motorradverleih
9. Maruti Express
10. Lembongan Paradise Cruise
11. JJ Fast Boat
12. Andre Sewatama Rent a Car

www.stefan-loose.de/bali SANUR **181**

Das Museum liegt südlich der Jl. Hang Tuah an der Uferpromenade direkt am Strand. ⊕ 8–16, Fr 8.30–12.30 Uhr, Eintritt 10 000 Rp.

Ein lohnendes Ausflugsziel ist der **Bali Orchid Garden**, Jl. Bypass Tohpati, Kasamba 1, ✆ 0361-466010, 🖳 www.baliorchidgardens.com, mit dem Auto 10 Minuten nördlich von Sanur. In dem 1 ha großen Garten erwarten Besucher 750 Orchideenarten und andere tropische Pflanzen. Mutige können den *Kopi Luwak* probieren, dessen Bohnen erst durch den Verdauungsprozess der Fleckmusangs ihr berühmtes Aroma erhalten. ⊕ 8–18 Uhr, Eintritt 100 000 Rp, Kinder 50 000 Rp, Familien 250 000 Rp inkl. zweistündiger Tour.

ÜBERNACHTUNG

Die Auswahl an Unterkünften ist breit gefächert, sodass sowohl Budgettraveller als auch komfortsuchende Kurzurlauber das Richtige finden werden. Viele der günstigen Unterkünfte bieten ein sehr gutes Preis-Leistungs-Verhältnis.
Weitere Übernachtungsmöglichkeiten s. **eXTra [4139]**.

Untere Preisklasse

Keke Homestay, Jl. Danau Tamblingan 96, ✆ 0361-287282, 🖳 www.keke-homestay.com. Freundliches, ruhig gelegenes Guesthouse, das von einer liebenswerten balinesisch-japanischen Familie geführt wird und mit 12 netten, sauberen Zimmern mit großer Warmwasser-Du/WC, teils auch ganz neu und mit AC, aufwartet. Frühstück und WLAN inkl. Mit ähnlichen Zimmern, Preisen und Besitzverhältnissen **Kirana Home Stay**, ✆ 0361-286261, 0812-3652 3499, und **Jepun Bali Home Stay**, ✆ 0813-5314 1579, nebenan. ❷–❸
Lila Homestay, Jl. Danau Tamblingan 6, ✆ 0361-287448, 0813-3851 7634, ✉ janiawan_wayan@yahoo.com. Hinter dem Massagesalon werden einfache, aber saubere und sehr günstige Zimmer mit Warmwasser-Du/WC, teils auch AC, vermietet. Die Zimmer unten können ziemlich stinken. WLAN. ❷

 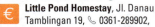 **Little Pond Homestay**, Jl. Danau Tamblingan 19, ✆ 0361-289902, 🖳 www.littlepondbali.com. Das liebenswerte, ruhige Homestay bietet zu sehr günstigen Preisen alles, was ein Traveller braucht. Die 15 in 2 Reihenhäusern rund um einen hübschen kleinen Pool untergebrachten Zimmer sind klein und sauber und haben gute Matratzen, Safe und Du/WC mit Warmwasser, die teureren auch AC und TV. Kleiner Parkplatz. Für 35 000 Rp gibt es ein gutes Frühstück im Street Café. WLAN. ❷–❸
Pondok Narita, Jl. Danau Tamblingan 81, ✆ 0361-284315, ✉ ritagiftshop_bali@yahoo.com. Die angenehme und familiäre Atmosphäre der kleinen, süßen Anlage mit Überlaufpool spiegelt sich in den 12 sauberen und kühlen Zimmern mit AC, guten, harten Matratzen und Bad/WC wider. Das günstige Ventilator-Zimmer ist etwas abgewohnt. ❷–❸
Rita Hotel & Homestay, Jl. Danau Tamblingan 152, ✆ 0361-282630, ✉ ritabali2@yahoo.co.id. Ein begrünter Weg führt in den idyllischen Garten, in dem 12 saubere, ältere Zimmer mit AC, Kühlschrank, großen Warmwasser-Bad/WC und Open-Air-Dusche in tempelähnlichen Häuschen untergebracht sind. Die Zimmer im neueren 2-stöckigen Bau hinten sind sehr geräumig und hell mit bequemen Betten und Du/WC, teils auch AC. Freundliches Personal. Parkplatz. Einfaches Frühstück und WLAN inkl. ❸–❹
Yulia 1 Homestay, Jl. Danau Tamblingan 38, ✆ 0361-288089. Mitten in einem schönen Garten werden in familiärer Atmosphäre 20 saubere Zimmer mit guten Matratzen und Du/WC vermietet; die neueren sind größer, mit AC, Kühlschrank und tropischem Duschkopf im Warmwasser-Du/WC. Der Besitzer ist Vogelliebhaber und führt seine Lieblinge gerne bei Wettbewerben vor. WLAN und Frühstück inkl. ❷–❸
Yulia 2 Homestay, Jl. Danau Tamblingan 57, Eingang von der Jl. Pantai Karang, ✆ 0361-287495, ✉ kf-billy@indo.net.id. Kleines Guesthouse mit 9 sauberen, leicht abgewohnten Zimmern mit dunklen Möbeln, guten Matratzen und Du/WC, teils auch AC, TV und Warmwasser. Freundliches Personal. Kleiner Parkplatz. Frühstück und WLAN inkl. ❸–❹

Mittlere Preisklasse

Alit's Beach Bali Hotel, Jl. Hang Tuah 49, ✆ 0361-288567, 🖳 www.alitbeach.com. Direkt am Strand gelegene, sehr weitläufige Anlage mit großen Bäumen und 3 Pools. Die Zimmer und Bungalows mit AC, TV, Minibar und kleinem Warmwasser-Bad/WC sind alt und dunkel, aber gut in Schuss gehalten und für die Strandlage recht günstig. Die teureren Suiten lohnen den Aufpreis nicht. Inkompetentes Personal. Frühstück und WLAN inkl. ❹–❻

Aquarius Beach Hotel, Jl. Pantai Sindhu, ✆ 0361-270298, 🖥 www.aquariusbeachhotel. com. In dem 2-stöckigen, langgezogenen Bau sind 16 komfortable Zimmer untergebracht. Sie sind alle hell und geräumig, mit farbenfrohen Gemälden, großem Bett, Sitzecke, LCD-TV, Kühlschrank und Du/WC. Fahrradverleih 20 000 Rp pro Tag. Frühstück und WLAN inkl. ❻

🏨 **Crystal Divers (Hotel Santai)**, Jl. Danau Tamblingan 168, ✆ 0361-287314, 🖥 www. crystal-divers.com. In einem Hof mit Pool liegen die sauberen, funktional eingerichteten und nett dekorierten Zimmer mit weichen Matratzen, Kühlschrank und Warmwasser-Du/WC mit schönen Waschbecken, teils auch AC, TV und DVD-Player. Jedes Zimmer hat einen anderen fischigen Namen. Freundliches Personal. Reichhaltiges Frühstück inkl. WLAN für US$10 pro Aufenthalt. ❹

Flashbacks Bungalows and Rooms, Jl. Danau Tamblingan 110, ✆ 0361-281682, 🖥 www. flashbacks-chb.com. Die von einem Australier geleitete, gepflegte und beschauliche Anlage mit kleinem Pool bietet 9 saubere, luftige Zimmer, teils mit TV und AC, die in einer Kreuzung aus mittelamerikanischer Architektur und balinesischer Einrichtung gestaltet sind. Reservierung empfehlenswert. Frühstück im Porch Café und WLAN inkl. ❸–❻

Gardenia Boutique Guesthouse, Jl. Mertasari 2, ✆ 0361-286301, 🖥 www.gardeniaguesthouse bali.com. Hinter dem Café-Restaurant liegt das charmante Guesthouse, das mit kolonialem Touch und 8 in weiß gehaltenen, hellen und mit alten Fotos nett dekorierten Zimmern rund um den kleinen Pool mit Sonnenliegen punktet. Die Ausstattung umfasst AC, TV, Wasserkocher, Minibar, Veranda und Du/WC. Frühstück und WLAN inkl. ❺

Kayu Sugih Gh., Jl. Danau Tamblingan 76, ✆ 0361-282916, 🖥 kayusugihguesthouse.

blogspot.com. In der sehr ruhigen, schön gestalteten und gepflegten Anlage mit kleinen Teichen fühlt man sich bei singenden Minabirds fast wie in einer Oase. Die 5 Zimmer sind piek-sauber und komfortabel, aber etwas klein und für das Gebotene zu teuer. Das Personal ist hilfsbereit, die Atmosphäre familiär. Leckeres Frühstück und WLAN inkl. ❹

Segara Agung Hotel, Jl. Duyung 43, ✆ 0361-288446, 🖥 www.segaraagung.com. In einer sehr gepflegten Gartenanlage mit kleinem Pool liegen in hübschen Bungalows im baline-sischen Stil die etwas beengten, aber gepfleg-ten Zimmer mit guten Matratzen, AC, TV, Kühl-schrank, teils sehr kleinem Warmwasser-Du oder Bad/WC und Terrasse. Frühstück und WLAN inkl. ❹–❺

Obere Preisklasse

Kejora Suites, Jl. Danau Tamblingan 25, ✆ 0361-282199, 🖥 kejorasuites.com. Schickes, 2013 eröffnetes Boutiquehotel mit 25 in dunklen Holztönen mit viel Naturstein stilvoll und modern gestalteten Zimmern mit allem Komfort, sehr bequemen Betten, großem LCD-TV, DVD-Player, Kaffeemaschine, eigenem WLAN-Router und schönen Fotografien, Deluxe-Zimmer zudem mit bepflanzten Open-Air-Du/WC. Schöner Salzwasser-Überlaufpool. Shuttle-service zum Strand, Frühstück und WLAN inkl. ❼

Respati Beach Hotel, Jl. Danau Tamblingan 33, ✆ 0361-288427, 🖥 www.respatibeachhotel. com. Die schmale, langgezogene Anlage mit Pool reicht von der geschäftigen Straße bis zum Strand und beherbergt 45 recht kleine, aber komplett ausgestattete Zimmer mit LCD-TV und schwarzer Möblierung. Hier wohnt es sich deutlich günstiger als in den meisten anderen Strandhotels. Frühstück und WLAN im Restaurant inkl. ❻–❼

Sanur Paradise Plaza Hotel & Suite, Jl. Hang Tuah 46, ✆ 0361-281781, 🖥 www.sanur paradise.com. Das beliebte 4-Sterne-Hotel verwöhnt seine Gäste mit einer großen Poolanlage, stilvoll eingerichteten Zimmern und vielen kostenlosen Aktivitäten (Spaziergänge, Sport, Marktbesuche, Yoga). Fitness, Spa. Shuttleservice nach Sanur, WLAN und umfang-

SÜD-BALI Übersichtskarte S. 144

reiches Frühstücksbuffet inkl., Shuttle nach Kuta 15 000 Rp p. P. **⑥–⑦**

Segara Village, Jl. Segara Ayu, ✆ 0361-288407, 🖥 www.segaravillage.com. In einem schönen, weitläufigen Garten mit 2 großen Banyan-Bäumen gelegenes 4-Sterne-Resort mit Tennisplatz und 3 Pools sowie 117 sehr schönen, minimalistisch gestalteten Zimmern und Bungalows mit allem Komfort. Yoga, teure Kochkurse, Fahrradverleih. WLAN in Restaurant und Lobby inkl. **⑧**

The Oasis Lagoon, Jl. Danau Tamblingan 136A, ✆ 0361-282264, 🖥 www.theoasislagoon.com. Das 4-Sterne-Hotel begeistert mit einem riesigen, perfekt in die verwinkelte Anlage integrierten Pool. Die 122 Zimmer mit Massivholzmöbeln, LCD-TV und Wasserkocher haben allen Komfort, sind aber nicht besonders geräumig. Etwas ineffizienter, aber freundlicher Service. Frühstück und WLAN inkl. **⑥–⑦**

ESSEN

Es gibt jede Menge Restaurants, besonders in der Jl. Danau Tamblingan. Viele bieten auf Anfrage kostenlose Transfers von und zur Unterkunft, einige veranstalten zudem regelmäßige Tanzaufführungen (S. 186).
Mehr Restauranttipps s. **eXTra [4149]**.

Asiatisch

Gonta Ramen Bar, Jl. Danau Tamblingan 136, ✆ 0361-281048. Die Wandregale des kleinen Ladens sind vollgepackt mit Manga-Comics. Der japanische Koch Michihiro serviert große Portionen nicht ganz authentischer Ramen-, Udon- und Soba-Suppen ab 40 000 Rp. ⏰ 10–22 Uhr.

Ryoshi Japanese Rest., Jl. Danau Tamblingan 150, ✆ 0361-288473. Die Sanur-Filiale des bekannten japanischen Restaurants in Seminyak (S. 157) bietet hervorragendes, fangfrisches Sushi, Sashimi und andere leckere Spezialitäten aus dem Land der aufgehenden Sonne. Der hintere Bereich ist AC-gekühlt. Freundlicher Service. Tolle 8-Gänge-Menüs für 115 000 Rp, Hauptgerichte ab 50 000 Rp. WLAN. ⏰ 12–24 Uhr.

ULU, Jl. Danau Tamblingan 85, ✆ 0361-207 6854. In dem kleinen, gemütlichen Restaurant mit dunklen Holztischen und -bänken wird eine kleine Auswahl an thailändischen Spezialitäten serviert. Hauptgerichte ab 60 000 Rp. Lieferservice von 17–19 Uhr. ⏰ 10–23 Uhr.

Cafés

Bread Basket, Jl. Danau Tamblingan 51, ✆ 0361-368 8778, 🖥 www.facebook.com/BreadBasketBali. Der kleine, in freundlichen Holztönen gestaltete und mit Fahrrädern dekorierte Laden ist ein Hybrid aus Bäckerei und Coffeeshop. In ruhigem Ambiente mit entspannter Musik werden nicht nur frische Brote und Brötchen, Marmeladen und Kuchen verkauft, sondern auch günstige und leckere Sandwiches und Panini serviert. Freundlicher, zurückhaltender Service. ⏰ 7–17 Uhr.

Café Batujimbar, Jl. Danau Tamblingan 75A, ✆ 0361-287374. In dem kultiviert anmutenden Café werden neben leckeren Kuchen und Eis für 16 000 Rp pro Kugel auch wohlschmeckende Hauptspeisen angeboten. Freundlicher Service. Do und Sa abends Live-Jazz, Di Salsa. Hauptgerichte ab 65 000 Rp. WLAN. ⏰ 7.30–23 Uhr.

Crystal Divers, Jl. Danau Tamblingan 168, ✆ 0361-286737. Im vor dem Hotel gelegenen Restaurant gibt es gutes Frühstück. Für 30 000 Rp bekommt man neben Milch und Cornflakes, Obst und einem Orangensaft-Trinkpäckchen auch Eier mit Bacon und Tomaten sowie selbst gebackene dänische Brötchen mit Marmelade. ⏰ 6–11 Uhr.

Maya's Coffee & Smoothie Bar, Jl. Pantai Sindhu 7, ✆ 0361-283889, 🖥 www.smoothienow.com. In moderner Wohnzimmeratmosphäre wird eine große Auswahl an großen, erfrischenden Smoothies ab 28 000 Rp serviert. Außerdem leckere Sandwiches, Baguettes und Burger sowie frische Bio-Salate und balinesischer Kaffee. In der gemütlichen Kuschelecke kann man es sich richtig bequem machen. WLAN. ⏰ 8–20 Uhr.

Europäisch

Massimo Italian Rest., Jl. Danau Tamblingan 228, ✆ 0361-288942, 🖥 www.massimobali.com. Großes und hübsch mit vielen Fotos gestaltetes italienisches Restaurant mit Pizzen und Pasta ab 60 000 Rp, Eis und Kuchen. ⏰ 10–23 Uhr.

Ratatouille Rest. & Bar, Jl. Danau Tamblingan 64, ✆ 0361-289383. Modernes Restaurant, in dem man nicht nur die namensgebenden vegetarischen Ratatouille genießen kann. Auch viele europäische Spezialitäten, leckere Barbecue-Spareribs und einige balinesische Gerichte. Di und Sa *Batak*-Livemusik. Hauptgerichte ab 50 000 Rp. Shuttleservice inkl. ⏰ 10–23 Uhr.

The Village Cucina Italiana, Jl. Danau Tamblingan 47, ✆ 0361-285025, 🖥 www.thevillage-bali.com. Elegantes, minimalistisch eingerichtetes italienisches Restaurant mit großer Weinkarte, das neben authentischen Pasta und sehr leckeren Pizzen mit knusprigem Boden auch Gnocchi und Risotto serviert. Gerichte ab 80 000 Rp, Fleisch teurer. Shuttleservice von 18–21.30 Uhr inkl. ⏰ 11–23 Uhr.

Warung Doner Kebab, Jl. Danau Toba, ✆ 0361-270237. Kleiner, freundlicher Imbiss mit ein paar Tischen, der für seine mit Pita servierten Kebabs (ab 49 000 Rp) bekannt ist. Man kann zwischen Lamm und Hähnchen wählen und bekommt leckere hausgemachte Dips dazu. Zudem Fastfood nach holländischem Geschmack, wie etwa Baguettes, Burger, Kroketten oder Brathähnchen, aber auch ein paar günstige indonesische Gerichte. WLAN. ⏰ 11–2 Uhr.

Indonesisch

Pregina Warung, Jl. Danau Tamblingan 106, ✆ 0361-283353. An den dunklen Holztischen mit roten Sitzkissen kann man die preisgünstigen, aber dennoch leckeren Gerichte des kleinen, gemütlichen Restaurants genießen. Die gebratene Ente, das Hühnchen in roter balinesischer Soße und die Laksa sind zu empfehlen. Hauptgerichte ab 40 000 Rp. WLAN. ⏰ 12–23 Uhr.

Sanur Night Market, Jl. Danau Tamblingan, Ecke Jl. Danau Toba. An den vielen kleinen Ständen wird typisch indonesisches Essen für sehr wenig Geld verkauft. Der ideale Ort zum Probieren örtlicher Spezialitäten. Nette Atmosphäre und viele Einheimische. ⏰ ab 18 Uhr.

International

Cinnamon, Jl. Danau Tamblingan, ✆ 0361-288457, 🖥 www.cinnamonbali.com. In dem stilvollen Restaurant mit gemütlichen Stühlen und entspannter Atmosphäre wird unter freiem Himmel gutes Essen serviert. Tgl. um 20 Uhr *Legong*-Aufführungen. Hauptgerichte ab 60 000 Rp. WLAN. ⏰ 8–23 Uhr.

Mango Beach Bar and Rest., am Sindhu Beach, ✆ 0811-387211, 🖥 www.mangobeachrestaurant.balipromotion.net. Nettes Strandrestaurant, das einfache Gerichte ab 45 000 Rp serviert. Fotos, Flaggen und Wandmalereien verleihen dem Lokal Farbe, rustikalen Charme und ein besonderes Ambiente. Billardtisch. Di, Do und Sa ab 20.15 Uhr Livemusik. ⏰ 8–23 Uhr.

Manik Organik, Jl. Danau Tamblingan 85, ✆ 0361-855 3380, 🖥 www.manikorganikbali.com. Das kleine, kreativ gestaltete, vegetarische Restaurant bietet die Möglichkeit, in freundlicher Atmosphäre ökologisch bewusst zu genießen. Neben einer Tageskarte und Säften, Tees und Kaffees werden auch Bio-Produkte, Rohkost und homöopathische Mittel verkauft. Jeden Mo ab 19 Uhr ein Bauchtanzkurs, zudem tgl. Yoga- (9.30 und 17 Uhr), Tai-Chi- und Meditationskurse (18.45 Uhr), Kochkurse auf Anfrage. Hauptgerichte ab 55 000 Rp, auch vegane und glutenfreie Varianten. ⏰ 9.30–23 Uhr.

Mona Lisa Café, Jl. Danau Tamblingan 98, ✆ 0852-3799 7215. Hier gibt es alles von Zürcher Geschnetzeltem mit Rösti über Nasi Goreng bis hin zu thailändischen Salaten. Man kann auch auf Baststühlen im schönen Innenhof sitzen. Hauptgerichte 40 000–85 000 Rp. ⏰ 7–23 Uhr.

Street Café, Jl. Danau Tamblingan 21, ✆ 0361-289259. Nettes Café, in dem Do–Sa Pianoabende stattfinden. Die Speisekarte umfasst viel Fleisch vom Grill und frei kombinierbare Salate. Gerichte um 50 000 Rp, Salatbar für 15 000 Rp, auch leckeres Frühstück. WLAN. ⏰ 7–23 Uhr.

The Glass House, Jl. Danau Tamblingan 25A, ✆ 0361-288696. Kleines verglastes Häuschen mit einer bunt gemischten Speisekarte und freundlichem Service. Abends beliebt.

Hauptgerichte ab 40 000 Rp, Pizzen, Kuchen und Frühstück (auch Müsli). ⏰ 7–21 Uhr.

Warung Coconut Tree, Jl. Danau Tamblingan 68, 📞 0361-283851. In rustikalem Holzambiente werden günstige indonesische Klassiker wie Satay oder Gado-Gado serviert, aber auch Sandwiches, Burger, Salate und Barbeque Ribs. Abends beliebt. Lustiges Personal. Cocktails ab 45 000 Rp. WLAN. ⏰ 12–22.30 Uhr.

UNTERHALTUNG

Wer wild feiern möchte, sollte lieber nach Kuta fahren.

Alle vier *Banjar* von Sanur unterhalten ihre eigenen Gamelan-Orchester und Tanzgruppen. **Traditionelle Tänze** werden regelmäßig in den großen Hotels und Restaurants und bei Tempelfesten aufgeführt, u. a.:

Baris-, Legong-, Oleg- und Kebyar Duduk-Tänze im Hotel Puri Santrian, Jl. Danau Tamblingan 63, abwechselnd jeden Do ab 19 Uhr; Legong im Cinnamon, S. 185, tgl. ab 20 Uhr, und im Mercure Resort Sanur, Jl. Mertasari, Mo ab 20.30 Uhr.

FESTE

Beim jährlich stattfindenden **Layang-Layang Festival (International Bali Kite Festival)** lassen kreative Drachenbauer ihre gigantischen, bis über 10 m großen, bunten Flugdrachen in die Lüfte steigen. Die Kunstfertigkeit vieler Flugobjekte ist beeindruckend. Das Fest findet am Strand von **Padang Galak**, 1 km nördlich von Sanur, in der Zeit von Juni bis August statt, wenn die Winde am stärksten sind. Bereits einige Tage vorher kann man am Strand die Teilnehmer beim Trainieren beobachten.

EINKAUFEN

Bücher

Ganesha Bookshop, Jl. Danau Tamblingan 42, 🖥 www.ganeshabooksbali.com. Kleiner, alternativer Buchladen mit viel Literatur über Bali sowie Kunsthandwerk und gebrauchten Büchern (auch deutsche). Wer möchte, kann mit dem Books for Bali-Projekt Kinder- und Jugendbücher an eine von 19 Schulen spenden. Hauptfiliale in Ubud. ⏰ 9–18 Uhr.
Periplus Bookshop, im Hardy's Supermarkt-Gebäude, Jl. Danau Tamblingan 136,

📞 0361-282790, 🖥 www.periplus.co.id. Gute Auswahl an englischsprachigen Büchern und Zeitschriften. Auch viele Bücher über Bali. ⏰ 8–22 Uhr.

Möbel

Viele Möbelgeschäfte und Antiquitätenhändler haben sich entlang der 4-spurigen Jl. By Pass Ngurah Rai zwischen Sanur und Kuta angesiedelt. Hier gibt es eine riesige Auswahl an preiswerten, größtenteils qualitativ hochwertigen Möbeln. Auch Auftragsarbeiten werden gerne angenommen.

Ökologische Produkte

Balitaza, Jl. Danau Tamblingan 1, 📞 0361-313 8989. In dem kleinen Laden bekommt man biologisch hergestellte Produkte: Kaffee aus Bali, Teemischungen, Gewürze, Massageöle und andere Kosmetika. Freundlicher Service. ⏰ 8.30–12 und 15–20.30 Uhr.

🌳 **Farmer's Market**, Jl. Danau Tamblingan, 🖥 www.facebook.com/Sunday MarketSanur. Jeden So findet auf dem Gelände des Sand Beach Club ein schöner Markt statt, auf dem biologisch angebautes Obst und Gemüse verkauft wird und Künstler ihre Produkte anbieten. ⏰ So 10–16 Uhr.

Souvenirs

An der Jl. Danau Tamblingan liegen viele Galerien und Souvenirshops, die Kunsthandwerk und Gemälde verkaufen.
Hardy's Supermarket, Jl. Danau Tamblingan 136, 📞 0361-282705. Hier gibt es allerlei balinesische Souvenirs zu günstigen Festpreisen. ⏰ 8–22 Uhr.
Rita's Gift Shop, Jl. Danau Tamblingan 81, 📞 0361-286362. Ob kleine oder große Mitbringsel, der Shop bietet von Statuen über Gemälde, Geschirr, Vasen und Sarongs bis hin zu handgefertigtem Schmuck Souvenirs zu erschwinglichen Preisen. ⏰ 8–22 Uhr.

Supermarkt und Spezialitäten

Hardy's Supermarket, s. o. In dem großen Einkaufskomplex befindet sich neben dem Periplus-Buchladen auch ein riesiger Supermarkt mit einer guten Auswahl an Lebensmitteln, Getränken und Drogerieartikeln. ⏰ 8–22 Uhr.

The Pantry, Jl. Danau Tamblingan 75A, ☎ 0361-281008. Feinschmeckergeschäft mit einer guten Auswahl an importierten und selbst hergestellten Waren. Hier gibt es alles, was die strapazierte Backpackerseele vermisst: echtes Grau- und Vollkornbrot, Marmelade und Nutella, Wurst und Käse, Obst und Gemüse aus biologischem Anbau und eine Fülle an internationalen Weinen. Natürlich nicht ganz günstig. ⏰ 9–21 Uhr.

Textilien
Uluwatu, Jl. Danau Tamblingan, ☎ 0361-287638, 🖥 www.uluwatu.co.id. Eine Filiale der beliebten balinesischen Marke für handgearbeitete Stickereien. ⏰ 8–22 Uhr. Näheres im Kapitel Kuta unter „Einkaufen", S. 160.

AKTIVITÄTEN

Freediving und Yoga
Fusion Freediving – Yoga, in der Rip Curl School of Surf, ☎ 0361-207 8908, 🖥 www.fusion freedive.com. Einen Einstieg ins Apnoetauchen bis in eine Tiefe von 20 m bietet der 2-tägige Kurs für 3 Mio. Rp. Neben längeren Kursen auch Yoga und spezielle Atemkurse für Surfer.

Surfen, Kite- und Wakeboarden
Rip Curl School of Surf, im Sanur Beach Hotel, Jl. Danau Tamblingan, ☎ 0361-287749, 🖥 www. ripcurlschoolofsurf.com. Neben Surfkursen (s. Kuta, Aktivitäten, S. 161) kann man Windsurfen, Stand Up Paddle, Kite- und Wakeboarden erlernen. 2-stündige Anfängerkurse im Kiteboarden kosten 950 000 Rp, Wakeboarden 1 Std. 950 000 Rp, Windsurfen 1 1/2 Std. 650 000 Rp und Stand Up Paddle 1 1/2 Std. 550 000 Rp. Auch Verleih von Equipment. Transport aus Nusa Dua, Kuta, Legian und Seminyak inkl.

Tauchen und Schnorcheln
Eine Vielzahl von professionellen Tauchschulen hat sich in Sanur angesiedelt. Sie bieten Touren rund um Bali an.

All4Diving, Jl. Danau Tamblingan 27, ☎ 0361-282609, 🖥 www.all4diving.com. Das moderne Tauchzentrum unter indonesischer Leitung bietet neben Ausflügen inkl. 2 Tauchgängen ab US$115 und dem Open-Water-Diver für US$525 inkl. Tauchgängen vor Tulamben, Nusa Penida, Pulau Menjangan und Padang Bai auch Tauchausrüstung zum Verkauf an. ⏰ 8–20 Uhr.

Crystal Divers, Jl. Danau Tamblingan 168, ☎ 0361-287314, 🖥 www.crystal-divers.com. Höchst professionell geführte 5-Sterne-PADI-Tauchschule unter dänischer Leitung mit sehr gut gewartetem Equipment. Open-Water-Kurse kosten US$475, 2 Tauchgänge direkt vor Sanur US$60, bei Nusa Penida US$130, Tulamben oder Amed US$120. Hilfsbereites Personal.

Seawalker Tours, Jl. By Pass Ngurah Rai 5, ☎ 0361-281408, 🖥 www.clubaquabali.com. Die Seawalker werden mit Spezialhelmen, -anzügen und Frischluftschläuchen ausgestattet, um auf dem Meeresboden herumwandeln zu können wie die ersten Taucher. Abenteuerlustige Nichtschwimmer erhalten so einen Einblick in die Unterwasserwelt. Tauchgänge für US$75, Kinder US$59, Transport und Mittagessen US$10 extra.

Wellness
Jamu Traditional Spa, Jl. Danau Tamblingan 41, ☎ 0361-286595, 🖥 www.jamutraditional spa.com. In einem schönen Garten untergebrachtes, elegantes Spa mit teuren, aber professionellen Behandlungen für 300 000 Rp pro Std. Oft Nachlässe bis zu 30 %.

OMG Foot & Body Massage, Gang Penjor, Jl. Danau Tamblingan, ☎ 0361-747 3977. Etwas abseits gelegen; sehr preisgünstige und gute Massagen in sauberem Ambiente, auch männliche Masseure. Alle Massagen für 1000 Rp pro Min. Abholservice inkl. ⏰ 10–19 Uhr.

TOUREN

Cocostravel, Jl. Latang Hidung 5A, ☎ 0813-3764 0179, 🖥 www.cocostravel.com. Unter deutscher Leitung werden abenteuerliche Touren mit dem Mountainbike durch Bali, Java, Lombok oder Flores veranstaltet. Weitere Informationen S. 62.

www.stefan-loose.de/bali

SANUR | Touren **187**

Nicktours, Jl. Danau Tamblingan 68, ☎ 0361-287792, 🖳 www.nicktours.com. Empfehlenswerter Veranstalter mit dänischem Management und breitem Angebot. Weitere Informationen S. 63. ⏰ Mo–Sa 9–13 und 17–20 Uhr.

SONSTIGES

Autovermietungen
Näheres S. 71.

Post
Postamt im Banjar Taman, südlich der Jl. Danau Buyan.

TRANSPORT

Die Fahrt mit einem **Angkot** (Bemo) sollte innerhalb Sanurs ca. 5000 Rp p. P. kosten, teils verlangen die Fahrer von Touristen deutlich mehr. Am besten man drückt ihnen das Geld beim Aussteigen passend in die Hand.
Taxis sind leicht zu bekommen, fahren aber fast nie mit Meter. Eine Kurzstrecke kostet mindestens 15 000 Rp. Am empfehlenswertesten sind die blauen Fahrzeuge von Blue Bird.

Busse
Viele Unternehmen bieten Transport an, wobei die Preise von Perama gute Anhaltspunkte liefern.
Perama Tours, Jl. Hang Tuah, im Pondok Santhi, ☎ 0361-751875, 🖳 www.peramatour.com. Die Busse halten direkt vor dem kleinen Laden.

BEDUGUL um 10.30 Uhr für 75 000 Rp in 3 Std.
CANDI DASA und PADANG BAI um 6.30, 10.30 und 14 Uhr für 60 000 Rp in 2 Std.
KINTAMANI um 10.30 Uhr für 150 000 Rp in 2 Std. (bei mindestens 2 Pers.).
KUTA und FLUGHAFEN um 9.15, 11.15, 12.45, 15.45 und 18.45 Uhr für 25 000 Rp.
LOVINA um 10.30 Uhr für 125 000 Rp.
UBUD um 6.30, 10.30, 14 und 17 Uhr für 40 000 Rp.

Für den Transport nach Lombok oder auf die Gilis gibt es Pakete inkl. Bootstransfer:
MATARAM und SENGGIGI um 6.30 oder 10.30 Uhr für 150 000 Rp oder 500 000 Rp.
GILIS um 10.30 Uhr für 500 000 Rp.

Boote
Der Transfer auf die vorgelagerten Inseln NUSA LEMBONGAN und NUSA PENIDA wird von zahlreichen Unternehmen angeboten. Viele veranstalten zudem Tagestouren ab ca. 700 000 Rp, bei denen Schnorcheln, Mittagessen, eine Mangroventour oder andere Aktivitäten inkl. sind. Manche Anbieter fahren ab Sanur bis auf die GILIS und weiter nach LOMBOK. Die hier gelisteten offiziellen Preise können besonders in der Nebensaison mit etwas Geschick um bis zu 50 % heruntergehandelt werden. Kinder zahlen in der Regel 30–50 % weniger.

Nach NUSA LEMBONGAN:
Ein **öffentliches Boot** (mit bis zu 70 Pers. besetztes Fischerboot) verkehrt tgl. um 8 Uhr für 60 000 Rp in 1 1/2 Std. vom Pier am Ende der Jl. Hang Tuah nach JUNGUT BATU. Bei Bedarf ein weiteres um 10.30 Uhr für 80 000 Rp. Das langsame **Perama-Boot**, s. o., ist etwas komfortabler als das öffentliche. Es fährt um 10.30 Uhr für 100 000 Rp nach JUNGUTBATU. **Schnellboote** fahren von 8.15–17 Uhr 25x tgl. in 30–45 Min. nach JUNGUT BATU oder MUSHROOM BAY für 175 000–450 000 Rp pro einfacher Strecke und 300 000–550 000 Rp hin und zurück (ohne Handeln).
U. a. folgende Unternehmen:
JJ Fast Boat, Jl. Hang Tuah, ☎ 0361-216 6890, 🖳 www.jjfastboat.com. Transfer in Süd-Bali inkl.
Lembongan Fast Cruises, Jl. Hang Tuah 41, ☎ 0361-801 2324, 🖳 www.rockyfastcruise.com. Transfer in Süd-Bali inkl.
Lembongan Paradise Cruise, Jl. Hang Tuah 78, ☎ 0361-281974, 🖳 lembongancruise.com.
Ocean Star Express, ☎ 0361-927 1019, 🖳 www.oceanstarexpress.com.
Optasal, Jl. Hang Tuah, ☎ 0361-918 9900. Zur letzten Recherche günstigster Anbieter.
Semaya One Fast Cruises, Jl. Hang Tuah 88, ☎ 0361-284 194, 🖳 semayacruise.com.
Scoot Fast Cruises, Jl. Hang Tuah 27, ☎ 0361-285522, 🖳 www.scootcruise.com. Der renommierteste, sicherste und zuverlässigste, aber auch teuerste Anbieter. Transfers in Süd-Bali und aus Ubud inkl.

Nach NUSA PENIDA:

Caspla Bali Sea View, ☎ 0361-369 9999, 🖳 www.baliseaview.com. Überfahrten nach BUYUK (1 km westlich von Sampalan) um 9 und 17 Uhr, zurück um 7.30 und 15.30 Uhr. 550 000 Rp hin und zurück, 300 000 Rp einfach. Auch Insel-Touren für 1,2 Mio. Rp. Transfer in Süd-Bali oder bis Ubud inkl.

Maruti Express, Jl. Hang Tuah 84, ☎ 0812-383 1639, 0813-3875 4848, 🖳 balimaruti express.com. Überfahrten zur Anlegestelle in NYUH etwas nördlich von Toyapakeh um 8.30, 10 und 16 Uhr, zurück um 7.30, 9 und 15 Uhr. 480 000 Rp p. P. hin und zurück, 250 000 Rp einfach.

Optasal, s. o. Die Schnellboote fahren stdl. von 7–10 und um 15 und 16 Uhr nach NYUH sowie um 11 und 17 Uhr nach BUYUK. 300 000 Rp hin und zurück, 175 000 Rp einfach.

Scoot Fast Cruises, s. o. Das Boot legt um 8.30, 10 und 16 Uhr ab. 550 000 Rp hin und zurück, 350 000 Rp einfach.

Semaya One Fast Cruises, s. o. Nach KUTAMPI um 8.30 und 16.30 Uhr, zurück um 7.30 und 15 Uhr. 550 000 Rp hin und zurück, 300 000 Rp einfach.

Auf die GILIS und LOMBOK:

Gili Sea Express, ☎ 0853-3925 3944, 🖳 www. gili-sea-express.com. Um 8 Uhr via Nusa Lembongan (8.30 Uhr) nach GILI TRAWANGAN für 600 000 Rp, zurück um 10.30 Uhr.

JJ Fast Boat, s. o. Um 9.15 Uhr via Nusa Lembongan nach GILI TRAWANGAN, GILI AIR und TELUK NARA auf Lombok für 600 000 Rp einfach.

Scoot Fast Cruises, s. o. Um 9.30 Uhr via Nusa Lembongan (Jungut Batu, 10.30 Uhr) nach SENGIGGI, TELUK KODE, GILI AIR und GILI TRAWANGAN (13 Uhr). 675 000 Rp einfach, 1,3 Mio. Rp hin und zurück.

Serangan

Auf der 73 ha kleinen Insel, zu der eine Brücke hinüberführt, befindet sich der **Pura Sakenan**, einer der wichtigsten Tempel Balis, der manchmal sogar zu den *Sad Kahyangan*, den sechs heiligsten Tempeln, gezählt wird. Seine Gründung geht, wie bei vielen anderen Meerestempeln, auf einen Besuch des Shiva-Priesters Danghyang Nirartha zurück, der 1489 nach Bali gekommen war.

Das Bemerkenswerteste an dem Tempel ist ein steinerner, fünfstöckiger *Candi*, der für die königlichen Ahnen aus dem Majapahit-Geschlecht errichtet wurde. Zur Feier des *Manis Kuningan*-Festes, dem Tag nach *Kuningan*, pilgern Tausende von Balinesen mit Opfergaben hierher. Weitere Informationen zu dieser Feier s. **eXTra [4156]**.

Serangans Bewohner, meist Bugis aus Süd-Sulawesi, die vom Fischfang leben, haben früher von den indonesischen Außeninseln kommende Meeresschildkröten „zwischengelagert". Die Tiere endeten häufig als Steaks auf den Tellern der Touristen, aber auch Balinesen haben zu bestimmten zeremoniellen Anlässen Schildkrötenfleisch gegessen. Da Meeresschildkröten zu den stark gefährdeten Tierarten gehören, hat diese Unsitte glücklicherweise ein Ende gefunden: Seit 1999 ist jeglicher Verzehr, Verkauf oder Besitz von Schildkrötenfleisch und Schildplatt streng verboten.

Eine Aufzucht- und Pflegestation für Schildkröten ist das **Turtle Conservation and Education Center** (TCEC) in der Jl. Tukad Wisata 4, ☎ 0361-857 7881. In kleinen Sandgehegen schlüpfen Babyschildkröten, um dann in Becken ungefährdet heranzuwachsen. Zudem werden von Booten angefahrene und kranke Schildkröten hier aufgenommen. Diese Tiere sind in einem großen Becken untergebracht und können mit Fischen gefüttert werden. Wer will, kann für 100 000 Rp eine kleine Schildkröte adoptieren. Zur Finanzierung der Station sollte eine Spende gegeben werden. ⏲ 9–17 Uhr.

Weniger empfehlenswert ist das kommerzielle, von einem ehemaligen Schildkrötenhändler betriebene **Taman Penyu (Marine Turtle Rescue Center)** weiter nördlich. Neben kleinen, in Plastikkörben heranwachsenden Schildkröten können ein paar ältere Tiere zur Belustigung der Besucher mit Algen gefüttert und ein paar in tristen Käfigen gehaltene Vögel (auch der seltene Bali-Star und Nashornvögel!) begutachtet werden. ⏲ 9–17 Uhr, Eintritt 25 000 Rp.

Benoa Harbour

Der größte Hafen Balis liegt westlich von Serangan, etwa auf halber Strecke zwischen Sanur und Kuta, und wurde bereits zu Beginn des 20. Jhs. unter den Holländern ausgebaut. **Pelabuhan Benoa** (*Pelabuhan* = Hafen) ist heute vor allem als Containerhafen und für die Treibstoffversorgung der Insel von Bedeutung, wie die großen Pertamina-Tanks bezeugen. Neben Kreuzfahrtschiffen ankern hier auch Jachten und fünf der großen PELNI-Fähren (s. rechts) auf ihren Fahrten durch den indonesischen Archipel. Der Hafen ist für Touristen nicht von Interesse, es sei denn, man hat eine Kreuzfahrt gebucht. Am Eingangstor werden 2000 Rp verlangt, Motorräder 1000 Rp.

Seit September 2013 dient die etwa 400 m lange Brücke zum Hafen auch als Auffahrt zum 12,7 km langen **Bali Mandara Tollway**. Auf über 33 000 Betonpfeilern ins Meer gebaut, verbindet die Mautstraße den Flughafen mit dem Hafen und Denpasar im Norden sowie Nusa Dua im Süden. Mautgebühr 10 000 Rp pro Auto, Motorräder 4000 Rp.

Der größte chinesische Tempel der Insel lohnt einen Besuch. Bevor es auf die Brücke zum Hafen geht, erscheint auf der westlichen Seite das reich verzierte, typisch chinesische Eingangstor des 2012 erbauten, von zwei hübschen Pagoden flankierten **Vihara Satya Dharma**. Das Äußere des Tempels wird von gewundenen Drachen bewacht und im reich dekorierten Inneren wird u. a. Kuan-Yin, die Göttin des Meeres und der Barmherzigkeit, verehrt, auch Konfuzius und Buddha lächeln vom Altar. Fotografieren im Inneren verboten.

Ein weiteres, nicht nur für Botaniker interessantes Ziel ist das westlich vom Hafen an der Jl. By Pass Ngurah Rai gelegene **Mangrove Information Centre**, Jl. By Pass Ngurah Rai KM 21, Suwung, ✆ 0361-726969. Auf einem 1,9 km langen Rundweg durch die Mangrovenwälder, der an einigen Stellen eine Auffrischung vertragen könnte, erhält man Einblicke in die bedrohte Flora und Fauna der Küsten von Bali und von den Aussichtsplattformen überblickt man das Gebiet. Neben etwa 30 Mangrovenarten können auch Tausende Krebse in allen Größen und Farben und die skurrilen Pistolenkrebse im schlammigen Untergrund erspäht werden. Im Informationszentrum, ☉ bis 17 Uhr, erfährt man Näheres über Flora und Fauna. Eintritt frei, Spenden erwünscht, ☉ 7.30–18 Uhr.

TRANSPORT

Boote

Island Explorer Cruises, Jl. By Pass Ngurah Rai 622, ✆ 0361-728088, 🖳 www.bali-activities. com. Nach NUSA LEMBONGAN geht es mit dem Lembongan Flyer um 10.30 und 15.30 Uhr in 30 Min. für US$39, hin und zurück US$59. Transfer in Süd-Bali und nach Ubud inkl.

PELNI, ✆ 0361-763963, 365 0146. Von Benoa verkehren 5 Fähren im 14-Tage-Rhythmus nach LABUAN BAJO für 191 000–714 000 Rp in 1 1/2–2 Tagen, ENDE für 283 000–1,1 Mio. Rp und LARANTUKA für 285 000–1,5 Mio. Rp in 5 Tagen (alle auf der Insel Flores), sowie nach Sulawesi, Sumba und Richtung Java. Preise inkl. Vollpension.

Jimbaran

Das Fischerdorf Jimbaran liegt südlich des Flughafens in einer 4 km breiten Bucht, die von einem sehr schönen und hellen, aber nicht sehr sauberen Sandstrand gesäumt wird. Da es keine starken Strömungen gibt, eignet sich der Strand gut zum Schwimmen. Allerdings kann man außer Baden, Faulenzen und Essen wenig unternehmen.

Jimbaran ist für seine günstigen **Fischrestaurants** bekannt, die ihre Gäste auf dem Strand mit fangfrischen, gegrillten Meerestieren bewirten. Entlang der Jl. Pantai Kedonganan reiht sich ein Strandlokal ans nächste. Die Tische füllen sich bei Sonnenuntergang besonders schnell, und wenn man nicht vor der ansteigenden Flut mitsamt Stuhl und Tisch flüchten muss, kann die angenehme Strandatmosphäre bis in den späten Abend genossen werden.

Am nördlichen Ende der Bucht findet täglich der geschäftige **Kedonganan Fischmarkt** statt. Hier kaufen nahezu alle Restaurants in Süd-Bali ihren Fisch, und die Auswahl ist schier überwältigend. Besonders in den frühen Morgenstunden, wenn die Fischer mit ihren bunt angemalten Booten *(Prahu)* und ihrem Fang zurückkehren, bietet sich eine betriebsame, fotogene Szenerie.

Der bekannteste Tempel Jimbarans ist der **Pura Ulun Siwi**, der von einem riesigen Banyan-Baum überragt wird. Er ist der bedeutendste aller *Subak*-Tempel und wird von den Reisbauern bei Missernten und anderen Problemen aufgesucht. Im Pura Ulun Siwi werden *Barong*-, *Rangda*- und *Jauk*-Masken aufbewahrt, die über große magische Kräfte verfügen sollen. In der Regel werden die Masken alle 15 Tage an *Kajeng Kliwon* für eine Zeremonie vor dem Tempel hervorgeholt, um das alte Drama vom ewigen Kampf zwischen Gut und Böse neu aufleben zu lassen. Die aktivste Periode der Masken ist um *Galungan* und in den drei Wochen danach, denn dann feiern alle sechs Tempel von Jimbaran ihr *Odalan*. Weitere Informationen zum magischen *Barong* von Ulun Siwi s. **eXTra [4161]**.

ÜBERNACHTUNG

Ayana Resort Bali, Jl. Karang Mas Sejahtera, ☏ 0361-702222, 🖥 www.ayanaresort.com. Der lange, trostlose Weg, der 2,5 km südwestlich von Jimbaran beginnt, scheint im Paradies zu enden. Die 77 ha große Anlage hat 368 Zimmer, Bungalows und Villen mit riesigem LCD-TV und jeglichem Komfort. 6 exklusive Restaurants, 4 Pools, Golfanlage und Tennisplatz sowie die wohl spektakulärste Bar der Insel: die The Rock Bar (s. u.). ❽

Keraton Jimbaran Resort, Jl. Mrajapati, ☏ 0361-701961, 🖥 www.keratonjimbaranresort.com. Elegantes Hotel im balinesischen Stil mit Pool, Privatstrand und deutschsprachigem Service. Die 202 großen, hellen, voll ausgestatteten Zimmer und Villen sind mit Holzschnitzereien und rustikalen Möbeln einladend eingerichtet. Umfangreiche Sammlung von alten und seltenen Bonsai-Bäumen. Frühstück und WLAN in der Lobby inkl. ❼–❽

Sari Segara Resort, Jl. Pantai Kedonganan, ☏ 0361-703647, 🖥 www.sarisegara.com. Schöne Anlage im balinesischen Stil mit verspieltem Garten, 2 Pools und 130 schon etwas in die Jahre gekommenen, aber sauberen Zimmern mit AC, TV, Minibar und Bad/WC, das nach Desinfektionskugeln riecht. Auch hier spricht das Personal deutsch. Frühstück und WLAN in der Lobby inkl. ❺

Villa Puri Royan, Jl. Pantai Sari 25, ☏ 0361-708530, ✉ puriroyan@gmail.com. In dem rosa und hellgrünen, recht kitschigen und engen Komplex mit kleinem Pool gibt es 18 Zimmer mit Warmwasser-Du/WC, teils mit AC, sowie Villen mit Küche und separatem Wohnzimmer. Verschlafenes Personal. Frühstück und WLAN in der Lobby inkl. ❷–❹

Weitere Übernachtungsmöglichkeiten s. **eXTra [4158]**.

ESSEN UND UNTERHALTUNG

Blue Marlin Café, Jl. Pantai Kedonganan, ☏ 0361-702242. Eines der vielen Seafood-Restaurants an der Strandpromenade. Etwas teurer als die Konkurrenz im Muaya Beach Foodcourt, aber auch hier eine gute Auswahl an frischem Fisch und Meeresfrüchten. Abends ab 19 Uhr lassen Bauchtänzerinnen ihre Hüften kreisen. 🕐 9–24 Uhr.

📖 **Menega Café**, Jl. Four Seasons Resort, Muaya Beach, ☏ 0361-705888, 🖥 www.menega.com. Im etwas südlich gelegenen Foodcourt reiht sich ein günstiges Fischrestaurant ans nächste. Im Menega gibt es fangfrische Snapper für 85 000 Rp, Tintenfischringe für 75 000 Rp pro kg, Riesengarnelen für 175 000 Rp pro kg und ganze Lobster ab 700 000 Rp direkt vom Holzkohlegrill. Reis, Gemüsebeilagen, Soßen und Früchte zum Nachtisch inkl. Menüs kosten 135 000 Rp p. P. Mit den Füßen im Sand wartet man auf das Essen und genießt den Blick aufs Meer. WLAN. 🕐 11–23 Uhr.

The Rock Bar, im Ayana Resort Bali, Jl. Karang Mas Sejahtera, ☏ 0361-702222, 🖥 www.ayanaresort.com/rockbarbali. Nicht ohne Grund wurde sie 2010 von CNN zur besten Hotelbar der Welt gewählt: Aus 15 m Höhe bietet sich von der modernen, aus Glas gestalteten Plattform ein sensationeller Blick auf das tosende Meer, besonders zum Sonnenuntergang. Mit einem exzellenten, hochpreisigen Cocktail in der Hand kann sich hier jeder für kurze Zeit wie ein VIP fühlen. Tgl. legen DJs entspannte House-Musik auf. Dresscode (keine Board-Shorts oder Bintang-Shirts).

Nusa Dua

Die 140 km² große Bukit-Halbinsel im Süden von Bali ist von einer heißen, trockenen Savannenlandschaft aus Kalkgestein mit Kakteen und wenigen kleinen Dörfern geprägt. In einer durch Korallenriffe geschützten Bucht im Osten der Halbinsel wurde das 300 ha große Touristenzentrum Nusa Dua aus dem Boden gestampft.

Wer in Nusa Dua wohnt, muss sich mit einem Bali für Pauschaltouristen zufriedengeben. In einem gut bewachten Tempel des Luxus und Pomps lebt es sich völlig isoliert. Abendliche Veranstaltungen außerhalb von Nusa Dua kann man höchstens mit dem Taxi, einem eigenen Fahrzeug oder im Rahmen einer organisierten Tour besuchen. Der neue **Bali Mandara Tollway** über die Bucht von Benoa verbindet die Touristenstadt mit dem Flughafen und der Jl. By Pass Ngurah Rai westlich von Sanur.

Das **Museum Pasifika**, ☎ 0361-774935, 🖥 www.museum-pasifika.com, beherbergt 250 Gemälde und brüstet sich damit, die weltweit größte Sammlung asiatisch-pazifischer Kunst zu besitzen. Die elf Ausstellungsräume sind thematisch sortiert. Die ersten fünf Räume widmen sich dem indonesischen Archipel, in Raum 6 finden wechselnde Ausstellungen statt. Nur in Raum 6 und 9 darf fotografiert werden. ⏱ 10–18 Uhr, Eintritt 70 000 Rp.

Vom Nusa Dua Main Gate der Straße nach Ungasan folgend, erscheinen auf einem Hügel fünf Bauwerke, die in dieser Kombination wohl nirgends sonst auf der Welt stehen und Balis religiöse Toleranz bezeugen: Von West nach Ost reihen sich eine Moschee, eine katholische Kirche, ein buddhistischer Tempel, eine protestantische Kirche und ein balinesischer Pura aneinander! Der **Puja Mandala** genannte Komplex repräsentiert damit alle Religionen Indonesiens. Neben der schönen Aussicht auf die Bucht bis nach Sanur findet hier fast jeder Besucher das richtige Gotteshaus – ein Grund mehr, den Komplex nahe an Balis großem internationalem Kongresszentrum zu erbauen.

ÜBERNACHTUNG

Amaris Hotel Pratama, außerhalb der Tore, ☎ 0361-846 8333, 🖥 www.amarishotel.com.
Neues, modernes Mittelklassehotel mit Pool und 113 kleinen, zweckmäßigen Räumen mit AC und LCD-TV. Shuttleservice in Nusa Dua, Frühstück und WLAN inkl. ❹

Courtyard Marriott, ☎ 0361-300 3888, 🖥 courtyardmarriottbali.com. 2011 eröffnetes 4-Sterne-Resort mit 250 luxuriösen Zimmern, die westliche und balinesische Designelemente vereinen. Restaurant, das Fusionsküche serviert, Spa, Fitness, hübsche Poollandschaft. Frühstück und WLAN inkl. ❼–❽

Grand Hyatt Bali, ☎ 0361-771234, 🖥 www.bali.grand.hyatt.com. Gigantische Anlage mit großen Lotusteichen, 5 Pools und 636 Zimmern und Suiten mit allem Komfort. Kleine Shoppingarkade, Gesundheitsstation, Spa, Fitness, Tennisplatz. WLAN für US$17 pro Tag. ❽

The Laguna, ☎ 0361-771327, 🖥 www.luxurycollection.com. Die 278 stilvoll dekorierten Zimmer und Suiten sind sehr geräumig und komfortabel, einige haben direkten Zugang zum großen Pool. Das Hotel bietet alles, was man in dieser Preiskategorie erwarten kann, u. a. Spa, Fitness und Tennisplatz. ❼–❽

The Mulia, ☎ 0361-302 7777, 🖥 www.themulia.com. Das neue Super-Luxus-Hotel ist das größte Hotel der Insel. Hier verkommen Superlative fast schon zur Norm: Auf 30 ha sind die 745 ultrakomfortablen Zimmer in gigantischen Luxusbauten untergebracht. Allein die Lobby verschlägt Normalsterblichen den Atem. Sehr guter Service. ❽

ESSEN

Laguna Garden Rest., Jl. Pratama, ☎ 0361-775714, 🖥 www.lagunagardenbali.com. Das charmante Restaurant serviert neben indonesischen auch deutsche Gerichte und teure Steaks. Hauptgerichte ab 50 000 Rp. Von 18–22 Uhr Salatbar inkl. Livemusik von 19–22.30 Uhr. Sehr freundliches Personal. WLAN und Shuttleservice in Nusa Dua inkl. ⏱ 12–23 Uhr.

Nyoman's Beergarden, Jl. Pantai Mengiat, ☎ 0361-775746, 🖥 sendok-bali.com/nyoman-beergarden. Hier fühlt sich der Schwabe wohl: Es gibt Käsespätzle, Currywurst, Bouletten, Flädlisuppe und Pfeffersteak. Der Betreiber ist

ein Schwarzwälder, der auf Bali sein Herz verlor. Hauptspeisen ab 43 000 Rp. WLAN und Shuttleservice in Nusa Dua inkl. ⏱ 18–24 Uhr.
Tropical, Jl. Pantai Mengiat, ☎ 0361-777600, 🖥 www.tropicalbalirestaurant.com. Seafood-Restaurant mit asiatischen und europäischen (auch vegetarischen) Gerichten. Das Abendessen wird So–Di ab 19 Uhr von traditionellem Tanz oder Livemusik begleitet. Happy Hour von 18–20 Uhr. Hauptgerichte ab 50 000 Rp. WLAN und Shuttleservice in Nusa Dua inkl. ⏱ 10–23 Uhr.

UNTERHALTUNG

Devdan – Treasure of the Archipelago, Bali Nusa Dua Theatre, ☎ 0361-770197, 🖥 www.devdanshow.com. Die pompöse touristische Bühnenshow soll die kulturelle Vielfalt Indonesiens beleuchten, begeistert jedoch vor allem dank der opulenten Kostüme, imposanten Bühnenbilder, akrobatischen Einlagen und professionellen Tänze. Die Rahmenhandlung ist recht dünn. Der Theatersaal mit 700 Plätzen ist fast nie ausgebucht, auch mit den günstigsten Tickets kann man sich meist hinsetzen, wo man möchte. Aufführungen Mo, Mi, Fr und Sa 19–20.30 Uhr. Eintritt US$65–120.

Tanjung Benoa

Nördlich von Nusa Dua erstreckt sich auf einer langen, schmalen, nach Norden gerichteten Landzunge ein kleineres Touristenzentrum. Tanjung Benoa war früher das Handelszentrum der Bukit-Halbinsel und noch heute zeugen die vielen Bugis und chinesischstämmigen Einwohner von regem Betrieb und Warenaustausch vergangener Zeiten.

Neben Bademöglichkeiten bietet der Ort heutzutage jede Menge Gelegenheiten zum Wassersport. 500 m vor Ende der Straße wird eine Eintrittsgebühr von 5000 Rp verlangt.

ÜBERNACHTUNG

Melia Benoa, Jl. Pratama, ☎ 0361-771714, 🖥 www.meliabenoa.com. Die riesige, frisch renovierte Hotelanlage bietet 128 moderne Zimmer mit jedem erdenklichen Komfort und kleinem Balkon. Onlinebuchungen günstiger. Frühstück und WLAN inkl. ❼–❽

Novotel, Jl. Pratama, ☎ 0361-772239, 🖥 www.novotelbalibenoa.com. Das 4-Sterne-Hotel mit 3 Pools liegt in einem üppigen Garten. Das Interieur der 189 komfortablen Zimmer ist komplett aus Kokospalmenholz gezimmert. Überwiegend westliche Gäste. Frühstück und WLAN inkl. ❽

Pondok Agung Homestay, Jl. Pratama 99, ☎ 0361-771143, 🖥 www.pondokagung.com. In einem schönen, gepflegten Garten mit Blumen, Obstbäumen und Lotusteich finden sich 10 in 2-stöckigen Häusern untergebrachte Zimmer. Sie sind mit viel Liebe zum Detail im balinesischen Stil eingerichtet, kleinem TV, Safe, modernem Warmwasser-Bad/WC und Terrasse oder Balkon, teils auch AC, luftig und sauber. Sehr freundliches, hilfsbereites Personal. WLAN und Frühstück inkl. ❸–❹

Pondok Hasan Inn, Jl. Pratama, ☎ 0361-772456, ✉ hasanhomestay@yahoo.com. Einfache, saubere Zimmer mit TV, Warmwasser-Du/WC und Holzstühlen auf der Veranda, teils auch Kühlschrank. Geräumiges Familienzimmer für 500 000 Rp. WLAN. ❸

Ramada Resort Bali, Jl. Pratama 97A, ☎ 0361-773730, 🖥 www.ramadaresortbenoa.com. Die 3-stöckige Hotelanlage mit schönem Garten und Pool beherbergt 180 geräumige, gepflegte, aber teils ältere Zimmer und Villen mit AC, LCD-TV, Minibar und Du/WC. Recht gutes Preis-Leistungs-Verhältnis. Viele kostenlose Freizeitangebote für Gäste. Frühstück und WLAN inkl. ❼–❽

Tanjung Mekar, Jl. Pratama, ☎ 0361-772063. In familiärer Atmosphäre werden 4 saubere und günstige Zimmer mit weichen Matratzen, TV und Bad/WC, teils auch AC und Kühlschrank, vermietet. Auf dem Boden liegen Bastmatten. Gutes Preis-Leistungs-Verhältnis. Freundliche Besitzer. Frühstück inkl. ❷
Weitere Übernachtungsmöglichkeiten s. **eXTra [4163]**.

ESSEN

Bumbu Bali Rest. & Cooking School, Jl. Pratama, 2 Filialen in Benoa, ☎ 0361-774502, 🖥 www.balifoods.com. In relativ einfachem Ambiente serviert der Schweizer

SÜD-BALI Übersichtskarte S. 144

www.stefan-loose.de/bali

TANJUNG BENOA **193**

Nusa Dua und Tanjung Benoa

Übernachtung:
1. Pondok Agung Homestay
2. Pondok Hasan Inn
3. Tanjung Mekar
4. Ramada Resort Bali
5. Novotel
6. Melia Benoa
7. Amaris Hotel Pratama
8. The Laguna
9. Grand Hyatt Bali
10. Courtyard Marriott
11. The Mulia Bali

Essen:
1. Warung Komang
2. The Tao Bali
3. Bumbu Bali Restaurant & Cooking School (2x)
4. Nyoman's Beergarden
5. Laguna Garden Restaurant
6. Tropical

Sonstiges:
1. BMR Dive & Water Sports
2. The Whacko Beach Club
3. Jari Menari
4. Bali Nusa Dua Theatre
5. Bali Collection

Küchenchef Heinz von Holzen exzellente, geschmacklich raffinierte, aber auch hochpreisige balinesische Küche, die sich aus 20 Jahren Erfahrung speist. Besonders zu empfehlen ist die Reistafel, die einen umfassenden Überblick über die einheimische Küche ermöglicht. Freundlicher Service. Es werden auch Kochkurse angeboten (s. u.). ⏲ 11.30–23 Uhr.

The Tao Bali, Jl. Pratama 96, ✆ 0361-772902, 🖥 www.taobali.com. Stilvoll eingerichtetes Restaurant direkt am Strand mit asiatischen, vor allem thailändischen Speisen. Hauptgerichte ab 70 000 Rp, Seafood ab 100 000 Rp. Nach dem Essen kann man auf den Loungesesseln am Pool entspannen. Shuttleservice in Nusa Dua inkl. ⏲ 10.30–23 Uhr.

The Whacko Beach Club, Jl. Pratama 99X, ✆ 0361-771384, 🖥 www.thewhackobali.com. Teurer Beachclub mit hübschem Überlaufpool und Sonnenliegen direkt am Strand. Cocktails ab 90 000 Rp, auch Steinofenpizzen. ⏲ bis 24 Uhr.

€ **Warung Komang**, Jl. Pratama. Kleines, günstiges Warung mit den indonesischen Standardgerichten von Nasi Goreng bis Soto Ayam, zudem gutes Tempeh. Freundliche Leute. ⏲ 10–22 Uhr.

Weitere Restaurants liegen westlich vom Nusa Dua Gate South (S. 192).
Mehr Restauranttipps s. **eXTra [4167]**.

AKTIVITÄTEN
Kochkurse
Bumbu Bali Rest. & Cooking School, s. o. Jeden Mo, Mi und Fr werden für knapp US$110 lohnenswerte Kochkurse mit 20 Rezepten angeboten. Frühmorgens um 6 Uhr geht es auf den Markt in Jimbaran, um die Zutaten einzukaufen, die später zu einem leckeren Mittagessen verarbeitet werden.

Wassersport
BMR Dive & Water Sports, Jl. Pratama 99X, ✆ 0361-771757, 🖥 www.bmrbali.com. Der größte Anbieter für Wassersport betreibt neben einem Restaurant auch ein eigenes Spa. Parasailing (US$25), Wasserski (US$35 für 15 Min.), Banana-Boat (US$25 für 15 Min.), Jet-Ski (US$30 für 15 Min.), Wakeboarding (US$35 für 15 Min.) sowie Schnorcheln (US$30 für 1 Std.) und Tauchen (2 Tauchgänge US$100, Bali Ocean Walker, wie Seawalker, S. 187, US$75 für 30 Min.). Hilfsbereites Personal. In der direkten Nachbarschaft gibt es weitere Anbieter mit ähnlichen Preisen. ⏲ 8–17 Uhr.
Mehr Tipps zu Wassersport s. **eXTra [4170]**.

Wellness
Jari Menari, Jl. Pratama 88X, ✆ 0361-778084, 🖥 www.jarimenarinusadua.com. Seit 2010 gibt es das erfolgreiche Spa auch in Nusa Dua. Nur männliche Therapeuten bieten hier ihre höchst professionellen Dienste an. 75 Min. Massage kosten 350 000 Rp. Für weitere Details S. 176. ⏲ 9–21 Uhr.

 **3 HIGHLIGHT**

Uluwatu

An der südwestlichen Spitze der trockenen Bukit-Halbinsel erhebt sich einsam auf einer steilen Klippe, 70 m über dem tosenden, türkisen Ozean, der kleine, aber höchst bedeutsame Tempel **Pura Luhur Uluwatu** (*Ulu* = Kopf, *Watu* = Stein). Er fehlt in keiner Liste der *Sad Kahyangan*, der sechs heiligsten Tempel Balis. Viele balinesische Tempel haben einen Schrein namens *Palinggih Uluwatu*, in dem bei einer Opferzeremonie Uluwatus Gottheiten zu Gast sind. Sein *Odalan* findet zehn Tage nach *Kuningan* statt, dem Schlusspunkt der zehntägigen Feier zu Ehren der Schöpfung der Welt.

Pura Uluwatu ist zweifellos ein sehr altes Heiligtum. Ein Shiva-Priester aus Java, bekannt als Empu Kuturan (*Empu* = Weiser), ein legendärer Lehrer und Religionserneuerer, der im 11. Jh. auf Bali wirkte, soll diesen Tempel erbaut bzw. eine ältere heilige Stätte ausgebaut haben. Jahrhunderte später kam Danghyang Nirartha, ein großer Hindu-Lehrer, nach Bali. Nach jahrzehntelangem Wirken wählte Nirartha Pura Uluwatu als den Ort, wo er in Versenkung *Moksa* erlangte und in das Nirwana einging. Seitdem fügt man dem Tempelnamen das Luhur hinzu (*ngeluhur* = *Moksa* erlangen).

Der feurig-heiße Kecak zählt zu den spektakulärsten balinesischen Tänzen.

Der Tempel ist Shiva Mahakala geweiht, dem Gott der Vernichtung und Auflösung der Welt. Ihm schreibt man z. B. schwere Stürme und Seuchen zu. Die Felsenklippe, auf der sich der Tempel erhebt, soll einer Sage nach das versteinerte Schiff der Göttin der Gewässer, Dewi Danu, sein, die übers Meer nach Bali kam.

Man sollte sich von den diebischen Tempelaffen nicht nervös machen lassen. Am besten ist es, einen Stock dabeizuhaben, mit dem man die Affen verscheuchen kann, falls sie allzu aufdringlich werden. Wie in allen Tempeln sind sittsame Kleidung sowie ein Sarong und eine Tempelschärpe *(Slendang)* erforderlich, die am Eingang geliehen werden können. Eintritt 20 000 Rp. inkl. Sarong, Parken 2000 Rp. Einfache Essensstände am Parkplatz.

Der Kecak-Tanz am Uluwatu

Es lohnt sich, den Besuch des Pura Luhur Uluwatu zeitlich so zu planen, dass man ihn mit einer abendlichen Tanzaufführung kombinieren kann. Die einstündigen **Feuertanzaufführungen zum Sonnenuntergang** werden von Touristenschwärmen besucht und haben fast schon Stadionatmosphäre, sind aber aufgrund des spektakulären Bühnenplatzes hoch oben auf den Klippen absolut sehenswert. Von der halbrunden Tribüne hat man einen direkten Blick auf den Sonnenuntergang, während die hinduistische Legende des *Ramayana* zum Leben erweckt wird. Im Schein der züngelnden Flammen singen sich über 40 *Kecak*-Sänger mit dem hypnotischen *cak-cak-cak* in eine Trance und bilden so den Rahmen für das *Ramayana*-Ballett, das von reich geschmückten Tänzern aufgeführt wird und mit dem beeindruckenden Feuertanz des rettenden Hanuman den Höhepunkt erreicht. Die Zuschauer sind so nah am Geschehen, dass es in den ersten Reihen beim feurigen Ende richtig heiß werden kann. Die Show ist für viele Besucher ein Highlight balinesischer Kultur. Eintritt 70 000 Rp. Weitere Details zum *Kecak* S. 137.

Surfstrände auf der Bukit-Halbinsel

Auf der trockenen Bukit-Halbinsel liegen die abenteuerlichsten Surfstrände von Bali. Sie sind nichts für Anfänger: Die Wellen sind bedeutend höher als in Kuta, und oft geht es über gefährliche Riffe hinweg und bedrohlich nah an spitzen Klippen vorbei.

Der 1,5 km nördlich von Uluwatu gelegene **Suluban Beach** zählt zu den populärsten dieser Strände. Unterhalb der großen, teuren Blue Point Bay Villas sind eine ganze Reihe von Unterkünften, Surfshops und günstigen Restaurants mit toller Aussicht an die Klippen gebaut worden, ein regelrechtes Surferdorf. Wer am Ende der steilen Treppen, die zum Meer hinunterführen, durch die Felsspalte auf der linken Seite schlüpft, gelangt zum Strand. Er ist aufgrund der starken Wellen nicht zum Schwimmen geeignet, ermöglicht aber eine gute Aussicht auf das Treiben der Surfer.

Weiter nordöstlich liegt der noch recht einsame **Padang Padang Beach** mit ein paar Unterkünften und guten Surfbedingungen. Am beliebten **Labuan Sait Beach** kann man auf dem großen Parkplatz halten und an einfachen Warung eine Kleinigkeit essen oder den Surfern bei ihren waghalsigen Manövern zuschauen. Es folgen der **Impossible Beach** und der schmale **Bingin Beach**, der mit einer ganzen Reihe von Unterkünften zu einer kleinen Surferstadt angewachsen ist. Weitere Surfstrände sind der unterhalb steiler Felsklippen gelegene **Balangan Beach** mit sehr schönem feinkörnigen Sand sowie einigen Unterkünften und Warung und **Nyangnyang Beach**, südöstlich von Uluwatu. Nahezu alle Strände sind nur über schmale, teils unbefestigte Wege zu erreichen, manchmal eine steile Kletterpartie.

Der zwischen Balangan und Bingin Beach gelegene **Dreamland Beach** ist schon lange kein Geheimtipp mehr und wurde vom modernen Bau des Klapa Restaurants (s. u.) verschandelt. Der strahlend weiße Sandstrand ist aber immer noch sehr schön. Der Strand liegt mitten in einem gescheiterten Megaprojekt: Hier sollte ein zweites Kuta entstehen, aber fast alle Bauprojekte wurden aufgrund der globalen Finanzkrise eingestellt. Parken kostet 5000 Rp pro Motorrad und 15 000 Rp pro Auto. ⏱ 10–22 Uhr.

Wer trotz Hitze noch mehr von der Halbinsel sehen will, kann Küstentempel und Höhlen erkunden, z. B. **Pura Balangan** an der Nordwestküste nahe dem Dorf Cengiling, ein Höhlentempel an einem hübschen, kleinen Sandstrand.

Pura Masuka, ein kleiner Tempel in herrlicher Lage auf hohen Klippen, und **Pura Batu Pageh**, ein Höhlentempel an einer Steilküste, liegen an der Südküste.

ÜBERNACHTUNG

Bali Bule Home Stay, Padang Padang Beach, ✆ 0361-769979, 🖥 www.balibulehomestay. com. Kleine, sehr hübsche und gepflegte Anlage rund um einen Pool mit 10 geräumigen, sauberen Bungalows mit Veranda und AC, teils auch TV und Open-Air-Du/WC. Restaurant. Reservierung empfehlenswert. WLAN. ❹–❺

Bingin Garden, Bingin Beach, ✆ 0816-472 2002, ✉ tommybarrell76@yahoo.com. In einem ruhigen Garten liegen 6 einfache, aber angenehme Zimmer mit Himmelbetten, teils auch Warmwasser. WLAN. ❸

Bhujangga's Village, Jl. Pantai Suluban, ✆ 0857-9272 4924, ✉ bhujanggavillage@gmail. com. Guesthouse in einem kleinen Garten mit 8 geräumigen und recht gepflegten, hellen Zimmern mit Du/WC und Veranda, teils auch AC, sowie 3 günstigen Villen. Motorradverleih. WLAN. ❸–❹

Jacko House, Jl. Pantai Suluban, ✆ 0361-769973, ✉ jackohouseuluwatu@yahoo.com. Das kleine, freundliche Hotel ist ideal für Surfer gelegen und bietet 9 sehr einfache, geräumige, aber abgewohnte, leicht schmuddelige Zimmer mit großem Du/WC. Motorradverleih. WLAN. ❷

Mamo Hotel, an der Zufahrtstraße zum Suluban Beach, ✆ 0361-769882, 🖥 mamobali. com. Modernes und sauberes Mittelklassehotel mit Pool und 29 geräumigen Zimmern mit LCD-TV, AC, Wasserkocher, Kühlschrank, Du/WC mit tropischem Duschkopf, Föhn und Balkon. Freundliche, familiäre Atmosphäre. Frühstück und WLAN inkl. ❺–❻

🏨 **Pink Coco Bali**, Jl. Labuan Sait, Padang Padang Beach, ✆ 0361-895 7371, 🖥 www.pinkcocobali.com. Die mediterran gestaltete Anlage mit schönem Pool überzeugt mit 21 geräumigen und luftigen, originell gestalteten Zimmern in 2-stöckigen, bordeauxroten Bauten mit guten Matratzen, AC, Safe, LCD-TV, Kühlschrank und teils riesiger, halboffener Du/WC. Die günstigeren Zimmer im

SÜD-BALI Übersichtskarte S. 144

www.stefan-loose.de/bali

SURFSTRÄNDE AUF DER BUKIT-HALBINSEL **197**

Erdgeschoss sind im Vergleich etwas enttäuschend. WLAN im italienischen Restaurant inkl. ❺–❼

Rocky Bungalows, Jl. Pantai Suluban 313, Padang Padang Beach, ☎ 0361-769845. Recht nette Anlage mit Pool mit direktem Blick auf das tosende Meer und 16 kleinen, sauberen Zimmern in Doppelbungalows mit kleinem TV, DVD-Player und Du/WC, teils auch AC. ❸–❹

Uluwatu Cottages, Padang Padang Beach, ☎ 0361-207 9547, 0819-9907 7900. Direkt an den Klippen gelegene Anlage mit kleinem Überlaufpool und 10 überteuerten und recht dunklen, spartanisch eingerichteten Zimmern mit AC, TV und geräumigen Du/WC. Restaurant. Frühstück und WLAN inkl. ❺

Weitere Übernachtungsmöglichkeiten s. **eXTra [4174]**.

ESSEN UND UNTERHALTUNG

El Kabron Spanish Rest. & Cliff Club, Bingin Beach, ☎ 0361-780 3416, 🖳 www.elkabron.com. In atemberaubender Lage an den Klippen oberhalb des Strandes gelegenes, hochpreisiges, liebevoll gestaltetes Restaurant unter spanischer Leitung mit guter Paella. Ein Cocktail im Cliff Club zum Sonnenuntergang ist ein Genuss. Mindestumsatz pro Tisch. Abends Reservierung empfehlenswert. ⏲ 11.30–23.30 Uhr.

Finn's Beach Club, Ungasan, im äußersten Süden der Bukit-Halbinsel, ☎ 0361-848 2111, 🖳 www.finnsbeachclub.com. An einem sehr hübschen Strandabschnitt gelegener, überteuerter, aber schick gestalteter Beach Club mit lauter elektronischer Musik und gutem Essen. Zum Strand herab geht es mit einem spektakulären Seillift. Zuvorkommender Service. Eintritt 250 000 Rp für 1 Tag.

Single Fin, Suluban Beach, unterhalb der Blue Point Bay Villas. Offene, mit recyceltem Holz ansprechend gestaltete Kreuzung aus Surfshop, Bar und Restaurant, die mit einer tollen Aussicht punkten kann. Auf 3 Stockwerken werden Sandwiches, Pizzen und Pasta ab 60 000 Rp serviert. ⏲ 12–22 Uhr.

The Gong Rest., Jl. Pantai Suluban. Restaurant mit einfacher Travellerkost und indonesischen Gerichten zu sehr günstigen Preisen. Auch Zimmervermietung. ❷–❸

Trattoria, Jl. Labuan Sait, Padang Padang Beach, ☎ 0361-822 7741, 🖳 www.trattoria asia.com. Im mediterranen Restaurant können Gäste Pizzen und Pasta ab 44 000 Rp verspeisen. ⏲ 6.30–23.30 Uhr.

Ulu Rest., Jl. Melasti, Padang Padang Beach, ☎ 0813-3866 9364. Rund um einen kleinen plätschernden Springbrunnen kann man an grün gedeckten Tischen das Panaeng-Curry und andere leckere Thai-Gerichte probieren. Hauptgerichte ab 50 000 Rp, günstige Mittagsmenüs. ⏲ 11–23 Uhr.

Warung Yeye's, Padang-Padang Beach, ☎ 0361-742 4761. Kreativ gestaltetes, freundliches und beliebtes Restaurant mit gutem Essen und günstigen Cocktails. Auch vegetarische Gerichte, Currywurst oder Pasta ab 30 000 Rp. Leckere Säfte. Nebenan ein Souvenirladen, der auch Biokosmetika verkauft. ⏲ 12–24 Uhr.

AKTIVITÄTEN

Schwimmen

Da die meisten Strände für Schwimmer zu gefährlich sind, ist ein entspannter Tag an den Überlaufpools der **Blue Point Bay Villas** am Suluban Beach oder vom **Blue Heaven** am Labuan Sait Beach eine gute Alternative. Sie verlangen happige 250 000 Rp inkl. Handtuch, einem Getränk und Mittagessen.

Eine weitere Option ist das **Klapa Rest.** am Dreamland Beach. Wer hier die Sonne genießen, schwimmen oder surfen möchte, muss zunächst 100 000 Rp Eintritt zahlen, die in Form eines Gutscheins wieder ausgegeben werden können. Wer im Pool planschen möchte, muss weitere 30 000 Rp drauflegen.

Surfen

Impossible Surf School, Jl. Labuan Sait, Padang Padang Beach, ☎ 0813-3873 4339, 🖳 www. impossiblesurflessons.com. Bekannteste Surfschule in der Umgebung. Ein 2 1/2-stündiger Kurs kostet US$35 inkl. Transport, Trinkwasser und Surfbrett.

Zentral-Bali

Stefan Loose Traveltipps

Kunstmuseen in Ubud Für Kunstfreunde ein Muss: das Puri Lukisan, Blanco Museum und Neka Art Museum sowie das Agung Rai Museum of Art. S. 202

4 Tanzaufführungen in Ubud Beim Besuch einer balinesischen Tanzaufführung wird man in eine andere Welt entführt. S. 206

Wellness in Ubud In einem der zahlreichen Spas kann man sich von Kopf bis Fuß verwöhnen lassen. S. 208

5 Essen in Ubud Die exzellenten Restaurants lassen keine kulinarischen Wünsche offen. S. 214

6 Affenwald von Sangeh Durch den magisch anmutenden Affenwald von Sangeh toben freche Makaken. S. 225

Petulu Mitten im kleinen Dorf hat sich eine große Kolonie weißer Reiher angesiedelt. S. 236

7 Gunung Kawi Die steile Schlucht des Pakrisan-Flusses birgt hinduistische Monumente und einstige Einsiedlerhöhlen. S. 237

8 Pura Tirta Empul Das klare Wasser der von einer Tempelanlage umrahmten heiligen Quellen soll eine heilende Wirkung haben. S. 238

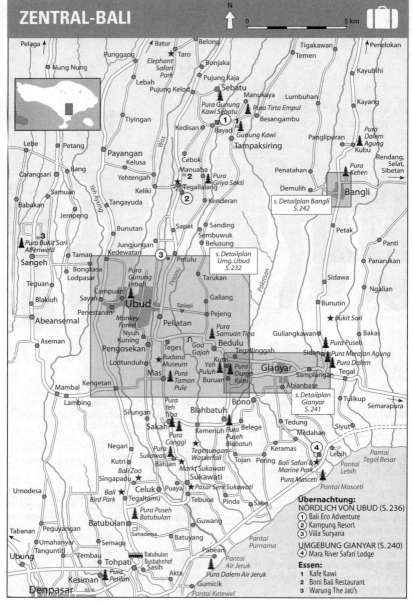

Nördlich von Denpasar erstreckt sich bis zu den Hängen der Vulkane des Batur-Massivs die für Bali typische Reisterrassenlandschaft. Hier ist das Land saftig grün, fruchtbar und facettenreich – zu schön, um es bloß auf einem Tagesausflug per Touristenbus abzuhandeln. Stattdessen bietet sich Ubud als gute Basis an, um das kulturelle Zentrum der Insel und die Umgebung ein paar Tage lang zu erkunden.

Neben Galerien, Kunstmuseen und dem Affenwald sind es besonders die Tanzaufführungen, die **Ubud** zum kulturellen Highlight der Insel erheben. Nirgends sonst hat man allabendlich die Möglichkeit, solch eine Vielzahl traditioneller Vorführungen zu genießen. Bei einer Wanderung über die Reisfelder der Umgebung erschließt sich Besuchern zudem eine faszinierende Welt, die noch viel mit dem Bali vergangener Tage gemein hat. Wer sich ein bisschen mehr Zeit nimmt, wird verstehen, warum sich seit den 1930er-Jahren so viele europäische Künstler in und um Ubud niedergelassen haben.

Westlich liegt der märchenhafte Affenwald von **Sangeh**, der weit weniger touristisch ist als sein Pendant in Ubud. Nach Süden führen schmale Straßen durch das dichtbesiedelte Gebiet bis nach Denpasar, vorbei an Ortschaften, die sich jeweils auf ein Kunsthandwerk spezialisiert haben. So finden sich z. B. in **Teges** Holzschnitzer, in **Celuk** Silberschmiede und in **Batubulan** Bildhauer. Östlich von Ubud ist es der Höhlentempel **Goa Gajah**, der Besucher anzieht, während der Norden mit einer Reihe spannender Attraktionen aufwartet. Das wunderschön inmitten von Reisfeldern in einer Schlucht gelegene Heiligtum **Gunung Kawi** und die heiligen Quellen von **Pura Tirta Empul** sind zwei der schönsten Tempelanlagen Balis, aber auch die Reisterrassenformationen von **Tegallalang** und die Scharen von weißen und gelben Reihern, die zum späten Nachmittag in die Felder von **Petulu** zurückkehren, sind mehr als sehenswert.

Neben den klassischen Sehenswürdigkeiten gibt es in Zentral-Bali viele kleine Highlights zu bestaunen, die man auf eigene Faust entdecken kann: Reisfelder bei Sonnenuntergang, ein Maler beim Mischen seiner Farben, Bauern, die ihre Enten am Abend durch die Felder nach Hause treiben oder Kinder beim Baden im Fluss –

Die Fahrt von Süd-Bali nach Ubud

Ein erster lohnenswerter Stopp sind die allmorgendlichen Darbietungen des *Barong*-Tanzes in **Batubulan**. Von dort aus geht es nach **Singapadu**, wo der Bali Bird Park einen Überblick über die gefiederte heimische Fauna ermöglicht. Danach führt die Strecke über Dörfer mit Kunstgewerbeläden und Galerien via Celuk, Sakah und Mas oder über die ländlichere Straße via Silungan und Pengosekan nach Ubud. Die Straßen säumen Läden, die Gold- und Silberschmiedekunst, Holzschnitzereien und Gemälde verkaufen. Mehr im Kapitel „Südlich von Ubud", S. 230.

Bilder, die untrennbar mit Bali verbunden und hier noch tatsächlich zu sehen sind. Wer sich auf die Suche begibt und balinesisches Dorfleben kennenlernen möchte, wird genauso fündig werden wie Reisende, die Ruhe und Erholung suchen.

Ubud

Umgeben von Reisterrassen und kleinen Dörfern, die schöne Ziele für Tagesausflüge und Wanderungen abgeben, liegt der wichtigste Ort Zentral-Balis – Ubud. Dass er sich zu dem Touristenzentrum der Inselinneren entwickelt hat, liegt nicht zuletzt daran, dass sich das ländliche Bali in der Umgebung in seiner ganzen Schönheit präsentiert. Inmitten der fruchtbaren Landschaft scheint fast jeder Balinese ein Künstler zu sein – unzählige Maler, Tänzer, Gamelan-Musiker, Steinmetze und Holzschnitzer.

Der moderne Tourismus hat sich in Ubud und den umliegenden Dörfern erst ab Ende der 1970er-Jahre entwickelt, zehn Jahre später als im Süden. Heutzutage ist Ubuds touristische Infrastruktur gut ausgebaut: Hotels, Restaurants und Kunstgalerien, die Gemälde in allen Stilrichtungen zum Verkauf anbieten, buhlen um zahlungskräftige Kunden. Selbstverständlich brachte der Massentourismus nicht nur Positives. So sind die Hauptstraßen notorisch verstopft und auf der Jalan Monkey Forest und Jalan Hano-

Eat, Pray, Love auf Bali

Im Film radelt Julia Roberts über die saftigen Reisfelder von Bali, wandert durch die bizarre Vulkanlandschaft am Gunung Batur und badet im glasklaren Meer. Sie wohnt in einer traumhaften Villa in Ubud, trifft ihren Traummann sowie Ketut, den wundersamen Heiler ihrer Psyche, und eine sympathische Heilerin für ihren verletzten Körper. Nach langer Suche in New York, Italien und Indien ist es schließlich die Insel Bali, wo sie ihr Glück findet.

Selbst wenn es nur ein Buch bzw. Film ist, so beruht er doch auf der wahren Geschichte von Elizabeth Gilbert. Der Bestseller und die herrliche landschaftliche Filmkulisse sind in den letzten Jahren für viele Anlass gewesen, Bali zu bereisen, vor allem alleinstehende Frauen im mittleren Alter. Man kann sich von Ketut gegen die nicht ganz geringe Gebühr von 250 000 Rp aus der Hand lesen lassen und kitschige Eat-Pray-Love-Souvenirs erwerben. Dass der durch das Buch und den Film losgetretene Boom nicht bei allen ankommt, bezeugen die bei Naughty Nuri's Warung erhältlichen T-Shirts mit dem süffisanten Aufdruck „Eat, Pay, Leave." In diesem Sinne: „See you later, alligator!"

man suchen Bettler, Arme aus dem Nordosten Balis und Zuwanderer aus Java und Madura ihr Glück. Auf den geschäftigen Hauptstraßen reihen sich Souvenirläden an Modegeschäfte und Galerien. Auch wenn der Ort inzwischen sehr touristisch ist, hat er sich doch seinen ganz eigenen Charme bewahrt.

Zentrum der Kunst

Ubud ist ein Einkaufsparadies. Vor allem auf dem modernisierten zentralen **Markt**, an dem fast alle Tagesbesucher abgesetzt werden, findet sich ein riesiges Angebot an Kunstgewerbe und Souvenirs. Vor dem Markt liegen mehrere zweistöckige Ladenzeilen mit langen Gängen, gesäumt von Souvenirgeschäften. Früh morgens bis 10 Uhr gehört der Markt den Einheimischen, die dann Obst, Gemüse und Fleisch kaufen. Auf der von Geschäften, Restaurants und Hotels gesäumten **Jalan Monkey Forest** trifft man

mehr Touristen als Balinesen und die Geschäfte haben ihr Angebot ganz auf die ausländische Kundschaft ausgerichtet. Etwas entspannter bummelt man nördlich der Hauptstraße in der **Jalan Kajeng**, auch Jalan Han Snel genannt.

Wer Bilder einkaufen will, sollte zuerst im **Museum Puri Lukisan**, dem ältesten Kunstmuseum von Ubud, ☎ 0361-971159, 🖥 www.museumpurilukisan.com, seinen Blick für die unterschiedlichen Stilrichtungen schärfen. Die Gebäude im traditionellen balinesischen Stil liegen in einem großen Garten an der Jalan Raya Ubud und präsentieren eine Zusammenstellung von Bildern der modernen balinesischen Malerei, die ihre Motive aus dem alltäglichen Leben schöpft. Während im Pitamaha-Haus Werke der Vorkriegszeit zu sehen sind, zeigt die Ida Bagus Made-Galerie die mitunter surrealistischen Bilder des berühmten namensstiftenden Malers und das Wayang-Haus Wayang-Malerei der Nachkriegszeit. Zudem werden kulturelle Workshops angeboten. ☉ 9–18 Uhr, Eintritt 75 000 Rp inkl. einem Getränk.

Das **Blanco Renaissance Museum**, ☎ 0361-975502, 🖥 www.blancomuseum.com, befindet sich westlich des Puri Lukisan, oberhalb des Campuhan-Flusses in einem markanten, neoklassizistischen Kuppelbau mit hinduistischen Elementen. Auf 2 ha Land, die Antonio Blanco vom König von Ubud erhielt, wurde das Gebäude nach einem Entwurf des katalonischen „Dalí von Bali" höchstpersönlich errichtet und kurz nach seinem Tod 1999 eröffnet. Noch heute lebt die Familie des Malers hier. In dem von Gärten voller exotischer Vögel umgebenen und von goldenen Figuren gekrönten Museum ist die bildgewordene Faszination des Künstlers für die balinesische Frau zu bewundern. Blancos Begeisterung galt vor allem der berühmten Tänzerin Ni Rondji, seiner späteren Ehefrau. Die ausgestellten Aquarelle und skizzenhaften Porträts in kräftigen Farben bringen oft in nur wenigen Pinselstrichen die verborgene Schönheit der Modelle zum Ausdruck, die Antonio und später auch seinen Sohn Mario inspirierten. Der erfolgreiche und wohlhabende Künstler umgab sich gern mit den Reichen und Schönen dieser Welt. So ist er im Eingang zum Museum u. a. zusammen mit Michael Jackson auf einem Foto zu sehen. Ein kleines Amphitheater, ein Shop und ein Restaurant runden das Angebot ab. ⏱ 9–17 Uhr, Eintritt 50 000 Rp, Studenten 30 000 Rp.

Ein weiteres interessantes Kunstmuseum ist das von Suteja Neka aufgebaute **Neka Art Museum** an der Straße nach Kedewatan, etwa 2 km nördlich von Campuhan, ✆ 0361-975074, 🖥 www.museumneka.com. Die gesamte Bandbreite balinesischer Kunst ist in mehreren Häusern zu bestaunen. Neben Bildern balinesischer Maler (u. a. I Gusti Nyoman Lempad, Ida Bagus Made Nadera, Anak Agung Gde Sobrat sowie die Young Artists) hängen die Werke anderer indonesischer (u. a. Affandi und Widayat) sowie europäischer Künstler (u. a. Walter Spies, Rudolf Bonnet, Arie Smit, Theo Meier, Miguel Covarrubias, Han Snel und Antonio Blanco) aus, die einen Bezug zu Bali hatten. Die Werke sind mit erhellenden Erklärungen versehen, die die gegenseitige Beeinflussung westlicher und balinesischer Künstler erläutern. So wird etwa Spies' Einführung von Lichteffekten in die balinesische Kunst anschaulich dargestellt. Immer wiederkehrende Motive sind Weiblichkeit, der Generationenwechsel und das Landleben. Neuere Bilder behandeln zudem die Spannung zwischen Tourismus und ländlichen Traditionen, etwa die Werke von I Wayan Bendi. Die moderne abstrakte Kunst ist u. a. durch die Holzembryo-Skulpturen von I Made Supena vertreten.

Relativ jung ist die beachtliche Sammlung von *Keris*-Dolchen im Obergeschoss des Hauptgebäudes. Erläuterungen gehen auf die Klingenformen und Verzierungen der Prestigewaffe ein, ebenso wie auf deren rituellen Einsatz, das Mystische und Heilige an ihnen sowie die Kunst des Schmiedens. Ein Fotoarchiv im hinteren Bereich neben einem traditionellen Pavillon ermöglicht einen guten Einblick in das Bali der 1930er- und 1940er-Jahre. Zudem gibt es eine Halle mit wechselnden Ausstellungen. ⏱ 9–17 Uhr, Eintritt 50 000 Rp, Kinder bis 12 Jahre Eintritt frei.

Das Areal des 1996 eröffneten **ARMA – Agung Rai Museum of Art**, ✆ 0361-976659, 🖥 www.armabali.com, liegt südöstlich des Affenwaldes in Pengosekan. In dem weitläufigen und aufwendig in balinesischer Architektur gestalteten Komplex mit schönen Gärten sind

---

Wie die Künstler nach Ubud kamen

Bereits im 8. Jh. wurde die Region um Ubud als ein magischer Ort angesehen. In Campuhan, dort wo die beiden Flüsse Tukad Wos und Yeh Ayung zusammenfließen, spürte der hinduistische Priester Sri Markandeya auf seiner Reise durch Bali ein Zentrum von Licht, Energie und spiritueller Macht. Er erbaute den Tempel **Gunung Lebah** und verbreitete von hier aus die Lehren des Hinduismus. Das Tal wurde zu einer wichtigen Pilgerstätte und zum Mittelpunkt der spirituellen Heilung und Meditation auf der Insel. Hier konnte man Kraft schöpfen, den Göttern dienen und sich mit heiligem Wasser reinigen. Es ist daher wenig verwunderlich, dass sich in dieser Region die kunstvollsten Tänze als Darbietungen für die Götter entwickelten.

Viele Jahrhunderte später sandte der König von Klungkung seinen Sohn Agung Anom Wijayasunu nach Sukawati, um dort ein Zentrum der Macht und Kunstfertigkeit zu errichten. Die besten Bildhauer, Steinmetze, Holzschnitzer und Schmiede aus Klungkung und Mengwi kamen, um Anfang des 18. Jhs. den **Puri Sukawati** zu erbauen. Tänzer und Musiker strömten in den Palast, um die Künste zu praktizieren und voneinander zu lernen.

1927, weitere 200 Jahre später, lud der damalige Herrscher von Ubud, Tjokorde Gede Agung, den deutschen Maler **Walter Spies** ein, der von der Ortschaft so begeistert war, dass er blieb und in den 1930er-Jahren eine Menge schillernder Persönlichkeiten der westlichen Kunstszene anlockte. Sie und die Balinesen beeinflussten sich dabei immer wieder wechselseitig. Vor allem Walter Spies und **Rudolf Bonnet** malten und forschten hier einen großen Teil ihres Lebens. Der Rest ist Geschichte: Ubud wurde zu einer international anerkannten Drehscheibe der Malerei.

Die Studios der Künstler **Antonio Blanco** und **Han Snel**, die sich in den 1950er-Jahren hier niederließen und Ende des 20. Jhs. verstarben, können immer noch besucht werden.

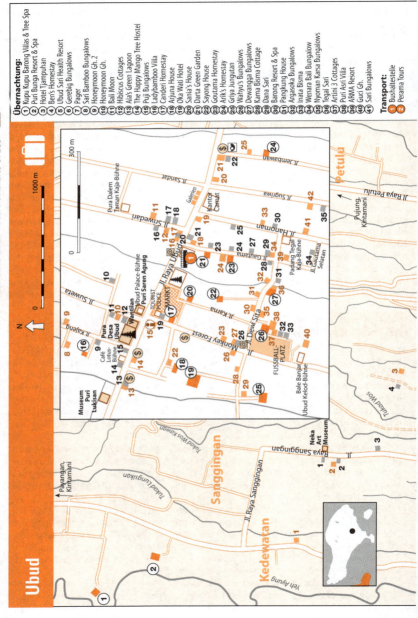

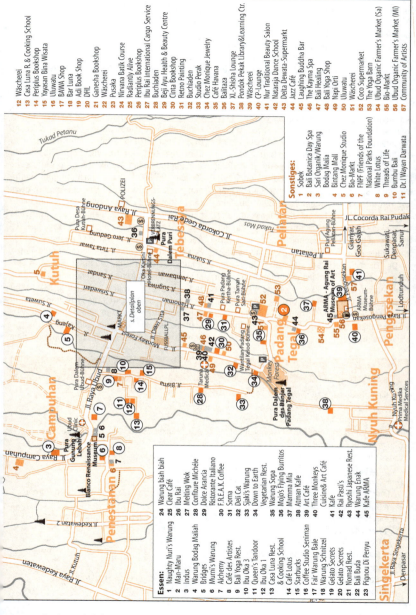

ZENTRAL-BALI Übersichtskarte S. 200

Essen:
1 Naughty Nuri's Warung
2 Man-Maru
3 Indus
4 Warung Bodag Maliah
5 Bridges
6 Murni's Warung
7 Alchemy
8 Café des Artistes
9 Bali Yoga Rest.
10 Ibu Oka 3
11 Queen's Tandoor
12 Ibu Oka 1
13 Casa Luna Rest. & Cooking School
14 Café Lotus
15 Starbucks
16 Coffee Studio Seniman
17 Fair Warung Bale
18 Warung Schnitzel
19 Gelato Secrets
20 Gelato Secrets
21 Nomad Rest.
22 Bali Buda
23 Pignou Di Penyu
24 Warung biah biah
25 Clear Café
26 Ibu Rai
27 Melting Wok
28 Confiture Michèle
29 Dolce Arancia
30 Ristorante Italiano F.R.E.A.K. Coffee
31 Soma
32 Deli Cat
33 Sjaki's Warung
34 Down to Earth Vegetarian Rest.
35 Warung Sopa
36 Mojo's Flying Burritos
37 Mamma Mia
38 Atman Kafe
39 Art Café
40 Three Monkeys Cuisine® Art Café
41 Kafe
42 Rai Pasti's
43 Ryoshi Japanese Rest.
44 Warung Enak
45 Kafe ARMA

12 Wäscherei
13 Casa Luna R. & Cooking School
14 Periplus Bookshop
15 Yayasan Bina Wisata
16 Uluwatu
17 BAWA Shop
18 Bar Luna
19 Adi Book Shop
20 DHL
21 Ganesha Bookshop
22 Wäscherei
23 Pusaka
24 Nirvana Batik Course
25 Radiantly Alive
26 Periplus Bookshop
27 Ibu Rai International Cargo Service
28 Burchladen
29 Beji Ayu Health & Beauty Centre
30 Cinta Bookshop
31 Retno Painting
32 Burchladen
33 Studio Perak
34 Chez Monique Jewelry
35 Café Havana
36 Balitaza
37 XL-Shisha Lounge
38 Pondok Pekak Library&Learning Ctr.
39 Wäscherei
40 CP-Lounge
41 Nur Traditional Beauty Salon
42 Nataraja Dance School
43 Delta Dewata-Supermarkt
44 Jazz Café
45 Laughing Buddha Bar
46 The Kayma Spa
47 Bali Healing
48 Bali Yoga Shop
49 Napi Orti
50 Uluwatu
51 Wäscherei
52 Coco Supermarket
53 The Yoga Barn
54 Ubud Organic Farmer's Market (Sa)
55 Bio-Markt
56 Ubud Organic Farmer's Market (MI)
57 Community of Artists

Sonstiges:
1 Sobek
2 Bali Botanica Day Spa
3 Sari Organik/Warung Bodag Maliah
4 Bintang Mall
5 Chez Monique Studio
6 Bio-Markt
7 FNPF (Friends of the National Parks Foundation)
8 White Lotus
9 Threads of Life
10 Bumbu Bali
11 Dr. I Wayan Darwata

www.stefan-loose.de/bali

UBUD | Cityplan 205

neben der permanenten Gemäldesammlung des Ehepaars Agung Rai auch Wanderausstellungen zu sehen. Das Spektrum reicht von klassischer *Kamasan*-Malerei auf Baumrinde und Werken des javanischen Künstlers Raden Salehs über Gemälde der Batuan-Gruppe aus den 1930er-Jahren bis hin zu den Werken von Walter Spies, Willem Dooijewaard und Rudolf Bonnet. Ferner werden Tanzaufführungen und Workshops veranstaltet. Zu den abendlichen Veranstaltungen verkehrt ein Shuttlebus vom Yayasan Bina Wisata (Ubud Tourist Office). ⏱ 9–18 Uhr, Eintritt 50 000 Rp inkl. eines Getränks im Café.

Die Künstlergruppe **Community of Artists**, ☎ 0361-975321, unter der Leitung von Dewa Nyoman Batuan, stellt seit den frühen 1970er-Jahren ihre Werke gegenüber dem Haupteingang des Kokokan Hotels in Pengosekan aus. Hier sind Gemälde mit Naturszenen in Pastelltönen und bemalte Holzschnitzereien zu bewundern, zudem werden Workshops angeboten.

Der Ortsteil **Peliatan**, südöstlich der Innenstadt, ist berühmt für seine guten Tänzer und von Pengosekan aus zu Fuß zu erreichen. Die erste *Tirta-Sari*-Tanzgruppe des Ortes ging schon in den 1950er-Jahren auf USA- und Europatournee. Holzschnitzer und Maler bieten in Läden ihre Produkte an.

Tanzaufführungen

Jeden Abend werden auf vielen Bühnen im Stadtgebiet, meist in oder vor einem Tempel, traditionelle Tänze aufgeführt. Ihr Besuch gehört zu den kulturellen Highlights und zum Pflichtprogramm eines jeden Ubud-Besuchers. Das Angebot ist vielseitig und die Karten werden bereits nachmittags auf der Straße, bei der Yayasan Bina Wisata (Ubud Tourist Information) oder über die Unterkünfte verkauft. Die Preise sind überall gleich – je nach Art der Aufführung 75 000–100 000 Rp. Die Darbietungen beginnen zwischen 19 und 20 Uhr und dauern etwa zwei Stunden. Zu den regelmäßigen Vorstellungen gehören anmutige *Legong*- und kraftvolle *Kecak*-Tänze sowie erzählerische *Wayang-Kulit*-Aufführungen. Zudem werden furchteinflößende *Barong*-, kriegerische *Kris*- sowie Trance-Tänze, *Ramayana*-Ballett und Gamelan-Konzerte veranstaltet. Hintergrundinformationen zu den Tänzen s. Kapitel Land und Leute ab S. 134. Leider liegen einige Veranstaltungsorte nahe an geschäftigen Hauptstraßen, sodass der rege Verkehr das stimmungsvolle Ambiente etwas trüben kann. Die aktuellen Termine sind auf dem

Die 13 wichtigsten Bühnen Ubuds und ihr Programm

Für die genaue Lage der Bühnen s. Karte S. 204/205.
ARMA Museum, Jl. Raya Pengosekan Ecke Jl. Pengosekan. Mo *Wayang Wong*, Di, Sa und So *Legong*, Mi *Topeng* und Fr *Barong* und *Kris*.
Bale Banjar Ubud Kelod, südlich des Fußballplatzes, Jl. Monkey Forest. Mo Frauentanz, Mi *Legong* und *Barong*, Do, Fr und So *Legong*.
Café Lotus (Ubud Wasserpalast), Jl. Raya Ubud. Mo *Joged*, Di *Legong*, Mi *Ramayana*-Ballett, Do *Barong* und Gamelan, Sa *Legong* und So *Janger*.
Oka Kartini Hotel, Jl. Raya Ubud, kurz vor der Jl. Sukma. Mi, Fr und So *Wayang Kulit*.
Padang Tegal Kaja, Jl. Hanoman Ecke Jl. Dewi Sita. Mi, Sa und So *Kecak*, Do *Legong* und *Barong*.
Pura Dalem Taman Kaja, Jl. Sriwedari. Mi und Sa *Kecak*.
Pura Dalem Ubud, Jl. Raya Ubud. Mo und Fr *Kecak*, Di *Legong*, Mi *Jegog* und Do *Barong* und *Kris*.
Pura Desa Kutuh, Jl. Jero Gedung. Di gemischte Tänze und Do *Legong*.
Pura Padang Kertha, Jl. Hanoman. Fr *Kecak*.
Pura Taman Sari, Jl. Hanoman. Di und Do *Kecak*.
Puri Agung Peliatan, Jl. Peliatan. Mo *Janger* und Sa *Legong*.
Ubud Palace, Jl. Raya Ubud. Mi–Mo *Legong*, Di *Ramayana*-Ballett, Mi und Fr *Barong*.
Wantilan Padang Tegal Kelod, Jl. Hanoman. Mo *Barong*- und *Kris*-Tänze.

Legong-Tanzunterricht

Zahlreiche Kulturzentren in Ubud bieten Besuchern die Möglichkeit, zuzuschauen, wie kleine Mädchen im *Legong*-Tanz unterrichtet werden. Schon im zarten Alter von vier bis fünf Jahren beginnen sie mit dem Training der graziösen Bewegungsabläufe, denn nur junge Mädchen bis zur einsetzenden Pubertät dürfen den *Legong* tanzen. Eine Ausnahme stellen die Tanzshows für Touristen dar. Einige Lehrer nehmen europäische Schülerinnen an. Aber selbst für erfahrene Tänzerinnen ist es schwer, in fortgeschrittenem Alter die vorgeschriebenen Körperhaltungen zu erlernen. Weitere Details zum *Legong*-Tanz S. 138.

beim Yayasan Bina Wisata (Ubud Tourist Office) erhältlichen Infoblatt *Schedule of Performances* abgedruckt. Zu außerhalb liegenden Veranstaltungsorten verkehren im Ticketpreis inbegriffene Minibusse.

Der Affenwald von Ubud

Eine der touristischen Hauptattraktionen ist der heilige Affenwald (Monkey Forest), 0361-972774, www.monkeyforestubud.com, im äußersten Süden der Jl. Monkey Forest. Der 10 ha große Wald wird von etwa 600 Makaken *(Macaca fascocilaris)* bevölkert, überwiegend Jungtiere, aber auch ältere Männchen, die bis zu 10 kg schwer werden und recht aggressiv reagieren können. Kommt man ohne Erdnüsse und andere Leckereien hierher, verhalten sich die Affen normalerweise friedlich. Dennoch gilt es Abstand zu wahren und Kameras, Brillen und andere lose am Körper baumelnde Gegenstände sicher zu verstauen, da sie sonst von den Affen geklaut werden könnten.

Es gibt 2 Eingänge jenseits vom großen Parkplatz und einen im Süden in Nyuh Kuning. Von der Jl. Monkey Forest kommend führen 50 m hinter der Kasse rechts Stufen in eine kleine Schlucht hinab und unter einem Banyan-Baum hindurch. Läuft man den Pfad am Fluss entlang, betritt man eine magische Welt. Das dichte Blätterdach der alten Bäume lässt nur ab und zu einige Sonnenstrahlen hindurch, sodass der dämmrige Ort von einer märchenhaften Atmosphäre erfüllt wird: Die Steine und Felsen sind von Moos bewachsen und die herabhängenden Wurzeln der heiligen Banyan-Bäume strecken sich Richtung Erde. Dazwischen tollen neugierige junge Affen herum und beobachten die Besucher, die älteren wiederum liegen faul auf den Felsen und Bäumen. Am Flussufer geht es deutlich ruhiger zu als am Eingang zum Affenwald, wo sich die Makaken lautstark um Bananen und Erdnüsse streiten.

Im Affenwald von Ubud gibt es drei heilige Tempel: Der wichtigste ist der Unterwelttempel **Pura Dalem** des Banjar Padang Tegal im Südwesten der Parkanlage, den einige bizarre *Rangda*-Statuen und die omnipräsenten Affen bewachen. Die beiden anderen heiligen Stätten sind der Badetempel auf der nordwestlichen Seite und der **Pura Prajapati** am östlichen Rand des Waldes. Ein kleiner Friedhof liegt auf einer Anhöhe westlich neben dem Haupteingang.
🕓 8–18 Uhr, Eintritt 30 000 Rp, Kinder 10 000 Rp.

Wer östlich vom Affenwald auf dem schmalen Motorradweg Richtung Süden wandert, kommt zum Dorf **Nyuh Kuning**, einer etwas verträumten Siedlung, in der Maler, Holzschnitzer sowie Korbflechter leben und sich Resorts sowie Zentren alternativer Heilmethoden angesiedelt haben.

Tempel und Palastanlagen

In der Jl. Raya Ubud befindet sich der Haupttempel, der **Pura Desa Ubud**, östlich daneben liegt der **Wantilan**. Der Ort dient der Dorfgemeinschaft als Treffpunkt. Er ist eine Art Aula, in der nicht nur Rituale, sondern auch andere wichtige Veranstaltungen stattfinden.

Auf der gegenüberliegenden Seite liegt der Palast der Adelsfamilie **Puri Saren Agung** (Ubud Palace). Ida Tjokorda Putu Kandel ließ ihn während seiner Herrschaft von 1800 bis 1823 erbauen. In den 1930er-Jahren fungierte der Palast unter dem damaligen König Tjokorde Gede Agung, der den Tourismus in Ubud stark förderte, zudem als erstes Hotel. Noch heute leben in den unzugänglichen Bereichen der Anlage die Nachkommen der damaligen Könige, in anderen Bereichen kann man tagsüber spazieren gehen.

Ökologische Lebensweisen

Ubud hat sich nicht nur zum Zentrum der Künste, sondern auch zum Zentrum ökologischer, naturverträglicher Lebensweisen entwickelt. Nirgendwo sonst auf Bali kann man seinen Urlaub so naturnah, gesund, aktiv und zugleich entspannt gestalten.

Es gibt viele Wege, die Schätze der Natur zu bestaunen und sich von ihnen verwöhnen zu lassen. Bei **Spaziergängen** in und um Ubud lässt sich immer wieder Neues entdecken und geführte Wanderungen und **Fahrradtouren** ermöglichen außergewöhnliche Einblicke in die Flora und Fauna. Zudem kann man interessante Ausflüge zu Öko-Bauernhöfen unternehmen. Warum nicht mal einen Kurs in Kräuterheilkunde besuchen, ein ökologisch angebautes Tomatenbeet umgraben oder in einem gemeinnützigen Projekt als Englischlehrer tätig werden? In Ubud bieten sich so viele Möglichkeiten, dass eine Auswahl schwerfällt.

Nach einem ereignisreichen Tag können sich Besucher auf perfekte Wellness-Erlebnisse freuen. In einem der vielen **Spas** wird man in Blüten gebadet oder verwöhnt die Haut mit feinstem Obst – ein betörendes Erlebnis für Körper und Geist! Freunde des **Yoga** kommen auf ihre Kosten und können in traumhafter Umgebung zu sich selbst finden.

Nach der körperlichen Entspannung warten Gaumenfreuden, die Ubud im Überfluss zu bieten hat. Die **Restaurants** bieten eine breite Auswahl exquisiter Küchen. Immer mehr legen Wert auf Bio-Gemüse aus der Umgebung und verzichten auf chemische Zusatzstoffe. Auch ist die Auswahl an Kräutergetränken, Gesundheitscocktails und puren Fruchtsäften nirgendwo sonst auf Bali so groß wie hier.

In Pengosekan findet mittwochs vor dem Kafe ARMA und samstags neben der Pizza Bagus von 9.30–14 Uhr ein kleiner **Bio-Markt**, 🖥 www.ubudorganicmarket.com, statt. Frisches Gemüse, Kräuter und Obst werden ebenso angeboten wie Gesundheits-Drinks, Marmeladen, Kakao, Honig, Medizin, Bio-Seifen und Literatur zu alternativen Lebensstilen. Ein weiterer Markt öffnet am Dienstagmorgen neben Alchemy in Penestanan.

ÜBERNACHTUNG

Es gibt Hunderte Hotels, Bungalowanlagen und Homestays im Ort und weit verstreut in den umliegenden Reisfeldern. Da es nachts abkühlt, ist eine AC nicht zwingend notwendig. Viele günstige Unterkünfte sind **Homestays**. Man wohnt im Haus der Familie oder einem angrenzenden Häuschen. Bleibt man ein paar Tage, können Rabatte ausgehandelt werden. Einige etablierte Homestays haben angebaut und den Standard von Mittelklassehotels erreicht, ohne dabei ihre familiäre Atmosphäre eingebüßt zu haben. Teurere **Bungalowanlagen** und **kleinere Hotels** haben oft ein Pool. Die meisten **Luxushotels** liegen westlich von Ubud am Rande der Yeh Ayung-Schlucht.

Weitere Übernachtungsmöglichkeiten s. **eXTra [4199]**.

Zwischen Jalan Monkey Forest und Jalan Hanoman
Untere Preisklasse
Argasoka Bungalows, Jl. Monkey Forest, ✆ 0361-970912, ⌨ www.argasokabungalows. weebly.com. In der weitläufigen, etwas chaotisch am Hang errichteten Anlage mit Pool schauen morgens die Affen aus dem benachbarten Monkey Forest vorbei. Die 14 älteren, hellen Zimmer bieten gute Schaumstoffmatratzen und riesige, halboffene Du/WC mit Warmwasser. Freundliches Personal. Frühstück und WLAN im Lobbybereich inkl. ❸–❹

Arjuna House, Gang Arjuna, ✆ 0857-3763 8002, ✉ arjunahousebungalows@gmail. com. In einem großen Hof mit nettem Garten gibt es eine breitgefächerte Auswahl an einfachen Zimmern mit Schaumstoffmatratzen und Du/WC, teils mit Veranda, Warmwasser und AC. Familiäre Atmosphäre. Frühstück und WLAN inkl. ❷

€ **Arik's Homestay**, Jl. Jembaran, ✆ 0859-3513 0832, ✉ adi_gitu00@yahoo.co.id. Die 10 einfachen Zimmer mit Schaumstoffmatratzen, Warmwasser-Du/WC und Veranda sind sauber und günstig, die teureren geräumig mit Kochnische. Frühstück und WLAN inkl. ❷–❸

Canderi Homestay, Jl. Monkey Forest, ✆ 0361-975054. Ibu Canderi war 1970 die erste in Ubud, die Rucksacktouristen eine Bleibe anbot. Auch heute ist die rüstige, liebenswerte Besitzerin noch in das Tagesgeschehen involviert und begrüßt Gäste gerne auf Deutsch. Die 5 Zimmer in der engen Anlage sind zwar etwas muffig, aber sauber, bieten ein super Preis-Leistungs-Verhältnis und ein großes Bad/WC.

Einzelzimmer für 100 000 Rp. WLAN im Restaurant. ❷–❸

Dana Sari, Jl. Hanoman 43, ✆ 0361-970539, ⌨ www.danasari.com. Die 2-stöckige Anlage abseits der Straße bietet 9 nette, saubere und helle, mit balinesischen Bildern dekorierte Zimmer mit Du oder Bad/WC und Blick auf die Reisfelder vor dem Haus. Frühstück und WLAN inkl. ❸–❹

Darta Green Garden, Jl. Gautama 6, ✆ 0361-970559, 0859-3508 2369. Die 13 einfachen und günstigen Zimmer liegen in Bungalows, die in einem gepflegten, langgezogenen Garten verteilt sind. Alle recht geräumig, mit Federkernmatratzen, Du/WC und Terrasse, teils Warmwasser. Familiäre Atmosphäre. Frühstück und WLAN inkl. ❷

Goutama Homestay, Jl. Gautama 14, ✆ 0361-970482, ✉ adiadnyana93@yahoo.com. In der ruhigen Anlage vermietet eine freundliche Familie 8 saubere Zimmer mit Himmelbett, Holzmöbeln, Fliesenboden, Terrasse und Warmwasser-Du oder Bad/WC. Schon etwas abgewohnt. Frühstück und WLAN inkl. ❷–❹

Griya Junqutan, Gang Beji Jungutan, ✆ 0361-975752, ⌨ www.griyajungutan.com. Freundliches Refugium unter belgischer Leitung. Die Anlage überzeugt mit einem von Palmen und Bananenstauden umringten Pool mit Hollywoodschaukel und 5 geräumigen, sauberen und luftigen Zimmern mit Warmwasser-Bad/WC, die teureren mit Flussblick, AC und bequemen Matratzen. Vom großen Balkon wunderschöne Aussicht auf den Fluss. ❸

Pangkung House, Jl. Hanoman 49, ✆ 0361-972301, ✉ pangkungbali@yahoo.co.id. In einem ruhigen Innenhof versteckt liegen 4 einladend mit traditionellen Designelementen gestaltete, helle und saubere Zimmer mit Balkon und Blick auf das Reisfeld nebenan sowie netten Sitzecken, bequemen Massivholzbetten mit Moskitonetz und Bad/WC. Frühstück und WLAN inkl. ❸–❹

Sania's House, Jl. Karna 7, ✆ 0361-975535, ✉ sania_house@yahoo.com. Die kleine, ansprechend im balinesischen Stil dekorierte Anlage mit süßem Pool bietet Wohnräume

ZENTRAL-BALI Übersichtskarte S. 200

in vielen Kategorien. Von einfachen, aber sauberen Zimmern mit Schaumstoffmatratzen bis hin zu palastartigen Räumen mit wunderschön geschnitzten Türen und thronartigen Sesseln ist alles dabei. Guter Service und kleine Bibliothek. Frühstück und WLAN inkl. ❸–❹

Sayong House, ruhige Seitengasse von der Jl. Dewi Sita, ☎ 0361-973305, ✉ sayongubud@yahoo.com. In der einladenden, älteren, recht eng bebauten Anlage mit einem hübschen kleinen Pool fühlt man sich schnell wohl. 10 saubere, gepflegte Zimmer, teils mit AC und Warmwasser. Nur die krähenden Hähne stören die Dorfidylle. Frühstück und WLAN inkl. ❷–❹

Wahyu's Bungalows, Jl. Dewi Sita, ☎ 0361-975308, ✉ wahyu.ubud@yahoo.co.id. Die familienfreundliche Anlage mit kleinem Pool und großen, kühlen, sauberen Zimmern mit Warmwasser-Bad/WC, teils AC und Terrasse oder Balkon liegt in einem grünen Garten. Die neuen Zimmer sind schlicht und modern und die alten balinesisch eingerichtet, aber leider etwas überteuert. Das Personal spricht wenig Englisch. Frühstück und WLAN im Restaurant mit Blick auf den Sportplatz inkl. ❸–❹

Mittlere Preisklasse

Dewangga Bungalows, Jl. Dewi Sita, ☎ 0361-973302, 🖳 www.dewanggaubud.com. Ältere, weitläufige, grüne und gepflegte Anlage mit Pool und sauberen und hellen Zimmern mit kleinem LCD-TV, Warmwasser-Du oder Bad/WC und AC. Vom Balkon der 2-stöckigen Bungalows hat man eine gute Aussicht auf den großen Garten. In der Hotelgalerie werden Werke von I Gusti Putu Suteja und seiner Frau ausgestellt. Spa, Parkplatz. Frühstück und WLAN inkl. ❹

Nyoman Karsa Bungalows, ☎ 0361-975743, 🖳 www.karsabungalow.com. In der freundlichen Anlage liegen die schicken, modern eingerichteten Zimmer in 2-stöckigen, etwas dicht beieinanderstehenden Häusern mit AC, TV, DVD-Player sowie Bad/WC. Vom schönen 2-stufigen Pool mit Sonnenschirmen und Liegen hat man einen tollen Blick auf die Reisfelder. Frühstück inkl. ❹

Oka Wati Hotel, Gang Beji Junjutan, ☎ 0361-973386, 🖳 www.okawatihotel.com. 1980 war Oka Wati die erste in Ubud, die komfortablere Zimmer an Touristen vermietete. In der schönen, luftigen und gepflegten Gartenanlage mit Pool liegen 12 balinesisch eingerichtete Zimmer mit AC und Kühlschrank, die nichts von ihrem Charme eingebüßt haben. Die teureren sind geräumig und mit Dusche und Badewanne sowie schönen Waschbecken ausgestattet. Reservierung empfehlenswert. Wasserflaschen auffüllen, gutes Frühstück mit hausgemachtem Jogurt und WLAN inkl. ❺–❼

Tegal Sari, Jl. Hanoman, ☎ 0361-973318, 🖳 www.tegalsari-ubud.com. Schmale, aber langgezogene, direkt in die Reisfelder hineingebaute Anlage mit 30 stilvollen, individuell und gemütlich eingerichteten und geräumigen Bungalows mit Du/WC und Badewanne, teils mit AC und Veranda mit tollem Blick auf die Reisfelder oder den Affenwald. Familienzimmer. Pool, Bibliothek und Restaurant, das Gerichte aus Bio-Zutaten serviert. Sehr freundliches Personal. ❸–❺

Wenara Bali Bungalow, Jl. Monkey Forest, ☎ 0361-977384, ✉ wenarabali@hotmail.com. Direkt neben dem Affenwald kann man in einfachen, aber sauberen und bequemen Zimmern mit Warmwasser und teils AC übernachten. Vom großen Balkon hat man wunderschöne Aussichten auf die Reisfelder und den plätschernden Fluss. Manchmal kann unverhoffter Affenbesuch aufkreuzen. Pool. Frühstück und WLAN im Pool- und Lobbybereich inkl. ❹

Obere Preisklasse

Barong Resort & Spa, Jl. Monkey Forest, ☎ 0361-971759, 🖳 www.barong-resort.com. Obwohl die kleine, gepflegte Anlage im Zentrum liegt, wohnt man sehr ruhig in 11 edlen Bungalows mit Privatgarten. Die komfortablen, komplett ausgestatteten Zimmer trumpfen mit in den Boden eingelassener Badewanne auf, sind aber überteuert. Villen mit Privatpool, zudem ein Pool in der Mitte der Anlage. Der Service ist etwas unaufmerksam, aber freundlich. Aktivitäten wie Trekking oder Ausflüge in die Umgebung, Frühstück und WLAN in der Lobby inkl. ❽

Jalan Bisma und Jalan Kajeng

Wer den Trubel hinter sich lassen und dennoch im Zentrum wohnen möchte, sollte hier suchen. Beide Straßen haben ihren eigenen Charme und bieten günstige, schön und ruhig gelegene Unterkünfte, die noch mit dem für Ubud typischen, unverbauten Blick auf die Reisfelder punkten können.

Untere Preisklasse

Ben's Homestay, zwischen Jl. Suweta und Jl. Kajeng, ☎ 0361-973388, 🖳 benshome staybali.com. Am Ende der Jl. Kajeng führt eine steile Treppe mitten in einen Bambuswald. Hier liegen 8 hell gefliese, geräumige und saubere Zimmer mit Warmwasser und Balkon, auf dem man den Gamelan- oder Grillkonzerten lauschen kann. Nette Betreiber. Frühstück und WLAN inkl. ❷–❸

Puji Bungalows, Jl. Bisma, ☎ 0361-971586, 0818-564722. Ein Pfad endet an den Bungalows mit 6 spartanischen Zimmern mit weichen Schaumstoffmatratzen und Warmwasser-Du/WC sowie 2 neueren, komfortableren Zimmern mit AC, TV und Kühlschrank. Während des Frühstücks auf der Terrasse kann man mit den Händen durch die Reispflanzen streichen. Nette, familiäre Atmosphäre. Frühstück und WLAN inkl. ❷–❹

€ The Happy Mango Tree Hostel, Jl. Bisma 27, ☎ 0878-6214 0206, 🖳 thehappymango tree.com. Neues, farbenfrohes Hostel unter holländischer Leitung mit 5 kreativ gestalteten, kleinen, sauberen und einfachen Zimmern mit Warmwasser-Bad/WC. Zudem 3 Schlafsäle mit jeweils 4 Matratzen in Doppelstockbetten à 70 000 Rp. Bunte Gemälde sorgen für eine freundliche Atmosphäre. Günstiges Frühstück im Restaurant. ❷

Mittlere Preisklasse

Honeymoon Gh., Jl. Bisma, ☎ 0361-973282, 🖳 www.casalunabali.com. In der großen, grünen Anlage mit Pool stehen die geräumigen, stilvoll mit dunklen Möbeln eingerichteten und gepflegten Bungalows, teils mit modernem Bad/WC, AC und farbenfrohen, zweiflügeligen Eingangstüren. Das freundliche Personal gibt Tipps für Wanderungen. Kochkurse im Casa Luna. Reservierung empfehlenswert. 50 m weiter nördlich zudem das Honeymoon Gh. 2 mit ähnlichen Zimmern und Pool. Frühstück und WLAN im Lobbybereich inkl. ❺–❻

Inata Bisma, Jl. Bisma, ☎ 0361-978442, 🖳 www.inatahotel.com. Neue, ruhig im noch wenig bebauten Süden der Bisma gelegene Unterkunft, die mit schönem Blick auf die Reisfelder, 2 Pools mit wenig Schatten und 22 modernen Zimmern überzeugen kann. Die teuren Zimmer sind geräumig und mit wertigen dunklen Massivholzmöbeln, LCD-TV und Bad/WC eingerichtet, günstigere mit Dusche. Angemessene Preise und freundlicher Service. Shuttleservice ins Zentrum, Frühstück und WLAN inkl. ❺–❼

Kama Bisma Cottage, Jl. Bisma, ☎ 0361-978065, 🖳 kamabismabali.com. Die neue, kleine, aber feine Unterkunft mit süßem Überlaufpool liegt in ruhiger Lage. Aus den 3 pieksauberen, komfortablen, geräumigen und geschmackvoll modern balinesisch gestalteten Zimmern mit großer, heller Fensterfront, AC und Balkon bietet sich ein toller (noch) unverbauter Blick auf die Reisfelder. Die Zimmer unten sind mit hübsch in Kieselsteinen gebetteter Steinbadewanne im Open-Air-Du/WC ausgestattet. Die junge, freundliche Besitzerin Meta umsorgt ihre Gäste nach allen Regeln der Kunst. Leckeres Frühstück, Nachmittagstee und WLAN inkl. ❺

Ladybamboo Villa, Jl. Kajeng 13C, ☎ 0361-970048, 🖳 www.ladybamboo.eu. Vom Hanseaten Lambert und seiner Frau Reki wird man nicht nur exzellent bekocht und unterhalten, sondern auch in die lokale Geschichte eingeführt oder in die Reisfelder entführt. Die 10 gepflegten, geräumigen, mit viel recyceltem Holz modern gestalteten und komfortablen Zimmer, teils mit AC, LCD-TV, DVD-Player, iPod-Anlage, edlem Marmorboden, privater Terrasse und Open-Air-Du/WC, liegen um den ruhigen tropischen Garten mit Pool und Restaurant. Die Gastgeber haben gute Tipps parat und bieten Kochkurse und Spabehandlungen an. 2 Nächte Mindestaufenthalt. Für 100 € können Gäste 3 Aktivitäten auswählen, z. B. Batur-Besteigungen, E-Bike-Touren und Kochkurse. Tee, Frühstück und WLAN inkl. ❻–❼

Reisfeldromantik im Dreierpack

Die 3 benachbarten Unterkünfte in der oberen Jl. Bisma bieten neben sauberen, liebevoll eingerichteten und komfortablen Zimmern wunderschöne Ausblicke auf die umliegenden saftig grünen Reisfelder. Anstatt Straßenlärm gibt es nachts Grillen-, Frosch- und *Tokee*-Konzerte (S. 84). Eine Reservierung ist empfehlenswert.

Ala's Green Lagoon, ☎ 0361-970476, ⌨ www.alagreenlagoon.com. Die Doppelstockbungalows sind im traditionellen balinesischen Stil mit wunderschön verzierten Holztüren gebaut und hübsch mit Himmelbett und Bad/WC, teils auch Kühlschrank, eingerichtet. Auch ein Einzelzimmer für 250 000 Rp. Vom erhöht gelegenen Pool schöne Sicht auf die Reisterrassen. WLAN und Frühstück inkl. ❸–❺

Bali Moon, ☎ 0361-978293, ⌨ balimoonguesthouse.com. Das kleine familiengeführte Gästehaus bietet optimale Voraussetzungen für einen entspannten Aufenthalt. Die 6 romantischen Zimmer überzeugen mit schweren balinesischen Holzmöbeln, einem großen, traditionellen Himmelbett und offenem Bad/WC. Die freundlichen Besitzer führen ihre Gäste gerne in die balinesische Kultur ein. WLAN und Frühstück inkl. ❹

Hibiscus Cottages, ☎ 0361-970475, ⌨ www.hibiscus-cottages.com. Die 10 Zimmer mit geräumigem Warmwasser-Bad/WC und Balkon oder Terrasse, teils auch mit AC, sind empfehlenswert. Von der Veranda des VIP-Zimmers kann man an klaren Tagen bis zum Strand von Sanur blicken. Auch Familienzimmer. Gerne bezieht die freundliche Familie Gäste in ihren Alltag mit ein. Die Santan-Pancakes und Gemüse-Omelettes, die man mit Obstsalat oder frischem Saft zum Frühstück serviert bekommt, sind mit die besten ganz Balis. WLAN, Kaffee, Tee und reichhaltiges Frühstück inkl. ❹–❺

Ubud Sari Health Resort, Jl. Kajeng 35, ☎ 0361-974393, ⌨ www.ubudsari.com. Wunderschön an der steilen Schlucht gelegene, dicht, aber dezent bebaute Anlage mit viel plätscherndem Wasser, kleinem Pool mit Jacuzzi und 19 komfortablen Zimmern mit Himmelbetten und hübschem Open-Air-Bad/WC, fast alle mit AC und die teuren mit riesiger Fensterfront. Die Zimmer mit Blick auf den still dahinfließenden Bach versprechen Beruhigung. Sauna, tgl. Ashiyana-Yoga (ab 7.30 Uhr) und Meditationen (ab 8.30 Uhr) für jeweils 75 000 Rp. Frühstück und WLAN in Lobby und Restaurant inkl. ❺–❻

Im Nordwesten von Ubud

In den Reisfeldern von Penestanan, weitab vom geschäftigen, rummeligen Treiben finden sich viele 2-stöckige Bungalows. Campuhan war in den 1930er-Jahren das Zentrum der modernen Malerei und bietet ebenfalls einige Übernachtungsmöglichkeiten. Weiter im Norden, in Kedewatan, liegen einige der luxuriösesten Hotelanlagen von Bali.

Mittlere Preisklasse

Gerebig Bungalows, Penestanan Kelod, ☎ 0361-974582, ⌨ www.gerebig.com. Die Anlage wird von Palmen begrenzt und ein kleiner Kanal plätschert durch den romantischen Garten mit einem kleinen Pool. Die 16 großen, gemütlichen, mit *Alang-Alang*-Gras gedeckten Bungalows haben 2 Schlafzimmer, Küche, Warmwasser-Du/WC und Terrassen, Buchtauschbörse. Reservierung empfehlenswert. Frühstück und WLAN inkl. ❹

Pager, ☎ 0361-975433, ✉ pager77@rocketmail. com. Unterhalb seines Ateliers kann bei einem Maler in teils 2-stöckigen Bungalows mit 1 bis 2 geräumigen, kühlen und sauberen Zimmern und extravaganten Bädern mit Steinbadewanne und Warmwasser übernachtet werden, teils mit Küche inkl. Kühlschrank und Wasserkocher. Die riesige Fensterfront beschert eine tolle Aussicht auf das Flusstal. Frühstück und WLAN im Restaurant inkl. ❸–❹

Puri Bunga Resort & Spa, Kedewatan, ☎ 0361-975488, ⌨ puribungahotel.com. Spektakulär an der Schlucht des Yeh Ayung gelegene Anlage, die deutlich günstiger ist als die benachbarten

Luxushotels. Im gepflegten Garten mit 2 Pools wohnt man zu einem vertretbaren Preis in 10 geräumigen und komfortablen Zimmern mit großen Himmelbetten und Fenstern, Wasserkocher sowie riesigen Bad/WC. Der Aufpreis für die teureren Zimmer lohnt sich. Kochkurse. Frühstücksbuffet, WLAN, Fahrräder sowie 2x tgl. Shuttlebus nach Ubud inkl. **❺**–**❻**

Sari Bamboo Bungalows, Jl. Penestanan, ✆ 0361-975547, ✉ sari_bamboo@hotmail.com. Etwas ältere Anlage mit kleinem Pool und sauberen, nett eingerichteten, 2-stöckigen, mit *Alang-Alang*-Gras gedeckten Bungalows mit Vorgarten, Küche, AC, guten Matratzen, Warmwasser-Du/WC und großen Terrassen mit Liegen. Vom Himmelbett im oberen Stockwerk hat man eine tolle Aussicht auf die Reisfelder. Freundliches Personal. Gutes Preis-Leistungs-Verhältnis. WLAN und Frühstück inkl. **❹**

Obere Preisklasse

Hotel Tjampuhan, Jl. Raya Tjampuhan, ✆ 0361-975368, 🖥 www.tjampuhan-bali.com. Das 1928 für die Gäste des Prinzen von Ubud am Hang erbaute Hotel hat etwas Staub angesetzt. Die hübsche Anlage liegt im engen Tal des Yeh Wos und beherbergt 69 geschmackvolle Zimmer mit dunklen Holzmöbeln, Wasserkocher und Warmwasser-Bad/WC, teils mit AC. Von 1928–1940 wohnte hier der Maler Walter Spies, der sich den Naturwasserpool bauen ließ. Originelles Spa und Restaurant. Transportservice ins Zentrum, Frühstück und WLAN im Restaurant und in der Lobby inkl. **❼**–**❽**

Kupu Kupu Barong Villas & Tree Spa, Kedewatan, ✆ 0361-975478, 🖥 www.kupubarong.com. Die exklusive, 3 ha große Villenanlage liegt ca. 15 Min. vom Zentrum entfernt an der Schlucht des Yeh Agung. Die 34 eleganten, top gepflegten Villen aus Holz und *Alang-Alang*-Gras sind mit separatem Wohnzimmer, Himmelbett, *Ikat*-Decken, einer riesigen Fensterfront und einer großen marmornen Sitzbadewanne luxuriös ausgestattet, teils mit Privatpool. Spa und Pool. Frühstück und WLAN inkl. **❽**

Im Südosten von Ubud

In Tebesaya und Peliatan bietet sich ein ländlicheres Bild, das an das Ubud vergan-

gener Tage erinnert. In den Nebenstraßen geht es weit weniger touristisch zu als weiter westlich und es gibt eine Reihe von günstigen, teils schmuddeligen Unterkünften. In- und ausländische Studenten sowie Kunstinteressierte bleiben gerne für längere Zeit in dieser Gegend.

Untere Preisklasse

Sari Bungalows, Peliatan, ✆ 0361-975541, ✉ ironkic@hotmail.com. Auf dem ausgedehnten Grundstück, umgeben von Kokospalmen, Bananenstauden und Reisbewässerungskanälen, liegen einfache und etwas schmuddelige, aber günstige Zimmer mit harten Matratzen und Du/WC. Fahrrad- und Motorradverleih. In der direkten Nachbarschaft weitere günstige Unterkünfte. Frühstück und WLAN inkl. **❶**

Mittlere Preisklasse

Artini 3 Cottages, Jl. Raya Pengosekan, ✆ 0361-974147, 🖥 www.artinicottage.com. Von Reisfeldern umgeben, ruhig gelegen und dennoch zentrumsnah wohnt man in der schönen Anlage um einen Pool in 16 älteren, gepflegten, sauberen, im traditionellen Stil gestalteten Bungalows und Zimmern mit LCD-TV, Holz- und Bambusinterieur, bequemen Matratzen, Veranda oder Balkon und Du/WC, teils AC. Nachts hört man nur die quakenden Frösche. Spa. WLAN im Restaurant und amerikanisches Frühstück inkl. **❺**–**❻**

Guci Gh., Jl. Raya Pengosekan, ✆ 0361-975975, 🖥 www.guci-bali.com. Der talentierte Maler Nyoman und seine deutsche Frau Ulli kümmern sich herzlich um ihre Gäste. In einem schönen Garten mit Kunstwerken stehen die älteren, aber sauberen und gepflegten Bungalows mit Veranda, Holzmöbeln und einladenden Himmelbetten sowie Open-Air-Du/WC mit Warmwasser. Zudem 2-stöckige Doppelbungalow-Hälften, die neben einem schön gestalteten, offenen Schlaf- und Wohnraum und wunderschönen Bädern auch eine komplett ausgestattete Küche bieten. Das freundliche Personal serviert ein tgl. wechselndes Frühstück. WLAN. **❸**–**❹**

ZENTRAL-BALI Übersichtskarte S. 200

www.stefan-loose.de/bali

UBUD ❘ Übernachtung **213**

Puri Asri Villa, Jl. Nyuh Bojog, ✆ 0361-972550, 🖥 www.puriasrivilla.com. Ruhig, abseits vom Touristentrubel wohnt es sich südlich vom Monkey Forest in der charmanten, älteren Anlage mit 2 hübschen Pools und 12 komfortablen Zimmern mit AC, Himmelbett, Veranda, Wasserkocher, Föhn und großen Open-Air-Bad/WC, teils LCD-TV. Die Zimmer im hinteren Bereich sind etwas moderner. 3x tgl. Shuttleservice ins Zentrum. Freundliches Personal. Nachmittagstee oder -kaffee, Frühstück und WLAN inkl. ❺–❼

Obere Preisklasse

ARMA Resort, Jl. Pengosekan, ✆ 0361-976659, 🖥 www.armabali.com. Die weitläufige Anlage im Grünen beiderseits des Baches hat durchaus etwas vom Charme alter Tempelanlagen. Die geschmackvollen Zimmer mit Bad sowie die luxuriösen Villen mit Privatpool und schicker Open-Air-Dusche sind höchst komfortabel. Es gibt freien Eintritt zum benachbarten ARMA – Agung Rai Museum of Art und ein großes Angebot an Kunstkursen. Fast tgl. finden Tanzvorstellungen statt. Museumseintritt, Frühstück und WLAN im Restaurant inkl. ❼–❽

ESSEN

Die Auswahl ist riesig groß. Neben vielen Lokalen, die ihre Speisen auf den Geschmack der Touristen abgestimmt haben, gibt es in Ubud zahlreiche erstklassige Restaurants, in denen fantastische Gerichte gezaubert werden. Keinesfalls entgehen lassen sollte man sich eine **Bali-Ente** *(Bebek Betutu)* zum Abendessen, auch wenn sie nicht ganz billig ist und einen Tag vorher bestellt werden muss. In traditioneller Art auf Reisstroh gegart, ist das zarte Fleisch ein Genuss.
Mehr Restauranttipps s. **eXTra [4213]**.

Amerikanisch

Mojo's Flying Burritos, Jl. Raya Ubud, gegenüber dem Pura Dalem, ✆ 0361-920 9422, ✉ mojosflyingburritos@gmail.com. Die Burrito-Schmiede bietet in Ubud ihre leckeren, selbst zusammenstellbaren Wraps, Tacos, Quesadillas, Nachos und Enchiladas ab 40 000 Rp in guter Qualität an. Lieferservice. ⏰ 10–22 Uhr.

 Naughty Nuri's Warung, Jl. Raya Sanggingan, ✆ 0361-977547, 🖥 www.naughtynurisbali.com. Rustikal und eng geht es in diesem sehr gut besuchten, seit 1995 bestehenden Warung zu. Hier sitzen viele US-amerikanische Stammgäste an einfachen Holztischen. Die schlagfertigen Bedienungen, ausnahmslos Frauen, servieren die besten Barbecue-Rippchen Balis für 90 000 Rp (natürlich Schwein!), die jeden Rupiah wert sind, leckere Hähnchenschenkel und riesige Burger. Zum Abend wird die Stimmung lustiger und gelöster. Großes Bintang für 38 000 Rp. Ein paar Häuser weiter südlich bietet der modernere Nacho Mama Grill mexikanische Speisen an. ⏰ 10–22 Uhr.

Asiatisch

Indus, Jl. Raya Sanggingan, ✆ 0361-977684, 🖥 www.casalunabali.com/indus-restaurant. In wunderschöner Lage im Tal mit toller Aussicht werden auf 2 Etagen, weitab vom Straßenlärm, exquisite und teure asiatische Gerichte zubereitet. Kleine Speisekarte. Sonntagsbrunch bis 15 Uhr, Mo Live-Latin-Musik und Fr Live-Jazz. ⏰ 9–23 Uhr.
Man-Maru, Jl. Raya Singgingan, ✆ 0361-972519. Das modern gestaltete Restaurant lockt mit südjapanischer Küche. Interessanterweise ist die Speisekarte mit Kalorienangaben versehen. Hauptgerichte ab 50 000 Rp. Transport innerhalb Ubuds und WLAN inkl. ⏰ 11–24 Uhr.
Queen's Tandoor, Jl. Suweta, ✆ 0361-977399, 🖥 bali.queenstandoor.com. Wer sich nach Spezialitäten vom indischen Subkontinent sehnt, findet sie im kleinen Restaurant hinter dem Pura Desa Ubud. Ähnlich wie in den anderen Filialen sind die Tandoori-Gerichte zu empfehlen. WLAN. ⏰ 10–22 Uhr.

Cafés und Eis

Bali Yoga Restaurant, Jl. Kajeng, ✆ 0361-971770. Das einfache, kleine Restaurant bietet ein vielfältiges, internationales Frühstücksangebot, darunter ein norwegisches Frühstück für 35 000 Rp und eine gute Saftauswahl. ⏲ 8–22 Uhr.

Casa Luna Restaurant & Cooking School, Jl. Bisma, ☎ 0361-977409, 🖥 www.casaluna bali.com. Im hinteren Bereich des luftigen, edlen Cafés stehen große Tische, an denen mit Blick auf den Fluss gespeist werden kann. Zudem ein AC-gekühlter Raum mit schönen Marmortischen. Neben den exzellenten Kuchen und einer guten Auswahl an Broten gibt es hier auch eine der besten Kochschulen in Ubud, S. 220. Hauptgerichte ab 60 000 Rp, Müsli 40 000 Rp.

Clear Café, Jl. Hanoman 8, ☎ 0361-889 4437, 🖥 www.clear-cafe-ubud.com. Das mit Holz-, Bambus- und Steinelementen modern gestaltete Café serviert zu entspannter Musik in lässig-kühlem Ambiente Frühstück, kleine Snacks, Sandwiches, Salate, Gesundheitsdrinks und Tees zu leicht gehobenen Preisen. Viele Bio-Zutaten, vegetarische und vegane Gerichte. Freundliche Bedienung. WLAN. ⏲ 8.30–23 Uhr.

🧳 **Coffee Studio Seniman**, Jl. Sriwedari, ☎ 0361-972085, 🖥 senimancoffee.com. Stylisches Design und wunderbar im Barista-Stil gebrauter, aber dennoch günstiger Kaffee aus der Hausrösterei zeichnen den kleinen kommunikativen Coffeeshop mit entspannter Atmosphäre aus. Frühstück, Kuchen und äußerst leckere Brownies. Barista-Workshops für 200 000–300 000 Rp. Schnelles WLAN. ⏲ 8–19 Uhr.

🧳 **F.R.E.A.K. Coffee**, Jl. Hanoman 19, ☎ 0361-898 7124, 0878-6042 3331, 🖥 freakcoffee.com. Von einem US-amerikanischen Kaffeeliebhaber für Kaffeeliebhaber ins Leben gerufener, minimalistisch gestalteter Laden, der neben Bio-Kaffee von der eigenen Plantage in Kintamani (F.R.E.A.K. steht für Fresh Roasted Enak (=lecker) Arabica from Kintamani) für 50 000 Rp pro 250 g auch vegane Eiscreme verkauft. ⏲ 8–20 Uhr.

🧳 **Gelato Secrets**, ☎ 0361-977899, 🖥 www.gelatosecrets.com. Das leckerste Eis in Ubud: Der kleine, empfehlenswerte Eisladen stellt seine 24 teils ausgefallenen Eissorten selbst her. Es werden nur frische Zutaten verwendet, was man auch

schmeckt. Auch wenn eine Kugel 20 000 Rp kostet, ist sie das Geld allemal wert. 2 Kugeln 35 000 Rp, viele Toppings. ⏲ 8–22.30 Uhr.

Three Monkeys Cuisine & Art Café, Jl. Monkey Forest, ☎ 0361-975554, 🖥 threemonkeys cafebali.com. Mit Blick auf die Reisfelder gibt es in dem ansprechend eingerichteten und lang gezogenen Lokal neben den typischen Gerichten auch ausgefallene Desserts wie einen Erdbeer-Minze-Salat mit Karamell oder eine belgische Schokoladentorte. WLAN. ⏲ 7.30–22.30 Uhr.

Europäisch

Café des Artistes, Jl. Bisma 9X, ☎ 0361-972706, 🖥 www.cafedesartistesbali.com. Gehobene belgische Küche in ansprechendem, ruhigem Ambiente mit exzellentem Service. Neben vorzüglichen Tenderloin-Steaks und belgischem Bier auch eine große Wein-, Zigarren- und Spirituosenauswahl. Hauptgerichte ab 50 000 Rp, auch asiatische Favoriten, Cocktails 80 000 Rp. Kunstausstellungen. Reservierung empfehlenswert. WLAN. ⏲ 11–24 Uhr.

Confiture Michèle, Jl. Gautama, ☎ 0852-3884 1684, 🖥 www.confituremichele.com. Kleine, hübsch in weiß gestaltete Crêperie der freundlichen französischen Besitzerin, die neben leckeren Crêpes für 15 000 Rp auch eine Armada an hausgemachten Marmeladen aus exotischen Früchten zum Verkauf anbietet. So gibt es Papaya-, Mango- oder Sirsakmarmelade für 38 000 Rp das Glas. Wayan veranstaltet amüsante indonesische Kochkurse. ⏲ 9–22 Uhr.

Deli Cat, Jl. Monkey Forest, hinter dem Sportplatz, ☎ 0361-971284. Das kleine, nette und ruhig gelegene Restaurant trumpft mit einer großen Auswahl an Sandwiches auf, die man sich mit Parma-Schinken, Salami oder Camembert belegen lassen kann. Zudem preisgünstige westliche Hauptgerichte, wie leckere Burger und eine Auswahl an Würstchen für 60 000 Rp. Empfehlenswert! Happy Hour 17–19 Uhr. WLAN. ⏲ 9–24 Uhr.

🧳 **Dolce Arancia Ristorante Italiano**, Jl. Gautama 17, ☎ 0361-780 2381, 🖥 www.dolcearancia.com. Unter der Leitung des temperamentvollen Chefs Stefano werden

www.stefan-loose.de/bali   UBUD | Essen   **215** in der offenen Küche auch ungewöhnliche, authentische italienische Speisen zubereitet. Kreative Hauptgerichte um 90 000 Rp, Pasta günstiger. Sehr freundlicher Service.

Pignou Di Penyu, Jl. Gautama 5, ☏ 0361-972577, ✉ pignoudipenyu@gmail.com. Ob Gratins, Filet Mignon, Froschschenkel, Hase oder Schnecken nach Monsieur Bruns Art – die indo-französische Betreiberin sorgt für authentische Gerichte, die zu französischen Weinen und leicht gehobenen Preisen genossen werden können. Auch asiatische Alternativen. WLAN. ⏰ 9–22 Uhr.

Mamma Mia, Jl. Hanoman 36, ☏ 0361-918 5056. Kleiner, netter Italiener mit günstigen Preisen, Steinofen und kreativer Gestaltung mit Holz und Korblampen. Pizzen und Pasta um 45 000 Rp. Lieferservice. ⏰ 8–22 Uhr.

Warung Schnitzel, Jl. Sriwedari 2, ☏ 0361-970744, 0821-4648 9727. Im kleinen, freundlichen Restaurant werden auf 3 Stockwerken echte, leckere Schnitzel- varianten ab 75 000 Rp serviert. Die Besitzerin Mara versteht ihr Handwerk und sorgt zusammen mit dem freundlichen Service für eine nette Atmosphäre. WLAN. ⏰ 12.30–23 Uhr.

Indonesisch

Ibu Oka 1 und Ibu Oka 3, Jl. Suweta und Jl. Tegal Sari, ☏ 0361-207 7490 und 0361-2765897. Hier gibt es das typisch balinesische, leckere Spanferkel *(Babi Guling)* – ein Muss für Freunde der deftigen Küche. Die Schweinerei aus Schwarte, Blutwurst, magerem und knusprig gebratenem Fleisch schlägt mit 45 000 Rp zu Buche. Im zur Mittagszeit sehr gut besuchten Warung geht es rustikal zu. Man teilt sich die Tische oder Plätze auf dem Boden und wird von rüstigen, schlagfertigen Damen bedient. Wer nicht leer ausgehen möchte, sollte möglichst vor 13.30 Uhr kommen. Weitere Filiale in der Jl. Raya Teges in Peliatan. ⏰ 11–15 Uhr.

Warung biah biah, Jl. Gautama 13, ☏ 0361-978249. Das einladende, von einem Japaner betriebene Restaurant ist der ideale Ort, um sich zu entspannter Musik durch die indonesische Küche zu schlemmen. In Schälchen aus Bananenblättern werden kleine, feine Portionen serviert, die nach Belieben kom-

biniert werden können. Günstig, lecker und beliebt. Auch vege-tarische Varianten. WLAN. ⏰ 11–23.30 Uhr.

Warung Enak, Jl. Pengosekan, ☏ 0361-972911, 🖥 www.warungenakbali.com. In durchmischtem Ambiente werden indonesische Gerichte aus Sumatra, Kalimantan, Sulawesi, Java, Lombok, Ambon, West-Papua und natürlich Bali serviert. Wer indonesisch Kochen lernen möchte, kann hier Kurse belegen. Abholung von Ubud inkl. ⏰ 8–23 Uhr.

Warung Sopa, Jl. Sugriwa. Vegetarische, indonesische Küche mit südjapanischem Einschlag. Dieses nette Restaurant serviert nicht einfach Standardgerichte, sondern z. B. Nasi Campur mit Linsencurry, Tofu-Falafel, Algen-Lumpia oder Samosas aus *Okara*, dem fettarmen und proteinreichen Nebenprodukt der Milchherstellung aus Soya. Lecker? *Hai!* WLAN.

International

Alchemy, Jl. Penestanan Kelod, ☏ 0361-971981, 🖥 www.alchemy bali.com. An der 4m langen, veganen Salatbar voll knackig-frischer, ausgefallener, auf der eigenen Farm in Jatiluwih geernteter und hausgemachter Zutaten können köstliche Salate selbst zusammengestellt werden. Große Portion für 42 000 Rp. Zudem leckere Sandwiches, Kaffee, Kuchen, Suppen, Smoothies und Säfte, bald auch vollwertige Hauptgerichte. Das einladend moderne, helle Lokal mit freundlichem Service ist zur Mittagszeit beliebt. Verkauf von Bioprodukten und holistische Klinik. WLAN. ⏰ 10–21 Uhr.

Art Café, Jl. Monkey Forest, ☏ 0361-970910. Das kleine, künstlerisch mit zahlreichen Spiegeln eingerichtete Café bietet eine breite Auswahl an Gerichten ab 40 000 Rp in entspannter, freundlicher Atmosphäre. Die Burritos und die Tiramisu sind lecker. Hinten ein netter kleiner Garten. Mo, Do und So ab 19.30 Uhr Livemusik. WLAN. ⏰ 8–23 Uhr.

Atman Kafe, Jl. Hanoman 38, ☏ 0361-862 0505, 🖥 www.facebook.com/AtmanKafe. Gemütliches, mit Bambus verkleidetes Restaurant, in dem man umgeben von Räucherstäbchenduft aus der breit gefächerten Speisekarte wählen kann, die von frischen Säften über Brownies und Kuchen bis hin zu Quesadillas reicht. Lieferservice. ⊕ 8–22 Uhr.

Bali Buda, Jl. Jembawan 1, gegenüber dem Postamt, ☎ 0361-976324, 🖥 www.balibuda.com. Angesagtes und entspanntes Restaurant, das außergewöhnliche vegane und vegetarische Speisen sowie leckere Gesundheits-Shakes anbietet. Auch Lasagne und Burger für Fleischliebhaber. Empfehlenswert sind die leckeren Kuchen. Hauptgerichte ab 39 000 Rp, auch Frühstück. Lieferservice. WLAN. ⊕ 7.30–22 Uhr.

Bridges, Jl. Raya Campuhan, ☎ 0361-970095, 🖥 www.bridgesbali.com. Das edle Gourmetrestaurant mit italienischem Küchenchef liegt fotogen an der Brücke über der Schlucht von Campuhan. In ansprechend gediegenem Ambiente wird gehobene Fusionsküche ab 130 000 Rp serviert. Die Karte ist überschaubar, aber alle Gerichte bestechen durch exzellente Qualität. Nichtraucherrestaurant. Zuvorkommender Service. Erstklassiger Weinkeller. Fr Weinprobe mit Canapés ab 16 Uhr und Do–Sa ab 18.45 Uhr 3-Gänge-Menüs, die gemeinsam mit 7 anderen Gästen eingenommen werden. ⊕ 11–23 Uhr.

Café Lotus, Jl. Raya Ubud, ☎ 0361-975660, 🖥 www.lotus-restaurants.com. An der Hauptstraße gelegenes, offenes Touristenrestaurant mit hübschem Lotusgarten und annehmbarem Essen. Auf der großen Bühne finden fast jeden Abend opulente Tanzaufführungen statt (Kasten S. 136). Dann gilt pro Tisch eine Mindestverköstigung von 175 000 Rp. ⊕ 8.30–22 Uhr.

Down to Earth, Jl. Gautama Selatan, ☎ 0361-783 5545, 🖥 www.downtoearthbali.com. Über dem großen Bioladen im Erdgeschoss des mexikanisch anmutenden Gebäudes wird im luftigen, offenen Restaurant zu esoterischer Musik leichte Kost wie knackige Salate, Gebäck und Suppen, aber auch Herzhafteres wie Falafel oder vegetarischer Burger serviert – alles lecker und zu fairen Preisen. Die Auswahl an Säften und Smoothies auf der überdimensionierten Speisekarte ist exzellent. WLAN. ⊕ 7–22 Uhr.

🌳 🏛 **Fair Warung Bale**, Jl. Sriwedari 6, ☎ 0361-975370. In kommunikativer, gemütlicher Atmosphäre werden im 2-stöckigen Restaurant leckere, große Portionen für 35 000–

75 000 Rp serviert. Auf der Speisekarte des bei jungen Leuten beliebten Restaurants stehen sowohl französische und balinesische Speisen als auch thailändische Currys, vegetarische Gerichte, Salate und Sandwiches. Gäste unterstützen mit einem Besuch die medizinische Versorgung der armen Landbevölkerung. Der Schweizer Besitzer Alex engagiert sich intensiv in der Fair Future Foundation und erklärt bei einem Plausch gerne die Initiativen. So rekrutiert sich das junge Personal aus sozial benachteiligten Jugendlichen, die hier lernen, wie man in der Gastronomie arbeitet. Sehr freundliches, wissbegieriges Personal. WLAN. ⊕ 9–23 Uhr.

🏛 **Ibu Rai**, Jl. Monkey Forest 72, ☎ 0361-973472, 🖥 www.iburai.com. In dem alteingesessenen und luftigen Restaurant werden neben leckeren Hauptspeisen, die sowohl westlich als auch balinesisch beeinflusst sind, thailändische Küche und frische Beerensäfte angeboten. Die Großgarnele auf Pasta mit Koriander und Basilikum-Pesto ist zu empfehlen. Wechselnde Wochenkarte und Auswahl an Cocktails. Angemessene Preise, Hauptgerichte ab 70 000 Rp. WLAN. ⊕ 9–22.30 Uhr.

🌳 **Kafe**, Jl. Hanoman 44B, ☎ 0361-780 3802, 🖥 www.balispirit.com. Immer gut besuchtes, kommunikatives Café und Restaurant mit Recyclingmöbeln. Große Kaffee- und Teeauswahl, Bio-Reis und -Gemüse, gesunde Obst- und Gemüsesäfte sowie Essen aus aller Welt und leckerer Sonntagsbrunch im Yoga Barn (S. 222). Mo ab 18 Uhr Dinner für 60 000 Rp. Auch Massagen, Kurse im Yoga Barn (S. 222) und Workshops. Hauptgerichte ab 40 000 Rp. WLAN von 7.30–11 und 15–17 Uhr, im 2. Stock ganztags. ⊕ 8–23 Uhr.

🏛 **Melting Wok**, Jl. Gautama 13, ☎ 0361-929 9716, 0821-5366 6087. Das kleine, beliebte Restaurant der freundlichen Französin Géraldine und ihres franko-laotischen Gatten Philippe bietet etwas Besonderes abseits feststehender Menüs. Tgl. kocht Philippe 2 exzellente Tagesgerichte, geschmacklich orientiert an den Küchen aus Réunion und Laos, sowie leckere Currys. Ein flott servierter, gut portionierter Teller kostet 30 000–60 000 Rp und ist um die Mittagszeit die ideale Alternative zu den teuren Restaurants. Reservierung am besten 2 Tage im Voraus. WLAN. ◷ außer Mo 10–22 Uhr.

Murni's Warung, an der Brücke nach Campuhan, ✆ 0361-975233, 🖥 www.murnis. com. Eines der ersten Restaurants in Ubud und eine Institution auf 5 Stockwerken mit fantastischer Aussicht. Gerichte ab 55 000 Rp, gute Kuchen und weniger empfehlenswerter Nasi Campur, Frühstück. Ab 19 Uhr kostenlose Abholung vom Hotel. WLAN. ◷ 9–22 Uhr.

Nomad Restaurant, Jl. Raya Ubud 35, ✆ 0361-977169, 🖥 www.nomad-bali.com. In dem luftigen Restaurant wird seit 1979 exzellente Fusionsküche mit Gemüse vom eigenen Bio-Bauernhof im Norden von Ubud serviert. Hausgemachte Pasta, Thunfisch-Steak oder Rinder-Kebab – schon beim Anblick der kreativ gezauberten Köstlichkeiten läuft einem das Wasser im Mund zusammen. Gerichte ab 40 000 Rp, Cocktails ab 50 000 Rp. Mi, Do und So ab 19 Uhr balinesische Livemusik. WLAN. ◷ 9.30–22 Uhr.

Rai Pasti's, Jl. Monkey Forest, ✆ 0361-973259. Das günstige Touristenlokal punktet vor allem mit Sitzplätzen direkt an den Reisfeldern und serviert preiswerte einheimische und internationale Gerichte, die den Geldbeutel schonen. Mittags wird Babi Guling von Ibu Oka verkauft. Salate ab 17 000 Rp, Pizzen um 40 000 Rp. WLAN. ◷ 9–22 Uhr.

🌳 **Sjaki's Warung**, Jl. Monkey Forest, hinter dem Sportplatz, ✆ 0813-5718 1122, 🖥 www.sjakitarius.nl. Das einfache, günstige Restaurant dient als Lernstätte für geistig behinderte Kinder und Jugendliche, die Kochen, Servieren sowie den Umgang mit Touristen lernen. Die gemeinnützige Organisation betreibt das Haus dahinter sowie ein weiteres in der Nähe von Singaraja. Hier lernen die Kinder spielerisch Selbstständigkeit und soziales Verhalten. Zudem ein kleiner Laden, in dem Souvenirs verkauft werden. Das löbliche Projekt kann mit einem Besuch im Restaurant, Mitarbeit, Sach- und Geldspenden unterstützt werden. ◷ 10–22 Uhr.

Soma, Jl. Dewi Sita, ✆ 0361-971120. Im liebevoll gestalteten, kleinen Restaurant werden indo-

nesische Speisen, Sandwiches und Snacks sowie vegane und vegetarische Frühstücksvarianten aus Bio-Produkten serviert. An den frisch gepressten Säften kommt man nicht vorbei. Große Auswahl an Teesorten, die mit anderen Bio-Produkten zum Verkauf angeboten werden. WLAN. ◷ 9–22, Sa und So bis 23 Uhr.

🌳 **Warung Bodag Maliah**, Subak Sok Wayah, ca. 1 km nördlich des Zentrums, ✆ 0361-780 1839, ✉ sari-organik@hotmail.com. Angeschlossen an den Bio-Bauernhof Sari Organik werden mitten in herrlich fotogener Reisfeldlandschaft in einem aus Holz und Bambus konstruierten Pavillon geschmackvolle asiatische, internationale und vegetarische Gerichte in überschaubaren Portionen ab 35 000 Rp serviert. Die Salate und ausgefallenen Saftkreationen erfreuen sich besonderer Beliebtheit. Bio-Gemüse und -Obst von eigenen Farmen. Abends viele Mücken. Filiale in Penestanan. ◷ 8–20 Uhr.

UNTERHALTUNG

Für Nachtschwärmer hat Ubud wenig zu bieten. Es gibt einige nette Orte, an denen man sich auf ein Bier oder einen Cocktail treffen kann, allerdings selten bis spät nachts.
Mehr Unterhaltungstipps s. **eXTra [4213]**.

Bar Luna, Jl. Gautama 2, ✆ 0361-971832, 🖥 www.casalunabali.com/bar-luna. In dem netten, mit Korbsesseln eingerichteten Café werden leckere vegetarische Gerichte und Tees angeboten. Hier treffen sich Literaten und Künstler. Di und Do findet ab 20 Uhr der Lit Club statt, bei dem die illustren Teilnehmer ihre Werke vortragen und zur Gitarre greifen. 2–6-stündige Food Tours ab 350 000 Rp. Happy Hour 17–19 Uhr. WLAN. ◷ 8–22.30 Uhr.

Café Havana, Jl. Dewi Sita, ✆ 0361-972973, 🖥 www.cafehavanabali.com. Die freundlichen Bedienungen und der kubanische Manager werden zu Tanzlehrern und fordern die Gäste auf, zu temperamentvoller Latino-Musik die Hüften zu schwingen. Essen in kleinen Portionen. Livemusik Do–Sa 19–22, Salsa-Tanzkurs Fr 18–19 Uhr. WLAN. ◷ 10–24 Uhr.

CP-Lounge, Jl. Monkey Forest, ✆ 0361-978954. Zentral unterhalb des Sportplatzes gelegen, gibt es in eher ungemütlichem AC-gekühltem

Ambiente drinnen und an recht eng zusammenstehenden weißen Tischen draußen pan-asiatische Küche, Cocktails und Longdrinks ab 50 000 Rp. Happy Hour 19–22 Uhr, Livebands ab 23 Uhr, Billardtisch. WLAN. ⏲ 21–1 Uhr.

Jazz Café, Jl. Sukma, ℰ 0361-976594, 🖵 www.jazzcafebali.com. Bei Livemusik und westlicher und asiatischer Küche kann man in gediegenem, ansprechendem Ambiente den Tag ausklingen lassen. Mo und So Jazz, Di Blues, Mi Latin, Do Karaoke und Fr Soul und Funk. Eintritt bei speziellen Events 100 000–200 000 Rp. ⏲ 17–24 Uhr.

Laughing Buddha Bar, Jl. Monkey Forest, ℰ 0361-970928, 🖵 laughingbuddhabali.com. Neben leckerem, recht hochpreisigem Essen, Tapas und potenten Cocktails gibt es in der kreativ gestalteten Bar tgl. ab 20 Uhr gute Livemusik. So und Mo Blues, Di Rock, Mi gemischt, Do Accoustic, Fr Events und Sa Salsa.

Napi Orti, Jl. Monkey Forest, ℰ 0361-970982. Im 1. Stock über einem Massagesalon gelegene, gemütliche Bar, in der man spätabends noch mit Bier und Pizzen versorgt wird. Außer Do und So tgl. Livemusik ab 21.30 Uhr. ⏲ abends.

XL-Shisha Lounge, Jl. Monkey Forest 129X, hinter dem Sportplatz, ℰ 0361-975751, 🖵 www.xlshishalounge.com. Bereits draußen kriecht der süßliche Duft der Wasserpfeifen in die Nase. Die Lounge im mediterran-orientalischen Stil bietet im Inneren mit gemütlichen Sofas viel Platz. Neben der zentralen Bar und abgetrennten Chill-Ecken ein Raum mit einer riesigen Leinwand, und auf der Sportereignisse übertragen werden. Shishas in 8 Geschmacksrichtungen 75 000 Rp, dazu einfache Gerichte, Cocktails, Weine und arabische Tees. WLAN. ⏲ 10–2 Uhr.

FESTE

Ubud Writers und Readers Festival, 🖵 www.ubudwritersfestival.com. Schon seit 2004 treffen sich Hunderte Schriftsteller, Dichter, Journalisten, Theatergruppen und ein breites Publikum aus aller Welt jährlich im Oktober für 5 Tage, um bei mehr als 80 Veranstaltungen in Cafés, Museen, Hotels und auf öffentlichen Plätzen ihre Arbeiten vorzustellen und gemeinsam kreativ zu sein. Ubud ist dann vollgepackt mit interessanten Menschen, die sich in

Lesungen, Workshops, Ausstellungen und Vorführungen mit aktuellen Themen auseinandersetzen.

Neben hochpreisigen Sonderveranstaltungen, die teils ein luxuriöses Buffet beinhalten, gibt es kostenlose Aufführungen und Buchvorstellungen, oft flankiert von Konzerten. Tageskarte für internationale Gäste für Hauptveranstaltungen 850 000 Rp, für Workshops 700 000 Rp. Das Programm sowie vergünstigte Early Bird Tickets gibt es in der Regel im Sommer auf der Website.

Im März findet alljährlich das **Bali Spirit Festival**, 🖵 www.balispiritfestival.com, statt, das 5 Tage lang zu Yoga, Meditation, esoterischem Tanz und Musik einlädt.

EINKAUFEN

Bücher

Adi Book Shop, Jl. Hanoman, Ecke Jl. Raya Ubud, und **Cinta Bookshop**, Jl. Dewi Sita. Kleine Buchläden mit einer guten Auswahl an gebrauchter Reiseliteratur und deutschen Büchern. ⏲ 9–20 Uhr.

Ganesha Bookshop, Jl. Raya Ubud, ℰ 0361-970320, 🖵 www.ganeshabooksbali.com. Der Buchladen war der erste in Ubud und führt neben neuen und antiquarischen Taschenbüchern aus allen Genres eine sehr gute Auswahl an Büchern über Bali und Indonesien. ⏲ 9–20 Uhr.

Periplus Bookshop, Jl. Raya Ubud 23, ℰ 0361-971803, 🖵 www.periplus.com. Eine der Ubud-Filialen der Kette liegt schräg gegenüber dem Puri Lukisan Museum. Große Auswahl an englischsprachigen Büchern und Zeitschriften, auch Wörterbücher, Karten und Atlanten. Filialen in der Jl. Monkey Forest und in Campuhan. ⏲ 8–22 Uhr.

Pondok Pekak Library & Learning Center, ℰ 0361-976194, ✉ librarypondok@yahoo.com. Die kleine Bibliothek wurde aufgebaut, um Kindern die Möglichkeit zu geben, nach Herzenslust zu schmökern. Besucher finden eine gute Auswahl englisch- und deutschsprachiger Bücher, die gemütlich vor Ort gelesen oder günstig ausgeliehen werden können. Buchspenden sind willkommen. Zudem Workshops (S. 221). ⏲ So–Fr 9–21, Sa 9–17 Uhr.

www.stefan-loose.de/bali

UBUD | Einkaufen **219**

Malerei

Entlang der Hauptstraße reiht sich eine Galerie an die nächste, die sowohl Gemälde im traditionellen Stil als auch modernere Richtungen anbieten. Die Qualität hat jedoch unter der Massenproduktion zu leiden. Wenn man Zeit hat, können Bilder wesentlich günstiger bei den Malern, die in den umliegenden Dörfern wohnen, gekauft werden. Abzuraten ist von Bustouren, die auf der Rundfahrt einen Halt in einer großen Kunstgalerie einlegen. Die Provision für die Touranbieter wird von den Käufern getragen, die kaum Zeit zum Handeln bekommen.

Retno Painting, Jl. Dewi Sita, ✆ 0812-398 5716, ✉ retnopainting@yahoo.com. Der Vater des Verkäufers malt schon seit Jahrzehnten hübsche, leicht abstrakte Landschafts- und Marktszenen mit Ölfarben. Die unverkennbar balinesischen Bilder werden in der Galerie für wenig Geld (200 000–500 000 Rp) bereits gerahmt verkauft. ⏲ 9–18 Uhr.

Supermärkte

In der **Jl. Monkey Forest**, **Jl. Hanoman** und **Jl. Raya Ubud** gibt es mehrere rund um die Uhr geöffnete Minimärkte mit einem breit gefächerten Angebot.

Bintang Mall, Jl. Raya Campuhan. Hier gibt es einen großen Supermarkt, einen Deli, ein Dim Sum sowie ein vietnamesisches Restaurant und zahlreiche Geldautomaten. ⏲ 9–22 Uhr.

Coco Supermarket, Jl. Raya Pengosekan. Riesiger, gut sortierter Supermarkt mit Importprodukten, Brot, Käse, Aufschnitt, Kleidung und Haushaltswaren. ⏲ 8–21 Uhr.

Delta Dewata-Supermarkt, im Osten von Ubud an der Hauptstraße nach Petulu. Preiswerter Supermarkt mit einem großen Angebot.

Textilien

Batikdecken, Tempelschals, Seidentücher und Sarongs in unterschiedlicher Qualität werden überall angeboten. Eine große Auswahl findet man auf dem zentralen Markt. In der südlichen Jl. Gautama verkaufen eine Reihe netter Boutiquen Schmuck, Dekorationsartikel und Textilien.

Pusaka, Jl. Monkey Forest 71, ✆ 0361-978619. Die hochwertigen, handgewebten, in natürlichen Farben gehaltenen Textilien werden auf Bali hergestellt, sind aber hochpreisig (ab 350 000 Rp). Freundliche Angestellte. Filiale in Seminyak.

Threads of Life, Jl. Kajeng 24, ✆ 0361-972187, 🖥 www.threadsoflife.com. 1998 rief eine kleine Gruppe von Webern die Fair Trade Initiative ins Leben, die heute mit über 1000 Webern und Weberinnen in mehr als 60 Kooperativen auf 11 indonesischen Inseln kooperiert. Es werden traditionelle Techniken aus Bali und von anderen Inseln des Archipels bewahrt, vorgeführt und gelehrt. Die hochwertigen, mit Naturfarben gefärbten Stoffe werden zu hohen Preisen verkauft. Außerdem 2-stündige Einführungen in die Webkunst für 75 000 Rp p. P. und ein historischer Überblick für 190 000 Rp p. P. (mind. 4 Teilnehmer); für größere Gruppen werden mehrtägige Touren angeboten. ⏲ 10–19 Uhr.

Uluwatu, Jl. Monkey Forest, ✆ 0361-977557, 🖥 www.uluwatu.co.id. Die eleganten Baumwollkleider der balinesischen Marke werden auch in Ubud verkauft. Ein Oberteil kostet ca. 500 000 Rp, Kleider sind deutlich teurer. ⏲ 8–21.30 Uhr.

AKTIVITÄTEN

Kochkurse

Bumbu Bali, Jl. Suweta, ✆ 0361-974217, 🖥 www.bumbubaliresto.com. Die Kochkurse für 300 000 Rp p. P. starten morgens um 9 Uhr mit einem Gang über den Markt und dauern bis nach dem Mittagessen. Es werden traditionelle, auf Wunsch vegetarische Gerichte gekocht. Reservierung 1 Tag im Voraus. ⏲ 8–23 Uhr.

Casa Luna Restaurant & Cooking School, Jl. Raya Ubud, ✆ 0361-977409, 🖥 www.casalunabali.com. Die Kochkurse werden an einer zentralen Kochstelle abgehalten. Die Kurse für 350 000 Rp p. P. finden Mo–Fr ab 9.30 Uhr im Honeymoon Guesthouse statt und führen in die Geheimnisse der balinesischen Küche ein. Di und Do geht es bereits um 8 Uhr vom Restaurant auf den Markt. So Nachmittag wird für 450 000 Rp p. P. eine Ente zubereitet.

Ladybamboo Villa, Jl. Kajeng 13C, ✆ 0361-970048, 🖥 www.ladybamboo.eu/essen/kochkurs. Die lebensfrohe Reiki führt mit viel Spaß auf Deutsch in ihre Kochkünste ein. Hausgäste und Teilnehmer von außerhalb können sich aus dem umfangreichen Rezepte-E-Book auf dem iPad ihre Favoriten aussuchen. Die nette Atmosphäre wird mit Sekt und Wein versüßt – ein langer, schöner Abend, um 40 €.

Paon Bali Cooking Classes, Laplapan, ✆ 0813-3793 9095, 🖥 www.paon-bali.com. Empfehlenswerte und gut strukturierte 3-stündige Kochkurse, die außerhalb von Ubud in ländlicher Umgebung stattfinden. Für 350 000 Rp p. P. werden in der offenen Küche 8 Gerichte gemeinsam zubereitet, alles gut und verständlich erklärt von Wayan und Paon. Die morgendlichen Kurse umfassen einen Markt- und Reisfeldbesuch. Beginn um 8 und 16 Uhr, Abholung vom Hotel inkl.

Warung Enak, Jl. Pengosekan, ✆ 0361-972911, 🖥 www.warungenakbali.com. Die Kochkurse fangen bei mindestens 2 Teilnehmern schon um 7 Uhr mit einem Besuch auf dem Markt an. Die 7 selbst gekochten Gerichte werden mittags genossen. Vegetarische Kochkurse auf Anfrage. Die Kurse finden Mo, Do und Sa statt, Preis ab 475 000 Rp p. P. Abholung innerhalb Ubuds inkl.

Kurse in balinesischen Künsten

ARMA – Agung Rai Museum of Art, ✆ 0361-976659, 🖥 www.armabali.com/museum/cultural-workshops. Das Museum bietet eine große Auswahl an Kursen zu Themen wie dem balinesischen Tanz, Hinduismus, Holzschnitzereien oder Astrologie an.

Chez Monique, Jl. Sriwedari 57, ✆ 0813-3845 4677, 🖥 www.chezmoniquejewelry.com. Die vielgelobten 2–3-stündigen Silberschmuckkurse kosten 400 000 Rp inkl. 10 g Silber. Freundliches, sachkundiges Personal und nette Atmosphäre. Zudem eine Schmuckboutique in der Jl. Dewi Sri.

Community of Artists, in Pengosekan, ✆ 0361-975321. Für 350 000 Rp wird man für 2 Std. in die balinesischen Tänze, das Gamelanspiel oder die Fertigung von Opfergaben eingeführt. Zudem geringfügig teurere Mal-, Architektur- und Religions- sowie vegetarische Kochkurse. Der Künstler I Dewa Putu Putrayasa Batuan, ✆ 0812-390 0436, hat sich in die Kunst und Philosophie des Mandala vertieft und gibt sein Wissen an Interessierte weiter. Abholservice aus Ubud inkl.

Museum Puri Lukisan, Jl. Raya Ubud, ✆ 0361-975136, 🖥 museumpurilukisan.com. Auch hier sind viele interessante Kurse im Angebot. 1 Std. Gamelan, Flötenspiel oder balinesischer Tanz für 125 000 Rp, Masken bemalen, Opfergaben- und Korbflechten für 300 000 Rp für 3 Std., ganztägige Kurse in der Malerei, Batik und Holzschnitzerei für 450 000 Rp, Wayang-Kulit für 500 000 Rp.

Nataraja Dance School, Jl. Sugriwa 20, ✆ 0819-9976 7608. Der ausgebildete Tänzer und Musiker Wayan Karta gibt individuellen Unterricht in balinesischem Tanz und Gamelan für 200 000 Rp für 90 Min. in dörflicher, familiärer Atmosphäre.

Nirvana Batik Course, Jl. Gautama 10, ✆ 0361-975415, 🖥 www.nirvanaku.com/batik.html. Hier werden Mo–Sa von 10–14 Uhr ein- bis mehrtägige Batikkurse ab 485 000 Rp pro Tag angeboten.

Pondok Pekak Library & Learning Center, ✆ 0361-976194, ✉ librarypondok@yahoo.com. Tanz- und Gamelan-Unterricht für 75 000 Rp pro Std., Kurse im Malen und Holzschnitzen für 200 000 Rp pro 3 Std., Opfergabenherstellung für 100 000 Rp pro 90 Min., Obstschnitzereien für 150 000 Rp pro 90 Min., Silberschmuckherstellung für 200 000 Rp pro 3 Std. inkl. 3 g Silber und Indonesischkurse für 150 000 Rp pro 90 Min. ⏰ Mo–Fr 9–21, Sa und So bis 17 Uhr.

Studio Perak, Jl. Hanoman, ✆ 0361-974244, 🖥 www.studioperak.com. Unter der Leitung von Ketut Darmawan wird auf traditionelle Art Schmuck hergestellt. Kurse Mo–Sa von 9–12 Uhr und in der Hochsaison auch von 14–17 Uhr. In der Gebühr von 350 000 Rp sind 5 g Silber inkl.

WS Art Studio, Jl. Raya Silungan (von Ubud kommend links), Lodtunduh, ✆ 0361-924 5833, 0821-4689 5330, 🖥 www.craftworkshop.bali.com. Die 3-stündigen, in kleinen Gruppen gehaltenen Kurse sind gut für Kinder geeignet. Es stehen u. a. Unterweisungen im Schmieden von Silberschmuck,

Schnitzen von Holzmasken oder -figuren, Batiken, Weben, in der Kunst der Steinmetze, dem Anfertigen von Opfergaben, Obst- und Bambusschnitzereien und Lontarschriften, in der traditionellen balinesischen Malerei oder im Tanz auf dem Programm. In der Gebühr von 250 000–350 000 Rp p. P. sind 5 g Silber bzw. alle Materialen enthalten, die verarbeitet werden. Voranmeldung erforderlich.

Rafting
Sobek, ✆ 0361-729016, 🖥 www.balisobek.com. Der etablierte Anbieter veranstaltet abenteuerliches Wildwasserrafting auf dem Yeh Ayung und dem Telaga Waja. Für alle Touren Abholservice aus Ubud inkl. Weitere Informationen s. Traveltipps S. 62.

Wellness
Die Insel Bali besitzt die höchste Spa-Dichte weltweit und Ubud ist das Zentrum der balinesischen Spas. Alle bieten neben Massagen Packungen, Maniküre, Pediküre, Gesichts-, Haar- und Handbehandlungen. Hier eine Auswahl:

Bali Botanica Day Spa, Jl. Raya Sanggingan, ✆ 0361-976739, 🖥 www.balibotanica.com. Etwas außerhalb an einem plätschernden Bach bietet das professionelle Spa 60-minütige Kräutermassagen für 150 000 Rp, 2-stündige Behandlungen mit Bädern für 195 000 Rp oder aufwendige 2 1/2-stündige ayurvedische *Chakra-Dhara*-Massagen für 495 000 Rp. Außerdem ein Friseur und 6-tägige Yoga-Retreats. Transport von und nach Ubud inkl. ⏰ 9–20 Uhr.

Bali Healing, Jl. Hanoman 43, ✆ 0361-791 1104. Hier wird eine Reihe von guten und preisgünstigen Behandlungen angeboten. Peelings, Reflexzonenmassagen und Massagen mit heißen Steinen pro Std. 75 000–125 000 Rp. ⏰ 10–21 Uhr.

Beji Ayu Health & Beauty Centre, Gang Beji Jungutan, ✆ 0361-970796, 🖥 www.bejiayu.com. Gäste können zwischen Ayurveda, balinesischer oder schwedischer Therapie sowie Hot-Stone-Massagen wählen, 30 Min. ab 66 000 Rp. Ganzkörperpeeling ab 110 000 Rp, Gesichtsbehandlungen ab 88 000 Rp. ⏰ 9–21 Uhr.

Nur Traditional Beauty Salon, Jl. Hanoman 28, neue Filiale am Fußweg zum Sari Organik (S. 228), ✆ 0361-975352, 🖥 nursalonubud.com. In dieser seit 1978 bestehenden Institution kann man sich bei einer Massage für 165 000 Rp, bei einem Körperpeeling mit indonesischen Kräutern *(Lulur)* oder in duftenden Blüten- oder Milchbädern erholen. ⏰ 9–21 Uhr.

The Kayma Spa, Jl. Monkey Forest, ✆ 0361-910 0017, 🖥 www.kaymaspa.com. Von der Hauptstraße zurückversetzt in einem schönen Garten gelegenes, elegantes Spa mit Blick auf ein Reisfeld. Alle Pflegeprodukte werden aus natürlichen Zutaten hergestellt. Eine 60-minütige balinesische Massage für 200 000 Rp, 90 Min. Shiatsu für 280 000 Rp und 2-stündige Körperpeelings für 290 000 Rp. ⏰ 9–21 Uhr.

Yoga
Bali Yoga Shop, Jl. Hanoman 44B, neben Kafe, ✆ 0361-973361, 🖥 www.balispirit.com. Hier gibt es die größte Auswahl an Yogaliteratur mit über 70 größtenteils aus Indien importierten Titeln sowie Yoga-Matten und Kleidung ⏰ 8–20 Uhr.

Radiantly Alive, Jl. Jembawan 3, ✆ 0361-978055, 🖥 www.radiantlyalive.com. Freunde der Entschleunigung kommen im schönen Yogastudio in den 5–8 bunt gemischten Kursen auf ihre Kosten. Beginn tgl. zwischen 7.30 und 18 Uhr. Ein Kurs 130 000 Rp, ein ganzer Tag nur 150 000 Rp.

The Yoga Barn, Jl. Raya Pengosekan, ✆ 0361-971236, 🖥 www.theyogabarn.com. In der idyllischen Anlage aus traditionellen Häusern starten tgl. von 7–20 Uhr Kurse in vielen Yoga-Stilen und Meditationsformen. 1 Kurs kostet 110 000 Rp, 3 Kurse 285 000 Rp, 5 Kurse 450 000 Rp und 30 Tage unlimitiert 2,4 Mio. Rp. Oft kommen Gastlehrer aus dem Ausland, viele Ausbildungsangebote und Workshops. Mo wird im Anschluss an ein leckeres Buffet ab 19.30 Uhr ein Film vorgeführt. Auf dem Gelände auch das nette, kommunikative Garden Kafe mit ayurvedischen Menüs. In der zum Yoga Barn führenden Gasse finden sich einige auf die Kundschaft ausgerichtete Unterkünfte. ⏰ 7–20 Uhr.

White Lotus, Jl. Kajeng 23, ☎ 0899-013 4962, 🖥 whitelotusyogameditation.wordpress.com. Die freundliche italienische Besitzerin Sandeh bietet in ihrem ruhigen Garten persönliche Yogakurse für bis zu 10 Pers. an. Zudem 2 liebevoll eingerichtete Zimmer mit Warmwasser-Du/WC, guten Matratzen und einer kleinen Aussichtsplattform. ❹

TOUREN

Eine Reihe von Veranstaltern bietet Ausflüge in die Umgebung. Tagestouren zum Besakih, nach Nord- oder Ost-Bali ab 150 000 Rp, Sonnenaufgangs-Trekking zum Vulkan Gunung Batur 400 000 Rp p. P.

Bali Bike Baik Tour, ☎ 0361-978052, 🖥 www.balibike.com. Die Touren führen mit dem Fahrrad durch Dörfer und Reisterrassen, vorbei an Kaffeeplantagen, Tempeln und dem Vulkan Batur. Tagestouren mit 2 1/2 Std. Fahrradfahren für 450 000 Rp p. P. inkl. Abholung, Frühstück, Mittagessen, Eintrittsgeldern und Erfrischungen sowie Unfallversicherung bis 35 000 €; Beginn tgl. um 8 Uhr.

Bali Birdwalks, Penestanan Kelod, Campuhan, ☎ 0361-975009, 🖥 www.balibirdwalk.com. Wohl niemand in Ubud weiß mehr über Vögel als Victor Manson. Auf den 3 1/2-stündigen Spaziergängen mit ihm oder der ebenso sachkundigen Sumadi erhält man viele Informationen über einheimische Vogelarten und den Reisanbau. Di und Fr–So um 9 Uhr ab Murni's Warung in Campuhan für US$37 inkl. Mittagessen. 10 % der Einnahmen kommen Vogelschutzprojekten zugute.

Bali Breeze Tours, ☎ 0361-877 8119, 0812-392 7449, 🖥 www.balibreezetours.com. Vielgelobte Tagestouren nach Kintamani mit Zwischenstopps an Tempeln, bei einer Kaffeeplantage und einer Holzschnitzwerkstatt. Neben einer Downhill-Fahrradtour Wanderung durch Reisfelder. Tagestour 350 000 Rp inkl. Frühstück und Mittagessen.

Bali Eco Cycling, ☎ 0361-975557, 🖥 baliecocycling.com. Spannende Fahrradtouren durch die Dörfer und Felder des Batur-Massivs und Zentral-Bali mit gutem Essen und informativen Zwischenstopps abseits ausgetretener Pfade. Preis 360 000 Rp inkl. Abholung, Verpflegung und Regenkleidung, Kinder unter 12 Jahren 250 000 Rp. Für Kleinkinder sind Kindersitze verfügbar. Auch Trekking-Touren im Angebot.

Herb Walks, ☎ 0812-381 6024, 🖥 www.baliherbalwalk.com. Auf einem 3-stündigen Spaziergang wird man in die Geheimnisse traditioneller balinesischer Heilpflanzen eingeweiht. Zudem Kurse zur Herstellung traditioneller Medizin und Körperpflegeprodukte. Preis 250 000 Rp.

Nomad's Organic Farm, Reservierungen einen Tag im Voraus im Restaurant oder bei Made, ☎ 0361-749115. Das gleichnamige Restaurant organisiert Halbtagestouren zum eigenen Bio-Bauernhof 40 km nördlich von Ubud. Mittagessen mit selbst geerntetem Salat inkl. Die individuell gestalteten Touren dauern etwa 6 Std. und umfassen je nach Wunsch auch einen Besuch des Gemüsemarktes in Bedugul. 250 000 Rp, Abholung vom Hotel inkl.

Perama Tours, Jl. Hanoman, ☎ 0361-974722. Meist etwas teurerer Anbieter, der aber immer zuverlässig arbeitet und auch Touren nach Lombok, Flores und Komodo veranstaltet.

Yayasan Bina Wisata (Ubud Tourist Information), Jl. Raya Ubud, ☎ 0361-973285. Die offizielle Touristeninformation bietet 9 preisgünstige Bustouren für 150 000–240 000 Rp p. P. in alle Teile Balis an. Im Preis sind weder Guide noch Eintrittspreise inbegriffen. Fast alle Touren beginnen um 9 Uhr und sind bis zum Sonnenuntergang wieder zurück in Ubud. ⏱ 9–20 Uhr.

SONSTIGES

Autovermietungen

Autos ohne Fahrer kosten pro Tag je nach Modell ab 130 000 Rp, Autos mit Fahrer ab 400 000 Rp pro Tag inkl. Benzin. Bei längerer Mietdauer ist Handeln möglich. Näheres zu Mietwagen S. 71.

Fahrrad- und Motorradvermietungen

Fahrräder und Mopeds sind überall im Zentrum und in den Unterkünften ab 20 000 Rp bzw. 50 000 Rp pro Tag zu mieten.

Informationen

Yayasan Bina Wisata (Ubud Tourist Information), Jl. Raya Ubud, ✆ 0361-973285. Die offizielle Touristeninformation ist ein guter Anlaufpunkt für Neuankömmlinge. Der kompetente Agung Budi Darma wartet mit guten Informationen auf, teils ist das Personal aber auch betont desinteressiert. Es gibt eine Karte von Ubud, eine Liste der kulturellen Aufführungen und den *Calender of Events*. Zum Angebot gehören ein Schwarzes Brett, Touren, Tickets für Tanzveranstaltungen, Zeitungen und Bücher. ⏰ 8–20 Uhr.

Eine attraktiv gestaltete englischsprachige Webseite mit aktuellen Informationen und Hintergrundberichten ist 🖥 ubudnowandthen.com.

Internet

Internetcafés verlangen ab 6000 Rp pro Std., am günstigsten sind sie in der Jl. Raya Ubud. Viele Cafés und Hotels bieten kostenlosen WLAN-Zugang.

Medizinische Hilfe

Dr. I. Wayan Darwata, Jl. Sriwedari 6, ✆ 0361-974691. Empfehlenswerter praktischer Arzt, der in Hawaii studiert hat und Englisch spricht. Er macht auch Hausbesuche. ⏰ außer So 17–20 Uhr.

Prima Medika Medical Services, Nyuh Kuning, ✆ 0361-972374, 🖥 www.primamedika.com. Privatklinik mit Hauptsitz in Denpasar und einem 24-Std.-Notdienst. Auch Röntgen, Krankentransport, zahnärztliche Behandlungen, Hausbesuche und Apotheke.

Ubud Clinic, Jl. Raya Campuhan 36, ✆ 0361-974911, 🖥 www.ubudclinic.baliklik.com. Zum Angebot des Hauses gehören neben 24-Std.-Notdienst auch ein Krankenwagen sowie ein zahnärztlicher Dienst und Labor.

Naturschutz

FNPF (Friends of the National Parks Foundation), Jl. Bisma 3, ✆ 0361-977978, 0828-9720 9633, 🖥 www.fnpf.org. In der balinesischen Zentrale der Naturschutzstiftung gibt es Informationen zu den vielfältigen Projekten. Neben einem erfolgreichen Vogelschutzgebiet auf Nusa Penida (S. 310) und einem Rehabilitationszentrum für Vögel sowie einem 5 km² großen Naturschutzgebiet am Gunung Batukaru werden Wiederaufforstungs- und Bildungsprojekte auf Bali und Kalimantan betreut. Die löbliche Organisation ist auf Freiwillige und Spenden angewiesen. ⏰ außer So 10–18 Uhr.

Polizei

Am Markt, an der Abzweigung der Jl. Monkey Forest, befindet sich ein Stand der Tourist Police. Zentrale in der Jl. Andong.

Post

POS Indonesia, Jl. Jembawan 1, ✆ 0361-975764. ⏰ Mo–Fr 9–17 und Sa bis 12 Uhr.

Speditionen

DHL, Jl. Raya Ubud 16, ✆ 0361-972195, 🖥 www.dhl.com. ⏰ Mo–Fr 9.30–17, Sa 9.30–12 Uhr.

FedEX, Jl. Raya Andong 30X, ✆ 0361-977575, ✉ rsantoso@rpxholding.com. ⏰ Mo–Fr 8.30–17, Sa 8.30–13 Uhr.

Ibu Rai International Cargo Service, Jl. Monkey Forest 72, ✆ 0361-975066, ✉ ibu_rai_cargo@yahoo.com.

TRANSPORT

Busse

Viele Reisebüros bieten weitaus schnelleren, komfortableren Bustransport an als die öffentlichen Minibusse.

AMED um 7.30, 11 und 11.30 Uhr für 135 000–140 000 Rp.

BEDUGUL um 11 und 11.30 Uhr für 75 000–95 000 Rp.

CANDI DASA um 7, 7.30, 8.30, 11, 11.30 und 15 Uhr für 50 000–60 000 Rp.

KINTAMANI um 11 und 11.30 Uhr für 100 000–110 000 Rp.

KUTA und FLUGHAFEN um 8.30, 9, 10.30, 12, 12.30, 15 und 18 Uhr für 50 000–60 000 Rp.

LOVINA um 11 und 11.30 Uhr für 125 000–140 000 Rp.

MUNDUK um 11 und 11.30 Uhr für 130 000–140 000 Rp.

NUSA LEMBONGAN um 7, 8.30 und 9 Uhr für 140 000–150 000 Rp, mit Schnellbooten um 7, 9 und 14.30 Uhr für 250 000 Rp.

PADANG BAI um 7, 7.30, 8.30, 11, 11.30 und 15 Uhr für 50 000–60 000 Rp.
SANUR um 8.30, 9, 10.30, 12, 12.30, 15 und 18 Uhr für 40 000–60 000 Rp.
TIRTAGANGGA um 7.30, 11 und 11.30 Uhr für 135 000–140 000 Rp.
TULAMBEN um 7.30, 11 und 11.30 Uhr für 135 000–140 000 Rp.

Nach Lombok:
GILIS (Lombok) um 7, 7.30, 8.30, 11 und 11.30 Uhr für 200 000–205 000 Rp, mit Schnellbooten um 7, 8.30 und 11.30 Uhr für 450 000–660 000 Rp.
KUTA (Lombok) um 7 Uhr für 200 000–250 000 Rp.
MATARAM um 7, 7.30, 8.30, 11 und 11.30 Uhr für 150 000–160 000 Rp.
SENGGIGI um 7, 7.30, 8.30, 11 und 11.30 Uhr für 150 000–160 000 Rp, mit Schnellbooten um 7, 8.30 und 11 Uhr für 450 000 Rp.

Minibusse

Kleine öffentliche Busse, die preisgünstig in andere Orte verkehren, fahren immer seltener östlich vom Markt von 5–14 Uhr sobald sie voll sind. Nachmittags wird es schwierig einen Bus zu erwischen.
Braune Minibusse verkehren in 1 Std. nach DENPASAR (Terminal Batubulan) für 10 000–15 000 Rp, Charter 60 000 Rp.
Wer nach Osten oder Norden will, fährt mit einem blauen, grünen oder orangenen Minibus nach GIANYAR für 5000–10 000 Rp, Charter 50 000 Rp, und steigt dort um.

Westlich von Ubud

Der Affenwald von Sangeh

Mitten in einem dichten, märchenhaften Wald liegt nördlich des Dorfes Sangeh und westlich der Hauptstraße nach Kintamani der **Affenwald Pura Bukit Sari** („Elixier des Berges"), ein moosbewachsener Tempel aus dem 17. Jh., errichtet von König Tjokorde Sakti Blambangan von Mengwi. Er diente als Meditationsort in Vollmondnächten. Bereits Charlie Chaplin besuchte ihn auf seiner Bali-Reise im Jahre 1932 und war von den zahllosen Makaken begeistert.

Am Eingang der magisch anmutenden, 14 ha großen Parkanlage wacht die riesige Statue des Gottes des Schlafes, Patung Kumbakarna, über das Gelände und leitet Besucher auf dem zentralen Weg Richtung Tempel. In den schlanken, bis zu 50 m hohen *Pala*-Bäumen *(Dipterocarpaceen)* und auf dem Tempel selbst, der leider nur von außen begutachtet werden kann, tummeln sich die Makaken, die nur darauf warten, dass jemand ein Päckchen Erdnüsse kauft. Jeder Besuchergruppe wird ein Führer zur Seite gestellt, der durch den Wald lotst und den richtigen Umgang mit den Affen zeigt. Ab und zu wird einer der 400 Makaken aggressiv oder versucht, die Besucher zu bestehlen. Sonnenbrillen oder andere lose Gegenstände sollten gut in der Handtasche oder dem Rucksack verstaut werden. Wer möchte, kann sich von einem Fotografen mit einem Affen ablichten lassen. Die Makaken werden dreimal täglich gefüttert. Die Führer zeigen Besuchern einen besonderen Baum, der einem Weg rechter Hand des Tempels folgend nahe der Straße steht und in seinem Stamm Verformungen aufweist, die abstrakt an die Geschlechtsorgane von sowohl Mann als auch Frau erinnern. Der Weg zurück zum Parkplatz ist von viel zu vielen Souvenirständen gesäumt.

7–18 Uhr, Eintritt 25 000 Rp, Parkgebühr 5000 Rp pro Auto, Führer erwarten eine kleine Spende, 0361-742 2740, www.bukit-sari-sangeh.com, eine knappe Stunde Autofahrt von Ubud entfernt. An einem Mittwoch, 14 Tage vor *Galungan*, feiert man hier das *Odalan*.

Der Hauptstraße 300 m weiter nach Norden folgend, bietet sich **Warung The Jati's**, 0361-742 2865, in den Reisfeldern für eine kleine einfache Mahlzeit an. Fischsorten wie *Gurame*, *Nila* oder *Lele* bestimmen die Speisekarte. Gerichte ab 12 000 Rp. 9–20 Uhr.

Petang

Hinter Sangeh steigt die Straße stetig an, die Reisterrassen gehen in Bambuswälder, Obst- und Nelkenplantagen oder Gemüsefelder über.

Rings um Ubud: Spaziergänge und Tagestouren

Ubud liegt sehr zentral, sodass ohne längere Anfahrtswege interessante Tagesausflüge über die Insel möglich sind. Reisebüros und Englisch sprechende Taxifahrer bieten individuelle Touren an und wissen, wo zur jeweiligen Zeit Feste gefeiert werden. Zudem können Fahrräder und Motorräder gemietet werden, die wegen stark befahrener, teils schmaler Straßen und Wege ungeübten Fahrern nicht zu empfehlen sind. Längere Fahrradtouren können wegen der starken Sonne und der vielen Steigungen in der hügeligen Landschaft recht schweißtreibend sein, sofern man kein E-Bike hat oder an einer Downhill Cycling Tour teilnimmt. Bei schönen Spaziergängen in die Umgebung ist noch etwas von Balis ursprünglichem Charme zu spüren.

Viele Straßen in Nord-Süd-Richtung sind relativ schmal und haben keine Seitenstreifen, sodass Spaziergänge vor allem entlang der verkehrsreichen Hauptstraßen keinen Spaß machen. Von Osten nach Westen schlängeln sich nur wenige schmale Pfade, zumeist Sackgassen, die höchstens von Motorrädern befahren werden können, und noch weniger Straßen durchqueren tief eingeschnittene Flusstäler, die von Brücken überspannt werden.

Kurze Spaziergänge durch die Umgebung

Jeden Morgen entladen zahlreiche Busse Tagesausflügler von den Stränden am zentralen Markt oder großen Parkplatz vor dem Monkey Forest. Sie bummeln zumeist die von Souvenirläden und Restaurants gesäumte Jl. Monkey Forest oder Jl. Hanuman entlang und über die Jl. Raya Ubud zum zentralen Palast Puri Saren Agung und dem Museum Puri Lukisan.

Vom Monkey Forest nach Norden

Als Alternative zu diesen verkehrsreichen Straßen bietet sich ein knapp halbstündiger Spaziergang über die **Jl. Bisma** an. Vom Monkey Forest (S. 207) kommend zweigt kurz hinter der Kurve von der Jl. Monkey Forest links ein schmaler Fußweg ab, der hinter der Brücke in eine unbefestigte Straße übergeht. Richtung Norden verläuft sie durch Reisfelder, die zunehmend mit kleinen Resorts und Homestays, Spas und Restaurants bebaut werden, bis hinauf auf **Jl. Raya Ubud**. Die abzweigenden Fußpfade enden im Hof kleiner Gästehäuser, an der Rezeption der Resorts oder in Reisfeldern.

Vom Monkey Forest nach Süden

Zwei Wege verlaufen Richtung Süden nach **Nyuh Kuning**. Wer vorhat, den Monkey Forest zu besuchen, kann anschließend den dritten Ausgang im Süden nehmen. Alternativ verläuft ein schmaler Motorradweg östlich am Monkey Forest entlang, der keinen Eintritt kostet und ebenfalls am südlichen Ausgang endet. Von dort kann man geruhsam die schnurgerade Dorfstraße von Nyuh Kuning entlangbummeln und vereinzelt Holzschnitzern bei der Arbeit zuschauen, bis im Süden die Hauptstraße erreicht ist. Nach links geht es durch ein Tal nach **Pengosekan** und dann auf einer belebten Straße Richtung Norden zum **ARMA** (S. 203), einem lohnenswerten Kulturzentrum. Wer einen Besuch des Monkey Forests, der ARMA-Parkanlage und des Museums in die Tour einbaut, benötigt etwa 4 Stunden.

Ein Rundgang durch Reisfelder

Im lauten, geschäftigen Zentrum von Ubud rings um den Markt erscheint es kaum vorstellbar, dass man in wenigen Minuten abseits der Straßen entlang schmaler Bewässerungskanäle durch ruhige Reisfelder spazieren kann, wo Bauern in den Feldern arbeiten und Enten auf Futtersuche über die Dämme der Reisterrassen watscheln. Der Zugang über eine schmale Gasse gleich östlich vom **Museum Puri Lukisan** (S. 202) ist leicht zu verfehlen und nicht für Motorräder geeignet. Sobald man hinter dem Museum die Treppe hinaufgestiegen ist, befindet man sich inmitten von Reisfeldern.

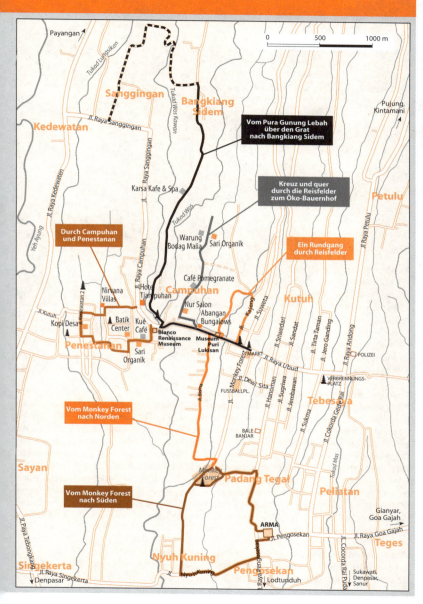

RINGS UM UBUD | Spaziergänge und Tagestouren

Nur wenige Minuten sind es zu Fuß vom geschäftigen Zentrum Ubuds in die saftig grünen Reisfelder.

Der befestigte Weg macht nach etwa 15 Minuten einen Bogen nach rechts und endet an einer Gabelung in der oberen **Jl. Kajeng**, einer recht ruhigen, netten Straße, auf der man nach einer knappen Stunde zurück zur Hauptstraße gelangt.

Kreuz und quer durch die Reisfelder zum Öko-Bauernhof

Ein weiterer Spaziergang führt zum **Sari Organik**, einem Bio-Bauernhof, und noch etwas weiter durch die Felder hinauf Richtung Norden. Der etwa 1 km lange Fußweg beginnt bei den Abangan Bungalows an der Jl. Raya Ubud und ist rechts, wo der Bewässerungskanal die Hauptstraße überbrückt, ausgeschildert. Vorbei an saftig grünen Feldern, einigen Gästehäusern und Cafés, wie dem **Cafe Pomegranate**, gelangt man zum Bio-Bauernhof Sari Organik, wo verschiedene Reissorten, darunter der traditionelle balinesische Reis, Kräuter, Obst und Gemüse angebaut werden. Im dazugehörigen, beliebten Öko-Restaurant **Warung Bodag Maliah**, ✆ 0361-972087, 🖳 www.sari-organik.com, werden die frisch geernteten Produkte auf balinesische wie westliche Art zubereitet. Besonders schön sitzt man auf der Terrasse mit Blick über die Reisfelder bei Sonnenuntergang. Wer sich auf dem Hinweg im **Nur Salon** (S. 222) anmeldet, kann den Spaziergang bei einer angenehmen Spa-Behandlung ausklingen lassen.

Vom Pura Gunung Lebah über den Grat nach Bangkiang Sidem

Auf der Hauptstraße geht es vom Markt 1,5 km in westlicher Richtung hinab zur Campuhan-Brücke, die eine tiefe Schlucht überspannt. Am Zusammenfluss *(= Campuhan)* des westlichen und östlichen

Wos-Flusses erheben sich im üppig-grünen, tiefen Tal die Tempeltürme des **Pura Gunung Lebah**, der der Reisgöttin Dewi Sri geweiht ist. Der mystische Tempel zählt zu den ältesten auf Bali: Seine Gründung geht auf den ostjavanischen Hindupriester Markandeya zurück, der im 8. Jh. lebte (S. 113), und feiert sein Odalan an einem Mittwoch, zehn Wochen vor Galungan.

Der Tempel ist über einen Weg, der etwa 50 m vor der Brücke abzweigt, zu erreichen sowie über eine steile Treppe, die direkt vor der Brücke ins Tal hinabführt. Nun folgt man dem schmalen Fußweg, der rechts vom Haupteingang zwischen Tempelmauer und Fluss aus dem Tal hinausführt.

Links liegt jenseits des Tals das **Hotel Tjampuhan**. Eines der Gebäude war in den 1930er-Jahren die Villa des Malers **Walter Spies** (S. 131). Oben auf dem Grat, der von den beiden tief eingeschnittenen Flusstälern begrenzt wird, kann man in aller Ruhe auf einem befestigten Fußweg entlangspazieren. Er mündet in eine schmale, kaum befahrene Stichstraße, die vereinzelt von kleinen Resorts und Kunstgalerien gesäumt ist. Nach einer halbstündigen Wanderung ist das **Karsa Kafe & Spa**, ✆ 0813-53392013, 🖥 www.karsaspa.com, erreicht. Hier zeigt sich die balinesische Reisterrassen-Landschaft in ihrer ganzen Schönheit. Etwa 1 km weiter im Norden biegt man hinter dem ruhigen Dorf Bangkiang Sidem links auf die Straße nach Payangan ab. Wer möchte, kann nun weitere 2 km hinab bis zur Hauptstraße nach Sanggingan wandern oder unterwegs ein Fahrzeug für die Rückfahrt nach Ubud anhalten.

Durch Campuhan und Penestanan

Von Campuhan aus gelangt man auf zwei Wegen nach **Penestanan**. Der erste, eine asphaltierte Straße, beginnt kurz hinter der Champuhan-Brücke am Blanco Renaissance Museum (S. 202), der zweite ein paar hundert Meter nördlich vom Hotel Tjampuhan (S. 213). Dort führt auf der gegenüberliegenden Straßenseite eine steile Treppe den Berg hinauf und geht dann in einen schmalen Fußweg über. Der schöne Spaziergang durch den ruhigen Ortsteil führt vorbei an Ferienhäusern und kleinen Hotels geradeaus in ein grünes Tal. Weiter geht es bei den Nirvana Villas nach links am Bach entlang über eine Brücke und eine Treppe hinauf nach Penestanan Kaya. Auf der Hauptstraße biegt man links hinab ins Dorf der **Young Artists**, die heute gar nicht mehr so jung sind.

Für einen erholsamen Zwischenstopp empfiehlt sich **Kopi Desa**, ✆ 0852-216 1109, 🖥 raciproject.org/project/kopidesa, ein luftiges Café, in dem ab 7 Uhr leckerer, selbst gerösteter Bio-Kaffee und Kuchen serviert wird. Kleine Schilder weisen den Weg nach Ubud. Auf der verkehrsreichen, schmalen Straße durchquert man ein Tal und folgt gleich danach rechts dem Hinweisschild zu den Whitney Bungalows. Nach einer Schleife auf einem schmalen Motorrad- und Fußweg an einem Bewässerungskanal entlang durch Penestanan Kelod und dann nach links erreicht man gegenüber vom Batik Center wieder die Straße, die kurz darauf vorbei an einer Filiale von Sari Organik und dem Kué Café hinab zur Champuhan-Brücke verläuft.

Tagestour ab Ubud

Richtung Nordosten zum Gunung Kawi und Pura Tirta Empul

Die vielseitige Tagestour führt durch das kleinstädtische **Peliatan** hinaus zum Höhlenheiligtum **Goa Gajah**. Nymphenbäder und alte Felsskulpturen vermitteln dem Besucher einen Eindruck von dem, was früher einmal war. Anschließend geht es über die Dörfer Galiang, Tarukan, Belusung und Sanding hinauf nach **Tampaksiring** zum Bergheiligtum **Gunung Kawi** und weiter zum schönen Wassertempel **Pura Tirta Empul**. Auf dem Rückweg nach Ubud über den Ort **Tegallalang** mit seinen wunderschönen Reisterrassenformationen kann noch ein letzter Halt in **Petulu** eingelegt werden. Am späten Nachmittag lassen sich die von den Feldern zurückkehrenden Reiher aus nächster Nähe beobachten. Für eine detaillierte Beschreibung der einzelnen Orte und Sehenswürdigkeiten s. Umgebung von Ubud ab S. 230.

Im kleinen Ort Petang, 10 km nördlich von Sangeh an der Hauptstraße gelegen, starten **Raftingtouren** auf dem Yeh Ayung. Es ist die älteste und beliebteste Rafting-Strecke der Insel, denn es herrschen nahezu ganzjährig gleichmäßige Strömungen und Wassermengen, und am Flussrand gibt es neben Wasserfällen und üppiger Vegetation auch Affen, seltene Vögel und Fledermäuse zu bestaunen – ein 300 m langer Streckenteil führt durch eine Höhle. Raftinganbieter S. 62.

Nung Nung

Der Hauptstraße weitere 10 km Richtung Norden folgend, erreicht man den in 900 m Höhe gelegenen Ort Nung Nung. Von hier kann man auf einer 2 km langen Wanderung durch die Reisterrassen zu einem wunderschön gelegenen, 50 m hohen **Wasserfall** gelangen. Um sich bis zu dem im dichten Bergwald verborgenen, nahezu unberührten Katarakt durchzukämpfen, muss man die steilen, teils rutschigen Treppen hinabsteigen. Unten angekommen werden Besucher mit einem fotogenen Naturschauspiel, frischer Luft und zwitschernden Vögeln belohnt.

Südlich von Ubud

Zahlreiche Reisebusse, Pkw und Motorräder drängen sich auf der schmalen Hauptstraße Richtung Denpasar. Obwohl man sich in einer dörflichen Gegend befindet, bleiben die Schönheiten der balinesischen Landschaft hinter den nahtlos ineinander übergehenden Siedlungen verborgen. Selbstfahrer können auf schmale Nebenstraßen ausweichen, wo sich das ursprüngliche Bali in seiner ganzen Pracht zeigt. Entlang der Hauptstraße haben sich klimatisierte Kunst- und Antiquitätengeschäfte mit englisch und deutsch sprechendem, geschultem Personal und Preisauszeichnungen in US$ angesiedelt.

Teges

Teges besteht aus den Dörfern **Teges Kanginan** im Osten und **Teges Kawan** im Westen. Kanginan ist berühmt für seine Tanzgruppen und

Orchester. Die Bewohner von Kawan haben sich hingegen auf **Holzschnitzereien** spezialisiert. Hier findet man geschnitzte Früchte, Pflanzen und Tiere so originalgetreu geformt und bemalt, dass sie wie echt wirken.

Mas

Südlich von Teges und 20 km nordöstlich von Denpasar liegt die Ortschaft Mas, das Dorf der Brahmanen. Viele Bewohner von Mas (das übersetzt Gold bedeutet) führen ihre Abstammung auf den Shiva-Priester und Religionserneuerer Danghyang Nirartha aus Java zurück. An dem Ort, in dem er im 16. Jh. gelebt haben soll, steht heute der große Tempel **Pura Taman Pule**. An *Kuningan* findet im Tempel ein gewaltiges, dreitägiges Fest mit Hahnenkämpfen, Tänzen, Theater, Jahrmarkt und Prozessionen statt. Dabei wird *Wayang Wong*, ein traditionelles Drama, aufgeführt, das hier seine Ursprünge haben soll.

Viele Männer im Ort arbeiten als Holzschnitzer an Masken und unbemalten Statuen. Schon kleine Kinder werden dafür angelernt. Die Hauptstraße ist gesäumt von Kunstgalerien, in denen **Holzschnitzereien** aller Art, aber auch Möbel verkauft werden.

Das empfehlenswerte, von Reisfeldern umgebene **Rudana Museum**, Jl. Cok Rai Pudak 44, ☎ 0361-975779, 🖵 www.therudana.org, vermittelt einen umfassenden Überblick über die hochwertige Kunst und Malerei auf Bali und in Indonesien. In dem großen, vierstöckigen, 1995 eröffneten Bau sind mehr als 400 Werke 82 einheimischer und ausländischer Künstler ausgestellt. Dabei finden sich alle Stilrichtungen wieder, von traditionellen Landschaften und Bildkalendern auf Textil über fotorealistische Porträts bis hin zu modernen Gemälden balinesischer Tänzerinnen und abstrakten Kunstwerken. Im Untergeschoss sind klassische, traditionelle balinesische und javanische Stücke ausgestellt, während sich das 1. und 2. Stockwerk Kunst moderneren Ursprungs widmet. Im 3. Stock finden sich Gemälde traditioneller Künstler aus Ubud und Umgebung, teils aus dem 19. Jh. In der Fine Art Gallery kann man Künstlern bei der Arbeit über die Schulter schauen oder gleich ein Gemälde kaufen. Auch Werke so bekannter Künstler wie Antonio Blanco, Affandi oder Rudolf Bonnet werden hier feilgeboten. ⏱ 9–17 Uhr, Eintritt 100 000 Rp inkl. gratis *Slendang* und Getränk.

Eine Übernachtungsmöglichkeit bieten die **Taman Harum Cottages** am südlichen Ortsende, ☎ 0361-975567, 🖥 www.tamanharumcottages.com. Hinter der Tantra Art Gallery versteckt sich die freundliche Bungalowanlage mit vielen Pflanzen, Wasserspielen und Pool inmitten der Reisfelder. Alle 17 Zimmer haben gute Matratzen, TV, Kühlschrank, Himmelbetten und Open-Air-Bad, teils sehr geräumig mit Balkon mit Blick über die Felder. Spa und Restaurant sowie gegenüber ein Supermarkt. Transport nach Ubud, Frühstück und WLAN inkl. ❺–❼

Sakah

Südlich von Mas gibt es zwei herrlich in der Natur gelegene Tempel, die einen Zwischenstopp wert sind:

Pura Yeh Tiba (auch *Pura Hyang Tiba*), ein alter Tempelkomplex, liegt ca. 1 km abseits der Hauptstraße südwestlich vom Dorf Sakah. Der Weg ist ab der großen Straßengabelung ausgeschildert. Es geht erst in westlicher Richtung über einen Fluss, dann links (Richtung Süden), beim Dorftempel rechts und nach 150 m wieder links. Eine Steininschrift trägt die Jahreszahl *Saka 1258* (1336 n. Chr.).

Pura Canggi liegt im Südosten und ist zu Fuß über idyllische Feldwege zu erreichen. Von der großen Straßengabelung folgt man der Hauptstraße Richtung Gianyar ca. 300 m, biegt rechts ab (Richtung Süden) und geht 500 m weiter geradeaus. Schon von weitem ist der riesige *Ganggahan*-Baum, ein Verwandter des *Waringin*, zu sehen. Auffallend ist die große Halle für Hahnenkämpfe *(Wantilan)*. Der Tempel scheint noch älter zu sein als Pura Yeh Tiba, denn hier stehen Steinskulpturen aus der *Pejeng*-Zeit.

In beiden Tempeln werden von Besuchern Spenden erwartet.

In Sakah gabelt sich die Hauptstraße. Richtung Osten gelangt man über **Kemenuh** und **Kutri** nach Gianyar. Von Kemenuh führt eine Abzweigung zum vom Palmen umsäumten Wasserfall Tegenungan (S. 236).

Sukawati

In der Gegend um Sukawati wird entlang der Hauptstraße viel Kunsthandwerk verkauft, vor allem bunt bemalte Holzschnitzereien, geflochtene Bambuskörbe, musikalische Windräder aus Bambus *(Pindakan)* und Tempelschirme sowie Zubehör für religiöse Zeremonien. An jedem Morgen findet im Ortszentrum ein großer **Obst- und Gemüsemarkt** statt.

Am großen Platz gegenüber liegt der **Pasar Seni**, ein Kunstmarkt, in einem modernen, zweistöckigen Gebäude. Hier kaufen selbst Händler aus Kuta günstig Schnitzereien und anderes Kunstgewerbe. Weil der Markt oft überfüllt ist, wurde in der Nähe der **Pasar Guwang** mit ähnlichem Angebot, aber größerem Parkplatz eröffnet.

Viele *Dalang* (Puppenspieler) kommen aus Sukawati, deren Spieler dafür bekannt sind, mit ihren *Wayang Kulit*-Figuren auf meisterliche Weise alte Epen zum Leben zu erwecken. In einigen Geschäften werden billige, hübsche Kopien der aus Büffelleder gearbeiteten Schattenspielfiguren verkauft.

Vom Pasar Seni führt ein 1,5 km langer Weg nach Westen ins Dorf **Puaya**, wo Masken und Schattenspielfiguren hergestellt werden. Mit etwas Verhandlungsgeschick kann hier preisgünstiger als in jedem Souvenirladen eingekauft werden. Die meisten Künstler haben keine Schilder an der Tür, sodass man sich durchfragen muss.

In der Gegend von Sukawati werden *Odalan*-Tempelfeste oft von einer besonders sehenswerten Zeremonie gekrönt. Es handelt sich um farbenfrohe Prozessionen junger Mädchen in bodenlangen Gewändern, die zu einer nahe gelegenen heiligen Quelle führen.

In Sukawati zweigt südlich des Marktes eine schmale Asphaltstraße nach Südosten zum **Pantai Purnama** ab, einem schwarzen Sandstrand ohne Schatten und Touristen, der einen schönen, alten Tempel, den **Pura Dalem Air Jeruk** ("Orangensafttempel"), und eine Garnelen-Zuchtstation beheimatet.

Celuk

Südwestlich von Sukawati liegt Celuk, das Dorf der **Gold- und Silberschmiede**: Hier reiht sich ein Laden an den anderen. Neben Gegenstän-

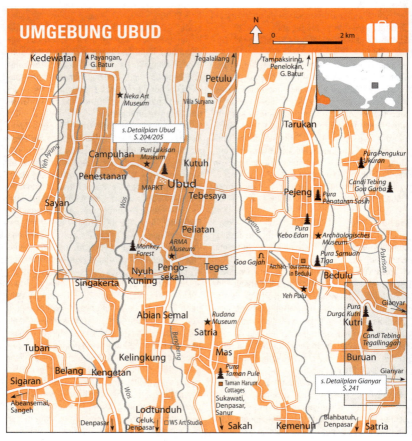

den für den religiösen Gebrauch wird hauptsächlich Silberschmuck (800er oder 925er) nach westlichem Geschmack angeboten. Die Kunsthandwerker fertigen auf Bestellung auch Stücke in jedem gewünschten Design *(made to order)* an. Ein Einkauf zwischen 10 und 11.30 Uhr sollte vermieden werden, dann sind die großen Reisebusse unterwegs und es ist schwer, die überhöhten Touristenpreise herunterzuhandeln.

Singapadu

Wer in Tegaltamu aus südlicher Richtung kommend nicht auf der Hauptstraße nach rechts abzweigt, sondern geradeaus auf einer schmalen Nebenstraße weiterfährt, gelangt in das für seine **Steinmetzarbeiten** bekannte Dorf Singapadu. Gut ausgeschildert ist die Zufahrtsstraße zum sehenswerten **Bali Bird Park**, 0361-299352, www.bali-bird-park.com, kurz vor dem Dorf. Neben spektakulären Kakadus, Paradies- und Nashornvögeln und einem Albino-Pfau sind auf dem nach geografischen Regionen angeordneten, 2 ha großen Gelände über 250 weitere Vogelarten, teils auch freifliegend, zu bewundern. Nicht umsonst brüstet sich der Park damit, die größte Sammlung indonesischer Vogelarten weltweit zu besitzen. Das große „Papua"-Freigehege mit einem nachgebauten Regenwald sowie die „Bird of Prey"- Show mit Eulen, Adlern und Falken (tgl. um 11.30 und 15 Uhr) sind die Hauptattraktionen. Der Park betreut ein erfolgreiches Brutprogramm für den Bali-Star. Das Restaurant serviert aus lokalen Zutaten ohne Glutamat hergestellte Gerichte und ungesüßte Saftkreationen, die alle Namen von Vögeln tragen, zu vernünftigen Preisen. ⏰ 9–17.30 Uhr, Eintritt US$26,50, Kinder US$13 inkl. Besuch im Reptilienpark gegenüber.

Nicht weit entfernt liegt der **Bali Zoo** *(Kebun Binatang Bali)*, Jl. Raya Singapadu, Sukawati, ✆ 0361-294357, 🖥 www.bali-zoo.com. Die vielen tropischen Tiere wie Tiger, Krokodile und Komodo-Warane können nicht nur in den Gehegen, sondern auch bei Fütterungen beobachtet werden. Auch bietet sich die fragwürdige Möglichkeit, Tiere zu streicheln und mit ihnen ein Erinnerungsfoto schießen zu lassen. Ein *Canopy-Walkway* führt in luftiger Höhe durch die Baumwipfel, Abenteuerlustige können im neuen Treewalk Adventure in den Baumwipfeln klettern, springen und gleiten oder auf Elefanten reiten. In den Stunden nach Sonnenuntergang werden Rundgänge angeboten, bei denen Guides die nachtaktiven Tiere des Zoos vorstellen und ein Kecak aufgeführt wird. ⏰ 9–18, Mi und So bis 21 Uhr, Eintritt US$24, Kinder US$12, inkl. Transfers, Fütterung, Show und Mittagessen US$47, Kinder US$34, Treewalk Adventure US$20, Kinder US$12, Elefantenritte ab US$65, Kinder ab US$47, Night at the Zoo US$72, Kinder US$50.

Kutri

Weiter Richtung Norden werden in den Dörfern **Kutri** und **Negari** in zahlreichen Werkstätten entlang der Straße Steinstatuen gefertigt. Die Auswahl ist groß und die Preise sind niedrig. Zudem kann man sich mit den **Bildhauern** unterhalten und ihnen bei der Arbeit über die Schulter schauen.

Batubulan

Der Ort ist das traditionelle **Zentrum der Bildhauer**, die ursprünglich nur für Tempel, heutzutage aber auch für Hotelanlagen und Restaurants kunstvolle steinerne Statuen und Reliefs aus dem porösen vulkanischen Paras-Stein herstellen. Diese Fertigkeit ist eine der wenigen Künste auf Bali, die sich nur schwer von der Souvenirindustrie verwerten lässt und daher noch ihren ursprünglichen Charakter erhalten hat. Dass der Handel an den Straßenständen dennoch floriert, beweisen die prächtigen Häuser dahinter.

Ein Meisterwerk der Bildhauerkunst ist der **Pura Puseh Batubulan**, 300 m östlich der Hauptstraße neben der *Sahadewa*-Bühne. Außer riesigen Elefanten stehen auch Buddha-Figuren in meditierender Haltung auf dem Tempelgelände.

Im **Sahadewa**, ✆ 0361-295264, 🖥 www.sahadewabali.com, wird täglich um 9.30 Uhr für mehrere hundert Touristen ein **Barong und Keris-Tanz** und um 18.30 Uhr der **Kecak-Tanz** aufgeführt. Die großen Touristenbusse legen für die morgendliche Show ihren ersten Stopp ein. Zufahrt von der Hauptstraße; am Clandy's Supermarket nach Süden abbiegen, nach 500 m liegt das Sahadewa auf der rechten Straßenseite.

Gumicik und Pantai Air Jeruk

Von Tohpati, ca. 1 km südlich von Batubulan, führt ein Abstecher über schmale Asphaltstraßen Richtung Osten zum dunklen Sandstrand von **Gumicik** (Pantai Ketewel). Etwas weiter östlich, am Strand **Pantai Air Jeruk**, findet man ein wenig Schatten unter Kokospalmen. Touristen verschlägt es nur selten hierher.

Östlich von Ubud

Goa Gajah

Goa Gajah, „die Elefantenhöhle", liegt etwa 2,5 km östlich von Ubud an der Straße nach Bedulu. Der Eingang zur Höhle ist mit seltsamen Skulpturen verziert, die in den Felsen gehauen sind. Eine verzerrte in Richtung Westen blickende Fratze scheint alle, die eintreten, mit ihrem riesigen Maul zu verschlucken. Es handelt sich dabei um die älteste auf Bali vorhandene Darstellung von Boma, dem Sohn des Gottes des Wassers Vishnu, und Ibu Pertiwi, der Mutter Erde. Die Skulpturen im Inneren lassen darauf schließen, dass die Höhle früher von einem Einsiedler bewohnt war. Es werden drei einfache schwarze Phallussymbole verehrt.

www.stefan-loose.de/bali

Ratna Banten

Ratna Banten, mit vollem Titel Raja Sri Aji Asura Bumi Banten, war offenbar ein Magier und Meister eines tantrischen Geheimkults. Durch ein Versehen bei magischen Experimenten soll sich der Kopf des Königs in einen Schweinskopf verwandelt haben. Das brachte ihm einen zweiten Namen ein: Raja Dalem Bedahulu (*beda* = verwandelt, *hulu* = Kopf). Eine etwas profanere Erklärung ist, dass er den Namen aufgrund seiner Dickköpfigkeit erhielt. Er weigerte sich nämlich vehement, sich Majapahit zu unterwerfen. Der Ort, an dem sein Palast stand, ist heute als **Bedulu** bekannt.

Der erste Minister des Königs, **Kbo Iwo**, verfügte wohl ebenfalls über große magische Kräfte. Als Riese, der in wenigen Nächten ganze Heiligtümer und Höhlen mit seinem Fingernagel aus dem Fels kratzte, ist er in den balinesischen Volksmythen bis heute lebendig. Kasten „Die Legende vom Batur-See", S. 288.

Vor der Höhle liegen Badeplätze mit Nymphen, die erst 1954 entdeckt wurden. Steigt man in die Schlucht hinab, findet man weitere Ruinen und einen schönen Wald, in dem überall kleine Steinfiguren stehen. Wenn gerade keine Busladung mit Touristen ankommt, ist Goa Gajah ein angenehm ruhiger und erholsamer Ort.

Eintritt 15 000 Rp, Kinder 7500 Rp, Parken für Autos 5000 Rp, für Motorräder 1000 Rp, Tempelschal *(Slendang)* inkl. Führer bieten ihre Dienste für 20 000 Rp an.

Bedulu

Ein kleiner Ort mit einer sehr bewegten Geschichte: In der Gegend um Pejeng und Bedulu wurde im 9. Jh. von der *Warmadewa*-Dynastie das erste bekannte hinduistische Königreich von Bali begründet. Nach einer Zeit der Abhängigkeit vom Kediri-Reich in Ost-Java erfreuten sich die nachfolgenden Könige der *Pejeng*-Dynastie vorübergehender Selbstständigkeit, die erst mit der Eroberung durch Majapahit 1343 ein Ende fand. Der letzte König von Bedulu/Pejeng, der den javanischen Heeren eine Zeit-

lang erbitterten Widerstand geleistet hatte, war **Ratna Banten**.

Da kein anderes Gebiet auf Bali so viele Altertümer aufweist wie die Gegend um Bedulu und Pejeng, war es naheliegend, hier das nur für Fans der Archäologie spannende **Archäologische Museum** (Museum Gedong Arca Purbakala), ☏ 0361-942354, zu errichten. Es liegt südlich vom Pura Penataran Sasih an der Ortsgrenze zwischen Pejeng und Bedulu. Das freundliche Personal zeigt gerne die Fundstücke aus der Steinzeit, der Bronzezeit (Steinsarkophage) und den ersten Jahrhunderten des Hinduismus auf Bali. ◷ 7–15 Uhr, Eintritt frei, eine kleine Spende wird erwartet.

Noch mehr Fundstücke sind verstreut in der Umgebung von Bedulu und Pejeng in vielen kleinen Tempeln untergebracht. Meist handelt es sich allerdings nur noch um Fragmente uralter Statuen. Sehenswert ist die große Bima-Statue, die von Büffeln und Dämonen flankiert wird, im **Pura Kebo Edan** („Tempel des verrückten Wasserbüffels"), nur 200 m nördlich des Museums. Die Statue ist ein Relikt des geheimen, tantrischen *Bhairava-Shiva*-Kultes, zu dessen Ritualen orgiastische Blutopfer gehörten.

Auch das Felsrelief **Yeh Pulu** im Süden von Bedulu ist einen Besuch wert. Ein Schild an der Hauptstraße weist den Weg. Inmitten von Reisfeldern erstreckt sich an einer niedrigen Felswand ein aufwendiges, 27 m langes und bis zu 2 m hohes Relief, das hauptsächlich lebendige Szenen aus dem Arbeitsalltag in Lebensgröße zeigt. Dazwischen finden sich kleine Nischen, die Meditationszwecken dienten. Bedeutung und Alter der Anlage sind ein bisher ungelöstes Rätsel: Man vermutet, dass Yeh Pulu Krishna gewidmet wurde, zu einer Eremitenklause gehörte und etwa im 14. Jh. entstand. Ganz in der Nähe liegt das kleine, angenehme **Yeh Pulu Café**, ☏ 0812-366 0278, 🖥 www.yehpulu2.com, von Kadek sowie die Holzschnitzerei ihres Mannes Ketut, der auch einfache Trekkingtouren anbietet. Die Zutaten für die leckeren Gerichte und Säfte kommen aus der direkten Nachbarschaft und lassen sich neben dem Lotusteich in aller Ruhe genießen.

Bedulu erreicht man von Ubud mit dem orangefarbenen Angkot Richtung Gianyar für 5000 Rp.

Balinesisches Dorfleben und Geschichte hautnah erleben

Eine eigene Form von gemeinschaftsbasiertem Tourismus ist der **Archäo-Tourismus** in Bedulu, nahe der Tempelhöhle Goa Gajah. Wer tief in die faszinierende Frühgeschichte der Insel und die Anfänge des balinesischen Hinduismus eintauchen möchte, sollte sich zwei bis drei Tage Zeit nehmen, um dabei die archäologischen Funde und das Leben in einem traditionellen balinesischen Dorf kennenzulernen. Meldet man sich drei Tage vorher telefonisch unter ✆ 0361-955490 oder bei Agung ✆ 0812-464 3896, an, wird ein individuelles Programm zusammengestellt, das je nach Interesse Kochkurse, Tänze, traditionelle Spiele oder Spaziergänge zu den archäologischen Überresten der Herrscher von Bedulu beinhaltet – alles unter kompetenter Leitung von Agung, selbst ein bekannter Archäologe mit Wohnsitz im Tempel von Bedulu. Übernachtet wird in einfachen, aber sauberen Zimmern mit Kaltwasser-Du/WC im Tempelkomplex oder direkt bei Familien. Frühstück und sämtliche Aktivitäten sind im Preis eingeschlossen. Jeglicher Profit kommt dem Dorf zugute. Preis pro Tag 350 000 Rp, von denen 200 000 Rp direkt an die Dorfbewohner gehen.

Pejeng

In Pejeng direkt nördlich von Bedulu kann im **Pura Penataran Sasih** die größte Bronzetrommel der Welt besichtigt werden. Der „Mond von Pejeng" ist eine wundervoll ausgearbeitete Kesseltrommel, die über und über mit dekorativen Ornamenten bedeckt ist. Sie hängt allerdings oben in einem Turm und ist daher relativ schlecht zu sehen.

Außerdem enthalten verschiedene offene Bauten antike steinerne Figuren, so z. B. eine Brahma-Shiva-Statue, einen Stein mit *Kawi*-Inschrift und andere Statuen aus dem 14. Jh., die bei Ausgrabungen auf dem Tempelgelände gefunden wurden. Die erneuerten Tempelbauten an sich sind nicht von besonderem Interesse. Kein Eintritt, doch es wird eine Spende erwartet. ⏱ 9–17 Uhr.

Nicht weit nördlich vom Pura Penataran Sasih führt beim Pura Pengukur Ukuran ein lohnender Abstecher hinunter in eine Schlucht zu einem alten, kleinen Felsheiligtum mit Höhlen, Quellen und Badeplatz namens **Candi Tebing Goa Garba**.

Der „Mond von Pejeng"

Obwohl der „Mond von Pejeng", ein Juwel der Bronzegießerei, typisch indonesische Stilelemente zeigt, ist seine Herkunft bis heute ungeklärt. Man datiert die Trommel auf das 3. Jh. v. Chr. und sieht in ihr ein wichtiges Zeugnis der Verbreitung der Dong-Son-Kultur.

Wegen einer ungewöhnlichen Fülle und Vielfalt von Funden bei dem kleinen nordvietnamesischen Dorf Dong-Son vermutet man hier die Wiege der südostasiatischen Bronzekultur. Dem „Mond von Pejeng" ähnliche, wenn auch weitaus kleinere und jüngere Kesseltrommeln aus Bronze fungieren auf der indonesischen Insel Alor bei Timor immer noch als Brautpreis. Von der benachbarten Insel Roti und vom Sentani-See in Irian Jaya stammen einige der schönsten Bronzeäxte, deren Arbeitstechnik und Schmuckmotive den gleichen Stil aufweisen.

Den Balinesen ist der „Mond von Pejeng" heilig. So werden oft Opfergaben vor der Trommel dargebracht.

Der Name erklärt sich aus folgender Legende: Von einst 13 Monden im Jahr stürzte einer zur Erde und verfing sich im Geäst eines Baumes. Seine Helligkeit störte die Diebe bei ihrer nächtlichen Arbeit und ein besonders Mutiger unter ihnen beschloss, das Licht mit seinem Urin auszulöschen. Dadurch explodierte der Mond, tötete den Frevler und fiel als Trommel zu Boden – dieser Sturz erklärt auch die Beschädigung an der Trommel.

Kutri

1 km südöstlich von Bedulu, an der Hauptstraße von Denpasar nach Gianyar, liegt das wichtigste Durga-Heiligtum der Insel, **Pura Durga Kutri**. Eine Treppe führt hinauf zu einem *Bale* auf dem kleinen Felshügel Bukit Dharma, der eine schöne Aussicht bietet. Das *Bale*, von seltsam geformten Felsen umgeben und von einem Banyan-Baum überschattet, beherbergt neben riesigen Eberköpfen eine reliefartige, achtarmige Statue der Todesgöttin Durga, die auf dem Bullen Nandi reitet. Die ziemlich lädierte Figur aus dem 12. Jh. dient gleichzeitig als Totenmal für die Königin Mahendradatta. Weitere Details zu Königin Mahendradatta s. **eXtra [4222]**.

Buruan und Blahbatuh

Südlich von Kutri liegt das Dorf **Buruan**, bekannt für seine guten Holzschnitzer, Bildhauer und Tänzer. Im **Banjar Bangun Liman** westlich der Hauptstraße steht ein Tempelkomplex, der in Bali einzigartig ist. Die drei üblichen Dorftempel Kahyangan Tiga, also Pura Puseh (Vishnu-Tempel), Pura Desa (zentraler Dorftempel) und Pura Dalem (Unterwelttempel), die normalerweise weit voneinander entfernt errichtet wurden, liegen in einer Reihe neben- bzw. hintereinander.

Auf dem Weg Richtung Denpasar wird bald **Blahbatuh** erreicht, wo im **Pura Puseh** an der Straße nach Belaga und Bona das steinerne Riesenhaupt des legendären Riesen **Kbo Iwo** (Kasten S. 288) aufbewahrt wird. Ungewöhnlich sind die beiden Pferde mit Riesenpenis und Reiter, die das Tempeltor im Inneren flankieren.

Tegenungan Wasserfall

Weiter in Richtung Westen liegt **Kemenuh**, von wo aus eine Abzweigung Richtung Süden zum 2,5 km entfernten Wasserfall **Air Terjun Tegenungan** führt. Hier stürzt sich der Petanu-Fluss in weiter Ferne einen Felsabsatz hinunter. Von oben kann man bei einem kühlen Getränk die Aussicht genießen. Der Weg nach unten ist jedoch weit und beschwerlich. Parken und Eintritt 4000 Rp p. P.

Nördlich von Ubud

Petulu

Die kleine, 3,5 km nordöstlich von Ubud gelegene Ortschaft ist bekannt für ihre **Holzschnitzer**, die sich auf Bilderrahmen und Stühle spezialisiert haben. Das Besondere ist, dass die Stühle meist aus nur einem massiven Holzblock gefertigt werden. Die größte Attraktion sind jedoch die Scharen von Kokokan-Reihern, die hier jeden Nachmittag ihr Lager aufschlagen.

Wer in direkter Sichtweite zu den Reihern übernachten möchte, ist in der **Villa Suryana**,

---

Die Reiher von Petulu

Es scheint, als hätten sich sämtliche Reiher auf Bali in Petulu versammelt. Tagsüber sieht man die weißen und gelben Vögel meist durch die Reisfelder stelzen, nachmittags gegen 16 Uhr kehren sie jedoch geschlossen nach Petulu zurück und lassen sich westlich der Hauptstraße – Richtung Warung Kokohan (grünes Schild) – in den umliegenden Bäumen nieder. In einem kleinen Warung mitten in den Reisfeldern wird man mit Getränken sowie kleinen Snacks versorgt. Eintritt 15 000 Rp. Viele der älteren Menschen erinnern sich noch genau an die Ankunft der Vogelscharen eines Tages im November 1965, einer Zeit, als in ganz Indonesien, und natürlich auch auf Bali, Jagd auf Kommunisten gemacht wurde. In Petulu war es zu einem besonders blutigen Massaker gekommen, sodass anschließend eine große Reinigungszeremonie und Dämonenaustreibung abgehalten werden musste. Offensichtlich war diese erfolgreich: Der größte Banyan-Baum des Dorfes stand plötzlich in voller Blüte, gleichzeitig trafen die Reiher ein und begannen in den Bäumen des Dorfes ihre Nester zu bauen. Die Menschen glauben daher auch, dass die Reiher die wiedergeborenen Opfer des grausamen Massakers sind. Es ist also kein Wunder, dass man den Vögeln Respekt und Verehrung entgegenbringt. Die Vögel sollen sogar einen König haben, einen schwarzen Reiher mit grünen, leuchtenden Augen.

Jl. Petulu Gunung 37B, ☎ 0361-976575, 🖥 auf Facebook, genau richtig. Die freundliche österreichische Besitzerin und Künstlerin Marina und ihr ebenso talentierter indonesischer Mann Yan, 🖥 www.yansuryanapainter.com, vermieten die komfortable, mit fantasievollen Mosaiken verzierte Villa mit Privatpool für bis zu 4 Pers. Der Familienanschluss ist garantiert, denn im Haus direkt nebenan wohnen die Gastgeber. Massagen, Tanz- und Malkurse können organisiert werden. Transport von und nach Ubud im von Yan wunderschön handbemalten alten Peugeot, Frühstück und WLAN inkl. ➏

Tegallalang

Folgt man der Hauptstraße durch Petulu weitere 5 km nach Norden, erreicht man Tegallalang. Die Hauptstraße ist auf der Strecke von Souvenir- und Kunsthandwerksgeschäften gesäumt, die die ganze Produktpalette Balis im Angebot zu haben scheinen, darunter viele Holzschnitzereien. Die eigentliche Attraktion sind die fotogenen und leicht zu erreichenden Reisterrassenformationen, nicht die größten, aber vielleicht die schönsten ganz Balis. Von einem ca. 1 km langen Straßenabschnitt bietet sich ein atemberaubender Blick ins saftig grüne, komplett terrassierte Tal. Die besten Fotos lassen sich von den kleinen Terrassen aus schießen, die von Süden kommend rechter Hand der Straße über ein paar Treppenstufen zu erreichen sind. Da fast alle Ubud-Besucher hierherkommen, herrscht ein reges Treiben. Die Verkäufer sind ziemlich penetrant und lassen sich nicht leicht abschütteln. Auch scheinen ganze Heerscharen von Kindern Postkarten an den Mann bringen zu wollen. Parken 5000 Rp.

Wer mit Aussicht auf die tollen Reisterrassen essen möchte, ist im **Boni Bali Restaurant**, ☎ 0856-377 7899, 🖥 www.bonibalirestaurant.baliklik.com, im Norden von Tegallalang östlich der Hauptstraße richtig. Zu gehobenen Preisen wird sowohl einheimisch als auch westlich gekocht. ⊕ 8–18 Uhr.

Südlich des Aussichtspunkts kann man in dem auf einer östlichen Nebenstraße spektakulär oberhalb der Schlucht gelegenen **Kampung Resort**, ☎ 0361-901201, 🖥 www.thekampungresortubud.com, übernachten. Die einladenden Zimmer mit herrlichem Ausblick haben gute Matratzen, schickes Holzinterieur und ein großes Bad/WC, daneben gibt es auch moderne, sehr geräumige und elegante Suiten, die mit marmornem Luxus verwöhnen. Pool mit Sonnenliegen. Freundliches Personal, Frühstück und WLAN inkl. Das Restaurant, ⊕ 8–21 Uhr, bietet tolle Aussichten und serviert eine breite Auswahl an Gerichten ab 60 000 Rp. ➏–➑

Keliki

In dem kleinen, ca. 7 km nördlich von Ubud und 2,5 km westlich von Tegallalang gelegenen Dorf ist die aussterbende **Kunst der balinesischen Miniaturmalerei** noch lebendig. Der Künstler Mandera Dolit leitet die letzte Schule der Insel, die diese Kunst lehrt, **Studio Dolit**, ☎ 081-5579 1433. Die kleinen, mit zugespitzten Palmblatthalmen und Tusche gezeichneten Kunstwerke bestechen vor allem durch eine enorme Detailfreude und traditionelle Motive, die Landschaften, balinesische Tänze oder Gottheiten zeigen. Dabei sind die Gemälde mit maximal 50 cm Breite und Länge sehr kompakt und werden in aufwendiger Handarbeit hergestellt, die bis zu zwei Wochen in Anspruch nehmen kann. Das Kunsthandwerk wurde in Keliki nicht wie anderswo für die Touristen angepasst oder verändert. Die Bilder werden auf dem Markt von Sukawati zu Preisen um 100 000 Rp verkauft, dabei kommen die gesamten Erlöse den Familien der Schüler zugute.

7 HIGHLIGHT

Gunung Kawi

Im Norden von **Tampaksiring** liegt östlich der Straße in einer herrlichen, steilen Schlucht des Pakrisan-Flusses das von kunstvollen Reisterrassen umgebene Heiligtum **Gunung Kawi**. Aus zwei gegenüberliegenden Felswänden wurden neun bis zu 7 m hohe Monumente in Form ost-javanischer *Candi* ausgemeißelt. Fast verwitterte Inschriften belegen, dass es sich dabei um die aus dem 11. Jh. stammenden Bestattungstempel des Königs Udayana und seiner Familie handelt.

Vom Parkplatz geht es vorbei an Souvenirständen, die viele Holz- und Knochenschnitzereien verkaufen, auf 286 in den Fels gehauenen

ZENTRAL-BALI Übersichtskarte S. 200

Stufen hinunter in die Schlucht. Unten angekommen sieht man fünf Monumente vor sich, die von links nach rechts folgenden Personen zugedacht sind: König Udayana, Königin Gunapriya, der Lieblingskonkubine des Königs und seinen Söhnen Marakata und Anak Wungsu. Die vier *Candi* auf der westlichen Seite des Flusses sind dem Andenken der vier Konkubinen Anak Wungsus gewidmet.

Im Süden des Tals, nicht weit von den Grabmalen entfernt, entdeckt man an mehreren idyllisch gelegenen Plätzen Gruppen von ebenfalls aus Felswänden ausgemeißelten Höhlen, in welchen vermutlich Eremiten und Asketen ihr einfaches Dasein fristeten.

Die *Candi* von Gunung Kawi verweisen deutlich auf javanische Einflüsse, denn in der balinesischen Kultur sind Felsendenkmäler selten. **Goa Gajah** bildet das Gegenstück zum Gunung Kawi und stammt ebenfalls aus dem 11. Jh. Eintritt 15 000 Rp, Kinder 7500 Rp, Tempelschal *(Slendang)* inkl., Parken 5000 Rp.

Für die Balinesen erklärt sich die Entstehung beider Heiligtümer aus einem Volksmythos, demzufolge der Riese **Kbo Iwo** sie in einer Nacht mit seinen Fingernägeln aus dem Felsen gekratzt haben soll. Weitere Informationen zu Kbo Iwo kasten „Die Legende vom Batur-See", S. 288.

Der richtige Ort für etwas Erholung nach dem schweißtreibenden Treppensteigen findet sich direkt am Eingang der Tempelanlage. Im **Kafe Kawi**, ✆ 0813-3817 7554, kann man bei einem leckeren Mittagessen mit Salaten und Sandwiches auf die Reisterrassen herabblicken. Die freundlichen Damen servieren auch guten Kaffee und frische Säfte. ⏰ 9–18 Uhr.

Nur einen Kilometer nordwestlich der Kreuzung in Tampaksiring, im Dorf **Bayad**, können mitten in der Natur bei **Bali Eco Adventure**, ✆ 0361-787 3603, 🖥 www.baliecoadventure.com, ruhige, saubere Holzbungalows mit hellen Holzmöbeln, Balkon und Du/WC am Hang bezogen werden. Auf dem Grundstück werden Gewürze angebaut und der schöne Garten sowie ein naher Wasserfall sorgen für idyllische Atmosphäre. Zur Anlage gehört auch der Adventure Park mit Untergrundlabyrinth, Wanderpfaden und der heiligen Höhle Goa Maya. Frühstück und WLAN im Restaurant inkl. ❹–❻

 8 HIGHLIGHT

Pura Tirta Empul

Das schöne Quellheiligtum Pura Tirta Empul liegt 1,3 km nördlich von Gunung Kawi, ca. 15 km nordöstlich von Ubud, und ist eines der beliebtesten Wallfahrtsziele auf Bali. Kurz hinter Tampaksiring führt rechts eine Straße zu den Quellen, die von der Gottheit Indra im Kampf gegen die Dämonen erschaffen worden sein sollen und wohl von einem der großen Vulkane gespeist werden. Schon seit über 1000 Jahren baden die Balinesen in dem heiligen Wasser. Das kühle Nass ergießt sich aus zwölf Fontänen in die Becken, in denen Kois und Blumenblüten schwimmen. Das Wasser verheißt sowohl spirituelle Reinigung als auch körperliche Heilung, so soll es Krankheiten und Beschwerden lindern. Täglich strömen Einheimische und Besucher hierher, um sich einer rituellen Reinigung zu unterziehen. Oft haben sie leere Flaschen oder Kanister dabei, um etwas vom heiligen Wasser mit nach Hause nehmen zu können. Die Anlage ist trotz ihrer Schönheit weit weniger touristisch als andere Tempel und hat sich ihren ursprünglichen und angenehmen Charme bewahren können.

Der Gouverneur ließ sich einen Palast erbauen, der die Quellen überblickt und den auch der ehemalige Präsident Sukarno häufig besuchte. Man munkelt der Aussicht auf die hübschen badenden Balinesinnen wegen. Heutzutage finden internationale Staatsgäste wie etwa Angela Merkel hier ihr Quartier.

Das *Odalan* von Pura Tirta Empul wird nicht wie sonst üblich alle 210 Tage nach dem *Pawukon*-Kalender, sondern einmal im Jahr nach dem *Saka*-Mondkalender gefeiert, nämlich an Vollmond *(Purnama)* im September oder Oktober, und ist eine berauschende Festlichkeit. Dann bringen die Menschen aus Manukaya, einem nahen Dorf nördlich des Quellheiligtums, einen heiligen Stein zur Reinigung in den Tempel. Eine Inschrift auf diesem Stein belegt die Gründung von Tirta Empul im Jahre 926 n. Chr. Da dies ein heiliger Ort ist, müssen Besucher einen Tempelschal *(Slendang)* tragen. Eintritt 15 000 Rp, Kinder 7500 Rp, Parken 5000 Rp.

Sebatu und Pujung

In **Sebatu** arbeiten viele Holzschnitzer, die sich auf Schnitzereien im sogenannten antiken Stil spezialisiert haben. In einem Tal unterhalb des Dorfes steht der idyllisch angelegte Tempel **Pura Gunung Kawi Sebatu** (nicht zu verwechseln mit den gleichnamigen Königsgräbern in Tampaksiring), ein Quellheiligtum mit Goldfischteich, mehreren Badebecken und einer Grotte am Fuße eines dschungelüberwucherten Berghangs.

Wie im Nachbardorf Sebatu leben auch in **Pujung** viele Holzschnitzer. Hier werden große, bunte *Garuda*, bemalte Holzfrüchte, Bananenbäume usw. hergestellt. Aus 2–3 m langen Baumstämmen fertigt man groteske Pfähle, bedeckt mit ineinander verschlungenen Dämonenfiguren.

Taro

6 km nördlich von Pujung erreicht man über eine Asphaltstraße das von Nelken- und anderen Plantagen umgebene, herrlich im Grünen gelegene Dorf Taro. Die einzigen weißen Kühe auf der Insel, natürlich heilige Tiere, sind in Taro Kelod zu finden.

Der von Bali Adventure Tours, ✆ 0361-721480, 🖥 www.baliadventuretours.com, betriebene, 3,5 ha große **Elephant Safari Park** in Taro beheimatet eine Herde von 30 Sumatra-Elefanten, auf denen Touristen reiten können. Ein etwa 30-minütiger Ausritt inkl. Transfer, Parkeintritt, Mittagessen und Show kostet US$86, für Kinder US$58, Familien US$259. Touristische Shows, die neben fragwürdigen artistischen Einlagen auch das Verhalten und die Lebensweise der bedrohten Art vermitteln sollen, finden um 11.45, 13.45, 15.45 und 18.45 Uhr statt. Zudem können sich Besucher mit den Dickhäutern fotografieren lassen, sie anfassen und waschen. Im Angebot ist auch eine Nachttour inkl. Elefantenshow sowie Ritt durch den beleuchteten Wald mit 4-Gänge-Menü am See für US$109/76/332. Zum Park gehören auch ein kleines, recht interessantes Museum mit Mammutskelett sowie witzigen Fakten über die Dickhäuter, ein komfortables, teures Hotel, ein Spa mit Blick auf die Elefanten, ein Restaurant am Badesee und ein Souvenirladen. 🕗 8–18 Uhr, Eintritt US$16, Kinder US$8, Familien US$44.

Der Petanu-Fluss und Pura Tirta Empul

Der Name „**Petanu**" (der Verfluchte) geht auf einen Mythos aus den Anfängen des Hinduismus auf Bali zurück. In dieser Zeit herrschte der mächtige König Mayadenawa. Er besaß die Gabe, sich in andere Gestalten zu verwandeln, aber missbrauchte seine Fähigkeiten und wurde zu einem bösen Magier. Ein Priester erbat die Hilfe der Götter, um dem Treiben des grausamen Dämonen Einhalt zu gebieten. Der Götterkönig Indra und seine Truppen waren auch siegreich, bis sich Mayadenawa eine List ausdachte: Er schlich sich nachts ins Lager von Indras Truppen und vergiftete deren Trinkwasser. Dies tat er auf den Seiten seiner Füße, um keine Spuren zu hinterlassen (*Tampak* = ohne, *Siring* = Spuren). Die Truppen tranken das Wasser und wurden krank und kampfunfähig. Um sie zu retten, stieß Indra an der Stelle des heutigen **Pura Tirta Empul** (übersetzt: sprudelnde Quelle) seinen Fahnenmast in den Boden und ließ eine heilende Quelle aus der Erde entspringen. Das Wasser kurierte seine Armee. Nachdem Mayadenawa vergeblich versucht hatte, Indra mit seinem immer wieder wandelnden Aussehen zu verwirren, konnte er – in die Form eines Steines verwandelt – endlich durch Indras Pfeil getötet werden. Sein Blut mischte sich mit dem Wasser des Petanu-Flusses, der dadurch für 1000 Jahre verflucht war. Reis, der mit Wasser aus dem Fluss bewässert wurde, wuchs schnell und hoch. Sobald er geerntet wurde, floss aber Blut aus seinen Ähren und er roch nach Verwesung.

Erst als vor wenigen Jahrzehnten die 1000-Jahre-Frist abgelaufen war, wagte man es wieder, das Wasser des Petanu zu nutzen. Bis dahin galt der Fluss als unrein. So überrascht es kaum, dass an seinen Ufern so gut wie keine Tempel zu finden sind.

Ein ganz anderes Bild bietet sich am nächsten Fluss im Osten, dem Pakrisan, wo sich ein Heiligtum an das andere reiht. Der Pakrisan wird von Indras Quelle gespeist.

Gianyar und Umgebung

27 km östlich von Denpasar liegt das Zentrum der balinesischen Weberei. Am Ortseingang von Gianyar werden in Geschäften Stoffe verkauft. Das Angebot umfasst sowohl Batik als auch *Endek*.

Seit der Majapahit-Herrschaft über Bali gehörte die Region Gianyar zum Machtbereich des Rajas von Gelgel. Erst im 18. Jh. entstand ein eigenes einflussreiches Königreich, dessen Könige den Titel *Dewa Manggis* trugen. Einziges Überbleibsel ist heute der Königspalast im Zentrum der Stadt, **Puri Agung**. In der zweiten Hälfte des 19. Jhs. lieferten sich die Fürstentümer von Süd-Bali erbitterte Kämpfe. 1880 wurde die gesamte Fürstenfamilie von Gianyar in Klungkung gefangen genommen und das Gebiet aufgeteilt. Als zwei Söhne fliehen konnten, stellten sie ihr zurückerobertes Fürstentum als Protektorat unter den Schutz der Holländer. So blieb Gianyar verschont, als die Kolonialmacht die südlichen Fürstentümer mit Waffengewalt unterwarf, und konnte sich zu einem eigenständigen künstlerischen Zentrum entwickeln.

In Gianyar kann man nur im **Penginapan Pondok Wisata Gianyar 1**, Jl. Anom Sandat 10X,

Herausgeputzt fürs Tempelfest

Batik und Endek

Eine erwähnenswerte Batikindustrie existiert auf Bali erst seit wenigen Jahrzehnten, und das auch nur, um die Bedürfnisse der Touristen zu befriedigen. Die erwarten schließlich, Batik in Indonesien vorzufinden, und beachten dabei nicht, dass diese Kunst traditionell zwar in Java, aber nicht auf Bali ausgeübt wurde. Die auf der Insel verkauften Batikstoffe stammen überwiegend aus Java, auch wenn häufig das Gegenteil behauptet wird.

Die neue Bali-Batik für Touristen, ausschließlich *Batik Tulis* (also „beschriebene" oder „handbemalte" Batik), ist bunt und grob gemustert, meist auf einem weißen oder schwarzen Untergrund.

Ein typisch balinesisches Produkt ist dagegen *Endek*, ein handgewebter Stoff, bei dem die Kettfäden schon vor dem Weben im arbeitsintensiven *Ikat*-Verfahren mit dem gewünschten Muster eingefärbt werden.

☏ 0361-942165, übernachten, das hinter dem Bale Budaya, parallel zur Hauptstraße liegt. Das kleine 2-stöckige Gästehaus bietet einfache und günstige Zimmer, teils mit AC. Es empfiehlt sich vorher anzurufen, damit auch wirklich jemand da ist. ❶–❸

Ein großer Hardy's Supermarkt und ein Geldautomat stehen im Zentrum an der Jl. Ngurah Rai. Medizinische Hilfe leistet das R.S.U. Sanjiwani in der Jl. Ciung Wanara 2, ☏ 0361-943049. Hier liegt auch das Postamt.

Mit dem Bus geht es für 15 000 Rp zum Batubulan Terminal in Denpasar oder nach Ubud. Die meisten Busse verkehren vormittags.

Bono und Belege

1,5 km südwestlich von Gianyar liegt die Ortschaft **Bono**, berühmt für ihre *Kecak*-, Trance- und Feuertänze. Hier werden kunstvolle, aus Palmblättern gefertigte Taschen, Körbe und Fächer hergestellt. Südwestlich von Bono liegt das Dorf **Belege**, wo diverse Bambusartikel, hauptsächlich Möbel, fabriziert werden. Wenige Kilometer weiter erreicht man bei Blahbatuh wieder die Hauptstraße.

Pantai Lebih

Die Straße, die vom Puri-Agung-Palast in Gianyar Richtung Süden verläuft, gabelt sich schon bald: Geradeaus führt eine schmale, asphaltierte Straße an den dunklen Sandstrand **Pantai Lebih**. Hier, ca. 7 km von Gianyar entfernt, liegen einige Fischerdörfer, bunte Boote *(Prahu)* dümpeln im Wasser. Es gibt keine schattigen Plätzchen, aber auch keine Touristen.

Nahe dem Pantai Lebih, nördlich der Schnellstraße, bietet der 40 ha große **Bali Safari & Marine Park**, Jl. Bypass Prof. Dr. Ida Bagus Mantra, KM 19,8, ☏ 0361-751300, 🖥 www.balisafarimarinepark.com, ein außergewöhnliches Safarierlebnis für die ganze Familie. Hier kann man Safaritouren durch das Freigehege mit 40 Tierarten unternehmen oder die Zeit mit Elefantenritten und Fotoshootings mit kleinen Orang-Utans verbringen. Der Park hat sich dem Schutz vom Aussterben bedrohter Tiere verschrieben und unterhält ein Forschungszentrum. Der seit Jahren geplante Marine Park war zur letzten Recherche noch immer nicht eröffnet. Eintritt US$35 p. P. inkl. Abholservice in Süd-Bali, Nightsafari US$60 inkl. Abendessen, Kinder US$45, Elefantenritte US$85, Kinder US$55. ⏱ 9–17 Uhr.

Wer in Safaristimmung kommen möchte, kann auch direkt in der sehr teuren **Mara River Safari Lodge**, ☏ 0361-747 5000, 🖥 www.mara riversafarilodge.com, inmitten des Tiergeheges übernachten. Die Stelzen-Cottages in afrikanischem Ethno-Design sind luxuriös ausgestattet und haben Balkon und Fensterfronten mit direktem Blick auf Nashörner und Zebras. Mit Pool, Spa und hochpreisigem Restaurant. ❽

Bangli und Umgebung

In der Provinzstadt findet alle drei Tage ein **Markt** statt. Es gibt etwa ein Dutzend größerer Tempel im Ort, daher werden in kaum einer anderen Stadt auf Bali so viele Tempelfeste gefeiert wie in **Bangli**.

Vom Zentrum aus ca. 2 km Richtung Norden und dann rechts ab, erreicht man den **Pura Kehen**. Dieser Tempel hat drei Etagen und wurde an einem Hügel erbaut. Eine breite Treppe führt hinauf zu den Eingangstoren, die mit besonders schönen Steinmetzarbeiten geschmückt sind. In die Mauern sind chinesische Porzellanteller eingelassen, die aber im Lauf der Jahre immer weniger geworden sind. Im ersten Hof steht ein großer, alter Banyan-Baum, in dem die *Kul-Kul*-Trommel des Tempels untergebracht ist. Kinder verkaufen alte chinesische Münzen und Guides drängen ihre Dienste auf. Es wird eine kleine Spende erwartet.

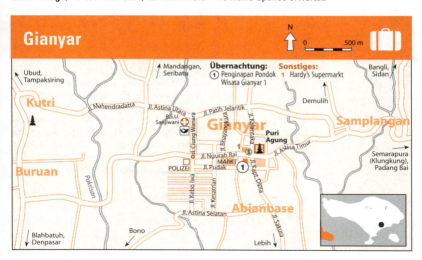

BANGLI UND UMGEBUNG

Wer in Bangli übernachten muss, findet im **Bangli Inn**, Jl. Rambutan 1, 0366-91518, ältere abgewohnte Zimmer mit weichen Schaumstoffmatratzen, verkalkter Du/WC und kleinem Frühstück. Das mehrstöckige Hotel hat auch eine Dachterrasse mit Garten, von der sich ein weiter Blick bis hin zum Gunung Agung bietet. ❷

Ein Geldautomat der Bank Rakyat Indonesia (BRI), der nicht alle Karten akzeptiert, befindet sich nahe der Minibus-Station an der Hauptkreuzung im Ort.

Die Minibus-Station liegt im Stadtzentrum an der Jl. Merdeka. Busse verkehren zwischen 7 und 16 Uhr regelmäßig zum Batubulan Terminal von Denpasar für 25 000 Rp und die blauen Busse nach Gianyar für 10 000 Rp, außerdem nur am späten Vormittag mit einem orange-roten Minibus nach Kintamani in 45 Min. für 20 000 Rp.

Panglipuran

Von Bangli aus, bergauf in Richtung Kintamani (S. 289), gelangt man nach ca. 3 km in das Dorf **Kubu**. Beim Pura Dalem Agung des Ortes wendet man sich links und erreicht nach ca. 1 km das traditionelle Dorf **Panglipuran**. Hier gibt es auf jedem Grundstück ein kleines, altes Haus mit Bambusschindel-Dach, das *Bale* genannt wird. In den Nachmittagsstunden, nachdem die Tourbusse den Ort verlassen haben, sieht man hier oben kaum einen Menschen auf der Straße. Es wird ein kleiner Eintritt verlangt.

Weiterfahrt nach Ost-Bali

Eine landschaftlich besonders reizvolle Strecke Richtung Osten beginnt südlich des Pura Kehen. Die schmale, kurvenreiche Straße über Tembuku nach Rendang durchquert mehrere tief eingeschnittene Flusstäler.

Von Rendang kann das nahe Heiligtum Besakih (S. 303) besichtigt werden oder eine schöne Bergstrecke Richtung Osten, vorbei am Fuße des Gunung Agung, über Selat und Sibetan nach Amlapura (S. 333) in Angriff genommen werden.

West-Bali

Stefan Loose Traveltipps

9 Tanah Lot Der meerumtoste Tempel zeigt sich am schönsten im Farbenspiel des Sonnenuntergangs. S. 246

Mengwi Der Pura Taman Ayun zählt zu den bedeutendsten Heiligtümern auf Bali. S. 251

10 Jatiluwih Eine Wanderung durch die beeindruckenden Reisterrassenformationen. S. 253

Batukaru Das Bergheiligtum am Fuße des erloschenen Vulkans Batukaru. S. 254

11 Negara Ein unvergessliches Erlebnis – die traditionellen Wasserbüffelrennen. S. 261

Pulau Menjangan Ein Ausflug in die farbenprächtige Unterwasserwelt des Bali Barat-Nationalparks. S. 264

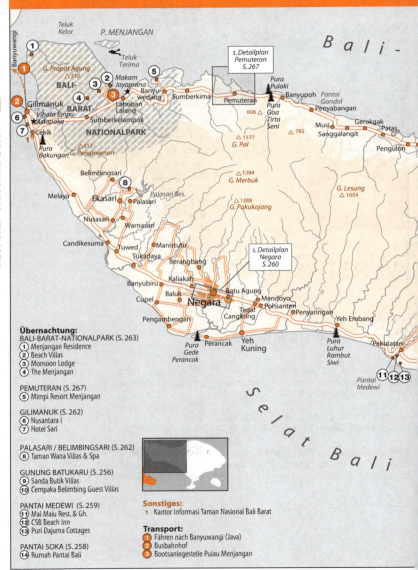

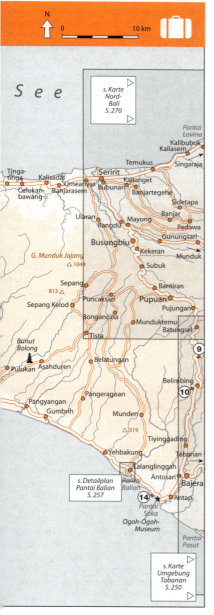

Viele Besucher lernen West-Bali nur im Rahmen eines Tagestrips aus dem Süden oder aus Ubud kennen, der zum Tempel **Tanah Lot**, der bekanntesten Sehenswürdigkeit der Region, führt. Er liegt spektakulär auf einem Felsen in der reißenden Brandung und ist wohl der meistfotografierte Tempel der Insel. Doch auch zwei weitere Highlights sind allemal einen Besuch wert: der **Pura Taman Ayun** in Mengwi, Balis zweitgrößter Tempelkomplex, und die saftig grünen Reisterrassen von **Jatiluwih**, die größten der Provinz. Die nördlich von **Tabanan** gelegenen Terrassenformationen sind die eindrucksvollsten ihrer Art, das älteste Beispiel für die traditionelle *Subak*-Bewirtschaftung und ein Muss für jeden Besucher. Nordwestlich von Tabanan führt zudem eine Straße in die ursprüngliche Berglandschaft des **Gunung Batukaru**, der nach dem Gunung Agung zweithöchsten Erhebung.

Die mit Lastwagen und Bussen aus Java stark befahrene Küstenstraße nach Gilimanuk führt vorbei an den beliebten Surfstränden **Pantai Balian** und **Pantai Medewi**, wo sich die Surfer halsbrecherisch von den gigantischen Wellen der Jembrana-Küste verschlingen lassen. Nördlich der Straße rücken die bewaldeten Berge näher an die Küste, die Dörfer werden spärlicher und selbst die Tempel, sonst reich verziert, werden schlichter. Die Region rund um **Negara** lockt mit einmaligen **Wasserbüffelrennen** Besucher an, und weiter nordöstlich bei **Belimbingsari** können einmalige **Kirchen im balinesischen Stil** in den Dörfern der christlichen Minderheiten besucht werden.

Kurz vor **Gilimanuk**, dem Fährhafen für die Überfahrt nach Java, zweigt die weit ruhigere Straße nach Singaraja nach Osten ab. Sie führt durch den 190 km² großen **Bali Barat-Nationalpark**, in dem man mit etwas Glück den sehr seltenen Bali-Star und andere Tierarten erspähen kann. Die Landschaft ist savannenartig, die Vegetation eher karg, doch auch Mangrovenwälder an der Küste und Urwälder in den höher gelegenen Bergregionen bilden Teile des weitläufigen Nationalparks. Die erstklassigen **Korallenriffe** rund um die Insel **Pulau Menjangan** sind die Hauptattraktion. Östlich des Parks bieten sich in **Pemuteran** die wohl angenehmsten Übernachtungsmöglichkeiten in West-Bali.

www.stefan-loose.de/bali　　　　　WEST-BALI　245

9 HIGHLIGHT

Tanah Lot und Umgebung

Pura Tanah Lot, 31 km westlich von Denpasar, ist einer der am schönsten gelegenen Tempel, eine der am meisten besuchten Touristenattraktionen und das bekannteste Fotomotiv der Insel. Malerisch auf einem Felsen an der von Klippen gesäumten Küste aufragend, bietet er mit seinen bizarren Konturen eine fantastische Szenerie. Zum Sonnenuntergang versammeln sich zahllose Touristen, um das Heiligtum zu bestaunen. Der beste Blick bietet sich von den Terrassen der Restaurants an der Felsklippe direkt oberhalb der Tempelanlage oder vom westlich auf dem Felsvorsprung gelegenen Aussichtspunkt, zu dem ein befestigter Weg führt.

Obwohl er nur ein kleines Heiligtum ist, wird Tanah Lot („Land inmitten des Meeres") in manchen Verzeichnissen der *Sad Kahyangan* als einer der sechs heiligsten Tempel von Bali aufgeführt. Sogar in vielen Bergtempeln findet man Schreine, an denen die Gottheiten von Tanah Lot, die Schutzgötter der Meere, verehrt werden. Wie so viele andere Küstentempel soll auch er im 16. Jh. von dem javanischen Shiva-Priester Danghyang Nirartha gegründet worden sein, der einer Sage nach während seiner Wanderung einem Licht zu den kleinen Felsen folgte. Während einer Meditationspause vor dem Felsen scharten sich zahlreiche Schüler um ihn. Um eine Konfrontation mit lokalen Priestern zu vermeiden, wechselte er daraufhin auf das felsige Eiland und begründete die Tempelanlage.

Während der Flut ist der Felsen von einer starken Brandung umtost, bei Ebbe kann man auf den von Meeresalgen bewachsenen Steinen hinüberlaufen und sich das Heiligtum genauer anschauen. Der Zugang zum Tempel selbst ist allerdings Gläubigen vorbehalten. Im Inneren stehen fünf den heiligen Berg Meru repräsentierende, mehrstöckige Schreine. In einer kleinen Höhle unterhalb des Tempels entspringt eine Süßwasserquelle, die ständig von Brahmanen bewacht wird. Gegen eine kleine Spende kann man hier von dem heiligen Wasser trinken und sein Gesicht darin waschen. In den Höhlen und Spalten am Fuße der Felsen auf der Küstenseite hausen schwarzweiß gestreifte Seeschlangen (Nattern-Plattschwänze), die Wächter des Tempels. Obwohl sie hochgiftig sind, haben sie angeblich noch niemanden gebissen.

Auf der Souvenirmeile zwischen Parkplatz und Tempel drängen sich Touristen, Händler und Guides, die Führungen zu den Felsspalten und Fototermine mit den Schlangen anbieten. Frauen und Kinder wollen Postkarten und Souvenirs verkaufen. Hier gibt es neben Geldautomaten auch zahllose Souvenir- und Bekleidungsgeschäfte. Das Essen in den Restaurants auf den Klippen ist nicht besonders. Tgl. um 18.30 Uhr findet eine *Kecak*-Tanzaufführung für 50 000 Rp p. P. statt.

Eintritt 30 000 Rp, Parkgebühr für Motorrad 2000 Rp, Auto 5000 Rp. Pura Tanah Lot feiert sein *Odalan* immer am Mittwoch nach *Kuningan* (S. 119).

Pantai Yeh Gangga und Pantai Pasut

Wenige Kilometer nordwestlich von Tanah Lot sind die pechschwarzen Strände Pantai Yeh Gangga und Pantai Pasut noch recht unberührt und beeindrucken mit weitläufigen Reisfeldern auf der einen und dem Schauspiel der hohen, brechenden Wellen auf der anderen Seite. Die Region wird auch „die Reiskammer von Bali" genannt.

Naturkräfte bedrohen Tanah Lot

Tanah Lots Felseninsel ist in Gefahr, von der gewaltigen Brandung des Indischen Ozeans erodiert zu werden. Nachdem die Erosion in den frühen 1980er-Jahren gefährliche Ausmaße annahm, startete im Oktober 1987 ein 800 Mrd. Rp teures Schutzprojekt unter japanischer Beteiligung. Zwei Hubschrauber installierten rund um die Felseninsel an die 3000 Beton-Tetrapoden, jeder 1,5–2 t schwer, die als Wellenbrecher fungieren. Auch einige Schreine des Tempels, der ständig den salzhaltigen Gischtwolken ausgesetzt ist, mussten restauriert werden. Heute ist knapp ein Drittel des Felsens vor den Touristenaugen gut versteckter, künstlicher Stein.

In West-Bali geht das Leben häufig noch einen geruhsamen Gang – etwa in den Dörfern bei Pantai Pasut.

ÜBERNACHTUNG

Tanah Lot

Coco Hotel, von der Souvenirpromenade östlich zurückversetzt, ☎ 0361-819158, 🖥 www.coco groupbali.com. Hinter dem Pool mit Jacuzzi. 10 moderne, saubere, komfortable, beige-braun gehaltene Zimmer in Doppelbungalows mit AC, LCD-TV, Du und Bad/WC, Föhn, Wasserkocher und Veranda, die Deluxe-Zimmer sind sehr geräumig. Frühstück und WLAN inkl. **5**–**6**

Dewi Sinta Hotel & Rest., an der Souvenirpromenade zum Tempel, ☎ 0361-812933, 🖥 www.dewisinta.com. Große, ruhige Anlage mit 2 Pools und gut besuchtem Restaurant. Alle der 20 älteren Zimmer sind mit AC, TV, guten Matratzen und kleinen Warmwasser-Bad/WC ausgestattet, die teureren gut gepflegt, andere könnten sauberer sein. Frühstück inkl. **3**–**4**

Pantai Yeh Gangga

Waka Gangga Resort, ☎ 0361-484085, 🖥 www. wakahotelsandresorts.com/waka-gangga. Ruhige, edle, von Lotusteichen und Reisfeldern umgebene, geräumige Villen mit allem Komfort, AC, Steinbadewanne und Open-Air-Du/WC, teils auch Privatpool und Wohnraum. Die großen Fensterfronten bieten einen sagenhaften Panoramablick. Pool mit Meerblick für Entspannung auf höchstem Niveau. Viele Aktivitäten, wie Ausritte am Strand und geführte Spaziergänge. Frühstück und WLAN inkl. **8**

TRANSPORT

Die Fahrt aus Kuta, Legian oder Seminyak sowie Ubud nach Tanah Lot dauert ca. 45 Min. Fast alle Besucher kommen mit dem eigenen Transportmittel oder im Rahmen einer Tour hierher. An der Abzweigung nach Tanah Lot warten Minibusse, die überhöhte Touristen-Charterpreise verlangen.

Tabanan

Die saubere, von Reisfeldern umgebene Distrikthauptstadt ist abgesehen vom großen **Markt** für Touristen nicht besonders interessant. Das Umland hingegen hat einiges zu bieten und ist am besten mit dem eigenen Fahrzeug zu erkunden.

Im Zentrum der Stadt steht auf der Hauptkreuzung die große **Dasa Muka**-**Statue** mit zehn Gesichtern. Ab 17 Uhr findet entlang der Jalan Gajah Mada um die Statue ein **Nachtmarkt** mit Essensständen statt. Schräg gegenüber vom lebendigen Markt befindet sich der **Palast Puri Agung Tabanan**.

Tabanan war einst die Residenz eines Herrscherhauses. 1906, kurz nach dem *Puputan* von Badung, drangen die Holländer auch hierher vor. Der letzte *Raja*, Gusti Ngurah Agung, kapitulierte unter der Bedingung, seinen Titel und ein paar Landrechte behalten zu dürfen. Er wurde zusammen mit seinem Sohn gefangen genommen und man drohte ihnen mit Deportation. Noch in derselben Nacht begingen beide den rituellen Selbstmord *Puputan*.

Das seit 1981 bestehende **Subak Museum**, ☎ 0361-810315, liegt 2 km östlich vom Zentrum, südlich der Hauptstraße in der Jalan Gatot Subroto Sanggulan auf einem 6 ha großen Gelände. Hier sind die Geräte zu bestaunen, mit denen die schwere Arbeit auf den Reisfeldern bewältigt wird. Der Besucher erfährt Näheres über die *Subak*, die Zusammenschlüsse der Bauern, die besonders für die Organisation der Bewässerungssysteme der Felder verantwortlich sind, und kann bei den kostenlosen Führungen auch den Museumsbauernhof samt Bewässerungssystem erkunden. Viele Exponate, Figuren, Fotos und Erklärungen auf Englisch. Eintritt 5000 Rp, Kinder 3000 Rp, 🕐 Mo–Do und Sa 8–17, Fr 8–13 Uhr.

Der **Busbahnhof** *(Terminal Pesiapan)* befindet sich an der Jl. Pulau Batam. Blaue, weiße und rote Minibusse fahren von 6–12 Uhr für 10 000– 15 000 Rp nach DENPASAR in 1 Std., blaue auch nach NEGARA für 20 000 Rp in 2 1/2 Std und weiter nach GILIMANUK für 25 000 Rp in 3 Std.

Umgebung von Tabanan

Kerambitan

In dem Dorf, 6 km westlich von Tabanan, sind zwei weitläufige Palastanlagen der Fürsten *(Raja)* von Tabanan erhalten geblieben. Der **Puri Anyar**, ☎ 0361-812668, 812774, 🖥 www.purianyarkerambitan.com, aus dem späten 17. Jh. ist der jüngere und opulentere von beiden. Im reich

Tabanan

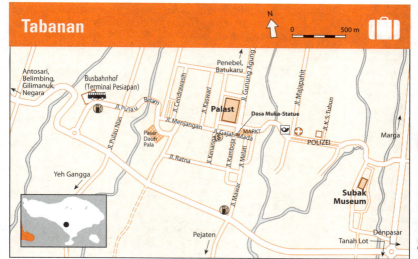

ausgeschmückten *Bale Gong*, dem Musikpavillon, werden nach Voranmeldung Tänze für Touristen aufgeführt. Wer das Leben der heutigen Fürstenfamilie genauer kennenlernen möchte, kann nach Voranmeldung im knapp 2 ha großen Tempelkomplex übernachten. Die drei einzigartigen und kunstvollen, aber etwas vernachlässigten Zimmer mit Open-Air-Du/WC mit kleinen Fischteichen sollen demnächst renoviert werden. Im kleinen, offenen Atelier kann man dem Sohn des Prinzen, einem passionierten Künstler, bei der Arbeit über die Schulter schauen und seine Werke bewundern. Beim Abendtee oder Frühstück (im Preis inkl.) gibt der Fürst mit Freude eine Einführung in die balinesische Geschichte oder erzählt einen Schwank aus seinem Leben. ❷–❹

Auch im älteren Palast, dem **Puri Agung** (auch *Puri Gede*) von 1650, ✆ 0361-812667, werden nach Voranmeldung bei einem festlichen Abendessen Tänze aufgeführt. Sehenswert ist der Familientempel: Hunderte von Porzellantellern chinesischer und europäischer Herkunft, die in die Wände eingelassen sind, zieren die Schreine und *Bale* des beeindruckenden Heiligtums.

Kerambitan ist das einzige Dorf auf Bali, welches in den Tagen vor *Nyepi* das exorzistische Ritual *Tektekan* abhält. Bis zu 100 Musiker hämmern auf unterschiedlich gestimmte Bambusrohre ein und produzieren eine überwältigende Geräuschkulisse. Südlich von Kerambitan gelangt man zu den Stränden **Pantai Pasut** (S. 246) und **Pantai Klating**.

Pejaten

Das einzige Dorf in dem berühmten Reisanbaugebiet, 5 km südlich von Tabanan, in dem kaum ein Reisbauer lebt, denn fast jede Familie betreibt eine Töpferwerkstatt. Das **Töpferhandwerk** hat hier Tradition, denn die mit bloßer Erde arbeitenden Familien galten in der alten Hierarchie als Unreine und mussten ihr Leben außerhalb der anderen Dorfgemeinschaften und ohne Landbesitz zubringen.

Gearbeitet wird nach alten Methoden mit modernen Brennöfen und – seit die heimische Tonerde weitgehend aufgebraucht ist – importierten Erden. Zu den Produkten gehören Haushaltswaren, Baumaterial (Dachpfannen), religiöse Gegenstände und Kunsthandwerk, wie z. B. groteske Terrakotta-Figuren und glasierte Keramikgefäße. Ein beliebtes, großes Geschäft ist **Tanteri Ceramics**, 🖥 www.tantericeramicbali.com.

UMGEBUNG TABANAN

WEST-BALI Übersichtskarte S. 244

Pujungan, Seririt

G. Batukaru 2276
Cagar Alam Batukaru

Singaraja
Pacung
Baturiti

Batungsel
Pura Luhur Mekori

Pura Petali

Pura Natarsari

Jatiluwih
Senganan

Apuan

Petang

Pura Luhur Batukaru

Luwus

Wongayagede

Blimbing

Dukuh
Penebel
Cacan

Perean
Kukup
Pura Yeh Gangga
Lebe

Dalang

Carangsari
Samuan

Ampadan

Penatahan
Heiße Quellen von Yeh Panas

Babakan

s. Karte West-Bali S. 244/245

Jegu
Cepik
Denkmal
Rumah Desa
Marga

Gadungan

Derma
Bali Butterfly Park
Tunjuk
Sembung
Pura Bukit Sari
Sangeh

Ubud

Selemadeg
Megati
Meliling

Blakiuh
Abeansemal
Aseman

Negara, Pantai Soka

Kukuh
Belayu
Taman Buaya
Pura Alas Kedaton

s. Detailplan Tabanan S. 249

Tabanan
Subak Museum
Pura Taman Ayun
Mengwi

Badegade
Bajera

Puri Anyar
Kerambitan
Puri Agung

Pejaten
Kediri

Kapal
BETON GIESSEREI
Pura Sadha

Yeh He

Tibubiyu

Lukluk

Pantai Pasut
Kelating
Sudimara
Dauhjero

Sempidi
Peguyangan

Pantai Klating
Yeh Gangga
Pantai Yeh Gangga

Dalung
Munggu
Tumbakbayuh
Pohgading
Umahanyar
Tanguntiti

Pura Tanah Lot

Dukuh
Sangiangan
Kankang
Gaji
Celuk

Ubung

Mengening
Seseh
Kalutulang
Seminyak
Jambe
Ubud, Klungkung

Canggu
Tibubeneng
Kerobokan

Denpasar

s. Karte Süd-Bali S. 144

250 UMGEBUNG VON TABANAN

www.stefan-loose.de/bali

Übernachtung:
① The Organic Farm Bali
② Warung Teras and Homestay
③ Soka Jati Luwih Villas (Bali Natureland Club)
④ Sanda Butik Villas
⑤ Sarinbuana Eco Lodge
⑥ Bali Mountain Retreat
⑦ Cempaka Belimbing Guest Villas
⑧ Bali Eco Stay
⑨ Balam Bali Villa
⑩ Bungalows im Palast Puri Anyar
⑪ Waka Gangga Resort
⑫ Dewi Sinta Hotel & Restaurant
⑬ Coco Hotel

Essen:
1 Uma Luang Sari Restaurant

Munggu

Nur in diesem Dorf, 9 km südlich von Tabanan und 4 km östlich von Tanah Lot, wird am *Kuningan*-Tag die *Ngerebug*-**Zeremonie** durchgeführt. Eine lange Prozession zieht dabei mehrmals rund um das Dorf, die Männer „bewaffnet" mit 4 bis 5 m langen Stangen. Zum Abschluss des Umzugs teilen sich die Männer in große Gruppen auf und beginnen einen chaotischen Kampf, jeder gegen jeden, indem sie die Stangen hoch über ihren Köpfen gegeneinanderschlagen und versuchen, sich gegenseitig zu Boden zu drücken. Die Zeremonie endet mit einer Segnung der Kämpfer durch den Priester.

Kapal

Dieses Dorf, 8 km südöstlich von Tabanan, ist ein Zentrum der **Zementbeton-Gießerei**. Von Tempeltoren über Toilettenbecken bis zu Göttern und Dämonen reicht die Palette der gefertigten Erzeugnisse. Zudem ist Kapal bekannt für seine **Töpfereien** und **Keramikwerkstätten**. Die Industrie ist relativ jung, da man auf Bali jahrhundertelang nur chinesische Importkeramik nutzte. Anfangs produzierten die vielen kleinen Heimwerkstätten nur schlichte Haushaltsgegenstände. Als sie aber nicht mehr mit der Plastikindustrie konkurrieren konnten, bot der Tourismus einen neuen Markt. Jetzt werden Dekorationsgegenstände wie Wandteller, Blumenvasen und Tonfiguren mit fein gearbeiteten Mustern, Verzierungen und traditionellen Motiven, hergestellt.

Einen Besuch lohnt der älteste Tempel im ehemaligen Königreich Mengwi, der **Pura Sadha** südlich der Hauptstraße. Der Tempel für die Ahnen der Dynastiegründer von Mengwi wurde 1917 fast durch ein Erdbeben zerstört und 1950 im ursprünglichen Majapahit-Stil restauriert. Am Rande des Tempelvorhofs steht ein gewaltiger Banyan-Baum.

Im Tempelinneren sind neben den üblichen Schreinen und *Bale* drei ungewöhnliche Bauwerke zu finden: ein elfstöckiger, 16 m hoher Ziegelstein-Bau, der auf Verbindungen zum Pura Sakenan auf der Insel Serangan hinweist (S. 189), ein meist trockenes Wasserbecken, das einen Bergsee symbolisiert und als Bad für die Himmelsnymphen *(Widadari)* dient, sowie 54 Sitze aus Ziegelsteinen, die auf einer Plattform aneinandergereiht sind und auf eine Legende verweisen: Demnach wurde eine Prozession aus 54 Angehörigen des Majapahit-Herrscherhauses, die ihren verstorbenen Machthaber für die Seebestattung aufs Meer brachte, auf offener See davongetrieben und nie mehr wiedergesehen. Das *Odalan* des Pura Sadha fällt mit dem *Kuningan*-Fest zusammen.

Mengwi

In Mengwi, 4 km nördlich von Kapal, befindet sich der zweitgrößte Tempelkomplex von Bali und einstige Staatstempel der Mengwi-Dynastie **Pura Taman Ayun** („Tempel des schwimmenden Gartens"). I Gusti Agung Putu, der erste Fürst von Mengwi, ließ um das Jahr 1634 über vier Ebenen auf einer Flussinsel erbauen.

Er gilt als einer der prächtigsten Tempel der Insel und repräsentiert den hinduistischen Kosmos. Eine Brücke führt über den breiten Wassergraben voller Lotusblumen zur ersten Ebene, wo an Feiertagen Zeremonien und Hahnenkämpfe stattfinden. Besucher können nur entlang der äußeren Tempelmauern laufen und das heilige Innere nicht betreten. Durch ein geteiltes Tor erreicht man über eine Treppe die zweite Ebene mit Schreinen und einem Brunnen. Auf der dritten Ebene steht der reich verzierte *Bale Pengubengan*. Das Haupttor zur letzten

Ebene wird nur an hohen Feiertagen geöffnet und der Eintritt ist Hindus vorbehalten.

In diesem heiligsten Tempelbezirk stehen 29 Schreine mit bis zu elf übereinanderliegenden Dächern. Das steinerne Eingangstor und die geschnitzten Türen der Schreine sind gute Beispiele für balinesische Handwerkskunst. Pura Taman Ayun feiert sein *Odalan* zehn Tage nach *Kuningan*. Vor dem Tempel gibt es Essen- und Souvenirstände. Eintritt 5000 Rp, Kinder 1500 Rp, ⏰ 8–18 Uhr.

Minibusse fahren ab dem Busbahnhof Ubung in Denpasar für 20 000 Rp nach Mengwi. Der Tempel steht östlich der Hauptstraße, Abzweigung am Markt.

Nur 6 km nordöstlich vom Taman Ayun liegt inmitten der Reisfelder die beliebte, luxuriöse **Balam Bali Villa**, ✆ 0812-3947 0763, 0361-747 3133, 🖳 www.balambalivilla.com, mit 8 in asiatischen Themen gestalteten, komfortablen, schicken Zimmern mit AC, LCD-TV, DVD-Player und Himmelbett, teils in einem alten Bugis-Haus. Pool, Massagen und Tagesausflüge. Frühstück und WLAN inkl. ❻–❼

Kukuh

Nordöstlich von Tabanan, in der Nähe von Belayu, liegt **Pura Alas Kedaton** (Pura Dalem Kahyangan), ein 300 Jahre alter Tempel, der sich in dichtem Wald verbirgt. Der Tempel wird von Affenhorden bevölkert, in den Bäumen hängen Flughunde und es herrscht viel Touristenrummel. Pura Alas Kedaton feiert sein *Odalan* zehn Tage nach *Kuningan*.

Die Einwohner Kukuhs, die regelmäßig Zeremonien in dem Heiligtum abhalten, haben angeblich noch nie einen toten Affen gefunden. Seltsamerweise entdeckt man rundherum viele kleine Erdhügel, deren Anzahl sich ständig vergrößert. Es sieht so aus, als hätten die Affen ihre Toten beerdigt, zumindest glauben das die Leute.

Marga

Rund 10 km nördlich von Tabanan, in Marga, erinnert ein **Denkmal** *(Margarana)* an den Untergang einer Kompanie der jungen indonesischen Republik im Kampf gegen die Holländer. 1946 wollten sich diese Soldaten unter Kommandeur Ngurah Rai den Holländern nicht ergeben. Hunderte Stein-Stupas erinnern an die Gefallenen.

Im Ortsteil Baru sind halb- oder ganztägige balinesische Kochkurse im **Rumah Desa** für US$60–80 p. P. einschließlich Transport und Marktbesuch sowie geführte Wanderungen, Fahrradtouren oder Reinigungszeremonien möglich; auch kombinierte Programme mit Übernachtung. Kontakt: Wayan Sudiantara, ✆ 0361-790 7071, 0812-395 4987 🖳 www.rumahdesa.com.

Bali Butterfly Park

An der Straße zum Batukaru, ca. 6 km nördlich von Tabanan, ist der **Bali Butterfly Park** (Taman Kupu-Kupu) für Freunde der Farbenpracht genau das Richtige. Hier leben Hunderte Arten von Schmetterlingen, darunter schöne Exemplare aus der Gattung der Vogelflügler *(Ornithoptera)* sowie Ritterfalter. Man kann sich von den Mitarbeitern die Lebenszyklen am lebenden Beispiel erläutern und sich mit großen Exemplaren oder auch Stabinsekten und Hirschkäfern fotografieren lassen. Morgens sind die Schmetterlinge am aktivsten. Eintritt US$8,50, ⏰ 8–17 Uhr, ✆ 0361-894 0595.

Perean

Nördlich von Marga, westlich der Straße von Mengwi nach Bedugul, liegt in einer Schlucht an einer Brücke der **Pura Yeh Gangga**, ein Wasserheiligtum mit siebenstufigem Schrein *(Meru Tumpang)*, heiligen Quellen, Badeplätzen und Höhlen. Eine hier gefundene Inschrift trägt die Jahreszahl *Saka* 1256, nach unserem Kalender das Jahr 1334.

Apuan

Nimmt man kurz vor Pacung die Abzweigung von der Hauptstraße nach Westen (links abbiegen), erreicht man nach 4 km auf dem Weg nach Jatiluwih das von Gewürznelken- und Vanilleplantagen umgebene Dorf Apuan. Alle 210 Tage an *Tumpek Krulut*, 35 Tage nach *Kuningan*, findet hier ein spektakuläres Fest statt. *Tumpek Krulut* ist ein inselweiter Festtag, an dem Musikinstrumente, Masken und Tanzkostüme gereinigt und gesegnet werden, begleitet von Opferzeremonien für diese Gegenstände. Im **Pura Natarsari** in Apuan kommen zu diesem Anlass bis zu 60 *Barong* der verschiedensten Typen zu einem dreitägigen Fest zusammen. Alle diese *Barong* sollen miteinander verwandt sein.

Jatiluwih

Das nachweislich seit 1071 bestehende und damit älteste **Anbau- und Bewässerungssystem** (Subak: „verbundenes Wasser") von Bali ist ein unglaublich komplexes architektonisches Meisterwerk in 700–800 m Höhe. Nicht ohne Grund wird es als Unesco-Weltkulturerbe gelistet. Der Name **Jatiluwih** heißt übersetzt „ergreifende Schönheit", und das gilt für die saftig grünen Terrassen, die sich am Hang des Gunung Batukaru in die steilen Schluchten hinunterziehen, allemal. Von den zahlreichen Aussichtspunkten entlang der asphaltierten Straße bieten sich tolle Ausblicke auf das ausgeklügelte, kunstvoll angelegte Bewässerungssystem: Hier kann man Bauern dabei zuschauen, wie sie ihre Felder bestellen, und kleine Schreine mit Opfergaben für die Reisgöttin Dewi Sri inmitten des satten Grüns erspähen. Bereits Walter Spies (S. 131) kam von Ubud aus oft in diese malerische Gegend, um sich inspirieren zu lassen. Bei einer längeren Wanderung entlang der verschachtelten Reisfelder oder einer Fahrradtour kann man die gigantischen Terrassformationen gebührend genießen. Mehr Informationen zu den seit dem 7. Jh. praktizierten Bewässerungsgemeinschaften gibt es im Subak Museum von Tabanan (S. 248).

Besucher müssen an der Straße eine Maut von 15 000 Rp p. P. entrichten.

ÜBERNACHTUNG

Entlang der Straße gibt es Homestays, die ab 150 000 Rp einfache Zimmer mit Du/WC ohne Frühstück bieten. Das milde Klima erübrigt eine Klimaanlage.

Soka Jati Luwih Villas (Bali Nareland Club), Jl. Raya Jatiluwih, 0361-880077, www.balinatureland.com. Schöne Aussicht auf die Landschaft bieten die 7 2-stöckigen, strohgedeckten *Lumbung* aus dunklem Holz dieser älteren Unterkunft mit Quellwasserpool. Alle Zimmer haben Open-Air-Du oder Bad, WC separat, Balkon und bequeme Betten mit Moskitonetz sowie Liegen im Erdgeschoss. Am Wasserfall auf der Rückseite der Anlage steht eine Meditationshütte für Yoga. Mit Frühstück ❺, mit Abendessen, Abholung und Massage ❻.

The Organic Farm Bali, in Munduk Lumbang, 2 km ab der Straße Richtung Jatiluwih, 0813-5337 6905, 0813-3894 3030 www.theorganicfarmbali.com. Wer im angenehm kühlen Hochland im Einklang mit der Natur leben und dabei noch die lokale Bevölkerung unterstützen möchte, ist bei den freundlichen holländisch-balinesischen Gastgebern richtig. Mit Blick auf den Gunung Agung bieten die 2 Häuser etwas Komfort, aber absolute Abgeschiedenheit und Ruhe. Das Wasser kommt aus den nahen Quellen, Obst und Gemüse werden von den Gästen gepflückt und der Kaffee wächst nebenan. Mindestaufenthalt 2 Nächte inkl. Vollpension und Aktivitäten. ❼–❽

Warung Teras and Homestay, direkt an der Straße, 0812-3702 6333. Wer direkt auf die wunderschönen Reiterrassen blicken und dennoch günstig wohnen möchte, sollte sich in einem der 4 sauberen, einfachen Zimmer der netten Vermieterin einquartieren; alle haben komfortable Matratzen, Fliesenböden und Du/WC. Zum Homestay gehört ein kleiner Warung. Frühstück inkl. ❸

TRANSPORT

Die **Anfahrt mit dem eigenen Fahrzeug** aus Zentral-Bali führt von Sangeh (S. 225) zunächst ca. 10 km nach Norden. In Petang geht es dann nach Westen (links) auf eine kleine Nebenstraße ab. Nach 15 Min. über eine nicht mit normalen PKW befahrbare (!), teils unbefestigte Auf- und Ab-Strecke folgt man in Luwus der großen Hauptstraße, die von Denpasar nach Singaraja führt, für 7 km nach Norden (rechts abbiegen), um in Pacung, kurz

Rund um Jatiluwih erstrecken sich die beeindruckendsten Reisterrassen der Insel.

vor Batu Riti, nach Westen (links) auf die Jl. Pacung Jatiluwih Baturiti einzubiegen. Auf dieser Nebenstraße kann man kurz hinter der Abzweigung bei einem Snack im **Uma Luang Sari Restaurant** die schöne Aussicht auf die umliegenden Reisterrassen genießen, ⏱ 10–16 Uhr. Der Straße folgend, beginnt bereits nach weniger als 10 km in Senganan die auffällige Ausschilderung nach Jatiluwih. An der Straßengabelung im Ort geht es rechts ab.

Aus westlicher Richtung kommend, biegt man dagegen von der Tabanan-Batukaru-Straße in Wongayagede in Richtung Osten (links) auf die durchgehend asphaltierte Seitenstraße, die sich 14 km durch die Reisterrassen windet. Der Weg ist sehr gut ausgeschildert.

Batukaru

Batukaru ist eine ruhige Alternative zu dem von Touristen bevölkerten Pura Besakih. Selbst Getränkekioske sucht man hier vergeblich. Am Südhang des 2276 m hohen erloschenen Vulkans, des „Muschelbergs", steht das wenig besuchte, kleine Bergheiligtum **Pura Luhur Batukaru** auf einer Lichtung im Dschungel in 825 m Höhe, im Hintergrund der Schlund des Vulkankraters. Nur wenige Meter östlich der Tempelbauten liegt ein Wasserheiligtum. Stufen führen hinab zu einem stillen Teich mit einer winzigen Insel in seiner Mitte. Dichte Vegetation säumt die Ufer. Man sollte sich genügend Zeit lassen, um die Stimmung dieser heiligen Stätte auf sich wirken zu lassen.

Der Gründer des Pura Luhur Batukaru, Empu Kuturan, ein Hindu-Heiliger aus Java, hat hier wohl schon eine Kultstätte vorgefunden, als er im 11. Jh. den Tempel als einen der vier Richtungstempel für die Himmelsrichtung Westen erbauen ließ. Ein siebenstufiger *Candi* deutet auf Majapahit-Einflüsse hin und ist Mahadewa geweiht, dem Gott des Westens, eine der neun Richtungsgottheiten und Spender von Fruchtbarkeit und Wachstum. Deshalb ist die Anlage nicht wie sonst üblich auf den Gunung Agung ausgerichtet, sondern auf den Gunung Batukaru. Zugleich ist der Tempel auch der Ahnentempel der *Rajas* von Tabanan mit Schreinen für die Götter der drei Bergseen Bratan, Buyan und Tamblingan.

Pura Luhur Batukaru wird in allen Verzeichnissen der sechs heiligsten Tempel Balis *(Sad Kahyangan)* aufgeführt. Sein *Odalan* feiert er einen Tag nach *Galungan,* immer an einem Donnerstag.

Er ist wohl der einzige Tempel auf Bali, bei dem ein Schild den Zutritt für schwangere Frauen und Kinder unter fünf Jahren verbietet. Auch sonst finden sich über die gesamte Tempelanlage verteilt viele multilinguale, auch in Deutsch verfasste, Verbotsschilder. ☉ 8.30–17 Uhr, Eintritt 10 000 Rp, zudem Sarong- und *Slendang*-Verleih gegen Spende.

Naturreservat und Bergbesteigung
Die feuchten Urwälder auf dem Gunung Batukaru sind neben dem Nationalpark im Westen von Bali das einzige nennenswerte Wildgebiet der Insel. In dem 1762 ha großen Naturreservat **Cagar Alam Batukaru** finden Ornithologen mit Geduld und Fernglas ein lohnendes Betätigungsfeld vor.

Zudem kann vom Pura Luhur Batukaru aus der Gunung Batukaru bestiegen werden. Der Aufstieg ist schwer und nur mit guter Kondition, Essensvorräten und passender Ausrüstung zu empfehlen. Nachdem man etwa 200 m westlich vom Tempelkomplex einen Bach überquert hat, beginnt ein steiler, glitschiger Pfad zum Gipfel des Vulkans. Mit einer guten Aussicht wird man allerdings nicht belohnt, da der Berg von dichtem Dschungel überzogen ist. Oben steht ein kleiner Tempel. Wer den Berg besteigen möchte, findet am Pura Luhur Batukaru Guides.

Achtung: In der Vergangenheit wurden Travellern horrende Preise und Märchen aufgetischt: Selbst gut ausgerüstete Bergsteiger mit eigenem Guide wurden zum Entrichten fadenscheiniger Gebühren genötigt. In einschlägigen Foren wie 🖥 www.gunungbagging.com/batukaru wird daher eine alternative Route von Jatiluwih aus angeraten.

Unternehmungslustige können mit einem Guide auch in einigen Stunden nach Westen zum **Pura Luhur Mekori** wandern, einem Heiligtum an der Bergstraße von Badegede nach Seririt.

Penatahan
Auf dem Weg zum Batukaru liegen 1 km südlich von Penatahan die heiligen **heißen Quellen von**

Die Versöhnung: Tabanan und Buleleng

Ein altes Manuskript berichtet von der Zerstörung des Pura Luhur Batukaru im Jahre 1604 durch einen König aus Buleleng (Nord-Bali), der gegen Tabanan Krieg führte. Der König und seine Truppen wurden anschließend von Millionen von Wespen angegriffen und in die Flucht geschlagen: die Vergeltung der erzürnten Götter. Doch der König bereute, und heute finden sich neben den Schreinen für die Ahnen der *Tabanan*-Dynastie auch die für die Vorfahren der Herrscher aus Buleleng.

Yeh Panas. Um sie herum ist ein kleiner Tempel errichtet worden, weitere Quellen gibt es unterhalb des Tempels am Ufer des Flusses Tukad Yeh Ho. Wer nur den Tempel besichtigen möchte, zahlt 10 000 Rp Eintritt. Wer baden will, zahlt pro Person überteuerte 100 000 Rp, Kinder 50 000 Rp.

Westlich des Gunung Batukaru
Kurz vor dem Pantai Medewi (S. 257) zweigt nach Nordosten eine selten befahrene Nebenstraße über Tista nach Pupuan ab. Auf halbem Weg zwischen Pulukan und Tista verläuft sie bei **Asahduren** durch ausgedehnte Gewürznelken-Plantagen. Eine Attraktion ist der **Bunut Bolong**, ein riesiger *Waringin* (Banyan-Baum), der am nördlichen Ortsausgang auf beiden Seiten der Straße Wurzeln geschlagen hat, sodass man mit dem Auto durch ihn hindurchfahren muss.

Eine weitere kleine Verbindungsstraße geht in Antosari, einige Kilometer östlich vom Pantai Balian (S. 258), Richtung Norden ab und führt bis nach Mayong (S. 286). Auf der Strecke liegt etwa 10 km südlich von **Pujungan** der **Pura Luhur Mekori** in einem Wald. Der kleine Tempel ist kein typisch balinesischer Tempel, auch wenn der Name dies vermuten lässt. Es gibt weder Tempelmauern noch Schreine. Vielmehr handelt es sich um ein altes, schmuckloses Megalith-Heiligtum auf einer Waldlichtung.

Den höchsten Punkt passiert der Weg zwischen den Dörfern Pujungan und Pupuan am Westhang des Gunung Batukaru. Hier gibt es östlich der Straße einen Wasserfall zu entdecken.

ÜBERNACHTUNG

Bali Eco Stay, Kanciana (Kemetug), Gunung Salak, ☎ 0813-3804 2326, 🖥 www.baliecostay.com. In idyllischer Lage zwischen den Reisfeldern hat man von den 5 individuell und liebevoll gestalteten Bungalows mitunter Aussicht bis zur Küste oder auf den kleinen Bergbach, der die Anlage durchfließt, den Pool speist und das Trinkwasser liefert. Die in offener, einladender Architektur erbauten Häuschen für 2–4 Pers. bestechen durch ihr elegantes, aber unaufdringliches Interieur. Neben Trekking- und Fahrradtouren, Workshops und Massagen finden mehrtägige Yoga Retreats statt. Im Restaurant kommt Bio-Kost aus eigenem Anbau auf die Teller und mit den Gewinnen werden Projekte in der direkten Umgebung unterstützt. Gutes Frühstück und WLAN inkl. **❼**–**❽**

Bali Mountain Retreat, ☎ 0828-360 2645, 🖥 www.balimountainretreat.com. Wer sich von der Hektik der Touristenzentren erholen möchte, findet am Südhang des Batukaru 5 Häuschen – vom einfachen *Lumbung* mit Warmwasser-Du/WC bis zum komfortablen Lotus House mit Schlaf- und Wohnbereich, separater Du und WC sowie LCD-TV, DVD-Player und Veranda. Die ökologisch nachhaltig gemanagte Anlage nutzt Quellwasser vom Berg und hat ein Restaurant mit Bio-Essen und ein Spa. Neben Yoga Retreats und Workshops auch von Lesern empfohlene Rad- und Trekkingtouren. Abholung empfehlenswert (aus Süd-Bali 350 000–380 000 Rp). **❸**–**❻**

Cempaka Belimbing Guest Villas, Blimbing, ☎ 0361-745 1179, 🖥 www.cempakabelimbing. com. Am Hang des Gunung Batukaru in etwa 600 m Höhe kann man in der kleinen, herrlich gelegenen Anlage mit prächtigem Garten, Pool sowie großartiger Aussicht auf die Reisterrassen übernachten. 16 Villen in traditioneller balinesischer Architektur mit Möbeln im Antik-Look, guten Betten, Open-Air-Du/WC und teils AC; totale Ruhe und sehr zuvorkommendes Personal. In der Umgebung sind schöne Trekking- und Fahrradtouren möglich. Bei Onlinebuchung deutlich günstiger. **❼**–**❽**

Sanda Butik Villas, Sanda, ☎ 0828-372 0055, 🖥 www.sandavillas.com. Inmitten einer alten Kaffeeplantage liegt das kleine, charmante Hotel mit spektakulärer Aussicht vom Überlaufpool und den großen Terrassen der geräumigen Doppelbungalows. 8 komfortable Zimmer mit guten Betten, AC, TV und Kühlschrank. Frühstück und WLAN inkl. **❻**

Sarinbuana Eco Lodge, Desa Sarinbuana, ☎ 0828-9700 6079, 🖥 www.balieco lodge.com. Nördlich von Dalang auf 700 m Höhe haben Linda und Norm ein ökologisches verträgliches kleines „Hideaway" mit familiärer Atmosphäre geschaffen. Die 5 aus Naturmaterialien erbauten Bungalows für 2–5 Pers. stehen in einem tropischen Garten und bieten allen Komfort, mit Himmelbetten, geschnitzter Einrichtung und liebevoll naturnah dekoriertem Open-Air-Du/WC mit Warmwasser sowie Verandas mit toller Aussicht über Reisterrassen und Dschungel. Auch Familien-Zimmer. Reisfeldwanderungen und leckere Bio-Kost im Restaurant. Frühstück und WLAN inkl. **❼**

TRANSPORT

Ab Tabanan verkehren **Minibusse** nach WONGAYAGEDE sowie nach PENEBEL (beide mindestens 10 000 Rp).

Mit dem **eigenen Fahrzeug** kann man von Wongayagede aus auf schmalen Straßen durch die Reisterrassenlandschaft von Jatiluwih nach PACUNG fahren.

Nach SARINBUANA geht es von Tabanan auf der Hauptstraße nach Westen und nach 8 km durch den Ort Meliling. Nach der großen Brücke zweigt eine Straße in nördliche Richtung nach Gadungan und Dalang ab. Danach der Beschilderung nach Sarinbuana folgen.

Jembrana-Küste

Pantai Soka

Die Straße Richtung Westen nach Negara und Gilimanuk verläuft gut 20 km westlich von Tabanan am Pantai Soka zum ersten Mal an der Küste entlang. Hier bietet sich ein wunderbares Panorama mit dem langgezogenen, pechschwarzen Sandstrand und der gewaltigen

Brandung südlich sowie schönen Reisterrassenformationen nördlich der Straße.

An der Hauptstraße befindet sich ein riesiger Parkplatz für Touristenbusse; das gigantische Hinweisschild „Soka Indah", 🖥 www.soka indah.com, weist den Weg. Neben einer vernachlässigten Bungalowanlage, einem Restaurant, etlichen Kiosken und dem Soka Art Shop liegt hier das vom Künstler I Ketut Nuada initiierte, skurrile **Ogoh-Ogoh-Museum** mit 25 Exponaten der 3–6 m hohen, aufwendig hergestellten Pappmaché- und Styroporfiguren, die normalerweise in einer feierlichen Prozession symbolisch für die bösen Geister *(buthakala)* am Tag vor *Nyepi* verbrannt werden. Hinter einem schwarzen Vorhang warten nicht nur gruselige Rangda-Figuren, sondern zahlreiche aus den Epen *Ramayana* und *Mahabharata* sowie der balinesischen Folklore bekannte Charaktere im Kampf zwischen Gut und Böse, wie etwa Shiva, der auf einem Büffel reitet, Yudhistira, der einen mehrköpfigen Riesen erledigt, oder Rahwana und sein Bruder Kumbakarna; Eintritt 5000 Rp. Am späten Nachmittag ist das ganze Areal wie ausgestorben.

Das dem Pantai Soka vorgelagerte **Korallenriff** ist fast kreisförmig und einer alten Sage nach der umgeworfene Kochtopf des Riesen *Kbo Iwo*, der auch für die Entstehung des Gunung Batur verantwortlich sein soll (S. 288).

Kurz vor Soka in Badegede zweigt eine interessante Straße nach Norden ab, die über Belimbing, Pupuan und Mayong an die Nordküste führt (S. 286, Munduk).

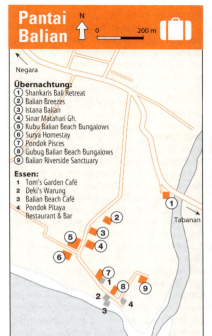

Pantai Balian

In Balian wohnt man angenehmer als in Medewi, die Leute sind freundlich, und in den kleinen Hotels finden auch ruhesuchende Familien Entspannung. Die ländliche Umgebung ist von Kokospalmen und plätschernden Bächen durchzogen. Die wilde Brandung am schwarzen, durch viel Treibgut verunzierten Sandstrand ist auch für Nicht-Surfer beeindruckend.

In Balian kommen **Surfer** bei den richtigen Strömungsverhältnissen voll auf ihre Kosten. Für erfahrene Surfer, denen das Meer in Medewi zu ruhig ist, sind die Wellen an der Flussmündung des Balian-Flusses wie ein Abenteuerspielplatz, zugleich aber nicht ganz so gefährlich wie die Surfreviere von Uluwatu (S. 196). Besonders zwischen Juni und September können die Kunststücke der Wellenreiter in der meterhohen Brandung bestaunt werden. Wer sich selbst hinauswagen will, sollte auf die vielen freistehenden Felsen und die teils starke, gefährliche Strömung achtgeben. Außerdem spült der Fluss besonders in der Regenzeit schmutzige Wassermassen ins Meer, sodass die Ohren mit Ohrstöpseln geschützt werden sollten. Aufgrund der zahlreichen spitzen Steine empfiehlt sich das Tragen von Riffschuhen.

Pantai Medewi

Bei Pulukan und Pekutatan, 25 km westlich von Balian, befindet sich am steinigen Medewi-Strand der bekannteste Surfspot von West-Bali. Einschlägige Surfzeitschriften behaupten, dass es hier die längsten Lefthand Breaks der Insel gibt, und hin und wieder finden Surfcamps und -veranstaltungen statt. Einige Restaurants, Unterkünfte und ein Surfladen haben sich hier angesiedelt, um am Ansturm der Surfer mitzuverdienen. Der steinige Grund erfordert auch hier das Tragen von Riffschuhen. Für Nicht-Surfer gibt es keinen Badestrand und kaum Freizeitalternativen. Eintritt an der Zufahrt zu den Hotels 5000 Rp.

Yeh Embang

6 km westlich von Medewi liegt der Küstentempel **Pura Luhur Rambut Siwi**, der dem Heiligen Danghyang Nirartha geweiht ist, weil er an diesem Ort einst ein Dorf von einer Seuche befreite. Da er anschließend weiter zum *Raja* von Gelgel zog, hinterließ er den dankbaren Bewohnern, die ihn gerne dauerhaft aufgenommen hätten, nur ein paar Haare (*Rambut* = Haar).

Das Heiligtum liegt auf einem Felsen über einem dunklen Strand und lädt zum Verweilen ein. Neben dem dreistufigen *Meru* für Nirartha sind Schreine für die Göttin der Gewässer, *Dewi Danu*, und für *Shiva* als Gottheit des Gunung Agung errichtet. Zwei Treppen führen hinunter an den Strand zu kleineren Tempeln und Höhlen. Pura Luhur Rambut Siwi feiert *Odalan* an *Perangbakat Anggara*, immer an einem Dienstag, fast zwölf Wochen nach *Kuningan*.

ÜBERNACHTUNG

Pantai Soka
Karte S. 244

Rumah Pantai Bali, 3 km westlich des Pantai Soka, ☎ 0361-734770, 0812-391 5149, 🖵 www.villarumahpantai.com. Der Deutsche Rainer betreibt eine schöne und moderne, aber auch teure Villa auf den Klippen mit Aussicht auf das tosende Meer. 4 große, komfortable, gemütliche Zimmer mit AC, TV mit DVD-Player und Warmwasser-Du/WC. Großes, offenes Wohnzimmer und Gemeinschaftsküche mit viel Platz für Erholung. Pool, WLAN und Frühstück inkl. ❼–❽

Pantai Balian
Karte S. 257

Die Abzweigung, die von der Hauptstraße zur Balian-Bucht führt, liegt 7 km nordwestlich vom Pantai Soka. Von hier sind es nochmals etwa

600 m bis zu den ersten Hotelanlagen. Manchmal wird ein Eintritt von 5000 Rp an der Straße erhoben.

Balian Breezes, ☎ 0817-344520, 🖵 www.balianbreezes.com. Das 2-stöckige, kühle Ferienhaus in einem schönen Garten mit kleinem Pool und Liegen eignet sich auch für Familien. Die sauberen Zimmer haben AC, gute Betten, LCD-TV mit DVD-Player, große Warmwasser-Du/WC, Kühlschrank, Terrasse und eine offene Gemeinschaftsküche. Frühstück und WLAN inkl. ❺

Balian Riverside Sanctuary, ☎ 0813-3879 7722, 🖵 www.balianriversidesanctuary.com. Am östlichen Ende der Bucht an der Flussmündung gelegene Gartenanlage mit Pool und 5 schönen, geräumigen, 2-stöckigen Bungalows mit TV, DVD-Player und offenem Stein-Du/WC mit schön verzierten Türen, teils auch 2-stöckig mit Küche. Nettes Personal. Frühstück und WLAN inkl. ❺–❻

Gubug Balian Beach Bungalows, ☎ 0812-3963 0605, 3284647. Inmitten ehemaliger Reisterrassen liegen 5 massive Häuschen aus Ziegelstein mit kleinen Du/WC, teils auch AC, TV und DVD-Player, die trotz der großen Glasfront recht dunkel sind. Motorradverleih. Frühstück und WLAN inkl. ❸–❹

Istana Balian, ☎ 0878-6209 5656, 🖵 www.istanabalian.com. Recht beengte Anlage mit kleinen, aber modernen Zimmern mit AC, sehr großem LCD-TV mit DVD-Player, Kühlschrank und Warmwasser-Du oder Bad/WC sowie einem schönen Pool, der nachts in tiefblau erleuchtet ist. Freundliches Personal. Frühstück im Restaurant und WLAN inkl. ❺

🧳 **Kubu Balian Beach Bungalows**, ☎ 0815-5861 5061, 🖵 www.kububalian.com. Sehr nette, ruhige, familienfreundliche Anlage mit kleinem Pool. 4 Zimmer in gepflegten, geräumigen und sauberen Bungalows mit guten Betten, großer Veranda, Warmwasser-Du/WC, Moskitonetz und Kühlschrank, teils auch mit Küche. Das große Familienhaus mit 3 Schlafzimmern kostet 1,2 Mio. Rp und bietet von oben eine tolle Aussicht. Für frohe Gemüter sorgen Honey, die Ente, und ihr bester Freund, Hund Jackey. Einfaches Frühstück und WLAN inkl. ❹

Pondok Pisces, ☎ 0813-3879 7722, 🖥 www.
pondokpiscesbali.com. Die 5 kreativ eingerichteten, aber überteuerten, mit *Alang-Alang*-Gras
gedeckten, 2-stöckigen und teils mit schönen
Schnitzereien verzierten Holzbungalows mit
Terrasse haben gute Matratzen, LCD-TV mit
DVD-Player, Kühlschrank, Wasserkocher und
teils aus Naturstein gebaute Du/WC, ein Bungalow auch mit AC. Café und Restaurant. Frühstück
und WLAN inkl. ❺

Shankaris Bali Retreat, an der Hauptstraße
500 m östlich der Abzweigung, ☎ 0361-814993,
🖥 www.shankarisbaliretreat.com. Süßes, auf
einem Hügel gelegenes Hotel unweit des
Meeres mit Café-Restaurant, 3 Pools und
13 sauberen Bungalows mit großer, mosaik-
verzierter Open-Air-Du/WC sowie Moskitonetz,
ein Zimmer auch mit AC. Die teureren Zimmer
haben ruhige Terrassen mit Blick über den
Palmenwald. Neben Kursen für 80 000 Rp p. P.
auch Yoga-Pauschalangebote und Retreats.
Frühstück und WLAN inkl. ❺–❻

Sinar Matahari Gh., ☎ 0813-3846 6448,
🖥 www.sinarmataharibali.com. Kleine Anlage
mit Pool und 5 einfachen, großen Zimmern mit
Bambusmöbeln, harten Matratzen, Moskitonetz,
TV mit DVD-Player, einer großen, luftigen
Veranda und Du/WC. ❷–❸

€   **Surya Homestay**, ☎ 0813-3868 5643,
✉ wayan.suratni@gmail.com. Die sehr
freundlichen Gastgeber Putu (die sehr gut
Englisch spricht) und Wayan vermieten in
ihrem kleinen Garten mit Bananenstauden
5 einfache, saubere und geräumige Bungalows
mit Moskitonetz, Du/WC und Veranda zu
günstigen Preisen. Frühstück inkl. ❷
Weitere Übernachtungsmöglichkeiten
s. **eXTra [4225]**.

Pantai Medewi
Karte S. 244

CSB Beach Inn, Pulukan, ☎ 0813-3866 7288.
Einige Kilometer vor Medewi, ruhig zwischen
Dorfrand und Meer gelegen, beherbergt
das rosafarbene Haus mit Parkplatz und
Mangobaum 18 große, einfache Zimmer, teils
mit AC und Warmwasser-Du/WC, die oben auch
mit Blick aufs Meer. Mountainbike-Verleih.
Frühstück inkl. ❷–❸

Mai Malu Rest. & Gh., ☎ 0819-1617 1045,
✉ maimalu.medewi@yahoo.com. Das
günstigste Hotel an der Straße in der Nähe
des Surferstrandes hat 8 saubere, etwas
abgewohnte, enge Zimmer mit Federkernmatratzen und sehr kleiner Du/WC. Hoch-
terrasse und obere Zimmer mit Blick aufs
Meer. Das Restaurant ist ebenso günstig. ❷

🏛   **Puri Dajuma Cottages**, Pekutatan, am
Ende einer 1,8 km langen Zufahrt von
der Hauptstraße, ☎ 0365-43955, 🖥 www.
dajuma.com. Ansprechendes Resort mit
Steinbungalows und Pool in einem schönen
Garten mit vielen Bäumen am Strand. 21 große,
hübsche Zimmer mit AC, Safe, Minibar, Moskitonetz, Hängematte und begrüntem Open-
Air-Bad/WC. Auf Wunsch kulturelle Vorträge,
Touren zu Büffelrennen bei Negara und Trekking im Bali Barat-Nationalpark ab Belimbingsari für 53 € p. P. Außerdem ein Spa,
Surfbrettverleih, ein japanisches und ein
internationales Restaurant. Frühstück und
WLAN im Restaurant inkl. ❼
Weitere Übernachtungsmöglichkeiten
s. **eXTra [4229]**.

ESSEN

Pantai Balian
Karte S. 257

Balian Beach Café, ☎ 0858-5735 2329.
Einfacher Warung in Strandlage, der eine kleine
Auswahl an indonesischen und internationalen
Gerichten serviert, darunter frische Grill-
gerichte mit Reis und Gemüse ab 25 000 Rp.
🕐 8–22 Uhr.

Deki's Warung, ☎ 0878-6072 0769. Hier kann
man aus der kleinen Karte zwischen gegrilltem
Rind, Schwein, Huhn oder Fisch wählen und
den Meerblick genießen. Hauptgerichte ab
20 000 Rp. 🕐 7–22 Uhr.

Pondok Pitaya Rest. & Bar, 🖥 www.pondok
pitaya.com. Die freundliche Bedienung im
großen Restaurant am unteren Ende der Straße
serviert leckere, große Burritos für 69 000 Rp
und Quesadillas sowie Burger, Pizzen und
anderes ab 40 000 Rp. Auch Cocktails und Bier.
Ein Muss zum Sonnenuntergang. Zudem
Frühstück und Vermietung von Zimmern mit
Pool. WLAN. 🕐 8–23 Uhr.

WEST-BALI   Übersichtskarte S. 244

www.stefan-loose.de/bali

JEMBRANA-KÜSTE   **259**

Tom's Garden Café, ✆ 0813-379 7722. Das zum Pondok Pisces gehörende Café und Restaurant offeriert neben indonesischen Gerichten auch Hamburger, Sandwiches und Pasta. Fr wird gegrillt. Hauptgerichte ab 40 000 Rp. WLAN bis 18 Uhr inkl. ⏲ 8–21 Uhr.

TRANSPORT

Zu den Abzweigungen, die zum Pantai Soka, Pantai Balian oder Pantai Medewi sowie zum Pura Luhur Rambut Siwi führen, kommt man mit den **Bussen**, die auf der Hauptstraße zwischen Denpasar und Gilimanuk verkehren.

Negara und Umgebung

Das Verwaltungszentrum des Distrikts **Jembrana** liegt 74 km westlich von Tabanan an der Hauptstraße nach Gilimanuk. Die freundliche Kleinstadt hat für Touristen neben den spektakulären **Wasserbüffelrennen** (s. u.) nicht viel zu bieten. Sie weist jedoch einen sehr ursprünglichen Charakter auf, der weit entfernt von den touristischen Zentren der Insel einen ganz eigenen Charme versprüht. Traditionelle Pferdekutschen werden noch als Fortbewegungsmittel genutzt.

Im Distrikt Jembrana stößt man auf einige musikalische Besonderheiten. Ein gebräuchliches Musikinstrument ist das **Bumbung**, eine Art Bambus-Xylophon. Tänze und Tanzdramen, die von diesem Instrument begleitet werden, sind u. a. der auf der ganzen Insel beliebte *Joged Bumbung*. Der *Joged* ist ein reiner Unterhaltungstanz, bei dem sich die Tänzerinnen ihre Partner aus dem Publikum holen. Ein weiterer für diese Gegend typischer Tanz ist *Kendang Mebarung*, der meist mit einem Trommler-Wettstreit endet.

Übernachten kann man im **Hotel Wira Pada**, Jl. Ngurah Rai 107, neben dem Hardy's Supermarkt, ✆ 0365-41161, 🖥 www.gruphardys.com/hardyshotel, eine Art Motel mit bunten Fluren und Restaurant. Die billigsten der 46 Zimmer sind sehr einfach, bessere mit AC und teils LCD-TV, die teuersten modern. Auch ein Häuschen im balinesischen Stil mit schönen Türen, moderner Einrichtung und Jacuzzi-Bad/WC. Frühstück und WLAN inkl. ❷–❹

Der große **Hardy's** Supermarkt nebenan bietet die breiteste Auswahl an Lebensmitteln und Kosmetikartikeln westlich von Denpasar, ⏲ 8–22 Uhr.

Busse via TABANAN (20 000 Rp, 2 1/2 Std.) zum Busbahnhof Ubung in DENPASAR fahren bis zur Mittagszeit für 30 000 Rp in 3 Std. Nach GILIMANUK zudem vereinzelt nachmittags für 10 000 Rp in 1 Std.

Perancak

Nach Perancak geht es über Mendoyo an der Straße nach Denpasar und dann über die Abzweigung am Markt von Tegal Cangkring. In dem

11 HIGHLIGHT

Die Wasserbüffelrennen von Negara

In den 1930er-Jahren entwickelten Reisbauern die im Westen Balis berühmten Büffelrennen *(Meke-pung)*, um die langweilige, arbeitsarme Trockenzeit zu überbrücken. Daraus entwickelte sich ein populärer, ernstzunehmender Wettkampf zwischen zwei Jockeys. Früher wurden die Mannschaften entsprechend ihrer geografischen Herkunft aufgeteilt: Westlich des Flusses Tukad Ijo Gading, der direkt durch Negara fließt, trug das Team eine rote Fahne, während die östliche Mannschaft durch eine grüne Fahne identifizierbar war.

Heutzutage finden besonders in den Monaten April/Mai und September/Oktober jeden Sonntagvormittag auf den abgeernteten Reisfeldern rund um Negara (z. B. in Tuwed) kleinere Ausscheidungsrennen mit festlich ausgelassener Stimmung statt, die bereits Hunderte von Zuschauern anlocken. Den Höhepunkt eines Rennjahres aber bilden der große, prestigeträchtige Jembrana Regent's Cup und der Governor's Cup, die für gewöhnlich auf der Rennbahn von Negara abgehalten werden.

Ein bunt dekorierter zweirädriger Karren *(cikar)* mit Jockey wird von zwei Büffeln *(kerbau pepadu)* gezogen, die kräftemäßig und farblich zueinander passen sollten. Die bis zu einer Tonne schweren Kraftpakete werden eigens zu diesem Zweck gezüchtet und müssen keine Feldarbeit verrichten. Vor dem Rennen werden ihre Köpfe reich verziert *(gelungan)*, die Hörner von bunten Stoffsocken eingehüllt und auf der Deichsel ein Banner *(badong)* befestigt. So erinnert ihr Aussehen etwas an traditionell geschmückte balinesische Tänzerinnen. Auf das Startsignal hin donnern diese sonst so sanften, fast schon plump wirkenden Tiere mit einer verblüffenden Geschwindigkeit von bis zu 60 km/h an den johlenden Zuschauern vorbei die Strecke hinunter, um eine Wendemarke herum und wieder zurück. Da Wasserbüffel weiche Hufe haben, zieht man Reisfelder der Straße vor, damit sich die Tiere nicht verletzen.

Die Rennstrecke ist etwa 2 km lang und so schmal, dass sie nur für einen Karren Platz bietet. Es starten immer nur zwei Karren gleichzeitig, der eine 10 m hinter dem anderen. Sieger ist nicht unbedingt das schnellste Team, denn auch Stil und Eleganz werden bewertet. Der vordere Wagen muss jedoch vor dem hinteren ins Ziel kommen, um eine Chance auf den Sieg zu haben.

Es kommt immer wieder vor, dass der Jockey die Kontrolle über seine Bullen verliert und der Wagen von der Strecke ausbricht. Dann gilt es, der tonnenschweren Gefahr so schnell wie möglich auszuweichen. Manchmal fallen Jockeys in Trancezustände. Auch dann gilt es, ihnen aus dem Weg zu gehen.

Mit den Rennen erbitten die Balinesen den Segen der Götter für die nächste Ernte. Gleichzeitig geben die Büffel etwas von ihrer Kraft an die Reisfelder ab. Wie immer bei solchen Veranstaltungen wird hoch gewettet.

Die genauen Termine sind jedes Jahr verschieden, am besten ist es, sich vorher beim Touristeninformationsbüro in Negara, ☎ 0365-41210, ext. 224, zu informieren.

---

kleinen, mehrheitlich moslemischen Küstendorf südlich von Negara landete Mitte des 16. Jhs. der berühmte Shiva-Priester Danghyang Nirartha nach seiner Überfahrt von Blambangan (Java) in einer Kürbisschale und ruhte unter einem *Ancak*-Baum, einem Verwandten des Banyan. Der an dieser Stelle erbaute Tempel heißt deshalb **Pura Gede Perancak**, eine schöne, an einer Flussmündung gelegene Anlage aus weißem Korallengestein. Das *Odalan* wird an *Buda Umanis Medangsia*, elf Tage nach *Kuningan*, an einem Mittwoch gefeiert.

Pengambengan

Der Ort Pengambengan, knapp 6 km südwestlich von Negara, ist der wichtigste Fischereihafen von Bali. Die Fischer kreuzen mit ihren bunten, oft mit Darstellungen von Hindu-Gottheiten verzierten *Prahu*, den traditionellen Booten, in der Meeresstraße Selat Bali. Einige haben Hochsitze, auf denen der Kapitän „thront", während die Boote in Zweierpaaren hinausfahren. Ein Großteil des Fangs wird gleich am Strand in Konservenfabriken verarbeitet – was deutlich zu riechen ist.

Der Shiva-Priester Danghyang Nirartha hat in Pengambengan der Sage nach mit einem Teakholz-Ast Wasser geschöpft. Aus dem Ast wuchs ein mächtiger Teakbaum, in dessen Stamm sich in einer Aussparung immer neues heiliges Wasser sammelt. Seither steht im Nordosten des Orts der **Pura Dang Kahyangan Jati**.

Palasari, Warnasari und Belimbingsari

Auf halbem Weg zwischen Negara und Gilimanuk zweigen Straßen zu Dörfern ab, in denen balinesische Christen leben. In **Palasari** und **Warnasari** wohnen etwa 1500 Katholiken, die 1700 Einwohner von **Belimbingsari** sind Protestanten.

Sehenswert ist die katholische Kirche **Gereja Santo Fransiskus** in Palasari, die 1940 unter Schirmherrschaft des holländischen Pastors erbaut wurde und auf einmalige Weise balinesische Bau- und Dekorationselemente mit gotisch-christlicher Symbolik vereint. Die schöne, 1955–58 erbaute **Gereja Katolik Hati Kudus Yesus** in Warnasari weist typisch balinesische Dachformen und Verzierungen auf. Auch balinesisch-hinduistische Kulturelemente wurden hier ins Christentum integriert. So sind beide Kirchen mit den gleichen Stilmitteln dekoriert, die von Balinesen während der *Galungan*-Feiern verwendet werden. Zur Weihnachtsmesse tragen die Gläubigen dieselbe Festtagskleidung, die sonst bei hinduistischen Tempelfesten getragen wird. In den kirchlichen Schulen wird zudem Musik und Tanz unterrichtet, wobei hier nicht *Mahabharata* und *Ramayana*, sondern biblische Themen mit balinesischen Tänzen dargestellt werden.

1,5 km nördlich von Palasari wurde in den späten 1980er-Jahren ein **Staudamm** gebaut, der die Insel mit Strom versorgt und als 1300 ha großes, 8 Mio. m³ fassendes Wasserreservoir dient. Der Staudamm ist ein beliebtes Wochenendausflugsziel.

Rund 8 km von der Hauptstraße entfernt gelangt man der Beschilderung folgend zum komfortablen, 26 Zimmer zählenden **Taman Wana Villas & Spa**, ✆ 0365-40970, 🖳 www.bali-tamanwana-villas.com. Die älteren, runden, strohgedeckten und geräumigen Häuser punkten mit großen Panoramafenstern und absoluter Abgeschiedenheit. Zu der schönen Anlage mit Überlaufpool am Südrand des Nationalparks gehören auch 8 ha große ökologische Anbauflächen. Spa, Trekkingtouren und geführte Spaziergänge. Onlinebuchung günstiger. Frühstück und WLAN inkl. ❼

Gilimanuk

Der Hafen für die Fähren zwischen Bali und Java liegt 128 km von Denpasar und 88 km von Singaraja entfernt auf einer kleinen Halbinsel. Auf der von Lastwagen stark befahrenen Schnellstraße kann man Gilimanuk von Denpasar aus in ca. drei Stunden erreichen. Die Bevölkerung stammt mehrheitlich aus Java und Madura und ist folglich moslemisch geprägt. Kurioserweise ist das markanteste Bauwerk jedoch keine Moschee, sondern die 2012 errichtete, 25 m hohe, weiße, auf das Meer hinausblickende Buddha-Statue des **Vihara Empu Astapaka**, 🖳 www.viharaempuastapaka.org. Die symbolische Haltung ihrer beiden erhobenen Hände *(Abhaya Mudra)* drücken Furchtlosigkeit und Wohlwollen aus, was böse Geister abwehren und den zur See fahrenden sicheres Geleit bieten soll.

ÜBERNACHTUNG

Für Hängengebliebene gibt es alte, wenig einladende Unterkünfte. Angenehmer wohnt man in Banyuwangi auf der javanischen Seite oder in Pemuteran 30 km nordöstlich.
Hotel Sari, Jl. Pogot 333, 1 km vor dem Fährhafen südlich der Straße, ✆ 0365-61264. Zimmer mit sehr einfachen Du/WC, teils auch AC, TV, Kühlschrank und Warmwasser. Restaurant. ❷
Nusantara I, ✆ 0815-5890 6977. In direkter Nähe zur Moschee gibt es spartanisch eingerichtete, aber saubere Zimmer mit Du/WC, teils auch AC, TV und Warmwasser. Frühstück inkl. ❶–❷

TRANSPORT

Busse

Ab dem Busbahnhof gegenüber vom Hafen fahren Busse und Minibusse (oft erst, sobald sie voll sind) nach:
DENPASAR (Busbahnhof Ubung, 130 km) via NEGARA (10 000 Rp in 1 Std.) für 25 000–35 000 Rp in 3–4 Std.,
PADANG BAI gegen 3, 3.30, 13 und 14 Uhr für 50 000 Rp,
SINGARAJA (100 km) via PEMUTERAN und LOVINA morgens für 30 000 Rp in 2 1/2 Std.

Fähren

Nach KETAPANG/BANYUWANGI (Ost-Java) verkehren Fähren alle 15–30 Min. rund um die Uhr für 6500 Rp, Kinder 5500 Rp, Motorrad 18 000–36 000 Rp, Auto 124 000 Rp, in etwa 1 Std. Den **Zeitunterschied** beachten: In Java ist es 1 Std. früher als auf Bali.

Bali Barat-Nationalpark

Der 190 km² große Nationalpark im Westen der Insel ist der einzige auf Bali und umfasst eine Hügelkette mit dem Gunung Pal (1177 m) und dem Gunung Merbuk (1394 m) sowie den äußersten Zipfel der Insel, ein Kap um den Gunung Prapat Agung (310 m) nördlich von Gilimanuk. In der **Teluk Terima** und auf **Pulau Menjangan** gibt es tolle Korallengärten, Schildkrötenstrände und Seevogelkolonien, die den *Taman Nasional Bali Barat* für Taucher und Vogelfreunde gleichermaßen reizvoll machen.

In den gemischten Monsunwäldern des Hügellands lebt eine ornithologische Rarität: der endemische weiße Bali-Star *(Leucopsar rothschildi, jalak putih)*. Wegen dieses seltenen Vogels wurde ein Teil des Nationalparks schon im Jahre 1947 von dem damaligen balinesischen *Raja* zum Naturschutzgebiet erklärt. Neben der reichen Vogelwelt begegnet man eventuell dem Indischen Muntjak- oder dem Mähnenhirsch, Wildschweinen, Malaiischen Schuppentieren und Affen. Sogar Bengalkatzen können manchmal gesichtet werden.

In den Mangroven, die ca. 7000 ha der Nationalparkfläche einnehmen, kann man Makaken beobachten, die Krabben verspeisen. Hier wächst auch der geschützte *Sawo Kecik*-Baum, der Holz für Schnitzereien liefert. An der Nordseite der Halbinsel in der **Teluk Kelor** leben die berühmten weißen Bali-Stare.

Das Meer vor dem Bali Barat-Nationalpark ist ruhig und klar – perfekt zum Tauchen.

Durch den westlichen Teil des Parks schlängeln sich viele Pfade, die es auf Tagestouren, möglichst mit einem Führer, zu erkunden gilt. Der östliche und größere Teil ist Schutzgebiet und Touristen nur mit einer Sondergenehmigung zugänglich. Um die Halbinsel **Prapat Agung** verläuft ein Fußpfad mit kleinen Schutzhütten, aber ohne Möglichkeit, seine Trinkwasserreserven aufzufüllen. Für die Wanderung braucht man etwa zehn Stunden.

An der Straße nach Pemuteran auf halbem Wege zwischen Cekik und der Teluk Terima steht eine große Forschungs- und Aufzuchtstation für Vögel. Von hier führt ein Pfad in drei bis vier Stunden Fußmarsch direkt zur Teluk Kelor.

In **Cekik**, 3 km südlich von Gilimanuk, an der Abzweigung nach Singaraja, liegt das Parkhauptquartier **Kantor Informasi Taman Nasional Bali Barat**, ✆ 0365-61060, 🖥 www.tnbalibarat.com (nur auf Indonesisch). Dort gibt es Informationen und die Möglichkeit, Trekkingtouren zu buchen. Ein Trek für zwei Personen kostet 350 000 Rp für zwei Stunden und 400 000 Rp für drei Stunden. Weiterhin können auch siebenstündige Wanderungen, zweistündige Mangroventouren und vierstündige Tier- und Vogelbeobachtungstouren zwischen 6 und 10 Uhr sowie 15 und 19 Uhr arrangiert werden. Alle Preise beinhalten Guides und die nötigen Permits. Die Touren sind auch im Visitor Center in Labuhan Lalang, ✆ 0813-3839 9576, ⏰ 7.30–17 Uhr, sowie über Tauchzentren und Hotels in Pemuteran buchbar.

Direkt inmitten des Nationalparks kann man im **The Menjangan**, ✆ 0362-94700, 🖥 www.themenjangan.com, einem Öko-Luxusresort, übernachten. Die **Monsoon Lodge** bietet 14 sehr komfortable, geräumige, elegant-minimalistisch eingerichtete Zimmer rund um einen großen Pool, außerdem die am Strand gelegenen, 100 m² großen **Beach Villas** im *Joglo*-Stil und die gigantische, über den Klippen thronende **Menjangan Residence** mit Blick über das Meer. WLAN und Frühstück inkl. Spa im Mangrovenwald mit Meerblick. Der über den Baumwipfeln thronende, 30 m hohe Turm des **Bali Tower Restaurants** beeindruckt mit atemberaubender Rundumsicht und steht auch Tagesgästen offen. ❽

Pulau Menjangan

Nach einer halbstündigen Bootsfahrt kann man in die Unterwasserwelt der Korallenriffe an den Ufern der unbewohnten, 175 ha großen „Hirschinsel" Menjangan eintauchen, eines der schönsten Tauch- und Schnorchelgebiete Indonesiens. Steile Riffe, große Artenvielfalt und Sichtweiten von bis zu 40 m machen Pulau Menjangan zu einem Muss für Taucher und Schnorchler. Frühmorgens ist es am schönsten.

In Labuhan Lalang kann ein Boot für einen Schnorcheltrip zur Insel gechartert werden. Zum Schnorcheln sind ein Führer und die nötige Ausrüstung erforderlich. Die meisten Hotels bieten Touren zur Insel an. Der 6-stündige Ausflug kostet US$90 für Taucher bzw. US$40 für Schnorchler inkl. Verpflegung, Ausrüstung, Guides und zwei Tauch- oder Schnorchelgängen. Zusätzlich muss eine Gebühr von US$2,50 pro Tauchrevier entrichtet werden, die lokalen Schutzprojekten zugutekommt.

Tauchreviere bei Pulau Menjangan

Menjangan verfügt über sieben schöne, beliebte Tauchreviere. Im Westen liegt **POS 1** mit einem sandigen, bis zu 30 m abfallenden Hang, umgeben von Weichkorallen und vielen Fischen. Am seichten, sandigen **Eel Garden** trifft man u. a. auf Hartkorallen, riesige Schwämme, Anemonen- und Trompetenfische. Die Überreste des **Anchor Wreck** in 45 m Tiefe beherbergen Keramik und Glasflaschen und sind ein guter Ort, um Schildkröten und Haie aus nächster Nähe zu beoachten. Die **Korallengärten** im Norden entlang einer 8 bis 40 m steil abfallenden Wand werden von großen Schnappern und schwarz getüpfelten Riffhaien aufgesucht. Im Osten schließt sich mit dem **Temple Point** ein sandiger Tauchspot an, in dem Krokodilfische und Nacktschnecken beheimatet sind. Das **POS 2** im Südosten besteht aus einer bis zu 50 m tief abfallenden Riffwand mit Doktor-, Papageienfischen, Garnelen und Haien. Der benachbarte **Cave Point** beherbergt Unterwasserhöhlen mit interessanten Felsformationen.

Teluk Terima

Von der Straße nach Singaraja landeinwärts liegt auf einem Hügel eine tempelähnliche Grabstätte: **Makam Jayaprana**, ein friedlicher Ort. Ein Stufenweg führt durch den Wald hinauf zu tollen Ausblicken über die Bucht bis zur Pulau Menjangan.

Der Ort ist eine Gedenkstätte für Jayaprana und seine Frau Layon Sari, die im 16. Jh. lebten und in einem Tempel als Statuen dargestellt werden. In ganz Bali kennt man ihre Geschichte, die sogar Stoff für Tanzdramen und *Wayang*-Aufführungen liefert: Jayaprana wächst als Waise am Königshof von Buleleng auf. Der König erlaubt ihm, die schöne Layon Sari zu heiraten, verliebt sich aber selbst in sie. Also lässt er Jayaprana von einem seiner Minister ermorden und versucht, Layon Sari zu seiner Frau zu machen. Doch diese zieht den Selbstmord vor, und vereint wird das Ehepaar an der Teluk Terima bestattet.

Die Wanduhren, die überall herumhängen, sind Geschenke frommer Pilger. Von jedem Besucher wird eine kleine Spende erwartet.

Pemuteran

Dank der wunderbaren Schnorchel- und Tauchreviere entwickelt sich der Tourismus in Pemuteran, einem Dorf nur wenige Kilometer östlich des Bali Barat-Nationalparks, sehr gut. Der Ort hat einen breiten Sandstrand, dem ein natürliches Korallenriff im Osten und ein **künstliches Riff** (s. Kasten) im Westen vorgelagert sind. In keiner anderen Region Balis ist ein so großes Terrain mit Korallengärten in flachem Wasser ohne starke Strömungen oder hohe Wellen zugänglich. Die Riffe dienen als Zufluchtsorte für u. a. Krokodil-, Skorpion-, Clown-, Rotfeuerfische und bunte Federsterne.

In den letzten Jahren wurden zahlreiche Unterkünfte errichtet. Viele betreiben eigene Tauchschulen und veranstalten Wanderungen oder Bootstouren in den Nationalpark. Abgesehen von der spannenden Unterwasserwelt passiert nicht viel, sodass es für Nichttaucher schnell langweilig werden kann.

Das Biorock-Projekt

Die Korallengärten vor Pemuteran haben wie viele andere Tauchreviere in Südostasien stark unter der Dynamitfischerei gelitten. Seit im Jahr 2000 die lokale Bevölkerung ebenso wie Hotels und Tauchschulen erkannt haben, dass durch die Zerstörung auch der Fischbestand sowie die Tauchattraktionen und damit ihre Lebensgrundlage verschwinden, haben sie als **Global Coral Reef Alliance** vor Pemuteran das mit ca. 2 ha größte Riff-Projekt der Welt initiiert. Das künstliche Korallenriff in 5–11 m Tiefe wird mithilfe von mehr als 50 Biorock-Stahlkäfigen, durch die eine 12 V und 5 Ampere hohe Gleichstromspannung fließt, „aufgeforstet" und dient zudem als Wellenbrecher. Die Spannung beschleunigt das Wachstum der mit dünnen Drähten an den Stahlkäfigen befestigten Korallen um ein Vielfaches und macht sie resistenter gegen Störungen wie erhöhte Temperaturen oder Chemikalien. Die Tauchschulen von Pemuteran beteiligen sich an dem Projekt und haben teils auch eigene Schutzprojekte gegründet. Informationen unter 🖥 www.globalcoral.org. Eine elf Jahre nach Beginn des Projekts am 11.11.2011 gefilmte Dokumentation ist unter 🖥 www.vimeo.com/32615744 zu sehen. Die Bali Dive Academy im Taman Sari Resort (s. Aktivitäten) hält jeden Mittwoch und Sonntag um 17 Uhr **Vorträge** zum Thema.

Wo östlich von Pemuteran steile Felswände die Straße an den Strand drängen, schmiegt sich die von den üblichen Affenhorden bevölkerte Tempelanlage **Pura Pulaki** an eine schwarze Klippe. Der relativ schmucklose Tempel wird oft zu den *Sad Kahyangan*, den sechs heiligsten Tempeln von Bali, gezählt. Seine Gründung geht auf den wohlbekannten Danghyang Nirartha aus Java zurück, dessen schöne Tochter Swabana von einem Mann aus Pegametan entführt wurde. In seinem Zorn verfluchte der Priester das Dorf, das gleich darauf in Asche lag, und die Bewohner verwandelten sich in niedere Dämonen. Die schöne Swabana verließ ihren unreinen Körper und stieg als Dewi Melanting in die

Götterwelt auf. Zu ihrem Andenken ließ Nirartha den Tempel erbauen.

Dewi Melanting ist die Göttin des Handels und des Reichtums. Fast jeder Marktflecken auf Bali hat einen *Pura Melanting* und jeder Händler hat in seinem Laden einen Altar, um der Göttin zu opfern.

Auf der gegenüberliegenden Straßenseite befindet sich der kleine, in die Felsklippen gebaute Höhlentempel **Pura Goa Tirta Seni**.

ÜBERNACHTUNG

Untere und mittlere Preisklasse

Arjuna Homestay, Jl. Arjuna, ☎ 0812-3635 1739, 🖥 www.facebook.com/ArjunaHomestay. In dem von Natalie aus Frankreich geführten, 2-stöckigen Haus befinden sich 16 saubere, ansprechende Zimmer mit dicken Matratzen, halboffener Warmwasser-Du/WC und Moskitonetz, teils auch mit AC, sowie Schlafsäle mit 6 Betten à 75 000 Rp. Nach dem Tauchen kann in den Liegesäcken am Pool relaxt werden. Frühstück und WLAN inkl. ❸–❹

Bagus Homestay, ☎ 0852-3867 2171, 🖥 www.bagushomestay.com. Die versteckte, 100 m von der Hauptstraße zurückversetzte, gepflegte Anlage mit kleinem grünen Garten hat vorn 4 schöne, modern eingerichtete, saubere AC-Zimmer in Bungalows mit großer Fensterfront sowie großen Open-Air-Du/WC mit Warmwasser. Zudem 6 günstigere, geräumige Zimmer, teils mit AC und Podestbetten im hinteren Reihenhaus. Für Abkühlung sorgen 2 kleine Pools. Frühstück und WLAN inkl. ❸–❹

Byndasya Homestay, ☎ 0818-6310 1603, 0877-6278 1345, 🖥 auf Facebook. Die kleine Anlage mit 7 Zimmern ist eine günstige Alternative für alle, denen ein sauberes, einfaches, ordentliches Zimmer mit guter Matratze (teils auch TV und AC) reicht. Frühstück und Internet vom UMTS-Stick inkl. ❷–❸

Double You 🖥 **Homestay**, direkt vor dem kUbUkU Bed & Breakfast, ☎ 0813-3842 7000, 🖥 www.doubleyoubali.com. Um einen gepflegten Garten liegen die 4 hellen, mit AC, Himmelbetten, Moskitonetz, Veranda sowie hübscher Open Air-Du/WC mit Warmwasser ausgestatteten Zimmer, die zwar ohne Pool,

dafür aber mit gutem Preis-Leistungs-Verhältnis punkten. Freundlicher Service. Frühstück und WLAN inkl. ❹

Jubawa Homestay, ☎ 0362-94745, 🖥 www.jubawa-pemuteran.com. Die sauberen, mit dunklen Holzmöbeln eingerichteten Zimmer mit AC und Moskitonetz im hinteren Ziegelbau der Anlage sind wegen der lauten Durchgangsstraße zu bevorzugen, wenngleich die Zimmer vorne günstiger sind. Die teuersten mit sehr bequemen dicken Matratzen, verglasten Bädern sowie Blick auf den schönen Pool. Halbpension und WLAN inkl. ❹

kUbUkU Bed & Breakfast, direkt südlich vom Double You 🖥 Homestay, ☎ 0362-700 5225, 🖥 www.kubukuhotel.com. Eine Beschilderung entlang der holprigen kleinen Straße führt zu der liebenswürdigen, gepflegten Unterkunft mit 13 pieksauberen, modern eingerichteten Zimmern mit sehr guten Matratzen, Moskitonetz und AC. Die teureren sind zudem sehr geräumig, mit dunklen Holzmöbeln und schöner Du/WC mit großem Duschkopf und Lavasteinplatten. Sehr freundliche, familiäre Atmosphäre. Eigenes Tauchzentrum an der Straße. Frühstück und WLAN inkl. ❹–❺

Taruna Homestay, ☎ 0813-3853 6318, 🖥 www.tarunahomestaypemuteran.com. Kleiner Homestay mit Pool, Spa und sehr freundlichem Personal. 9 saubere Zimmer mit dunklen Möbeln, gefliester Stein-Open-Air-Du/WC mit Warmwasser und Veranda, teils mit AC. Taruna, der Besitzer dieses kleinen Familienbetriebs, unterhält die Gäste gerne durch seine Musik und organisiert Babysitter für 50 000 Rp pro Std. Frühstück inkl. ❸–❹

Obere Preisklasse

Amertha Bali Villas, ☎ 0362-94831, 🖥 www.amerthabalivillas.com. Große, locker bebaute Hotelanlage mit geräumigen, balinesisch gestalteten Bungalows, die mit Himmelbetten und Open-Air-Du/WC, 2 Waschbecken, großem Fenster und Moskitonetz ausgestattet sind. Jeweils 2 Zimmer teilen sich einen Gemeinschaftsbereich mit Pool und Liegen. Restaurant mit indonesischer, thailändischer und internationaler Küche. Riesiger Pool, Spa. Frühstück und WLAN inkl. ❼

Pemuteran

Übernachtung:
1. Mimpi Resort Menjangan
2. Pondok Sari Beach Resort & Spa
3. Amertha Bali Villas
4. Taruna Homestay
5. Bagus Homestay
6. Arjuna Homestay
7. Suka Sari Homestay
8. Byndasya Homestay
9. Jubawa Homestay
10. Double You (W) Homestay
11. kUbUkU Bed & Breakfast

Essen:
1. Pakis Ayu Warung
2. Warung Nasi Small
3. Frangipani Bar & Rest.
4. Bali Balance Café & Bistro
5. Joe's Bar & Rest. (70E Baresto)

Sonstiges:
1. Bali Diving Academy
2. Diving Centers Werner Lau
3. Supermarkt
4. Supermarkt
5. Sea Rovers Dive Centre

Mimpi Resort Menjangan, Banyuwedang, ℘ 0362-94497, 🖥 www.mimpi.com. Preisgekröntes, um sozial nachhaltiges Wirtschaften bemühtes 3-Sterne-Hotel in Nationalparknähe mit 54 individuell gestalteten Zimmern und Villen mit Open-Air-Du/WC und Warmwasser aus einer heißen Quelle. 3 große Pools, Tauchschule und Spa. Nicht immer professioneller Service. Frühstück und WLAN inkl. ❼–❽

Pondok Sari Beach Resort & Spa, ℘ 0362-94736, 🖥 www.pondoksari.com. Bei Deutschen sehr beliebte, riesige, gepflegte Gartenanlage am schattigen Strand mit Pool, Spa und 36 hübsch dekorierten, sauberen Bungalows mit AC, viel Naturstein und Open-Air-Du/WC. Reservierung empfehlenswert. Strandrestaurant mit internationalen Speisen. Frühstück und WLAN im Restaurant inkl. ❻–❼

Weitere Übernachtungsmöglichkeiten s. eXTra [4232].

ESSEN

Bali Balance Café & Bistro, ℘ 0853-3745 5454, 🖥 www.facebook.com/balibalance. Das Café bietet neben einer echten Kaffeemaschine auch Sandwiches, Salate, Kuchen und Quiche sowie Frühstück ab 38 000 Rp. Auf Bestellung gibt es sogar Zwiebelkuchen nach deutschem Rezept. Im kleinen Garten hinter dem Gebäude nette Sitzgelegenheiten an dunklen Holztischen. Gerichte ab 42 000 Rp. WLAN. ⏲ 8–20 Uhr.

Frangipani Bar & Rest., Jl. Arjuna, gegenüber vom Taman Selini, ℘ 0813-3841 8668, 🖥 www.frangipanirestaurant.com. In dem netten, offenen Restaurant mit gehobener Atmosphäre gibt es neben Salaten ab 35 000 Rp und gutem Kaffee auch (teils vegetarische) balinesische Gerichte, Pasta ab 65 000 Rp sowie Steaks ab 95 000 Rp und Fisch. Hinter dem Restaurant wird eine luxuriöse Villa mit 2 Schlafzimmern vermietet, 🖥 www.villasutra.com, ❼. Abholung aus Pemuteran und WLAN inkl. ⏲ 11–22 Uhr.

Dekompressionszeit einhalten

Vor der Weiterreise ist zu beachten, dass die schnellste Verbindung in den Süden über die Berge (1100–1800 m) führt; daher sollte der letzte Tauchgang vor dieser Fahrt je nach Tauchtiefe und -dauer 18 oder mehr Stunden zurückliegen oder der Umweg über die westliche Küstenstraße (+ 2 Std.) gewählt werden.

Joe's Bar & Rest. (70E Baresto), ☎ 0852-37390151, 🖥 www.joebaresto.com. Unter dem aus einem alten javanischen Haus gezimmerten Joglo mit gut bestückter Bar und netter Atmosphäre kommen solide Gerichte zu verkraftbaren Preisen auf die Tische. ⏰ 11–24 Uhr, Bar ab 17 Uhr.

Pakis Ayu Warung, ☎ 0852-3753 5753, 🖥 www.pakisayu.com. Dass das kleine Restaurant einen griechischen Besitzer hat, wird beim ersten Blick auf die Speisekarte deutlich, denn neben einheimischen Gerichten, Pasta, Pizzen und günstigem Fisch vom Grill gibt es Souvlaki, Hähnchengyros und Tsatsiki ab 32 000 Rp. Dahinter wird ein empfehlenswertes, komfortables Zimmer mit Himmelbett, AC, LCD-TV, kleinem Privatpool und Open-Air-Bad/WC aus Naturstein vermietet. ❹ ⏰ 8–22 Uhr.

Warung Nasi Small, ☎ 0852-3846 2246. Die freundliche Besitzerin des kleinen Restaurants bietet neben einer kleinen Auswahl an vegetarischen Bio-Gerichten ab 23 000 Rp auch Fisch und Meeresfrüchte zu günstigen Preisen. Wer europäisches Essen bevorzugt, bekommt auch Nudelgerichte. Nach Vorbestellung zudem Bebek Betutu und Babi Guling. ⏰ 8–21 Uhr.

EINKAUFEN

Der Supermarkt westlich des Ortes verfügt über eine gut sortierte Auswahl an Lebensmitteln und Drogerieartikeln. ⏰ 8–18 Uhr.

AKTIVITÄTEN

Tauchen und Schnorcheln

Viele Tauchschulen sind relativ teuer. Etwas preiswerter sind die den günstigen Unterkünften angeschlossenen Tauchschulen.

Ein Schnorchelausflug vor die Küste von Pulau Menjangan kostet ca. 400 000 Rp p. P. inkl. Ausrüstung, Abholung und Boot.

🏠 **Bali Diving Academy**, am Strand des Taman Sari Resort, ☎ 0361-270252, 0877-6004 8532, 🖥 www.scubali.com. Beliebtes PADI- und SSI-Tauchcenter mit deutschsprachigem Tauchlehrer, das Open-Water-Kurse für US$452 bei max. 2 Schülern, die üblichen 2 Tauchgänge für US$125 sowie Tauchgänge beim Biorock-Projekt ab US$37 offeriert. 10 % der Einnahmen wandern in lokale Umwelt- und Community-Projekte.

🏠 **Diving Centers Werner Lau**, im Pondok Sari Beach Bungalow Resort, ☎ 0812-385 9161, 🖥 www.wernerlau.com. Die größte, am besten ausgerüstete und teuerste Tauchschule bietet Tauchkurse auf Deutsch und Touren in den Nationalpark an. Ein erstklassig geleiteter Open-Water-Kurs kostet 330 € und ein Tauchgang direkt am Strand 37 € inkl. Ausrüstung, jeder weitere 22 €, in den leicht zu erreichenden Riffen 33 €; vor Menjangan kosten 2 Tauchgänge 77 € bzw. Schnorcheln 44 €. Schnorchelausrüstung kann für 6 € pro Tag geliehen werden. Zudem betreut das Zentrum soziale und ökologische Projekte auf Bali. ⏰ 8–17 Uhr.

Sea Rovers Dive Centre, im Adi Assri Hotel, ☎ 0811-385 7118, 🖥 www.searovers.net. Nunmehr seit 14 Jahren eine bewährte Tauchschule unter englischer Leitung, mit Tauchgängen für 260 000–380 000 Rp. Die Gruppen sind meist kleiner, und auch hier können Taucher ihren Anteil am Biorock-Projekt leisten. Schnorchelausrüstung gibt es für 60 000 Rp für 3 Std. ⏰ bis 18 Uhr.

TRANSPORT

Für größere Distanzen innerhalb des Orts empfehlen sich rote **Angkot** (Minibusse), die tagsüber für 3000 Rp Mitfahrer aufgabeln. Außerdem fahren ein paar wenige **Busse** zwischen GILIMANUK, 10 000 Rp, und SINGARAJA, 20 000 Rp, durch den Ort. Die Hotels haben eine gemeinsame Preisliste und bieten Kurz- und Langstrecken-Fahrdienste zu überhöhten Preisen an.

Nord-Bali

Stefan Loose Traveltipps

12 Sekumpul und Gitgit Tief im Dschungel liegen der schönste und der höchste Wasserfall der Insel. S. 283

13 Danau Bratan Malerisch: der am Bergsee gelegene Tempel Pura Ulun Danu Bratan. S. 283

14 Bedugul Magische Ruhe im Kebun Raya: Der botanische Garten gleicht einem Märchenwald. S. 284

Danau Buyan und Danau Tamblingan Die landschaftlich beeindruckende Fahrt nach Munduk führt vorbei an zwei malerischen Bergseen. S. 285

Munduk Das beschauliche Bergdorf ist Startpunkt zahlreicher Wanderungen. S. 286

Gunung Batur Durch grandiose Landschaft steigt man zum Kraterrand des Vulkans auf. S. 287

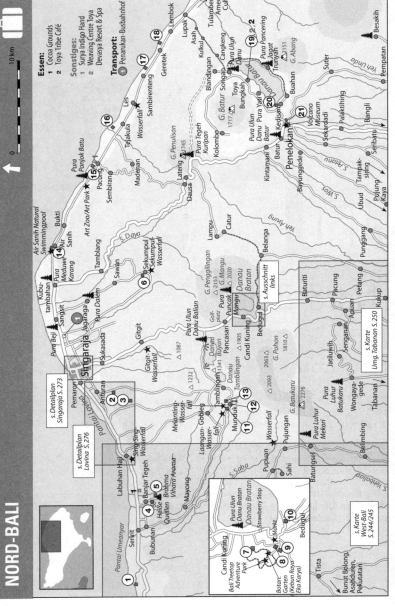

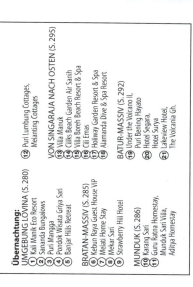

Übernachtung:
UMGEBUNG LOVINA (S. 280)
① Kali Manik Eco Resort
② Sananda Bungalows
③④ Puri Mangga
⑤ Pondok Wisata Grjya Sari
⑥ Banjar Hills Retreat

BRATAN-MASSIV (S. 285)
⑥ Kebun Raya Guest House VIP
⑦ Melati Home Stay
⑧ Mekar Sari
⑨ Strawberry Hill Hotel

MUNDUK (S. 286)
⑩ Karang Sari
⑪ Guru Ratna Homestay,
Munduk Sari Villa,
Aditya Homestay

⑫ Puri Lumbung Cottages,
Melanting Cottages

VON SINGARAJA NACH OSTEN (S. 295)
⑬ Villa Manuk
⑭ Giiks Beach Garden Air Sanih
⑮ Villa Boreh Beach Resort & Spa
⑯ Cili Emas
⑰ Hoilway Garden Resort & Spa
⑱ Alamanda Dive & Spa Resort

BATUR-MASSIV (S. 292)
⑲ Under the Volcano II,
Puri Bening Hayato
⑳ Hotel Segara,
Hotel Surya
㉑ Lakeview Hotel,
The Volcania Gh.

Eine Auszeit vom hektischen Süden können Besucher in Nord-Bali nehmen, wo es merklich ruhiger und weniger kommerziell zugeht. Der schmale Küstenstreifen wurde bereits 1854–50 Jahre früher als der Süden der Insel – von den Holländern kolonialisiert. Der westliche Einfluss war hier entsprechend stärker, was vor allem in der größten Stadt **Singaraja**, dem ehemaligen Verwaltungszentrum der Holländer, deutlich wird. Das einzige Touristenzentrum ist **Lovina**, das sich entlang eines 6 km langen Küstenabschnitts erstreckt und Möglichkeiten für Tagesausflüge in die Umgebung bietet.

Die zentrale Bergkette mit dem aktiven Vulkan **Gunung Batur** und seinem Kratersee auf der östlichen und den Bergseen **Danau Bratan**, **Danau Buyan** und **Danau Tamblingan** auf der westlichen Seite ist häufig in den Wolken versteckt. Besucher können hier dem Massentourismus entkommen und in Bergdörfern wie **Kintamani**, **Toya Bungkah** oder **Munduk** ein anderes Bali kennenlernen. Im Hochland kann es kühl werden, und die vulkanische Landschaft ist rau und trocken, was sich auch auf den Charakter der Bewohner ausgewirkt hat. Der Umgang der Menschen miteinander ist im Vergleich zur feinsinnig-kultivierten Sanftheit im Tiefland kernig und ungeschönt. An den fruchtbaren und gemäßigt temperierten Berghängen werden Obst und Gemüse, Kaffee, Nelken und Tabak geerntet. Selbst Erdbeeren und Salat wachsen hier. An der Küste gedeihen dagegen Reis und tropische Früchte wie Mango, Durian, Rambutan, Mangosteen und sogar Weintrauben, die von kleinen Winzereien zu Wein verarbeitet werden.

Vor dem Ausbau des Straßennetzes bildete das Batur-Massiv eine nur unter großen Mühen zu überwindende Barriere. Diese relative Isolation und die engen Kontakte mit ausländischen Kulturen haben dazu geführt, dass sich in Nord-Bali ganz eigene Bräuche und Kunstformen entwickelt haben. Die Institution des *Banjar* (Dorfgemeinschaft) ist im Norden nicht so stark ausgeprägt, ebenso wenig das Kastensystem. Auch die vielstufigen *Meru* sind nur selten in Tempeln zu finden. Tempelmauern und -tore sind dagegen häufig farbig bemalt und mit üppigen, manchmal grotesken Reliefs übersät. Eine noch sehr lebendige und spannende Tradition sind die Büffelrennen, *Sapi Gerumbungan*, im Distrikt Buleleng, für die, ähnlich wie in West-Bali (S. 261), besondere Büffel mit großem Aufwand gezüchtet und vor dem Start mit prächtigem, ornamentalem Kopfschmuck versehen werden.

Singaraja

Singaraja, vor mehr als 400 Jahren gegründet, ist die Hauptstadt des Distrikts Buleleng, des flächenmäßig größten Bezirks auf Bali, und mit 80 000 Einwohnern zugleich die zweitgrößte Stadt der Insel. Wörtlich als „Löwenkönig" übersetzt, benannte man sie zu Ehren des ersten Königs Ki Gusti Panji Sakti, der das Königreich *Buleleng* (= Mais) durch Eroberungen ungefähr auf seine heutige Größe, nämlich ein knappes Drittel der Insel, ausdehnte.

Jahrhundertelang befand sich hier der wichtigste Hafen Balis, in dem chinesische, arabische, portugiesische, buginesische und javanische Händler aufeinandertrafen. Nach drei blutigen, aber erfolglosen Versuchen (1846, 1848 und 1849) schafften es die Holländer 1854, die Kontrolle über die Stadt zu erlangen: der erste Schritt zur Eroberung der gesamten Insel. Es dauerte allerdings noch ein halbes Jahrhundert, bis auch die letzten *Rajas* in Süd-Bali unterworfen wurden. Singaraja wurde die Hauptstadt der Provinz Nusa Tenggara und blieb bis 1953 Balis Verwaltungszentrum. Die ersten Touristen der 1930er-Jahre trafen hier ein, um zu ihren Unterkünften in Munduk, Ubud oder Denpasar weiterzureisen. Heute ist Singaraja eine typische indonesische Provinzstadt, allerdings gewürzt mit einer Prise Geschichte.

Ganz und gar nicht balinesisch wirken die breiten Straßen, die teils aus dem 19. Jh. stammenden Häuser und eine von den Holländern erbaute Brücke, die in den Ostteil der Stadt führt. Dieses frühere Kampung Arab („arabisches Viertel"), heute **Kampung Bugis** genannte Gebiet um die ehemaligen Hafen ist noch von einigen alten Kanälen und Gebäuden geprägt. Die große, zum Meer weisende Steinfigur **Yudha Mandala Tama** zeigt Ketut Merta, der für das Austauschen der holländischen durch die indonesische Flagge sein Leben ließ und den Pier mit **Seafood-Warung** bewacht. Gegenüber liegt in einem alten Kolonialbau die überschaubare **Galeri Lukisan**, in der es moderne balinesische Kunst zu sehen gibt, ⏲ Mo–Sa 9–14 Uhr, Eintritt frei.

Nebenan steht der chinesische Tempel **Ling Gwan Kiong** von 1873, der hauptsächlich von hokkien-chinesischen Balinesen besucht wird. Im Inneren wird Chen Fu Zhen Ren auf dem zentralen Altar verehrt, und viele Bilder an den Wänden erzählen von ehemaligen chinesischen Königreichen. Neben einer weit über 200 Jahre alten Glocke aus England fallen besonders die kleinen Schildkröten ins Auge, ein Zeichen langen Lebens, die um ihre Wasserschüsseln herumkrabbeln.

Die historische Bibliothek **Gedong Kirtya** (auch *Gedung Kertya*) im alten Palastgebäude *(Sasana Budaya)* in der Jalan Veteran beherbergt die weltweit einzige Sammlung an *Lontar*-Schriften. An die 7000 Exemplare sind vorhanden, darunter die ältesten schriftlichen Überlieferungen Balis. In den Anfangstagen des Museums zu Beginn des 20. Jhs. wagten geisterfürchtige Balinesen keinen Schritt hinein, aus Angst, von uralten Flüchen befallen zu werden. Auch Inschriften auf Kupfer *(Prasati)*, solche aus der Pejeng-Bedulu-Dynastie des 10. Jhs. sowie lateinische aus der Kolonialzeit sind in den Räumen ausgestellt. Sie sind nach Themen wie Magie, Philosophie, Religion oder Medizin gruppiert. Auf dem Gelände befindet sich zudem das kleine **Museum Buleleng**, 🖥 www.museumbuleleng.com, mit einer Sammlung aus dem Besitz des letzten *Raja* von Buleleng sowie archäologischen Funden, Waffen und Gemälden. ⏲ Mo–Fr 9–16 Uhr, Eintritt 10 000 Rp.

In der Jalan Pramuka steht der **Pura Agung Jagatnatha**, der größte Tempel Nord-Balis, zu dem bei zeremoniellen Anlässen Hunderte Menschen aus der ganzen Region pilgern.

ÜBERNACHTUNG

Man übernachtet besser in Lovina, S. 274.
Hotel Grand Wijaya, Jl. Sudirman 74, ✆ 0362-21915, ✉ hotelgrandwijaya@yahoo.co.id. In dem schönen Innenhof mit Garten liegen saubere und relativ ruhige, teils etwas muffige Zimmer mit guten Matratzen und Du/WC, die teureren auch mit AC, TV, Kühlschrank und Warmwasser. Frühstück und WLAN inkl.

SONSTIGES

Apotheke
Kimia Farma, Jl. A. Yani.

Einkaufen
Ein großer Supermarkt der Kette **Carrefour/Hardy's** liegt in der Jl. Surapati 120 auf der rechten Straßenseite, ⏲ 9–21 Uhr.

Immigration
Kantor Imigrasi, südlich der Jl. Singaraja-Seririt, ca. 1 km westlich des Zentrums, ✆ 0362-32174.

Information
Eine **Touristeninformation** befindet sich am alten Hafen westlich des Tempels, ⏲ Mo–Sa 8–14 Uhr.

Medizinische Hilfe
Karya Dharma Usadha Hospital, Jl. Yudistira 7, ✆ 0362-24356.
RSU, Jl. Ngurah Rai 30, ✆ 0362-41543.

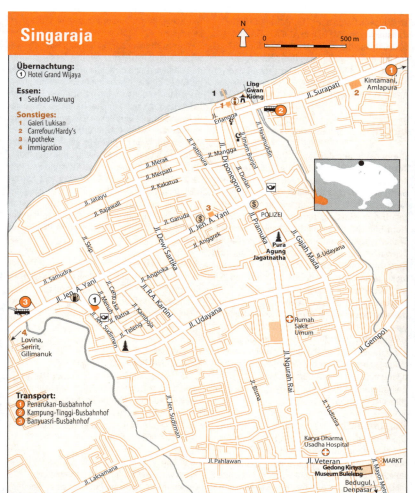

Post
Jl. Gajah Mada, ✆ 0362-21788.

TRANSPORT

Vom **Banyuasri-Busbahnhof** im Westen der Stadt fahren v. a. vormittags Busse via LOVINA (5000 Rp) und PEMUTERAN (25 000 Rp) nach GILIMANUK für 30 000 Rp in 2 1/2 Std. sowie Minibusse zur **Sukasada-Busstation** im Süden (5000 Rp) mit Anschluss nach DENPASAR (50 000 Rp, 2 Std.).

Vom **Kampung-Tinggi-Busbahnhof** im Osten fahren ebenfalls Minibusse zur Sukasada-Busstation (5000 Rp).

Vom bzw. an der Hauptstraße vor dem **Penarukan-Busbahnhof**, 4 1/2 km östlich vom Kampung-Tinggi-Busbahnhof (Angkot 5000 Rp), fahren bis 13 Uhr kleine Busse auf der Küstenstraße nach Osten über TULAMBEN, CULIK (Umstieg nach AMED) und AMLAPURA für 50 000 Rp in 2 1/2 Std., CANDI DASA für 100 000 Rp in 3 1/2 Std. und PADANG BAI für 100 000 Rp in 4 Std. Zudem fährt gegen 7 und 11 Uhr ein Bus nach DENPASAR (Batubulan) für 50 000 Rp in 4 Std.

Lovina

Die einst eigenständigen Dörfer Pemaron, Tukad Mungga, Anturan, Kalibukbuk, Kaliasem, Temukus und Banyualit werden heute unter dem Sammelbegriff Lovina geführt. Der ausgedehnte Küstenabschnitt 6 bis 12 km westlich von Singaraja bildete einst *das* touristische Zentrum von Nord-Bali und zieht viele Besucher an, die dem Trubel von Kuta entkommen möchten. Da die schwarzen Sandstrände hier nicht so schön und breit sind und das ruhige Meer keine Surfer anlockt, geht es selbst in der Hauptsaison von Juli bis September deutlich geruhsamer zu.

Dass es das Gros der jungen Traveller nicht mehr hierher verschlägt, beweisen das Überangebot an älteren, trend- und moderesistenten Unterkünften und der vergangene Glanz besserer Tage. Die Einheimischen buhlen als Vermittler von Unterkünften und Touren umso heftiger um jeden Neuankömmling. Wer sich davon bedrängt fühlt, sollte klar artikulieren, dass die Hilfe nicht gebraucht wird.

Delphintouren

Die Hauptattraktion von Lovina sind die Delphine, die sich jeden Morgen vor der Küste tummeln. Die Delphintouren können in jedem Hotel oder Reisebüro gebucht werden und sollten inkl. Transport zur Anlegestelle ca. 60 000 Rp p. P. kosten. Abfahrt ist bereits gegen 6 Uhr früh. Im Preis ist natürlich keine Garantie für das Auftauchen von Delphinen enthalten. Sollte man keine zu Gesicht bekommen, kann man sich mit dem meist wunderschön klaren Sonnenaufgang trösten.

Delphine sind sehr schnelle Schwimmer und machen sich einen Spaß daraus, an einer Stelle aufzutauchen, um die Boote anzulocken, und dann fünf Sekunden später an einer ande-

ren Stelle ihre Schnauze aus dem Wasser zu strecken.

Wenn sich in den seichten, ruhigen Gewässern keine Tümmler blicken lassen, fahren die kleinen Auslegerboote auch auf das offene Meer hinaus. Dann sollte man nicht unbedingt damit rechnen, wieder trockenen Fußes an Land zu gehen, und Kamera, Handy und Geld lieber wasserdicht verpacken. Die vordersten Sitze darf man guten Gewissens anderen Leuten überlassen, denn hier wird es am feuchtesten.

In den letzten Jahren wuchs die Anzahl der Boote erschreckend an, und Tierfreunden vergeht beim Anblick von 40 Booten, die auf einen gesichteten Delphin zu- und direkt über die Meeressäuger hinwegbrettern, schnell die Lust. Man sollte seinem Bootskapitän klar sagen, dass ein derart **aggressives Hetzen der Tiere** missbilligt wird.

ÜBERNACHTUNG

Zahlreiche Unterkünfte in allen Preisklassen ziehen sich über 6 km an der parallel zum Strand verlaufenden Straße entlang. Weitere Übernachtungsmöglichkeiten s. **eXTra [4188]**.

Untere Preisklasse

€ **Harris Homestay**, Gang Binaria, ☏ 0362-41152. Die sehr nette Betty aus Bayern vermietet in gemütlicher Atmosphäre seit vielen Jahren 5 einfache, pieksaubere, helle und preisgünstige Zimmer mit Ventilator und Du/WC. Das Einzelzimmer kostet schlappe 80 000–100 000 Rp. Frühstück und WLAN inkl. ❷

Hotel Angsoka, Gang Binaria, ☏ 0362-41841, 🖥 www.angsoka.com. In der gepflegten, weitläufigen Anlage mit Pool gibt es 44 Zimmer mit Du/WC, teils auch etwas überteuerte mit AC und Warmwasser und sogar ein kleines, sehr einfaches *Lumbung*. Die besseren Zimmer mit Bad/WC im hinteren Teil sind ruhiger, in den älteren Zimmern vorn mit durchgelegenen Matratzen hört man nachts den Betrieb der Bars. Kleines Frühstück und WLAN im Restaurant inkl. ❶–❸

Hotel Elsa 2, Gang Binaria, ☏ 0362-41448, 0812-991 3055. In vier 2-stöckigen, balinesischen

Massivhäusern liegen 8 annehmbare, etwas dunkle und ungepflegte Zimmer ohne viel Schnickschnack, dafür mit gutem Preis-Leistungs-Verhältnis, teils AC, großem Bad/WC mit niedrigem Wasserdruck und einer kleinen Veranda, leider aber auch einigen Mücken. Frühstück und WLAN im Eingangsbereich inkl. ❷–❸

Padang Lovina, Gang Binaria, ✆ 0362-41302, ✉ padanglovina@yahoo.com. Kleine, gepflegte Anlage in einem 2-stöckigen Block mit sehr großen, sauberen und kühlen Zimmern und großem Du/WC, teils mit Warmwasser und AC. Frühstück und WLAN inkl. ❷–❸

Mittlere Preisklasse

Bali Paradise Hotel, Jl. Kartika, ✆ 0362-343 5659, 🖥 www.baliparadisehotel.com. Im Block mit Pool, Liegen, Bar und nettem Restaurant finden sich nur 8 Zimmer, die aber alle geräumig und mit modernen Gemälden, kräftigen Rottönen, LCD-TV, AC, Wasserkocher und Balkon sowie Du oder Bad/WC ausgestattet sind. Allerdings wohnt man hier etwas isoliert. Billard und Tischtennis. Frühstück und WLAN inkl. ❺–❻

€ **Deutsches Eck**, Jl. Singaraja-Seririt, ✆ 0362-42128, 🖥 www.wonderfulbali. com/rikesti. Etwas ab vom Schuss haben sich der kernige Niederbayer Richard und seine balinesische Frau ein Fleckchen deutsche Heimat erbaut. Jenseits des Pools werden 5 nette, geräumige Zimmer mit AC, Muscheldeko und bequemen Betten vermietet. Gutes Preis-Leistungs-Verhältnis. Frühstück und WLAN inkl. ❹

Rambutan Boutique Hotel, ✆ 0362-41388, 🖥 www.rambutan.org. Das selbsternannte Boutiquehotel mit Spa und kleinem Fitnessraum beherbergt in einem großen tropischen Garten 2 Pools und 2 Rambutan-Bäume. Die 30 mit balinesischen Details dekorierten Zimmer und Villen mit Veranda und Stein-Du oder Bad/WC sind schon etwas älter, aber groß, sauber und teils mit AC, TV, Wasserkocher, Minibar und Föhn ausgestattet. Frühstück und WLAN im Restaurant inkl. ❹–❼

🧳 **Hotel Rattan-Resto**, Jl. Singaraja-Seririt, ✆ 0362-42288, 0821-4723 3415, 🖥 www. rattanresto-lovina.com. Der markige Holländer

Sijf van Zuilen hat bereits über 100 Lokale gestaltet und ausgebaut – ganz ohne Pläne und Zeichnungen! Hinter seinem urigen, ganz mit Korb und Bast ausgestalteten Bar-Restaurant und dem Pool vermietet er neben 2 komfortablen AC-Zimmern auch Zimmer in 2 Häusern, die eher als Kunstwerke durchgehen und wohl zu den originellsten Unterkünften überhaupt zählen: Geschätzte 2 1/2 Tonnen Muschelwerk bedecken buchstäblich alles! Von den Lampen über Wände und Armaturen bis zum Boden entfaltet sich eine Pracht, die ihresgleichen sucht. Frühstück und WLAN inkl. ❹

Rumah Kita, ✆ 0362-41615, 🖥 www.bali-vakantiehuis.nl/en/rumah-kita. In (wörtlich übersetzt) „unserem Haus" findet man in einem kleinen Miniaturdorf mit Pool und Garten schöne 2-stöckige Häuschen, die unten Open-Air-Bad/WC und oben ein Schlafzimmer mit Moskitonetz sowie eine große Terrasse bieten; auch größere, teure Familienzimmer sowie eine Gemeinschaftsküche und freundlicher Service. ❹

🌳 **Saraswati**, Jl. Saraswati, ✆ 0362-41462, 🖥 www.saraswati-bali.com. Kuschelige, von einer deutsch-balinesischen Familie geführte Gartenanlage mit UV-gefiltertem Pool in ruhiger Lage. Die zwei Bungalows mit Moskitonetz und Du/WC mit solarerwärmtem Wasser sind liebevoll individuell gestaltet. Gemeinschaftsküche. Alle organischen Abfälle werden kompostiert und zur Reinigung natürliche Reinigungsmittel (z. B. Essig oder Naturseife) verwendet. Reservierung empfehlenswert. Tee, Kaffee, Frühstück und WLAN inkl. ❺–❻

Suma Hotel, ✆ 0362-41566, 🖥 www.suma hotel.com. Liebevoll gestaltete und gut besuchte Anlage mit einladendem Pool und gutem Restaurant. 27 kleine Zimmer mit Bad oder Du/WC, teils auch AC, LCD-TV, Kühlschrank und kleinen Details. Frühstück und WLAN inkl. ❸–❹

Obere Preisklasse

Lilin Lovina Beach Hotel, Jl. Singaraja-Seririt, ✆ 0362-41670, 🖥 www.lilinlovinabeachhotel. com. Überschaubare, am Strand gelegene Anlage mit recht kleinen, kreativ eingerichteten,

www.stefan-loose.de/bali

LOVINA **275**

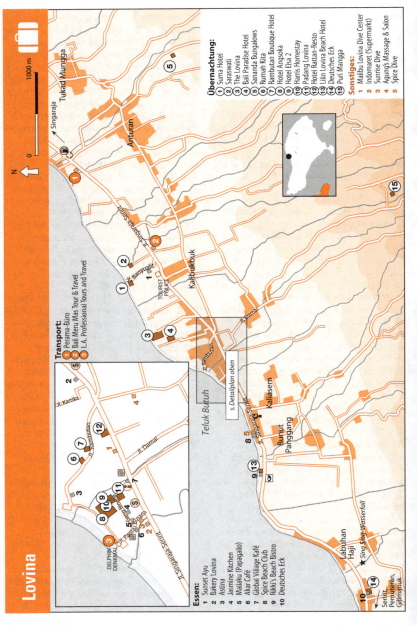

hellen Zimmern samt Privatpool, Veranda, Kühlschrank, AC und Trinkwasserspender sowie vielen entspannten Sitzmöglichkeiten und Inneneinrichtung aus lokaler Produktion. Abends erweisen sich die Gastgeber Bryan und Rikki als talentierte Musiker mit breitem Repertoire. Kostenloser Fahrservice nach Lovina. Frühstück und WLAN inkl. **❼**

The Lovina, Jl. Kartika, ☎ 0362-343 5800, 🖥 www.thelovinabali.com/de. In der großen, luxuriösen, 2012 eröffneten 4-Sterne-Anlage mit 2 Pools liegen 66 Zimmer bzw. 2-stöckige, sehr geräumige, modern-elegante Apartments mit LCD-TV, dekorativen Bildern, Balkon oder Veranda sowie teils kleinem Privatpool und Küche. Professioneller Service. Kostenfrei sind balinesische Tanz- und Opfergaben- sowie Tauchschnupperkurse. Fahrrad- und Kanuverleih. Fitnessstudio, Spa und Restaurant mit Pizzaofen. Im Internet günstiger. Frühstück und WLAN inkl. **❼**–**❽**

ESSEN

Akar Café, Jl. Pantai Binaria, ☎ 0817-972 4717, 0362-44190. Das ganz in Grün gehaltene kleine Café hat hinten einen gemütlichen Sitzbereich und serviert zu entspannter Musik originelle, wohlschmeckende und erschwingliche mediterrane Gerichte aus frischen Zutaten – ganz ohne Fleisch, teils auch vegan. Hummus, leckere Salate, Nudeln mit Sesampesto und Cashewnüssen oder Lasagne – nichts ist teuer, aber alles lecker! Zudem diverse Saftvariationen und Tees. Frühstück um 30 000 Rp, Hauptgerichte ab 35 000 Rp. WLAN. ⏰ 7–22 Uhr.

Astina, ☎ 0362-41187. Nette Bar mit offener Küche und jungem Publikum, das aus Pizza und europäischen Gerichten ab 33 000 Rp (Steaks, Sandwiches, Burger) sowie günstigen indonesischen Standards wählen kann. ⏰ 8–22.30 Uhr.

Bakery Lovina, Jl. Singaraja-Seririt, ☎ 0362-42225, 🖥 www.bakery-lovina.com. Das klimatisierte Restaurant-Geschäft ist ideal zum Frühstücken. Hier gibt es Voll- und Mehrkornbrot, italienischen Schinken, Salami und allerlei importierte Köstlichkeiten. Die Sandwiches kommen mit mehr als daumendicken Scheiben

Schwarz- oder Graubrot und leckeren Belägen. Zudem werden Käse, Wurst, Sauerkraut, Beck's, Erdinger und Jägermeister verkauft. Selbstverständlich nicht ganz günstig. WLAN. ⏰ 7–21 Uhr.

€ 🏠 **Global Village Kafé**, Jl. Singaraja-Seririt, ☎ 0362-41928, 🖥 www.facebook.com/GlobalVillageKafe. Das kreativ-verspielt eingerichtete, sehr günstige Non-Profit-Restaurant an der Hauptstraße bietet neben gutem Kaffee auch Säfte, Tees und Milchshakes sowie Sandwiches und diverse europäische und indonesische Gerichte, Bier und Wein an. Es werden regelmäßig Filme gezeigt und lokal produziertes Kunsthandwerk verkauft. Die Einnahmen kommen armen Familien in Form von Ausbildung oder medizinischer Versorgung zugute. WLAN. ⏰ 8–22 Uhr.

Jasmine Kitchen, Gang Binaria, ☎ 0362-41565. Thai-Restaurant mit den typischen, wenn auch geschmacklich nicht ganz authentischen Gerichten aus dem Land des Lächelns. Neben Currys gibt es wohlschmeckende Fisch- und Fleischgerichte. Der Garnelensalat mit Orange und Tamarinde ist besonders lecker. Hauptgerichte ab 40 000 Rp, zudem diverse Kaffee- und Teesorten. WLAN. ⏰ 10.30–22.30 Uhr.

Mailaku (Papagallo), Jl. Binaria, ☎ 0362-41163. Empfehlenswertes, nicht allzu teures Restaurant, das für seine Pizzen und Steaks beliebt ist. Wer möchte, kann sich seine eigene Pizza zusammenstellen. Auch Grau- und Schwarzbrot und eine große Auswahl an Cocktails, die man im 3. Stock mit Meerblick genießen kann. WLAN im Erdgeschoss. ⏰ 10–23 Uhr.

Sunset Ayu, Jl. Banyualit, ☎ 0362-41054. Neben ein paar westlichen Gerichten hat sich das preisgünstige Restaurant auf einheimische Speisen für 25 000–45 000 Rp spezialisiert. Während man in dem einer Grotte nachempfundenen Restaurant dem Klang des plätschernden Wassers lauscht, zieht einem schon der Geruch der leckeren Sate-Spieße in die Nase. ⏰ 7–22 Uhr.

Westlich von Lovina

€ **Deutsches Eck**, Jl. Singaraja-Seririt, ☎ 0362-42128, 🖥 www.wonderfulbali.com/rikesti. Gute deutsche Hausmannskost kommt in dem auf Bali recht exotisch wirkenden, rustikalen Restaurant ab 50 000 Rp auf den Tisch. Bouletten, Wiener und Jägerschnitzel, Rouladen, Schweinebraten, hausgemachte Leberwurst, Grau- und Zwiebelbrot, Kasseler und Sauerkraut wecken bzw. stillen kulinarisches Heimweh, ohne den Geldbeutel allzu sehr zu erleichtern. Frühschoppen jeden So ab 9 Uhr. **Rikki's Beach Bistro**, Jl. Singaraja-Seririt, ✆ 0362-41670. 🖥 www.rikkisonthebeach.com. Zum Mittagessen werden Sandwiches und Salate ab 60 000 Rp serviert, doch das schön hergerichtete Strandbistro ist besonders zum Sonnenuntergang beliebt: Während sich die Gastgeber Rikki und Bryan samt Band auf der Bühne musikalisch auslassen, kann man aus 4 Zusammenstellungen von Tapas für 115 000 Rp wählen – latein-, nordamerikanisch, mediterran oder indisch. Abholservice. 🕐 12–15.30 und 17–20.30 Uhr.

Spice Beach Club, Jl. Singaraja-Seririt, ✆ 0362-701 2666, 🖥 www.spicebeachclubbali. com. Das ganz in Weiß und Blau gehaltene, opulent gestaltete Open Air-Restaurant mit gehobener Lounge-Atmosphäre und dekorativen Pools an einem gepflegten Strandabschnitt bietet internationale Gerichte ab 80 000 Rp sowie günstigere indonesische Kost, lädt aber eher zum Sundowner mit Cocktails ab 100 000 Rp ein. Fr und Sa Live-Blues oder Jazz, Sa auch ein DJ. WLAN. 🕐 10–22 Uhr.

Mehr Restauranttipps s. **eXTra [4197]**.

AKTIVITÄTEN

Tauchen und Schnorcheln

Wer in den vorgelagerten Korallenriffen schnorcheln will, muss mit einem Boot hinausfahren. 2-stündige Schnorcheltouren werden ab 120 000 Rp p. P. inkl. Ausrüstung angeboten. Mangels starker Strömungen ist die Sicht oft glasklar. Die schönsten Tauch- und Schnorchel-Spots liegen im Naturschutzgebiet der Insel **Menjangan**, die per Boot in 1 Std. erreichbar ist (S. 264).

Malibu Lovina Dive Center, ✆ 0362-41225, 🖥 www.malibu-dive.com. 5-Sterne-Tauchzentrum mit Open-Water-Kursen ab 300 € und Spezialkursen für Fotografen, Wrack- und Tieftaucher. 2 Tauchgänge inkl. Essen, Transport und Softdrinks 50–85 €.

Spice Dive, im Spice Beach Club, ✆ 0362-41305, 🖥 www.spicebeachclubbali.com/27/lovina/. PADI-Schule, die den Open-Water-Kurs für 250 € und von Amed bis Menjangan 2 Tauchgänge für 30–65 € sowie Nitrox-Tauchen anbietet. Quasi vor der Tür liegt eine Cessna auf 20 m Tiefe. Transport und Mittagessen inkl. Außerdem können Kinder ab 8 Jahren erste Taucherfahrungen im Pool sammeln.

Sunrise Dive, Jl. Pantai Binaria, ✆ 0362-41182, 0852-3733 5011, 🖥 www.sunrisedivebali.com. Empfehlenswerte PADI-Tauchschule, die Tauch- und Schnorcheltouren nach Amed, Pulau Menjangan und Tulamben anbietet. Manche der Tauchlehrer sprechen Deutsch und die Verpflegung an Bord ist reichhaltig. Tauchgänge kosten 50–75 €, Schnorcheln je nach Ziel 15–35 € inkl. Mittagessen und der Open-Water-Kurs 285 €.

Wellness

Agung's Massage & Salon, Jl. Damai, ✆ 0362-42018, 🖥 www.agungs.com. Professioneller, kleiner, nicht weit von der Hauptstraße im Dorf gelegener Massagesalon, der eine Vielzahl von preisgünstigen Massagen und Schönheitskuren anbietet. Natürliche Körper- und Gesichtsmasken oder Ganzkörpermassage, 60 Min. für 115 000 Rp, 90 Min. für 150 000 Rp. Abholservice. 🕐 11–19 Uhr.

TOUREN

Touren in die Umgebung, etwa zum Wasserfall in Les, zum Brahma Vihara Arama oder zu den heißen Quellen in Banjar, lassen sich über Unterkünfte oder Touranbieter organisieren. Einfache Ausflüge kosten ca. 350 000 Rp pro Auto und Guide.

Bali Meru Mas Tour & Travel, Jl. Singaraja-Seririt, ✆ 0362-41085. Beim seriösen Touranbieter können inländische Flüge gebucht, Geld gewechselt und Zahlungen mit Kreditkarte vorgenommen werden.

L. A. Professional Tours & Travel, am Delphindenkmal, ✆ 0362-343 5627, 🕐 6–20 Uhr.

SONSTIGES

Autovermietungen

L.A. Professional Tours & Travel, s. o.
Automatik-Motorräder für 60 000 Rp pro Tag,
inkl. Teilkasko. Suzuki Karimun für 200 000 Rp,
Toyota Avanza für 250 000 Rp. Die Autos sind
recht alt und das Personal nicht besonders
freundlich.

Informationen

Eine kleine Informationsstelle auf der
Jl. Singaraja-Seririt, sollte (theoretisch)
Mo–Sa 8–14 Uhr besetzt sein.

Internet

Ein Internetcafé in der Jl. Binaria verlangt
10 000 Rp pro Std., ⏱ 10–22 Uhr. Günstigere
liegen an der Hauptstraße zwischen Jl. Binaria
und Jl. Rambutan.

TRANSPORT

Die **Busse** von SINGARAJA (Banyuasri-
Busbahnhof) (5000 Rp) via PEMUTERAN
(20 000 Rp) nach GILIMANUK (30 000 Rp)
passieren Lovina an der Hauptstraße.
Ein **gecharterter PKW** nach MUNDUK sollte
nicht mehr als 220 000 Rp kosten.
Minibusse werden überall angeboten, meist
wird man ab 9 Uhr abgeholt.
Preisbeispiele:
AMED, TULAMBEN und TIRTAGANGGA für
120 000 Rp,
BEDUGUL für 70 000 Rp,
CANDI DASA und PADANG BAI für
130 000 Rp,
FLUGHAFEN für 95 000 Rp,
KINTAMANI, KUTA, SANUR und UBUD für
90 000 Rp.

Perama, ✆ 0362-41161, bietet Minibusse mit
Abholung (Aufschlag 10 000–15 000 Rp):
AMED und TULAMBEN um 9.30 Uhr für
150 000 Rp bei min. 2 Pers. in 2 1/2–3 Std.,
BEDUGUL um 9 Uhr für 75 000 Rp in 1 Std.,
CANDI DASA und PADANG BAI um 9 Uhr
via UBUD (3 Std., 100 000 Rp) für 150 000 Rp
in 5 Std.,
GILIS um 6 Uhr für 525 000 Rp inkl. Schnellboot
ab Amed in 4 Std.,
KINTAMANI um 9.30 Uhr für 150 000 Rp
in 2 1/2 Std.,
KUTA und SANUR um 9 Uhr via Ubud für
100 000 Rp in 4–5 Std.,
MATARAM und SENGGIGI um 5 Uhr für
450 000 Rp inkl. Fähre in 10 Std.

Umgebung von Lovina

Folgt man der Hauptstraße von Lovina Richtung
Westen, erreicht man nach ungefähr 3 km nahe
Labuhan Haji den **Sing-Sing-Wasserfall**. Während der Trockenzeit führt er oftmals kein Wasser und ist daher nur in der Regenzeit einen Besuch wert.

Ein Stück weiter westlich kann man im originell gestalteten Café **Cocoa Grounds** einkehren,
das sich ganz der Schokolade widmet – Kakaos,
Kaffees, Kuchen, Eis, Waffeln, ja sogar Säfte
mit Schokolade (ab 25 000 Rp) sind im Angebot.
⏱ 8–22 Uhr.

Das **Brahma Vihara Arama** ist das einzige buddhistische Kloster auf Bali und liegt still
und abgeschieden auf einem Hügel 10 km westlich von Lovina bzw. 39 km östlich von Pemuteran, etwa 2,5 km oberhalb des Dorfes Banjar
Tegeh. Wer uraltes Kulturerbe erwartet, wird
enttäuscht sein, stammt die Anlage doch aus
den 1970er-Jahren. Um einen Springbrunnen
führen Treppen, die mit den buddhistischen Er-
leuchtungsstufen in Sanskrit und Indonesisch
beschriftet sind, zu Gebetsräumen mit Buddhas
im chinesischen und südostasiatischen Stil. Die
Gebetshalle ist ganz dem sitzenden Buddha
gewidmet und mit Reliefdarstellungen aus
dem Leben des Siddharta verziert. Rechter
Hand steht ein großer, mit floralen Mustern geschmückter, goldener Stupa, von vielarmigen
Wächtern behütet. Auf der obersten Terrasse,
die über eine Treppe erreicht wird, steht eine
siebenstufige, an den Borobodur auf Java erin-
nernde Anlage vor einem großen, offenen Medi-
tationsplatz. Von hier bietet sich eine tolle Aussicht bis zur Küste. Im begehbaren Bau blicken
vier Buddhas in die vier Himmelsrichtungen,
und die umliegenden Reliefs kunden von seinem
Leben. In den ruhigen Innenhöfen lässt es sich
bestens verweilen. Wer hier meditieren möchte,

NORD-BALI Übersichtskarte S. 270

www.stefan-loose.de/bali

findet auf der Webseite 🖥 www.brahmavihara arama.com die Termine der nächsten Meditationskurse. ☉ 7–22 Uhr, Eintritt gegen Spende.

Von Banjar Tegeh sind auch die nahe gelegenen **heißen Quellen** *(Air Panas)* ausgeschildert, ein erholsamer, von Bambus bewachsener Platz an einem plätschernden Bach mit Naturschwimmbad. Unterkunft bieten die Bungalows des **Pondok Wisata Griya Sari,** ✆ 0362-92966. ☉ 8–18 Uhr, Eintritt 5000 Rp, Kinder 3000 Rp, Parken 2500 Rp, eine Stunde Massage 100 000 Rp, ein Bad im Jacuzzi 10 000 Rp.

Ungefähr 13 km westlich von Lovina liegt das von zahlreichen Weinanbaugebieten umgebene **Seririt**. Hier zweigt die Straße ins Inselinnere über Munduk und den Danau Tamblingan nach Bedugul ab, während die gut ausgebaute Küstenstraße weiter Richtung Pemuteran nach West-Bali führt.

ÜBERNACHTUNG

In der Umgebung von Lovina gibt es empfehlenswerte Unterkünfte für Leute auf der Suche nach Ruhe und Abgeschiedenheit. Neben den hier gelisteten haben sich im Weinbaugebiet am Pantai Umeanyar nordwestlich von Seririt zahlreiche als Villen vermietete, isolierte Compound-Anlagen der gehobenen Klasse etabliert, die man über 🖥 www.homeaway. co.uk oder 🖥 www.north-bali-villas.com buchen kann.

Banjar Hills Retreat, unmittelbar nördlich des Brahma Vihara Arama, ✆ 0852-3743 4930, 🖥 www.balibanjarhills.com. Unterkunft mit 4 sauberen, gefliesten Zimmern mit komfortablen (auch Twin-) Betten, AC, Veranda und bepflanzten Open-Air-Du/WC, teils auch Kühlschrank. Restaurant mit Aussicht, Minibibliothek und kleiner Pool mit Liegen. Kleines Frühstück mit selbstgebackenem Brot inkl. ❹

🏨🌳 **Kali Manik Eco Resort,** 5 km westlich von Seririt bzw. 28 km östlich von Pemuteran, 1,8 km nördlich der Straße, ✆ 0362-706 4888, 🖥 www.bali-eco-resort.com. In 3 großen, liebevoll eingerichteten Adobe-Häusern mit Veranda schaffen warme erdige Farben, viel Holz, Stein und Bambus sowie organische Formen ein angenehmes Raumgefühl. Insgesamt werden 4 Zimmer mit Moskitonetz, Safe, Kühlschrank, Schaumstoffmatratzen und geräumigen Du oder Bad/WC vermietet. Das Resort unter österreichischer Leitung liegt inmitten kleiner Gärten am Meer und baut Obst und Gemüse nach ökologischen Kriterien an, nutzt Solarwärme und recycelt Abwässer. Alle Angestellten genießen Kranken- und Pflegeversicherung. Im Restaurant gibt es Salate, Vollkornbrot, vegetarische Gerichte, Joghurt und Aloe-Vera-Drinks. Zudem Workshops zu balinesischem (Kunst-)Handwerk, Kochkurse und Trekking. Wasser, Tee, Kaffee, Frühstück und WLAN inkl. ❻–❼

Puri Mangga, 3 km südlich Lovina in Kayuputih, ✆ 0362-700 1411, 🖥 www.puri-mangga.de, Karte S. 270. Hoch über der Küste in einem 2 ha großen gepflegten Garten gelegene, hübsch gestaltete Anlage unter deutscher Leitung mit sehr komfortablen, klimatisierten Häusern im balinesischen Stil, Villen für bis zu 4 Pers. sowie einem günstigeren, einfachen Zimmer im *Lumbung* mit Außentoilette. Sehr freundlicher Service. Spa, Überlaufpool mit toller Aussicht und ein schickes Restaurant. Reichhaltiges Frühstück und WLAN inkl., Abholung kostet extra. ❺–❽

🌳 **Sananda Bungalows**, in Selat (Anturan), 5 km landeinwärts von Lovina, ✆ 0362-700 0215, 0812-364 1781, 🖥 www.sananda bungalows-bali.com, Karte S. 270. Das in einem idyllischen Garten mit Pool und Yoga-Pavillon gelegene, sozial engagierte Resort vermietet saubere, hübsch eingerichtete und geräumige Zimmer mit gutem Bett, Moskitonetz, Hängematte und schicken Open-Air-Du/WC. Neben Zutaten aus dem eigenen Bio-Garten und Solarwärme nutzt man kompostierbare Waschnüsse und spendet Schulmittel für einheimische Kinder. Das Angebot an Aktivitäten umfasst neben Touren auch Besuche bei Zeremonien oder Heilern. Frühstück und WLAN inkl. ❺–❻

Bratan-Massiv

Das zentrale Bergmassiv der Insel liegt etwa 20 km südlich von Singaraja. Von beeindruckender Schönheit ist die hügelige Gebirgslandschaft mit den Bergen **Gunung Penggilin-**

Im Brahma Vihara Arama suchen Meditationsschüler aus aller Welt Einkehr und meditative Ruhe.

Touren in Nord-Bali

Mit dem eigenen Fahrzeug und Lovina als Ausgangspunkt kann man schöne Ausflüge durch Nord-Bali unternehmen. Wir empfehlen:

Tour 1: Nach Bedugul und Munduk

Die Tour ist an einem Tag zu schaffen, wenn man auf lange Spaziergänge und Wanderungen verzichtet. Auf dem Weg finden sich aber auch Unterkünfte, besonders in Munduk.

Man verlässt Lovina in Richtung Osten und fährt auf der Hauptstraße nach Singaraja. Im Zentrum der Stadt biegt man rechts ab auf die Straße nach Süden. Am Straßenrand wird gleich mehrmals die Hauptattraktion ausgeschildert: der **Gitgit-Wasserfall**. Danach geht es auf der kurvigen Straße über **Pancasari** nach **Bedugul**. Am See **Danau Bratan** liegt der beschauliche **Pura Ulun Danu Bratan** und etwas weiter die Hauptstraße entlang der wunderschöne **Botanische Garten** und der **Markt von Candi Kuning**. Der Weg mit dem Auto zurück nach Lovina führt über die landschaftlich wunderschöne Strecke auf dem Grat entlang der beiden Bergseen **Danau Buyan** und **Danau Tamblingan** weiter in den beschaulichen Bergort **Munduk**. Hinter Munduk folgt man der Straße via Mayong zurück an die Küste. In Seririt biegt man nach Osten ab und fährt Richtung Lovina weiter, während auf der linken Seite im Meer die Sonne untergeht. Wer noch Zeit hat, kann im **Restaurant des Puri Mangga** (S. 280) südlich von Lovina, bei einem Sundowner mit Blick auf die Küste den Tag Revue passieren lassen.

Tour 2: Zum Danau Batur

Bei dieser zweitägigen Tour verlässt man Lovina Richtung Osten und fährt durch Singaraja. Hat man die Stadt erst einmal hinter sich gelassen, geht es gemütlich entlang der Küstenstraße Richtung Osten. Bei **Kubutambahan** zweigt eine Straße nach rechts in die Berge ab und wird bald steil und kurvig. Nach ca. 30 km ist das Hochplateau um den **Gunung Penulisan** erreicht. Etwas weiter südlich sind die Dörfer **Kintamani** und **Batur** einen kurzen Zwischenstopp wert. Weiter geht es über den Aussichtspunkt **Penelokan** in die beeindruckende Kraterlandschaft des **Gunung Batur**. Am See **Danau Batur** gibt es Unterkünfte, die Möglichkeit, den Vulkan zu besteigen (S. 290), sowie **Trunyan**, ein Dorf der balinesischen Ureinwohner (S.291).

Tour 3: Nach Ost-Bali

Die dritte Tour ist in einem Tag zu schaffen und führt nach Ost-Bali. Wieder fährt man von Lovina aus Richtung Osten und durch Singaraja. Auf der Hauptstraße geht es immer weiter geradeaus entlang der Küste über **Sangsit**. Hinter dem Ort zweigt eine Straße ins Landesinnere nach **Jagaraga** und **Sawan** ab. Hier kann man Tempelanlagen mit reichen, ausgefallenen Reliefs oder auch den schönen **Sekumpul-Wasserfall** (S. 283) bewundern. Zurück auf der Hauptstraße geht es über **Kubutambahan**, **Air Sanih**, **Sembiran**, **Tejakula** und **Sambirenteng** zu den Tauchresorts von Tulamben (S. 345) oder weiter nach Amed (S. 339).

---

gan (2153 m) und **Gunung Mangu** (2020 m) sowie den drei großen Bergseen **Danau Bratan**, **Danau Buyan** und **Danau Tamblingan**. Hier oben stand einst ein riesiger Krater, Reste davon befinden sich halbkreisförmig im Norden und Osten, mit dem **Gunung Penggilingan** (2153 m) als höchster Erhebung. In dem Krater lag bis zum Jahr 1818 ein großer See. Der Ausbruch eines Nebenvul-kans verschaffte einem Teil der Wassermassen einen Abfluss, was katastrophale Folgen für viele Dörfer am Berghang hatte. Zurück blieben drei kleinere Seen, fruchtbare Böden und eine stimmungsvolle, beschauliche Landschaft. Richtung Südwesten ragen in unregelmäßigen Abständen bis zum **Gunung Batukaru** (2276 m) jüngere Vulkankegel auf.

12 HIGHLIGHT

Sekumpul

Nach 21 km Fahrt gelangt man von Singaraja über Sangsit (hier landeinwärts abbiegen), Jagaraga und Sawan nach Sekumpul mit einem der schönsten **Wasserfälle** Balis. Das Wasser stürzt in bis zu sieben, von dichtem Dschungel durchkämmten „Streifen" in den malerischen Talkessel, wo ein natürlicher Pool zum Baden einlädt. Der etwas beschwerliche Weg führt 1,2 km vorbei an Kaffee-, Nelken- und Kakaoplantagen, über rund 350 steile Treppenstufen sowie durch einen knietiefen Fluss. Auf halber Strecke belohnt ein Aussichtspunkt mit schönem Blick auf den Wasserfall. Ein Schild weist auf zwei- bis vierstündige Treks in der Umgebung hin, die alle am Wasserfall enden. Eintritt 5000 Rp. Viele Guides führen Besucher auch zu örtlichen Familienbetrieben oder organisieren ein Essen bei einheimischen Familien. An Wochenenden und Feiertagen ist der Ort mit einheimischen Besuchern überlaufen.

12 HIGHLIGHT

Gitgit

Von Norden kommend, gelangt man 9 km südlich von Singaraja auf halbem Wege nach Bedugul beim Dorf Gitgit zum **Gitgit-Wasserfall**, dem höchsten Wasserfall der Insel. Am Eingang sind 5000 Rp, Kinder 3000 Rp, zu zahlen, ein optionaler Guide kostet etwa 30 000 Rp. Anschließend geht es den 1 km langen Weg mit vielen, mitunter rutschigen Stufen entlang, vorbei an unzähligen Verkaufsständen. Der Pfad führt tiefer in den Bergwald und gibt schließlich einen atemberaubenden Blick auf saftig grüne Reisfelder frei. Je nach Jahreszeit können auch Nelken-, Kakao- und Kaffeeplantagen in voller Blüte erspäht werden. Angekommen in der Dschungelschlucht, kann man die aus einer Höhe von 40 m herabstürzenden Wassermassen bewundern, die sich wie weiße Wolken auf dem Felsen ausbreiten. An diesem magisch anmutenden Ort spielt nur die Musik der Natur und des Wassers.

Auf der linken Seite des Wasserfalls steht ein kleiner Schrein.

Entlang der Straße nach Bedugul gibt es fünf Wasserfälle, die vom gleichen Fluss gespeist werden und alle mit dem Namen Gitgit beworben werden. Etwa eine Fahrminute südlich des hier beschriebenen Wasserfalls liegt ein zweiter, der ebenfalls nur zu Fuß erreichbar ist. Nachdem man auf dem Parkplatz 2000 Rp Eintritt bezahlt hat, folgt man dem 200 m langen Betonpfad zu dem weniger spektakulären Wasserfall, der dafür mit ruhiger Abgeschiedenheit entschädigt.

Pancasari

Der steilen und extrem gewundenen Straße von Lovina Richtung Süden folgend, kann man in der Umgebung des Örtchens Pancasari am Gunung Mangu (2020 m) auf einem etwas längeren Spaziergang einen bedeutsamen Tempel erreichen. Der allen Balinesen heilige Bergtempel **Pura Puncak Mangu** steht in enger spiritueller Verbindung zu dem weiter südlich gelegenen Wassertempel Pura Ulun Danu Bratan (S. 283). Der Pura Puncak Mangu gilt als einer der vier Richtungstempel, die der Heilige Empu Kuturan im 11. Jh. gründete. Neben Shiva und anderen Gottheiten erscheint hier auch Vishnu, der im balinesischen Kosmos die Wächtergottheit des Nordens darstellt.

Ein gut ausgetretener Pfad führt hinauf, doch sind die letzten 2 km sehr steil und glitschig. Die Anlage ist wenig beeindruckend und es ist praktisch keine Aussicht vorhanden, da dichter Dschungel das Gipfelplateau und den Tempel umgibt.

13 HIGHLIGHT

Danau Bratan

Am Ufer des Bergsees Danau Bratan steht einer der meistfotografierten und am malerischsten gelegenen Tempel der Insel, der **Pura Ulun Danu Bratan**. Ein Teil der 1663 erbauten Anlage liegt auf zwei kleinen Inseln in Ufernähe. Auf der äußersten Insel steht ein dreistufiger *Meru* (balinesische Pagode), in dem der Gott Shiva in seiner Gestalt als Schöpfer und seine Gemahlin Parvati in ihrer Manifestation als Dewi Danu, Göttin der Gewässer, verehrt werden. Der schlanke, elfstufige *Meru* auf der zweiten Insel ist Sitz von Vishnu als Gott des Fruchtbarkeit spendenden Wassers und der Berge sowie seiner Gattin Dewi Sri, der Göttin der Schönheit, des Reichtums und des Ackerbaus. Im größeren Tempelkomplex am Seeufer stehen u. a. ein siebenstufiger *Meru* für Brahma und ein dreistufiger Lotusthron *(Padmasana)* für die Hindu-Trinität Brahma-Vishnu-Shiva. Im Süden der Anlage sind die Schreine für die Vorfahren der *Rajas* von Mengwi untergebracht.

Nach dem Passieren des Ticketschalters betritt man die sehr gepflegte Gartenanlage, die zum Ufer führt und zahlreiche lebensgroße Tierstatuen beherbergt. Links vom Eingang entdeckt man ein buddhistisches Denkmal und fünf Buddha-Statuen, denn Buddha wird von den balinesischen Hindus als neunte Inkarnation Vishnus verehrt. Die Statuen stellen die fünf transzendentalen Buddhas dar und unterscheiden sich lediglich durch ihre Handhaltung *(Mudra)*.

Morgens ist die beste Zeit, um den Tempel ohne Wolken zu bewundern. Wer möchte, kann die Tempelanlage auch vom See aus fotografieren. Eintritt 30 000 Rp, Kinder 15 000 Rp.

Auf dem Danau Bratan kann man mit gemieteten Kähnen, Motorbooten und sogar auf Wasserskiern herumfahren. Bootsfahrten mit einem Schnellboot werden am Südufer für 125 000 Rp für bis zu drei Personen angeboten. Ein Kajak kann für 65 000 Rp für 30 Min. und eine Angelausrüstung für 50 000 Rp pro Tag geliehen werden.

Auf der anderen Seite des Sees können zudem drei Höhlen besichtigt werden, die von indonesischen Zwangsarbeitern während der japanischen Besatzung im Zweiten Weltkrieg als Bunkerersatz ausgehoben wurden.

Candi Kuning

Der größte Ort der Gegend liegt in 1200 m Höhe am Danau Bratan. Direkt an der Hauptstraße etwas weiter südlich befindet sich der sehenswerte **Markt von Candi Kuning**. Orchideen und andere Hochlandgewächse sowie kunstvoll aufgetürmtes Obst und Gemüse locken Käufer aus ganz Bali an. Besonders beliebt sind frische Erd-

beeren. Für Touristen lohnt es, einen Blick auf die Souvenirs zu werfen, auch Orchideensamen sind hier preiswert. Mit etwas Verhandlungsgeschick können die anfangs stark überteuerten Preise gedrückt werden, vor allem am Spätnachmittag, wenn kaum noch Touristen da sind.

Bei schönem Wetter kann man von Candi Kuning aus dreieinhalb bis vier Stunden entlang der Südseite der beiden Seen Buyan und Tamblingan wandern.

Für eine detaillierte Beschreibung der abenteuerlichen **Wanderung** s. **eXTra [4187]**.

14 HIGHLIGHT

Der Botanische Garten von Bedugul

Direkt neben dem Markt von Candi Kuning, nur 10 Min. Fahrt vom Danau Bratan entfernt, liegt die Einfahrt zum 1959 gegründeten Botanischen Garten, **Kebun Raya Eka Karya**. Alle 500 m wartet der riesige Garten mit einer neuen Landschaft auf. Palmen, Farnwälder und Laubbäume sind hier vertreten, auch das Kakteenhaus sowie der Rosen- und Orchideengarten überraschen mit vielen Arten und Züchtungen. Insgesamt sind hier mehr als 2000 Spezies versammelt, die meisten davon endemisch. Seit seiner Erweiterung 1975 bedeckt der Garten ein Areal von 157,5 ha in einer Höhe von 1250 bis 1450 m an den Hängen des 2063 m hohen Gunung Pohon.

Von April bis Juni lohnt sich ein Besuch ganz besonders, da zu dieser Zeit viele der Pflanzen in voller Blüte stehen und die ganze Farbpracht tropischer Vegetation zur Schau stellen. An Wochenenden kommen viele einheimische Touristen, und Pärchen schätzen den Garten als Ort für Rendezvous.

In dem teils wie ein magischer Märchenwald wirkenden Park stößt man immer wieder auf kleine, idyllisch inmitten der Bäume gelegene **Tempelanlagen**. Bis auf das Konzert der Zikaden und die Schreie der Affen herrscht oft völlige Stille. Wer sich zuvor auf dem Markt mit saftigen Erdbeeren und Trauben eingedeckt hat, kann hier, begleitet von den Klängen der Natur, ein Picknick veranstalten, sei aber vor den dreisten Affen an einigen der Tempel gewarnt.

Unter den 668 Baumarten ist die Geseng-Pinie die höchste, während der Große Neuseeländische Baumfarn und der Hassk-Rhododendron die seltensten Pflanzen des Parks darstellen. Bei vielen Besuchern ist er allerdings besonders für seine Begonien bekannt, von deren Vielfalt man sich im **Begonienhaus** überzeugen kann. Vom Artenreichtum der 4000 Orchideenarten Indonesiens (viele davon aus Papua) bekommt man im **Orchideenpark** einen guten Eindruck.

Dank der vielen, weiten Flächen kommen auch Tierfreunde auf ihre Kosten und können mit etwas Glück Waldhühner *(Ayam Hutan)*, Eidechsen, Baummarder sowie knapp 100 Vogel- und 37 Schmetterlingsarten sichten.

Aufgrund der Größe des Gartens wird eine Rundfahrt mit dem eigenen Auto empfohlen, aber auch ausgedehnte Spaziergänge sind möglich. Ein 8 km langer Fußweg führt ab dem Gästehaus im Norden durch die Hügel. Roller sind nicht erlaubt. ⏰ 8–18 Uhr, Eintritt pro Auto 12 000 Rp sowie 18 000 Rp p. P., Parken 3000 Rp pro Motorrad. Englischsprachige Guides kosten 250 000 Rp und sind unter ✆ 0368-203 3211, ✉ kebunraya bali@yahoo.com, buchbar. Allgemeine Infos unter 🖥 www.balibotanicgarden.org.

Der sehr empfehlenswerte **Bali Treetop Adventure Park**, ✆ 0361-852 0680, 🖥 www.balitreetop.com, ist eine spannende Erweiterung des Botanischen Gartens. Nach einer kurzen Einführung können sowohl Kinder ab vier Jahren als auch Erwachsene auf sieben in den Bäumen befestigten Seil- und Netz-Parcours in einer Höhe von 2–20 m mit insgesamt zwölf bis zu 160 m langen Ziplines in verschiedenen Schwierigkeitsstufen klettern, springen, rutschen und gleiten – Spaß und Nervenkitzel für die ganze Familie. Eintritt für 2 1/2 Std. für Erwachsene US$22–24, für Kinder US$14–16, Vorbuchungen sind 10 % günstiger. ⏰ 8.30–16 Uhr.

Bedugul

Im für seine Erdbeeren bekannten Bedugul, südlich des Bratan-Sees, 30 km südlich von Singaraja und 48 km nördlich von Denpasar, bietet sich eine wunderschöne Aussicht. Anstelle der üblichen Postkartenmotive von Palmen, Stränden und Reisfeldern blickt man auf wolkenver-hangene Wälder, Kaffeeplantagen und grüne Gemüsefelder. Der Name Bedugul deutet darauf hin, dass sich hier eine Kultstätte für Reisbauern befand, die vom Bratan-See das Wasser für ihre Reisfelder beziehen. Als Bedugul werden die kleinen Schreine bezeichnet, die vereinzelt zwischen den Reisfeldern zu sehen sind. Aufgestellt werden sie von den örtlichen *Subak*, den Bewässerungsgemeinschaften. Der niederschlagsreiche Ort wird außerdem auch Regenstadt genannt.

Danau Buyan und Danau Tamblingan

Rund 8 km nördlich von Bedugul beginnt eine der landschaftlich schönsten Strecken von Bali. Die Straße biegt hinter einer Haarnadelkurve nach Westen ab und führt durch einen märchenhaften Wald, immer auf einem schmalen Grat entlang durch kleine Dörfer mit fantastischem Blick auf die Seen **Danau Buyan** und **Danau Tamblingan** im Süden sowie zum Meer im Norden. Bei entsprechenden Wetterverhältnissen kommt es vor, dass man über den Wolken fährt, ein ebenso tolles Erlebnis. Die durchgehend asphaltierte, aber besonders zu Beginn von Schlaglöchern übersäte Straße führt durch Wälder, Kaffee- und Nelkenplantagen bis hinunter nach Munduk.

Am Beginn der Straße verkaufen Einheimische manchmal kleine Opfergaben für das Auto, die die Insassen auf der anspruchsvollen und kurvenreichen Strecke beschützen sollen. Unterwegs liegen Haltemöglichkeiten mit schönen Landschaftsmotiven. Einige Warung mit Aussicht auf den Danau Buyan stehen am Nordufer. Am Parkplatz des Danau Tamblingan können zwei- bis vierstündige **Trekking-Touren** mit Guides für 280 000 Rp für max. 4 Pers. gebucht werden, die durch dichte Vegetation führen.

ÜBERNACHTUNG

Kebun Raya Guest House VIP, im Botanischen Garten, ✆ 0368-203 3211, 🖥 www.kebunraya bali.com/accommodation.php. Das Gästehaus protzt mit einer riesigen, blitzblanken Eingangshalle und farbenprächtigen Begonien. Die 14 geräumigen Zimmer mit großen Schränken und sauberer Du/WC mit Warmwasser haben alle einen Balkon. WLAN in der Lobby. ❸–❹

Mekar Sari, an der Zufahrt zum Botanischen Garten, ℡ 0368-203 3193. 3 gemütliche, gefliese Zimmer mit guten Bambusbetten, TV und Warmwasser-Du/WC bei einer netten Familie. Frühstück und WLAN im kleinen Restaurant inkl. ❷

Melati Home Stay, an der Zufahrt zum Botanischen Garten, ℡ 0813-3749 7999, 🖥 www.melatihomestay.baliklik.com. 6 einfache, saubere, gefliese Zimmer mit Du/WC, kleinem TV und Parkplatz vor dem Haus der freundlichen Betreiberin. Frühstück und WLAN inkl. ❷

Strawberry Hill Hotel, am Danau Bratan, ℡ 0368-21265, 🖥 www.strawberryhill bali.com. In der gepflegten Anlage mit Restaurant liegen 10 sehr saubere, moderne und hübsch ausgestaltete Bungalows mit Terrasse, süßem Steinbad/WC mit Föhn, bequemen Betten und LCD-TV. Gutes Preis-Leistungs-Verhältnis. Frühstück und WLAN inkl. ❹

Munduk und Umgebung

Der kleine Ort, 700 m über dem Meeresspiegel, ist seit Ende des 19. Jhs. von Kaffeeplantagen umgeben. Bereits die Holländer bauten hier Wochenend- und Ferienhäuser, um sich im milden Klima von der Hitze in Singaraja erholen zu können. Neben dem Klima macht besonders die Aussicht den an der befahrenen Bergstraße gelegenen Ort attraktiv, liegt er doch genau auf einem Berggrat mit Blick auf die umliegenden Gebirgszüge. Munduk ist eine gute Basis für Ausflüge in die Umgebung.

Leichenverbrennungen werden hier besonders aufwendig zelebriert. Die Bevölkerung setzt sich aus wenigen Familien zusammen, und jeder Clan veranstaltet alle zehn Jahre eine Kremationsfeier für sämtliche zuletzt verstorbene Sippenmitglieder. Die Verbrennung hat eher symbolischen Charakter, da von vielen Verstorbenen in der Zwischenzeit kaum noch etwas übrig ist. Am Tag vor der Verbrennung nehmen alle unverheirateten Familienmitglieder, traditionell gekleidet und festlich geschmückt, an einer langen Prozession teil.

Rund 2 km nördlich von Munduk zweigt von der Hauptstraße der 500 m lange Weg zum **Melanting-Wasserfall** (auch Munduk-Wasserfall, Air Terjun Munduk, genannt) ab, der inmitten üppiger Dschungelvegetation aus 30 m in die Tiefe stürzt und das ganze Jahr über von einer Quelle gespeist wird. Im glasklaren Wasser kann auch gebadet werden. Besonders am Wochenende ist der Wasserfall gut besucht. Vom Danau Tamblingan aus kommend, geht kurz vor Munduk ein Weg rechts ab, auf dem das kühle Nass zu Fuß nach einem knappen Kilometer erreicht wird. Eintritt 5000 Rp, Parken 3000 Rp, Motorräder 2000 Rp.

Eindrucksvoller und kaum besucht ist der **Laangan-Wasserfall**, den man vom Melanting-Wasserfall aus in einem zweistündigen Rundgang den Bach entlang vorbei an Kaffee-, Kakao- und Nelkenfeldern (oder aber einem Pfad vom Taman Ayu Homestay in Munduk eine Stunde folgend) erreicht. Ohne Guide empfiehlt sich eine gute Karte, am besten die vom Aditya Homestay, denn die Pläne von anderen Unterkünften sind teils sehr verwirrend. Eintritt 10 000 Rp.

In **Mayong**, ca. 12 km nordwestlich von Munduk, erreicht man eine Weggabelung: Richtung Süden geht es auf einer gut ausgebauten, wenig befahrenen Straße über die Berge zur Südwestküste. Die Hauptstraße auf der anderen Seite der Insel wird wenige Kilometer östlich vom Pantai Balian (S. 257) erreicht.

ÜBERNACHTUNG

Im milden Klima kommen die meisten Unterkünfte ohne AC aus, dafür bieten alle Warmwasser und beeindruckende Aussichten auf die Plantagen und die umliegenden Steilhänge und Berge. Fast alle liegen direkt entlang der schmalen Hauptstraße. Weitere Übernachtungsmöglichkeiten s. eXTra [9132].

Aditya Homestay, Jl. Pura Puseh südlich der Hauptstraße, ℡ 0852-3888 2968, 🖥 www.adityahomestay.com. In dem 2011 eröffneten 2-stöckigen Bau sowie im 2013 noch nicht ganz fertigen Neubau mit Restaurant-Terrasse auf der anderen Hofseite gibt es 9 schön eingerichtete, komfortable und saubere Zimmer mit großen Fensterfronten, sehr guten Matratzen und Du/WC, im oberen Stockwerk mit der besten Aussicht. Die äußerst zuvorkommende Ilo und ihre Familie kümmern sich rührend um ihre Gäste und bereiten schmackhaftes, günstiges Abendessen zu. Der kleine Hund Mickey sorgt für Unterhaltung. Ein frischer Erdbeersaft als Willkommensdrink, Frühstück und WLAN inkl. ❸ – ❹

Guru Ratna Homestay, ✆ 0813-3719 4398, 🖳 www.guru-ratna.com. Die 7 aufgrund ihrer Nähe zur Straße nicht ganz ruhigen Zimmer haben Moskitonetz und (teils Gemeinschafts-) Du/WC sowie hübsches Holzmobiliar, das den älteren Räumlichkeiten etwas Charme verleiht. Sehr freundliches Personal. In der Vergangenheit gab es Probleme mit Bettwanzen. Frühstück im kleinen Restaurant inkl. ❷ – ❸

Karang Sari, südlich unterhalb der Straße am westlichen Ortseingang, ✆ 0813-3845 5144, 🖳 www.karangsari-guesthouse.com. Nur 3 bis 4 Jahre alt sind die hellhörigen, sauberen Zimmer mit guten Matratzen, kleinem Balkon und teils muffiger Du/WC. Das freundliche Personal serviert im Restaurant leider nur mäßiges Essen. Kleines Frühstück und WLAN inkl. ❸

Melanting Cottages, am östlichen Ortsende, ✆ 0362-700 5266, 🖳 www.melantingcottages. com. Schöne, gepflegte, fußläufig etwas weiter vom Ortskern entfernte Anlage am Hang mit 12 hübschen, etwas dunklen, aber ansprechenden Holz- und Massivbungalows mit Balkon, großem bequemem Bett, Moskitonetz, TV, teils auch Safe und Open-Air-Du oder Bad/WC. Frühstück und WLAN inkl. ❹ – ❺

Munduk Sari Villa, ✆ 0361-747 5473, 🖳 www. munduksari.com. Die zentral im Ort gelegene „Nature Villa" an der Straße beherbergt wie auch ihr Schwesterhaus, die „Garden Villa", 5 sehr saubere, helle, gefliese Zimmer mit Himmelbetten, TV und kleinem Bad/WC. Die teureren bieten die beste Aussicht. Frühstück und WLAN inkl. ❸ – ❹

🏕 **Puri Lumbung Cottages**, ✆ 0362-701 2887, 🖳 www.purilumbung.com. Ein Ökotourismus-Projekt, das sich Wald- und

Wasserproblemen annimmt, einen Bio-Garten unterhält und die lokalen Künste wie Tanz und Musik unterstützt. Gäste können an vielen Workshops teilnehmen. Auf dem weitläufigen, naturnah um einen Bach angelegten Grundstück mit 42 Zimmern und guter Aussicht wohnt man in bis zu 80 Jahre alten, modifizierten *Lumbung* mit schöner Open-Air-Du/WC und Moskitonetz oder in der luxuriösen Villa. Die angebauten Gewürze und Pflanzen sind oft beschildert. Frühstück inkl., WLAN 30 000 Rp pro 24 Std. ❻ – ❼

AKTIVITÄTEN UND TOUREN

An den vielfältigen **Kursen, Workshops und Aktivitäten** der **Puri Lumbung Cottages** (s. o.) können auch Tagesgäste für US$12–30 pro Std. teilnehmen. Auf dem Programm stehen Kochen, Blumenbinden, Musikunterricht, Kräuterkunde, Web- oder Sprachkurse sowie Wanderungen, Fahrradtouren oder Yoga. Auch die anderen Unterkünfte organisieren **Wanderungen**: Ein Spaziergang zu den Wasserfällen in der Umgebung kostet 50 000 Rp pro Std., anspruchsvollere 3 1/2 Std.-Treks 400 000 Rp und eine Halbtagestour 500 000 Rp.

TRANSPORT

In Ermangelung öffentlicher Verkehrsmittel müssen Autos mit Fahrer gechartert werden: Nach AMED, CANDI DASA, SIDEMEN oder TOYABUNGKAH 570 000 Rp, BEDUGUL 315 000 Rp, zum FLUGHAFEN 450 000 Rp, nach GILIMANUK (Fähre nach Java) 450 000 Rp, KINTAMANI, KUTA oder SEMINYAK 520 000 Rp, LOVINA 220 000 Rp, PEMUTERAN oder UBUD 400 000 Rp, SANUR 480 000 Rp und TULAMBEN 525 000 Rp.

Batur-Massiv

Die rauen landschaftlichen Facetten des balinesischen Hochlands eröffnen sich am besten bei einer Fahrt durch das von Witterung und Vulkanismus geprägte Bergland um den **Gunung Batur** (1717 m), den zweitheiligsten Berg der Insel. In den letzten zwei Jahrhunderten war der Batur über 20 Mal aktiv, zuletzt im Jahr 2000,

NORD-BALI Übersichtskarte S. 270

www.stefan-loose.de/bali

BATUR-MASSIV **287**

Die Legende vom Batur-See

Einst lebte auf Bali der Riese **Kbo Iwo**, ein Wesen so groß wie ein Berg. Mit seiner ungeheuren Kraft half er den Menschen häufig bei der Anlage neuer Reisterrassen und Bewässerungssysteme und auch beim Bau großer Tempel. So soll er die Felsenheiligtümer **Gunung Kawi** und **Goa Gajah** in nur einer Nacht mit einem Fingernagel aus dem harten Gestein geschabt haben. Als Belohnung für seine Arbeit gab er sich mit einer Mahlzeit zufrieden, aber das bedeutete für die Dorfbewohner, jedes Mal die Nahrung für mehr als 1000 Menschen zu opfern.

Nach einer Missernte konnten die Dörfler den Forderungen des Riesen nicht mehr nachkommen, und in seinem Ärger zerstörte er Häuser und Tempel und fraß einige Männer und Frauen. Die so Geplagten bedienten sich einer List: Wenn er ihnen einen tiefen Brunnen graben könnte, versprachen sie Kbo Iwo reiche Belohnung. Der begann, mit seinen Händen ein tiefes Loch auszuheben, auf dessen Grund sich auch schon das erste Grundwasser sammelte. Aber selbst für einen Riesen war es eine ermüdende Arbeit, und so pflegte er in dem kühlen, feuchten Erdloch täglich seinen Mittagsschlaf zu halten.

Eines Tages versammelten sich die Menschen um den Brunnen und überschütteten den schlafenden Riesen mit Unmengen von Kalk, den man sonst zum Weißen der Hauswände gebrauchte. Der Kalk wurde im Wasser schnell zu einer harten Masse, die dem Riesen seine Bewegungsfreiheit raubte und ihn schließlich begrub. Das Wasser stieg, floss über den Brunnenrand und formte den Batur-See. Das ausgehobene Erdreich liegt noch immer an seinem Platz – als Gunung Batur. Manchmal regt sich der Riese noch, dann kommt es zu Erdbeben oder Vulkanausbrüchen.

zum Glück ohne Todesopfer. Die zwei schwersten Ausbrüche in den Jahren 1917 und 1926 hingegen forderten viele Menschenleben und vernichteten ganze Dörfer.

Hat man aus dem Norden kommend die unzähligen Haarnadelkurven der steilen Straße hinter sich gelassen, liegt linkerhand ein Tempelkomplex, der sich über mehrere Etagen bis zum Gipfel des **Gunung Penulisan** (1745 m) erstreckt. Schon wegen der bei klarem Wetter zu genießenden Aussicht lohnt der Aufstieg über 333 steile Stufen. Der oft im Halbnebel verschleierte **Pura Tegeh Kuripan** ist der am höchsten gelegene Tempel Balis und einer der ältesten aus den Tagen der frühen *Warma-dewa*-Dynastie. Seine wichtigste Gottheit ist Shiva in seiner Manifestation als Sanghyang Girinatha, dem Herrn der Berge. Wie in einem Museum sind in den offenen Pavillons archäologische Fundstücke ausgestellt, die meist aus dem 9. bis 13. Jh. stammen. Die *Lingga*- und *Yoni*-Steine symbolisieren Shiva in Vereinigung mit seiner Shakti. Mehrere Steinstatuen verkörpern die vergöttlichten Herrscher von Zentral-Bali, oft als Figurenpaar „König mit Königin" in einer einzigen Skulptur. Die Skulpturen werden immer noch verehrt: Zu festlichen Anlässen umwickelt man sie mit Tüchern und stellt ihnen kleine Opfergaben hin. Es wird ein geringes Eintrittsgeld erhoben.

Kintamani

Das kühle, oft von Wolken verhangene Kintamani, westlich des Gunung Batur und nördlich von Penelokan, erstreckt sich entlang der Straße und ist der größte Marktort am Batur-See. Alle drei Tage ist die Hauptstraße hoffnungslos mit Gemüselastern und Minibussen verstopft. Dann kann man die rauen Gebirgsbewohner dabei beobachten, wie sie um Kaffeebohnen, Obst und Gemüse feilschen.

Die aus den hiesigen Pariahunden gezüchtete gleichnamige **Hunderasse** – und seit 2012 die erste international anerkannte Hunderasse Indonesiens – ist für ihr dichtes Fell und ihr aufmerksames Wesen bekannt, das sie zu guten Wachhunden macht. Dem Husky nicht unähnlich, können Kintamani-Hunde sogar klettern und sind auch im Ausland teure Rassehunde.

Batur

Richtung Süden geht Kintamani in das neue Dorf Batur über. Das alte befand sich einst am Fuße des Vulkans. Nach einem schweren Ausbruch im Jahre 1917 wurde es stark zerstört, der Dorftempel wurde jedoch von den Lavamassen verschont, was man als gutes Omen interpretierte und das Dorf an gleicher Stelle wieder aufbaute. Der nächste schwere Ausbruch 1926 vernichtete es erneut, diesmal mitsamt dem Tempel. Erst daraufhin wurde das Dorf an eine geschütztere Stelle an den Rand des kesselförmigen Kraters verlegt.

Mittelpunkt des Ortes ist der große und bedeutsame, außerhalb von Feiertagen allerdings etwas verwahrloste Tempelkomplex **Pura Ulun Danu Batur**, der 1929 zu Ehren von Dewi Danu, der Göttin der Gewässer, errichtet wurde. Eindrucksvolle, hohe Tempeltore und Reihen von vielstufigen, schlanken *Meru* erheben sich am Rande des Steilhangs über dem Krater, der einen fantastischen Hintergrund für das Heiligtum bildet. Die Gebäude bestehen aus dunklem Lavagestein und die Innenhöfe sind mit schwarzer Asche bestreut. Eintritt 25 000 Rp, Leih-Sarongs 25 000 Rp. Oft bieten sich Führer an, die anschließend Geld verlangen. Der Pura feiert sein *Odalan* an einem Vollmond im März oder April, zwei Wochen nach *Nyepi*.

Penelokan

In 1450 m Höhe bietet sich in Penelokan („Aussichtspunkt"), 6 km südlich von Kintamani, ein herrlicher Blick auf den Berg **Gunung Batur** und den dazugehörigen Kratersee. Bei gutem Wetter ist sogar die Südküste der Insel zu erspähen. Im Westen des Batur-Sees verläuft die Hauptstraße von Bangli nach Singaraja über mehrere Kilometer auf dem Grat des Kraterrandes. Im Südosten ragt der Randkegel des **Gunung Abang** („älterer Bruder") auf, der mit 2151 m die höchste Erhebung des gesamten Massivs bildet.

Die tolle Sicht lockt zahlreiche Touristen an, die wiederum viele penetrante fliegende Händler nach sich ziehen. Die Restaurants werden wegen der Aussicht vor allem von Touristenbussen angefahren, die hier zur Mittagszeit ihre Gäste auf die überteuerten Buffets loslassen. Wer durch Penelokan fahren möchte, muss eventuell einen geringen Eintritt bezahlen, je nachdem, wie aktiv die Geldeintreiber gerade sind.

Im Osten des Ortes liegt das **Batur Volcano Museum** (Museum Gunung Api Batur), ☎ 0366-51186. Hier stehen Modelle, Karten und bebilderte Tafeln, die auf Englisch und Indonesisch die Funktionsweise von Vulkanen im Allgemeinen und des Gunung Batur im Speziellen erläutern. Ein paar Gesteinsproben liegen ebenso aus, doch im Ganzen kann die etwas lieblos aufgemachte Ausstellung wenig begeistern. Zuletzt war auf dem Gelände ein kegelförmiger Neubau im Bau. ⊙ Sa–Do 9–14 Uhr, Eintritt frei.

NORD-BALI Übersichtskarte S. 270

Bergsteigen am Batur-Massiv

Besteigung des Gunung Batur

Der Gunung Batur (1717 m) kann in einer Tagestour bestiegen werden. Der Aufstieg beginnt meist um 3 oder 4 Uhr morgens in Toya Bungkah und findet mit einem Picknick auf dem Gipfel zum Sonnenaufgang seinen Höhepunkt. Gegen 9 Uhr ist man wieder zurück. Mit festen Schuhen, einem warmen Pullover und guter Kondition wird der Aufstieg über die unwirklichen Lavaformationen zu einem großartigen Erlebnis.

Guides und Informationen bekommt man im Büro der Association of Mount Batur Trekking Guides, ✆ 0366-52362, ✉ volcanotrekk@hotmail.com, in Toya Bungkah. Für die 4-stündige Tour zum Sonnenaufgang (3 Std. Marsch und 1 Std. Aufenthalt auf dem Gipfel) zahlt man 350 000 Rp p. P., für die 6-stündige Tour über den Kraterrand und Pura Jabi 650 000 Rp p. P. Eine Besteigung ohne Guide wird von der Organisation untersagt. Die jungen Männer zeigen sich schnell von einer anderen, aggressiven Seite, wenn man dennoch versucht, den Berg auf eigene Faust zu bezwingen – allerdings sind Bergsteigern im Alleingang in der Vergangenheit auch schlimme Unfälle widerfahren.

Vorher sollte man sich über die Wetterlage erkundigen, andernfalls kann es sein, dass man in Regen gerät und durchnässt oder aufgrund schlechter Sicht umkehren muss. Zwischen Juli und Dezember ist die Aussicht oft wolkenverhangen, sodass sich ein Aufstieg möglicherweise nicht lohnt.

Besteigung des Gunung Abang

Südöstlich des Sees liegt der dritthöchste Berg Balis, Gunung Abang (2151 m). Fährt man aus dem Krater nach Penelokan, biegt man an der Gabelung auf dem Kraterrand links ab. Nach etwa 4 km gabelt sich die Straße an einem Aussichtspunkt über den Krater. Rechts geht es weiter über Suter und Menanga nach Besakih, links erreicht man nach ca. 1 km einen kleinen Tempel und einige Essenstände. Man folgt der unbefestigten Straße rechts vom Tempel bergab und sucht nach 1 km einen Parkplatz. In einer scharfen Rechtskurve liegt ein Haus, in dessen Nähe der Weg zum Gipfel des Abang beginnt. Der Pfad ist gut ausgetreten, führt aber sehr steil durch verfilzten Buschwald und ist matschig und rutschig. Nach einer Stunde kommt man zu einem kleinen Tempel. Nach einer weiteren Stunde ist der Gipfel erreicht, wo man ebenfalls einen Tempel vorfindet und die Aussicht genießen kann. Der Abstieg dauert etwa zwei Stunden.

Batur-See

Zum See führt eine sehr steile Straße von Penelokan in den Krater hinab. In **Kedisan** gabelt sich die Straße: Die linke Abzweigung führt nach **Toya Bungkah** im Nordwesten, wo einige Touristen übernachten, um frühmorgens die Besteigung des Vulkans Gunung Batur in Angriff zu nehmen.

Einen guten Teil der zu den größten Vulkankratern der Welt zählenden Caldera füllt der halbmondförmige, 90 m tiefe **Danau Batur** aus. Der Südteil des Sees ist von Fischfarmen gesprenkelt, in denen der Tilapia-Buntbarsch *(Mujair)* gezüchtet wird. In der Umgebung wird schwarzer Sand abgebaut, der andernorts auf Bali verkauft wird. Die vielen schwer beladenen Laster, die sich die Straße nach Penelokan hinaufqualen, zeugen von dieser Aktivität.

Rund um die heißen Quellen am Ufer des Sees in Toya Bungkah liegt die überteuerte und wenig attraktive Badeanlage des **Toya Natural Hot Spring & Camping Resorts**, ✆ 0366-51204, 🖥 www.toyadevasya.com. Neben einem großen, gechlorten Pool gibt es auch ein kleines Bad mit heißem Quellwasser. Eintritt 150 000 Rp inkl. Getränk.

Nordwestlich liegt auf 1048 m Höhe **Songan**, der größte Ort am See, mit dem nicht zu verwechselnden **Pura Ulun Danu**. Von hier aus werden alle paar Jahre Büffel und andere Opfertiere auf den See gefahren und darin geopfert.

Das Volk der Bali Aga in Trunyan pflegt Bräuche, die noch älter sind als der Hinduismus auf Bali.

Die schweizerisch-indonesisch geführte Stiftung **Zukunft für Kinder**, 0813-3796 6240, www.zukunft-fuer-kinder.ch, startet hier Trekkingtouren, die mit Stopps in mehreren Dörfern den 12 km langen Weg über den Krater hinab zur Nordküste führen und bei **Lupak** an der Hauptstraße zwischen Singaraja und Culik enden. Alle Profite kommen den einheimischen Guides und den Kooperativen der ärmlichen, oft unzureichend mit Wasser versorgten Dörfer zugute.

Trunyan

Das Dorf auf der anderen Seite des Sees wird wie Tenganan (S. 331) von den *Bali Aga* bewohnt, den ursprünglichen Bewohnern der Insel. Eingezwängt auf einem schmalen Landstreifen zwischen See und steilem Kraterrand leben hier rund 700 Menschen in fast völliger Isolation vom restlichen Bali. Besucher sind nicht so willkommen wie in Tenganan, werden aber geduldet.

Viel zu sehen gibt es nicht: Mauern aus Lavablöcken umgeben die eng aneinandergereihten Grundstücke, auf denen man Gärten und Bäume vermisst. Wenn man Glück hat, kann man einen Blick auf die Arbeitsweisen der Weberinnen und Kunsthandwerker werfen. Hinter dem Ort führt ein steiler, gewundener Pfad die Kraterwand hinauf zu einem weiteren Dorf außerhalb des großen Kraters mit den Ländereien der *Bali Aga*.

Das größte Heiligtum des Ortes ist der schmucklose **Pura Pancering Jagat** („Nabel der Welt"). In seinem siebenstufigen *Meru* verbirgt sich eine 3 m hohe Statue der obersten Lokalgottheit, Ratu Gede Pancering Jagat, die nur einmal im Jahr ein paar Auserwählten gezeigt wird. Es heißt, der Tempel sei über 1100 Jahre alt, und der imposante Banyan-Baum, der ihn schmückt, ist sicher nicht viel jünger.

Kurz nach Vollmond im September oder Oktober beginnt eine Reihe ungewöhnlicher Zeremonien im Rahmen des *Odalan* für diesen Tempel. Junge, unverheiratete Männer, maskiert und nur mit Büscheln getrockneter Bananenblätter bekleidet, laufen durchs Dorf und erschrecken die Zuschauer mit langen Peitschen. Anschließend haben sie das Privileg, die Lokalgottheit mit einer Mischung aus Kalk, Honig und Wasser zu reinigen.

Die Bewohner von Trunyan wurden kaum vom Hinduismus oder anderen Fremdeinflüssen berührt und entwickelten eine einmalige Art der **Totenbestattung**. Die Leichen werden nicht wie bei den hinduistischen Balinesen verbrannt, auch nicht wie bei den *Bali Aga* von Tenganan beerdigt, sondern in weiße Tücher gehüllt und im Freien aufgebahrt, wo sie dann verwesen. Ein oder zwei Mal im Jahr werden ausgewählte Verstorbene zeremoniell zum Friedhof gebracht, der eine kurze Bootsfahrt nördlich des Dorfs liegt. Frauen sind dabei nicht zugelassen, da ihre Anwesenheit dem Volksglauben zufolge Erdrutsche und Vulkanausbrüche verursacht.

Bei Ankunft am Friedhof grüßen den Besucher die ordentlich aufgebahrten Gebeine und Schädel der Ahnen. Die Neuzugänge werden in Bambuskäfigen unter dem Baum *Taru Menyan* („süßer Duft") platziert, dessen süßliche Ausdünstung angeblich den Geruch der Verwesung neutralisiert.

Vor Ort lässt sich ein Preis von 250 000 Rp für eine Bootstour zum Friedhof und eine Führung durch das Dorf aushandeln. Die Bewohner sind nicht auf Touristen eingerichtet und zurückhaltend, daher ist Feingefühl gefragt.

Man kann den Ort im Rahmen einer organisierten Tour aus Kedisan besuchen. In Kedisan können Boote für eine Rundfahrt auf dem See gemietet werden. Neben einem Besuch in Trunyan wird auch in Toya Bungkah ein Halt eingelegt. Tickets bekommt man an einem Kiosk, zwei Personen zahlen 250 000–300 000 Rp, hin und zurück 400 000 Rp. Trunyan ist ansonsten über eine Straße zu erreichen, die ab Kedisan (an der Gabelung rechts) immer am See entlangführt.

ÜBERNACHTUNG UND ESSEN

Alle Unterkünfte bieten den Temperaturen entsprechend Warmwasser, organisieren Guides für Touren und bieten in ihren kleinen **Restaurants** neben Frühstück auch einfache Traveller-Kost und indonesische Gerichte sowie Fisch aus dem See an. Direkt vor dem Lakeview Hotel steht ein **Geldautomat**.

Penelokan

Lakeview Hotel, am östlichen Ortsende in der Kurve, ℡ 0366-52525, 🖥 www.lakeviewbali.

com. Die 24 direkt am Hang gelegenen, leicht überteuerten Zimmer mit Aussicht über die Berglandschaft haben mit Flusssteinen ausgelegte Du/WC, Wasserkocher und weiche Matratzen, teurere auch TV, Balkon und verglaste Bäder. Mountainbike-Verleih. Frühstück im bei Touristenbussen beliebten Restaurant und WLAN inkl. ❺–❻

The Volcania Gh., nebenan, ℡ 0366-51429, 🖥 www.thevolcania.com. Hinter dem auch als Restaurant dienenden Vorhof mit Springbrunnen liegt ein schönes, großes Holzhaus mit Massivholzmöbeln und dekorativen Hinguckern asiatischen Stils. Von den 4 leicht überteuerten Zimmern mit komfortablen Himmelbetten sticht das im oberen Stock als Suite heraus. ❹–❻

Kedisan

Hotel Segara, ℡ 0366-5113, 🖥 www.batursegarahotel.com. Freundliches Hotel mit Restaurant und den vom Preis-Leistungs-Verhältnis her besten Zimmern, die mit guten Matratzen und dunklem Bad/WC (teils mit flüchtigem Schwefelgeruch) ausgestattet sind. Empfehlenswert die Zimmer für 250 000 Rp und 400 000 Rp. Frühstück inkl. ❷–❺

Hotel Surya, nebenan, ℡ 0366-51139, 🖥 www.suryahotel.com. Von der Balustrade um die oberen der 28 einfachen, älteren und nicht immer ganz sauberen Zimmer mit Federkernmatratzen und Du oder Bad/WC, teils auch TV, bietet sich eine tolle Aussicht auf den See. Die billigsten Zimmer nur mit Kaltwasser. Einfaches Frühstück inkl. ❷–❸

Toya Bungkah

Puri Bening Hayato, ℡ 0366-51234, ✉ puribening2002@yahoo.de. Wer einmal in einem riesigen Geisterhaus ohne jede Menschenseele übernachten möchte, ist hier richtig. Es gibt 30 riesige, alte Familienzimmer für max. 4 Pers. mit TV, annehmbaren Matratzen und Bad/WC, allerdings ist eine funktionierende Warmwasserversorgung nicht garantiert. Frühstück inkl. ❹

Under the Volcano II, ℡ 0366-52508, 🖥 www.kintamanihotel.com. Kleines Gästehaus am See mit 10 alten, aber sauberen

> **Warme Sachen einpacken**
>
> In den Bergen kann es nicht nur nachts emp-
> findlich kalt und feucht werden, daher sollten
> lange Hosen und ein Pullover in keinem Reise-
> gepäck fehlen.

Zimmer mit weichen Schaumstoffmatratzen
und dunklem Bad/WC. Im Volcano III gegen-
über gibt es auch Zimmer mit Seeblick.
Motorradverleih. Kleines Frühstück und
WLAN im Restaurant inkl. ❷
Im **Toya Tribe Café**, ✆ 0366-51204, stehen
neben frischem Fisch aus dem See auch
Spaghetti und Pizza auf der Speisekarte.
Hauptgerichte ab 40 000 Rp. ⊕ 12–21 Uhr.

Von Singaraja nach Osten

Sangsit

Rund 8 km östlich von Singaraja, 250 m nördlich
der Hauptstraße nahe Sangsit, steht der *Subak*-
Tempel **Pura Beji**. Bereits im 15. Jh. wurde er zu
Ehren der Göttin der Fruchtbarkeit, Dewi Sri, erbaut. Mythische Fabelwesen, Hexen, Dämonen
und Schlangen bewachen den Eingang. Dass
sich im Inneren nur ein Gebäude befindet, ist
ebenso typisch für die nordbalinesischen Tempel wie die Fülle an Steinmetzarbeiten. Der Eintritt ist kostenlos, die Tempeldiener freuen sich
jedoch über eine Spende, Sarongleihe 5000 Rp.
Hier findet jährlich eine seltsame Zeremonie
statt, mehr dazu s. **eXTra [9131]**.

Vom Pura Beji schlängelt sich ein kleiner
Weg einige hundert Meter nordöstlich Richtung
Strand zum **Unterwelttempel** *(Pura Dalem)*. Die
Reliefs an den Außenmauern zeigen recht dras-
tische erotische Szenen.

Jagaraga und Sawan

Etwa 500 m östlich von Sangsit zweigt eine Straße Richtung Süden zu den Dörfern Jagaraga
und Sawan mit sehenswerten Tempeln ab. Die
Tempelanlagen sind mit reichen, fantasievollen Reliefdarstellungen an den Tempelmauern, bizarren Figuren und Dämonenköpfen ausgeschmückt. Bemerkenswert sind vor allem

die häufigen „europäischen" Motive, vielleicht
Karikaturen der ungeliebten Kolonialherren,
vielleicht auch Darstellungen von Dämonen, die
als Europäer verkleidet die Welt (Bali) unsicher
machen.

Nach 4 km ist der **Pura Dalem** von Jagaraga erreicht. Dieser Tempel zeigt die interessan-
testen Motive: Ozeandampfer inmitten von See-
ungeheuern, ins Meer stürzende Flugzeuge,
langnasige Europäer im Auto, die von einem
Banditen mit Pistole überfallen werden usw. Die
spannendsten Reliefs befinden sich zwar an der
Außenwand, aber dennoch lohnt sich eine geführte Tour mit dem örtlichen Guide Ketut Surad-
nya, der auf lebendige Weise die Symbolik und
Geschichte des Tempels erklärt und meist im
gegenüberliegenden Warung zu finden ist.

In **Sawan** werden Gongs für Gamelan-
Orchester gegossen. Da der Gong das richtung-
weisende Instrument des Orchesters ist, kommt
ihm und seiner Entstehung eine besondere
Bedeutung zu.

Kubutambahan

Weiter auf der Hauptstraße von Sangsit Richtung Osten liegt Kubutambahan. Nur 400 m östlich der Abzweigung nach Kintamani steht nördlich der Straße der **Pura Meduwe Karang**, der
zu den neun wichtigsten Staatstempeln Balis
zählt. Meduwe Karang bedeutet übersetzt „der,
dem die Erde gehört". Hier verehrt man den
Sonnengott Surya, den Herrn der Felder, sowie
Dewi Sri, die Reis- und Fruchtbarkeitsgöttin. Entsprechend beten die Menschen hier für eine gute Ernte. Der Tempel liegt auf einer Anhöhe und
ist über zwei von 34 Skulpturen aus dem *Ramayana*-Epos gesäumten Eingangstreppen zu erreichen. Jenseits des Innenhofs liegen zwei
kleine Schreine, die den Gottheiten Ratu Ayu
Sari, einer Erscheinungsform der Erdmutter Ibu
Pertiwi, und Ratu Ngurah Sari, dem Beschüt-
zer der Feldfrüchte, geweiht sind. Die Reliefs
der Tempelmauern und Schreine stellen Dämonen, Geister, Fürsten und erotische Handlungen sowie eine Kampfszene aus dem *Ramayana*
dar. Eine Darstellung ähnelt sogar dem letzten
Abendmahl Christi.

Am Sockel der zentralen Terrasse im dritten Innenhof findet sich das ungewöhnliche

www.stefan-loose.de/bali

VON SINGARAJA NACH OSTEN **293**

NORD-BALI Übersichtskarte S. 270

Relief eines Fahrrads. Der in Stein gehauene **Radfahrer** ist kein Balinese, sondern der holländische Forscher und Künstler W. O. J. Nieuwenkamp, der 1904 die Insel mit einem Zweirad erkundete, dem ersten seiner Art auf Bali. Das bis dahin unbekannte Fortbewegungsmittel beeindruckte die Balinesen so sehr, dass sie es scheinbar für ein magisches Vehikel hielten: Es lässt sich ohne Antriebskette fahren und Reifen und Speichen sind durch Ranken und Lotusblüten ersetzt. Die Einheimischen nennen es liebevoll „Blumenfahrrad". Sogar der Sarong des Radfahrers und der Hintergrund werden durch florale Elemente geschmückt. Seit einem schweren Erdbeben im Jahre 1917 und der darauf folgenden Restaurierung ist die Darstellung des Radfahrers deutlich balinesischer, als das Original war: Nieuwenkamps Initialen und sein Bart sind verschwunden, man erkennt jedoch an der langen Nase, dass es sich um einen Europäer handeln muss.

Die Tempelwächter erzählen Besuchern bei einem Rundgang alles über den Tempel und die dargestellten Figuren, erwarten dafür aber eine Spende. Parken 2000 Rp, Sarongleihe 10 000 Rp.

Air Sanih

Der Strand von Air Sanih, 6 km östlich von Kubutambahan, ist besonders für Leute geeignet, die sich in Abgeschiedenheit erholen wollen. Hier kann man nicht viel unternehmen. Das kleine Örtchen bietet nur ein Freibad, den an Feiertagen völlig überlaufenen **Air Sanih Natural Swimmingpool**. Das saubere Süßwasser, das aus einer Quelle im benachbarten Tempel sprudelt, läuft ins Meer ab. Eintritt 5000 Rp, Kinder 3000 Rp, ⏰ 7–19 Uhr.

Art Zoo und Pura Ponjok Batu

Rund 4 km östlich von Air Sanih liegt der kuriose **Art Zoo**, eine Galerie des US-amerikanischen Künstlers Symon, 🖥 www.facebook.com/SymonBali, mit vielen bunten Statuen, z. B. einem blauen Buddha. Oft ist der Künstler auch persönlich anzutreffen.

Nur 200 m weiter östlich liegt der **Pura Ponjok Batu** spektakulär auf einem Felsen am Meer. Er ist Danghyang Nirartha gewidmet, dem Priester, der im 16. Jh. viele Küstentempel der Insel

begründet hat und hier am Felsvorsprung *(Ponjok Batu)*, umrauscht von der Gischt der Wellen, meditiert haben soll. Der Legende nach hat er dabei die Strandung eines Schiffs prophezeit, und als das Schiff tatsächlich auf Grund lief, machte er es wieder seetauglich und ließ die toten Matrosen auferstehen. Heute erinnert eine steinerne Schiffsminiatur, die unterhalb des Tempels aus dem Wasser ragt, an seine Wundertat. Hinter dem beeindruckenden Eingangstor *(Gapura)* gelangt man zu einem Hof mit mehreren Schreinen und Statuen, u. a. eine von Ganesha. Eintritt gegen Spende.

Pacung

🏠 Fährt man weiter Richtung Osten entlang der Küstenstraße, stößt man bei **Pacung**, nicht zu verwechseln mit dem Ort im Hochland von Zentral-Bali, unweit der Abzweigung nach Sembiran auf das **Surya Indigo Hand Weaving Centre**, 🖥 www.facebook.com/SuryaIndigo Pacung. Von den örtlichen Frauen in Handarbeit gefertigte, hochwertige und relativ teure Stoffe und Taschen (u. a. im traditionellen *Bebali*-Stil) werden in kleinen Shop zu Euro-Preisen verkauft. Man kann auch beim Herstellungsprozess zusehen, denn Nyoman Sarmika erklärt Besuchern gern die einzelnen Schritte. Die verwendete Baumwolle stammt von einer Anpflanzung in der Umgebung.

Tejakula

Die Fahrt geht weiter nach Tejakula, 34 km östlich von Singaraja, wo sich früher ein **heiliges Bad** befand, das heute nur noch schwer zu finden ist. Ein balinesischer Herrscher ließ eine prachtvoll ausgeschmückte Badeanlage errichten. Aus zahlreichen Wasserspeiern ergießt sich das kühle Nass in getrennte Becken für Männer und Frauen. Früher wurden hier die Pferde der Könige von Buleleng abgeschrubbt. Tejakula war lange vor Benoa und Singaraja ein bedeutender Hafen und zahlreiche archäologische Funde belegen die bereits vor 2000 Jahren weitreichenden Handelsverbindungen der hier ansässigen balinesischen Ureinwohner.

Im Jahr 2008 machte eine obskure Meldung den Ort bekannt: Nachdem sich ein Bewohner unzüchtig an einer Kuh vergangen hatte, die zu allem Übel auch noch schwanger wurde, schmückten die Dorfbewohner diese wie eine Braut, ertränkten sie rituell und ließen den „Bräutigam" als symbolische Ertränkung und Reue seiner Sünden seine Kleider ins Meer werfen, um den verbotenen Liebesakt zu strafen und die harmonische Ordnung wiederherzustellen.

Zum Mittagessen bietet sich das gute Restaurant des Cili Emas (s. Übernachtung) für einen Zwischenstopp an. Nach gut 30 km durch die trockene Landschaft ist es vorbei mit der Abgeschiedenheit, denn man erreicht den vom Tauchtourismus eroberten Ort **Tulamben** (S. 345).

ÜBERNACHTUNG

Über die Jahre haben sich an dem vom Massentourismus unberührten Küstenabschnitt zahlreiche Deutsche niedergelassen und dort Unterkünfte errichtet oder übernommen. Wer es ruhig, entspannt oder gehobener mag, wohnt hier besser als in Lovina oder Tulamben.

Sawan

Villa Manuk, südlich von Sawan in Bebetin, 18 km ab Singaraja, ✆ 0362-27080, 0813-3866 5533, 🖥 www.villa-manuk.com. Die in dörflicher Umgebung gelegene, familiäre Anlage mit schönem Garten, Quellwasserpool und Liegen unterhält einen Bio-Garten. In einem strohgedeckten Massivbungalow sowie einem Bambushaus warten 4 komfortable Zimmer mit Open Air-Du/WC und Veranda oder Balkon. Auch Fahrradverleih, Touren in die Umgebung sowie Massagen. Beate und Nyoman fördern zudem spendenbasiert die Schulbildung einheimischer Kinder und vermitteln ihnen Umweltbewusstsein, so erhalten sie z. B. Geld für aufgesammelten Plastikmüll. Mahlzeiten kosten 65 000–70 000 Rp, darunter auch gutes Frühstück mit hausgemachtem Brot. ❺

Air Sanih

Ciliks Beach Garden Air Sanih, am Strand von Air Sanih, ✆ 0812-360 1473, 0819-1570 0009, 🖥 www.ciliksbeachgarden.com. Die 4 großzügigen und komfortablen, hellen Bungalows

für 1–5 Pers. in dem schönen, weitläufigen Garten mit vielen Palmen am Strand befinden sich fest in deutscher Hand. Alle Zimmer mit AC, Terrasse, Hi-Fi-Anlage, Open-Air-Du/WC, geschmackvollen Bambusmöbeln, Marmorböden und eigenem Büchersortiment. Reservierung der gemauerten Bungalows mit weniger Lärm empfehlenswert. Frühstück und WLAN inkl. ❼

Pacung

Villa Boreh Beach Resort & Spa, etwa 2 km östlich des Pura Ponjok Batu, 300 m nördlich der Hauptstraße, ✆ 0858-5724 0068, 🖥 www.villaboreh.com. Abgeschieden in einem großen, sehr schönen, von Pfauen und Hornbills bewohnten Garten, bietet diese Anlage unter deutscher Leitung mit Strandzugang und Pool viel Entspannung und Ruhe. Die 4 Zimmer und 6 Bungalows im *Lumbung*-Stil sind mit AC, Moskitonetz, Open-Air-Du/WC und komfortablen Sitzecken individuell und liebevoll gestaltet. Die im Spa genutzten Produkte stammen aus eigener Herstellung. Gutes Restaurant und professioneller, sehr freundlicher Service. Frühstück und WLAN inkl. ❻–❼

Tejakula

Cili Emas, am Ende einer 1,4 km langen Zufahrt nördlich der Straße, ✆ 0878-6245 6739, 🖥 www.ciliemas.com. Die von Jochen und Nicole aus Deutschland bewusst auf Werterhalt und Energiesparsamkeit konzipierte Anlage mit ozongefiltertem Pool und gepflegtem Garten am Meer beheimatet 12 Bungalows mit bequemen Himmelbetten, großer Open-Air-Du/WC und Veranda. Auch 2 geräumigere *Lumbung* und 2 neue Villen mit 2 bzw. 3 Schlafzimmern und eigenem Pool. Septische Tanks, Abwasserverwendung und Energiesparmaßnahmen verringern die Umweltbelastung. Ein kleines Hausriff zum Schnorcheln, ein Yoga-Pavillon sowie ein Spa sorgen für Abwechslung. Kajak- und Motorradverleih. Abends gemeinsame Abendessen mit Bio-Zutaten aus eigenem Anbau sowie Salz aus der Saline nebenan für 110 000 Rp p. P. im empfehlenswerten Restaurant. Frühstück und WLAN inkl. **⑤–⑦**

Sambirenteng

Holiway Garden Resort & Spa, 7,1 km östlich der Abzweigung zum Cili Emas und 400 m nördlich der Straße, ✆ 0362-343 6365, 🖳 www.holiway.net. Das sehr gepflegte, verbrauchseffizient entworfene Resort unter der Leitung der Deutschen Maria und Stefan bietet 26 schöne, nach Feng-Shui-Prinzipien gestaltete Bungalows und Villen für bis zu 6 Pers. mit Open-Air-Du/WC in einem ansehnlichen Garten mit (dank UV-Filter chlorreduziertem) Pool und Liegen direkt vor dem Hausriff. Aktive können an Yogakursen teilnehmen, Kajaks für 20 000 Rp pro Std. mieten oder bei Fahrradtouren (auch E-Bikes) schwitzen. Für Entspannung sorgen ein Spa sowie diverse Hängematten. Abwasser und Kompost werden weiterverwendet, Plastikmüll separat entsorgt,

und ein Bio-Garten ist in Planung. Frühstück im Restaurant und WLAN von 8–22 Uhr inkl. Flughafentransfer für 68 €. **⑥–⑦**

Geretek

Alamanda Dive & Spa Resort, 1 km östlich vom Holiway Garden Resort & Spa, 200 m Richtung Meer, ✆ 0361-285484 (Sanur), 0812-465 6485, 🖳 www.alamanda.de. Das ruhige, in einer 3 ha großen Anlage gelegene 4-Sterne-Resort mit Hausriff wird ebenfalls von Deutschen geleitet. Es punktet mit teils mit *Alang-Alang*-Gras gedeckten Bungalows, Pool und vielen Liegen in einem sehr gepflegten Palmengarten am Strand. Die 24 sauberen, komfortablen Zimmer mit guten Matratzen, AC, Kühlschrank und luftigen Du/WC sind nett dekoriert. Schönes Restaurant am Strand, Spa und Tauchzentrum von Werner Lau, 🖳 www.wernerlau.com. Flughafentransfer 50–80 €. Frühstück inkl., WLAN 5 € pro Woche. **⑥–⑧**

Ost-Bali

Stefan Loose Traveltipps

Semarapura (Klungkung) Die berühmte Gerichtshalle des Taman Gili ist mit fantastischen Deckenmalereien ausgeschmückt. S. 298

Besakih Das größte und bedeutendste Heiligtum Balis liegt am Fuße des alles überragenden Gunung Agung. S. 303

15 Tauchen vor den Nusa-Inseln Vor Nusa Penida und Nusa Lembongan liegen spektakuläre und anspruchsvolle Tauchspots mit seltenen Meeresbewohnern. S. 312

Goa Lawah Die heilige Höhle ist Heimat von Tausenden von Fledermäusen. S. 320

Tenganan Begegnung mit den Traditionen und dem Kunsthandwerk der Ureinwohner Balis. S. 331

Tirtagangga Der von Reisfeldern umgebene Wasserpalast des letzten Rajas nördlich von Amlapura bietet eine herrliche Aussicht. S. 335

Gunung Seraya Bei einer Fahrt durch die karge Küstenlandschaft östlich des Gunung Seraya zeigt sich Bali von seiner ursprünglichen Seite. S. 337

Amed Von hier starten Tauchgänge oder Schnorchelausflüge zu den Schiffswracks vor der Ostküste der Insel. S. 339

Mit saftig grünen Reisterrassen, dem alles überragenden und als Weltnabel verehrten **Gunung Agung** und den touristischen Küstenorten in karger Landschaft ist der Osten von Bali eine extrem vielfältige Region. Sportliche können bei der Besteigung des mit 3142 m höchsten Berges der Insel persönliche Grenzen ausloten oder in die Korallenriffe vor der Küste und den Inseln **Nusa Lembongan** und **Nusa Penida** zu Mondfischen, Mantarochen und Haien abtauchen.

Kulturelle Highlights sind der Muttertempel **Pura Besakih** am Südhang des Gunung Agung und die Gerichtshalle Kerta Gosa in **Semarapura** (Klungkung). Landschaftlich haben das Hinterland zwischen Klungkung und dem schönen Wasserpalast **Tirtagangga** und die Gegend um **Sidemen** mit ihren malerischen Reisterrassen einiges zu bieten. An der Südküste warten der Hafen **Padang Bai** und die Touristenenklave **Candi Dasa** mit tropischen Buchten, weißen Stränden und Korallenriffen auf.

Im zunehmend populären **Amed** und **Tulamben** mit guten Unterkünften in allen Preisklassen übernachten vor allem Taucher, denn hier können sie das Wrack eines Frachtschiffs der US-Marine erkunden. Die Landschaft prägen spärlich mit Kakteen und *Lontar*-Palmen bewachsene Lavafelder. Sie reichen bis an die schwarzen Strände heran und erinnern allgegenwärtig an den letzten Ausbruch des Gunung Agung.

Semarapura (Klungkung)

Die geschichtsträchtige Hauptstadt des Bezirks Klungkung ist ein kulturelles Zentrum in Ost-Bali. Seit ihrer Umbenennung im Jahre 1995 heißt sie Semarapura, ein Name, der zwar noch nicht geläufig ist, aber von allen Ortsschildern prangt. Durch den 3 km südlich verlaufenden, gut ausgebauten Highway ist sie von Süden her leicht zu erreichen. Die meisten Touristen kommen aus der Gegend von Sidemen hierher, um Geld abzuheben.

Im Herzen der Stadt steht der **Taman Gili**, der 1930–60 restaurierte Überrest des ehemaligen Königspalasts *Semara Pura*, der von den Holländern fast vollständig zerstört wurde. Am 28. April

OST-BALI Übersichtskarte S. 299

298   SEMARAPURA (KLUNGKUNG)

www.stefan-loose.de/bali

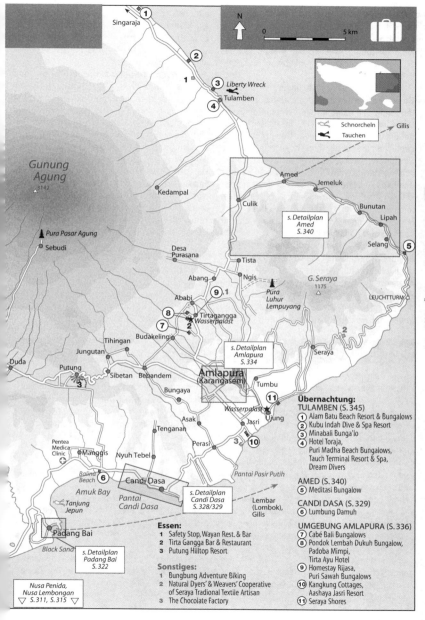

1908 fanden hier erbitterte Kämpfe zwischen der Kolonialmacht und den balinesischen Streitkräften statt, die im *Puputan* gipfelten, der rituellen Selbsttötung einheimischer Krieger. Nur das Südportal **Pemedal Agung** blieb vom ursprünglichen Bau erhalten.

Im nordöstlichen *Bale* befindet sich die **Kerta Gosa**, die Gerichtshalle, die unter dem ersten König und obersten Richter von Klungkung Dewa Agung Jambe im 17. Jh. errichtet wurde. Eindrucksvoller als jeder Gesetzestext verdeutlichen die bunten Deckenmalereien, welche Strafen ein Verbrecher zu erwarten hatte. Ähnlich beeindruckende Deckenbilder sind im **Bale Kambang** zu bestaunen, einem Pavillon auf einer kleinen Insel im Zentrum eines großen Lotusteiches. Die mehrmals restaurierten Deckenmalereien sind dem *Wayang*-Stil zuzuordnen, der noch im Dorf **Kamasan** (S. 302) gepflegt wird.

Das an den Taman Gili angeschlossene **Semarajaya Museum** in einem ehemaligen holländischen Schulgebäude ist veraltet. Es thematisiert die Kunst des *Songket*-Webens, die Palmweinherstellung, die Salzgewinnung und den aufopferungsvollen, hoffnungslosen Kampf gegen die Holländer. Zudem können Sänften,

alte *Kris*, Kostüme, Alltagsgegenstände und ein Modell des Palastes begutachtet werden. ⏰ 8–18 Uhr, Eintritt in den Gesamtkomplex 12 000 Rp, Kinder 6000 Rp, Sarong inkl., Guides ab 20 000 Rp.

Das **Nyoman Gunarsa Museum** (auch *Seni Lukis Bali Klasik*), ✆ 0362-22256, steht etwa 5 km südwestlich vom Zentrum nahe der großen Trimurti-Statue, die von drei Polizistenattrappen „bewacht" wird. Im dreistöckigen Gebäude sind zeitgenössische Arbeiten, aber auch eine große Sammlung klassischer Malerei aus dem 17.–19. Jh., traditionelle Skulpturen, Masken und Stickereien ausgestellt. Zudem sind hier das Atelier des Gründers Nyoman Gunarsa und eine Schule für traditionellen Tanz und Gamelan-Musik untergebracht. Nebenan beeindruckt ein kunstvoll mit Porzellan geschmückter *Gopuram* (Torturm). ⏰ Mo–Sa 9–16 Uhr, Eintritt 25 000 Rp.

ÜBERNACHTUNG

Unterkünfte sind rar. Besser wohnt man in Padang Bai, Candi Dasa oder bei Sidemen.
Klungkung Tower Hotel, Jl. Gunung Rinjani 18, ✆ 0366-25637, ✉ towerhotel07@yahoo.co.id. Beste Unterkunft der Stadt mit 18 muffigen,

---

Der Hof von Gelgel

Nach dem Fall der Pejeng-Dynastie (Bedulu, Zentral-Bali) im 14. Jh. ließen sich die von Majapahit (Ost-Java) eingesetzten Könige von Bali in Gelgel nieder und bauten dort ein neues politisches und kulturelles Zentrum auf. Der Niedergang des Majapahit-Reiches um 1500 und der Vormarsch des Islam auf Java hatten die Flucht des hindu-javanischen Hofes samt Priestern und Künstlern nach Bali zur Folge. Sie fanden eine neue Heimat am Hof von Gelgel, der in der Folgezeit unter König *(Raja)* Batu Renggong seinen Zenit erreichte und um 1550 sogar über die östlich gelegenen Nachbarinseln Lombok und Sumbawa herrschte.

Schon drei Generationen später wurde der Hof nach Klungkung verlegt. Für den nach Batu Renggongs Tod einsetzenden Verfall der Macht wurde ein Fluch verantwortlich gemacht, der auf dem Palast von Gelgel lasten sollte.

Nach und nach entstanden weitere kleine Königreiche auf Bali, meist Ableger des Hofes von Klungkung, die diesen weiterhin als kulturelles und religiöses Vorbild ansahen. Hier befand sich das oberste Gericht, wo alle Fälle verhandelt wurden, die nicht in den Dörfern durch die *Banjar*-Versammlungen geregelt werden konnten.

Die Vormachtstellung der *Rajas* von Klungkung wurde erst durch die Holländer gebrochen. Zwei Jahre nach dem dramatischen *Puputan* (kollektive Selbsttötung) von Badung (Denpasar) wiederholte sich dieser rituelle Massenselbstmord vor den Toren des Palastes von Klungkung. Der Palast wurde von holländischen Kanonen fast völlig zerstört. Die einstige Hauptstadt Gelgel ist heute nur noch ein Dorf.

Semarapura (Klungkung)

nicht mehr ganz frischen, noch annehmbaren Zimmern mit AC, TV und Warmwasser-Du/WC, teils auch Kühlschrank. Die Suiten sind wesentlich geräumiger. Billardtisch und Souvenirladen nebenan. Freundliches Personal. Frühstück inkl. ❸–❹

ESSEN

Ab dem frühen Abend wird auf dem **Nachtmarkt** nordöstlich der zentralen Kreuzung einfaches, leckeres Essen angeboten.
Bali Indah Rest., Jl. Nakula 1, ✆ 0366-21056. Chinesisches Familienunternehmen seit 1943, das mit seinen leckeren und günstigen Gerichten über die Stadtgrenzen hinaus bekannt ist. Mahlzeiten ab 15 000 Rp, Säfte ab 10 000 Rp. ⏱ 9–20.30 Uhr.

EINKAUFEN

Relativ günstige *Lontar* (Palmblattzeichnungen), Antiquitäten und andere Souvenirs kann man entlang der Jl. Diponegoro und der Jl. Gajah Mada erstehen.
Eine große Auswahl an günstigen *Ikat-, Songket-* und Batik-Stoffen werden in der Markthalle angeboten.

Im vollgestopften **Art Shop Dewi**, ☏ 0819-3309 9555, in der Jl. Diponegoro gegenüber der Markthalle, verkauft Ketut Bagiada balinesisches und panindonesisches Kunsthandwerk. Neben Bildern und Stoffen auch Masken, *Kris*, *Lontar*-Schriften und -Schnitzereien, Holzfiguren und *Wayang*-Puppen.

Supermarkt **Cahaya Melati** gegenüber dem Taman Gili. ⊕ Mo–Sa 7.30–21 Uhr.

SONSTIGES

Post
Hauptpostamt, Jl. Gajah Mada 58.
⊕ Mo–Do 8–14.30, Fr 8–11.30, Sa 8–13 Uhr.

TRANSPORT

Busse
Vom **Busbahnhof** im Süden verkehren von 6–14 Uhr Busse nach BATUBULAN bei DENPASAR (40 km) für 15 000 Rp, GIANYAR für 10 000 Rp und 1x tgl. morgens nach SINGARAJA für etwa 50 000 Rp.

Minibusse
Blaue Bemos fahren für 10 000 Rp über CANDI DASA nach AMLAPURA. Man steigt am besten in der Jl. Diponegoro östlich der großen Kreuzung zu.
Blaue und weiße Bemos fahren ab Busbahnhof nach PADANG BAI für 20 000 Rp.
Die Preisverhandlungen für die roten Bemos zum BESAKIH für 25 000 Rp können ziemlich hart werden.

Umgebung von Semarapura

Kamasan
Das Dorf, 2 km südlich von Klungkung, ist das **Zentrum der traditionellen Malerei**. Hier hatte 1380 der *Raja* von Gelgel seine Hofkünstler angesiedelt. Wie der Ortsname andeutet *(Mas = Gold)*, lebten hier neben Malern hauptsächlich **Gold- und Silberschmiede**, die Kronjuwelen für den Herrscher anfertigten. Noch heute produziert man traditionellen Schmuck, der bei Tempelzeremonien getragen wird, und silberne Schalen, in denen Frauen die aufgetürmten

Meersalzgewinnung

Das Meerwasser wird früh am Morgen über vorbereitete ebene Sandflächen versprüht. Gegen Mittag hat sich auf der Sandoberfläche eine dünne Salzkristallschicht gebildet. Diese Salzschicht wird mit dem anhängenden Sand zusammengeharkt und in große Bottiche gefüllt, die unter Schutzdächern oder in Hütten stehen. Der Boden des Bottichs besteht aus einem feinen Bambussieb.
Durch mehrmaliges Überschütten des Salz-Sand-Gemisches mit Meerwasser wird das Salz gelöst, und die konzentrierte Salzlake sickert durch das Sieb. Sie wird in ausgehöhlten Kokospalmenstämmen auf Bambusgerüsten der Sonne ausgesetzt, damit das Wasser verdunsten kann, bis sich ein Salzbrei gebildet hat. Die Masse wird abgeschöpft, in Bambuskörbe gefüllt, damit die letzte Flüssigkeit durch die Ritzen abtropfen kann, und anschließend auf großen geflochtenen Tellern in der Sonne zu Tafelsalz getrocknet.
Langjährige Erfahrung ist das Geheimnis der Salzmacher von Kusamba. Sie kennen den richtigen Moment für das Abschöpfen des Salzbreis. Wird zu spät abgeschöpft, ist das gewonnene Salz zu bitter wegen der darin enthaltenen Magnesiumsalze, die eine stärkere Wasserlöslichkeit haben und sich folglich später kristallisieren als Tafelsalz (NaCl). Schöpft man zu früh ab, sind die bitteren Magnesiumsalze zwar noch nicht gelöst und versickern mit dem Wasser, aber man erhält nur eine kleine Menge reines Tafelsalz.

Opfergaben auf ihrem Kopf zum Tempel balancieren. Mit dem aufkommenden Tourismus hat die Malerei eine Renaissance erlebt und wieder an Bedeutung gewonnen.

Die Gemälde im *Kamasan*-Stil sind traditionell unsigniert, denn die Künstler wurden früher als Handwerker angesehen, die im Dienste eines *Rajas* standen und lediglich dessen Aufträge ausführten. Die Kenntnis der akkuraten Maltechnik und der Bedeutung von Gestik und Mimik der Figuren wird von Generation zu Generation weitergegeben. Die Motive sind überwiegend aus dem *Ramayana* und *Mahabharata* entlehnt und vorwiegend zweidimensional, ikonenähnlich gemalt. Neben Bildern in allen Größen werden Hüte und Behälter mit Deckel aus Kokosnussschalen im *Wayang*-Stil bemalt.

Obwohl viele Maler hier wohnen, sucht man vergeblich nach Geschäften, Studios und Galerien. Das im Ort gelegene **Kamasan Arts Centre** bietet ein breit gefächertes kulturelles Programm und organisiert Atelierbesuche.

Kusamba

Am breiten, überwiegend schwarzen Sandstrand des Fischerdorfs, 6 km weiter östlich, liegen *Prahu*, kleine Auslegerboote mit bunten Dreieckssegeln und Außenbordern. Am späten Nachmittag fahren die Fischer aufs Meer hinaus, wo weit im Süden die große Insel **Nusa Penida** zu sehen ist.

Eine weitere Einkommensquelle ist die **Meersalzgewinnung** (Kasten S. 302): Die Salzbauern schleppen das Meerwasser in großen Bottichen an Land und sprenkeln es über den Strand, wo es auf dem heißen Sand schnell verdunstet.

Am östlichen Ortsende zweigt bei dem grünen Schild „Penyeberangan Nusa Penida" eine Nebenstraße Richtung Meer zur Anlegestelle der Marktboote aus Nusa Penida ab. Die Boote sind klein und oft mit Händlern und Ware überladen. Ein Bediensteter am Strand verkauft für 30 000 Rp Tickets für die die 1 1/2-stündige Überfahrt täglich gegen 6 und 15 Uhr, die bei starkem Seegang kein Vergnügen ist! Die Abfahrt kann sich um Stunden verzögern, trotzdem sollte man pünktlich da sein.

Bessere und sicherere Alternativen sind die (Schnell-)Boote von Sanur nach Nusa Lembongan (S. 188), die Autofähre von Padang Bai nach Nusa Penida (S. 325) oder Bootstouren ab Tanjung Benoa (S. 193).

Tihingan

Wenige Kilometer westlich von Klungkung werden in über 20 Familienbetrieben seit Jahrhunderten **Gongs** für balinesische Gamelan-Orchester produziert. Die Werkstätten sind für Neugierige geöffnet und präsentieren stolz die traditionellen Herstellungstechniken.

Besakih

Der 3142 m hohe Gunung Agung ist das Zentrum der balinesischen Welt und gilt als Sitz der Götter. 20 km nördlich von Semarapura (Klungkung) liegt auf 950 m Höhe am Fuße des heiligen Berges der größte, älteste und heiligste Tempel der Insel, **Pura Besakih**, der von allen Balinesen als „Muttertempel" verehrt wird. Jedes ehemalige Königshaus, jeder Familienclan und jede Berufsgruppe ist hier mit einem eigenen Tempel vertreten. Der bedeutendste ist der **Pura Penataran Agung**, der einst der Königsfamilie von Klungkung gehörte. Schon im 8. Jh. soll der legendäre Rsi Markandeya, ein Hindu-Heiliger aus Java, Pura Besakih gegründet haben. Wahrscheinlich fand er hier schon ein uraltes vorhinduistisches Megalithenheiligtum vor, das der Verehrung eines Berggottes und vor allem der Ahnen diente. Im Laufe der Jahrhunderte ist die Anlage immer wieder erweitert worden. Heutzutage umfasst

---

Abzocke am Besakih

Oft zeigen sich einheimische Guides am Eingang unbeeindruckt vom auf den Tickets genannten Eintrittspreis und verlangen von Individualreisenden grotesk überhöhte Preise von bis zu 30 €! Selbst Diskussionen mit Indonesisch lassen den Preis nicht weiter als auf das Dreifache des ausgeschriebenen Ticketpreises purzeln.

Zudem wird behauptet, die „über 1 km lange" Strecke bis zum Tempeleingang könne nur mit dem Motorrad zurückgelegt werden. Es sind aber nur 300 m, die man leicht zu Fuß gehen kann.

Am Tempeleingang warten Frauen mit „Geschenken" auf Touristen. Auch sie erwarten für die scheinbar selbstlos übergebenen Blüten eine satte Bezahlung.

Hat man sich zum Eingang durchgekämpft, laden weitere Guides zur Führung durch den Tempelkomplex ein. Es sei ausdrücklich vor „kostenlosen" Angeboten – mitunter als Fremdsprache-Tandem beschönigt – gewarnt. Auch hier wird hinterher ein saftiges Geldgeschenk verlangt!

Eka Dasa Rudra

Die größte Zeremonie des Besakih-Komplex ist **Bhatara Turun Kabeh**. Sie findet an Vollmond im März/April statt, zwei Wochen nach *Nyepi*, dem balinesischen Neujahr. Alle fünf Jahre ist das Fest besonders groß, alle zehn Jahre noch größer – und alle hundert Jahre nennt man es **Eka Dasa Rudra**, das wichtigste Tempelfest überhaupt, bei dem das Universum symbolisch gereinigt wird. Sechs Wochen lang wird gebetet und geopfert. Jeder Balinese begibt sich in dieser Zeit auf eine Pilgerfahrt nach Besakih. Eka Dasa Rudra sollte immer zur Jahrhundertwende des *Saka*-Kalenders stattfinden. Da dieser Mondkalender im Jahre 78 n. Chr. beginnt, fand das Fest letztmalig im März 1979 (Ende des *Saka*-Jahres 1900) statt.

Es ist nicht ganz klar, warum man schon 1963 einen Versuch startete, dieses Fest zu begehen, obwohl Brahmanen und religiöse Gelehrte davon abrieten und auf das falsche Datum hinwiesen. Nicht zuletzt mögen politische Gründe dabei eine Rolle gespielt haben: Anfang der 1960er-Jahre war Bali eine der am stärksten vernachlässigten Provinzen der jungen Nation. Indonesiens erster **Präsident Sukarno**, dessen Mutter aus Bali stammte, hatte seine Teilnahme am Fest angekündigt. Gerade er hatte großes Interesse daran, das Fest als politisches Ablenkungsmanöver zu nutzen und sein verblichenes Image aufzupolieren. Auch eine Rattenplage und die Vorahnung kommenden Unheils (die Kommunistenverfolgung 1965/66, Kasten, Geschichte, S. 104) ließen es ratsam erscheinen, das gestörte Gleichgewicht wiederherzustellen. Doch die unzufriedenen Götter zürnten jetzt erst recht, und es kam zur Katastrophe.

Im Februar 1963, als man mit den Vorbereitungen zum Fest begann, quollen Rauchwolken aus dem Krater des seit Jahrhunderten regungslosen **Gunung Agung**, Asche schwebte in der Luft und schwache Erdbeben waren zu spüren. Trotz zunehmender Zweifel eröffnete man die Zeremonie termingerecht am 8. März, allerdings ohne Sukarno, der vorsichtshalber zu Hause geblieben war. Am 12. März stieß der Agung Schlamm und Felsbrocken aus und am 17. März wälzten sich glühende Lavaströme die Bergflanken hinab Richtung Muttertempel. Viele Menschen fanden den Tod, Dutzende Dörfer wurden vernichtet, doch der Pura Besakih blieb größtenteils unversehrt. Jedem war nun klar, dass Sukarno kein Liebling der Götter sein konnte.

Natürlich musste Eka Dasa Rudra zum richtigen Zeitpunkt wiederholt werden. Der war im März 1979 gekommen, wie der harmonische und erfolgreiche Verlauf des Festes bewies.

---

der spektakulär gelegene Tempelkomplex über 200 Gebäude.

Nur Hindus dürfen das Innere und damit Allerheiligste betreten, dagegen dürfen einige Nebentempel in korrekter Bekleidung auch von Touristen besichtigt werden.

Vor dem Tempeleingang herrscht ein extremer Touristenrummel mit Essen- und Souvenirständen sowie lästigen Guides. Besucher werden unmissverständlich darauf hingewiesen, dass der Zutritt nur mit einem Führer gewährt wird, was jedoch nur für die Tempel, nicht aber für das Gelände an sich gilt. Ein früher Besuch lohnt sich, denn ab 11 Uhr liegt der Berg oftmals in Wolken. Eintritt offiziell 15 000 Rp, Guide ab 60 000 Rp.

Da der Pura Besakih aus zahlreichen Einzeltempeln besteht, wundert es nicht, dass hier häufig Zeremonien abgehalten werden, meist nach dem *Saka*-Kalender bei Vollmond. Das *Odalan* des Pura Penataran Agung ist zum Vollmond im September/Oktober.

TRANSPORT

Die meisten Touristen fahren in Reisebussen oder mit dem eigenen Fahrzeug zum Besakih.

Von SEMARAPURA (KLUNGKUNG) verkehren rote Minibusse für 25 000 Rp, Handeln erforderlich. Zudem Minibus bis MENANGA für 10 000 Rp. Von hier führt der Weg 6 km steil hinauf. Talwärts fahren nach 14 Uhr kaum noch Minibusse. Einen Minibus oder ein Auto bis SEMARAPURA (KLUNGKUNG) zu chartern kostet rund 100 000 Rp.

Der Pura Besakih ist als Muttertempel allen Balinesen besonders heilig und entsprechend gut besucht.

Gunung Agung

Einige steile, mehr oder weniger ausgetretene Pfade führen auf den heiligen Gipfel. Nach einer Legende soll die Hindu-Gottheit Pashupati den allerheiligsten Berg und das spirituelle Zentrum der Welt, den Berg Meru, gespalten und den Gunung Agung aus einem seiner Fragmente geformt haben. Die beste Zeit für die Besteigung des mit 3142 m höchsten Bergs der Insel ist die Trockenzeit (Mai bis Oktober). Die meisten Touren starten nachts. Idealerweise sitzt man zum Sonnenaufgang beim Frühstück auf dem Gipfel und kann die Aussicht bis Lombok und Java genießen, bevor sich im Laufe des Vormittags die Wolken um den Berg zusammenziehen.

Achtung: Guides sind unbedingt erforderlich, da sich Wanderer bereits verirrt haben und es immer wieder anspruchsvolle Klettereinlagen zu meistern gilt. Auch wenn die Guides an der Touristeninformation am Besakih anderer Meinung sein mögen, für diesen Aufstieg ist gute bis sehr gute Kondition erforderlich! Wer an einem Tag hinauf und wieder herunter möchte, ist 8–12 Std. unterwegs und benötigt neben festen Schuhen, Regenschutz und warmer Kleidung eine Taschenlampe, ausreichend Trinkwasser und Verpflegung. Gaskocher sind aufgrund der sehr hohen Waldbrandgefahr verboten! Viele Guides sind selbst nicht entsprechend ausgerüstet. Manchmal ist der Vulkan so wolkenverhangen, dass die Sicht nur wenige Meter beträgt. Nach Regenfällen ist der Aufstieg extrem rutschig.

Der einfachste Weg beginnt in etwa 900 m Höhe am **Pura Pasar Agung** in **Sebudi** nördlich von Selat. Der Aufstieg führt zunächst auf einem schmalen, unbefestigten Pfad durch den Bergwald, danach durch Lava-Felsbrocken. Man wird mit einem wundervollen Blick auf Süd-Bali und den Gunung Rinjani auf Lombok belohnt. Kurz vor dem steilen Anstieg steht ein kleiner Tempel. Von hier sind es noch drei bis vier Stunden Kletterei bis zum Kraterrand. Der Gipfel, nur wenige Meter höher, liegt westlich des Kraters, dazwischen erstreckt sich ein schmaler, gefährlicher Grat aus losem Lavagestein, den man nicht überqueren sollte!

Zum Gipfel führt ein anderer, längerer Pfad, von dem aus man nicht in den Krater sehen kann. Man startet rechts vom **Pura Besakih** und läuft zwei Stunden am Fuße des Agung entlang nach Norden. Hier beginnt der eigentliche Aufstieg über die Westflanke des Vulkans, der schwieriger ist. Der Pfad verzweigt sich häufig und führt streckenweise durch verfilzten Dschungel. Am Pura Besakih bieten Guides Touren ab 500 000 Rp an; ab drei Personen kosten sie 250 000 Rp p. P.

An der Ostseite des Vulkans ist die Besteigung ab **Abang** und **Culik** möglich, aber äußerst schwierig und nur etwas für erfahrene Bergsteiger. Von Culik startet man von **Kedampal** ca. 2 km westlich, von Abang fährt man bis **Desa Purasana**, ca. 3 km westlich.

Empfohlen werden kann der Guide I Wayan Dartha, ☏ 0852-3700 8513, ✉ agungguide@ yahoo.com, der Touren von Selat aus für US$70 p. P. bei zwei Teilnehmern und US$50 p. P. bei vier Teilnehmern inkl. Übernachtung und Verpflegung anbietet. Transport kostet extra.

Südlich des Gunung Agung

Bei einer Fahrt durch die Dörfer an den bergigen südlichen Ausläufern des Agung beeindruckt die natürliche Schönheit Balis mit fotogenen Panoramablicken und romantisch-ländlichen Bilderbuchszenen. Die Landschaft ist von dichtem Urwald, saftig-grünen Schluchten, Reisfeldern und Gemüseplantagen geprägt. Von Bangli Richtung **Rendang** durchquert man in einem ständigen Auf und Ab malerische Flusstäler. Auf einer schmalen, asphaltierten Straße geht es über Muncan nach **Selat** durch eine schöne Berglandschaft mit herrlichen Reisterrassen. Ein paar Kilometer weiter biegt rechts eine Straße über **Iseh** und **Sidemen** nach Klungkung ab. Geradeaus geht es weiter nach Amed über **Putung**, **Bebandem** und **Ababi** unweit von Tirtagangga (S. 335). Die freundlichen Bewohner und die von spektakulären Gebirgszügen umrahmten Reisterrassen vermitteln einen guten Eindruck vom ursprünglichen Bali. Aussichtspunkte eröffnen Ausblicke bis zur Küste von Candi Dasa. Auf dem letzten Teilstück nach **Culik** geht das satte, feuchte Grün in eine trockenheiße Vegetation über.

Iseh

In Iseh besaß der deutsche Maler **Walter Spies** ein kleines Haus nebst Atelier über einem Abhang mit spektakulärer Aussicht. Hierher zog er sich zurück, wenn es ihm in Campuan (Ubud) zu turbulent wurde, denn sein dortiger Wohnsitz war Ende der 1930er-Jahre ein bekannter Treffpunkt für Künstler aus aller Welt. Nach Spies' Tod im Jahre 1942 lebte der Schweizer Maler Theo Meier bis 1957 in diesem Haus. Die heutigen Bewohner scheinen allerdings wenig Interesse an den berühmten Vorbesitzern zu haben.

Für eine Pause eignet sich nördlich von Iseh der **Warung Organik**, ☎ 0858-5701 3416, auf einer Bambusplattform an der Landstraße. Die freundlichen Betreiber servieren indonesische und vegetarische Gerichte mit Zutaten aus eigenem Anbau sowie Fisch ab 35 000 Rp bei toller Aussicht auf die Felder im Tal. ⏰ 8–18 Uhr.

Putung

Auf der Fahrt von Selat nach Osten lohnt ein Zwischenstopp im Dorf Putung – an der Kreuzung in Duda nicht links Richtung Sibetan abbiegen, sondern geradeaus fahren. 1,4 km hinter der Gabelung liegt rechter Hand das **Putung Hilltop Resort** am Steilhang mit traumhaftem Blick über Berghänge und Palmenwälder bis zur Insel Nusa Penida. Das Hotel ist geschlossen, das nicht besonders einladende Restaurant aber noch in Betrieb.

Etwa 8 km südlich von Putung liegt das Dorf **Manggis** nahe Candi Dasa. Die Straße mit wundervollen Aussichten ist sehr steil und kurvig und hat viele Schlaglöcher.

Sibetan

Östlich von Putung liegt eines der wichtigsten Obstanbaugebiete. *Rambutan-*, *Durian-* und Mangobäume überschatten die Häuser und Höfe. Auf den landwirtschaftlichen Flächen von Sibetan, der „Heimat der Salak", werden zu 80 % Schlangenfrüchte angebaut. *Salak,* die kleinwüchsigen, stark bestachelten Palmen mit enteneigroßen, süß-säuerlichen Früchten mit dunkelbrauner, schuppiger Schale, werden zu Wein, Bonbons und Sirup verarbeitet.

Alle drei Tage findet ein sehenswerter Obst-, Gemüse- und Viehmarkt in **Bebandem** östlich von Sibetan statt. Ab Bebandem führt eine Straße über das buddhistische Dorf **Budakeling** (S. 336) und **Ababi** nach Tirtagangga.

Sidemen

12 km nördlich von Klungkung, nahe den Flüssen Sungai Unda und Telaga Waja, liegt in einem malerischen Tal das idyllische Örtchen mit ursprünglicher Atmosphäre. Zahlreiche komfortable Unterkünfte, die je nach Lage mit einem Ausblick zum mächtigen Gunung Agung, zum Meer oder über die grünen Hügel punkten, eignen sich hervorragend zum Entspannen auch dank der angenehmen Temperaturen in ca. 400 m Höhe. Für Rastlose bieten sich Ausflüge zum Pura Besakih, nach Klungkung (Semarapura) und in die unmittelbare Umgebung sowie Webkurse, Rafting auf dem Telaga Waja oder Trekking am Gunung Agung an.

Im Westen lohnt der **Pura Asmara** auf dem Kamm des Bukit Asmara einen Halbtagesausflug. Aus Sidemen kommend folgt man der Straße nach Südwesten ins Tal, überquert die beiden Brücken und fährt durch das Dorf Klunga den Hügel hinauf. Nach 15 Minuten erreicht man den Ort Sangkan Gunung. Links über die Dorfstraße gelangt man nach 100 m mit einer Links-Rechts-Kombination auf die parallel verlaufende Straße zu einer alten Treppe. Nach zahlreichen Stufen eröffnet sich am Pura durch die Baumwipfel ein herrliches Panorama. Um den unspektakulären Tempel führt gegen den Uhrzeigersinn ein Trampelpfad zur Rückseite mit schönen Ausblicken ins Tal.

Ein weiterer großartiger Aussichtspunkt, **Bukit Jambul**, liegt 5 km südlich von Sidemen an der Straße nach Klungkung.

ÜBERNACHTUNG

Alle Unterkünfte liegen, wenn nicht anders angegeben, in Tabola, dem südwestlichen Ortsteil. Dank angenehm milder Temperaturen kann auf Klimaanlagen verzichtet werden. Hingegen haben alle gelisteten Anlagen Warmwasser.
Weitere Übernachtungsmöglichkeiten s. **eXTra [6967]**.

OST-BALI Übersichtskarte S. 299

www.stefan-loose.de/bali

SIDEMEN **307**

Sidemen

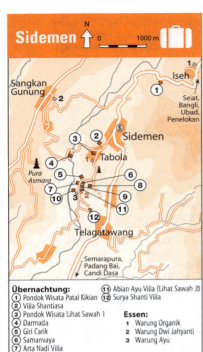

Übernachtung:
1. Pondok Wisata Patal Kikian
2. Villa Shantiasa
3. Pondok Wisata Lihat Sawah 1
4. Darmada
5. Giri Carik
6. Samanvaya
7. Arta Nadi Villa
8. Villa Pelangi
9. Sawah Indah Villa
10. Nirarta Centre for Living Awareness
11. Abian Ayu Villa (Lihat Sawah 3)
12. Surya Shanti Villa

Essen:
1. Warung Organik
2. Warung Dwi Jahyanti
3. Warung Ayu

Sonstiges:
1. Wäscherei
2. Rumah Tenun

Untere Preisklasse

Giri Carik, ☎ 0819-3666 5821, ✉ giricarik@gmail.com. Die 5 komfortablen, sauberen und geräumigen Bungalows mit guten Matratzen, Moskitonetzen und schickem Open-Air-Du/WC liegen in einem hübschen kleinen Garten und bieten ein gutes Preis-Leistungs-Verhältnis. Von der Veranda aus hat man eine schöne Aussicht auf den Gunung Agung. Freundliche Betreiber und familiäre Atmosphäre. Frühstück und WLAN inkl. ③

Pondok Wisata Lihat Sawah 1, ☎ 0366-530 0516, 🖥 www.lihatsawah.com. Die gepflegte Anlage samt einladendem Pool mit toller Aussicht auf die Landschaft bietet 12 komfortable Zimmer mit dezenten Holzverzierungen und Bad/WC, teils auch mit Open-Air-Du/WC, Kühlschrank, Moskitonetz und Terrasse. Die günstigsten Zimmer könnten eine Auffrischung vertragen. Es werden Web- und Kochkurse sowie Touren organisiert. Sehr freundliches Personal. Restaurant mit recht guten thailändischen Gerichten. Frühstück und WLAN inkl. ③–④

Mittlere Preisklasse

Abian Ayu Villa (Lihat Sawah 3), ☎ 0366-535 3736, 0823-3938 9774, 🖥 www.abianayuvilla.com. Am Hang erbaute, geschmackvoll gestaltete neue Anlage mit Überlaufpool und schicken, sauberen Zimmern mit Himmelbetten, geschnitzten Möbeln und dekorativen Details sowie teils sehr schönen Open-Air-Bad/WC. 2 einfachere, günstige Zimmer und Familienzimmer. Viele Gäste aus Frankreich. Freundliches Personal, das nicht immer leicht zu finden ist. WLAN im Restaurant und Frühstück inkl. ②–⑤

Arta Nadi Villa, ☎ 0877-6292 5222, ✉ artanadivilla@yahoo.com. Neben dem schönen Überlaufpool ist es der tolle Ausblick, der die 7 sehr geräumigen, komfortablen und sauberen Zimmer mit Himmelbett (auch Twin-Betten), großer Veranda und Open-Air-Du auszeichnet. Nett und entspannt. Frühstück und WLAN inkl. ④–⑤

Darmada, ☎ 0853-3803 2100, 🖥 www.darmadabali.com. Auf dem wunderschön idyllisch an einem Zusammenfluss zweier Bäche gelegenen, grünen Areal mit Naturwasser-Pool stehen 7 komfortable, mit viel Bambus eingerichtete Zimmer in Doppelhäuschen mit gekachelten Böden, großem Himmelbett und Open-Air-Du. Die privaten Terrassen am Bach laden zur Meditation inmitten der friedlichen Natur ein. Frühstück inkl. ⑤

Nirarta Centre for Living Awareness, ☎ 0366-530 0636, 🖥 www.awareness-bali.com. Im schönen gepflegten Garten stehen 11 stilvoll mit viel Holz eingerichtete Bungalows mit Open-Air-Du/WC. Die teureren Zimmer haben dank 3-seitiger Fensterfront Rundumsicht und eine schöne Sitzecke mit Kissen. Der englische Besitzer bietet tgl. Meditations- und Yogakurse an, auch für Anfänger. Kein Pool, aber mit klarem Badefluss und gutem vegetarischem

Restaurant. Sehr freundliches Personal. Frühstück inkl., WLAN im Restaurant. ④–⑥

Pondok Wisata Patal Kikian, südlich von Iseh auf dem Weg nach Sidemen, ✆ 0366-530 0541, ✉ patalkikian@gmail.com. Charmante, weitläufige Anlage mit Pool am Berghang. Ein steiler Weg führt zu 3 großen, versteckt gelegenen, kühlen Bungalows mit Moskitonetz, Du/WC und Veranda mit fantastischer Aussicht. Schon älter, aber sauber und hell. Frühstück inkl. ⑥

Sawah Indah Villa, ✆ 0366-534 4455, 🖵 www.sawahindahvilla.com. Die 9 eleganten, hellen Zimmer liegen in einer großen Villa mit traumhaftem Pool, Balkon und Blick in die Reisfelder und einem kleineren Haus. Einige mit sehr schön gestaltetem steinernem Open-Air-Bad mit freistehender steinerner Badewanne. Hübscher Restaurantpavillon, freundliches Personal, Spa und 90-minütige spirituelle Yogakurse beim Dorfheiler für 200 000 Rp p. P. Frühstück und WLAN inkl. ⑤

Villa Pelangi, ✆ 0366-539 0338, 0813-3942 2666, 🖵 www.villapelangisidemen.com. Mitten in den Reisfeldern liegen 5 hübsche und modern gestaltete Bungalows mit Fliesenboden, bequemem Himmelbett, kleinem LCD-TV, Open-Air-Du/WC sowie toller Aussicht von der Terrasse. Zudem ein Pool. WLAN im Restaurant, Frühstück inkl. ④–⑤

Villa Shantiasa, ✆ 0366-530 5588, 0812-398 3447, 🖵 www.shantiasabali.com. 2012 eröffnete, sehr nette 2-stöckige Villa mit 3 hellen, hübsch in hellen Holztönen dekorierten Zimmern mit großer Veranda, Himmelbett und Du/WC sowie einem ansprechenden Überlaufpool mit Blick auf die Reisterrassen. Restaurant. Frühstück und WLAN inkl. ④–⑤

Obere Preisklasse

Samanvaya, ✆ 0821-4710 3884, 🖵 www.samanvaya-bali.com. Hier wird seit 2012 das bewährte Sidemen-Konzept etwas schicker umgesetzt: Kleines Boutiqueresort mit 6 luxuriösen, mit Alang-Alang-Gras gedeckten Bungalows mit bequemem Himmelbett, Safe, Minibar, Blick auf die Reisterrassen und bepflanzten Open-Air-Du. Spa, Überlaufpool und Jacuzzi mit Aussicht. Zuvorkommendes Personal. Frühstück und WLAN inkl. ⑥–⑦

Surya Shanti Villa, ✆ 0828-9729 8500, 🖵 www.suryashantivilla.com. Die luxuriöse Anlage mit einladendem Pool bietet 2 schicke, helle, luftig und komfortabel ausgestattete Doppelstockbungalows mit bequemem Himmelbett und Schreibtisch im oberen sowie Sitzbereich und Open-Air-Bad/WC im unteren Stock. Zudem eine große Villa mit 4 Zimmern und 2 kleine mit je 2 Zimmern, die auch separat vermietet werden. Freundlicher, professioneller Service. Viele Gäste aus Frankreich. WLAN und Frühstück inkl. ⑦–⑧

ESSEN

Fast alle Unterkünfte haben ein Restaurant, zudem gibt es ein paar kleine Restaurants entlang der Straße.

Warung Ayu, direkt südlich vom Nirarta Centre. Im kleinen Restaurant gibt es authentische balinesische und weniger authentische Thai-Gerichte ab 30 000 Rp. *Pepes Ikan*, Fisch mit Gemüse im *Pandan*-Blatt gegart, sowie der Pancake mit Kokosraspeln und Palmsirup sind empfehlenswert. Humorvolle Betreiberin. ⏱ 8–22 Uhr.

Warung Dwi Jahyanti, zwischen Klunga und Sangkan Gunung am Bukit Asmara. Für die beste Aussicht ins Tal lohnt sich ein Mittagessen oder Kaffee im kleinen Warung am Hang. Einfache indonesische Gerichte ab 20 000 Rp, respektables *Nasi Campur* und gute Säfte reißen zwar nicht vom Hocker, der buchstäbliche Blick über den Tellerrand dafür umso mehr. ⏱ 9–18 Uhr.

AKTIVITÄTEN

Bergbesteigungen

Besteigungen des **Gunung Agung** (S. 306) sind über jede Unterkunft zu organisieren und kosten ab 450 000 Rp p. P. bei mindestens 2 Pers. In der Regel wird man gegen 1.30 Uhr morgens vom Hotel abgeholt und besteigt nach 1-stündiger Fahrt je nach Fitness in rund 4 Std. den Agung; der Abstieg dauert weitere 4–5 Std.

Rafting

2 1/2 Std. Rafting von Rendang nach Tangkup auf dem **Telaga Waja** mit Schwierigkeitsgrad 3–4 sind ab US$79 p. P. inkl. Transport, Mittag-

OST-BALI Übersichtskarte S. 299

www.stefan-loose.de/bali

SIDEMEN **309**

essen und Guide zu bekommen (s. Traveltipps, Aktivitäten, S. 62. Eine Versicherung ist nicht immer eingeschlossen. Die Streckenlänge variiert je nach Anbieter und beträgt durchschnittlich 16 km.

Wandern

2–4-stündige Wanderungen durch Reisfelder werden von Unterkünften für 75 000 Rp pro Std. ab 2 Pers. vermittelt. Unterwegs werden das Dorfleben, die Arbeit auf den Feldern, diverse Nutzpflanzen und balinesische Traditionen vorgestellt. Auch Ketut Laba, der freundliche Besitzer des Rumah Tenun (s. u.), arbeitet als Guide.

Webkurse

Rumah Tenun, Jl. Pura Dalem Cepik, ☏ 0819-1624 8209. Sukri veranstaltet empfehlenswerte Webkurse für 75 000 Rp pro Std., in denen Teilnehmern balinesische Techniken und die Arbeit mit Naturfarben nähergebracht werden. Die Resultate werden auch zum Verkauf angeboten. Zudem wird ein einfaches Zimmer mit Gemeinschafts-Du/WC und ein komfortablerer Bungalow vermietet. ❸

TRANSPORT

Von Selat, 5 km nördlich von Sidemen, fahren **Minibusse** nach BATUBULAN für 30 000 Rp. Nach AMLAPURA sowie durch Sidemen nach KLUNGKUNG (SEMARAPURA) mit grünen Minibussen bis 9 Uhr für 10 000 Rp in 30 Min. **Taxis** sind über die Unterkünfte zu buchen. Sie kosten zum FLUGHAFEN 350 000 Rp, nach AMED oder CANDI DASA 300 000 Rp, LOVINA 550 000 Rp, PADANG BAI 225 000 Rp in 1 Std., PENELOKAN 350 000 Rp, SANUR 300 000 Rp in 1 1/2 Std., KLUNGKUNG (SEMARAPURA) 150 000 Rp in 1/2 Std. und UBUD 300 000 Rp.

Nusa Penida

Die ehemalige Sträflingsinsel Nusa Penida ist mit 202,6 km² und etwa 7000 Einwohnern die größte der Nusa-Inseln im Südosten von Bali. Im Kontrast zum saftigen Grün auf Bali gibt es kaum Reisfelder, sondern stattdessen eine überaus karge Vegetation. Der Lebensstandard auf der Insel ist wesentlich niedriger. Dafür hat sie die spektakulärsten und anspruchsvollsten Tauchplätze von ganz Bali mit seltenen Großfischen und dramatischen Steilwänden.

Die meisten Besucher bleiben auf der kleineren Nachbarinsel Nusa Lembongan, denn in einigen Dörfern auf Nusa Penida fühlt man sich nicht willkommen. **Toyapakeh** hat einen wunderschönen Strand, an dem die Marktboote aus Nusa Lembongan ankommen. Leider eignet sich die Bucht nicht zum Schwimmen, da hier Algen angebaut werden (Kasten S. 316).

Sampalan ist das Verwaltungszentrum der Insel mit den meisten Übernachtungsmöglichkeiten und dem einzigen Markt mit vielen Essensständen. Vom Fährhafen setzt die große Autofähre „Kapal Roro" täglich nach Padang Bai über.

Im Dorf **Ped** liegen der wichtigste Tempel der Insel, die Vogelzuchtstation mit dem Besucherzentrum der Stiftung Bali Bird Sanctuary (s. Kasten) sowie einige einfache Unterkünfte. Im mystischen **Pura Ped** wird der Dämon Jero Gede Macaling verehrt.

Für die Beschreibung einer Wanderung über die trockene Insel s. **eXTra [6977]**.

Vogelschutzgebiet

Die ganze Insel wurde zum Vogelschutzgebiet erklärt. Seit der Vogelschutz in die Selbstverwaltungsrichtlinien der Gemeinden aufgenommen wurde, erhalten die Dorfbewohner Unterstützung beim Verkauf von Stoffen an Touristen sowie Stipendien für ihre Kinder.

Das **Bali Bird Sanctuary** der NGO Friends of the National Parks Foundation, ☏ 0828-9760 8696, 🖥 www.fnpf.org, kümmert sich um die bedrohlich geschrumpften Vogelbestände. Ziel ist eine Vergrößerung des Bestands, bis ausreichend Tiere ausgewildert werden können. Das bekannteste Beispiel ist der Bali-Star, von dem es auf der Insel 2005 nur noch zehn Exemplare gab. Nach zwei Jahren lebten hier wieder über 60 Vögel, die teils vom indonesischen Präsidenten Yudhoyono persönlich freigelassen wurden. 2011 wurden 100 kleine, bunte Javaspechte in die Freiheit entlassen, deren Bestand zuvor ebenfalls bedroht war.

NUSA PENIDA

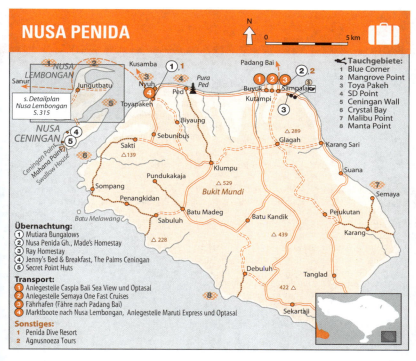

Tauchgebiete:
1. Blue Corner
2. Mangrove Point
3. Toya Pakeh
4. SD Point
5. Ceningan Wall
6. Crystal Bay
7. Malibu Point
8. Manta Point

Übernachtung:
1. Mutiara Bungalows
2. Nusa Penida Gh., Made's Homestay
3. Ray Homestay
4. Jenny's Bed & Breakfast, The Palms Ceningan
5. Secret Point Huts

Transport:
1. Anlegestelle Caspla Bali Sea View und Optasal
2. Anlegestelle Semaya One Fast Cruises
3. Fährhafen (Fähre nach Padang Bai)
4. Marktboote nach Nusa Lembongan, Anlegestelle Maruti Express und Optasal

Sonstiges:
1. Penida Dive Resort
2. Agnusnoeza Tours

ÜBERNACHTUNG UND ESSEN

Toyapakeh

Mutiara Bungalows (Penida Dive Resort), ☎ 0818-0533 3747, 🖥 www.penida-diving.com. Unweit der Anlegestelle bietet die ältere Anlage um einen Garten mit Restaurantpavillon 11 einfache, preiswerte Zimmer mit Mandi/WC, teils auch AC. Nebenan liegt eine kleine Schildkrötenaufzuchtstation. Frühstück gegen Aufpreis, WLAN. ❷–❸

Sampalan

Made's Homestay, ☎ 0852-3881 4998. 4 sehr einfache und etwas ältliche, aber saubere Bungalows mit Mandi/WC. Kleines Frühstück aus Omelette und Toast inkl. ❷

Nusa Penida Gh., Kutampi, Vorort von Sampalan, ☎ 0817-479 4176. Die 2 einfachen, recht dunklen, aber ordentlichen Zimmer mit Mandi/WC liegen um einen kleinen Innenhof abseits der Straße. Eine kleine Sitzecke mit Musikinstrumenten dient Gästen zur Abendunterhaltung. Vermittlung von Touren. Abholung und Frühstück inkl. ❷

Ray Homestay, ☎ 0366-23597, 0813-5729 2687. Um einen Garten mit Singvögeln liegen die ruhigen, sauberen und einfachen Zimmer mit Mandi/Du/WC, die von einer freundlichen Betreiberin vermietet werden. Frühstück gegen Aufpreis. ❷

Viele **Essenstände** befinden sich in der Nähe des Marktes und an der Hauptstraße des Dorfs.

AKTIVITÄTEN

Tauchen und Schnorcheln

Penida Dive Resort, in Toyapakeh, ☎ 0813-3958 6849, 🖥 www.penida-diving.com. Das kleine Tauchzentrum unter tschechischer Leitung bietet Tauch- und Schnorchelausflüge zu den vorgelagerten Tauchrevieren an. Bei

15 HIGHLIGHT

Tauchen vor den Nusa-Inseln

Die starke Strömung in der Lombok- und der Badung-Straße macht die Tauchplätze vor Nusa Penida, Ceningan und Lembongan zu etwas Besonderem. Das aufsteigende, kalte und nährstoffreiche Wasser lässt Korallengärten mit 247 Korallen- und 562 verschiedenen Riff-Fischarten besonders farbenprächtig gedeihen und bietet Großfischen ausreichend Nahrung. Makrelen, Haie, Thunfische, majestätisch dahingleitende Mantarochen und auch der riesige, seltene, prähistorisch anmutende Mondfisch *(Mola Mola)* mit Flossenspannweiten von bis zu 3 m werden häufiger gesichtet. Zwischen Mai und November finden sich viele Mondfische und Mantas in den Putzerstationen ein.

Achtung: Die Tauchplätze sind aufgrund des kalten Wassers und der starken, unberechenbaren Strömungen nichts für Anfänger, vor allem im Nordwesten von Nusa Lembongan und im Kanal zwischen Nusa Penida und Ceningan. In jedem Fall ist die Begleitung durch einen erfahrenen Divemaster erforderlich!

Bei besten Sichtverhältnissen kann man in der populären **Crystal Bay** im Westen von Nusa Penida im kristallklaren Wasser in etwa 30 m Tiefe Mondfische erspähen und in eine von Felsen umschlossene Fledermaushöhle tauchen. Allerdings haben die starken, teils abwärtsziehenden, unkalkulierbaren Strömungen selbst einigen erfahrenen Tauchern das Leben gekostet. In der Hochsaison tummeln sich in der Bucht über 30 Tauchboote gleichzeitig, was auch nicht ungefährlich ist. Deshalb wurde sie nach tödlichen Zwischenfällen 2012 für einige Zeit von der Regierung komplett gesperrt. Dennoch kam es auch 2014 wieder zu tödlichen Tauchunfällen.

Beliebt ist zudem der **Manta Point** vor den steilen Karstklippen der Südküste. In bis zu 20 m Tiefe gibt es nur wenig Korallen, aber riesige Mantarochen an ihren Putzerstationen und Meeresschildkröten. Zeitweise herrscht starker Wellengang und schlechte Sicht.

Der **Malibu Point** vor der Ostküste ist ideal, um Haie, Mantarochen und andere Hochseefische zu sehen, liegt aber weit entfernt.

Beim Drifttauchen am Abhang beim **SD Point** vor der Nordküste geht es an schönen Korallengärten mit winzigen Meeresbewohnern, aber auch an Mantas, Haien und Barrakudas vorbei. Zumeist sind die Sichtweiten gut, aber die Strömung ist stark und wechselhaft.

Um die farbenprächtige Korallenwand und die bunten Fischschwärme beim abwechslungsreichen Drifttauchen an der **Ceningan Wall** im Osten der gleichnamigen Insel zu genießen, braucht man wegen der starken Strömung viel Erfahrung.

mind. 2 Pers. kosten 2 Tauchgänge inkl. Mittagessen ab 60 € p. P., Schnorcheln ab 30 € p. P. Der Open-Water-Kurs schlägt mit 220 € zu Buche. Auch Nachttauchen, Verleih von Schnorchelausrüstung für 6 € pro Tag und Kanuvermietung für 4 € pro Std.

Einheimische Fremdenführer bieten Charterboote für 500 000 Rp bei 1 Pers. und 600 000 Rp bei 2 Pers. an, mit denen man zu den bekannten Tauch- und Schnorchelspots gelangt.

TOUREN

Agusnoeza Tours, Kutampi (Vorort von Sampalan), ☎ 0817-479 4176, ✉ agoes_noeza@ yahoo.com. Neben Inselrundfahrten zu Wasserfällen und traditionellen Dörfern stehen Schnorcheltouren und Touren nach Lombok und Sumbawa auf dem Programm.

TRANSPORT

Minibusse und Motorräder

Vormittags fahren **Minibusse** die Nordküste entlang. Von Toyapakeh nach Sampalan kostet es 5000 Rp.

Motorräder sind für 60 000–80 000 Rp pro Tag in Unterkünften und beim Motorradverleih in der Hafenzufahrt zu bekommen.

Auch die **Blue Corner**, das beste Tauchrevier für Großfische, ist nichts für Anfänger. Am 30 m abfallenden Steilhang tummeln sich Mantas, Rochen, Haie, Schildkröten und mit etwas Glück Mondfische.

Der im weitläufigen Mangrovengebiet von Nusa Lembongan gelegene **Mangrove Point** ist voller farbenfroher Fische und schöner Korallenformationen. Schwärme von Kaiser- und Drückerfischen ziehen vorbei und vereinzelt Moränen, Haie, Riesenbarsche und Barrakudas.

Das an der nördlichen Westküste von Nusa Penida auf Höhe des Hauptortes gelegene **Toya Pakeh-Riff** bietet weniger erfahrenen Tauchern spannende Korallengärten mit Kleintieren, Skorpion- und Kugelfischen, Hummer und Aalen sowie vereinzelten Großfischen. Am Steilabfall nehmen die Strömungen an Stärke zu und machen das Tauchen deutlich anspruchsvoller.

Boote

Nach NUSA LEMBONGAN geht es um 8 Uhr für 40 000 Rp in 30 Min. Danach fahren nur noch Charterboote für 250 000–350 000 Rp.

Nach PADANG BAI mit der Autofähre ab Sampalan um 12 Uhr in 1–1 1/2 Std. für 16 000 Rp. Ein Schnellboot um 7.30 Uhr in der halben Zeit für 50 000 Rp, Charter etwa 350 000 Rp.

Nach SANUR:
Die **öffentliche Fähre** um 8 Uhr für 60 000 Rp braucht 2 Std.

Besucher mit robustem Magen können ein **Schnellboot** für 175 000–300 000 Rp in 30–45 Min. nehmen, Kinder 30–50 % Rabatt. Bei stürmischer See ist es definitiv nicht zu empfehlen.

Caspla Bali Sea View, ☎ 0361-369 9999, 🖥 www.baliseaview.com. Ab Buyuk, 1 km westlich von Sampalan, um 7.30 und 16 Uhr inkl. Transfer in Süd-Bali oder bis Ubud. Ab Sanur um 9 und 17 Uhr.

Maruti Express, ☎ 0852-686 1797, 🖥 balimaruti express.com. Von der Anlegestelle nördlich von Toyapakeh um 7.30, 9 und 15 Uhr. Ab Sanur um 8.30, 10 und 16 Uhr.

Optasal, ☎ 0361-918 9900. Ab Nyuh 6x tgl. und ab Buyuk 2x tgl. Ab Sanur stdl. von 7–10 und um

15 und 16 Uhr nach Nyuh und um 11 und 17 Uhr nach Buyuk.
Semaya One Fast Cruises, ☎ 0361-284 194, 🖥 semayacruise.com. Ab Kutampi um 7.30 und 15 Uhr. Ab Sanur um 8.30 und 16.30 Uhr.
Die Marktboote nach KUSAMBA sind nicht zu empfehlen (S. 303).

Nusa Lembongan

Die von Korallenriffen und Kalksteinkliffs umgebene, nur 8 km² große Nusa Lembongan ist von Bali durch die 12 km breite „Straße von Badung" getrennt. Schnellboote aus Sanur und das Marktboot aus Toyapakeh legen am Strand von **Jungutbatu** an. Ein Großteil der Bucht wird mit Algen bewirtschaftet. Vor allem bei Ebbe kann man die Algenbauern bei ihrer Arbeit beobachten.

Nachdem australische Surfer in den 1990er-Jahren Surfgebiete mit beeindruckender Brandung vor den rauen Felsklippen entdeckt hatten, entwickelte sich die Insel touristisch. Viele Tagesausflügler kommen mit Luxusbooten aus Tanjung Benoa herüber (S. 193). Für sie wurden vor der Küste von Jungutbatu große Ponton-Inseln verankert, die eine Reihe von Aktivitäten ermöglichen, ohne an Land gehen zu müssen. Da immer mehr Touristen die Insel als Alternative zum hektischen Süden Balis entdecken, gibt es eine große Auswahl an Unterkünften – und Jahr für Jahr kommen neue hinzu.

Auch Taucher, die ihre Tage unter Wasser vor der Nachbarinsel Nusa Penida verbringen, finden hier eine weit besser entwickelte touristische Infrastruktur vor. Dennoch hat sich die Insel ihren außerhalb der Hauptsaison verschlafenen Charakter bewahrt.

Während in Jungutbatu einfache und Mittelklasse-Bungalows den Strand säumen, sind an den Buchten weiter südwestlich luxuriöse Hotelanlagen zu finden. Alle Hotels an der **Coconut Bay** liegen am Hang mit tollem Blick über die Bucht von Jungutbatu und auf die weiten Algenfelder. Die Hauptstraße führt von hier vorbei am Tempel **Pura Segara** einen steilen Hang hinauf zum Hauptort **Lembongan**. Hier leben die meisten der 5000 Insulaner.

Wer im Dorf die erste Straße rechts, dann wieder links abbiegt und sich durchfragt, findet das ausgeschilderte „Underground House" **Goa Sigalagala.** Das unterirdische Labyrinth wurde 1961–83 von einem einzigen Mann gegraben und kann mit einer Taschenlampe besichtigt werden. Eintritt 20 000 Rp.

Westlich von Lembongan reihen sich traumhaft weiße Sandstrände in tropischen Buchten aneinander. Zum Baden eignet sich am besten die beliebte **Mushroom Bay** mit einigen größeren Hotelanlagen. Empfehlenswert ist der weiter südlich gelegene **Dream Beach**. Schwimmen und Surfen sind hier zwar möglich, aber aufgrund starker Strömungen und heftiger Brandung gefährlich. Ein kleines Hinweisschild kurz vor dem Dream Beach weist den Weg zum feldein nach rechts zum **Devil's Tear**, wo sich die Wellen dramatisch an schwarzen Felsen brechen.

Die Ostküste ist von üppigen Mangroven bewachsen, in denen Bootstouren möglich sind. Vogelfreunde kommen hierher, um seltene Arten zu sichten.

Ein Abstecher lohnt nach **Nusa Ceningan**, der kleinen Nachbarinsel, die durch eine Brücke mit Nusa Lembongan verbunden ist. Vorbei an Algenfeldern gelangt man an wunderschöne Strände und Buchten, z. B. zum **Swallow House**. Tief bohren sich hier die Wellen in die zerklüfteten Klippen und bieten ein atemberaubendes Schauspiel. Von der Nordwestküste bietet sich ein herrlicher Blick bis nach Bali – besonders zum Sonnenuntergang!

ÜBERNACHTUNG

Die angegebenen Preise beziehen sich auf die Nebensaison. In der Hochsaison steigen sie um bis zu 30 %.
Kommt man in Jungutbatu an, ist es wahrscheinlich, dass selbst ernannte „Guides" ziemlich penetrant bei der Zimmersuche helfen wollen. Ihre Provision, die bis zu 25 % Aufschlag pro Nacht betragen kann, zahlen natürlich die Gäste. Am besten sofort deutlich machen, dass keine Hilfe benötigt wird oder man schon gebucht hat.
Weitere Übernachtungsmöglichkeiten s. **eXTra [4237]**.

NUSA LEMBONGAN

Übernachtung:
1. Chiringuito Bungalows
2. Pondok Baruna Frangipani
3. Blue Corner Dive
4. Yogi Beach
5. Bunda 7
6. Pondok Baruna Garden
7. Secret Garden Bungalows
8. Lembongan Cliff Villas
9. Waka Nusa Resort, Alam Nusa Huts, Lumbung Bali Huts
10. Sunset Villas & Café
11. Dream Beach Huts
12. Secret Point Huts, Jenny's Bed & Breakfast, The Palms Ceningan

Essen:
1. Nyoman's Warung
2. Pondok Baruna Restaurant
3. Bali Eco Deli
4. The Beach Club

Sonstiges:
1. Blue Corner Dive (2x)
2. World Diving
3. Big Fish Diving, Yoga Shack
4. New Bro Surfing

Tauchgebiete:
1. Blue Corner
2. Mangrove Point
3. Bias Munjul (Crystal Bay)

Transport:
1. Anlegestelle Mangroventour
2. Cahya
3. Perama
4. Bootsanlegestelle
5. Boote nach Sanur

Jungutbatu

Blue Corner Dive, ☎ 0877-6137 7718, 🖥 www.bluecornerdive.com. Die Anlage mit Pool bietet moderne und schick ausgestattete, aber etwas dunkle *Lumbung*-Bungalows mit Veranda, AC, guten Matratzen und Open-Air-Du/WC, zudem einen günstigen 8-Bett-Schlafsaal. Die sehr netten kanadischen Betreiber haben als Meeresbiologen ihr Augenmerk auf Umweltverträglichkeit gerichtet – traditionelle Architektur aus Kokospalmenholz und *Alang-Alang*-Gras, Uferbepflanzung als natürlicher Erosions- und Tidenschutz, Minimierung des Plastikverbrauchs und Kompostierung der Abfälle. Die Bar ist Fr Schauplatz der beliebtesten Strandparty der Nusa-Inseln. Mi gibt es einen Pub Quiz. Frühstück und WLAN inkl. ❹

Bunda 7, ☎ 0366-559 6413, 0813-3705 0030, 🖥 bunda7.com. Neben 10 in Reihenbungalows untergebrachten günstigen Zimmern mit Bastwänden, bequemem Himmelbett und teils auch AC stehen noch zwei 2-stöckige *Lumbung* mit Open-Air-Du auf dem Gelände. Gutes Preis-Leistungs-Verhältnis, vor allem da ein Pool die kleine Anlage komplettiert. Frühstück und WLAN inkl. ❷–❸

Chiringuito Bungalows, am Mangrovenstrand am nördlichen Ende der Straße, ☎ 0813-3791 8426, 🖥 www.facebook.com/chiringuito.nusalembongan. Die Unterkunft hat 4 stylische, etwas dunkle Bungalows mit schickem Holzinterieur, Sofa, Moskitonetz, AC, Du/WC und ein paar flippigen Designelementen, etwa einer in die Wand integrierten Vespa. Recht weit ab vom Schuss, aber mit Restaurant und Strandbar. Frühstück und WLAN inkl. ❺

www.stefan-loose.de/bali · NUSA LEMBONGAN · 315

Die Algenfarmer

Beim Strandspaziergang wird deutlich, wie wichtig und lukrativ der **Algenanbau** ist. In den Buchten von Nusa Lembongan, Nusa Ceningan und Nusa Penida wurden Algenfelder angelegt. Der Geruch von Seetang hängt in der Luft. Am Strand und in den Hinterhöfen wird massenweise weiß-gelbliches, grünes und dunkelrotes Seegras auf Plastikmatten getrocknet. Während die Männer mit kleinen Auslegerbooten oder mit Gummistiefeln im Wasser watend die Felder abernten, verteilen die Frauen die Algenhaufen mit hölzernen Harken zum Trocknen oder setzen entlang von Drahtseilen junge Schösslinge in die Bambusrahmen.

Im nährstoffreichen Meerwasser der von Korallenriffen geschützten Buchten gedeihen die anfälligen Gewächse besonders gut, da sie keinen größeren Temperaturschwankungen ausgesetzt sind. Nur hungrige Fische machen den Algenbauern die Ernte streitig.

Nach einer Reifezeit von knapp über einem Monat und dem dreitägigen Trocknen wird der Seetang für 1500–4000 Rp pro Kilo nach Sanur verkauft, wo er zu Pulver zermahlen und nach Japan, China oder in die westlichen Industriestaaten exportiert wird. Aus Algenpulver werden Karrageen und Agar gewonnen, sogenannte Polysaccharide, die als Lebensmittelstabilisatoren sowie in der Kosmetik- und Pharmaindustrie Anwendung finden.

Algen sind reich an Eiweiß, Vitaminen, Mineralien und Spurenelementen. Wer ihre heilende Wirkung testen möchte, kann sich in den Luxushotels von Nusa Lembongan Algenpackungen machen lassen oder bei einer Algen-Massage entspannen.

Pondok Baruna Frangipani, nördlich von Jungutbatu, ℡ 0857-3525 0297. Rund um den hübschen, langgezogenen Pool stehen die 8 neuen, geräumigen und komfortablen Bungalows mit AC und großer Du/WC. Leider ziemlich übertreuert und etwas abseits gelegen. Zudem bietet die Anlage trotz vieler Frangipani-Bäume wenig Schatten, nur die große Veranda verspricht Abkühlung. Frühstück und WLAN inkl. ❺

Pondok Baruna Garden, ℡ 0812-394 0992, 0812-390 0686, 🖥 www.world-diving.com. Die britische Inhaberin Sue führt auch das Tauchcenter nebenan. Die günstigen Zimmer in Reihenbungalows sind älter, aber sauber und zweckmäßig mit AC, Bambusmöbeln, Du/WC und Veranda mit Meerblick ausgestattet. Etwas abseits vom Strand zudem luxuriösere Zimmer mit AC, komfortablen Betten und Warmwasser-Du/WC und der Pool.

Frühstück und WLAN inkl. Reservierung empfehlenswert. ❸–❹

€ Secret Garden Bungalows, ☎ 0813-5313 6861, 🖥 www.bigfishdiving.com. Direkt hinter dem Tempel in einem einladenden Garten mit Pool befinden sich 8 einfache, aber große, gefliese Zimmer mit schönen, teils runden Betten und halboffenem Bad/WC. Veranda mit Hängematten. Gesellige Atmosphäre und kostenlose Vorträge zur Unterwasserwelt. Reservierung empfehlenswert. ❷

Yogi Beach, im Norden des Ortes am Ufer, ☎ 0817-978 2646. Die 5 um eine Wiese am Meer angelegten hellen, sauberen Steinbungalows mit bequemen Betten, AC, Kühlschrank, Veranda und Du/WC sind sauber und einladend gestaltet. Das Ganze wird durch Liegestühle am Ufer schlicht, aber ansprechend ergänzt. In naher Zukunft soll zudem ein Pool gebaut werden. Kleines Restaurant und netter, hilfsbereiter Besitzer. Frühstück und WLAN inkl. ❹

Coconut Bay

Lembongan Cliff Villas, ☎ 0819-3310 0912, 🖥 www.lembongancliffvillas.com. Abseits und ruhig hoch auf einem Hügel gelegene Anlage mit tollen Ausblicken, schattigem Pool und sauberen, geräumigen Bungalows mit AC, bequemem Himmelbett, Open-Air-Du/WC und teils Kühlschrank und Badewanne. Freundliches Personal und gutes Essen im Restaurant. Frühstück inkl. ❺–❻

Mushroom Bay

Alam Nusa Huts, ☎ 0819-1662 6336, 🖥 www.alamnusahuts.com. In einem beschaulichen Garten gelegene, familiäre Anlage mit 4 etwas kleinen und dunklen, aber sauberen, nett eingerichteten und gemütlichen *Lumbung* mit Himmelbett, AC und Open-Air-Du/WC. Der Strand ist sehr nah und das Personal außerordentlich hilfsbereit und freundlich. Spa. Frühstück und WLAN inkl. ❹

Lumbung Bali Huts, ☎ 0813-3837 8456, 🖥 www.lumbungbalihuts.com. Die 5 schönen, aber beengten, 2-stöckigen *Lumbung* am Strand haben im Erdgeschoss ein schönes Du/WC, während vom Balkon aus romantische Sonnen-

untergänge genossen werden können. Einsilbiges Personal. Mit kleinem Strandrestaurant. Frühstück inkl. ❺

Waka Nusa Resort, neben Lumbung Bali Huts, ☎ 0361-723629, 🖥 www.wakanusa.com. Die Luxuskette betreibt 10 komplett ausgestattete, mit *Alang-Alang*-Gras gedeckte Bungalows mit Warmwasser-Du/WC und AC am Strand. Pools, Bar und Restaurant liegen angenehm unter schattigen Palmen. Frühstück inkl. ❼–❽

Sunset Beach und Dream Beach

Dream Beach Huts, am Dream Beach, ☎ 0813-3745 7842, 🖥 www.dreambeachlembongan.com. Große, am schönen Sandstrand gelegene Anlage mit recht kleinen 2-stöckigen *Lumbung* mit AC. Viele Liegen und Überlaufpool. Die Poolbenutzung kostet für Gäste von außerhalb 50 000 Rp. Frühstück und WLAN inkl. ❹–❺

Sunset Villas & Café, nahe dem Sunset Beach, ☎ 0813-3859 5776, 0812-398 4234, 🖂 blacky surf@yahoo.com. Die mit *Alang-Alang*-Gras gedeckten Bungalows bieten viel Platz und sind hell, sauber und teils mit AC ausgestattet. Zudem neuere, sehr geräumige, komfortable Bungalows mit Himmelbett, Kühlschrank, Safe, separatem Wohnraum, großen Fenstern und schönem Open- Air-Du/WC. 2 Pools, wovon einer ganze 25 m lang ist. Vom Restaurant aus sieht man die Wellen spektakulär in die Bucht rauschen. Frühstück, WLAN und Abholung vom Hafen inkl. ❹

Nusa Ceningan

Jenny's Bed & Breakfast, s. Karte S. 311, ☎ 0812-3627 7650, 🖂 paeittreim@yahoo.com. Hoch auf den Klippen hat sich eine Australierin ein Refugium mit Pool gebaut. Die holzverkleideten Stelzenhäuser mit Hängematte bieten eine wunderschöne Aussicht auf die in die Bucht drückenden Wellen und Algenfarmen am Fuße der Klippe. Im Haupthaus gibt es neben dem riesigen Gemeinschaftsraum 2 weitere geräumige Zimmer. Kühlschränke stehen zur Nutzung bereit. Auf Wunsch wird Essen geliefert. Reservierung empfehlenswert. Kleines Frühstück und WLAN inkl. ❹–❺

Secret Point Huts, s. Karte S. 315, ☎ 0819-9937 0826, 🖥 www.secretpointhuts.com. Die

8 schicken, auf Holzpfeilern stehenden *Lumbung* mit bequemen Matratzen, Open-Air-Du/WC, toller Aussicht von der Veranda und dezenter Dekoration, teils auch mit AC, sind in einen Garten eingebettet. Netter Pool. Abholung, Frühstück und WLAN inkl. ❹

The Palms Ceningan, s. Karte S. 315, ☎ 0813-5399 2211, 🖥 www.thepalmsceningan.com. Die schickste Unterkunft auf Ceningan: Neues, großes Hotel mit entspannter Lounge-Atmosphäre, schönem, 2-stufigem Überlaufpool an den Klippen und einer riesigen Terrasse mit Sitzsäcken und tollem Blick auf die Surfer in der Bucht. Die einladenden Bungalows mit großer Fensterfront, AC, Kühlschrank, LCD-TV mit DVD-Player und mit Flusssteinen dekoriertem Du/WC (kein Frischwasser!) sind ansprechend mit viel recyceltem Holz gestaltet. Zudem drei 2-stöckige Bungalows für Familien. Abholung, WLAN und Frühstück inkl. ❺–❻

ESSEN UND UNTERHALTUNG

Bali Eco Deli, an der Hauptstraße in Jungutbatu, 🖥 www.baliecodeli.net. Der kleine, entspannte Deli serviert nicht nur leckere Säfte, guten Kaffee und allerlei Leckereien, wie etwa hausgemachtes Brot, Kuchen, Waffeln oder Müsli, sondern ist auch um Nachhaltigkeit bemüht: Es wird kein Palmöl verwendet, viele Zutaten kommen aus ökologischem Anbau und 90 % der Küchenabfälle werden kompostiert. Wer seinen Plastikmüll oder leere Batterien abgibt, erhält 10 % Rabatt. ⏰ 7–19 Uhr.

Nyoman's Warung, am Nordende der Insel nahe dem Leuchtturm. Kleiner, einfacher Warung mit Plastikbestuhlung, dessen nette Betreiberin leckere und günstige indonesische Gerichte zubereitet. Empfehlenswert ist *Pepes Ikan*, im Bananenblatt mit Gemüse und Gewürzen gegarter Fisch. Hauptgerichte bis 50 000 Rp. ⏰ 9–22 Uhr.

Pondok Baruna Rest., an der Hauptstraße in Jungutbatu. In diesem hübschen, offenen Restaurant mit Holzinterieur, Sitzecke und entspannter Musik wird solide indonesische und westliche Kost zu verträglichen Preisen serviert. Hauptgerichte ab 40 000 Rp. Auch Apfelkuchen und Carrot Cake. ⏰ 7–22 Uhr.

The Beach Club, am Sunset Beach, ☎ 0828-9700 5656, 🖥 www.sandybaylembongan.com. In stilvoller Strandatmosphäre kann man hier sein Frühstück, ein kühles Bier, Cocktails oder Wein genießen und sogar im Pool liegen. Zudem serviert das sehr freundliche Personal indonesische und internationale Gerichte zu gehobenen Preisen. Tgl. Barbecue, mit Steak, Fisch und Hummer, So Brunch von 8–14 Uhr. Nebenan ein Spa. Kostenlose Abholung auf Nusa Lembongan. WLAN. ⏰ 7–23 Uhr, letzte Bestellung 21.30 Uhr.
Die beliebteste **Party** auf den Nusa-Inseln steigt jeden Fr ab 20 Uhr im **Blue Corner Dive** in Jungutbatu.

AKTIVITÄTEN

Mangroventouren
An der Bootsanlegestelle hinter den Chiringuito Bungalows werden halbstündige Touren mit kleinen Gondelbooten in den Mangrovenwald für 100 000 Rp bei max. 4 Pers. angeboten. Eine gute Gelegenheit, um einen Einblick in das fragile Ökosystem zu erhalten und Warane, Krebse, verschiedene Vogelarten und Fische zu erspähen.

Surfen
Die Weltklasse-Surfreviere **Shipwreck**, **Lacerations** und **Playground** trumpfen vor der Bucht von Jungutbatu mit meterhohen Wellen auf. Boote werden für 250 000 Rp angeboten oder man paddelt einfach vom Strand zum nächstgelegenen Break.
New Bro Surfing, in Jungutbatu nördlich der Bootsanlegestelle, ☎ 0813-3734 6056, 🖥 www.newbrosurfing.com. Unter der Leitung des freundlichen Lena wird alles rund um das Wellenreiten organisiert. 2 1/2-stündige Kurse kosten 400 000 Rp, ebenso lange Ausflüge inkl. aller Ausrüstung und Booten 300 000 Rp, Surfbrettverleih 80 000 Rp pro Tag, Stand-Up-Paddle 100 000 Rp für 2 Std.

Tauchen und Schnorcheln
Big Fish Diving, ☎ 0813-5313 6861, 🖥 www.bigfishdiving.com. Tauchschule in den Secret Garden Bungalows, in denen der nette Tim 2 Tauchgänge für 700 000 Rp inkl. Equipment

und Mittagessen sowie den Open-Water-Kurs für 3,6 Mio. Rp anbietet. Die Ausrüstung ist gut in Schuss und die Gruppen werden klein gehalten.

Blue Corner Dive, ☎ 0877-6137 7718, 🖥 www.bluecornerdive. com. Die von 2 sehr netten Meeresbiologen betriebene Tauchschule legt Wert auf einen ökologisch verträglichen Umgang mit der Unterwasserwelt. Neben den üblichen Tauchgängen (Fun Dive für US$38, Rabatte ab 4 Tauchgängen) und -kursen (Open-Water-Kurs für US$370) werden mit Reef Checks sowie 5-wöchigen Eco-Dive Master-Programmen wissenschaftliche Kenntnisse und Methoden vermittelt. Derzeit werden 3 Stationen zur Erfassung des Zustands der Korallen und Mangroven überwacht. Zweigstelle in der Mushroom Bay, ☎ 0819-3434 3260, 🖥 www. bluecornerdivemushroom.com.

World Diving, ☎ 0812-390 0686, 🖥 www.world-diving.com. Die Tauchschule unter australischer Leitung bietet Open-Water-Kurse für US$395, bei Online-Absolvierung des theoretischen Teils nur US$315 an. 2 Tauchgänge um Nusa Lembongan und Penida ab US$85.
Die guten **Schnorchelplätze** Mangrove Point, Wall Bay und Giant Travely Point liegen an der Nordküste der Insel. Ein 2-stündiger Ausflug mit einer motorisierten *Jukung* kostet etwa 300 000 Rp pro Boot inkl. Ausrüstung. Bei World Diving sind 3- bis 4-stündige Schnorcheltouren für mind. 2 Pers. inkl. Equipment, Boot und Snack für US$25 p. P. im Angebot.

Yoga
Yoga Shack, im Secret Garden Bungalows, ☎ 0813-5313 6861 🖥 www.yogashack lembongan.com. Tgl. um 9 und 16 Uhr finden im Pavillon im Garten Kurse in Vinyasa-, Ying und Yang- und Hatha-Yoga sowie Pilates statt. 1 1/2-stündige Kurse kosten 100 000 Rp, 5 Kurse 400 000 Rp.

SONSTIGES
Geld
In Jungutbatu gibt es Wechselstuben und eine BRI-Bank mit Geldautomaten, der aber nur Mastercard und Cirrus akzeptiert.

Internet
An der Straße von Jungutbatu wird Internet ab 18 000 Rp pro Std. angeboten.

Medizinische Hilfe
PUSKESMAS Nusa Penida II, Jungutbatu, ☎ 0366-24473. Bei Krankheit und leichteren Verletzungen hilft die kommunale Poliklinik mit 2 Allgemeinärzten rund um die Uhr.

Motorrad- und Fahrradverleih
Fahrräder und Mopeds werden für ca. 70 000 Rp pro Tag vermietet.
Cahya, in der Gasse zum Yogi Beach, verleiht Motorroller für 70 000 Rp pro Tag.

TRANSPORT
Der Transfer nach Bali (SANUR oder BENOA) sowie auf die GILIS und nach LOMBOK wird von einer Vielzahl von Unternehmen angeboten. Die hier gelisteten Preise können besonders in der Nebensaison mit etwas Geschick um bis zu 50 % heruntergehandelt werden. Kinder zahlen in der Regel 30–50 % weniger.
Details zu den Booten sowie (nicht immer aktuelle) Fahrpläne und Preise findet man unter 🖥 www.gili-fastboat.com.
Achtung: Die Schnellboote werden bei Wellengang kräftig durchgeschüttelt – kein Spaß für empfindliche Mägen.

Nach NUSA PENIDA:
Das **Marktboot** nach TOYAPAKEH sammelt zwischen 5.30 und 6 Uhr Mitfahrer am Strand von Jungutbatu ein, braucht 30 Min. und kostet 50 000 Rp p. P.

Nach SANUR:
Ein **öffentliches Boot** fährt morgens um 8 Uhr von Jungutbatu sowie der Mushroom Bay für 60 000 Rp in 1 1/2 Std.
Das langsame **Perama-Boot**, ☎ 0361-751875, 🖥 www.peramatour.com, ist etwas komfortabler und fährt um 8.30 Uhr ab dem Strand vor dem Perama-Büro in Jungutbatu für 100 000 Rp.
Schnellboote folgender Unternehmen fahren von 8.45–17 Uhr 25x tgl. in 30–45 Min. für 175 000–450 000 Rp einfach und 300 000–550 000 Rp hin und zurück (ohne Handeln):

OST-BALI Übersichtskarte S. 299

JJ Fast Boat, ✆ 0361-216 6850,
🖳 www.jjfastboat.com.
Lembongan Fast Cruises, ✆ 0361-801 2324,
🖳 www.rockyfastcruise.com. Transfer in
Süd-Bali inkl.
Lembongan Paradise Cruise, ✆ 0366-559 6386,
🖳 lembongancruise.com.
Ocean Star Express, ✆ 0361-927 1019,
🖳 www.oceanstarexpress.com.
Optasal, ✆ 0361-918 9900. Günstigster Anbieter.
Semaya One Fast Cruises, ✆ 0361-284 194,
🖳 semayacruise.com.
Scoot Fast Cruises, ✆ 0828-9700 5551,
🖳 www.scootcruise.com. Der renommierteste,
sicherste und zuverlässigste, aber auch
teuerste Anbieter. Abholung in Süd-Bali und
aus Ubud inkl.

Nach BENOA:
U. a. mit dem Lembongan Flyer von **Island
Explorer Cruises**, ✆ 0361-728088, 🖳 www.bali-
activities.com, um 9 und 13.30 Uhr in 30 Min. für
US$39, hin und zurück US$59. Transfer in Süd-
Bali und nach Ubud inkl.

Auf die GILIS und nach LOMBOK:
JJ Fast Boat, s. o. Um 10 Uhr nach GILI
TRAWANGAN, GILI AIR und TELUK NARA auf
Lombok für 600 000 Rp einfach.
Scoot Fast Cruises, s. o. Nach TELUK KODE,
GILI AIR und GILI TRAWANGAN um 10.30 Uhr
ab Jungutbatu für 675 000 Rp einfach,
1,3 Mio. Rp hin und zurück, in 2–2 1/2 Std.

Goa Lawah

Die Küstenstraße von Sanur ist bis 1,2 km
vor Goa Lawah zu einer breiten vierspurigen
Schnellstraße ausgebaut worden. Ab Goa Lawah wird die stark befahrene Straße enger und
kurviger. Bis zur Abzweigung nach Padang Bai
sind es 6,5 km.

Links der Hauptstraße liegt ein großer Tempel, der den Eingang zur heiligen Fledermaushöhle **Goa Lawah** bildet. Tausende von Frucht-
fledermäusen, eine kleinere Art der Flughunde,
hängen in dicken Trauben kopfüber an der Höh-
lendecke und rund um deren Eingang. Sie bau-

Die Unterweltschlangen

Seltsame Naturphänomene sind den Balinesen heilig. Beim Anblick der dunklen Höhle
wundert man sich nicht, dass hier u. a. Unter-
weltgottheiten verehrt werden, an erster Stelle
Sanghyang Naga Basuki, der Herr der Schlangen. **Naga Basuki** ist eine der beiden Unter-
weltschlangen (die andere ist Antaboga), die
die Weltenschildkröte Bedawang umschlin-
gen, auf der die Insel Bali ruht. In den Tiefen
der Höhle sollen Schlangen (Manifestationen
von Naga Basuki) hausen, die sich von veren-
deten Fledermäusen ernähren.

---

meln so dicht nebeneinander, dass es so aussieht, als sei der Felsen von einer kompakten
Masse zappelnder Leiber überzogen.

Pura Goa Lawah erscheint in allen Verzeichnissen der *Sad Kahyangan* (der sechs heiligsten Tempel von Bali), obwohl diese Listen selten in allen Punkten übereinstimmen. Sicher
war die Höhle schon eine alte Kultstätte, bevor
der Tempel im 11. Jh. von Empu Kuturan, einem
Hindu-Priester aus Java, gegründet wurde. Auch
Danghyang Nirartha, der Mitte des 16. Jhs. aus
Java kam, hat hier seine Spuren hinterlassen.

Die Balinesen sind überzeugt, dass die Goa
Lawah nur der Anfang eines lang gestreck-
ten Höhlensystems ist, das beim Bergheiligtum Pura Besakih am Fuße des Gunung Agung
einen Ausgang hat. Im 17. Jh. wurde der Anspruch eines Prinzen der Mengwi-Dynastie auf
die Thronfolge angezweifelt. Das oberste Gericht in Klungkung beschloss, ihn einer Pro-
be zu unterziehen: Sollte er einen Aufenthalt
in der Höhle bei den giftigen Schlangen überleben, dann sei sein Anspruch gerechtfertigt.
Der Prinz überstand das Abenteuer und tauchte
nach ein paar Tagen unversehrt aus einer Höhle beim Besakih-Komplex wieder auf. Ein weiteres Zeichen für ein großes Höhlensystem war
das spurlose Verschwinden zweier Kampfhähne
während eines Hahnenkampfes in Pura Goa Lawah. Sie wurden wenige Tage darauf in Besakih
wiederentdeckt.

Der Tempel ist dem Gott Maheswara geweiht
und gilt als Todestempel. Das *Odalan* von Pura

Goa Lawah wird alle 210 Tage an einem Dienstag gefeiert, zehn Tage nach *Kuningan*.

Links des großen Tempels bezahlt man 10 000 Rp Eintritt und erhält einen Leih-Sarong mit Tempelschal, der im Tempel getragen werden muss, mit eigenem Sarong kostet es 6000 Rp. Vor der Kasse steht ein Heer von Verkäufern. Auch deutschsprachige Guides bieten hier für 50 000 Rp ihre Dienste an.

Padang Bai

Der geschäftige, wenig attraktive Hafenort in einer Bucht, 2 km abseits der Hauptstraße, ist vor allem als Zwischenstation auf dem Weg zu den Gilis von Bedeutung. Seit immer mehr Besucher die Boote von Amed nutzen, hat der Ort an Bedeutung verloren. Noch immer werden Waren – von gackernden Hühnern bis zu Elektrogeräten – auf die großen **Fähren** nach Lembar auf Lombok verladen. Eng aneinandergereiht säumen **Fischerboote**, genannt *Jukung*, den Strand, bunte Einbäume mit Ausleger, deren Bug mit magischen Augen und einem Schnabel verziert ist. Im Vergleich zu den eleganten Fischerbooten wirken die riesigen Fähren wie behäbige Schrottkisten.

Am Hafen treiben sich lästige Straßenhändler herum, die überteuerte Fährtickets verkaufen oder Gepäck tragen wollen. Man sollte sein Gepäck nicht aus der Hand geben und Fahrscheine nur am offiziellen Schalter kaufen. Abends lungern zudem zwielichtige Gestalten in dunklen Gassen. Daher sei besonders allein reisenden Frauen zur Vorsicht geraten. Auch sollten hier keine Trekkingtouren zum Gunung Rinjani auf Lombok gebucht werden, S. 403.

Nach seiner Überfahrt von Java soll der legendäre Empu Kuturan, ein Religionslehrer und Reformator, im 11. Jh. in Padang Bai gelandet sein. Auf einem Hügel über der Bucht östlich des Hafens baute er sich eine Einsiedlerklause. Heute steht an der Stelle ein kleiner Tempel, der **Pura Silayukti**, einer der vier ältesten Tempel der Insel. Wer an der gleichnamigen Straße mit dem eigenen Transportmittel Richtung Osten abbiegt, muss damit rechnen, 5000 Rp „Eintritt" zu zahlen.

Das überschaubare Padang Bai hat Besuchern neben kleinen Sandstränden in der direkten Umgebung auch eine abwechslungsreiche Korallenwelt zu bieten. Klettertouren in die Hü-

Viele traditionelle Prahu sind schön verziert und scheinen fast ein Eigenleben zu besitzen.

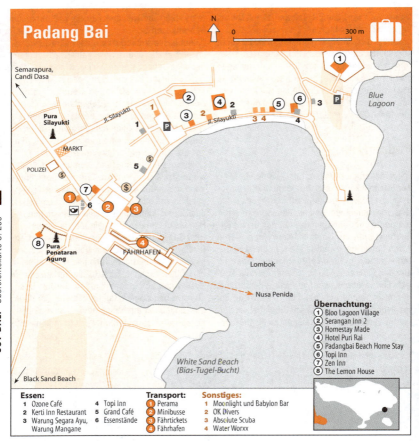

gel hinter der Bucht werden mit wunderbaren Ausblicken belohnt. In westlicher Richtung führt ein kurzer Spaziergang zum schönen **White Sand Beach** in der Bias-Tugel-Bucht. Leider wurde der gesamte Hang über der Bucht von einem wenig erfolgreichen Investor gekauft, der nur hässliche Bauruinen hinterlassen hat. Etwas weiter der Ortsstraße folgend, gelangt man über kleine Wege durch den Palmenwald zum ruhigen **Black Sand Beach**. Der breite schwarze Sandstrand kann sehr heiß werden und die heftige Strömung erschwert das Schwimmen. Östlich von Padang Bai liegt die kleine, geschützte Bucht **Blue Lagoon** mit schönem Strand, wenig Strömung und zum Schnorcheln geeigneten Korallen. Sie ist über einen Fußpfad, der am Parkplatz an der steilen Zufahrt zum Bloo Lagoon Village beginnt, zu erreichen. Hier gibt es auch ein Strandrestaurant mit Sonnenliegen und hin und wieder Gitarrenmusik am Lagerfeuer. Im Wasser sollten als Schutz vor den gefährlichen Stichen des Steinfisches Badeschuhe getragen werden.

ÜBERNACHTUNG

Bloo Lagoon Village, ☎ 0363-41211, 🖥 www.bloolagoon.com. Die Anlage des hochpreisigen, ziemlich enttäuschenden „ökologisch verträglichen" Resorts mit großem Pool auf dem Hügel an der Blue Lagoon ist auch nach Jahren noch nicht fertig. 25 Bungalows mit 2–3 Schlafzimmern, Moskitonetz, schönem Open-Air-Du und Blick auf die Bucht. Recht inkompetentes Personal sowie sehr limitierte Parkplätze. WLAN und Frühstück inkl. **❼**

Homestay Made, Jl. Silayukti, ✆ 0363-41441, ✉ mades_padangbai@hotmail.com. 6 günstige, saubere und einfache, gefliese Zimmer mit guten Matratzen und kleinem Du/WC. Von den Zimmern im 2. Stockwerk blickt man bis zum Meer. Nettes Café. Frühstück inkl. **❷–❸**

Hotel Puri Rai, Jl. Silayukti 7X, ✆ 0363-41385, 🖥 www.puriraihotels.com. Hinter dem Parkplatz, der von einer riesigen Statue des auf Garuda reitenden Vishnu bewacht wird, liegt das beliebte Mittelklassehotel mit 3 großen Pools und 36 Räumen. Kühle Steinhäuser mit jeweils 4 geräumigen Zimmern mit schattiger Veranda, AC, weichen Matratzen, TV, Kühlschrank und sauberem Warmwasser-Du/WC. Empfehlenswertes Restaurant, ⏰ 7–22 Uhr, mit breiter Auswahl an Seafood ab 40 000 Rp. Reservierung empfehlenswert. WLAN in der Lobby und Frühstück inkl. **❹**

Padangbai Beach Home Stay, Jl. Silayukti, ✆ 0363-41044. Was Tierfreunden gleich negativ aufstoßen wird, sind die 2 in einem Käfig gehaltenen Python-Schlangen. Wer darüber hinwegsehen kann, findet in der Anlage rund um einen Pool einfache, dunkle und alte Zimmer mit großen, harten Betten und Open-Air-Du. Die kleinen und ungemütlichen AC-Zimmer lohnen nicht, die teureren schon eher. Frühstück und WLAN inkl. **❸–❺**

Serangan Inn 2, Jl. Silayukti, ✆ 0363-434 5042. Das beste Preis-Leistungs-Verhältnis in Padang Bai bietet das etwas weiter vom Strand entfernt in einem Hinterhof gelegene 3-stöckige Hotel. 16 sehr geräumige, gefliese und saubere Zimmer mit guten Betten und Warmwasser-Du/WC, die teureren auch mit AC und Kühlschrank. Einfaches Frühstück und WLAN inkl. **❷–❸**

🧳 **The Lemon House**, westlich des Fährhafens vor dem weißen Pura Penataran Agung 120 m der kleinen Gasse folgen und dann die Treppen nach links hinauf, ✆ 0812-

4637 1575, 🖥 www.lemonhousebali.com. Kleines, schwer und schweißtreibend zu findendes, aber modernes und freundlich-familiäres Guesthouse mit 3 günstigen, sauberen, gefliesten Zimmern (nur Doppelbetten) mit guten Matratzen und Bambuseinrichtung sowie einem Schlafsaal à 100 000 Rp pro Bett. Dank der erhöhten Lage bietet sich von der großen Terrasse ein toller Blick. Nach Voranmeldung gibt es Hilfe beim Gepäck tragen. Frühstück und WLAN inkl. **❷–❸**

Topi Inn, Jl. Silayukti 99, ✆ 0363-41424, 🖥 www.topiinn.nl. Das aus natürlichen Materialien erbaute Haus liegt am Nordende der Bucht. Neben 5 sehr einfachen, beengten und wenig empfehlenswerten Zimmern mit Hochbetten werden in der Hochsaison auch dünne Matratzen mit Moskitonetz auf dem Boden des oberen Stockwerks für sehr günstige 50 000 Rp vermietet. Restaurant mit gesundem Essen (s. unten) und Internetcafé. WLAN inkl. **❷**

Zen Inn, Jl. Segara, ✆ 0819-3309 2012, 🖥 www.zeninn.com. Ein kleines, aber feines Boutiquehotel für Traveller: Alle 4 kreativ gestalteten Zimmer sind nett mit Bildern dekoriert und haben einen niedlichen Hinterhof. Zur Ausstattung gehören hübsche Bambusmöbel und ein sauberes Du/WC mit Warmwasser. Im Restaurant werden frischer Fisch und hausgemachte Burger serviert. WLAN und Frühstück inkl. Reservierung empfehlenswert. **❷**

Weitere Übernachtungsmöglichkeiten s. **eXTra [4240]**.

ESSEN

Es gibt einige einfache **Essenstände** in der Nähe vom Hafen, von der Fähre kommend 50 m links hinter dem Schlagbaum. Einfache und gute Restaurants findet man auch in der Jl. Segara, den kleineren Seitenstraßen und auf der Jl. Silayukti am Strand.

Grand Café, Jl. Pantai Segara, ✆ 0363-434 5043. Das kleine Restaurant mit gemütlichen Holz- und Rattanmöbeln serviert europäische und einheimische Gerichte. Hauptgerichte ab 30 000 Rp. Sehr freundliches Personal. ⏰ 8–22 Uhr.

OST-BALI Übersichtskarte S. 299

www.stefan-loose.de/bali

PADANG BAI **323**

Kerti Inn Rest., Jl. Silayukti, ✆ 0363-41391.
Hier kann man sich frische Barrakudas,
Makrelen und Riesengarnelen in der Auslage
selbst aussuchen. Empfehlenswert ist der
Red Snapper vom Grill mit würziger Soße.
Fischgerichte ab 40 000 Rp.

Ozone Café, Jl. Segara, ✆ 0812-3617 1620.
Das von einer Belgierin geleitete, in Orange und
Gelb dekorierte Restaurant ist ein beliebter
Traveller-Treffpunkt. In gemütlichen Sitzecken
genießt man balinesische Gerichte, Fisch und
eine große Auswahl an Cocktails. Das Cordon
bleu ist lecker und preiswert. Hauptgerichte ab
30 000 Rp. ⏰ 11.30–22 Uhr.

Topi Inn, Jl. Silayukti 99, ✆ 0363-41424,
🖳 www.topiinn.nl. Im offenen, kreativ gestalteten Restaurant mit entspannter Atmosphäre
werden gesunde Mahlzeiten ohne chemische
Zusätze serviert und an der großen Holzbar
zu späterer Stunde Cocktails gemixt. Große
Auswahl an leckeren Baguettes, vegetarischen
Gerichten und knackigen Salaten. Die indonesischen Gerichte und das Seafood sind
hingegen nicht immer schmackhaft. Zum
aromatischen Bohnenkaffee gibt es Kuchen.
Was die Gäste übrig lassen, wird an die
Straßenhunde von Padang Bai verfüttert.
Auswahl an Brettspielen und Workshops
zur balinesischen Kultur (z. B. Batik, Weberei,
Gamelan und Kochkurse). Freundliches
Personal. Hauptgerichte ab 27 000 Rp. WLAN.
⏰ 7.30–22, Bar bis 2 Uhr.

Warung Mangane und **Warung Segara Ayu**, an
der Straße zum Bloo Lagoon Village. 2 einfache,
günstige und freundliche Restaurants mit bunt
gemischten Speisekarten, die dank ihrer Hang-
lage mit einer schönen Aussicht über die
Bucht punkten können. Im Mangane ist das
Hühnchen-Curry sehr lecker.

UNTERHALTUNG

Moonlight und **Babylon Bar**, Jl. Silayukti. In
direkter Nachbarschaft spielt sich in diesen
Bars das Nachtleben ab. Mehrmals wöchent-
lich musizieren Reggae- bzw. Rockbands in
den kleinen, schmalen Bars.
Im **Topi Inn** gibt es jeden Mo und Do ab 19.30
Uhr Livemusik und jeden Mi und Sa ab 20.30 Uhr
Filmvorführungen.

AKTIVITÄTEN

Schnorcheln

Vom Blue-Lagoon-Strand kann man zu den
vorgelagerten Korallengärten schnorcheln,
aber dabei sollte die teils starke Strömung
beachtet werden.
Am Strand können Fischerboote gechartert
werden, die Schnorchler zu dem beliebten
Tauchrevier **Tanjung Jepun** bringen. Die
Ausrüstung wird für 30 000 Rp pro Tag
vermietet, 2-stündige Schnorcheltrips gibt
es für 2 Pers. für 250 000 Rp.

Tauchen

Mehrere Tauchbasen haben sich in Padang
Bai niedergelassen, von denen viele auch
Kurse in deutscher Sprache anbieten.
Der Open-Water-Kurs kostet US$320–380, ein
Schnupperkurs je nach Ziel US$55–105 und
eine Tagestour mit 2 Tauchgängen je nach Ziel
US$60–150. Von hier werden Riffe und Wracks
vor Padang Bai und entlang der gesamten
Ostküste, vor allem Pulau Tepekong, Tulamben,
Amed und Nusa Penida, angesteuert.

Absolute Scuba, Jl. Silayukti, ✆ 0363-42088,
🖳 www.absolutescubabali.com. Größere,
professionell geführte Tauchschule mit der zur
Happy Hour belebten Buddha Bar am Tauch-
pool und eine für Nichttaucher überteuerten
Hotelanlage, mehr s. **eXTra [8942]**, ❺. Maximal
4 Taucher pro Guide.

OK Divers, Jl. Silayukti, ✆ 0363-41790,
🖳 www.divingbali.cz. Unter kompetenter
tschechischer Leitung unterrichten hier ausschließlich westliche, auch deutschsprachige
Tauchlehrer mit neuem Equipment.

Water Worxx, Jl. Silayukti, ✆ 0363-41220,
🖳 www.waterworxbali.com. Die gute und
professionelle Tauchschule wird von den
beiden freundlichen Deutschen David und
Wolfgang geleitet.

SONSTIGES

Autovermietungen, Fahrrad- und Motorradverleih

Wer einen fahrbaren Untersatz sucht,
findet an der Hauptstraße am Strand und
in fast jedem Hotel schnell passende
Angebote.

Geld
In der Nähe des großen Parkplatzes gibt es einen Geldautomaten und Geldwechsler.

Internet
Internetcafés verlangen 400 Rp pro Min. Eine schnelle Verbindung bietet das **Topi Inn**.

TRANSPORT

Busse
Es pendeln Busse verschiedener Anbieter zwischen Padang Bai und den Touristen-zentren. Die Preise von **Perama**, 100 m von der Fähranlegestelle entfernt links der Straße, 🖥 www.peramatour.com, sind eine gute Orientierung. Busse fahren nach KUTA bzw. zum Flughafen um 9, 13.30 und 16.30 Uhr in 2 Std. über SANUR (1 1/2 Std.) für 60 000 Rp und über UBUD (1 Std.) für 50 000 Rp, nach CANDI DASA in 20 Min. für 25 000 Rp und nach LOVINA um 9 Uhr über Ubud für 150 000 Rp. Ab 2 Pers. wird zudem um 9 und 13.30 Uhr für 125 000 Rp ein Transport über TIRTAGANGGA und AMED nach TULAMBEN angeboten.

Minibusse
Vom großen Parkplatz vor der Fähranlege-stelle fahren Angkot nach DENPASAR für 50 000 Rp p. P., rote Angkot nach CANDI DASA und weiter nach AMLAPURA für 20 000 Rp sowie blaue und weiße nach SEMARAPURA für 20 000 Rp. Sie verkehren unregelmäßig von 4–16 Uhr, nur nach Denpasar kommt man noch zu späterer Stunde.

Fähren
Die großen Fähren verkehren rund um die Uhr ca. stdl. nach LEMBAR auf Lombok. Die Überfahrt dauert je nach Wellengang 4–6 Std. Erwachsene zahlen 40 000 Rp, Kinder 25 000 Rp. Ein Motorrad kostet 112 000 Rp (inkl. 2 Pers.), ein Pkw 733 000 Rp (inkl. 4 Pers.). Nach SAMPALAN auf Nusa Penida geht die Autofähre gegen 13 Uhr in 1–1 1/2 Std. für 16 000 Rp.
Perama, 🖥 www.peramatour.com. Um 9 Uhr mit der großen Fähre und Minibussen nach SENGGIGI und MATARAM für 100 000 Rp.

Andere Anbieter haben zudem Kombinations-tickets inkl. Fähren- und Bustransport nach KUTA LOMBOK, auf die GILIS (beide 200 000 Rp), nach SUMBAWA BESAR (400 000 Rp), DOMPU (500 000 Rp), BIMA (600 000 Rp) und SAPE (700 000 Rp) auf der Insel Sumbawa im Angebot.

Schnellboote
Zahlreiche Anbieter verbinden Padang Bai mit den GILIS. Da die 70–90 Min. dauernde Überfahrt bei starkem Seegang eine unange-nehm schaukelige Angelegenheit werden kann, ist sie für Kleinkinder ungeeignet und von Dez bis Feb auch Erwachsenen nicht zu empfehlen. Der Transfer von und zu den Touristenorten Süd-Balis ist meist inkl. Die gelisteten offiziellen Preise können besonders in der Nebensaison mit etwas Geschick um bis zu 50 % herunter-gehandelt werden. Kinder zahlen in der Regel 30–50 % weniger.
Informationen zu den Booten sowie (nicht immer aktuelle) Fahrpläne und Preise findet man unter 🖥 www.gili-fastboat.com.
Blue Beach Express, 📞 0361-916 8685, 🖥 www.bluebeachexpress.com. Um 9 und 12.30 Uhr zu den GILIS und aufs Festland nach TELUK NARA. Zurück um 9.30 und 11 Uhr. Einfach 425 000 Rp, hin und zurück 800 000 Rp. Transport in Süd-Bali und Ubud sowie Mataram oder Senggigi inkl.
Blue Water Express, 📞 0361-895 1082, 🖥 www.bwsbali.com. Um 9.15 oder 11.15 Uhr zur GILI TRAWANGAN via TELUK KODE. Ab Gili Trawangan zurück um 11 oder 13.30 Uhr und weiter nach SERANGAN. Einfach 690 000 Rp, hin und zurück 1,38 Mio. Rp.
Gili Cat, 📞 0361-271680, 🖥 www.gilicat.com. Um 8.45 und 9.15 Uhr nach GILI TRAWANGAN via TELUK KODE. Ab Gili Trawangan um 11 und 11.20 Uhr. Einfach für 660 000 Rp, hin und zurück 1,2 Mio. Rp.
Gili Gili, 📞 0361-773770, 🖥 www.giligilifast boat.com. Um 10 Uhr nach GILI TRAWANGAN und GILI AIR via TELUK NARA. Von dort um 12 Uhr wieder zurück. Einfach für 690 000 Rp, hin und zurück 1,25 Mio. Rp.
Marina Srikandi, 📞 0361-729 818, 🖥 www. marinasrikandi.com. Um 9, 12 und 13 Uhr nach SENGIGGI und weiter zur GILI TRAWANGAN.

Von dort um 8, 12 und 15 Uhr via SENGIGGI zurück nach Padang Bai, einfach 450 000 Rp. **Ocean Star Express**, ☎ 0361-927 1019, 🖥 www.oceanstarexpress.com. Um 9.30 Uhr nach GILI TRAWANGAN via TELUK KODE. Zurück um 11.45 Uhr. Einfache Fahrt für 650 000 Rp, hin und zurück für 900 000 Rp. Transfer in Süd-Bali und West-Lombok inkl. **Perama**, 🖥 www.peramatour.com. Um 13.30 Uhr zu den 3 GILIS, bei Bedarf ab Bangsal per Shuttlebus weiter nach SENGGIGI oder MATARAM. Alle Ziele kosten 400 000 Rp inkl. Mittagssnack.

Candi Dasa

Candi Dasa wurde in den 1970er-Jahren für den Tourismus erschlossen und ist in den 1980er-Jahren zur größten Touristenenklave in Ost-Bali gereift. Auf über 2 km reihen sich viele (ältere) Mittelklassehotels, einige komfortable Tauchresorts und ein paar gute Restaurants entlang der stark befahrenen Hauptstraße aneinander. Der Strand des einstigen Fischerdorfs ist dem Korallenabbau fast vollständig zum Opfer gefallen und wenig attraktiv.

Schnorchler können von der Küste aus zu den Korallenriffen schwimmen. Schnorchelausrüstung wird am Strand vermietet. Außerdem besteht die Möglichkeit, mit gemieteten Fischerbooten die vorgelagerten Felseninseln zu erkunden. Hier liegen einige gute Tauchplätze.

Dank der guten Infrastruktur nutzen Besucher Candi Dasa als Basis für Ausflüge zu den Sehenswürdigkeiten der Region. Besonders schnell ist man in **Tenganan**, einem der ältesten Dörfer der Insel, das von den *Bali Aga* (balinesische Ureinwohner) bewohnt wird (S. 332).

Abgesehen vom Verkehr auf der Hauptstraße ist Candi Dasa ein ruhiges Fleckchen mit wenig Verkaufsrummel. Wem es dennoch zu hektisch wird, der findet abgelegene Unterkünfte an den Stränden **Pantai Balina** und **Pantai Sengkidu** wenige Kilometer weiter westlich.

Da Candi Dasa keinen breiten Sandstrand besitzt, müssen Badefans den 5 km langen Weg zur schönen, weiter östlich gelegenen Bucht **Pasir Putih** („weißer Sand") auf sich nehmen.

Korallenabbau

Viele Korallenriffe vor Bali wurden durch Dynamit-Fischen und den Korallenabbau stark geschädigt. Die Regierung sucht nach Auswegen, aber ein striktes Abbauverbot würde viele Familien zur Arbeitslosigkeit verurteilen. Aus den herausgebrochenen Korallenblöcken wird in Brennöfen *kapur* (Kalk) gewonnen, der in Gipsmühlen zur Zementproduktion genutzt wird. In den 1980er-Jahren hatte die Zerstörung rund um **Candi Dasa** ein solches Ausmaß angenommen, dass die gewaltige Brandung ungebremst auf die Küste rollen konnte. Erst als die Wellen den meisten Sand abgetragen hatten, folgten Gegenmaßnahmen. Seit 1989 verschandeln Beton-Wellenbrecher die Küste. Auch wenn sich die Riffe seitdem erholt haben und nun wieder Schnorchler und Taucher anlocken, bleibt vom Sandstrand nur ein schmaler Streifen. Pläne zur Aufschüttung eines neuen Strandes wie in Sanur werden konkreter. Die Weltbank hat für das Projekt grünes Licht gegeben, nur ein ausführendes Unternehmen ist noch nicht gefunden.

Wer selbst fährt, sollte im Dorf Prasi nach einem kleinen Schild mit der Aufschrift „White Sand Beach" Ausschau halten und dort rechts auf eine Dorfstraße abbiegen. Am Eingang wird 3000 Rp p. P. Eintritt verlangt. Von hier sind es knapp 300 m über eine schlechte, aber in der Trockenzeit problemlos befahrbare Piste herab zum Strand (Parkgebühr 5000 Rp). Am feinsandigen Pasir Putih kann man den ganzen Tag in der Sonne liegen und gut schwimmen. Hier gibt es keine Hotels, nur einige Warung sorgen für das leibliche Wohlbefinden. Neben einfachen Gerichten können fangfrische Fische ausgesucht werden, die direkt auf dem Grill landen.

ÜBERNACHTUNG

Es gibt eine große Auswahl an Unterkünften, sodass für jeden Geldbeutel etwas dabei ist. Die meisten Hotels sind relativ alt und preislich in der oberen Mittelklasse angesiedelt. Weitere Übernachtungsmöglichkeiten s. **eXTra [4243]**.

Untere Preisklasse

Ari Homestay, ℘ 0817-970 7339. An der lauten Hauptstraße gibt es in entspannter Atmosphäre günstige, saubere, einfache Zimmer mit Warmwasser-Du/WC. An der Wand können Gäste sich nach Lust und Laune verewigen. Neben wertvollen Tipps vom australischen Besitzer und seiner balinesischen Frau gibt es morgens gutes Frühstück. WLAN. **❷–❸**

Ida's Homestay, ℘ 0363-41096, ✉ jsidas1@aol.com. Wer das Traveller-Bali von einst sucht, wird im märchenhaften Palmengarten fündig: Seit 1974 führt der Stuttgarter Gastgeber Jörg diese Oase der Ruhe mit einfachem Charme, entspannter Atmosphäre und 6 individuell eingerichteten, traditionellen Hütten mit Open-Air-Du/WC und großer Veranda. Obwohl einfach ausgestattet, gehört oft ein Schmuckstück aus Teakholz aus der eigenen Restaurationswerkstatt zur Einrichtung. Auch ein sehr preiswertes Einzelzimmer ohne Strom und mit Außentoilette. Frühstück und WLAN inkl. Reservierung empfehlenswert. **❷–❸**

€ **Temple Café & Seaside Cottages,** ℘ 0363-41629, 🖥 www.balibeachfront-cottages.com. Im hübschen Steingarten liegen 15 ordentliche, angenehm dekorierte Bungalows, teils mit harten Schaumstoffmatratzen und neuer AC, die schönsten aus Naturstein am Wasser für bis zu 3 Pers. mit AC, Wasserkocher und Open-Air-Bad/WC. Die Besitzerin Shirley spricht Deutsch. Poolbenutzung im benachbarten Watergarden und WLAN im Restaurant inkl. **❷–❹**

Mittlere Preisklasse

Ashyana Candidasa Resort (Bilik Bali), ℘ 0363-41539, 🖥 www.ashyanacandidasa.com. Die gepflegte Anlage mit Pool bietet 12 kleine, leicht überteuerte Bungalows mit komfortablen Betten, großem LCD-TV, AC, Minibar und Warmwasser-Bad/WC, teils auch mit schöner eingelassener Steinbadewanne. Im Hotelrestaurant Le Zat werden Kochkurse angeboten und Di und Sa ab 20 Uhr Legong-Tänze aufgeführt. WLAN und Frühstück inkl. **❺–❻**

Le48, ℘ 0363-41177, 🖥 www.le48bali.com. In dem stylischen Hotel mit gemütlichen Sitzen am Pool liegen 6 modern und minimalistisch, aber nett eingerichtete Bungalows mit großen Fensterfronten sowie eine Villa mit AC, kleinem TV, Minibar, Safe, Terrasse sowie Open-Air- und Innen-Du/WC. Von der schicken Bar kann man die Sicht auf die Lagune genießen. Gutes, teures Restaurant. Frühstück und WLAN inkl. **❺–❻**

Puri Pandan Bungalows & Rest., ℘ 0363-41541, ✉ tituspandan@gmail.com. Hier überzeugt das freundliche Personal. Man wohnt in 10 hübschen, kleinen Bungalows mit teils durchgelegenen Matratzen, ruhiger Veranda und Warmwasser-Du/WC, die teureren mit AC. Das Restaurant am Meer bietet abends einen tollen Blick auf den Sonnenuntergang. WLAN und Frühstück inkl. **❹**

Rama Shinta Hotel, ℘ 0363-41778, 🖥 www.ramashintahotel.com. Charmante, kleine Anlage im balinesischen Stil mit Pool in einem tropischen Garten. Die 13 geräumigen Zimmer mit guten Matratzen und Du/WC, teils mit Blick auf den großen Lotusteich, schönem halboffenem Bad sowie AC, sind schlicht gehalten, sauber und komfortabel. Freundliche deutsche Besitzer und guter Service. WLAN und Frühstück inkl. **❹**

Sekar Orchid Beach Bungalows, ℘ 0363-41086, 🖥 www.sekarorchid.com. Die von einer sehr freundlichen Familie betriebene, empfehlenswerte Anlage in einem gepflegten Garten mit Mango-Bäumen gibt es schon seit Ende der 1980er-Jahre. Sie bietet 6 einfache, geräumige und helle Bungalows mit weichen Matratzen, Safe, Terrasse und Du/WC. Frühstück und WLAN inkl. **❹**

The Natia, ℘ 0363-42006, 🖥 www.thenatia.com. Kleine, einladende Anlage mit 12 geräumigen, sauberen Zimmern, die mit großem, bequemem Himmelbett, AC, TV, Kühlschrank und Bad/WC komfortabel eingerichtet sind. Der hübsche Pool liegt am Meer. Sehr freundlicher Service und gutes Preis-Leistungs-Verhältnis. Restaurant. Frühstück und WLAN inkl. **❹–❺**

Obere Preisklasse

Alam Asmara Dive Resort, ℘ 0363-41929, 🖥 www.alamasmara.com. Viel Wasser plätschert durch die schöne Anlage mit

OST-BALI Übersichtskarte S. 299

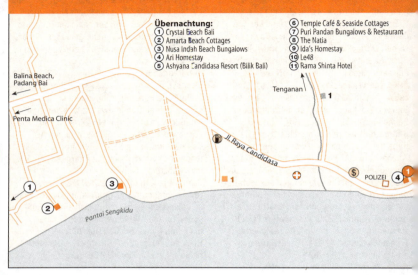

schattigem Pool und 12 luxuriösen, von Fischteichen umgebenen Bungalows mit Himmelbett, AC, TV, Safe und stilvollem Open-Air-Bad/WC. Deutschsprachige Tauchschule, gutes Spa (s. u.) und Restaurant direkt am Strand. Frühstück und WLAN inkl. ⑥–⑦

Puri Bagus Candidasa, ℡ 0363-41131, 🖥 www.candidasa.puribagus.net. Die am Strand gelegene, weitläufige Anlage mit mehreren Pools hat 48 saubere, komfortable Bungalows mit guten, harten Matratzen, LCD-TV, Wasserkocher und hellen, halboffenen, mit Naturstein ausgestalteten Bädern. Hilfreiches, freundliches Personal. Spa, deutschsprachiges Tauchzentrum und Kinderspielplatz. Hohe Preisnachlässe zur Nebensaison. Reichhaltiges Frühstück (bei vielen Gästen Buffet) und WLAN inkl. ⑦

Villarossa Candidasa, ℡ 0363-42062, 🖥 villarossa.org. Um den sonnigen Pool im gepflegten Garten mit Hängesessel und Schaukel reihen sich 20 helle, geräumige und moderne Zimmer, die hier und da individuell eingerichtet und mit Terrasse, AC, TV, Safe, Wasserkocher, Kühlschrank und teils Open-Air-Du/WC und Badewanne ausgestattet sind. Gemeinschaftsraum mit großer Couch und Billardtisch. Gutes Preis-Leistungs-Verhältnis. WLAN und Frühstück inkl. ⑥–⑦

Villa Sasoon, ℡ 0363-41511, 🖥 www.villasasoon.com. In der schön gestalteten Anlage befinden sich 4 luxuriöse Villenkomplexe mit jeweils 2 Schlafzimmern. Man betritt zunächst die Küche und den geräumigen, offenen Wohnbereich mit Esstisch, gemütlichem Sofa, riesigem TV mit DVD-Player und eleganter Holzeinrichtung. Über den Privatgarten mit Pool geht es zu jeweils 2 Villen, in denen sich Schlafzimmer und Open-Air-Bad/WC befinden. Etwas schwerfälliger Service. DVD-Verleih, WLAN und Frühstück inkl. ⑧

Pantai Sengkidu

Amarta Beach Cottages, ℡ 0363-41230, 🖥 www.amartabeachcottages.com. Im ruhigen Palmengarten mit Pool am Meer

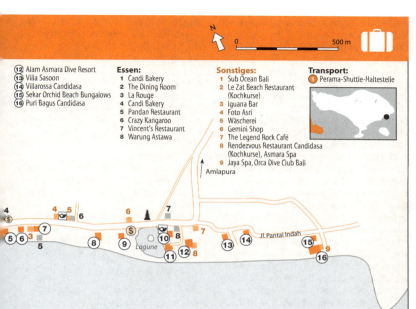

- ⑫ Alam Asmara Dive Resort
- ⑬ Villa Sasoon
- ⑭ Villarossa Candidasa
- ⑮ Sekar Orchid Beach Bungalows
- ⑯ Puri Bagus Candidasa

Essen:
1. Candi Bakery
2. The Dining Room
3. La Rouge
4. Candi Bakery
5. Pandan Restaurant
6. Crazy Kangaroo
7. Vincent's Restaurant
8. Warung Astawa

Sonstiges:
1. Sub Ocean Bali
2. Le Zat Beach Restaurant (Kochkurse)
3. Iguana Bar
4. Foto Asri
5. Wäscherei
6. Gemini Shop
7. The Legend Rock Café
8. Rendezvous Restaurant Candidasa (Kochkurse), Asmara Spa
9. Jaya Spa, Orca Dive Club Bali

Transport:
① Perama-Shuttle-Haltestelle

liegen 16 geräumige, einfache Bungalows mit Himmelbett, Schaumstoffmatratze und Du/WC. Zudem 6 neuere, komfortable Zimmer im hinteren Bereich mit großen, bequemen Betten, AC und Du/WC mit Tropendusche. Beliebtes Restaurant am Meer. Korallenriff vor der Tür, Schnorchelverleih. Frühstück und Internet inkl. ❸–❺

Crystal Beach Bali, ☎ 0363-42087, 0813-396203277, 🖥 crystalbeachbali.com. Die direkt an der felsigen Küste gelegene, überschaubare Anlage mit Pool bietet 2-stöckige Apartments mit LCD-TV, Küchenzeile und großer Du/WC zu einem guten Preis-Leistungs-Verhältnis. Bei 3 Nächten ist der Flughafentransfer inkl. Frühstück, WLAN und 6x tgl. Shuttleservice in den Ortskern inkl. ❸–❹

Nusa Indah Beach Bungalows, ☎ 0363-41062, 🖥 www.nusaindah.de. Kleine, von einem Kölner Ehepaar geführte Anlage mit Pool und schönen Bungalows. 6 Zimmer mit AC und großem Warmwasser-Bad/WC aus Marmor. Das Massage-*Bale* liegt im grünen Garten.

Sehr nettes Personal. Frühstück, WLAN und Leihfahrräder inkl. ❻–❼

Pantai Balina
S. Karte S. 299

Lumbung Damuh, gegenüber vom Royal Bali Beach Club, ☎ 0363-41553, 🖥 www.damuhbali.com. Weitab aller Touristenströme entführen die freundlichen Gastgeber Tania und Lempot in ihr kleines Paradies. Zwischen Palmen stehen 5 etwas enge, einfach, aber liebevoll eingerichtete *Lumbung* mit Blick auf das Meer mit Moskitonetz, Kühlschrank und Du/WC, die teureren mit Bad/WC und Open-Air-Du. Unter den Häusern befinden sich gemütliche Liegen und Kissen zum Ausspannen. Abends selbst gebackene Pizza für 80 000 Rp. Frühstück mit frischem Brot inkl. ❸–❹

ESSEN

€ **Candi Bakery**, ☎ 0363-41883. Das kleine, etwas unscheinbare deutsche Restaurant serviert hinter den Rüschengardinen reichhaltige Portionen Bratwurst, Bauernfrühstück, Wiener Schnitzel, Gulasch oder Leberkäse zu sehr günstigen Preisen. Zudem gibt es leckeres Brot und Frühstückssets nach heimischem Geschmack. Hauptgerichte ab 30 000 Rp. Eine größere Niederlassung liegt an der Straße nach Tenganan ca. 300 m nördlich der Abzweigung. ⏲ 9–21 Uhr.

Crazy Kangaroo, ☎ 0363-41996, 🖳 www.crazy-kangaroo.com. Schickes Restaurant mit einsehbarer Küche und bunter Speisekarte. Von einheimischen Favoriten über Seafood bis zu Steaks und Pasta ist alles zu haben. Sehr gute Livemusik, zu der sogar das ein oder andere Tanzbein geschwungen wird. Bar und Billardtisch. Abholservice. ⏲ 10–23 Uhr.

La Rouge, ☎ 0363-41991, 🖳 www.larougebali.com. Auf kitschigen roten Plüschsesseln und an rot gedeckten Tischen oder schön unter freiem Himmel im Garten weiter hinten kann man die in der offenen Küche oder im Tandoori-Ofen zubereiteten indischen Gerichte genießen. Die Portionen stillen auch großen Hunger. Vegetarisches ab 50 000 Rp, mit Fleisch ab 90 000 Rp, zudem internationale Gerichte und Cocktails. WLAN von 10–18 Uhr. ⏲ 10.30–24 Uhr.

Pandan Rest., ☎ 0363-41541. Günstiger als in anderen Strandrestaurants speist man hier direkt am Meer. Breite Auswahl an Meeresfrüchten, frischem Fisch und indonesischen Gerichten. Hauptgerichte ab 40 000 Rp. ⏲ 8–22 Uhr.

The Dining Room, ☎ 0363-42174. Hübsches Restaurant mit mediterraner Küche und Bar unter einem hohen runden Bambusdach. Hummus, Tajine, knusprige Steinofenpizzen und Salate stehen auf der Karte. Hauptgerichte ab 50 000 Rp. WLAN. ⏲ 8–22 Uhr.

Vincent's Rest., ☎ 0363-41368, 🖳 www.vincentsbali.com. Während gepflegter Jazz erklingt, werden die exquisiten balinesischen und internationalen Gerichte in angenehmer Atmosphäre serviert. Große Auswahl an Weinen und vegetarischen Gerichten, aber auch leckeres Seafood, herzhafte Sandwiches, Salate und überzeugende Steaks sowie Weißbier. Das feine, aber dennoch einladende Ambiente wird durch den professionellen, äußerst freundlichen Service abgerundet. Haupt-

gerichte ab 45 000 Rp. Jeden 1. und 3. Do des Monats Live-Jazz, in der Hochsaison jede Woche. WLAN. ⏲ 10.30–24 Uhr.

Warung Astawa, ☎ 0363-41363. Beliebter, günstiger und leckerer Warung mit großer Auswahl an 3-Gänge-Menüs für 65 000 Rp. Viel frischer Fisch und Seafood. Die Sate-Spieße können selbst am Tisch gegrillt werden. Abends Abholservice. ⏲ 7–22 Uhr.

UNTERHALTUNG

Crazy Kangaroo, s. o.

Iguana Bar, ☎ 0363-41973. Beliebte Bar mit regelmäßigen Tanzabenden mit Livemusik. Große Auswahl an Cocktails und ein gutes Restaurant. ⏲ 8–23 Uhr.

The Legend Rock Café. Große Auswahl an Getränken, aber auch gutes Essen. Hauptgerichte und Cocktails ab 25 000 Rp. Happy Hour von 17–20 Uhr. WLAN. ⏲ 9–23 Uhr.

EINKAUFEN

Foto Asri. Souvenirladen mit Kopier- und Fotoservice. ⏲ Mo–Sa 8–21 Uhr.

Gemini Shop. Laden mit einer guten Auswahl an Souvenirs, Kleidung, Toilettenartikeln und Snacks. Außerdem eine kleine Apotheke. ⏲ 8–21 Uhr.

AKTIVITÄTEN

Kochkurse

Le Zat Beach Rest., im Ashyana Candidasa Resort, ☎ 0363-41539, 🖳 www.ashyanacandidasa.com. Das Restaurant am Meer veranstaltet für 500 000 Rp p. P. bei mindestens 2 Pers. indonesische Kochkurse mit 5 Gerichten.

Rendezvous Rest. Candidasa, im Alam Asmara Dive Resort, ☎ 0363-41929, 🖳 www.alamasmara.com. Die Kochkurse für 450 000 Rp p. P. bei mindestens 2 Pers. beginnen auf Wunsch mit einem Besuch auf dem Markt in Amlapura (300 000 Rp extra) und enden mit einem Festschmaus mit 7 Gerichten.

Tauchen und Schnorcheln

Fast jedes Hotel verleiht Schnorchelausrüstungen ab 25 000 Rp/Tag und organisiert Ausflüge mit Fischerbooten ab 150 000 Rp. Ein Ausflug zur USS Liberty vor Tulamben kostet 270 000 Rp p. P.

Viele größere Hotels haben ein PADI-Tauch-
center und bieten Tauchtrips an. Empfehlenswert sind:

Orca Dive Club Bali, im Puri Bagus Candidasa,
✆ 0363-41217, 💻 www.orca-diveclub-bali.com.
Unter deutscher Leitung bietet das Zentrum
Touren um Bali und bis nach Flores mit erfahrenen Tauchlehrern an. 2 Tauchgänge kosten ab
810 000 Rp, zum Manta Point vor Nusa Lembongan 1,5 Mio. Rp. Der Open-Water-Kurs ist für
340 € zu haben. ⏰ 8–18 Uhr.

Sub Ocean Bali, neben dem Hotel Rama Candidasa, ✆ 0363-41411, 💻 www.suboceanbali.com.
Gut ausgestattete holländische Tauchschule mit
deutschsprachigen Tauchlehrern. 2 Tauchgänge
kosten 60–85 € und der Open-Water-Kurs 375 €.
Auch Nachttauchen. ⏰ 8–19 Uhr.

Wellness

Asmara Spa, im Alam Asmara Dive Resort,
✆ 0363-41929, 💻 www.alamasmara.com.
Klassische Behandlungen ab 100 000 Rp
pro Std., u. a. Fuß- und Kokosnussölmassagen.
⏰ 9–21 Uhr.

Jaya Spa, im Puri Bagus Candidasa, ✆ 0363-
41131. Das Spa verwöhnt seine Gäste mit
etwas überteuerten Massagen und Schönheits-
behandlungen. Tirta Gangga After-Sun-Pflege
für 575 000 Rp. Andere Massagen ab 360 000 Rp
pro Std. ⏰ 11–21 Uhr.

SONSTIGES

Geld

Eine Reihe von Geldautomaten finden sich
entlang der Hauptstraße.

Internet

An der Jl. Raya Candi Dasa **Internetcafés** mit
langsamen Verbindungen für 350 Rp pro Min.

Medizinische Hilfe

Penta Medica Clinic, Jl. Raya Manggis 88,
✆ 0363-41909, 💻 www.pentamedica.com.
Kleine, 2011 eröffnete Privatklinik mit Notfall-
ambulanz.

Motorradverleih

Mopeds werden für 60 000 Rp pro Tag
vermietet.

Post

Eine kleine Post befindet sich vor der Lagune
hinter dem Le48.

TRANSPORT

Große **Busse** nach PADANG BAI halten an der
Gabelung. Von hier nimmt man ein Bemo oder
Motorradtaxi (Ojek) in den Ort oder läuft ca. 2 km.
Perama Busse, 💻 www.peramatour.com,
halten kurz hinter der Polizei. Nach PADANG
BAI (Umstieg in andere Touristenorte) um 8.30,
12.30 und 16 Uhr für 25 000 Rp. Ab 2 Pers. nach
TULAMBEN via TIRTAGANGGA und AMED um
9.30 und 14 Uhr für 125 000 Rp.
Ojek (Motorradtaxis) fahren auch Kurzstrecken,
z. B. nach TENGANAN und zum PASIR PUTIH.
Alternativ bis PRASI mit orangefarbenen
Angkot (Minibussen) Richtung Amlapura für
5000–10 000 Rp.

Tenganan

Bali Aga („Original-Balinesen") nennen sich die
Bewohner des 3,4 km landeinwärts von Candi
Dasa gelegenen Dorfes. Sie führen ihre aristokratische Herkunft auf die Zeit der Pejeng- bzw.
Bedulu-Könige im 10.–14. Jh. zurück und geben
sogar Indra, den Götterkönig, als Stammesvater
an. Neben den Einwohnern von Trunyan (am

> ### Wie die Bali Aga zu ihren Ländereien kamen
>
> Eine Legende besagt, dass im 14. Jh. der König
> sein Lieblingspferd suchte. Männer aus Ten-
> ganan entdeckten das bereits verstorbene
> Pferd. Als Belohnung versprach der König,
> dass alles Land, in dem der Verwesungsge-
> ruch wahrzunehmen sei, ihnen gehören solle.
> Mit einem Vertrauten des Herrschers ritten
> sie kreuz und quer durch das Land, ohne den
> Geruch loszuwerden. Der Herrscher verzwei-
> felte, doch die Männer erfreuten sich am neu
> erlangten, nicht ganz legal erworbenen Grund-
> besitz, denn einer der Dorfältesten hatte ein gro-
> ßes Stück des verwesten Fleisches unter sei-
> nem Sattel versteckt.

OST-BALI Übersichtskarte S. 299

www.stefan-loose.de/bali

Traditionen der Bali Aga

Der Hinduismus ist bei den *Bali Aga* nur in Ansätzen zu erkennen. Entgegen dessen Regeln werden in Dorftempeln mysteriöse Steine verehrt, es gibt kein Kastensystem, keine der üblichen Zahnfeilungszeremonien, und die Toten werden begraben. Das Dorf wird einerseits patriarchalisch, andererseits aber auch „kommunistisch" verwaltet. Es gibt keinen privaten Landbesitz und jeder Einwohner ist abhängig von Familienstand, Geschlecht, Alter usw. Mitglied einer der Dorforganisationen.

Der Name des Dorfes ist Tenganan Pegringsingan, wobei sich das letzte Wort auf die einzigartigen Doppel-*Ikat*-Stoffe *(Geringsing)* bezieht, die nur hier hergestellt werden. Vor dem Weben werden die Fäden mit dem Extrakt aus Wurzeln, Rinden, Blättern oder Früchten aufwändig gefärbt. Die in jahrelanger Kleinarbeit gefertigten Stücke sind mit einigen Millionen Rupiah pro Stück entsprechend kostbar. Sie werden bei wichtigen Zeremonien getragen und sollen magischen Schutz vor Krankheiten und Dämonen bieten.

Tenganan gilt als wohlhabend. Das Dorf besitzt ausgedehnte Ländereien von etwa 100 ha. Die Reisfelder werden von hinduistischen Balinesen bestellt, wofür ihnen ein Teil der Ernte überlassen wird. So bleibt den *Bali Aga* viel Zeit für ihre komplexen religiösen Riten.

Bei Zeremonien werden meist in der Versammlungshalle *Bale Agung*, dem wichtigsten Gebäude im Dorf, Tänze aufgeführt, die sich von den sonst in Bali üblichen Tänzen unterscheiden, z. B. der *Abuang-Tanz*, bei dem Gruppen unverheirateter Jungen und Mädchen auftreten. Ein heiliges *Gamelan Selunding*, dessen Klangkörper aus Eisen und nicht aus Bronze angefertigt sind, liefert die musikalische Begleitung. Erwähnenswert sind die jährlich anlässlich der *Usaba-Sembah*-Zeremonie stattfindenden rituellen, oft blutig endenden Zweikämpfe junger Männer, die mit dornenbesetzten *Pandanus*-Blättern aufeinander einschlagen.

Natürlich haben die *Bali Aga* von Tenganan ein völlig anderes Kalendersystem als das übrige Bali. Im *Calendar of Events* erfährt man, wann hier ein Fest stattfindet. Seltsamerweise sind Touristen trotz Isolation und Konservatismus willkommen.

Batur-See) zählen sie zu den konservativsten *Bali Aga*. Seit Jahrhunderten leben sie isoliert vom übrigen Bali, sind von Majapahit-Einflüssen nur geringfügig berührt worden und ihren Traditionen treu geblieben.

Das Dorf besteht aus zwei parallelen Wegen, an deren äußeren Seiten sich jeweils eine Häuserzeile befindet. Dadurch ist die Siedlung wie eine Festung nach außen abgeschottet. Nur durch vier Tore kommt man gegen eine Spende hinein. Die simplen Steinhäuser sind in einer geraden Reihe terrassenförmig erbaut. In vielen Souvenirläden können *Lontar* (Palmblattmanuskripte) und extrem aufwändige Doppel-*Ikat* zu Liebhaberpreisen erstanden werden. Auch können Interessierte dem steinalten I Wayan Muditadnyana beim Schreiben der *Lontar* nach alten Vorlagen und beim Spielen des *Gamelan* zusehen. Daneben bekommt man allerhand Souvenirs angeboten, die wenig mit den *Bali Aga* und ihren Traditionen zu tun haben: Batik

aus Java, bemalte Eier aus Ubud und einfachen *Ikat* aus Fabriken in Amlapura. Das bunteste im Dorf sind knallig pink, gelb oder orange gefärbte Hähne, die auf wichtige Hahnenkämpfe vorbereitet werden.

Bei einem Besuch des Dorfes fällt auf, dass die sonst üblichen Kinderscharen fehlen. Die niedrige Geburtenrate ist das größte Problem von Tenganan: Das Tabusystem der *Bali Aga* verbietet eine Heirat außerhalb des Dorfes. Wer gegen das Gebot verstößt, wird verbannt und siedelt sich in einem der Nachbardörfer an. Die Kinderlosigkeit vieler Frauen ist das schwerwiegendste Symptom einer allmählichen Degenerierung. Im Laufe des 20. Jhs. ist die Bevölkerung um mehr als die Hälfte auf etwa 300 Bewohner geschrumpft. Aber wie könnte ein erzkonservativer *Bali Aga* die Traditionen brechen? Die übrigen Balinesen, die stolz auf ihre Anpassungsfähigkeit sind, haben für die *Bali Aga* meist nur ein mitleidiges Lächeln übrig. Nur an der magischen Kraft des *Gamelan Selunding* und des *Kamben Geringsing* besteht inselweit kein Zweifel.

In der Nähe von Tenganan befinden sich zwei weitere *Bali-Aga*-Dörfer, Asak und Bungaya, die aber längst nicht mehr so traditionell sind. **Asak** besitzt ein antikes Gamelan-Orchester mit hölzernen Klangkörpern. **Bungaya**, wie Tenganan von Mauern umgeben, wird von Steinmetzen und Korbflechtern bewohnt.

Amlapura (Karangasem)

Die Bezirkshauptstadt mit ihrem verwirrenden Einbahnstraßensystem ist nicht nur wegen ihrer Paläste aus dem 19. Jh. von Interesse. Auffallend ist ein verhältnismäßig großer Anteil an Moslems, ein Relikt jener Zeit, als die Könige von Karangasem auch über Lombok herrschten.

Amlapura ist zudem unter dem alten Namen Karangasem bekannt. Nach dem katastrophalen Vulkanausbruch des Gunung Agung 1963 wurde die Stadt umbenannt, um böse Geister zu vertreiben, die sie unter den Lavamassen hätten begraben können.

Von den drei Palästen ist der **Puri Agung Kanginan**, Jl. Teuku Umar, am besten erhalten. Er wurde Ende des 19. Jhs. von Holländern als Zeichen der Zusammenarbeit mit den balinesischen Herrschern erbaut. Deshalb sind in der Architektur neben balinesischen auch europäische und chinesische Einflüsse deutlich sicht-

Gebug-Kampfspiele

Die im Bezirk Karangasem zu sehenden *Gebug*-Kampfspiele sind offensichtlich von den Sasak aus Lombok entlehnt, wo sie *Peresean* genannt werden. Zur Begleitung des kleinen *Gamelan Rereyongan* kämpfen zwei Männer aus zwei rivalisierenden, 40 Mann starken Teams gegeneinander. Gekämpft wird mit 1,15 m langen, elastischen Rotanstöcken (*Gebug*), die wie Peitschen aussehen. Mit kurzen Lederschilden können gegnerische Schläge abgewehrt werden. Eine Jury verteilt Punkte entsprechend den erzielten Treffern.

Das Königreich von Karangasem

Nachdem im 17. Jh. der Dewa Agung von Klungkung seinen politischen Einfluss verloren hatte, gewann Karangasem an Bedeutung. Es entwickelte sich zum einflussreichsten Reich der Insel und dehnte seine Herrschaft sogar über Lombok aus. Durch Kooperation mit den Holländern rettete der *Raja* Thron und Titel und behielt einen Teil seiner Rechte und seines Landbesitzes.

bar. Bewohnt wurde er von Anak Agung Gede Jelantik, den die Holländer als ersten Statthalter einsetzten. Die hinteren Gebäude werden noch heute bewohnt, und ein Teil der Anlage kann besichtigt werden.

Auf der Insel in der Mitte des Lotusteiches steht der **Bale Kambang**, wo die königliche Familie bei festlichen Anlässen zu speisen pflegte. Im **Pemandesan** fanden die Zahnfeilungszeremonien statt und im **Bale London**, benannt nach den englischen Möbeln, wohnte die große Familie des *Raja*. Der letzte *Raja*, Anak Agung Anglurah Ketut, soll allein 35 Frauen gehabt haben. Mit den Bediensteten lebten rund 150 Personen im Puri Agung. Auf der Veranda des Bale London hängen Fotos des letzten *Raja* und einiger seiner Frauen. ⏰ Mo–Sa 8–18 Uhr, Eintritt 5000 Rp.

Der zentrale **Markt** lohnt frühmorgens einen Besuch, wenn die schmalen Gänge voller Kundschaft sind und sich im chaotischen Getümmel tolle Fotomotive bieten.

In der Umgebung der Stadt liegen die beiden Wasserpaläste von Karangasem. Einer der Adligen, Anglurah Ketut, war von Wasserschlössern so begeistert, dass er nach eigenen Entwürfen 1921 die Anlage bei **Ujung** an der Küste (S. 335) und 1947 den Wasserpalast von **Tirtagangga** (S. 335) errichten ließ.

ÜBERNACHTUNG UND ESSEN

Hotel Ganitri Oka, Jl. Jendral Sudirman 30X, ✆ 0363-22354. In dem großen, älteren Hotel sind Touristen rar. 22 einfache, saubere Zimmer mit Du/WC, TV und teils AC. Einfaches Frühstück inkl. ❶–❷

OST-BALI Übersichtskarte S. 299

www.stefan-loose.de/bali

AMLAPURA (KARANGASEM) **333**

Amlapura (Karangasem)

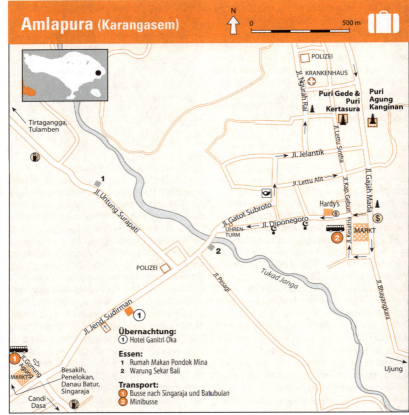

An den Hauptstraßen Jl. Jendral Sudirman und Jl. Diponegoro gibt es zahlreiche Garküchen, die günstige indonesische Kost anbieten.
Rumah Makan Pondok Mina, Jl. Untung Surapati, 0363-23154, 0812-397 6834. Das bei einheimischen Beamten beliebte, einfache Restaurant serviert sehr gute, authentische Fischgerichte. ⏱ 7–20.30 Uhr.
Warung Sekar Bali, an der Brücke über den Tukad Janga. Einfaches, aber beliebtes einheimisches Restaurant mit leckerer *Mee Goreng*.

EINKAUFEN

Hardy's, Jl. Diponegoro. In dem Einkaufszentrum gibt es alles von Schreibwaren und Kleidung bis zu Lebensmitteln und Hygieneartikeln. ⏱ 6–22.30 Uhr.

SONSTIGES

Geld
Geldautomaten finden sich vor Hardy's.

Medizinische Hilfe
An der Jl. Ngurah Rai liegt das öffentliche **Krankenhaus** des Distrikts Karangasem, 0363-21470.

Post

Eine Post befindet sich in der Jl. Teuku Umar.
☉ Mo–Do 8–14, Fr 8–11, Sa 8–12.30 Uhr.

TRANSPORT

Busse

Busse fahren hauptsächlich vormittags vom
Busbahnhof im Westen der Stadt nach
SINGARAJA und weiter nach GILIMANUK,
4x tgl. ab 9 Uhr, und nach BATUBULAN bei
Denpasar via KLUNGKUNG und GIANYAR oft
von 3.30–12 Uhr in 4 Std. für 20 000 Rp.

Minibusse

Innerhalb der Stadt kosten **Angkot** 3000 Rp
pro Strecke.
Von der Station hinter dem Markt fahren sie
in die nähere Umgebung. Morgens sind die
Wartezeiten kürzer. Nachmittags kann manch-
mal nur mit einem teuer gecharterten Minibus
das Ziel erreicht werden. Zudem werden von
Touristen höhere Preise als die hier gelisteten
verlangt.
CANDI DASA für 5000 Rp (orangefarbene
Angkot).
CULIK (bei AMED) für 10 000 Rp (rote Angkot).
PADANG BAI für 8000 Rp (orangefarbene
Angkot).
SELAT und RENDANG für 10 000 Rp
(grüne Angkot).
SIDEMEN für 15 000 Rp (grüne Angkot).
TIRTAGANGGA für 5000 Rp (rote Angkot).
UJUNG für 5000 Rp (blaue oder weiße Angkot).

Umgebung von Amlapura

Ujung

2 km südlich von Amlapura liegt der **Wasserpalast von Ujung,** der 1919 zur Krönung des letz-
tes Königs von Karangasem Anak Agung Anglurah erbaut, 1921 eröffnet und bei der Eruption
des Gunung Agung 1963 sowie dem großen Erdbeben von 1979 größtenteils zerstört wurde. Der
Palast wurde mit Geldern der Weltbank wieder
aufgebaut und ist seit 2005 wieder für Touristen
zugänglich. Die weitläufige Anlage ist sehenswert, auch weil sie bisher vom Touristenrummel
verschont geblieben ist. Im Tempel **Pura Mani-**
kan beteten die Mitglieder der königlichen Familie. Der **Balai Gili** in der Mitte des großen
Teichs war der Rückzugsort der königlichen Familie und beherbergt heute eine kleine, interessante Fotoausstellung über die letzten Könige
von Karangasem sowie einige alte Möbelstü-
cke. Unweit des Palastes befindet sich **Kolam
Air Mancur**, ein kleiner mit Moos bewachsener
Brunnen, der mit sechs Engelstatuen und Vasen
verziert ist. In der Mitte steht eine Statue,
die einen Krug mit sprudelndem Wasser hält,
ein Symbol für sprudelnden Reichtum. Eintritt
20 000 Rp, Parken 2000 Rp. ☉ 7–19 Uhr.

Jasri

Vom Wasserpalast in Ujung kommend folgt man
der Straße um die Palastanlage herum in Richtung Nordwesten und biegt nach 1 km links für
2,5 km auf eine gut ausgebaute Straße, die zurück an die Hauptstraße zwischen Tirtagangga und Candi Dasa führt. Von der Abzweigung
leicht südlich sind es 600 m auf einer kleinen
Straße bis zum Strand.

Zurück auf der Hauptstraße erreicht man
nach weiteren 600 m in Richtung Westen, 100 m
hinter der Pertamina Tankstelle, die Abzweigung zur **The Chocolate Factory** (Kasten S. 336).
Von Candi Dasa aus kommend sind es 8 km bis
hierher. Ein großes, rotes, nur von Candi Dasa
aus sichtbares Plakat weist auf die kalten und
günstigen Biere der Villa Matanai hin, das der
Schokoladenfabrik ist leicht zu übersehen. Auf
der kleinen unbefestigten Straße geht es noch
550 m Richtung Meer und weitere 250 m nach
Westen zur Factory.

Tirtagangga

Tirtagangga liegt herrlich in den Hügeln am Fuße
des Gunung Agung. Die Hauptstraße schlängelt
sich durch grüne, schön angelegte Reisterrassen. Der Ort ist mit seinem relativ angenehmen
Klima und einigen netten Unterkünften mit wunderschönen Aussichten sowie Restaurants ein
idealer Ausgangspunkt für Wanderungen und
Ausflüge.

Der **Wasserpalast Taman Tirtagangga** (*Tirta* =
gesegnetes Wasser, *Gangga* = der heilige Fluss
Ganges) des letzten *Raja* von Karangasem wurde erst 1946 erbaut und hat glücklicherweise

Charlie und die Schokoladenfabrik

Der US-amerikanische Aussteiger Charlie (wie sollte er auch anders heißen), Gründer der erfolgreichen Seifenmanufaktur Bali Soaps, baute 2009 zwischen Kokospalmen seine kleine, aber feine Schokoladenfabrik **The Chocolate Factory**, ✆ 0813-3701 2121, 💻 www.balichocolate.com, die 14 Frauen aus der Umgebung einen Arbeitsplatz bietet. Am Ozean stehen vier außergewöhnlich gestaltete Bungalows, in denen neben leckeren Schokoladenprodukten auch Seifen (unter dem Namen „Island Mystik"), Körperlotion und Body Oil aus natürlichen Inhaltsstoffen hergestellt werden. Auf Anfrage können Besucher in einem Bungalow, der wie eine Hütte aus Schlumpfhausen aussieht, die Zutaten der Schokoladen, wie echte Vanille, Palmzucker und Kakaobohnen aus Sidemen begutachten, und die Köstlichkeiten probieren. Die dunkle Schokolade weist einen Kakaogehalt von bis zu 85 % auf, eine ganze Menge für verweichlichte Milka-Esser, aber genau richtig für echte Schokoladenconnaisseure. Für kleine Besucher und alle Junggebliebenen gibt es eine riesige Schaukel, die mit Meerblick und ordentlich Tempo richtig Spaß macht. Die leckeren Schokoladenkreationen sowie die Seifen werden vor Ort verkauft.

nicht so stark unter den Erdbeben gelitten wie die Anlage in Ujung. In einem schönen Garten wurden mehrere Wasserbecken angelegt, teils zum Schwimmen, teils als Lotusteiche, von heiligen Quellen gespeist, die am Fuße des Gunung Agung oberhalb des ehemaligen Palastes hervortreten. Im Zentrum der Anlage steht ein hoher, pagodenartiger Brunnen. Seltsame Fabelwesen säumen als Steinstatuen die mit heiligem Wasser gefüllten Becken. Es heißt, wer darin badet, bleibt ewig jung – also Schwimmsachen nicht vergessen. Umkleidekabinen sind vorhanden. ⏱ 7–19 Uhr, Eintritt 10 000 Rp, Parken 1000 Rp, Schwimmen 10 000 Rp extra.

Am Eingang zum Wasserpalast gibt es einige Warung und Souvenirgeschäfte. Wer seinen Hunger stillen will, kann vor dem Eingang beim

Tirta Gangga Bar & Restaurant, ✆ 0813-381 0668, balinesische Gerichte, Pizza oder Pasta bestellen. Hauptgerichte ab 50 000 Rp. ⏱ 9–17 Uhr.

Budakeling

Von Ababi oder Bebandem gelangt man über eine schmale, asphaltierte Seitenstraße zu der westlich von Tirtagangga gelegenen buddhistischen Gemeinde. Äußerlich unterscheidet sich der Ort kaum von anderen balinesischen Dörfern, auch die Tempelzeremonien laufen nach bekanntem Muster ab. Die buddhistischen Priester von Budakeling entstammen der Brahmanen-Kaste. Für sie besteht kein großer Unterschied zwischen dem Buddhismus und Hindu Dharma.

In dieser Gegend betreiben auffällig viele **Gold- und Silberschmiede** ihr Handwerk. Sie genießen ein hohes Ansehen, denn der Volksglaube sieht etwas Magisches in den Metallen und denen, die sie bearbeiten und damit beherrschen. Die Kaste der Schmiede *(Pande)* genießt daher auch eine höhere gesellschaftliche Stellung als die *Sudra*, die Kaste mit dem größten Bevölkerungsanteil.

ÜBERNACHTUNG

Rund um Ujung

Aashaya Jasri Resort, Jl. Pantai Jasri, ✆ 0363-21054, 💻 aashayajasri.com. Versteckt in einem tropischen Garten liegen das gemütliche Café und ein kleiner Pool sowie die 5 geräumigen, sauberen Zimmer mit gutem Himmelbett und Du/WC, teils auch mit Open-Air-Du/WC, AC und tollem Meerblick. Reservierung empfehlenswert. Abendessen auf Vorbestellung, Frühstück und WLAN inkl. ❹–❻

Kangkung Cottages, ✆ 0819-3647 3219. Über einem Fischteich steht diese kleine, ältere und recht schmucklose Anlage mit 8 einfachen, geräumigen Zimmern mit Bastwänden, AC, Moskitonetz und Open-Air-Du/WC. Sind die Wellen am Strand zu hoch, kann man im Pool planschen. Frühstück inkl. ❸

Seraya Shores, Seraya Barat, kurz vor dem Dorf Seraya, ✆ 0813-3841 6572, 💻 www.seraya shores.com. In einem hübschen Garten stehen die traditionellen, liebevoll eingerichteten

Bungalows und 2-stöckige Villen mit Open-Air-Du/WC, aber ohne AC oder TV. Zudem ein Überlaufpool an der einsamen, steinigen Küste. Ruhig und entspannend. Frühstück inkl., sonst stark überteuertes Essen. **❺ – ❼**

Tirtagangga und Abadi

Cabé Bali Bungalows, Desa Temega, 1,3 km südlich von Tirtagangga, 600 m abseits der Hauptstraße, nur von Süden kommend ausgeschildert, ✆ 0363-22045, 🖳 www.cabebali.com. Eingerahmt von Reis-, Kartoffel- und Chilifeldern bietet die freundliche deutsche Gastgeberin dieser Oase mit Garten und Pool 4 geräumige, saubere Bungalows mit hübschen Holzmöbeln, Safe, Veranda und Du/WC mit Warmwasser aus Solarenergie. Tee, Kaffee und Kuchen am Nachmittag, geführte Spaziergänge und wenn nötig auch die Abholung aus Tirtagangga sind inkl., Frühstück kostet extra. Abends lockt das eigene Restaurant mit fantastischen 4-Gänge-Menüs. WLAN. **❻**

€ **Homestay Rijasa**, gegenüber dem Parkplatz vom Wasserpalast, ✆ 0363-21873. Die Unterkunft mit 9 einfachen, sauberen und günstigen Zimmern mit weichen Schaumstoffmatratzen und Bad/WC, teils mit Warmwasser, liegt in einem schönen Garten. Frühstück und WLAN inkl. **❷**

Padoba Mimpi, in Abadi, ✆ 0813-3873 9950, ✉ madesudira@hotmail.com. Sauberer, geräumiger und heller Bungalow mit *Ikat*-Dekoration, einladender Terrasse, vielen Fenstern und großem Du/WC. Frühstück inkl. **❸**

€ **Pondok Lembah Dukuh Bungalow**, 800 m westlich der Abzweigung nach Abadi, ✆ 0813-3829 5142. Im liebevoll gestalteten Garten liegen 5 hübsche, schlichte Zimmer, teils mit Warmwasser und großem Open-Air-Bad/WC. Die sehr freundlichen Gastgeber geben gerne Tipps und zaubern abends für wenig Geld einfache, aber leckere indonesische Gerichte. Ein ca. 300 m langer, steiler und steiniger Trampelpfad führt direkt zum Wasserpalast. Frühstück inkl. **❷ – ❸**

Puri Sawah Bungalows, kurz hinter der Kurve nördlich des Wasserpalastes, ✆ 0363-21847. Die älteren und kühlen, teils mit Warmwasser-Du/WC eingerichteten Bungalows haben eine wunderbare Aussicht über die Reisterrassen. Zudem ein 2-stöckiger Bungalow, der 4 Pers. Platz bietet. Frühstück und WLAN inkl. **❸**

Tirta Ayu Hotel, in Tirtagangga auf dem Palastgelände, ✆ 0363-22503, 🖳 www.hotel tirtagangga.com. Hinter einem schönen Lotusteich wird das Hotel mit gepflegtem Garten, Pool und Spa vom Sohn des letzten *Raja* geführt. Die 5 Villen mit hohen Decken bieten AC, Himmelbett, Sitzecke und ein königliches Bad oder Du/WC, teils auch TV. Freundliches, hilfsbereites Personal. Teures Restaurant. WLAN und Frühstück inkl. **❼ – ❽**

AKTIVITÄTEN

Fahrradtouren

Bungbung Adventure Biking, im Homestay Rijasa, ✆ 0363-21873, 🖳 sites.google.com/site/ bungbungbikeadventure. Hier können 2 halbtägige Fahrradtouren gebucht werden. Die erste Tour kostet für 4 Pers. 250 000 Rp und führt durch die Dörfer der Umgebung und zu einer Grundschule. Die zweite Tour für 300 000 Rp startet am Hang des Gunung Agung, führt über Waldwege an Tempeln vorbei und durch Dörfer hinab ins grüne Tal und durch das ausgetrocknete Flussbett zurück nach Tirtagangga.

Wellness

Der betagte Pak Made Putu Tungtang, ein **traditioneller balinesischer Masseur**, weiß zwar nicht genau, wie alt er ist, hat sein Handwerk aber gelernt und sich in Jahrzehnten einen Namen gemacht. Seine Massagen schaffen Abhilfe bei Muskelkater, Magenbeschwerden oder anderen Problemen. 30 Min. kosten 50 000 Rp. Ein Besuch sollte von der Unterkunft arrangiert werden.

Gunung Seraya

Die breite, flache Vulkanruine des **Gunung Seraya** (1175 m) nimmt den Ostzipfel von Bali ein. Sein stark zerschnittener Mantel zeigt, dass der Vulkan schon lange nicht mehr aktiv war. Die Kraterränder sind eingebrochen; nur hier und da ragen einzelne Bergkuppen auf, deren fast kreisförmige Anordnung die Ausdehnung des al-

www.stefan-loose.de/bali

ten Kraters erkennen lässt. Die Besteigung lässt sich in einem guten Halbtagesausflug bewältigen. Bereits während des Aufstiegs eröffnen sich umwerfende Rundumsichten auf Ost-Bali.

Wie alle Berge der Insel ist auch der Gunung Seraya mit einem bedeutenden Heiligtum bestückt. 8 km von Tista entfernt, an seiner nordwestlichen Flanke, befindet sich der **Pura Luhur Lempuyang**, einer der sechs heiligsten Tempel der Insel *(Sad Kahyangan)*, mit wunderschöner Aussicht. Der javanische Hindu-Priester Empu Kuturan soll den Tempel im 11. Jh. als einen der vier Richtungstempel (für Osten) erbaut haben. Die anderen drei Richtungstempel sind Pura Luhur Batukaru (Westen), Pura Puncak Mangu oberhalb des Bratan-Sees (Norden) und Pura Andakasa westlich von Padang Bai (Süden). Der Komplex besteht aus sieben Tempeln, die in einem Umkreis von ca. 4 km verteilt liegen und teils schwer zu erreichen sind.

Die Anfahrt verläuft über Abang ins Dorf **Ngis**. Der Beschilderung folgend, geht es links auf einer steilen, kurvigen Straße zum Parkplatz. Hier steht der beeindruckende, blütenweiße Tempel **Pura Penataran Agung**, dessen Eingang auf den Gunung Agung ausgerichtet ist. Zum Tempel **Telaga Sawang** führt ein Weg mit vielen Treppen durch den Wald. Um den Lempuyang Luhur auf dem Gipfel zu besichtigen, bedarf es guter Kondition, denn vom Parkplatz sind es noch einmal ca. 5 km. ⊙ 8–19 Uhr, Eintritt 10 000 Rp, Tempelschal und Sarong können geliehen werden.

Abang und Culik

Nördlich von Tirtagangga windet sich die Straße Richtung Singaraja über eine kleine Passhöhe. Die Ausbrüche des Gunung Agung haben die Umgebung von **Abang** mit überreicher Fruchtbarkeit gesegnet. Die saftigen Reisterrassen, die sich beiderseits des Passes die Hänge hinaufziehen, gehören zu den schönsten Landschaften der Insel.

Im krassen Gegensatz dazu steht die Gegend nördlich von **Culik**. Abgesehen von *Lontar*-Palmen gedeiht wenig in diesem halbwüstenartigen Landstrich. Gewaltige, erstarrte Lavaströme ziehen sich von der kahlen Ostflanke des Gunung Agung bis zur steinigen Küste.

Die Fahrt entlang der Küste nach Amed

Eine interessante Tour führt an der Ostküste entlang um den Gunung Seraya herum. Vom Wasserpalast in Ujung geht es über die Orte Seraya, Selang, Leyan, Bunutan und Jemeluk bis nach Amed. Die Strecke ist nicht immer befahrbar: Die Straßen können in der Regenzeit von November bis April, wenn sich die Wassermassen einen Weg aus dem Gebirge Richtung Meer bahnen, überflutet sein.

Die schmale Küstenstraße windet sich durch die trockenste und ärmste Region Balis. Hier liegen Dörfer, deren Bewohner hauptsächlich vom Fischfang und der Viehzucht leben, teilweise wird auch Wein angebaut. Die Straße ist an vielen Stellen unübersichtlich, steil und kurvig und sollte daher mit äußerster Vorsicht befahren werden.

Die Landschaft ist sehr abwechslungsreich: Während sie zu Beginn rund um Seraya noch fruchtbar ist und grüne Bambuswälder hervorbringt, wird sie Richtung Norden zusehends trockener. Hier gedeihen kaum noch Bäume. Die Aussichten, die sich entlang der Küstenstraße bieten, sind atemberaubend: Auf der einen Seite liegen steil abfallende Felswände und darunter das tiefblaue Meer, auf dem besonders morgens eine Armada kleiner, bunter Fischerboote *(Jukung)* den Fang ans Ufer bringen. Auf der anderen Seite erheben sich die steilen Hänge des zerklüfteten Gunung Seraya. Hier weiden Kühe und Ziegen, die die wenigen grünen Stängel abknabbern. In den Tälern tauchen immer wieder kleine Dörfer auf.

Einige Kilometer östlich von Seraya ist es möglich, bei der Frauenkooperative **Natural Dyers' & Weavers' Cooperative of Seraya Traditional Textile Artisan** *(Kelompok Karya Sari Warna Alam)*, ✆ 0828-368 8122, ▭ www.karyasariwarna alam.baliklik.com, großes Hinweisschild an der Straße, beim Weben von Schals aus Baumwolle und Seide zuzuschauen und den Färbeprozess mit Naturfarben zu verfolgen. Im Verkaufsraum werden die Stücke ab 250 000 Rp verkauft.

Auf halber Strecke nach Amed, etwa 5 km weiter nach Nordosten, ragt unübersehbar die weiße Metallkonstruktion eines 45 m hohen **Leuchtturms** empor. Nach Absprache mit den

Anwohnern können Interessierte gegen eine Spende (15 000 Rp) hinaufklettern und die imposante Aussicht genießen.

Nach etwa 1 1/2 Stunden Fahrt erreicht man die ersten Hotels der Region um Amed.

Amed und Umgebung

Die kargen, in kleinen Buchten entlang der Nordostküste von Bali gelegenen Fischerdörfer **Amed**, **Jemeluk**, **Leyan** und **Selang** haben in den letzten Jahren einen beachtlichen Zuwachs an Touristen erlebt. Besucher kommen größtenteils wegen der Ruhe und Abgeschiedenheit, dem noch recht authentischen Dorfleben oder zum Tauchen und Schnorcheln hierher. Besonders attraktiv sind die Reviere um das Korallenriff bei Jemeluk, 2 km östlich von Amed, bei Bunutan, wo interessante Drifttauchgänge möglich sind, sowie das japanische Schiffswrack bei Selang.

Immer mehr Unterkünfte sind in den letzten Jahren auf dem 9 km langen Küstenabschnitt entstanden. Im Osten liegen ursprüngliche Dörfer und die luxuriösesten Hotels, die mit ihren blühenden grünen Gärten einen absurden Kontrast zu der spärlichen Vegetation der Umgebung bilden. Entlang der Küste wechseln sich, nur von Felsklippen unterbrochen, schwarze und weiße Sandstrände mit Steinstränden ab. An einigen liegen die bunten Boote der Fischer, die *Jukung*, aufgereiht dicht nebeneinander. Frühmorgens kann man sie auch in Aktion beobachten, wenn die Fischer mit ihrem Fang an die Strände zurückkehren. Zwischen den Hotels wird am Strand noch immer auf traditionelle Weise Meersalz gewonnen (Kasten S. 302) und über allem thront der majestätische Gunung Agung.

In Amed geht es in der Nebensaison relativ ruhig und entspannt zu. Waren des täglichen Bedarfs sind oft teurer als in anderen Inselteilen, da alles auf langen Wegen in die Region transportiert werden muss. Auch öffentliche Verkehrsmittel sind äußerst selten, und es gibt keine Straßenbeleuchtung.

ÜBERNACHTUNG

Praktisch alle Unterkünfte liegen an der schmalen Küstenstraße und betreiben ein eigenes Tauchzentrum oder können Tauchtrips organisieren. Während die günstigen Unterkünfte sich um Jemeluk konzentrieren, steigt das Preisniveau Richtung Osten.
Weitere Übernachtungsmöglichkeiten s. **eXTra [4254]**.

Untere Preisklasse

Bamboo Bali Bungalows, Jemeluk, ☎ 0363-23478, 🖥 www.bamboobali.nl. Egal wie voll es in Amed auch sein mag, hier gibt es immer einen Schlafplatz – und wenn es nur eine Möglichkeit zum Ausrollen des Schlafsacks ist. Die 11 älteren, einfachen, sauberen Bungalows mit Hängematten auf der Veranda haben schön verzierte Holztüren, AC, Himmelbetten und Warmwasser-Open-Air-Du/WC. Gutes Preis-Leistungs-Verhältnis und sehr freundlicher Besitzer. Frühstück und WLAN inkl. ❷–❸

Beten Waru Bungalows & Rest., Bunutan, ☎ 0817-971 0558, 🖥 www.betenwaru.com. Die 4 geräumigen Zimmer mit AC und Himmelbett liegen am steilen Hang südlich der Straße und bieten schönen Meerblick und ein gutes Preis-Leistungs-Verhältnis sowie einen netten Pool mit Sonnenliegen. Das Personal spricht kaum Englisch. Direkt nebenan gibt es ähnliche Zimmer. Frühstück und WLAN inkl. ❸–❹

€ **C'est bon Home Stay**, Bunutan, ☎ 0852-3826 8778. In dem 3-stöckigen Haus mit Meerblick und Restaurant werden 4 saubere, einfache Zimmer mit gefliestem Boden, Himmelbett und großer Du/WC vermietet. Auch in der Hochsaison sehr gutes Preis-Leistungs-Verhältnis. Freundliche Leute. ❷

Ganeshamed, Jemeluk, ☎ 0859-3516 2475, 🖥 www.ganeshamed.com. Schöne, überschaubare Anlage direkt am Meer mit einem hübschen kleinen Pool und 2 Doppelstockbungalows mit 4 großen, sauberen, oben luftigen Zimmern mit AC, großem Du/WC und Veranda mit Meerblick, zudem 2 kleinere, günstigere Zimmer ohne AC. Vorne ein Buchladen. Frühstück und WLAN inkl. ❸–❹

🧳 **Geria Giri Shanti Bungalow**, Jemeluk, ☎ 0819-1665 4874, 🖥 www.geriagiri shanti.com. Die 5 in einem schönen üppiggrünen Garten am Hang gelegenen, einfachen und gemütlichen Bungalows haben

Amed

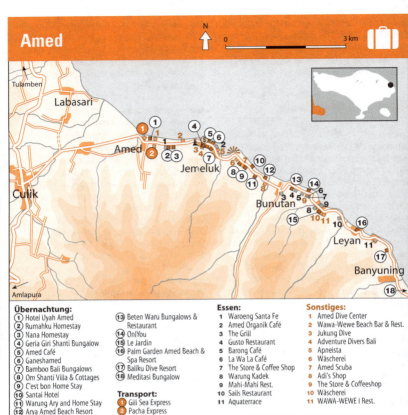

Übernachtung:
1. Hotel Uyah Amed
2. Rumahku Homestay
3. Nana Homestay
4. Geria Giri Shanti Bungalow
5. Amed Café
6. Ganeshamed
7. Bamboo Bali Bungalows
8. Om Shanti Villa & Cottages
9. C'est bon Home Stay
10. Santai Hotel
11. Warung Ary and Home Stay
12. Arya Amed Beach Resort
13. Beten Waru Bungalows & Restaurant
14. OnlYou
15. Le Jardin
16. Palm Garden Amed Beach & Spa Resort
17. Baliku Dive Resort
18. Meditasi Bungalow

Transport:
1. Gili Sea Express
2. Pacha Express

Essen:
1. Waroeng Santa Fe
2. Amed Organik Café
3. The Grill
4. Gusto Restaurant
5. Barong Café
6. La Wa La Café
7. The Store & Coffee Shop
8. Warung Kadek
9. Mahi-Mahi Rest.
10. Sails Restaurant
11. Aquaterrace

Sonstiges:
1. Amed Dive Center
2. Wawa-Wewe Beach Bar & Rest.
3. Jukung Dive
4. Adventure Divers Bali
5. Apneista
6. Wäscherei
7. Amed Scuba
8. Adi's Shop
9. The Store & Coffeeshop
10. Wäscherei
11. WAWA-WEWE I Rest.

Himmelbetten und Open-Air-Bad/WC mit Warmwasser. Die sehr freundliche und hilfsbereite belgische Besitzerin Liselotte ist das Herz der erfolgreichen, kommunikativen Anlage und steht gerne mit Rat und Tat zur Seite. Angeschlossenes Tauchzentrum Adventure Divers Bali (S. 343). Reservierung empfehlenswert. Frühstück, Kaffee, Tee und WLAN inkl. ❸–❹

Le Jardin, Bunutan, ✆ 0363-23507, ✉ limamarie@yahoo.fr. In einem kleinen Garten mit vielen Bäumchen liegen 4 hübsche, rustikale 2-stöckige Bungalows mit schönem Open-Air-Du/WC. Hier lässt es sich herrlich entspannen. Die französische Besitzerin Marie organisiert Yoga, Meditation und Massagen. Reservierung empfehlenswert. Frühstück und WLAN inkl. ❸–❹

Meditasi Bungalows, im ursprünglichen Fischerdorf Aas, ca. 4 km südlich von Bunutan, ✆ 0828-372 2738, 🖥 www.meditasibungalows.blogspot.com.au. Der exzentrisch-lustige „Smiling Buddha" vermietet in abgelegener Lage 8 einfache Bungalows mit Open-Air-Du/WC aus Naturmaterialien. Die auf einen ökologischen Lebensstil ausgelegte Anlage ist ein Refugium für Ruhesuchende und Kreative, u. a. auch für Elizabeth Gilbert, die Autorin von *Eat Fray Love*. Damit die himmlische Ruhe nicht zerstört wird, wird sogar das Gras in meditativer

Kleinarbeit von Hand geschnitten. Es gibt eine Meditationshöhle, tgl. Yogasitzungen für 100 000 Rp und jeden So sowie an Voll- und Neumondtagen ab 19.30 Uhr Joged-Tänze und Livemusik. Restaurant mit gutem Bio-Essen, sehr freundliche Leute und interessante Gäste. Kein WLAN. ❸–❹

Nana Homestay, Jemeluk, ✆ 0877-6266 4277, ▭ www.balinanahomestay.com. In der kleinen Anlage mit Pool liegen die 5 sauberen, hellen Zimmer mit kleinem Warmwasser-Du/WC. Die teureren haben auch AC und Balkon. Sehr freundliches Personal. Frühstück und WLAN inkl. ❷–❸

€ **Rumahku Homestay**, Jemeluk, ✆ 0819-3300 4147. In dem liebevoll angelegten Garten mit kleinem Fischteich werden 2 saubere Zimmer mit Moskitonetz und schönem Open-Air-Du/WC vermietet. Familiäre Atmosphäre und freundliches, hilfsbereites Personal. Leckeres Essen im Warung an der Straße. Frühstück und WLAN inkl. ❷–❸

Warung Ary & Home Stay, Bunutan, ✆ 0819-3653 3871, ✉ warung_ary@yahoo.com. Neue Anlage am Hang mit 5 sauberen Zimmern mit AC, Himmelbett, etwas Möblierung und Warmwasser-Du/WC. Gutes Preis-Leistungs-Verhältnis. Restaurant. Frühstück und WLAN inkl. ❸

Mittlere Preisklasse

Amed Café, Jemeluk, ✆ 0363-23473, ▭ www.amedcafe.com. Für nahezu jeden Geldbeutel findet sich in dem tropischen Garten mit Pool ein Bungalow oder *Lumbung* mit Du/WC, teils auch Warmwasser, AC, Minibar, Moskitonetz und Terrasse. Die AC-Zimmer sind überteuert. Frühstück und WLAN im Restaurant inkl. ❸–❻

Arya Amed Beach Resort, Bunutan, ✆ 0363-23513, ▭ www.aryaamed.com. Die gepflegte Gartenanlage mit großem Pool am Meer beheimatet 21 saubere Zimmer mit schönem Himmelbett, AC, LCD-TV und Bad/WC, teils auch DVD-Player, Kühlschrank und Safe. Angeschlossenes Spa und Restaurant. Frühstück und WLAN inkl. ❹–❺

🏠 **Hotel Uyah Amed**, Jemeluk, ✆ 0363-23462, ▭ www.hoteluyah.com. Die ökologische Anlage am Meer befindet sich

unter deutscher Leitung und bietet 27 ältere, aber gemütliche Bungalows mit Himmelbett, Bad oder Du/WC und teils auch AC. Das Hotel bezieht Strom aus Sonnenenergie, und das angeschlossene Amed Dive Center (s. u.) forstet gemeinsam mit den Gästen Korallenriffe auf. Im Garten findet man neben einem kleinen Pool eine traditionelle Salzgewinnungsanlage. Es werden auch Touren ins Umland organisiert. Frühstück und WLAN im Restaurant inkl. ❹–❺

Om Shanti Villa & Cottages, Jemeluk, ✆ 0813-3712 7305, ▭ www.omshantibali.com. Am Hang gelegene Anlage mit 3 Villen und Cottages. Die größte Villa liegt ganz oben und überzeugt mit AC, großer Open-Air-Du und einer riesigen Veranda mit Meerblick. Freundliches Personal und gutes Preis-Leistungs-Verhältnis. Frühstück und WLAN inkl. ❹–❺

Obere Preisklasse

Baliku Dive Resort, Selang, ✆ 0828-372 2601, ▭ www.balikudiveresort.com. Die exklusiven Villen gegenüber dem japanischen Schiffswrack mit Blick auf die Bucht und den Gunung Nampu sind stilvoll und komfortabel mit Himmelbett, AC, Minibar, Wasserkocher, LCD-TV mit DVD-Player, kleiner Küche, Veranda mit Sitzecke und hübschem Bad/WC mit Eckbadewanne eingerichtet. Der marineblaue Pool lädt zum Entspannen ein. Gutes Restaurant mit teils ausgefallenen, hochpreisigen westlichen Gerichten. Frühstück und WLAN inkl. ❼

🧳 **OnlYou**, Bunutan, ✆ 0363-23569, ▭ www.onlyou-bali.com. Die hübschen 2-stöckigen Villen im traditionellen und doch außergewöhnlichen Design mit Meerblick sind teils luxuriös mit Privatpool, kompletter Küche, TV, DVD-Player und großer Badewanne unter freiem Himmel ausgestattet. Die unteren Zimmer punkten mit sehr schönen Holzschnitzarbeiten und Wohnzimmer. Tolle Schnorchelmöglichkeit direkt vor der Tür. Sehr steile Zufahrt. Frühstück und WLAN inkl. ❺–❽

Palm Garden Amed Beach & Spa Resort Bali, Leyan, ✆ 0828-9769 1850, ▭ www.palmgardenamed.com. Das Resort unter Schweizer Leitung liegt in einem grünen Palmengarten mit Pool direkt am Strand und bietet neben schönen

Bungalows mit AC, Minibar, Open-Air-Bad/WC mit Mosaikverzierungen, Warmwasser nd Terrasse auch 2 geräumige Villen mit Privatpools. Spa. Frühstück und WLAN inkl. ❻–❽

Santai Hotel, Bunutan, ☏ 0363-23487, 🖥 www.santaibali.com. In einem gepflegten Garten stehen die ansehnlichen, sehr geräumigen, 2-stöckigen *Lumbung* mit bequemem Himmelbett, Bambusinterieur, Safe und halboffener Open-Air-Du sowie ähnlich charmante Zimmer. Die alteingesessene Anlage ist zwar eng bebaut, aber sehr ruhig. Di und Fr traditionelle Tänze ab 19.30 Uhr. Frühstück und WLAN inkl. ❻–❼

ESSEN

Amed Organik Café, Jemeluk, ☏ 0813-3830 1158, 🖥 apneista.com/amed-organik-café. Offenes, gemütliches Bio-Café, in dem man auf Sitzkissen auf das Meer blickt und aus einer kleinen, aber feinen Auswahl von köstlichen Snacks und Salaten wählen kann – leckere Burritos! Auch Frühstück und Hatha-Yoga bei Patricia tgl. ab 18.30 Uhr für 100 000 Rp p. P. Auffüllen von Wasserflaschen für 3000 Rp. ⏲ 8.30–18.30 Uhr.

Aquaterrace, Leyan, ☏ 0813-3791 1096, 🖥 bbamed.exblog.jp/8243075. In abgelegener, luftiger Lage werden in der offenen Küche des kleinen, von einem japanisch-balinesischen Pärchen geführten Restaurants überraschend leckere japanische und einheimische Speisen zu guten Preisen gezaubert. Auch leckere Saftkreationen, Salate und Pasta. Hauptgerichte ab 35 000 Rp. Spa nebenan. WLAN und Shuttleservice inkl.

Barong Café, Leyan, ☏ 0363-22053. Populäres Restaurant, das Suppen, Pasta-Gerichte, Pizza und Gegrilltes in belebter Atmosphäre serviert. Gerichte ab 30 000 Rp. ⏲ 7.30–21.30 Uhr.

Gusto Rest., Bunutan, ☏ 0813-3898 1394. Der freundliche ungarische Koch überrascht Reisende mit kulinarischem Heimweh mit sehr leckerem, authentischen Gulasch, Wiener Schnitzel oder Hühnchen Kiew sowie exzellenten Nachspeisen. Aufmerksamer Service und schöne Aussicht. Nicht ganz günstige, aber angemessene Preise. ⏲ 15–22 Uhr.

Die traditionellen Jukung-Fischerboote an Ameds Stränden kann man auch für Ausflüge chartern.

La Wa La Cafe, schräg gegenüber vom OnlYou, Bunutan. Kleines, nettes Restaurant mit einheimischen und westlichen Gerichten zu leicht gehobenen Preisen. Das Lak Lak Dessert, ein balinesischer Nachtisch, ist zu empfehlen. WLAN. ⏲ 11–21 Uhr.

Mahi-Mahi Rest., im Coral View Villas, Bunutan, ☏ 0363-23493. Auf der vielseitigen Karte stehen sowohl Pizza und Pasta als auch Seafood und einheimische Spezialitäten. Die preislich gehobene Küche kann mit Meerblick genossen werden. ⏲ 7–23 Uhr.

Sails Rest., Leyan, ☏ 0363-22006, 🖥 www.sailsrestaurantbali.com. Ein Essen hoch über der Bucht von Leyan in dieser mediterranen Oase ist ein außergewöhnliches Erlebnis. Bei zauberhafter Aussicht können exzellente, ohne Glutamat zubereitete Gerichte wie Lamb, Spare Ribs oder Seafood und der Sonnenuntergang genossen werden. Hauptgerichte ab 35 000 Rp, Wasser gratis. Shuttleservice inkl. ⏲ 11–24 Uhr.

The Grill, Bunutan, ☎ 0363-23530. Die Speise-karte des Restaurants unter australischer Leitung bietet Gerichte aus der ganzen Welt. Empfehlenswert sind die zarten Barbecue-Spare Ribs und die großen leckeren Salate, teils auch mit Bio-Gemüse aus eigenem Anbau. Gerichte ab 75 000 Rp. WLAN. Nebenan eine kleine Boutique mit netten, aber überteuerten Klamotten. ⏱ 9–22 Uhr.
The Store & Coffee Shop, schräg gegenüber vom OnlYou, Bunutan, ☎ 0363-23010. Neben dem kleinen Supermarkt werden auch teure Kaffees, Tees, Säfte und Snacks serviert. Die Sandwich-Auswahl überrascht mit aus-gefallenen Kreationen, etwa mit Feta oder Ruccola. Auf der schattigen Veranda sitzt man nett. Gerichte ab 25 000 Rp.
Waroeng Santa Fe, neben Rumahku Homestay, Jemeluk, ☎ 0878-6314 2075. Kleiner Warung mit leckerem gegrillten Yellow Fish und Pancakes. Die Köchin spricht ein paar Brocken Deutsch.
Warung Kadek, Leyan, ☎ 0363-23038. Eines der beliebten Billigrestaurants. Hier gibt es gute indonesische und internationale Speisen zu günstigen Preisen. WLAN. ⏱ 7–22 Uhr.

UNTERHALTUNG

WAWA-WEWE I Rest. und **Wawa-Wewe Beach Bar & Rest.**, Leyan und Jemeluk, ☎ 0363-23522, 🖥 www.bali-wawawewe.com. In den beiden Etablissements wird gute Livemusik gespielt. Im WAWA WEWE I Mi und Sa ab 20 Uhr, in der Beach Bar Mo und Do ab 19.30 Uhr. Dazu nicht besonders leckere internationale und indonesische Speisen ab 33 000 Rp sowie kühle Drinks. ⏱ 7–23 Uhr.

AKTIVITÄTEN

Freediving, Standup Paddle und Yoga
Apneista, Jemeluk, ☎ 0813-3830 1158, 🖥 apneista.com. An das freundliche Amed Organik Café (s. o.) angeschlossen, werden vom Iren Matthew professionelle, aber den-noch entspannte 2-tägige Anfängerkurse für US$200 in der recht jungen Sportart des Apnoe-tauchens angeboten, zudem für US$60 eine 4-stündige Einführung. Auch Fortgeschrittenen-, Meditations- und Hatha-Yoga-Kurse bei Patricia sowie Standup-Paddle-Verleih.

Tauchen und Schnorcheln
Schnorchelausrüstung gibt es überall ab 20 000 Rp zu mieten. Am einfachsten ist die Unterwasserwelt vor dem Amed Café zu erschnorcheln.
Nahezu jedes Hotel unterhält enge Verbin-dungen zu einer der vielen Tauchschulen oder betreibt eine eigene. Die Angebote unter-scheiden sich kaum und umfassen neben Kursen vor allem Ausflüge zu den Schiffs-wracks und Korallengärten.
2 Tauchgänge in die Umgebung inkl. Transport und der benötigten Ausrüstung kosten 35–65 €, weiter entfernte Ziele bis 130 €, ein Schnupper-kurs 50–90 € und der 3-tägige Open-Water-Kurs 250–300 €. Mehrtägige Tauchsafaris finden sich auch fast überall im Angebot.

🌳 Folgende Tauchschulen bieten nicht nur gut gewartetes Equipment und fachkundige Betreuung, sondern gestalten ihre Tauchgänge auch so ökologisch verträg-lich wie möglich und vermitteln Informationen über das Ökosystem und dessen Bedrohungen: **Adventure Divers Bali**, Jemeluk, ☎ 0819-1665 4874, 🖥 www.adventurediversbali.com. Das dem Geria Giri Shanti Bungalows ange-schlossene Tauchzentrum punktet mit freund-lichem Service. Unter den Fittichen der Bel-gierin Liselotte fühlen sich auch Anfänger schnell wohl.
Amed Scuba, ☎ 0819-9912 3847, 🖥 www. amedscuba-diving-bali.com. Die herzliche Berlinerin Christine leitet dieses kleinere Tauchzentrum. Die Preise sind minimal höher als in vielen anderen, dafür ist die Betreuung umso persönlicher und die Gruppen kleiner. Umsichtige deutschsprachige Divemaster. Auch interessante Tauchsafaris, die durch normales Sightseeing ergänzt werden, sodass auch passionierte Taucher in den Genuss von Balis Kultur kommen.
Eco-Dive Bali, Jemeluk, ☎ 0363-23482, 🖥 www.ecodivebali.com. Vor über 15 Jahren begründete John Huxley die erste Tauchschule in Amed. Der Service ist sehr zuvorkommend und die Divemaster kennen die Riffe in und auswendig. Von jedem Kurs und Tauchgang wird eine kleine Summe für lokale Projekte gespendet. Konstant hohe Qualität.

OST-BALI · Übersichtskarte S. 299

Jukung Dive, Jemeluk, ☎ 0363-23469, 🖥 www.jukungdivebali.com. Als Teilnehmer des von PADI initiierten Go ECO werden bei Tauchgängen mit dem großen, professionellen Tauchzentrum die Riffe vor Amed von Müll gesäubert und Tauchsafaris organisiert. Die ersten Tauchversuche können im eigenen Pool absolviert werden. Holländisches Management.

TOUREN

Amed eignet sich ideal für **geführte Wanderungen** in die Umgebung, die gute Gelegenheiten bieten, die Lebensweisen in dieser kargen Landschaft kennenzulernen. So kann man z. B. den Einheimischen bei der Palmweinproduktion oder der Meersalzgewinnung über die Schulter schauen oder den Pura Lempuyang auf dem Gunung Seraya besichtigen (S. 337). Guides können von fast allen Unterkünften organisiert werden.

Lohnenswert sind **Fahrten mit Jukung**, traditionellen Fischerbooten, die mit gespannten Segeln eine erstaunliche Geschwindigkeit erreichen können. Die Fischer sind in Kooperativen organisiert und fahren zu Festpreisen. Eine 2-stündige Fahrt kostet 150 000 Rp für 2 Pers. und kann mit einem Schnorchelausflug in die Korallenriffe oder zum Wrack kombiniert werden. Idealerweise endet die Tour mit Grillen am Strand oder beginnt zum Sonnenaufgang.

SONSTIGES

Einkaufen
Vor dem Amed Café, im Tuch Shop, ADI Shop, The Store gegenüber dem OnlYou und gegenüber vom Pazzo Bali gibt es kleine **Supermärkte**, in denen von Chips bis Zahnbürsten alles angeboten wird. ◷ meist bis 20.30 Uhr.
Im **Ganeshamed** in Jemeluk kann man im kleinen **Buchladen** nach interessanten Büchern stöbern und kleine, teils handgefertigte Schmuckstücke kaufen.

Fahrrad- und Motorradverleih
Viele Unterkünfte vermieten Fahrräder für 25 000 Rp und Mopeds für 60 000 Rp pro Tag.

Geld
Zur Zeit der Recherche gab es 2 nagelneue ATMs, die noch nicht in Betrieb waren, es aber sicherlich jetzt sind.

Post
Taucher und gute Schwimmer können ihre Postkarten unter Wasser abschicken! Der wahrscheinlich schwerste Briefkasten der Welt, die 3,5 t **Submarine Post** im balinesischen Design in 5 m Tiefe 20 m vor der Küste von Jemeluk macht es möglich! Die passenden wasserfesten Karten gibt es in vielen Tauchzentren.

TRANSPORT

Nach Amed kommt man am besten **mit dem eigenen Fahrzeug**.
Wer **öffentliche Verkehrsmittel** nutzen will, sollte früh aufstehen.
Achtung: Aus Amlapura oder Singaraja kommende Busse halten in CULIK. Von dort ist der Umstieg kompliziert: Mit Glück erwischt man ein Angkot (hier ein Kleinlaster mit offener Ladefläche oder ein blau-weiß gestreifter Minibus), das entlang der Küstenstraße am Gunung Seraya vorbei bis AMLAPURA (25 000 Rp) fährt. Normalerweise sollte es bis nach Amed etwa 5000 Rp kosten, viele Fahrer verlangen von Touristen jedoch deutlich mehr. Besser mit der gebuchten Unterkunft oder Tauchschule eine Abholung vereinbaren, denn mehr als 3 km mit Gepäck durch die Mittagshitze zu laufen ist wahrlich kein Vergnügen.
Viele Unterkünfte organisieren auch Transporte zu den gängigen Touristenorten auf Bali.
Nach TULAMBEN gelangt man für 5000 Rp mit dem Bus in Richtung Singaraja. Bis SINGARAJA 50 000 Rp.

Bei mindestens 2 Pers. bieten Reisebüros den Transport mit Minibussen an:
CANDI DASA und PADANG BAI um 7 und 11 Uhr für 125 000 Rp.
KUTA und FLUGHAFEN für 225 000 Rp.
LOVINA für 225 000 Rp.
MUNDUK für 250 000 Rp.
PEMUTERAN für 250 000 Rp.

OST-BALI Übersichtskarte S. 299

344 AMED UND UMGEBUNG

SANUR für 200 000 Rp.
SIDEMEN für 150 000 Rp.
TIRTAGANGGA für 100 000 Rp.
UBUD für 200 000 Rp.

Boote

Amed hat sich zu einer beliebten Alternative zu Padang Bai für den Transfer mit Schnellbooten auf die GILIS gemausert. Alle Anbieter fahren mindestens 1x tgl. um 9 Uhr ab. Die Fahrzeit ist mit knapp 1 Std. kürzer und die Preise mit 200 000–400 000 Rp p. P. zumeist günstiger.
Gili Sea Express, ✆ 0853-3925 3944, 🖥 www.gili-sea-express.com. Zurück ab Gili Trawangan um 10.30 Uhr. In der Hauptsaison zudem um 13.15 Uhr, zurück um 15 Uhr.
Kuda Hitam Express, ✆ 0363-23482, 0817-471 4503. Angefahren werden alle 3 Inseln sowie Bangsal auf Lombok. Zurück ab Gili Trawangan um 10.15 Uhr, Gili Meno, Gili Air und Bangsal jeweils 15 Min. später.
Pacha Express, ✆ 0363-23460, 🖂 info@pacha-express.com. Mit den Booten mit 64 Plätzen geht es ab Gili Trawangan um 9.45 Uhr, Gili Meno, Gili Air und Bangsal jeweils 15 Min. später zurück nach Amed. In der Hochsaison auch um 16 Uhr ab Amed, zurück um 16.45 Uhr.

Tulamben

Das verschlafene Örtchen Tulamben etwa 10 km nördlich von Amed erfreut sich bei (deutschen) Tauchern steigender Beliebtheit, und so haben sich Unterkünfte und Tauchschulen auf den Besucherstrom eingerichtet. Wer in den hoteleigenen Tauchschulen taucht, kann mit Rabatten auf die Zimmerpreise rechnen oder umgekehrt als Hotelgast günstiger tauchen. Ansonsten ist der Ort unattraktiv: Die Hauptstraße wird anders als in Amed stark von Lkw befahren, die durch den Ort brettern. Es gibt wenig Treffpunkte außerhalb der Hotels, weder Bars noch eine Post, aber zumindest einen Geldautomaten der BNI.

Das Hinterland mit Blick auf den Gunung Agung ist von Kakteen übersät und in der langen Trockenzeit wirklich knochentrocken. Die Strände sind schmal und steinig, weshalb die Gegend für einen Badeurlaub weniger geeignet ist.

Die Riffe sind das Highlight! Außerhalb der Monsunzeit bieten sich in vier Revieren sehr gute Möglichkeiten zum Tauchen oder Schnorcheln. Das bekannteste ist das *USS Liberty Wreck*, ein 1942 vor Lombok torpediertes und 40 m vor der Küste gesunkenes US-Frachtschiff. Ein Tauchgang zum von Korallen überwachsenen und von Fischen bevölkerten Wrack gilt als der leichteste Wracktauchgang der Welt, spektakulär ist er allemal. Zudem gibt es zwei beliebte **Hausriffe** sowie den *Drop-Off* mit großen Meeresfischen. Die Tauchgründe mit schwarzem Sand sind besonders bei Freunden des Makro-Tauchens beliebt, finden sich hier doch farbenfrohe Nacktschnecken und anderes ausgefallenes Meeresgetier in den wohltemperierten Tiefen. Bei den ansässigen Tauchzentren kosten 2 Tauchgänge US$50–60, den Open-Water-Kurs gibt es für US$360.

ÜBERNACHTUNG

Untere Preisklasse

€ **Hotel Toraja**, ✆ 0819-9945 5830, 🖂 rantepao.dal@seznam.cz. Günstige, leider direkt an der lauten Straße gelegene Anlage für Frühaufsteher mit geräumigen, sauberen Zimmern mit Federkernmatratzen, Warmwasser-Du/WC, teils auch AC. Kleines Restaurant. Frühstück inkl. ❸
Puri Madha Beach Bungalows, ✆ 0363-22921. Weitläufige Anlage mit sauberen, älteren Zimmern mit Schreibtisch, TV, Du/WC und teils AC und Warmwasser. Das tiefblaue Meer und das Wrack der *Liberty* liegen direkt vor der Haustür. Frühstück und WLAN inkl. ❷–❹

Mittlere Preisklasse

Dream Divers, ✆ 0817-979 7645. In der eingebunkert wirkenden, kleinen Anlage werden rund um den Garten geräumige, zweckmäßig eingerichtete und saubere Zimmer in Reihenbungalows mit AC, guten Matratzen und Warmwasser-Du/WC vermietet. ❹
Kubu Indah Dive & Spa Resort, Kubu, ca. 3 km nördlich von Tulamben, 600 m Richtung Küste, ✆ 0813-3771 2861, 0813-5335 3468, 🖥 www.kubuindahresort.com. Die abgelegene, 1,1 ha große, palmenbestandene Anlage mit 2 schönen Pools, Spa und Tauchzentrum

wird vermehrt von ruhesuchenden deutsch-sprachigen Gästen gebucht. 15 schöne, helle, mit *Alang-Alang*-Gras gedeckte Bungalows mit AC, Safe und Kühlschrank sowie Meerblick, der bis zum Gunung Agung reicht. Schweizer Inhaber. Hausriff vor der Tür. Gutes Restaurant. Frühstück inkl. ❺–❼

🧳 **Minabali Bunga'lo**, 500 m nördlich des Ortskerns, lila Schild an der Hauptstraße, ✆ 0363-22666, 🖥 www.minabalitulamben.com. Die beschauliche, von einer hohen beigen Wand eingerahmte Anlage ist nicht leicht zu entdecken, belohnt aber mit 5 stilvoll gestalteten, gemütlichen Zimmern mit AC, Himmelbett und Open-Air-Du/WC, einem kleinen Pool sowie einer sehr freundlichen, persönlichen Atmosphäre. Die nette französische Besitzerin kümmert sich um das Wohlergehen ihrer Gäste und ihr lustiger Hund Nina sorgt für die Unterhaltung. Abends gemeinsames Dinner. Frühstück und WLAN inkl. ❺

Obere Preisklasse

🧳 **Alam Batu Beach Resort & Bungalows**, Batu Ringgit, 5 km nördlich von Tulamben, 350 m Richtung Küste, ✆ 0812-385 9966, 🖥 www.alam-batu.com. Versteckt am Ende eines kleinen Pfades befindet sich ein 1,6 ha großer Traum von Ruhe und Entspannung. Die 15 geräumigen, im balinesischen Stil eingerichteten und mit *Alang-Alang*-Gras gedeckten Bungalows liegen in einem liebevoll gestalteten Garten mit Pool und sind mit Open-Air-Du/WC, teils auch AC, ausgestattet. Der steinige Strand punktet mit einem schönen Hausriff. Deutsche Leitung, Pool, Spa, sehr

freundlicher Service. Frühstück und WLAN im Restaurant inkl. ❼–❽

Tauch Terminal Resort & Spa, ✆ 0361-774504, 🖥 www.tauch-terminal.com. Die geräumigen Zimmer sind gepflegt und hübsch mit Liegen auf dem Balkon, Safe, Minibar und AC ausgestattet. Hier kann man sich im gepflegten Garten, in Sitzecken, den zwei Pools direkt am Meer oder im Spa nach dem Tauchen gründlich entspannen. Frühstück und WLAN inkl. ❻–❼ Weitere Übernachtungsmöglichkeiten s. **eXTra [4254]**.

ESSEN

Safety Stop, ✆ 0363-23593, 🖥 www.safety-stop.com. Hier hat der Deutsche Frank ein Restaurant aufgebaut, das neben der üblichen indonesischen und westlichen Küche auch gute Schnitzel (ab 65 000 Rp) serviert und einen Billardtisch hat. Zudem 4 Bungalows für 400 000 Rp. ⏱ 10–22 Uhr.

Wayan Rest. & Bar, schräg gegenüber dem Wreck Divers Resort. Offener Pavillon mit Blick auf die Straße, in dem indonesische Küche, westliche Gerichte und auch Seafood zubereitet werden. Hauptgerichte ab 30 000 Rp. ⏱ 8–21 Uhr.

TRANSPORT

Minibusse fahren zumeist morgens für 20 000 Rp nach SINGARAJA. Nach AMLAPURA kosten sie 15 000 Rp. Ab mittags wird das Fortkommen schwierig.
Perama fährt bei min. 2 Pers. nach PADANG BAI oder CANDI DASA um 7 und 11 Uhr für 125 000 Rp.

Lombok

Stefan Loose Traveltipps

Batugendeng-Halbinsel Die traumhaften Strände und Korallenriffe des Südwestens. S. 353

Kuta Lombok Fantastische Surfreviere in den Buchten des Südens. S. 357

Tetebatu und Umgebung Am Südhang des Gunung Rinjani liegen idyllische Dörfer und Wasserfälle. S. 365

Senggigi Im ältesten Urlaubsresort der Insel kann man prima entspannen und Kunsthandwerk erstehen. S. 375

16 Tauchen vor den Gilis Beim Tauchen und Schnorcheln vor der Küste sind faszinierende Unterwasserwelten zu entdecken. S. 392

17 Gunung Rinjani Der heilige Vulkan von Lombok bietet einen wunderbaren Panoramablick auf den Kratersee. S. 403

LOMBOK

Übernachtung:
BATUGENDENG-HALBINSEL (S. 354)
1. Sulaeiman Homestay
2. Pearl Beach Resort
3. Secret Island Resort, Via Vacare, Madak Beleo
4. Villa Rembulan, Villa Pao Pao & Kura-Kura Villa, Desert Point Lodges
5. Palm Beach Garden, Bola Bola Paradis
6. Krisna Bungalow, Dolphins Lodge
7. Gili Nanggu Cottage & Bungalows

TELUK BELONGAS (S. 354)
8. The Lodge

SELONG BLANAK (S. 362)
9. Sempiak Villas

GERUPUK (S. 363)
10. Surf Camp Lombok

TELUK EKAS (S. 363)
11. Heaven On The Planet

AM FLUGHAFEN (S. 363)
12. Grand Royal BIL

SURANADI (S. 374)
13. Hotel Lanang

TETEBATU (S. 365)
14. Wisma Soedjono, Green Orry Inn, Hakiki Inn, Pondok Bulan

BANGSAL (S. 382)
15. Arnel Restaurant, Taman Sari Homestay
16. Hotel Tugu
17. Rinjani Beach Eco Resort

Transport:
1. Mandalika-Busbahnhof
2. Flughafen Bandara Internasional Lombok

Essen:
1. Ashtari

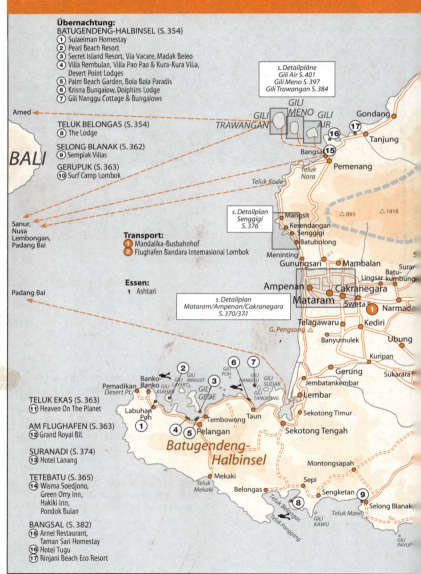

348 LOMBOK www.stefan-loose.de/bali

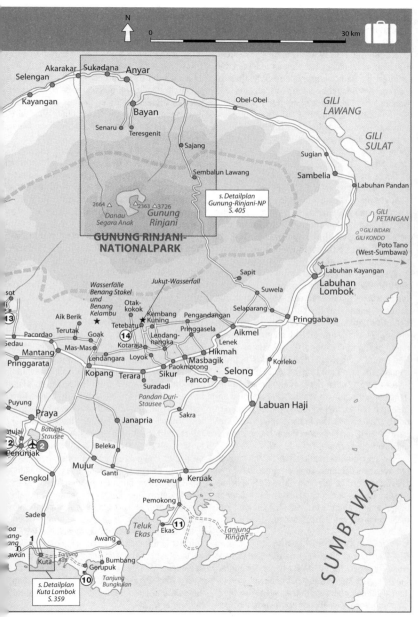

Nicht nur auf Bali gibt es gut entwickelte Touristenzentren, traumhafte Strände, spektakuläre Naturschauspiele, bunte Unterwasserwelten und eine kulturelle Vielfalt, auch die östliche Nachbarinsel Lombok hat einiges zu bieten. Sie erinnert an Balis ursprüngliche Schönheit zu Zeiten, als Besucher selten waren und das Reisen noch abenteuerlich. Auch wenn die Sehenswürdigkeiten der beiden Inseln – Vulkane, Unterwasserwelten, Strände und Landschaften – sich ähneln, fasziniert das überwiegend moslemische Lombok mit ganz eigenem Charakter.

Die touristische Hauptroute führt durch West-Lombok in den Norden. Die meisten Besucher kommen mit einer Fähre oder mit dem Flugzeug an und fahren direkt weiter nach **Senggigi** (S. 375) und zu den vielbesuchten Inseln zwischen Bangsal und **Gili Trawangan** (S. 393), um anschließend den mächtigen **Gunung Rinjani** (S. 403) zu erklimmen.

Wer mehr Zeit hat, kann auf der **Batugendeng-Halbinsel** (S. 353) und ihren vorgelagerten Inseln im Südwesten einsame Strände und schöne Tauch- und Schnorchelgründe entdecken. Als „robinsoneske" Alternativen zu den großen Gilis im Nordwesten bieten sich die weniger bekannten kleinen Gilis Asahan, Layar, Gede und Nanggu an. Schon etwas betriebsamer geht es in **Kuta Lombok** (S. 357) zu.

An den Stränden des Südens finden Surfer ganzjährig traumhafte Wellen. Die kunstvoll angelegten Reisterrassen sowie Kaffeeplantagen und traditionelle Dörfer in der Gegend von **Tetebatu** (S. 365), am Fuße des Rinjani, sind derweil die stillen Highlights.

Traveller, die über Land nach Sumbawa wollen, müssen **Labuhan Lombok** ansteuern, den Fährhafen von Ost-Lombok. Diese Region ist mit Ausnahme des von spektakulären Bergkämmen umgebenen **Sembalun** (S. 406) am Gunung Rinjani touristisch kaum erschlossen.

Geografie, Flora und Fauna

Die 4700 km² große Insel gehört zur Provinz Nusa Tenggara Barat (West-Nusa Tenggara). Sie ist von 26 kleinen, zumeist unbewohnten Inseln *(Gili)* umgeben und hat eine Maximalausdehnung von etwa 160 km. Im Norden ist das Landschaftsbild von Indonesiens zweithöchstem Vulkan, dem Gunung Rinjani (3726 m), geprägt.

In West-Lombok erschweren die über weite Strecken sehr kargen Böden und die lange Trockenheit eine extensive Landwirtschaft, sodass sich die Bevölkerung in den kommerziellen Zentren ballt. Nur etwa 20 % der Landfläche werden landwirtschaftlich genutzt, ein Großteil des Landes steht unter Naturschutz oder wird mangels guter Böden und Niederschläge kaum genutzt.

Besonders die Südhälfte der Insel unterscheidet sich von den grünen Landschaften auf Bali. Hier erstrecken sich trockene Savannen, die nur in Küstennähe mit ausgedehnten Tabakfeldern bewirtschaftet werden. Hier befinden sich aber auch einige der schönsten Strände der Insel.

Zwischen Bali und Lombok verläuft die **Wallace-Linie** (S. 84). Jenseits dieser Grenze treten Arten asiatischer Flora und Fauna nur noch sporadisch auf. Gänzlich fehlen die großen Säugetiere. Dafür findet man typische Arten der australisch-melanesischen Fauna und Flora.

Bevölkerung und Kultur

Etwa 85 % der 3,2 Mio. Einwohner Lomboks zählen zum Volk der **Sasak**, das wahrscheinlich im 1. Jt. v. Chr. aus Java hier eingewandert ist und sich trotz vieler Einflüsse aus Bali sprachlich wie kulturell von anderen Volksgruppen deutlich unterscheidet. Viele alte Leute in den Dörfern sprechen ausschließlich ihren lokalen Dialekt. Wer sich für den Sprachschatz der Sasak interessiert, findet auf ⌨ kamus.sasak.org ein erstaunlich umfangreiches Vokabular mit indonesischen und teils englischen Übersetzungen.

Ein auf Bali nicht anzutreffendes, spektakuläres Ritual, das sich auch auf den östlichen Inseln findet, ist der *Peresean* genannte rituelle Stockkampf. Dabei dreschen zwei vom Publikum auserwählte Kämpfer *(Pepadu)* unter Aufsicht eines Schiedsrichters *(Pekembar)* mit Rattanstöcken fünf Runden lang auf einander ein, wobei ein Kopftreffer die höchste Bewertung bringt und blutige Wunden eher die Regel als die Ausnahme sind. Ein Ensemble aus Trommeln, Gong, Zimbeln und Flöte begleitet das Spektakel mit treibender Musik.

Eine andere, auch in Europa nicht unbekannte Tradition ist der rituelle Brautklau *(Merarik)*, der am Vorabend einer Hochzeit arrangiert und heute von beiden Parteien organisiert wird, früher jedoch nicht immer unblutig vonstatten ging und für die Frau oft gezwungenermaßen als *Kawin Lari*, „Heirat auf der Flucht", endete – mit entsprechend hoher Scheidungsrate.

Die restliche Bevölkerung besteht aus **Balinesen**, aber auch kleinen Minderheiten von **Chinesen**, **Javanern**, **Sumbawanesen** und arabischstämmigen Indonesiern. Chinesen und jemenitische **Araber** waren traditionell als Händler im Archipel tätig, und so findet man ihre Nachfahren heute noch vorwiegend in Mataram, Cakranegara und Ampenan.

Die lokale Küche zeichnet sich durch süßscharfe Aromen und den ausgiebigen Gebrauch von Chili aus. Als Klassiker dürfen *Pelecing Kangkung*, die typische Variation des Wasserspinats mit Chili und Limetten, sowie *Ayam Taliwang*, junges Hühnchen vom Grill mit süßlichscharfer Marinade, gelten. Nicht selten wird das Essen auf *Opak-Opak*, essbaren Tapioka-Crackern, serviert.

Religion

Offiziell sind über 90 % der Bewohner Moslems, somit gelten auch für sie die „fünf Säulen des Islam": der Glaube an Allah und seinen Propheten Mohammed, die fünf täglichen Gebete, das Fasten während des Ramadans, die Pilgerfahrt nach Mekka und die Almosen, die nach dem Fastenmonat entrichtet werden müssen.

Allerdings kam der Islam erst vergleichsweise spät nach Lombok. Wahrscheinlich brachten moslemische Gelehrte aus Sumbawa im 17. Jh. ihren Glauben auf die bis dahin hindu-buddhistisch geprägte Insel. In der Folge entstand eine selektive und anpassungsfähige Mischreligion: *Wetu Telu*, in der Sprache der Sasak: „Ergebnis" und „drei". Gemeint sind die drei Wurzeln dieser Religion – Ahnenkult, Hinduismus und Islam – sowie die magische Trinität allen Seins.

Doch die *Wetu-Telu*-Anhängerschaft ist im letzten Jahrhundert stark geschrumpft. Besonders seit der antikommunistischen Hatz 1965/66, in der auch *Wetu-Telu*-Anhänger als Irrgläubige verfolgt wurden, deren Religion nicht von der Verfassung sanktioniert sei, wird dieser Glaube mitsamt seinen Zeremonien und Ritualen hinter verschlossenen Türen oder in abgeschiedenen Bergdörfern praktiziert. Auch wenn der in den 1980er-Jahren einsetzende Tourismus dafür sorgte, dass das Interesse an den traditionellen Zeremonien, Tänzen und dem Kunsthandwerk der Sasak wieder zunahm, schwindet die Bedeutung der synkretistischen *Wetu-Telu*-Religion immer weiter.

Aufgrund der vielen einheimischen Balinesen und der historisch engen Beziehung zu Bali werden hinduistische Feiertage auch auf Lombok zelebriert.

Geschichte

Den ältesten Aufzeichnungen zufolge existierte vor der Ankunft von Invasoren aus Bali und Makassar ein Königreich der Sasak namens Selaparang. Das *Negara Kertagama*, eine uralte javanische Palmblatt-Inschrift, berichtet von Lombok als Vasall des mächtigen Majapahit-Reichs unter König Hayam Wuruk im 14. Jh. Zu Beginn des 18. Jhs. wurde es von Balinesen erobert, die hier vier balinesische Fürstentümer gründeten.

Die ersten **Holländer** landeten 1674 auf der Insel, siedelten aber erst viel später an der Ostküste. Zusammen mit den Sasak bekämpften sie ab 1891 die im Westen regierende Hindu-Dynastie aus Bali. Anfang 1894 mussten sie noch herbe Verluste bei der Schlacht auf dem Gelände des heutigen Taman Mayura (S. 367) hinnehmen. Einige Monate später nahmen die Kolonialisten die Insel vollständig ein und integrierten sie in das holländische Kolonialreich. Den balinesischen *Raja* schickte man ins Exil, und sein Kronprinz wurde ermordet.

Leider waren die nationalen **Gewaltwellen** der 1960er-Jahre gegen vermeintliche Kommunisten und in den späten 1990er-Jahren gegen chinesische und christliche Minderheiten auf Lombok besonders verheerend. Das äußerst gewaltsame Vorgehen moslemischer Randalierer im Jahre 2000 forderte mehrere Tote und Verletzte und hatte die Evakuierung aller ausländischen Feriengäste zur Folge – ein schwerer Schlag für die Tourismusbranche. Die Besu-

Aktuelle Informationen zu Lombok

Eine gute Quelle für die neuesten Entwicklungen und Informationen zu den touristischen Destinationen auf Lombok ist die kostenlose Zeitschrift *The Lombok Guide*, 🖳 www.the lombokguide.com, die in vielen Hotels und Restaurants auf den Gilis, in Senggigi und Mataram ausliegt.

cherzahlen brachen ein, haben sich aber in den letzten Jahren wieder auf hohem Niveau eingependelt. Besonders die beliebten Gilis können sich kaum noch vor dem Andrang der Touristen retten.

Ein anderes Problem stellt die **Wasserknappheit** dar, die durch schlechtes Bewässerungsmanagement und das Bevölkerungswachstum zunimmt und die Ernten im Süden und Osten der Insel bedroht. Ein Problem ist der Mangel an Staudämmen, die Regenwasser für gezielte Bewässerung verfügbar machen würden. Neue Dämme wie der in Batujai, 15 km von Praya in Zentral-Lombok, und der 320 ha große Pandan Duri-Damm bei Sakra, Ost-Lombok, sollen Abhilfe schaffen.

Verhaltensregeln

Besucher sollten einige Verhaltensregeln beachten, um Konflikte zu vermeiden. So ist Nacktbaden nicht nur verboten, sondern verletzt die Wertvorstellungen der Einwohner. Auch weite Ausschnitte, kurze Röcke und nackte Oberkörper sowie das Trinken von Alkohol und die Zurschaustellung von Zuneigung in der Öffentlichkeit sind verpönt. In der Fastenzeit ist es absolut unangebracht, tagsüber auf der Straße zu essen.

Zeigt man aber Respekt vor den Sitten, kann man auch abseits der Touristenenklaven das ursprüngliche Indonesien kennenlernen und die Gastfreundschaft der Menschen erleben: jubelnde Kinder, die Besucher begrüßen, stolze Sasak, die durch ihre traditionellen Dörfer leiten und zeigen, wie die *Ikat*-Weberei funktioniert, oder Hochlandbauern, die eine Einführung in die Reisernte und die Technik des Trocknens der Tabakblätter geben.

Lembar

In einer Bucht an der Westküste von Lombok, 35 km südlich der Hauptstadt Mataram, liegt der wichtigste Hafen der Insel. Hier legen die großen PELNI-Passagierschiffe und die Fähren von und nach Bali an. Lembar ist nur ein kleines Dorf und als Basis für Ausflüge in Lombok eher ungeeignet.

Achtung: Wegen der kleinkriminellen Banden, die auf dem Hafengelände ihr Unwesen treiben, sollten abends eintreffende Besucher ihre Weiterreise bereits gebucht haben. Auf wartende Taxis ist zu später Stunde kein Verlass und das Chartern von Fahrzeugen ist absolut überteuert.

TRANSPORT

Minibusse

Bereits in Padang Bai (Bali) kann man bei Transportanbietern Shuttle-Busse nach SENGGIGI, 30 km, oder BANGSAL, 48 km, buchen (ab 80 000 Rp, inkl. Fährticket) oder bei mind. 2 Pers. auch zu anderen Zielen in Lombok. In Lembar kann es schwierig sein, noch einen freien Platz in diesen Bussen zu ergattern. Öffentliche Minibusse fahren von der Straße oder vom 1 km entfernten Markt nach:

Auf die Pauke gehauen

Auf einer moslemischen Hochzeit, einem Opferfest oder auch zu hinduistischen Tempelfesten kommt auf Lombok das sehr rhythmische, perkussiv-treibende *Gendang Beleq* zum Einsatz, eine 12–15 Mann starke Kapelle, die sich um zwei große *(beleq)* Trommeln *(gendang)* schart und diese mit einem schweren Gong, der für Indonesien eher ungewöhnlichen Flöte und vielen Zimbeln begleitet. Viele Trommelgruppen werden von der Regierung gefördert und proben einmal wöchentlich. Zu festlichen Anlässen werden traditionelle, den balinesischen nicht unähnliche bunte Trachten angelegt. Das Ganze ist ein beeindruckender Anblick und ein geradezu rauschhafter Sound mit mehr Power, als man es nach den zarten, einlullenden Klängen Balis oder Javas erwarten würde.

El Dorado im Wilden Westen

Die knapp 1400 t Gold, die in einem Gebiet von nur 20 ha in den Hügeln der Batugendeng-Halbinsel vermutet werden, springen nicht direkt ins Auge. Man sieht allenfalls Waschtrommeln am Straßenrand, aus denen unentwegt Schlamm tropft. Aufmerksame Beobachter werden in den Hügeln bunte Punkte erspähen, die wie Plastiktüten aussehen. Sekotong befindet sich in einem Goldrausch. Viele Männer machen sich auf den Weg in die Plastikzelte, um ihr Glück zu suchen. Die meisten bleiben allerdings nur für ein paar Tage. Selbst aus Papua und Kalimantan, aber auch aus Java und Sulawesi kommen sie und graben winzige Gänge, durch die man nur mit Mühe auf allen Vieren krabbeln kann und in denen Sauerstoff knapp ist. Seit 2008 sind bei Einstürzen bereits zahlreiche Goldgräber ums Leben gekommen. In den Waschtrommeln, die sich bei näherer Betrachtung als Goldmühlen entpuppen, werden die Steine zu Schlamm gemahlen und das Gold mit Hilfe von Quecksilber herausgefiltert. Das Gold-Quecksilbergemisch wird über kleinen Kesseln abgekocht, um das reine Gold vom Quecksilber zu trennen. Das alles passiert ohne Sicherheitsvorkehrungen! Die fatalen Auswirkungen auf Gesundheit, Grundwasser und Natur sind bereits zu spüren: Vergiftete Abwässer landen in den Böden und Nutzvieh stirbt. Auch sieht man Kinder, die im giftigen Schlamm spielen, der zurückbleibt. Die Verlockung des schnellen Reichtums ist viel zu groß, als dass man der illegalen Goldgräberei Einhalt gebieten könnte. Schon 2009 erlangte der Konzern Southern Arc Minerals die Rechte an den Minen der staatlichen Bergbaugesellschaft PT Indotan. Es dauerte nicht lange, bis ein Tochterunternehmen, an dem die Regierung mit 10 % beteiligt ist, eine Bergbaugenehmigung über 10 000 ha und fünf Jahre erhielt.

Seither werden in Pelangan, Mencangah und Selodong Gold und Kupfer abgebaut, was die Bevölkerung gegen den vermeintlichen Landraub radikalisiert. 2011 gab es zahlreiche Sabotageakte und Demonstrationen wütender Mobs, die den Minenbetrieb zum Erliegen brachten und sogar das Eingreifen der Armee erforderten.

MATARAM (Mandalika-Busbahnhof), 22 km, für 20 000 Rp in 45 Min.
TEMBOWONG (41 km, Umstieg in Boote nach Gili Gede) und PELANGAN, 45 km, für 30 000 Rp in 1 1/2 Std. Immer vorher den Preis aushandeln bzw. andere Fahrgäste nach dem Preis fragen und erst am Ziel zahlen.

Taxis
BANGSAL, 48 km, für 160 000–200 000 Rp in 75 Min.
KUTA LOMBOK, 48 km, für 200 000–250 000 Rp in 1 1/2 Std.
MATARAM für 100 000 Rp in 45 Min.
SENGGIGI für 120 000 Rp in 1 Std.
TEMBOWONG (Umstieg in Boote nach Gili Gede), 41 km, für 200 000–250 000 Rp in 1 Std.

Fähren
Nach PADANG BAI (Bali) etwa stdl. rund um die Uhr in 4–6 Std. je nach Wellengang für 40 000 Rp, Kinder 25 000 Rp. Ein Motorrad kostet

112 000 Rp (inkl. 2 Pers.), ein Pkw 733 000 Rp (inkl. 4 Pers.). Die Fahrkarten sollten nur an offiziellen Ticketschaltern gekauft werden; außerhalb wird gern versucht, mehr Geld einzustreichen. Büro der Hafenleitung ✆ 0370-681209.

Batugendeng-Halbinsel

Südwestlich von Lembar warten rund um die Batugendeng-Halbinsel und auf insgesamt zwölf küstennahen, kleinen Inseln unberührte weiße Sandstrände. Farbenprächtige Korallengärten laden zum Tauchen und Schnorcheln ein, Naturfreunde können Brutkolonien von Seevögeln auf steilen Felsklippen entdecken und sowohl Surfer als auch Sonnenanbeter kommen gleichermaßen auf ihre Kosten.

Wem Gili Air, Gili Meno und Gili Trawangan zu überlaufen sind, wird auf den „kleinen Gilis" fündig werden. An der Nordküste rund um diese

www.stefan-loose.de/bali

BATUGENDENG-HALBINSEL **353**

Zwei Jahre für eine Perle

Die von der Strömung geschützten Buchten von Lombok und Sumbawa eignen sich hervorragend für die Perlenzucht, und die champagner- oder metallfarbenen Lombok-Perlen aus den Gewässern um Gili Gede und Gili Asahan sind landesweit bekannt. Die Perlaustern werden in großen Tanks herangezüchtet und künstlich mit Algen ernährt. Nach etwa einem Monat werden sie einzeln an Leinen im Meer aufgehängt. Nach rund 15 Monaten haben sie eine Größe von etwa 9–11 cm und bekommen eine Kugel aus der Schale einer Süßwassermuschel sowie ein Gewebestück einer Perlauster eingesetzt. Die Austern werden wieder geschlossen und zurück in den Ozean gehängt. Binnen vier Wochen umwächst das Gewebestück die Kugel. Dieser Perlsack sondert Perlmutt auf die Kugel ab und formt so die Perle. Nach eineinhalb bis zwei Jahren ist diese groß genug, um entnommen zu werden. Rund 600 kg Perlen werden jährlich hergestellt und in Sekarbela (Mataram) verarbeitet. Perlen der Güteklasse A werden für rund 1 Mio. Rp pro Gramm verkauft und nach Japan, Europa und in die USA exportiert.

Eilande befinden sich herrliche Reviere zum **Tauchen und Schnorcheln**. Die Riffe sind noch fast vollständig intakt und es gibt eine Vielzahl an Terrains und Korallen, bunten Fischen und Makrotierchen zu bestaunen, aber auch Weißspitzenhaie, Kaiserfische und Mantas.

Die winzige Insel **Gili Nanggu** befindet sich in Privatbesitz und bietet gute Schnorchelgründe, an Wochenenden tummeln sich hier aber viele Tagesausflügler. **Gili Gede**, die größte der Inseln, beherbergt drei Unterkünfte sowie acht Fischerdörfchen mit insgesamt 1500 Einwohnern und ist groß genug für Wanderungen durch das hügelige Inland oder eine sechsstündige Inselumrundung zu Fuß. Nordwestlich liegen die fantastischen Korallenriffe der kleinen Inseln Gili Ringgit mit vier Tauchspots, Gili Asahan sowie Gili Layar. Hier sind auch Tintenfische und Schildkröten zu sichten. Ein großer Betreiber von Tagesausflügen, 🖥 www.balibounty

cruises.com, hat auf der Ostseite von Gili Ringgit bereits einen Steg errichtet, die besten Schnorchelgründe liegen aber an der Westseite.

Am Südstrand der Halbinsel befindet sich die malerische, von grünen Hügeln umsäumte Bucht **Mekaki**. Die reißende Brandung ist zum Schwimmen viel zu gefährlich, aber allein vom Panorama her eine willkommene Abwechslung zu der seichten Badewanne der Nordküste. Ein wundervolles Fleckchen, an dem man sich bei einem Picknick die steife Brise des Ozeans um die Ohren wehen lassen kann. Der Weg von Pelangan nach Mekaki führt zudem durch ein balinesisches Dorf, dessen Bewohner ganz einträchtig zusammen mit ihren moslemischen Nachbarn wohnen. Die Tauchreviere „Magnet", „Blue Hole" und „Cathedral" in der Bucht von **Belongas** ziehen erfahrene Strömungstaucher an, die gerne die Gesellschaft großer Fische genießen. Selbst Hammerhaie und Seeschlangen kann man hier zu Gesicht bekommen!

Der äußerste Westen der Insel wartet mit einem **Weltklasse-Surfspot** für Freunde halsbrecherischer Linkswellen auf. Am Desert Point in der Nähe des Fischerdörfchens **Bangko-Bangko** entstehen über einem scharfen Korallenriff Tubes, die die Surfer länger als zehn Sekunden verschlingen können. An der Gabelung nach Labuhan Poh führt links eine ziemlich schlechte Schotterstraße zum Surfspot, der in der Saison von Mitte Mai bis September sowie im Dezember betriebsam wird.

ÜBERNACHTUNG UND ESSEN

In der Hochsaison und bei guten Wellen sind die Kapazitäten schnell erschöpft. In günstigen Anlagen duscht man mit Brack- oder Salzwasser, auf dem Festland haben fast alle Frischwasser-Reservoirs. Auf den Inseln und in abgelegenen Buchten gibt es meist nur Strom, wenn es dunkel ist.

Belongas

The Lodge, ✆ 0370-645974 (Büro in Mataram), 🖥 www.thelodge-lombok.com. Die abgelegene Unterkunft mit Restaurant und je 2 Doppel- und Einzelbungalows auf Stelzen mit AC und (teils Open-Air-) Du/WC am gegenüberliegenden Ende der südlichen Bucht ist nur mit dem Boot

354 BATUGENDENG-HALBINSEL

www.stefan-loose.de/bali

zu erreichen und eignet sich ausschließlich für erfahrene Taucher mit eigenem Equipment (bei Dive Zone zu leihen, s. Aktivitäten). Gerichte für 75 000 Rp, 3 T/2 N inkl. Frühstück und 6 Tauchgänge für US$365 via 🖳 www. divezone-lombok.com.

Gili Asahan

Pearl Beach Resort, ✆ 0819-0724 7696, 🖳 pearlbeach-resort.de. Ruhige Unterkunft unter deutscher Leitung mit gepflegten Rasenflächen sowie einer Handvoll hübscher, mit *Alang-Alang*-Gras gedeckter und heller Bungalows mit bequemen Betten, Terrasse und Du/WC ca. 40 m vom Strand entfernt; auch 4 Massivhäuschen am Meer mit halboffener Warmwasser-Du/WC. Schöne Schnorchelgründe in der Nähe. Zudem Massagen und Kajakverleih. Frühstück und Bootstransfer inkl. ❹–❺

Gili Nanggu

Erreichbar mit Booten ab Taun, s. Transport. **Gili Nanggu Cottage & Bungalow**, ✆ 0370-623783, 0812-3797 2299, 🖳 www.gilinanggu. com. Das etwas vernachlässigte Bungalowresort mit Restaurant hat einfache, auf Betonpfeilern liegende *Lumbung* am Strand und etwas zurückversetzt auch bessere Cottages. Schnorchelausrüstung und Kajakverleih. Frühstück inkl. ❹–❺

Gili Gede

Erreichbar mit Booten ab Tembowong, s. Transport.
Secret Island Resort, ✆ 0818-0376 2001, 🖳 www.secretislandresort.com. Auf den 1,3 ha an der Südspitze der Insel vermietet der ältere Betrieb 12 einfache Bungalows und Zimmer am Hügel, teils mit solarerwärmtem Wasser, sowie 2 umgebaute Teakhäuschen mit *Toraja*-Dächern auf Stelzen über dem Wasser. Kleines Spa mit Jacuzzi. Überteuertes Restaurant. Bootstransfer und Frühstück inkl. ❹

Madak Belo, ✆ 0818-0554 9637, 0878-6471 2981, 🖳 www.madak-belo.com. Henry und Cappucine bewirten ihre Gäste sehr freundlich. Neben 3 einfachen Backpacker-Zimmern im Haupthaus auch 2 geräumigere,

nette Bungalows mit Moskitonetz und Open-Air-Du/WC. Kleines Restaurant am Korallenstrand. Hier achtet man auf Mülltrennung, Wasserverbrauch und einen sauberen Strand. Frühstück inkl. ❷–❸

Via Vacare, ✆ 0812-3732 4565, 🖳 www. viavacare.com. Entspannte Anlage unter Leitung der charismatischen, in Holland aufgewachsenen Jet Kellner mit 4 polygonalen, hellen Bungalows mit großen Fenstern, Meerblick und halboffener Du/WC, außerdem ein überdachter *Pondok* mit Bastrollos und 4 Matratzen für Backpacker sowie 2 Zimmer mit Balkon im Haus über dem Restaurant. Kostenlos Chakra Yoga von 7–9 Uhr, zudem Massagen und kostenloser Verleih von Schnorchel und Flossen. Regelmäßige Strandsäuberungen und der Einsatz von Kerzen, LED- und Solarlampen zeugen von Umweltbewusstsein. Vollpension und Bootstransfer inkl. ❸–❺

Taun

Dolphins Lodge, Jl. Raya Sekotong, ✆ 0819-1607 6770, 🖳 www.lombok-cottages.com. In den 3 riesigen Bambusapartments könnte man Fußball spielen, wäre da nicht die schöne Holzeinrichtung, Open-Air-Du/WC mit Warmwasser und TV. Außerdem ein einfaches Zimmer am Strand. Leider hört man die Straße. Frühstück inkl. ❸–❹

Krisna Bungalow, Jl. Raya Sekotong, ✆ 0818-0369 4450, 🖳 www.facebook.com/krisna. bungalow. Nah am Wasser liegen 6 saubere, einfache Zimmer mit Veranda, Du/WC und etwas Geräuschkulisse von der Straße. Freundliche Betreiber, Motorräder für 50 000 Rp pro Tag und Bootstouren. Frühstück inkl. ❸

Pelangan bis Batu Putih

Alle Unterkünfte liegen an der Hauptstraße. Warung servieren am Strand einfache Gerichte und Bier.
Bola Bola Paradis, ✆ 0817-578 7355, 🖳 www. bolabolaparadis.com. Nette Anlage unter holländischer Leitung mit Restaurant und extravaganter, luftiger Innenarchitektur aus Naturmaterialien. Die 11 einfachen Zimmer liegen in polygonalen 4er-Bungalows oder im Haupthaus, sind individuell und farbig einge-

LOMBOK Übersichtskarte S. 348

richtet und mit bequemen Betten, Moskitonetz, Du/WC und Meerblick ausgestattet, teils auch mit AC und Warmwasser. ❹

Desert Point Lodges, ca. 8 km vor dem Desert Point, ✆ 0818-0526 9667, 🖥 www.desert pointlodges.com. Die beste Unterkunft für Surfer mit 4 hohen, überwiegend mit Twin-Betten ausgestatteten Bambusbungalows mit gemütlichem Garten und sauberen Open-Air-Du/WC mit vielen Blumen. Der freundliche Wawan gibt gern Tipps und organisiert Schnorchel- und Angelausflüge. Frühstück inkl. ❸

🧳 **Palm Beach Garden**, ✆ 0818-0374 7553, ✉ aniehof@web.de. Der ehemalige Wahlberliner Andreas hat 5 geräumige, saubere Bungalows mit Du/WC (Brackwasser), teils 2-stöckig im *Lumbung*-Stil erbaut, in seinen großen, palmenbestandenen Garten gestellt. Auf der Veranda kann man gut und günstig essen – nach Vorbestellung auch gegrillten Fisch – oder sich bei einem kühlen Bier unterhalten. Neben dem Steg am Strand kann man baden. Andreas ist eine gute Quelle für Informationen, kümmert sich um den Transport, vermietet Mopeds und organisiert Schnorcheltrips. Reservierung empfehlenswert. ❷–❸

€ **Sulaeiman Homestay**, ✆ 0817-578 7539. 6 Zimmer in klitzekleinen Bambushütten auf Stelzen mit Gemeinschaftsmandi und Hocktoilette im Garten oder eigenem Mandi/WC. Pak Sulaeiman hat einen kleinen Gemischtwarenladen und bietet Essen an. ❶

Villa Rembulan, **Villa Pao Pao** & **Kura-Kura Villa**, ✆ 0818-362788. 3 große Villen mit je 2 oder 3 Zimmern mit sauberem Warmwasser-Bad oder Du/WC sowie Holzmobiliar und schönen Wohnküchen mit Mikrowelle, Kühlschrank und einladender Terrasse in wohnlicher und freundlicher Atmosphäre. Pool. Tee, Kaffee, Wasser und Frühstück sowie Internet über USB-Stick inkl. ❹

AKTIVITÄTEN

Schnorchelausflüge vor den kleinen Gilis lassen sich über die meisten Unterkünfte organisieren und kosten ca. 350 000 Rp pro Boot und Fahrer. Während sich die Gewässer der Nordküste von April–Dez zum Tauchen eignen, herrschen vor der Belongas-Bucht im Süden von Nov–April ideale Bedingungen. Im Mai und Juni ist dieses Gebiet jedoch nur für erfahrene Taucher geeignet.

Dive Zone, westlich von Taun, ✆ 0370-660 3205, 0813-3954 4998, 🖥 www.divezone-lombok.com. Die PADI-Tauchschule organisiert 2 Tauchgänge vor Sekotong, der Belongas-Bucht und den kleinen Gilis für US$75–85. Für einige Tauchplätze ist eine Mindestbrevetierung bzw. eine bestimmte Zahl an geloggten Tauchgängen vorzuweisen. Open-Water-Kurs für US$345. Auch Pauschalangebote mit Übernachtung in der Belongas-Bucht.

TRANSPORT

Für die Weiterreise sind über die Unterkunft vermittelte Transporte hilfreich.

Selbstfahrer

Von Sekotong führen zwei gute Straßen nach Pelangan: Die nördliche verläuft am Strand entlang mit Aussichten auf Buchten und die kleinen Inseln. Ab Labuhan Poh wird die Straße schlecht. Der südliche Weg windet sich über einen Berg und ist teils sehr steil. Ab Lembar braucht man eine gute Stunde für die rund 45 km nach Pelangan bzw. 50 km bis zum Desert Point, ab Mataram sind 45 Min. mehr einzurechnen.

Minibusse

Nach MATARAM via LEMBAR (20 000 Rp, 1 Std.) vormittags für 50 000 Rp in 1 1/2 Std. Zwischen Sekotong und Labuhan Poh 5000–10 000 Rp.

Privattaxis

BANGSAL (Umstieg in Boote nach Gili Trawangan, Meno oder Air), 70–90 km, für 350 000 Rp in 2 1/2 Std.
FLUGHAFEN, 66 km, für 300 000 Rp in 1 1/2 Std.
LEMBAR (Fähre nach Bali), 30–50 km, für 200–250 000 Rp in 1 Std.
MATARAM, 40–60 km, für 250 000 Rp in 1 1/2 Std.
SENGGIGI, 50–70 km, für 300 000 Rp in 2 Std.

Boote

Nach GILI ASAHAN ab Labuhan Poh für 200 000 Rp in 15 Min.
Nach GILI NANGGU ab Taun für 250 000 Rp in 15 Min. Für Tagesausflüge sind Touren von

Anbietern in Senggigi oder Mataram ab 400 000 Rp günstiger.
Nach GILI GEDE ab Tembowong (200 m hinter der Tankstelle, 4 km östlich von Pelangan) von 7–17 Uhr für 20 000 Rp in 5 Min.

Kuta Lombok und Umgebung

Der Ort hat mit dem berühmt-berüchtigten Namensvetter auf Bali außer einem Strand und vielen Surfern wenig gemein. Abgesehen von der Hochsaison, wenn die Wellenreiter aus aller Welt hierher pilgern, geht es in dem ehemaligen Fischerdorf an der Südküste ruhig und beschaulich zu. Viele Unterkünfte an der Bucht sind nur durch eine kleine Küstenstraße vom breiten **Pantai Kuta** getrennt, wo man aufgrund der Gezeiten oft nur bis mittags schwimmen kann. Sämtliche Warung und Souvenirshops des Strands sind 2013 auf ein Tatas Tuhu Trasna genanntes Areal an der Hauptstraße ortseinwärts umgesiedelt worden, sodass dieser nun erst recht karg aussieht.

Etwas östlich vom Strand liegt ein kleiner Hügel mit guter Aussicht, die veranschaulicht, warum der Strand manchmal auch E-Beach genannt wird.

Pläne, den östlichen 1200 ha großen Küstenabschnitt vom **Pantai Seger** bis **Tanjung Aan** in ein Mega-Resort, 🖥 www.mandalikaresortlombok.com, zu verwandeln, wurden bislang nicht umgesetzt. Noch lassen sich die beeindruckenden Buchten und Klippen an der Südküste von Lombok ungestört bewundern. Parken an den Stränden kostet 2000–5000 Rp.

Östlich liegt der sagenumwobene Pantai Seger (auch Pantai Serenting), im Osten vom Bukit Merese und im Westen vom Bukit Seger flankiert. Bei guten Verhältnissen ist das vorgelagerte Riff ein beliebtes Surfrevier für erfahrene Wellenreiter. Bekannter jedoch ist die Bucht für das im Februar stattfindende **Bau Nyale**, ein großes Fest zu Ehren der Prinzessin Mandalika.

Der Sage nach soll ein König eine wunderschöne Tochter namens Sarah Wulan gehabt haben. Prinzen aus vielen Fürstentümern hielten um ihre Hand an. Um es nicht zu Eifersüchteleien oder gar zu einem Krieg zwischen den

Bewerbern kommen zu lassen, stürzte sich die Prinzessin ins Meer. Sie wollte ihre Liebe nicht einem einzigen Mann schenken und damit Zwietracht zwischen den Prinzen säen.

Mit ihren letzten Worten kündigte sie an, sie würde jedes Jahr am 20. des 10. Monats aus dem Meer steigen, sodass alle Menschen etwas von ihr und ihrer Liebe und Schönheit haben können. Das tut sie heutzutage in Gestalt der Palolo-Würmer, die tatsächlich jedes Jahr an besagtem Datum in Scharen zur Fortpflanzung am Strand von Seger erscheinen; ein Phänomen, das auch auf Timor und Samoa bekannt ist. Nach ihrem Tod wurde ihr Name in Mandalika umgewandelt. Der Felsen, von dem aus sie sich opferte, liegt rechter Hand in der Bucht von Seger.

Sade und Ende

An der Hauptstraße nach Sengkol liegt wenige Autominuten nördlich von Kuta das traditionelle, für Touristen verschönerte Sade mit 700 Einwohnern und unzähligen Verkaufsständen. Bei einer Führung durch das rund 300 Jahre alte Sasak-Dorf können gut erhaltene, aus Holz, Reisstroh und Lehm errichtete Häuser bewundert werden. Die *Alang-Alang*-Dächer müssen alle 7–10 Jahre erneuert werden. Man kann einen Blick in die Häuser werfen und einiges über die Kultur und das Zusammenleben der Sasak erfahren.

In einem normalen Wohnhaus *(Bale Tani)* schlafen die Männer im kühlen Vorraum, während dahinter die Küche und der Schlafbereich für Frauen liegen. Im kleineren *Bale Kodong* schlafen Großmütter mit Enkeln oder Neuverheiratete. Nach wie vor wird Vieh als Brautpreis verlangt – sechs bis zehn Ziegen muss ein Mann aus dem Dorf zahlen, Männer von außerhalb drei Büffel und eine Kuh.

Sade rühmt sich damit, Grabstätte der Könige Pejanggik und Nyatok sowie einflussreicher Gelehrter, die einst den Islam in Lombok verbreiteten, zu sein. Unweit des Ortes pilgern viele Moslems auf einen Hügel zur Mesjid Kuno, einer der ältesten Moscheen Lomboks mit Strohdach und Bambuswänden.

Knappe 3 km die Straße hoch liegt das ebenfalls zum Museumsdorf umfunktionierte, ca. 6 ha große Ende, nicht zu verwechseln mit der Stadt auf Flores.

ÜBERNACHTUNG

Family House Lombok, ☎ 0370-615 3748, 🖥 www.familyhouse-lombok.com. Um einen Pool mit Kinderbecken, Liegen und wenig Schatten befinden sich in einem 2- und einem 3-stöckigen Bau 14 saubere, moderne, mit Bildern dekorierte Zimmer mit AC, LCD-TV und Du/WC, teurere mit Badewanne lohnen den Aufpreis nicht. Frühstück im Restaurant und WLAN inkl. **❹**–**❻**

Novotel Lombok, ☎ 0370-653333, 🖥 www.novotellombok.com. Ein attraktiver 4-Sterne-Ferienclub der Luxusklasse mit 102 Zimmern und stilvollen Villen, teils mit Privatpool, in einer eleganten Mischung aus traditioneller Sasak-Architektur, westlichem Komfort und informellem Service. Mit 2 großen Pools, Spa, Tauchcenter und Strandrestaurant. Zahlreiche Angebote wie klassische Livemusik, geführte Spaziergänge oder Ausflüge, Kochkurse, Sport (Beachsoccer, Volleyball) sowie Sa und So Filmvorführungen. Im Internet günstiger. Frühstück und WLAN inkl. **❼**–**❽**

Puri Rinjani, Jl. Raya Pantai Kuta, ☎ 0370-654 849, 653 749. In einem großen, schönen Garten wohnt man ruhig in 21 gemütlichen, kleinen Massivhäusern um einen Pool mit Liegen. Die Zimmer sind mit AC, guten Matratzen, kleinem TV und Warmwasser-Du/WC ausgestattet. Hier können Surfkurse der Schweizer Surfschule Symbiosis, 🖥 www.symbiosis-surf.com, gebucht werden. Frühstück und WLAN inkl. **❹**

Segare Anak Bungalows, Jl. Raya Pantai Kuta, ☎ 0370-654 846. 20 überwiegend empfehlenswerte Zimmer im Reihenbungalow mit großen Räumen und Bad/WC oder in sehr günstigen, einfachen Bambus- sowie neueren Massivbungalows, teils mit AC und Warmwasser. Kleiner Pool mit Liegen, Wechselstube, Ticket- und Postservice sowie Surfbrett- und Motorradverleih. Einfaches Frühstück und WLAN inkl. **❷**–**❹**

💶 **Seger Reef**, ☎ 0370-655 528, 0818-0360 3423. Eine nette Familie vermietet 12 saubere, teils etwas dunkle Zimmer, einige neuer mit Fliesenboden, bequemen Betten und Warmwasser-Du/WC. An der Straße ein nettes Café. Reservierung empfehlenswert. Frühstück und WLAN inkl. **❷**

Sekor Kuning, Jl. Raya Pantai Kuta, ☎ 0370-654 856. 20 saubere, einfache Bungalows mit Fliesenboden, Moskitonetz, kleiner Veranda und Du/WC, teils auch AC. Einfaches Frühstück und WLAN inkl. **❷**

🧳 **Surfers Inn**, ☎ 0370-655 582. Die nette Anlage mit Pool, Liegen und Restaurant ist oft ausgebucht. Die 25 sauberen Zimmer mit guten Betten gibt es in 6 Kategorien, vom spartanischen Kabuff mit kleiner Du/WC bis zum komfortablen AC-Zimmer mit Warmwasser, Minibar, TV und DVD-Player. In der Bar kann man sich Filme ansehen und Surf-Tipps austauschen. Frühstück und WLAN inkl. **❸**–**❹**

The Spot Bungalows, ☎ 0370-702 2100, 🖥 www.thespotbungalows.com. Unter Leitung der freundlichen Schweizerin Eva werden hinter dem netten Café 9 günstige und einfache, mit *Alang-Alang*-Gras gedeckte Bambusbungalows mit Matratzen auf dem Boden, Moskitonetz und Du/WC vermietet. Massagen. Frühstück und WLAN inkl. **❷**

Weitere Übernachtungsmöglichkeiten s. **eXTra [4311]**.

ESSEN UND UNTERHALTUNG

🧳 **Ashtari**, ☎ 0877-6549 7625, 🖥 www.ashtarilombok.com. Wunderschön auf einem Hügel 2 km westlich gelegenes vegetarisches Restaurant. Tagsüber bietet sich eine atemberaubende Aussicht über die Buchten bis nach Gerupuk. Bunte Vögel schwirren um die großzügige Terrasse. Im mediterran eingerichteten Restaurant wird fantastisches Frühstück mit frischem Brot serviert. Auch frische Salate, Sandwiches, Samosas und Lassis sowie ein vorzügliches Tagesgericht. Zum Nachtisch werden Kuchen, Vanille- oder Kardamomkaffee gereicht. Alle Gerichte unter 40 000 Rp. Yoga-Kurse, s. Aktivitäten. ⏲ 6.30–20 Uhr.

Family House, westlich der Hauptkreuzung. Der Fisch wird frisch und lecker zubereitet, doch auch Cordon Bleu oder Sate Pusut stehen auf der Speisekarte. Leider wird am späten Abend die Musik laut aufgedreht. Hauptgerichte ab 40 000 Rp.

🌳 **Felice's Vegetarian Rest.**, ☎ 0878-6516 0077, 🖥 www.facebook.com/Felices VegetarianRestaurant. In dem einfachen, von

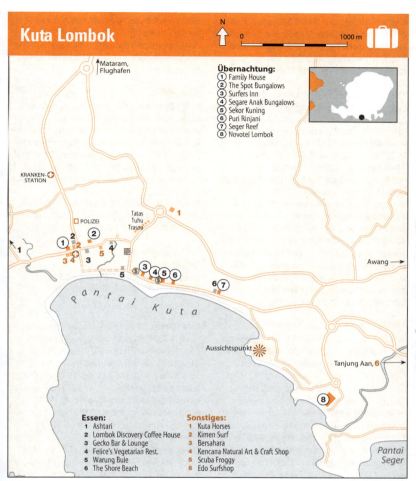

einem Bambuszaun begrenzten Restaurant sind überwiegend vegetarische Gerichte ab 30 000 Rp, wie *Tempe-* oder Maniok-Burger, brauner und schwarzer Reis, Salate und Smoothies, aber auch Fisch im Angebot. Jeden Sa gibt es Essen und pädagogische Spiele für Kinder, die ihr Leben hauptsächlich mit dem Verkauf von Souvenirs zubringen, finanziert von 10–15 % des Erlöses. ⏲ 7.30–21 Uhr.

Gecko Bar & Lounge, ✆ 0370-615 8005, 🖥 www.kimenlombok.com. In dem großen, offenen Restaurant mit netter Atmosphäre, Bar und gemauertem, holzbefeuertem Pizzaofen gibt es Pizzen für 50 000–60 000 Rp, aber auch andere mediterrane Gerichte wie Kebab und Tzatziki sowie Seafood, Cocktails, Mocktails und Kaffeespezialitäten. ⏲ 9–22 Uhr.
Lombok Discovery Coffee House, ✆ 0813-3835 9033. Lässiges Lounge-Ambiente herrscht in

diesem Café-Restaurant mit Sitzkissen, Fotografien und recycleten Möbeln, das griechische und italienische Gerichte, z. B. Souvlaki oder Pasta, zu Preisen ab 40 000 Rp serviert. Cocktails und guter Kaffee. WLAN. ⏱ 8–23 Uhr, Küche bis 22 Uhr.

The Shore Beach, ☎ 0370-653 144. Die gut besuchte Bar ist bei Surfern und lokalen Beachboys beliebt. Neben einer ausschweifenden Spirituosen- und Cocktailkarte viele Gerichte ab 45 000 Rp. Die Musik ist reggaelastig, ab 19.30 Uhr laufen Filme, Do und So spielt von 20–24 Uhr eine Liveband. ⏱ 10–24 Uhr.

Warung Bule, ☎ 0819-1799 6256. Hier kocht ein ehemaliger Chefkoch des Novotel-Restaurants leckere und hübsch angerichtete Kreationen mit asiatischen Zutaten und westlicher Zubereitung, die in entspannter Atmosphäre zu sehr fairen Preisen ab 50 000 Rp serviert werden. Neben thailändisch inspiriertem und Sasak-Essen ist vor allem das Seafood ein Renner. Sehr aufmerksamer und gut geschulter Service. Reservierung empfehlenswert. WLAN bis 18 Uhr. ⏱ 9–22.30 Uhr.

FESTE

Das Bau **Nyale** wird – ähnlich dem Pasola auf der Insel Sumba – jedes Jahr am 20. Tag des 10. Monats im Kalender der Sasak (meist im Februar) am Pantai Seger gefeiert. Es zählt zu den wichtigsten Ritualen in Lombok. Drei Tage dauern die Feierlichkeiten mit dem traditionellen Stockkampf *Peresean*, Tänzen, einer obligatorischen *Dangdut*-Bühne, einer großen Prozession und schließlich mit der Aufführung des Dramas von Prinzessin Mandalika, S. 357. Die Aufführung beginnt um 22 Uhr und endet gegen 4 Uhr mit dem Sprung der Prinzessin ins Meer. Just in diesem Moment erscheinen die Meerwürmer *(Eunice viridis)*, die *Nyale*, und die Menschenmenge stürmt zum Strand, um die Würmer zu fangen und später zu Medikamenten zu verarbeiten oder zu essen. Ein guter Fang signalisiert eine gute Ernte für das angebrochene Jahr. Das Fest ist einerseits ein Fruchtbarkeitsritual, andererseits hat es aber auch eine große Bedeutung für unverheiratete Sasak. Es beginnt mit *Pantun*-Rezitationen, Gedichten in Dialogform, die zu eindeutigen

Flirts zwischen den jungen Leuten führen. Für sie ist es aufgrund der konservativen Verhaltensregeln die einzige sittenkonforme Möglichkeit, dem anderen Geschlecht näherzukommen.

EINKAUFEN

Bersahara, 🖥 bersaharaorg.blogspot. com. Von einheimischen Frauen hergestellte und zu Non-Profit-Konditionen verkaufte Textilien wie Taschen und *Songket*-Stoffe. Die Kooperative gibt Englischunterricht für unterprivilegierte Kinder. Für detaillierte Infos zur Arbeit und den Lebensumständen der Frauen s. Website. ⏱ Mo–Fr 9–17 Uhr.

Kencana Natural Art & Craft Shop, nebenan. Hier bekommt man günstige Sasak-Schnitzereien, Schmuck und gebrauchte Bücher.

AKTIVITÄTEN

Kajakfahren

Scuba Froggy, s. u., hat Einer und Zweier für 50 000 Rp pro Std.

Reiten

Kuta Horses, Jl. Raya Bypass, Rankap Satu, ☎ 0819-1599 9436, ✉ kutahorses@hotmail. com. Pierre aus Frankreich bietet geführte Ausritte für Kinder, Anfänger und Fortgeschrittene am Strand entlang, durch die Dörfer oder zum Sonnenaufgang. Die 6 Pferde sind gesund, gepflegt und ausgeglichen. 1 Std. Ausritt 400 000 Rp, 2 Std. 630 000 Rp.

Surfen

Die besten Bedingungen herrschen von Sep–Dez sowie von Feb–Mai. Viele Surfer fahren mit Rollern auch die Buchten der Umgebung an. **Kimen Surf**, ☎ 0370-615 5064, 🖥 www.kuta-lombok.net. Die wichtigste Adresse für Surfer in Kuta. Surfbrett- und Ausrüstungsverleih, Reparatur, An- und Verkauf von Brettern, Surftrips, mehrtägige Camps u. v. m. Surfbrett 60 000 Rp pro Tag. Surftrips ab 550 000 Rp für 2 Pers., in der Bucht von Ekas 950 000 Rp bei 1 Pers., jede weitere Pers. 150 000 Rp Aufschlag. Surfunterricht kostet 480 000 Rp p. P. für 4 Std. Zudem nützliche Informationen zu den besten Breaks der Umgebung und eine Gezeitentabelle. ⏱ 7.30–21 Uhr.

Einheimische und Touristen zieht es an die weißen Sandstrände von Kuta Lombok und Umgebung.

Tauchen
Von Juli–Nov herrschen in den Gewässern anspruchsvolle Bedingungen, während von Dez–Mai auch Anfänger vor Kuta tauchen können. Es gibt 12 Tauchspots, 2 werden besonders frequentiert: In Boro Bagik finden sich große, von Weichkorallen bedeckte Felsen und im Plateau auf 18 m Tiefe tummeln sich Barrakudas, Thun- und Kaiserfische. Bei JJR sind farbenfrohe Weichkorallen, Weichtiere und Fische wie der Napoleon-Lippfisch oder Barrakudas anzutreffen.
Scuba Froggy, im Ort und im Novotel, ✆ 0878-6426 5958, 🖳 www.scubafroggy.com. Tauchgänge für 375 000 Rp sowie Open-Water-Kurse für 4 Mio. Rp.

Yoga
Ashtari, s. Essen. Session um 6.30 Uhr, Di, Do und So auch 9 und 17 Uhr.

SONSTIGES
Auto- und Motorradvermietung
Die meisten Unterkünfte vermitteln Autos mit Fahrer für 350 000 Rp pro Tag. Motorräder werden überall für 50 000 Rp pro Tag angeboten. Der Verleih neben den Segare Anak Bungalows ist nicht sehr vertrauenswürdig.

Geld
Einige Hotels wechseln Geld zu schlechten Kursen. Ein Geldautomat befindet sich an der Jl. Raya Pantai Kuta neben dem Surfers Inn.

Sicherheit
Die Zahl der **Einbrüche** und Diebstähle ist höher als auf Bali. Organisierte Banden stehlen Fahrzeuge, die dann bei der örtlichen Polizei teuer „zurückgekauft" werden dürfen. An vielen Buchten gibt es bewachte Parkplätze. Allerdings sollten keine Wertsachen mitgenommen und die entlegenen Strände besonders von allein reisenden Frauen nicht ohne Begleitung besucht werden. In der Vergangenheit gab es Fälle von **Vergewaltigungen** am helllichten Tag. Zudem haben **Gangs** mit Vandalismus in Strandbars und Feindseligkeit gegenüber ausländischen Touristen Aufsehen erregt.

TRANSPORT

Minibusse

Perama, ☎ 0370-635928 (Mataram), fährt bei mind. 2 Pers. nach MATARAM, SENGGIGI oder LEMBAR um 6.30 Uhr für 125 000 Rp p. P. Andere Anbieter sind nicht immer seriös und nutzen statt eigenen die spärlich verkehrenden öffentlichen Transportmittel, die auch auf eigene Faust genutzt werden können: Zuerst einen Minibus bis SENGKOL, 15 km, für 10 000 Rp nehmen, dann nach PRAYA, 15 km, für 10 000 Rp und weiter nach MATARAM (Bertais), 31 km, für 10 000 Rp in 1 Std.

Private Taxis

Am schnellsten und bequemsten sind Pkw mit festen Preisen, die an jeder Ecke vermittelt werden.
FLUGHAFEN, 17 km, für 50 000–100 000 Rp p. P. in 30 Min.
SENGGIGI, 66 km, und LEMBAR, 48 km, für 150 000 Rp in 1 1/2 Std.
SUMBAWA BESAR, 250 000 Rp, und BIMA, 350 000 Rp, um 12.30 Uhr.
TEMBOWONG (Umstieg in Boote nach Gili Gede) und PELANGAN, 72 km, für 350 000 Rp in 2 Std.
TETEBATU, 60 km, für 175 000 Rp in 2 Std.

Von Kuta Lombok nach Selong Blanak

Nach Westen windet sich die zunehmend mit Schlaglöchern übersäte Straße die Hügel auf und ab, mit schönen Aussichten über Kokosplantagen und die Küste. Auf halber Strecke zwischen Kuta und Mawun, ca. 2 km westlich des Restaurants Ashtari, liegt linker Hand die Höhle **Goa Bangkang**. Es gibt kein Schild, aber auf einem Hügel stehen ein paar einfache Hütten. Von hier führt ein kleiner Pfad zur Höhle, die allabendlich zum Sonnenuntergang von Tausenden Fledermäusen verlassen wird.

Nach 7 km auf sehr schlechter Straße erreicht man die atemberaubende **Mawun-Bucht** mit schneeweißem Sand. Sie ist mit ihrem glasklaren Wasser ideal zum Schwimmen. Ihre halb-

mondartige Form sorgt dafür, dass man auch bei Ebbe in den leichten Wellen planschen und sogar schnorcheln kann. Die **Mawi-Bucht** ist schwerer zu erreichen. Man folgt der Straße für weitere 10 km vorbei an Tabakfeldern und nimmt die zweite asphaltierte Abzweigung nach links. Von hier sind es noch ca. 3 km bis zum Strand, die Straße verwandelt sich schnell in einen schwer befahrbaren sandigen Pfad. Mawi punktet bei ausreichendem Wellengang mit idealen Surfbedingungen. Einen Surfbrettverleih gibt es hier nicht, und auch sonst sind die Buchten weitgehend menschenleer.

Weiter westlich lockt der einsame, weiße Sandstrand von **Selong Blanak**. Auf dem Bukit Sempiak liegen die Sempiak Villas, ☎ 0821-4430 3337, 🖥 www.sempiakvillas.com, mit schöner Aussicht auf die Bucht und die Reisfelder im Inland sowie 5 schicken, individuell gestalteten Villen für bis zu 4 Pers. mit AC, Küche, Wohnbereich, TV, iPod-Station und Spielesammlung. Es gibt eine kleine Bücherei und einen einladenden Pool. Das Personal organisiert Schnorcheltouren sowie Wanderungen und verwendet umweltverträgliche Reinigungsmittel. Transport ab Lembar 270 000 Rp, ab Flughafen 180 000 Rp. Frühstück und WLAN im empfehlenswerten Laut Biru Café inkl. ❼–❽

Von Kuta Lombok nach Ekas

Idyllisch ist der lange, weiße Sandstrand von **Tanjung Aan**, 6 km östlich von Kuta Lombok. Weil sein Sand aus großen, weißen Kügelchen besteht, die aussehen wie weißer Pfeffer, wird er von den Einheimischen auch Pantai Merica genannt. Surfanfänger können hier erste Stehversuche wagen. Wenn die Sonne scheint, erstrahlt das Wasser in mannigfaltigen Blautönen, und Kleinbusse befördern badelustige Knirpse aus den umliegenden Dörfern hierher. In einfachen Warung lässt sich der Blick über den Strand genießen.

Eine sehr schlechte Straße führt 7 km östlich ins kleine Fischerdorf **Gerupuk**, dessen Bucht mit fünf Breaks und kaum windabhängigen Wellen sowohl für Surf-Anfänger als auch für Fortgeschrittene geeignet ist. Einfache Warung und ein Surfshop bieten alles, was man für einen Tag in den Wellen benötigt. Der **Edo Surfshop** veranstaltet zwei- bis dreistündige Surftrips inkl. Brett und Guide ab 350 000 Rp p. P.

Das Surf Camp Lombok, am Südende von Gerupuk, ✆ 0370-6824 4007, 0813-3828 6649, 🖳 www.surfcampindonesia.com. wird von zwei Schweden geleitet und hat längere Surf-Kurse für Anfänger und Fortgeschrittene im Angebot. Trockenübungen können in der Skate-Bowl auf vier Rädern unternommen werden, Yoga und eine Kletterwand dienen dem allgemeinen Fitnessaufbau, und ein Baumhaus lädt zum Relaxen ein. Buchungen nur online, der Mindestaufenthalt von einer Woche kostet 650 € inkl. Vollpension und Unterkunft in sehr einfachen Zimmern mit Bambusbetten und Moskitonetzen für zwei bis vier Personen. 20 € pro Aufenthalt werden an die Surf Camp Lombok Foundation gespendet, die Englischunterricht für Kinder, Kurse zur Förderung des Umweltbewusstseins, Brunnenbau oder den Kauf von Brillen und Tablet-PCs finanziert. Während der Recherche 2013 waren hinter dem Surf Camp teurere Unterkünfte in Bau.

Die beliebten Surfplätze bei Ekas erreicht man vom östlich gelegenen Fischerdorf **Awang** mit einem gecharterten Boot für 300 000 Rp, über Land fährt man zwei Stunden auf einer ziemlich holprigen Straße. Auch Nichtsurfer können direkt am Strand im abgeschiedenen Heaven On The Planet, ✆ 0812-375 1103, 🖳 www.heaven ontheplanet.co.nz, mit Tauchzentrum, übernachten. Die 15 mit viel Naturmaterial ausgestatteten Zimmer reichen von „sehr einfach" für normale Gäste bis „luxuriös" für Pauschalurlauber. Empfehlenswerte Pauschalangebote inkl. Transfer, Vollpension, Surfen, Wäscheservice und Schnorcheln. ❹–❼

Praya und der Flughafen

Rund 30 km südöstlich von Mataram liegt die unspektakuläre Distrikthauptstadt **Praya**, deren rund 900 000 Seelen starker Verwaltungsbereich vom Gunung Rinjani wie ein Stück Pizza an die Südküste reicht. Etwa 75 % der Bewohner des Distrikts Zentral-Lombok sind Bauern. Fast überall wird Reis angebaut, stellenweise sogar der seltene und schwer zu bestellende Bergreis. Besonders südlich der Stadt trifft man auf Wasserbüffel, und es kommt vor, dass man hinter einer Herde im Stau steht. Auch Tabak, Baumwolle, Kopra und Maniok werden produziert.

Neben vielen Verwaltungsgebäuden und einer großen Moschee gibt es in Praya Geldautomaten und einen großen Supermarkt. Seit Oktober 2011 ist einige Kilometer südlich der über US$111 Mio. teure internationale Flughafen **Bandara Internasional Lombok** in Betrieb.

ÜBERNACHTUNG

Grand Royal BIL, Jl. Raya By Pass, westlich des Flughafens, ✆ 0370-689 7509, 🖳 www.grand royallombok.com. Wer einen sehr frühen Flug erwischen will, kann in Kuta Lombok (30 Min., S. 358) oder aber in diesem etwas überteuerten Transithotel mit Pool, annehmbaren Mittelklasse-Zimmern in Einheitsgröße mit Du oder Bad/WC und kostenlosem Flughafentransfer übernachten. Indonesisches Frühstück inkl. ❹–❺

TRANSPORT

Selbstfahrer

Eine Schnellstraße verbindet den Stadtrand von Gerung mit dem Flughafen und Praya, sodass man in 1 Std. in Mataram ist.

Busse

Nach SENGGIGI via MATARAM (20 000 Rp) vom Flughafen mit Damri-Bussen alle 60 Min. von 3–16 Uhr für 30 000 Rp in 1 1/2 Std.

Minibusse

Wer mit öffentlichen Bussen nach Kuta Lombok fahren möchte, kommt um den Umstieg in Praya nicht herum. Nach MATARAM für 15 000 Rp in 1 Std., besser sind die Damri-Busse, s. o. Nach SENGKOL und weiter nach KUTA vormittags für 10 000 Rp, 1 Std. Besser fährt man mit einem Taxi, s. u.

Taxis

Wer unterwegs anhalten möchte, kann sich für etwas mehr Geld ein Privattaxi chartern, ansonsten lohnen die Taxameter-Fahrzeuge von

Blue Bird, ☎ 0370-627000, und Express,
☎ 0370-647555. Vom Flughafen nach:
BANGSAL (Umstieg in Boote nach Gili
Trawangan, Meno oder Air) für 250 000–
300 000 Rp in 1 1/2 Std.
KUTA LOMBOK, 18 km, für 75 000–100 000 Rp
in 30 Min.
LABUHAN LOMBOK (Fähre nach Sumbawa),
72 km, für 300 000 Rp in 1 1/2–2 Std.
MATARAM, 30 km, für 120 000 Rp in 45 Min.
SENGGIGI, 52 km, für 210 000 Rp in 1 Std.
SENARU (Gunung Rinjani-Nationalpark), 113 km,
für 450 000 Rp in 3 1/2–4 Std.
TEMBOWONG (Umstieg in Boote nach
Gili Gede), 66 km, für 250 000 Rp in 1 1/2 Std.

Flüge

Am Bandara Internasional Lombok (BIL bzw.
IATA: LOP), 🖥 www.lombok-airport.com, gilt
eine Flughafensteuer von 45 000 Rp für Inlands-
flüge und 150 000 Rp für internationale Flüge.
Preisbeispiele für Direktflüge in Südostasien:
BIMA ab 356 000 Rp in 1 Std.
DENPASAR ab 213 000 Rp in 30 Min.
JAKARTA 4x tgl. ab 620 000 Rp in 2 Std.
KUALA LUMPUR ab 1,1 Mio. Rp in 4 Std.
MAKASSAR ab 723 000 Rp in 1 1/2 Std.
SINGAPORE ab 400 000 Rp in 2 1/2–3 Std.
SUMBAWA BESAR ab 210 000 Rp in 30 Min.
SURABAYA ab 360 000 Rp in 1 Std. 15 Min.
Air Asia, ☎ 021-2927 0999, 🖥 www.airasia.
com. Nach KUALA LUMPUR 1x tgl.
Citilink, ☎ 0804-1080808, 🖥 www.citilink.co.id.
Nach SURABAYA 2x tgl.
Garuda, im Flughafengebäude und Jl. Majapahit
2, Mataram, ☎ 0370-642303, 021-2351 9999,
🖥 www.garuda-indonesia.com. Nach BIMA
1x tgl., DENPASAR 3x tgl., JAKARTA 2x tgl.,
MAKASSAR 1x tgl. und SURABAYA 1x tgl.
Jet Star, 🖥 www.jetstar.com. Fliegt günstig
nach PERTH und BRISBANE.
Lion Air und Wings Air, ☎ 0361-765132,
🖥 www.lionair.co.id. Nach DENPASAR
5–6x tgl., JAKARTA 4x tgl. und SURABAYA
6–8x tgl.
Merpati, im Flughafengebäude sowie
Jl. Pejanggik 69 in Mataram, ☎ 0370-633637,
621111, 🖥 www.merpati.co.id. Nach BIMA
1x tgl. und DENPASAR 4x tgl.

Silk Air, im Lombok Raya Hotel, Jl. Panca
Usaha, Mataram, ☎ 0370-628254, 🖥 www.
silkair.com. Nach SINGAPORE 4x wöchentl.
🕘 9–17, Sa bis 13 Uhr.
Tiger Air, 🖥 www.tigerair.com. Nach
SINGAPORE 3x wöchentl.
Trans Nusa, Jl. Panca Usaha 28, ☎ 0370-624555,
🖥 www.transnusa.co.id. Nach BIMA
4x wöchentl., DENPASAR 3x wöchentl. und
SUMBAWA BESAR 1x tgl.

Sukarara

Ein interessanter Ausflug führt in das rund
8000 Einwohner zählende Weberdorf Sukarara,
5 km von Praya bzw. 25 km von Mataram entfernt. Es ist für die Qualität der teils von Goldfäden durchzogenen *Songket*-Stoffe bekannt
und steht daher auf dem Programm vieler Touristen. Geschäfte bieten die zu *Sarong*, Schals,
Kissenbezügen oder Hemden verarbeiteten
Stoffe an.

Die von vielen Touren angesteuerte kommerzielle Kooperative Patuh lädt Besucher auf eine
etwa viertelstündige Führung durch die Häuser
hinter dem Geschäft ein. An den traditionellen Webstühlen sitzen Frauen, die knapp 20 cm
pro Tag weben. Im Geschäft verwandeln sich
die Fremdenführer in hartnäckige Verkäufer. Bei
Desinteresse hilft eine freundliche Spende für
die Führung beim höflichen Abgang.

Die großen Geschäfte verlangen hohe Preise und auch aus Java eingekaufte Batik- und In-
dustrieware hängt auf den Stangen. Vom Profit sehen die Weberinnen wenig, sie überlassen
ihre mühevoll gewebten Stoffe den Großhänd-
lern zu Niedrigpreisen. Es ist besser, in kleineren
Läden oder direkt bei den Produzentinnen ein-
zukaufen.

Ein Besuch bei Pak Rudi, ☎ 0819-1702 7015,
von der örtlichen Kooperative Abadi lohnt. Er
führt auf Englisch und ein paar Brocken Deutsch
durch sein Anwesen, erläutert die Stufen des
Webprozesses und geht auf die Motive ein.
Rund zwei Dutzend Weberinnen haben eine Kooperative gegründet, um ihre Stoffe zu fairen
Preisen verkaufen zu können. Der Preis für ein
einfaches Muster liegt bei 300 000 Rp.

Tetebatu und Umgebung

Tetebatu am Südhang des Gunung Rinjani gehört bereits zum Distrikt Ost-Lombok und liegt charmant auf 650 m Höhe. Bei angenehmen Temperaturen lassen sich schöne Wanderungen durch Reis- und Tabakfelder, Nelken- und Kaffeeplantagen unternehmen.

Erkundet man das Umland im Süden und Osten Tetebatus mit einem *Cidomo* oder dem eigenen Fahrzeug, sollten der tägliche Markt in **Kotaraja**, die Bambuskunstläden in **Loyok**, die Töpfereien in **Masbagik** und die Webereien in **Pringgasela** nicht übergangen werden. Geschäfte in Pringgasela verkaufen neben farbenfrohen *Songket* (mit Gold- und Silberfäden) auch *Ikat* – sowohl mit künstlichen als auch Naturfarben (Indigo für blau und Makassar-Ebenholz für braun) – und ungefärbte, naturbelassene Stoffe.

Etwas außerhalb von **Aik Berik**, am Fuß des Rinjani, liegen zwei schöne Wasserfälle, die selten von ausländischen Touristen besucht werden. Unter der Woche ist man fast allein, aber an Sonntagen sind sie ein beliebtes Ziel für einheimische Ausflügler, was unschöne Müllberge zur Folge hat. Den ersten Wasserfall, **Benang Stokel**, erreicht man vom Parkplatz in ca. 15 Min. über einen gut befestigten Weg, der an Wochenenden mit Essensständen gesäumt ist. Der 20 m hohe Wasserfall eignet sich gut für eine kalte Dusche. Von dort kann man in einer guten halben Stunde weiter zum **Benang Kelambu** laufen. Der Weg ist teils steil und rutschig. Belohnt wird man mit einem dichten Vorhang aus Wasser, der über eine mit frischem Grün bewachsene Steinwand 35 m in die Tiefe fällt. Der Legende nach kam Prinzessin Rinjani hierher, um hinter dem Vorhang aus Wasser ungestört ein Bad nehmen zu können. Eintritt 10 000 Rp, Parkgebühr 5000 Rp für Autos, 2000 Rp für Motorräder. Nordwestlich und näher an Tetebatu liegt der **Jukut-Wasserfall** (auch Air Terjun Jeruk Manis oder Aik Temer), ein weiterer Wasserfall, der Badende dem Volksglauben nach von Krankheiten und sogar Haarausfall kuriert.

ÜBERNACHTUNG

Abgesehen vom Wisma Soedjono liegen alle Unterkünfte an der Dorfstraße, die Tetebatu mit

Kembang Kuning verbindet. Alle organisieren Wanderungen durch das Umland.

Green Orry Inn, ☎ 0376-632233, ✉ greenorryinn@yahoo.com. Saubere, mit hübscher Sasak-Dekoration versehene Zimmer mit nicht immer sauberen Warmwasser-Du/WC sowie 4 2-stöckige Holzhäuschen mit Steinboden, Balkon und Rinjani-Panorama. Freundliche Betreiber. Motorräder werden für 75 000 Rp pro Tag vermietet. Frühstück im Restaurant inkl. ❸–❹

Hakiki Inn, Jl. Raya Tetebatu, ☎ 0818-0373 7407, 🖥 www.hakiki-inn.com. 6 Bungalows und *Lumbung* sowie ein größeres Zimmer im Haupthaus liegen abgeschieden in einem Garten bei den Reisfeldern. Alle mit Mandi/WC, teils recht durchgelegenen Matratzen und Veranda, von der man eine tolle Aussicht über Reisterrassen und auf den Rinjani hat. Die netten Besitzer Gun und Rusmiati betreiben ein gemütliches Restaurant. ❷–❸

€ **Pondok Bulan**, ☎ 0878-6592 3240. Der kleine Garten zählt 3 hübsche, saubere Zimmer mit Du/WC in Häuschen mit traditionellen Holzarbeiten und Blick auf die südlichen Reisfelder und von Affen frequentierten Bäume. Sehr freundliche Besitzer, die gutes Englisch sprechen. ❷–❸

Wisma Soedjono, 1 km nördlich, ☎ 0819-9771 4771, 🖥 www.wismasoedjonohotel.com. Die weitläufige Anlage mit Restaurant mitten im Grünen in der Nähe eines Baches ist ein Klassiker. Die Villa im Kolonialstil wurde 1920 von dem javanischen Arzt Soedjono erbaut. Man wohnt in den 28 Zimmern der umliegenden Bungalows mit Du/WC bzw. Bad/WC und Warmwasser. Günstig sind die kleinen 2-stöckigen Lumbung mit Balkon. Auf dem Gelände kann je nach Saison bei der Ernte von Reis, Tabak oder Kaffee zugeschaut werden. Frühstück inkl. ❷–❸

AKTIVITÄTEN UND TOUREN

Bergsteigen

Ab Tetebatu sind Besteigungen des Rinjani möglich, allerdings sind sie anspruchsvoller als von Senaru oder Sembalun. Für 2–3-tägige Touren bieten sich Guides vor Ort an, etwa **Bram's Adventures**, ☎ 0876-305 0044, bramsadventures.blogspot.de, Bram Ramli, www.facebook.com/bram.adventurer.

Wanderungen und Ausflüge
Von den Unterkünften vermittelte Guides führen für ca. 150 000 Rp, per Motorrad 200 000 Rp, durch die Felder, zu Wasserfällen und in den Dschungel. Ab dem Informationshäuschen des Nationalparks, wo ohne Guide 20 000 Rp Eintritt gezahlt werden müssen, führt ein schmaler Pfad 1,5 km über Stock und Stein durch den tropischen Wald zum **Jukut-Wasserfall** (auch Air Terjun Manis). Nordwestlich von Tetebatu lädt der **Joben-Wasserfall** zum Schwimmen ein (Eintritt 5000 Rp).
Achtung: Auf den Wegen zu den Wasserfällen kam es in der Vergangenheit zu Überfällen auf Touristen. Daher ist ein Guide unbedingt ratsam, wenn man nicht in einer größeren Gruppe unterwegs ist.

TRANSPORT
Lokale Busse
Ab Mandalika-Busbahnhof bei Mataram per Bus oder Minibus bis PAOKMOTONG für 15 000 Rp, weiter per Motorradtaxi nach KOTARAJA für 10 000 Rp, dann nach TETEBATU per *Cidomo* für 10 000 Rp oder Motorradtaxi für 15 000 Rp.

Minibusse
Perama, ✆ 0370-635928 (Mataram), 🖥 www.peramatour.com. Bei mindestens 2 Pers. auf Anfrage vom Green Orry Inn nach MATARAM oder LEMBAR um 6.30 Uhr für 125 000 Rp p. P.

Taxis
BANGSAL, 75 km, für 400 000 Rp in 2 1/2–3 Std.
KUTA LOMBOK, 60 km, und SENGGIGI, 65 km, für 350 000 Rp in 2 1/2 Std.
LEMBAR, 64 km, für 400 000 Rp in 3 1/2 Std.
MATARAM, 45 km, für 300 000 Rp in 2 1/2 Std.

Dorfalltag in schönster Natur

Etwas Besonderes lässt sich im Dorf **Mas-Mas** an den Ausläufern des Rinjani erleben. Die KEMUS-Initiative bestand ursprünglich aus Lehrern, die in ihrer Freizeit Unterricht für Kinder aus armen Verhältnissen gaben. Mit Beginn des touristischen Programms und einsetzender Unterstützung der deutschen GIZ konnten Computer angeschafft, die örtlichen Bauern unterstützt und das Unterrichtsangebot erweitert werden. Heute werden Besucher in einer abwechslungsreichen, halbtägigen Tour durch den Ort geführt und bekommen Einblicke in das tägliche Leben. Dabei kann man die Schule besuchen, ausgezeichnete Korbflechterinnen treffen und Ibu Erna bei der Herstellung von *Krupuk* aus Bananenstauden über die Schulter blicken oder selbst mithelfen. Kompetent erklärt Pak Habib den landwirtschaftlichen Zyklus im Dorf, der stark vom angrenzenden Stausee abhängig ist, und zeigt Obstsorten, Blumen und Heilpflanzen, die einem auf dem Spaziergang durch die Umgebung begegnen. Den Abschluss bildet ein reichhaltiges, traditionelles Sasak-Essen, das gemeinsam auf einer *Beruga* eingenommen wird. Ab 2 Teilnehmern werden nach Voranmeldung 5- bis 6-stündige Touren durchgeführt, tgl. um 9 Uhr oder nach Vereinbarung für 150 000 Rp p. P., Kinder 75 000 Rp, Essen und Getränke inkl. Der Transport muss selbst organisiert werden. Besucher werden gebeten, aus Respekt vor der Kultur ihre Schultern zu bedecken. Einen Sarong bekommt man vor Ort. Übernachtung für 50 000 Rp inkl. Frühstück im Homestay oder 30 000 Rp im Zelt.
Kontakt: Ibu Ayu, ✆ 0878-6467 8295, Pak Ulil, ✆ 0819-0792 8864, 🖥 www.vbtmasmas.wordpress.com.
Anfahrt: Von Praya aus geht es an der Kreuzung hinter der Pertamina-Tankstelle rechts nach Kopang (13 km). Dort an der Kreuzung geradeaus auf eine schlechtere Straße. Nach 1 km steht links eine Moschee, dahinter bei der nächsten Gelegenheit rechts abbiegen. Bis hierhin ist Mas-Mas auch gelegentlich ausgeschildert. Nach ca. 4 km geht es wieder an einer Moschee vorbei – 100 m dahinter links abbiegen und rechter Hand nach dem Büro von Kemus Ausschau halten.
Von Tetebatu aus fährt man nach Kotaraja und weiter Richtung Westen. Hinter Lendangara nicht der Straße folgen, sondern an der Kreuzung rechts abbiegen und nach Norden fahren. An der nächsten scharfen Rechtskurve dem Schotterweg folgen und sich durchfragen.

Mataram

Die Verwaltungshauptstadt West-Nusa Tenggaras ist mit den beiden Nachbarorten zusammengewachsen. Während ein Besuch in Mataram nur lohnt, um sich vor der Weiterreise mit Notwendigkeiten einzudecken, kann man auf Spaziergängen im alten **Ampenan** Hafenluft schnuppern und im chinesisch und balinesisch geprägten **Cakranegara** durch die betriebsamen Geschäftsviertel stromern.

Entlang der von schönen alten Bäumen gesäumten West-Ost-Allee Jalan Pejanggik mit den für indonesische Provinzhauptstädte typischen Verwaltungsgebäuden, Repräsentativbauten und Büros dominiert seit neuestem die gigantische **Masjid At-Taqwa** das Stadtbild. Ihre weithin sichtbaren, bis zu 114 m hohen Minarette sind bereits in Ampenan zu erspähen und wurden u. a. mit Geldern des im Goldabbau auf Sumbawa tätigen Konzerns Newmont errichtet. Nach Fertigstellung wird die Moschee mit einer Kapazität von 15 000 Gläubigen eine der größten in Südostasien sein, bereits heute ist sie das höchste Gebäude der Provinz.

Das **West Nusa Tenggara Museum** (Museum Nusa Tenggara Barat), Jl. Panji Tilar Negara 6, ✆ 0370-632159, hat eine über 7000 Objekte zählende, aber altbacken präsentierte Sammlung zur Kultur, Geschichte und Geologie von Lombok und Sumbawa, darunter Hochzeitskostüme, Waffen, Münzen oder Fossilien. Eintritt 5000 Rp, ◷ Mo–Do 8–14, Fr 8–12 und 13.30–15 Uhr.

Kulturinteressierte können im **Taman Budaya**, Jl. Majapahit, Musik- und Tanzvorführungen erleben. Das aktuelle Programm ist in der Touristeninformation (s. Sonstiges) oder telefonisch zu erfragen, ✆ 0370-622428, 0813-3952 9820.

Cakranegara

„Cakra" zeichnet sich durch seine betriebsamen Geschäftsviertel aus, in denen Unmengen an Gold, Perlen und Waren des täglichen Gebrauchs den Besitzer wechseln. In der Gegend um den Pasar Cakra sind Korb- und Webarbeiten für einen Bruchteil der Preise auf Bali erhältlich.

Östlich der Jalan Sultan Hasanuddin steht der größte Tempel von Lombok, **Pura Meru**. Er wurde 1720 auf Anordnung des balinesischen Fürsten Anak Agung Made Karang errichtet. Im Vergleich zu den Anlagen auf Bali ist er etwas enttäuschend und vernachlässigt. Im äußeren Hof sind die großen hölzernen Trommeln untergebracht, mit denen die Gläubigen zum Tempel gerufen werden. Der mittlere Hof besitzt zwei erhöhte Plattformen, die für die Opfergaben vorgesehen sind. Im inneren Hof stehen ein großer sowie 33 kleinere Schreine. Die drei *Meru* mit ihren sieben-, neun- oder elfstufigen Dächern sind den drei Hindugottheiten Brahma, Vishnu und Shiva geweiht.

Zu Vollmond im September oder Oktober findet hier und im Pura Lingsar (S. 374) fünf Tage lang **Pujawali**, das größte Hindu-Fest auf Lombok, statt, zu dem neben Tanz und Musik auch der *Perang Topat* („Klebreis-Krieg") gehört. Bei dieser Schlacht bewerfen sich Sasak und Balinesen in wilder, aber spaßiger Manier mit Klebreis. ◷ 8–17 Uhr, Eintritt gegen Spende.

Der **Taman Mayura** schräg gegenüber war früher ein Teil des balinesischen Königshofes. Das Parkgelände wird hauptsächlich von einem großen See eingenommen, in dessen Mitte ein *Bale Kambang* (schwimmender Pavillon) steht. Die Untergrundquellen, die das Gewässer einst speisten, sind versiegt, und so spült jetzt ein Fluss über unterirdische Kanäle allerhand Müll in das Becken.

Wo heute Angler ihre Ruten auswerfen und Familien picknicken, fand 1894 eine entscheidende militärische Auseinandersetzung mit den holländischen Kolonialtruppen statt. Damals gelang es den Einheimischen, alle holländischen Soldaten von der Insel zu vertreiben – wenn auch nur für ein paar Monate. ◷ 7–19.30 Uhr, Eintritt frei, Sarong und Slendang gegen Spende. Bei Führungen durch Tempeldiener sollte man sich vorher auf einen Preis einigen, etwa 15 000 Rp p. P.

Ampenan

Am Strand des alten arabischen Viertels **Kampung Arab** sind die vielen bunt bemalten Fischerboote und der frühmorgendliche Fischmarkt sehenswert. Spaziert man noch etwas weiter nach Süden, gelangt man zum **Hafen**, von dessen kolonialer Vergangenheit nach einem verheerenden Brand nicht mehr viel zu sehen

LOMBOK Übersichtskarte S. 348

ist. Zu später Stunde findet hier ein **Nachtmarkt** statt, der für seine leckeren, frischen Fischgerichte bekannt ist. Wer die geschäftige Atmosphäre eines typischen Obst-, Gemüse- und Fleischmarktes liebt, sollte über den großen **Pasar Kebon Roek** schlendern.

ÜBERNACHTUNG

Arianz Hotel, Jl. Caturwarga 33, ☎ 0370-647977, 🖥 www.arianzhotel.com. Modernes Mittelklassehotel mit 29 geräumigen Zimmern mit Laminatböden, AC, LCD-TV, kleinen Bildern an den Wänden und Warmwasser-Du/WC, teils auch mit Wasserkocher. Frühstück und WLAN inkl. **4** – **5**

Lombok Garden Hotel, Jl. Bung Karno 7, ☎ 0370-636015, 🖥 www.lombokgardenhotel. com. Die alte, aber gepflegte Anlage mit 224 teils in Doppelbungalows gelegenen Zimmern in einem großen, grünen Garten mit zwei Pools war eins der ersten Hotels auf Lombok. Ruhige, saubere Zimmer mit Balkon oder Veranda zum Garten, AC, Minibar, (teils LCD-)TV und großem Du/WC oder Bad/WC mit Warmwasser, teils auch Wasserkocher. Zimmer im neuen südöstlichen Flügel sind neuer, aber teils verraucht. Frühstück im großen Restaurant und WLAN inkl. **4** – **5**

Lombok Raya Hotel, Jl. Panca Usaha 11, ☎ 0370-632305, 🖥 www.lombokrayahotel.com. 3-Sterne-Hotel mit Pool, Spa, Reisebüro sowie älteren und leicht abgewohnten, aber geräumigen und komfortablen Zimmern mit guten Matratzen, AC, TV, Safe, Minibar und Warmwasser-Du/WC oder Bad mit großem Spiegel. Nebenan war zuletzt ein riesiger Neubau in der Entstehung. Freundlicher Service, Frühstück im Restaurant und WLAN in der Lobby inkl. **4** – **5**

Maktal Hotel, Jl. Maktal 3, ☎ 0370-630624, 🖥 hotel.maktal@hotmail.com. Gepflegtes, sauberes Hotel mit Innenhof mit Karpfenteichen und 27 komfortablen Zimmern mit AC, LCD-TV, Matratzen und Warmwasser-Du/WC. Das Personal ist sehr freundlich, und im Haus ist ein kleines Café. Frühstück im Restaurant und WLAN in der Lobby inkl. **4**

€ **Melati „Viktor" 1, 2 & 3**, Jl. Abimanyu, ☎ 0370-633830 (Haus 1), 621722 (Haus 2),

62408 (Haus 3). Die empfehlenswerte Budget-Option hat 3 Häuser. In Haus 1 sind um einen Parkplatz 12 saubere, einfache Zimmer mit guten Matratzen, Du/WC und TV, teils auch AC und Warmwasser. Im 2-stöckigen Haus 2 sind 12 AC-Zimmer mit besserem Preis-Leistungs-Verhältnis. Haus 3 hat 13 saubere Zimmer mit schön verzierten Fenstern, größerem LCD-TV mit internationalen Kanälen, AC und Warmwasser-Du/WC. Nettes, hilfsbereites Personal. Frühstück und WLAN inkl. **2**

Oka & Son Gh., Jl. Repatmaja, ☎ 0819-1600 3637, 0853-3726 0909. Die bessere Alternative zum Oka Homestay nebenan hat 5 saubere Zimmer mit AC, kleinem LCD-TV, guten Matratzen, einer kleinen Veranda und Warmwasser-Du/WC. Die netten Betreiber vermieten Motorräder und vermitteln Transporte. Frühstück und WLAN inkl. **2** – **3** Weitere Übernachtungsmöglichkeiten s. **eXTra [4292]**.

ESSEN

Viele Essensstände öffnen abends in der Jl. Udayana. Wem nach Fast Food ist, der findet in der Mataram Mall KFC, McDonald's und Pizza Hut.

Im kleinen Shop des **Oka & Son Gh.**, s. o., kann man Wasserflaschen für 1000 Rp pro Liter auffüllen.

Al-Hamra, Jl. Pejanggik 15, ☎ 0370-645 500, 🖥 auf Facebook. Das von einer alteingesessenen arabischen Familie geführte Restaurant serviert nicht ganz authentisch schmeckende Gerichte aus dem Nahen Osten ab 42 000 Rp, etwa Shishkebab, Shawarma oder Lamm- und Ziegenfleisch, aber auch Sandwiches und Hummus sowie starken Kaffee mit Nelken und Zimt. Kostenloser Lieferservice in Mataram. ⏱ 9–23 Uhr.

Delicio, Mataram Mall, Jl. Pejanggik, ☎ 0370-629915. Neben europäischen und chinesischen Gerichten gibt es in diesem rustikalen, sehr beliebten und etwas schummrig ausgeleuchteten AC-Restaurant mit Pub-Atmosphäre allein 18 Variationen von Kaffee (sogar French, Irish und Russian Coffee) sowie Kuchen. Außerdem chinesische und indonesische Gerichte ab 40 000 Rp, importierte

368 MATARAM

www.stefan-loose.de/bali

Steaks und Barbecue. Mi ab 20 Uhr Livemusik. ⊖ 9–23 Uhr.

Taliwang Moerad, Jl. Pelikan 6, ✆ 0370-633619. Das offene, günstige Restaurant ist bekannt für seine authentischen und günstigen Sasak-Gerichte, z. B. Ayam Taliwang.

€ **Omah Cobék**, Jl. Maktal 6, ✆ 0370-658 0568. In dem 2-stöckigen, klimatisierten Restaurant werden authentische lokale Speisen wie *Iga Bakar* (Rippchen), *Gurameh* (Fisch) oder *Karedok* (kleingehackter Kohl in süß-scharfer Soße) ab 20 000 Rp aufgetischt. Die Ente *Bebek Rica Rica* ist die Spezialität des Hauses. Günstig sind auch die Menüs *(Paket)*. ⊕ 10–22 Uhr.

RM Seafood Aroma & RM Hongkong, Jl. Palapa 1, ✆ 0370-632585, 💻 rumahmakan aroma.blogspot.de. Die beiden Nachbarn mit Tischen drinnen oder draußen sind für ihr chinesisch-indonesisches Essen und Seafood bekannt. Die Gerichte ab 16 000 Rp sind auch auf Englisch ausgewiesen.

Seafood 88, Jl. Pejanggik 30. Einer der bekanntesten Seafood-Essenstände, wo der Fisch direkt aus der Eistruhe gewählt werden kann. ⊕ ab 18 Uhr.

EINKAUFEN

Reisezubehör

Gramedia, Jl. Pejanggik. Außer Taschen, Rucksäcken und Schreibwaren sowie einem Deutsch-Indonesisch-Wörterbuch wenig Brauchbares.

Grand Store, 3. Stock in der Mataram Mall. Hat ebenfalls Taschen und Koffer.

Petualang, Jl. Panca Usaha 24 B. Rucksäcke, Seile, Taschenlampen, wetterfeste Kleidung, Taschenmesser und anderes Outdoor-Zubehör. ⊕ 9–21 Uhr.

Souvenirs und Möbel

Zum Feilschen um *Ikat*-Stoffe und Goldschmuck ist der **Pasar Cakra** die richtige Adresse. Gold und Perlen gibt es in **Sekarbela** in Ampenan. Südlich vom Flughafen in **Kamasan** befindet sich das Viertel der Gold- und Silberschmiede, und nordöstlich Cakranegara in **Rungkang** werden kunstvoll geschnitzte Holzmöbel verkauft.

Sayang-Sayang Kunstmarkt, Jl. Jendral Sudirman. Auf dem *Pasar Seni Sayang-Sayang* findet man alle erdenklichen Mitbringsel, Kunst und Kleinkram aus Lombok und Nusa Tenggara.

Supermarkt

Mataram Mall, Jl. Pejanggik. In dem mehrstöckigen Einkaufszentrum gibt es den großen Hero-Supermarkt mit Importwaren sowie Elektronik-, Bekleidungs- und Haushaltswarengeschäfte und eine Guardian-Apotheke. ⊕ 9–22 Uhr.

TOUREN

Perama, Jl. Pejanggik 66, ✆ 0370-635928, 💻 www.peramatour.com. „Countryside-" und „Sasak-Touren" in die ländliche Umgebung für 250 000 Rp bei 2 Pers. Auch Schnorchelausflüge zu den Gilis und mehrtägige Trekking-Touren auf den Rinjani werden angeboten. Alle 4 Tage zudem ein Liveaboard-Boot in den Komodo-Nationalpark und nach Labuan Bajo (Flores).

SONSTIGES

Apotheke

Kimia Farma, Jl. Pejanggik 48 D, ✆ 0370-638502. ⊕ 24 Std.

Auto- und Motorradvermietungen

Jedes größere Hotel arbeitet mit Autovermietungen zusammen und ist bei der Reservierung behilflich.

Motorräder kosten 60 000 Rp pro Tag, in einigen Unterkünften ab 50 000 Rp.

TRAC Astra Rent a Car, Jl. Laksada Adi Sucipto 5, ✆ 0370-626363, 💻 www.trac.astra. co.id. Alle Fahrzeuge sind in gutem Zustand und inkl. Versicherung, AC, Ersatzwagen und unbegrenzter Kilometerleistung ab 360 000 Rp pro Tag erhältlich. Auch Chauffeur- und Transferdienste.

Immigration

Kantor Imigrasi, Jl. Udayana 2, ✆ 0370-632520. ⊕ Mo–Fr 7–12 und 14–17 Uhr. Unkomplizierte Visa-Verlängerungen für 400 000 Rp innerhalb eines Tages bzw. 250 000 Rp innerhalb von 3 Tagen.

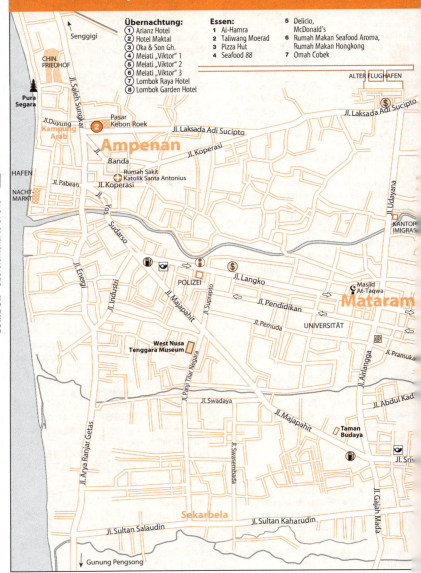

Informationen

Touristeninformation, Jl. Langko 70, ☎ 0370-640471. Findet man hier jemanden, sollte man nach Uchup und Nanang fragen, die sich durch brauchbares Englisch und Hilfsbereitschaft auszeichnen. ⏰ Mo–Fr 7–16 Uhr.

Internet

Internetcafés im Umkreis der Mataram Mall, Jl. Penjanggik, verlangen 3000–5000 Rp pro Std.

Medizinische Hilfe

Bei ernsthaften Krankheiten oder Verletzungen sollte ein Krankenhaus auf Bali, Java oder in Singapore gewählt werden. Es gibt keine Dekompressionskammer auf Lombok.
Ambulanz, ☎ 0370-622254.
Prodia Laboratori, Jl. Pejanggik 107, ☎ 0370-635010, 🖥 www.prodia.co.id.
Bei Verdacht auf Malaria oder Denguefieber werden in der Filiale der größten Laborkette Indonesiens schnelle, zuverlässige Bluttests durchgeführt.
Rumah Sakit Katolik Santa Antonius, Jl. Koperasi 61, ☎ 0370-636767, 🖥 www.rskantonius-lombok.org.
Rumah Sakit Risa Sentra Medika, Jl. Pejanggik 115, ☎ 0370-625559–60. Das beste Krankenhaus der Insel.

Polizei

Notruf ☎ 110.

Post

Hauptpostamt, Jl. Sriwijaya 37, ☎ 0370-632645. ⏰ Mo–Do und Sa 8–14, Fr 8–11 Uhr.
Weitere in Ampenan, Jl. Langko, und in Cakranegara, Jl. Kebudayaan.

NAHVERKEHR

Cidomo

Nur noch vereinzelt fahren *Cidomo*, kleine zweirädrige Pferdekutschen, für ca. 3000 Rp pro km, der Preis ist Verhandlungssache.

Minibusse

Vom **Mandalika-Busbahnhof**, 2 km östlich von Cakranegara, verkehren gelbe Minibusse auf verschiedenen Rundkursen durch die Stadt zur Minibus-Haltestelle **Kebon Roek** in Ampenan, Jl. Laksada Adi Sucipto. Der Fahrpreis beträgt 4000–5000 Rp. Nach Senggigi für 6000–15 000 Rp.

Taxis

Blue Bird, ☎ 0370-627000. Einstiegsgebühr 6000 Rp, dann 4000 Rp pro km. Bestellungen kosten 20 000 Rp extra.
Zum FLUGHAFEN, 30 km, für 120 000 Rp in 45 Min.
Nach SENARU (Gunung Rinjani-Nationalpark), 83 km, für 400 000 Rp in 2 1/2 Stdl.

TRANSPORT

Neben Bussen eignen sich für längere Fahrten auch Taxis, s. o.

Lokale Busse

Zur **Mandalika-Busstation**, 2 km östlich von Cakranegara in Bertais, per gelbem Minibus für 5000 Rp. An der hektischen Bus- und Minibusstation sollte man sich nicht aus der Ruhe bringen lassen.
Zum FLUGHAFEN fahren Damri-Busse nicht immer zuverlässig für 20 000 Rp in 1 Std., man nimmt besser ein Taxi, s. o., oder Minibus, s. u.
ANYAR, nördlich des Gunung Rinjani-Nationalparks, 92 km, mit Umstieg in TANJUNG für 40 000 Rp in 3 Std.
LABUHAN LOMBOK, 70 km, via PAOKMOTONG (15 000 Rp, Umstieg nach TETEBATU) und AIK MEL (20 000 Rp, Umstieg nach SEMBALUN) mit Bussen außerhalb des Geländes für 30 000 Rp in 2 1/2 Std.
LEMBAR, 22 km, für 20 000 Rp in 45 Min.
Praya, 32 km, für 10 000 Rp in 1 Std.

Ab Kebon Roek in Ampenan nach Pemenang, 25 km, für 15 000 Rp und nach SENGGIGI, 5–15 km, für 6000 Rp.

Fernbusse

Die großen Busse von Safari Dharma Raya, Langsung Indah, Dunia Mas u. a. machen regelmäßige Pausen an Raststätten. Oft sind die Preise kaum geringer als ein Flugticket, enthalten aber 1–3 kleine Mahlzeiten sowie das Fährticket. Einige Unternehmen haben Büros im Stadtzentrum, z. B. **Langsung Indah**, Jl. Pejanggik, 56B, ✆ 0370-634669.

Nach Westen gegen 9, 10, 11, 12 und 17 Uhr:
DENPASAR für 200 000 Rp in 8 Std.
JAKARTA nur Di, Do und Fr für 490 000–675 000 Rp in 48 Std.
MALANG für 325 000–475 000 Rp in 15 Std.
SEMARANG nur Di, Do und Fr für 410 000 Rp in 36 Std.
SURABAYA für 300 000–490 000 Rp
in 17 Std.
YOGYAKARTA und SOLO für 490 000–550 000 Rp in 25–26 Std.

Nach Osten gegen 2 Uhr:
Bima für 210 000–250 000 Rp in 14 Std.
Sumbawa Besar für 120 000–150 000 Rp.
in 6 Std.
LABUHAN BAJO für 350 0000–380 000 Rp
in 28 Std.

Minibusse
Shuttle-Busse für max. 11 Pers. fahren ihre Ziele direkt aus Mataram an – die komfortablere Alternative zu den lokalen Bussen. Ziele auf Lombok bedient **Perama**, Jl. Pejanggik 66, Mataram, ✆ 0370-635928, 🖥 www.peramatour.com. ⏰ 6–23 Uhr.
BANGSAL, 35 km, um 7.30 Uhr für 60 000 Rp in 1 Std.
KUTA LOMBOK via FLUGHAFEN (100 000 Rp, 1 Std.) bei mindestens 2 Pers. um 10.30 und 14 Uhr für 125 000 Rp in 2 Std.
LEMBAR um 10.30 Uhr für 60 000 Rp
in 30 Min.
SENGGIGI um 7.30 Uhr und 14 Uhr für 25 000 Rp in 30 Min.
TETEBATU bei mindestens 2 Pers. um 10.30 und 14 Uhr für 125 000 Rp in 1 1/2 Std.
Nach SUMBAWA BESAR für 140 000 Rp in 7–8 Std. mit **Panca Sari**, Jl. Panca Usaha Blok A 8, südlich der Mataram Mall, ✆ 0370-665 0555, um 8, 10, 12, 18 und 20 Uhr oder **Titian Mas Travel**, Jl. Pejanggik 86 B, ✆ 0370-629303, um 8, 10, 14, 18 und 20 Uhr.

Östlich von Mataram

Narmada

Vom Mandalika-Busbahnhof fahren gelbe Minibusse für 5000 Rp über die Hauptstraße in östliche Richtung bis zum 6 km entfernten Ort Narmada. Gegenüber dem Markt, südlich der Straße, befindet sich die Palastanlage **Taman Narmada**. Der dem Vulkan Gunung Rinjani nachempfundene, 2 ha große Komplex wurde 1727 vom balinesischen *Raja von Karangasem* errichtet und nach dem Narmada-Fluss in Indien benannt. Er ist mit seinen terrassenförmigen Gärten, Pools und einem See heute noch ein beliebtes Ausflugsziel. Neben Imbissständen und Schwimmbecken (Frauen tragen besser zusätzlich ein T-Shirt) steht am obersten Gewässer ein kleines Häuschen, in dem das sogenannte *Air Awet Muda* („Wasser, das jung hält") verkauft wird. Viele Indonesier sind davon

Einheimische beim Angeln in Narmadas Teichen

überzeugt, dass das heilige Quellwasser eine verjüngende und reinigende Wirkung hat. Im angeschlossenen **Kalasa-Tempel** finden manchmal eindrucksvolle Zeremonien und Feierlichkeiten statt, die auch für Touristen offen sind. Eintritt 5000 Rp, Schwimmen 5000 Rp extra, ⏱ 7–18 Uhr.

Lingsar

Etwa 7 km nordwestlich von Narmada (per Motorradtaxi 20 000 Rp) liegt ein interessanter Tempel, dessen nördlicher Teil den hinduistischen Gläubigen dient, während *Wetu-Telu*-Anhänger direkt nebenan beten. Der **Pura Lingsar** wurde 1714 vom balinesischen Herrscher Matarams, Anak Agung Ngurah Karang Asem, für die balinesische Bevölkerung errichtet und 1878 vollständig restauriert.

Die Legende berichtet, dass bei der Ankunft der ersten balinesischen Hindus an der Quelle *Aik Mual*, etwa 200 m östlich des Pura Lingsar, eine neue Quelle zu fließen begann. Die Balinesen nannten sie *Aik Engsar*, wovon sich der Name Lingsar ableitete. Der erhöht gelegene Hindutempel besitzt vier Schreine, wobei der linke, *Hyang Tunggal*, auf den Gunung Agung auf Bali, der rechte dagegen auf den Gunung Rinjani ausgerichtet ist.

Im *Wetu-Telu*-Teil der Anlage werden in weiße Tücher verpackte, vulkanische Steine verehrt. Hier gibt es auch ein Becken mit heiligen Aalen, das dem Gott Vishnu gewidmet ist. ⏱ 7–18 Uhr, Spende für den obligatorischen Tempelschal.

Suranadi

Das von Reisfeldern und Obstplantagen umgebene, mehrheitlich balinesische Suranadi ist ein guter Ausgangspunkt für Wanderungen, allerdings nicht an Wochenenden oder Feiertagen, wenn viele einheimische Besuchergruppen zugegen sind.

Der älteste Hindutempel Lomboks ist der von Danghyang Nirartha im 16. Jh. gegründete **Pura Suranadi**. Er befindet sich an einer Quelle mit heiligen Aalen am Fuße des Rinjani in herrlicher Berglandschaft. Der sehr freundliche Priester des Tempels lockt gegen eine Spende die heiligen Fische mit hart gekochten Eiern und be-

harrlichem Klopfen hervor. Dahinter fallen drei aus schwarzem Stein gebaute, reich verzierte Schreine auf: Links der 7-stufige *Padmasana*, der auf zwei großen Naga-Schlangen fußt, mittig der *Betara Lingsar Gunung Rinjani* und rechts der kleine *Ngelurah*, der aussieht wie ein Thron. Eintritt frei, Spende für den Sarong, ⏱ 7.30–18 Uhr.

Auf dem Gelände des gegenüberliegenden Hotel Suranadi, in den 1930er-Jahren von einem Angestellten der *Nederlands Indische Bank* errichtet, kann man sich in einem großen Quellwasserpool abkühlen (Eintritt 10 000 Rp, Kinder 5000 Rp, ⏱ 8–18 Uhr), und die nahen Restaurants an der Straße servieren indonesisches Essen.

Der Natur auf der Spur ist man im **Hutan Pariwisata Suranadi**, ✆ 0370-627851, ✉ bksda-ntb @dephut.go.id, einem 52 ha großen Waldpark, in dem man eine zweistündige, geführte Tour durch urwüchsigen Wald unternehmen kann. Leider wird die Instandhaltung der Schilder und Pfade vernachlässigt. Ein einfacher Pfad führt rechts am Information Center vorbei zu uralten Mahagoni-Bäumen und weiter zum *Pohon Jodoh* – zwei großen, wie ein Liebespaar zusammengewachsenen Bäumen. Über einen kleinen Bach geht es weiter in den Wald zum „Big Tree", einem über 30 m hohen und mit gut 4 m Stammumfang strotzenden Baum mit dicken Luftwurzeln. Für Abenteuerlustigere gibt es Dschungeltrekking und Zeltmöglichkeiten (mit eigener Ausrüstung). Eintritt 15 000 Rp (ohne Tour), Camping 20 000 Rp, Parkgebühr 1500–2500 Rp.

Weiter östlich liegt das **Hotel Lanang**, ✆ 0818-0379 2515. Das netteste der billigen Gästehäuser hat 19 saubere, gefliese Zimmer und Schaumstoffmatratzen sowie Du/WC. Am geräumigsten ist das Zimmer mit Mandi/Du ganz hinten. Das freundliche Personal bestellt für 25 000 Rp indonesisches Frühstück von außerhalb. ❶

Wenige Minibusse fahren hauptsächlich vormittags für 5000 Rp vom Markt in Narmada bis zur Abzweigung nach Suranadi. Am einfachsten ist es, einen Minibus für 50 000 Rp zu chartern.

Gunung Pengsong

9 km südlich von Mataram hat man vom Hügel Gunung Pengsong eine sehr schöne Aussicht. Am Fuß der Erhebung steht ein beeindruckend

großer Banyan-Baum und oben auf dem Hügel ein schöner Tempel, von dem aus man den Sonnenaufgang über dem Rinjani oder den Sonnenuntergang über dem Agung auf Bali bestaunen kann. Da es sich um einen balinesischen Tempel handelt, sollte der Sarong nicht vergessen werden. Fahrradtouren durch die Landschaft um den Gunung Pengsong können bei **Adventure Lombok** in Senggigi, S. 381, gebucht werden.

Senggigi

Früher war Senggigi ein Fischerdorf an einem strahlend weißen Sandstrand, doch schon Mitte der 1990er-Jahre hatte sich der Ort zur größten und beliebtesten Touristenenklave von Lombok entwickelt. Mittlerweile wird mit dem Ortsnamen ein 13 km langer Küstenabschnitt assoziiert, der wenige Kilometer nördlich von Ampenan beginnt. Außer einer guten touristischen Infrastruktur mit Unterkünften in allen Preisklassen, Restaurants und einem sehenswerten Kunstmarkt bietet der Ort das einzige erwähnenswerte Nachtleben auf der Insel. Man muss sich aber auch auf Straßenhändler gefasst machen, die mit ihren Bauchläden voller Schmuck und gefälschter Uhren den Strand und die Hauptstraße auf- und abstreifen.

Besonders an den nördlich gelegenen Buchten mit zum Teil herrlichen Stränden haben sich große Luxusanlagen und exquisite Boutiquehotels angesiedelt. Dazwischen finden sich aber noch frei zugängliche, schöne, menschenleere Strände.

Sehenswert ist der balinesische **Batu-Bolong-Hindutempel**, etwa 2 km südlich vom Ortszentrum. Das gut besuchte Heiligtum thront auf einem Felsvorsprung am Meer und ist einer der besten Plätze, um die am gesamten Küstenabschnitt fantastischen Sonnenuntergänge über Bali und dem Gunung Agung zu beobachten. Eintritt 5000 Rp, ⊙ 7–19 Uhr.

Nördlich von Senggigi kann man auf Wanderwegen durch die 320 ha große Kerandangan Nature Reserve *(Taman Wisata Hutan Kerandangan)* zum Berik-Wasserfall oder zur Höhle Goa Walet wandern. Der Strand von **Mangsit** ist gut zum Schwimmen und Surfen geeignet.

Die Wellen sind auch anfängergerecht, sodass getrost erste Stehversuche auf dem Brett unternommen werden können. Weiter nördlich führt die asphaltierte Straße hinauf in die Hügel, entlang einer Steilküste und wieder hinab an den kleinen Pantai **Nipah**, wo man schwimmen und schnorcheln kann.

Südlich von Senggigi in **Batu Layar** liegt das *Makam Keramat*, ein bedeutendes Heiligtum. In dem kleinen Haus in der Nähe des Strandes befindet sich das Grab von Sayid Al-Hadrami, der im 16. Jh. den Islam in Lombok verbreitet haben soll. An *Lebaran Topat* pilgern Moslems hierher, die im Anschluss an den Ramadan eine weitere Woche gefastet haben. Dahinter liegt ein moslemischer Friedhof.

ÜBERNACHTUNG

Fast alle Unterkünfte liegen an der Küstenstraße Jl. Raya Senggigi. Viele befinden sich nicht im Ortszentrum Senggigis mit dem Gros an Restaurants, Bars und Nachtclubs. In der Hochsaison im August und September ist eine vorzeitige Zimmerreservierung empfehlenswert. Reservierungen mit Vorauszahlung können zuverlässig über Sakinah, ✉ sakinah@asmara-group.com, getätigt werden. Eine gute Website für Ferienvillen und ausgefallene Unterkünfte ist 🖳 www.lombokhomes.com. Weitere Übernachtungsmöglichkeiten s. **eXTra [4298]**.

Mangsit
Holiday Resort Lombok, ✆ 0370-693444, 🖳 www.holidayresort-lombok.com. In einer 15 ha großen Gartenanlage am Strand mit großer Poollandschaft, Tennisplatz und Spa sowie im Apartmentkomplex auf der anderen Straßenseite liegen 180 komfortable, ältere Zimmer, Bungalows und Suiten mit Balkon oder Terrasse, LCD-TV, Wasserkocher und Föhn. Zudem Restaurant, Tauchzentrum und Internetcafé. Frühstück und WLAN inkl. ❺–❼
Puri Mas Boutique Resorts & Spa, ✆ 0370-693831, 🖳 www.purimas-lombok.com. Zwischen den Sasak-Statuen findet man in der gepflegten Gartenanlage mit Ausblick bis zum Gunung Agung 32 komfortable, kleine, dunkle Bungalows, Suiten und große Poolvillen mit Marmorboden, teils auch schönem Open Air-

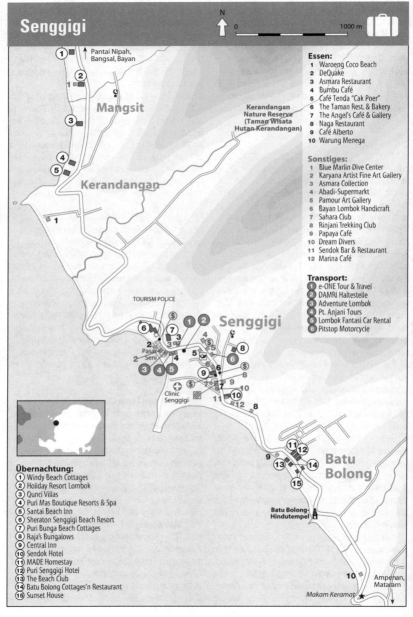

Bad/WC oder privatem Jacuzzi. Restaurant, Spa und Überlaufpool am Meer. Leider ist der Strand nicht schön und Kinder unter 12 unerwünscht. Frühstück und WLAN inkl. **❻–❽**

Qunci Villas, ☎ 0370-693800, 🖳 www.quncivillas.com. Das Boutiquehotel mit 3 Pools umfasst 76 moderne und luxuriöse Zimmer und Poolvillen in tropischen Gärten, die mit großen Gemälden eines balinesischen Künstlers dekoriert sind, fast alle mit Open-Air-Bad/WC. Der lange Überlaufpool, das Spa und das Restaurant mit französischem Chefkoch sind perfekt zum Entspannen. Sehr professioneller Service. Frühstück und WLAN inkl. **❼**

€ **Santai Beach Inn**, ☎ 0370-693038, 🖳 www.santaibeachinn.com. In einem ruhigen, üppigen und schattigen Garten stehen 10 Bungalows der ursprünglichen Sorte: die billigen im Sasak-Stil mit Du/Hocktoilette, kleinem Ventilator, Bastwänden und Moskitonetz; die teureren, größeren mit Warmwasser-Du/WC, alle mit mäßigen Matratzen. Hängematten auf der Veranda laden zum Entspannen oder zum Lesen eines Buches aus der Bibliothek ein. Herzensgute englische Besitzerin. Im Restaurant auch vegetarische und vegane Kost. Frühstück inkl., WLAN 20 000 Rp pro 24 Std. **❷–❸**

Windy Beach Cottages, ☎ 0370-693191, 🖳 www.windybeach.com. In einem Palmengarten mit kleinem Pool und Restaurant am Strand stehen 14 bastverkleidete, saubere, ältere Holzbungalows auf Stelzen mit Strohdach und Bambuseinrichtung in ruhiger Lage. Alle mit Warmwasser-Du/WC, AC, Wasserkocher und Veranda mit Strandsicht. Das freundliche Personal verleiht Schnorchelausrüstung für 30 000 Rp pro Tag. Frühstück und WLAN inkl. **❺**

Senggigi

Central Inn, ☎ 0370-692006, ✉ centralhotel.senggigi@hotmail.com. In zentraler Lage an der Hauptstraße unweit der Moschee werden 54 geräumige Mittelklasse-Zimmer mit kleinem LCD-TV, guten Matratzen, Du/WC und teils auch Sofa vermietet, die zwar null Charme, aber ein gutes Preis-Leistungs-Verhältnis besitzen. Pool. Wäscheservice. Frühstück und WLAN inkl. **❹**

Puri Bunga Beach Cottages, ☎ 0370-693013, 🖳 www.puribungalombok.com. Das älteste Hotel des Ortes ist weitläufig an den steilen Hang gebaut, hat einen Pool, ein Tauchzentrum und punktet mit toller Aussicht von den oberen Zimmern sowie schönen Schnitzereien an Betten und Türen. Die Zimmer mit AC, harten Matratzen, Marmorboden, LCD-TV, Wasserkocher, Kühlschrank und Bad/WC sind älter, aber gut instand gehalten. Frühstück und WLAN im Restaurant inkl. **❹**

€ **Raja's Bungalows**, Gang Arjuna 1, ☎ 0812-377 0138. Im Dorf kurz vor der Moschee rechts ab liegen 4 einfache Zimmer in Massivhäuschen um einen schönen kleinen Garten. Alle sind sauber, mit sehr harten Matratzen, Bambusmöbeln, Moskitonetz, hellen Open-Air-Du/WC und hübschen Details, wie etwa Vasen und *Ikat*-Stoffen. In der kleinen Bar mit gemütlicher Sitzecke kann man sich mit Vermieter Adrian auch auf Deutsch unterhalten. WLAN. **❸**

Sendok Hotel, ☎ 0370-693176, 🖳 www.sendokhotellombok.com. Die nette, mit einer Prise Kolonialstil aufgehübschte Anlage hinter dem Restaurant besteht aus 17 nach den Helden und Göttern indonesischer Sagen benannten Zimmern mit AC, guten Matratzen, Warmwasser-Du/WC, teils auch LCD-TV sowie einem Pool. Freundlicher Service. Frühstück und WLAN inkl. **❸–❺**

Sheraton Senggigi Beach Resort, ☎ 0370-693333, 🖳 www.sheraton.com/senggigi. Im ältesten 5-Sterne-Hotel auf Lombok schaffen viel Holz und warme Töne trotz kleiner Schönheitsfehler in den 154 komfortablen Zimmern ein angenehmes Ambiente. Traumhafte Poollandschaft mit Kinderbecken. 2 Restaurants, Tennisplatz, Fitnessmöglichkeit und Spa. Im Internet günstiger. Frühstücksbuffet und WLAN inkl. **❼–❽**

Batu Bolong

Batu Bolong Cottages'n Restaurant, ☎ 0370-693198, ✉ bbcresort_lombok@yahoo.com. In der Anlage zu beiden Seiten der Straße mit großem Restaurant und kleinem Pool am Strand wohnt man in sauberen, älteren, aber gepflegten Doppelbungalows mit Warmwasser-

Du oder Bad/WC, AC, (teils großen LCD-)TV mit DVD-Player, Minibar, teils auch Meerblick und schönen, muschelbestückten Möbeln. Frühstück und WLAN inkl. ❸–❺

€ **MADE Homestay**, ✆ 0819-1704 1332. Die nicht sehr einladende, aber günstige Unterkunft in einem Flachbau an der Hauptstraße besteht aus 6 dunklen Zimmern mit guten Matratzen, kleiner Veranda, TV, DVD-Player und Du/WC. Frühstück und WLAN inkl. ❷

Puri Senggigi Hotel, ✆ 0370-692192. Die nicht immer sauberen, teils ungepflegten, jedoch preisgünstigen Zimmer im alten Flügel bieten Veranda oder Balkon, TV und Bad/WC. Im Neubau gegenüber sind bessere mit AC, LCD-TV und Warmwasser-Du/WC. Einfaches Frühstück und WLAN inkl. ❷–❹

Sunset House, ✆ 0370-692020, 🖳 www. sunsethouse-lombok.com. Freundliche Anlage mit 32 schönen, hellen und geräumigen Zimmern am Meer sowie in einem hellhörigen 3-stöckigen Bau auf der anderen Straßenseite, wo sich die unteren Zimmer einen Pool teilen. Die komfortable Ausstattung umfasst gute Matratzen, LCD-TV, AC, Minibar, Kühlschrank, Terrasse oder Balkon und Warmwasser-Du oder Bad/WC. Schönes Restaurant mit *Bale* am Strand, kleiner Spielplatz sowie 2 Pools. Frühstück und WLAN inkl. ❹–❺

€ **The Beach Club**, ✆ 0370-693637, 🖳 www.thebeachclublombok.com. Von einem liebenswerten australischen Paar geführte, sehr beliebte Bungalowanlage an einem hübschen Strandabschnitt mit Restaurant und Bar. Außer günstigen Backpacker-Zimmern mit Ventilator, Veranda und Bambusmöbeln auch 4 große, saubere Bungalows mit AC, guten Betten, TV mit DVD-Player, einer Auswahl an Filmen, Kühlschrank und schönen, halboffenen Warmwasser-Du/WC. Am Pool sowie am Strand gemütliche Sitzgelegenheiten und Hängematten. Reservierung empfehlenswert. Frühstück und WLAN inkl. ❸–❺

ESSEN

Viele Restaurants organisieren kostenlosen Abholservice innerhalb von Senggigi.

€ **Asmara Rest.**, ✆ 0370-693619, 🖳 www. asmara-group.com. Die deutsche Chefin Sakinah bietet ihren Gästen angenehmes Ambiente, professionellen Service, leckere europäische und asiatische Küche sowie ausgezeichneten Kaffee. Mit Souvenirladen (s. u.), Leihbibliothek, Billardtisch, Spielbereich für die Kleinen und WLAN für die Großen. Hauptgerichte ab 45 000 Rp. Livemusik Fr 19.30–22.30 Uhr. ⏲ 8.30–23.30 Uhr.

Bumbu Café, ✆ 0370-693166. Das nett dekorierte und weiß eingedeckte Restaurant serviert gute Currys, Thai- und internationale Gerichte wie Steaks und Sandwiches ab 45 000 Rp. WLAN. ⏲ 9–23 Uhr.

Café Alberto, ✆ 0370-693039, 🖳 www. cafealbertolombok.com. In dem eleganten, ansprechend gestalteten Restaurant mit einem schönen Pool, der auch zum Schwimmen genutzt werden kann, gibt es die leckersten Pizzen von Senggigi. Pizzen ab 85 000 Rp, Pasta ab 60 000 Rp. Zum Sonnenuntergang sitzt man wundervoll bei Kerzenschein am Strand. Größere Auswahl an Cocktails. Vermietung von 4 komfortablen Zimmern, ❺. WLAN. ⏲ 9–24 Uhr.

€ **Café Tenda „Cak Poer"**. Spätabends steht neben der Post ein blaues Zelt, unter dem leckere indonesische Küche und Seafood zu sehr günstigen Preisen serviert werden. Bei Ausländern und Einheimischen gleichermaßen beliebt. ⏲ Mo–Sa bis 1 Uhr.

DeQuake, ✆ 0370-693694, 🖳 www.dequake. com. Elegantes Restaurant mit großer rechteckiger Bar und luftig gelegenen Tischen. Bei Meeresrauschen können auch ausgefallene Gerichte wie Hühnchen nach baskischer Art für 75 000 Rp oder originelle Desserts probiert werden. ⏲ 10–22 Uhr.

Naga Restaurant, Graha Beach Senggigi Hotel, ✆ 0370-693101, 🖳 www.grahasenggigi.com. In dem großen, recht teuren, offenen chinesischen Restaurant gibt es die Portionen in 3 Größen ab 55 000 Rp, Gemüse günstiger. Auch indonesische Gerichte wie *Sop Buntut*. WLAN. ⏲ 8–23 Uhr.

€ **The Angel's Cafe &Gallery**, ✆ 0819-1705 8051. In dem mit Lampions geschmückten einfachen und günstigen

Restaurant werden neben Thai- und indonesischen Gerichten ab 35 000 Rp auch Burritos ab 45 000 Rp serviert. WLAN. ⏲ 8–24 Uhr.

The Taman Restaurant & Bakery, ✆ 0370-693842, 🖥 www.facebook.com/TheTaman Restaurant. In dem 2-stöckigen, ganz in Orange gehaltenen Restaurant um einen Vorhof mit Springbrunnen, mäßiger Küche und großer Bar kann man abends schön sitzen und der Livemusik lauschen; den Hunger stillt man jedoch besser woanders, etwa tagsüber im Deli nebenan mit günstigen Broten und Backwaren, Käse und Aufschnitt sowie Salaten, Müsli oder Sandwiches ab 35 000 Rp. WLAN. ⏲ 7–24, Deli bis 23 Uhr.

Waroeng Coco Beach, ✆ 0817-578 0055, 🖥 www.facebook.com/coco.waroeng. Eingerahmt von Bambusstauden und Palmen am Kerandangan-Strand sind rund um die Bar luftige Gazebos angeordnet. Neben *Jamu*-Tees (traditionellen Kräutergetränken) um 18 000 Rp werden gegrillter Fisch und Gemüsekuchen mit Gemüse aus dem eigenen Garten zubereitet. Hauptgerichte um 45 000 Rp. ⏲ 12–22 Uhr.

€ **Warung Menega**, Batu Layar, ✆ 0370-663 4422. Etwas weiter im Süden verkauft das Seafood-Restaurant fangfrischen Fisch vom Grill zu unschlagbaren Preisen. Zum Sonnenuntergang werden die Tische direkt am Strand aufgebaut. Ganze Fische ab 40 000 Rp inkl. Beilagen.

Weitere Restauranttipps s. **eXTra [4300]**.

UNTERHALTUNG

Neben zwielichtigen Karaokebars für Einheimische gibt es gute Kneipen mit Livemusik. Viele sind während des Fastenmonats Ramadan geschlossen.

Marina Café, ✆ 0370-693136, 🖥 www.marina senggigi.com. Abends eine Pizzeria mit Pizzen ab 55 000 Rp, verwandelt sich der 2-stöckige Betrieb nachts in den angesagtesten Club Senggigis. Eine gute Liveband spielt indonesische und westliche Songs, und gegen Mitternacht heizen spärlich bekleidete Tänzerinnen der Menge zu House und Elektro ein. Große Auswahl an teuren Longdrinks und Cocktails, auch Verkauf internationaler Spirituosen. Sportsbar. WLAN. ⏲ 18–3 Uhr.

Papaya Café, ✆ 0370-693616. Auf gemütlichen Baststühlen lauscht man Fr–So von 21–24 Uhr der Liveband.

Sahara Club, ✆ 0370-692233, 🖥 www.twitter. com/saharalombok. Die im altägyptischen Stil mit Hieroglyphen gestaltete Discothek zieht vor allem einheimische Gäste an. Tänzer, wechselnde DJs und Livebands von 22–2 Uhr. Eintritt am Wochenende 20 000 Rp. ⏲ 22–4 Uhr.

Sendok Bar & Restaurant, Sendok Hotel, ✆ 0370-693176, 🖥 www.sendok-bali.com. Das hübsche, offene Restaurant mit Bar in kolonial angehauchter Pub-Atmosphäre serviert solide Kost. Gute Livemusik von 20–23 Uhr. WLAN.

FESTE

Jedes Jahr im Juli präsentiert das **Senggigi Festival** traditionelle Tanz- und Theateraufführungen sowie Ausstellungen von Sasak-Kunsthandwerk. Besonders für Kinder werden viele Aktivitäten organisiert, die ihnen die Kultur von Lombok näherbringen.

EINKAUFEN

Es lohnt sich, über den Kunstmarkt **Pasar Seni** zu schlendern, um die kunstvoll bemalten Masken und Schnitzereien zu begutachten. Für ein wirkliches Schnäppchen sollte man verhandeln oder stattdessen bei Bayan Lombok Handicraft einkaufen, s. u.

Asmara Collection, vor dem Asmara Restaurant, ✆ 0370-693109. Schöne Boutique mit Kunsthandwerk und Souvenirs aus Lombok und dem restlichen Indonesien.

€ **Bayan Lombok Handicraft**, ✆ 0370-693784, 🖥 www.bayanlombok.com. Wer traditionelles Kunsthandwerk und Souvenirs ohne Verhandlungsstress erwerben möchte, findet hier eine breite Auswahl an Schnitzereien, Gemälden, *Ikat*-Stoffen und anderen Souvenirs aus Lombok und den östlichen Inseln zu günstigen Festpreisen. Verpackungs- und Versandservice. ⏲ 11–22.30 Uhr.

Karyana Artist Fine Art Gallery, ✆ 0818-540569, 🖥 www.karyana.net. Der freundliche Balinese Karyana betreibt die kleine, 2-stöckige Galerie am südlichen Ende des Pasar Seni. Von fotorealistisch bis sehr abstrakt ist bei seinen

Vorsicht beim Genuss von Arak!

Seit es unter Touristen in Senggigi und auf den Gilis Krankheits- und sogar Todesfälle im Zusammenhang mit Vergiftungen an methanolhaltigem Arak gab, ist strikt von seinem Konsum (z. B. in Cocktails) abzuraten. Eine gut organisierte Alkoholmafia pansch den beliebten Palmschnaps mit gesundheits- und lebensgefährdenden Methoden, um sie in den Touristenzentren von Bali, Lombok und Java in Umlauf zu bringen, oft unter gefälschtem Etikett. In Cocktails gemixt fällt das Gift zunächst nicht auf. Je nach Mischung drohen schon nach wenigen Gläsern **Erblindung**, **Kreislaufkollaps** oder sogar der **Tod**. Im Supermarkt gekaufte Flaschen mit Siegel sowie garantiert „reiner" Arak vertrauenswürdiger Herkunft (z. B. aus teuren Hotelbars) sollten unbedenklich sein, doch im Zweifelsfall kann der Verzicht Leben und Gesundheit retten!
Anweisungen zur ersten Hilfe im Notfall geben deutsche Giftnotrufstellen, z. B. an der Berliner Charité, ☏ +49-30-19240, 🖵 giftnotruf. charite.de, oder die Australian Poisons Helpline, ☏ +61-89-346 2168.

Gemälden alles dabei, der moderne Stil ist jedoch seine Spezialität. Bilder ab 1 Mio. Rp. ⏰ 9–21 Uhr.
Pamour Art Gallery, ☏ 0370-693107.
Auf 2 Etagen findet man teure Antiquitäten aus Lombok und den östlichen Inseln, aber auch Java und Bali, sowie Möbel aus recycelten Fischerbooten. ⏰ 9–19, Fr ab 12 Uhr.
Abadi-Supermarkt. Neben Souvenirs, Schreibwaren und Kosmetikartikeln gibt es auch einen Kopierservice. ⏰ 9–21 Uhr.

AKTIVITÄTEN
Tauchen und Schnorcheln
Blue Marlin Dive Center, Holiday Resort Lombok, ☏ 0370-693719, 🖵 www.bluemarlin dive.com. Kleine Niederlassung der renommierten Tauchschule mit gut ausgebildeten Tauchlehrern. Der Open-Water-Kurs kostet 4,25 Mio. Rp, 2 Tauchgänge 850 000 Rp.

Dream Divers, ☏ 0370-692047, 🖵 dreamdivers. com. Die erste deutsche Tauchschule auf Lombok bietet seit 1996 PADI-Tauchkurse auf Deutsch sowie Tauch- und Schnorchelausflüge nahe den Gilis an. Der Open-Water-Kurs kostet US$370, ein Tauchgang US$35, Schnorcheln US$20 und jeweils einmalig US$5 für Transport und Riffsteuer.

TOUREN
Bergsteigen
Rinjani Trekking Club, ☏ 0817-575 4551, 🖵 www.rinjanitrekkingclub.com. Professionell organisierte, etwas teurere Touren zum Rinjani starten gegen 5.30 Uhr. Je nach Gruppengröße kostet die 2-Tages-Tour 1,1–1,5 Mio. Rp, eine 3-Tages-Tour zum Kratersee 1,3–1,8 Mio. Rp, zum Gipfel werden 1,3–2 Mio. Rp verlangt. Aufpreis für Aufstieg ab Sembalun Lawang 100 000 Rp, bei kleinen Gruppen bessere Verpflegung für 100 000–300 000 Rp extra. Auch mehrtägige Alternativtouren, falls der Vulkan aktiv ist.

Schiffsfahrten
Die viel beworbenen Liveaboards sind eine Möglichkeit, von Lombok nach Flores zu gelangen (oder umgekehrt), eignen sich aber nur für seefeste Naturen, die nicht auf Komfort angewiesen sind und gerne schnorcheln. Auch außerhalb der Regenzeit herrscht keine Garantie auf ruhige See! Während teure Varianten mit Pinisi-Segelschiffen auslaufen, läuft bei günstigeren Anbietern durchgängig der Motor.
Kencana Adventure, ☏ 0370-642 493, 0812-3728 2171, 🖵 www.kencanaadventure.com. Mo und Do starten Schiffe für bis zu 20 Pers. über 4 Tage gen Osten. Ab Labuhan Lombok geht es am 1. und 2. Tag an der Nordküste Sumbawas entlang zu den Inseln Gili Bola, Pulau Moyo und Pulau Satonda, wo Schwimmen, Schnorcheln und die Besichtigung eines Wasserfalls auf dem Programm stehen. Am 3. Tag werden Gili Lawa, Pulau Komodo und Pulau Kalong im Nationalpark angesteuert, bevor es am 4. Tag mit Stopps auf Pulau Rinca und vor Pulau Kelor nach Labuan Bajo geht. Preis inkl. Vollpension, Eintrittsgeldern

und Übernachtung auf dem Schiff
1,75 Mio. Rp p. P.
Ähnliche, deutlich teurere Touren mit
etwas mehr Komfort und Schlafkabinen bei
Perama, 🖵 www.peramatour.com.

Tagestouren

Adventure Lombok, am Pasar Seni, 📞 0370-
665 0238, 📱 0817-577 3060, 🖵 www.adventure-
lombok.com. Fahrradtouren am Gunung Pengsong mit Besuch in Dörfern und häuslichen
Kleinbetrieben, z. B. Webereien, für US$35 p. P.
Zudem Tages- und Halbtagsausflüge mit Auto
und Fahrer.

e-ONE Tour & Travel, vor dem Asmara
Restaurant, 📞 0370-693843, 🖵 www.lombok
toursandtravel.com. Touren wie z. B. zur Perlenzucht, Sightseeing in Mataram oder nach
Tetebatu.

Pt. Anjani Tours, 📞 0852-3952 8734,
🖵 www.anjanitours.com. Der etwas schlecht
organisierte Anbieter hat eine Vielzahl von
Tagestouren für 300 000–450 000 Rp für 2 Pers.
inkl. Eintrittspreise und Guides. Leider erreicht
man auf der 1,1–1,5 Mio. Rp teuren 2-Tages-
Tour auf den Gunung Rinjani den Kraterrand
erst am nächsten Morgen und verpasst so den
Sonnenuntergang. Vom Transportservice ist
abzuraten. ⏱ 8–19 Uhr.

SONSTIGES

Auto- und Motorradvermietungen

Fast alle Hotels und Reisebüros vermitteln
Fahrzeuge. Ein Moped gibt es ab 50 000 Rp
und Autos ab 150 000 Rp pro Tag, bei längerer
Mietdauer kann man einen Rabatt aushandeln.

e-ONE Tour & Travel, s. o. Ein Toyota Avanza
kostet 275 000 Rp pro Tag, ein Kijang oder
Innova 375 000 Rp.

Lombok Fantasi Car Rental, 📞 0370-693657,
0817-571 6005. Toyota Kijang, Innova, Avanza,
Daihatsu Xenia oder Taruna kosten 250 000–
350 000 Rp, Motorroller 50 000 Rp pro Tag,
jeweils inkl. Teilkasko mit US$1000 bzw. US$500
Selbstbeteiligung.

Pitstop Motorcycle, 📞 0370-693412,
✉ pitstop46@yahoo.co.id. Außer Motor-
rollern führt dieser Verleih auch Off-Road-
Bikes für 200 000 Rp pro Tag sowie größere

Supersportler für 350 000 Rp pro Tag.
⏱ 9–19 Uhr.
Pt. Anjani Tours, s. o. Der Touranbieter
vermietet einen Toyota Avanza oder
Kijang für 250 000 Rp inkl. Teilkasko.
Ab einer Mietdauer von einer Woche
20 000 Rp Rabatt.

Internet

Internetcafés im Ortszentrum verlangen
mindestens 18 000 Rp pro Std.

Medizinische Hilfe

Die private Arztpraxis und Krankenstation,
📞 0370-693210, 693856, auf dem Gelände
des Senggigi Beach Hotels ist telefonisch
oft schwer zu erreichen. ⏱ 8–19 Uhr.
Die Krankenhäuser von Mataram sind nicht
weit, S. 372.

Polizei

Senggigi Tourism Police, nördlich des Pasar
Seni, 📞 0370-632733.

Post

Postfiliale gegenüber der Parmour Art Gallery.
⏱ Mo–Do 7.30–15, Fr und Sa 7.30–13 Uhr.

TRANSPORT

Lokale Busse

Zum FLUGHAFEN, 40 km, ab der Haltestelle
schräg gegenüber vom Asmara Restaurant mit
DAMRI-Bussen von 3–16 Uhr stdl. für 30 000 Rp
in 1 Std.
Bemo zur Minibus-Haltestelle Keboen Roek in
AMPENAN (Mataram) für 6000–10 000 Rp.

Minibusse

Zahlreiche Anbieter werben mit
Transportdiensten, die meist um 10.30 Uhr
starten. Preisbeispiele ggf. inkl. Fährticket:
BANGSAL, 25 km, um 8.30 Uhr für 50 000 Rp
in 30 Min.
KUTA, SANUR, UBUD und CANDI DASA für
160 000–170 000 Rp.
KUTA LOMBOK, 66 km, für 100 000–150 000 Rp
in 2 1/2 Std.
LEMBAR, 30 km, für 75 000–100 000 Rp in 1 Std.
PADANG BAI für 120 000–150 000 Rp.

TETEBATU, 65 km, für 150 000–160 000 Rp (mind. 2 Pers.) in 2 Std.
LABUAN BAJO (Flores) via SUMBAWA BESAR (Sumbawa, 250 000 Rp) und BIMA (350 000 Rp) um 15 Uhr für 400 000 Rp.

Taxis
Mit **Blue Bird**, ✆ 0370-627000, oder anderen Taxis mit Taxameter nach:
BANGSAL für etwa 100 000 Rp in 30 Min.
FLUGHAFEN für etwa 200 000 Rp in 1 Std.
KUTA LOMBOK für 270 000–300 000 Rp in 2 Std.
SENARU, 80 km, für 300 000–350 000 Rp in 2 Std.
TEMBOWONG (Umstieg in Boote nach Gili Gede) und PELANGAN (Batugendeng-Halbinsel), 50–70 km, für 250 000–300 000 Rp in 2 Std.

Schnellboote
Dream Divers, s. Aktivitäten. Nach PADANG BAI für 500 000–600 000 Rp in knapp 2 Std.
Marina Srikandi, ✆ 0370-693383, 🖥 www.marinasrikandi.com. Nach PADANG BAI um 9, 13 und 16 Uhr für 450 000 Rp in 1 Std.

Bangsal und Umgebung

Die Boote zu den Inseln Gili Trawangan, Gili Meno und Gili Air legen am Strand von **Bangsal** ab. Oft wird man auf dem Parkplatz etwa 500 m entfernt abgesetzt und muss zum Strand laufen oder sich mit einem *Cidomo* fahren lassen (5000–10 000 Rp p. P.). Allerdings können Autos bis an den Parkplatz am Strand fahren. Da die Besitzer der Boote in einer Kooperative organisiert sind, liegt am offiziellen Ticketschalter, ✆ 0878-6402 1074, in dem großen Gebäude am Strand eine Liste mit Tarifen für die öffentlichen sowie für gecharterte Boote aus. ⏰ 7.30–17.30 Uhr. Auf einem bewachten Parkplatz südlich hinter dem Ticketschalter kostet das Abstellen von Motorrädern 5000 Rp, Autos 15 000 Rp pro Tag.

Zu den Booten muss man ein paar Schritte durchs Wasser waten. Es bieten sich Träger für das Gepäck an, wobei es mitunter hektisch zugeht. Sie erwarten eine Bezahlung von 5000–10 000 Rp pro Gepäckstück, teils auch deutlich

---

Vorsicht vor Betrügern

Zur geschäftigsten Zeit der Hochsaison ist der Weg gesäumt von Verkäufern, die u. a. völlig überteuerte Räucherstäbe mit dem Vorwand verkaufen, dass es eine Mückenplage auf den Inseln gebe. Auch versuchen „Bangsal Cowboys" genannte Männer, teurere Tickets unter falschen Vorgaben zu verkaufen, etwas dass alle Tickets ausverkauft seien oder keine anderen Boote mehr führen. Man sollte sich nicht aus der Ruhe bringen lassen und zielsicher den offiziellen Ticketschalter ansteuern.

---

mehr, und reagieren aggressiv auf zu geringe Trinkgelder. Am besten man stellt von vornherein klar, dass man den Service nicht wünscht.

Die nächstgrößeren Orte **Pemenang** und das geschäftige Markt- und Verwaltungsstädtchen Tanjung erreicht man auf der schmalen Küstenstraße Richtung Norden. Von Mataram aus kann man alternativ zur Hauptstraße in einer knapp einstündigen, landschaftlich schönen Fahrt über den **Pusuk-Pass** durch Bambuswälder fahren, in denen viele Affen zu Hause sind.

ÜBERNACHTUNG
Arnel Restaurant, ca. 400 m vor der Anlegestelle, ✆ 0370-630486, 🖥 www.arnel-restaurant.com. Wer vor Sonnenuntergang kein Boot mehr bekommt, kann sich bei dem freundlichen holländisch-indonesischen Besitzerpaar einquartieren. Die Zimmer und Bungalows sind sauber und mit guten Betten, Moskitonetz und Du/WC ausgestattet. Frühstück und WLAN inkl. ❷–❸
Taman Sari Homestay, ✆ 0812-370 0423. Notfalls kann man nahe der Anlegestelle in sauberen Zimmern mit guten Matratzen, TV und Du/WC, teils mit Warmwasser und AC unterkommen. Im Hof treiben sich jede Menge aufdringliche „Guides" herum, die Transporte anbieten. Frühstück inkl. ❷–❸

In der Umgebung
Hotel Tugu, Jl. Pantai Sire, 6 km nördlich von Bangsal bei Tanjung, ✆ 0370-612 0111, 🖥 www.tuguhotels.com/lombok. An einem ruhigen

weißen Sandstrand liegen die 19 luxuriösen, aber dezent gehaltenen Villen und Suiten, die mit Antiquitäten und alten Drucken stimmungsvoll dekoriert sind. Golfplatz, großer Pool und Spa. *Jamu-*, Koch- und Tanzkurse werden an der Rezeption vermittelt, die in einem schön restaurierten Kolonialbau aus Sumatra untergebracht ist. Sehr freundlicher Service. ❽

Rinjani Beach Eco Resort, in Sokong in der Gegend von Tanjung, ✆ 0813-3993 0773, 🖳 www.lombok-adventures.com. In ruhiger Strandlage befinden sich 5 hübsche, ganz aus Bambus und Naturmaterialien konstruierte Bungalows mit Federkern- oder Schaumstoffmatratzen, Moskitonetz, Safe und Open-Air-Du/WC. Der Backpacker-Bungalow ist überteuert. Pool, Kanuverleih, Restaurant, Tauchzentrum. Frühstück inkl., WLAN gegen Aufpreis. ❸–❻

TRANSPORT

Busse
Haltestelle für die Busse von Perama ist der 500 m vom Strand entfernte Parkplatz. Es gibt kein Perama-Büro, da man nur zwischen Bus und Boot umsteigt.

Minibusse
Lokale Minibusse *(Bemo)* fahren ab dem Mandalika-Busbahnhof bei MATARAM für 15 000 Rp in das 1 km entfernte PEMENANG. Man kann an der Kreuzung in Bangsal aussteigen und die 1,2 km zum Strand laufen oder mit einem *Cidomo* für 5000–10 000 Rp p. P. fahren. Zudem fahren nach Ankunft der Boote private Minibusse ab dem Parkplatz 500 m vor dem Strand nach:
LEMBAR (Fähre nach Bali), 48 km, für 80 000 Rp in 1 Std.
SENGGIGI, 20–30 km, für 60 000 Rp in 30 Min.
MATARAM, 35 km, für 60 000 Rp in 1 Std.

Taxis
Die angenehmere Variante. Private Fahrer mit Pkw warten auf dem Parkplatz vor der Anlegestelle. Taxis mit Taxameter von Blue Bird warten bis gegen 18 Uhr unweit des Taman Sari Homestay an der Zufahrtsstraße. Ist kein Taxi zu finden, können auch Minibusse gechartert werden. Preisbeispiele:

FLUGHAFEN für 250 0000–300 000 Rp in 1–1 1/2 Std.
KUTA LOMBOK für 350 000–400 000 Rp in 2 1/2 Std.
SENGGIGI für 90 000–110 000 Rp in 30 Min.
SENARU (Gunung Rinjani-Nationalpark), 57 km, für 250 000–300 000 Rp in 1 1/2 Std.
TETEBATU, 75 km, für 350 000 Rp in 2 1/2–3 Std.

Langboote
Öffentliche Boote fahren bei genügend Passagieren (20–30 Pers.) nach Gili Air bis 11 Uhr für 10 000 Rp, Gili Meno bis 14 Uhr für 12 000 Rp und Gili Trawangan bis 17.30 Uhr für 13 000 Rp. Die beste Chance, ohne lange Wartezeiten übersetzen zu können, hat man von 9–11 Uhr, wenn die Inselbewohner vom Markt in Pemenang zurückkommen.
Charterboote fahren nach Gili Air für 280 000 Rp, Gili Meno für 350 000 Rp und Gili Trawangan für 375 000 Rp.
An einigen Feiertagen sind die Transportmöglichkeiten stark eingeschränkt, teils fährt nur ein Boot tgl. zurück nach Lombok; man sollte sich 1–2 Tage vorher erkundigen.

Schnellboote
Ein paar Kilometer südlich fahren einige der Schnellboote auf ihrer Strecke zwischen den Gilis und Bali auch **Teluk Kode** oder **Teluk Nara** an, s. Transport S. 394.

Gili Trawangan

Noch vor fünfzehn Jahren wurden die Gilis als Geheimtipp gehandelt. Traveller auf Bali erzählten von drei kleinen flachen Inseln (*Gili* = Insel) vor der Küste von Lombok mit blendend weißen Stränden und kristallklarem Wasser. Sie berichteten von einer entspannten Abgeschiedenheit weitab touristischer Routen. Heute trifft man nicht mehr nur Traveller, die in ihrer Hängematte auf der Veranda einer einfachen Holzhütte entspannen, sondern auch Party- und Tauchtouristen, Familien und Rentner.

Trotz der ganzjährig hohen Besucherzahlen haben die Gilis sich ihre entspannte Atmosphäre bewahrt.

GILI TRAWANGAN

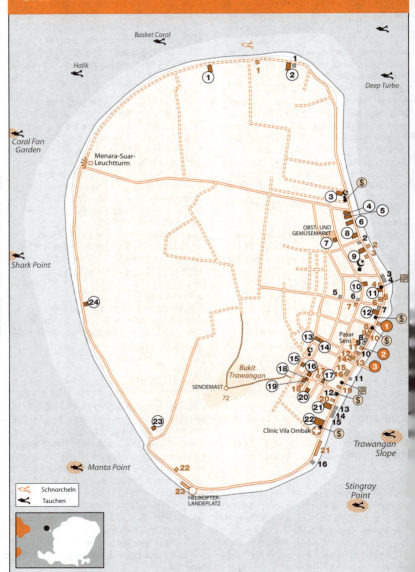

384 GILI TRAWANGAN www.stefan-loose.de/ba

Übernachtung:
1. Karma Kayak
2. Alam Gili
3. Villa Almarik Resort
4. Blu d'a Mare
5. Mango Dive & Bungalow
6. Laguna Gili
7. Gili Joglo
8. Bale Sampan Bungalows
9. Dream Village
10. Gili Backpackers
11. Gili Hostel
12. Beach Wind Bungalows
13. Rumah Saga
14. Gili Nyepi Resort
15. Le Grand Gili Backpacker
16. Koi Gili Gh.
17. Martas Hotel
18. Alexyane Bungalows
19. Black Sand
20. Rumah Kundun
21. The Beach House Resort
22. Vila Ombak
23. The Exile
24. Villa Ombak Sunset

Essen:
1. Coral Beach I Restaurant
2. Genius
3. Horizontal Restaurant
4. Egoiste
5. Taco Corner
6. Café Kecil & Taman Thai
7. Wrap A Snapper
8. Kayu Café
9. Ecco Boutique Café
10. Gili Gelato, Gili Deli
11. Pesona Restaurant
12. Black Penny
13. The Beach House
14. Scallywags Organic Seafood Bar & Gril
15. Trattoria Cucina Italiana
16. ko-ko-mo Restaurant

Sonstiges:
1. Lutwala Dive
2. Gili Trawangan Turtle Conservation (Taman Konservasi Penyu)
3. Topaz
4. Sweet & Spicy Gili Cooking School
5. Freedive Gili
6. Gili Yoga
7. Casa Vintage
8. Manta Dive
9. Sama-Sama Bungalows Bar
10. Diversia
11. Gili Cooking Classes
12. Casa Vintage
13. William Bookshop
14. Gili Surfshop
15. Blue Marlin Dive
16. Dream Divers
17. ALDI Supermarkt
18. Wäscherei
19. Rudy's Pub
20. Tir Na Nog Pub
21. Pearl Beach Lounge
22. Stud Horse Riding
23. Paradise Sunset Beach Bar & Grill

Transport:
1. Ticketschalter
2. Perama
3. Abfahrt der öffentlichen Boote

Die größte und meistbesuchte der drei Inseln lässt sich in einer zwei- bis dreistündigen Strandwanderung umrunden. Während es auf Gili Air und Gili Meno noch beschaulich zugeht, ist Gili Trawangan (auch „Gili T") schon seit den 1990er-Jahren als Partyinsel bekannt. Außerhalb der Fastenzeit wird Gili Trawangan diesem Ruf mehr als gerecht.

Während sich fast alle Unterkünfte und der extreme Trubel an der Ostküste konzentrieren, ist der Rest der Insel ruhig. So kann es vorkommen, dass man am einsamen Weststrand entlangwandern und den Sonnenuntergang über dem Gunung Agung auf Bali genießen kann, während auf der anderen Seite der Insel die Restaurants bis auf den letzten Platz gefüllt sind und schon die ersten Elektro-Beats einer Strandparty ertönen. Das Abendrot lässt sich auch ausgezeichnet vom 72 m hohen Hügel im Süden der Insel genießen.

Neben einer großen Auswahl an Unterkünften gibt es zahlreiche Cafés, Pubs und Restaurants. So könnte man mediterran frühstücken, vegetarisch zum Mittag essen, bei Kaffee und Kuchen darüber nachdenken, ob man zum Abend lieber mexikanisch, deutsch, thailändisch oder indisch schlemmen möchte, um sich dann letztlich doch am frischen Fisch vom Grill zu laben. Später kann bei einer Wasserpfeife am Strand entspannt oder bei einer Beachparty die Nacht zum Tag gemacht werden.

Im Nordosten und Osten der Insel liegt ein vorgelagertes Korallenriff. Es ist möglich, ein Stück am Strand entlang Richtung Norden zu laufen, sich dort ins Wasser zu begeben und sich dann von der Strömung über die Unterwasserwelt zurücktreiben zu lassen.

Am Oststrand findet man bei der Gili Trawangan Turtle Conservation *(Taman Konservasi Penyu)* drei Becken mit Schildkröten. Die Eier werden zum Schlüpfen aufgesammelt und sicher aufbewahrt; nach etwa einem Jahr können Touristen zweimal jährlich (zuletzt im Juni und Dezember) die kleinen Schildkröten in die Freiheit entlassen und per Spende adoptieren. Spenden sind erwünscht.

Die ersten Bewohner der Inseln waren Bugis, eine Volksgruppe aus Süd-Sulawesi, die vom Fischfang, Handel und der Kopra-Herstel-

Das grüne Gewissen der Gilis

Der von 10 Mitarbeitern und zahllosen Freiwilligen getragene Gili Eco Trust, 🖥 www.giliecotrust.com, ist ein Zusammenschluss von Tauchschulen, Hotelbetrieben und Privatpersonen, der sich für ökologisch nachhaltigen Tourismus und die Verringerung der Umweltzerstörung auf den Inseln und ihrer Umgebung einsetzt. Seit der Gründung im Jahre 2001 konzentrieren sich die Initiativen auf die durch El Niño und Dynamitfischerei zerstörten Korallenriffe. Die Fischer erhalten seither eine Kompensation für ihren Verzicht auf destruktive Fischereimethoden. Um der Erosion entgegenzuwirken, wurden zur Stärkung der Korallenbestände ähnlich wie in Pemuteran (S 265) ein elektrisiertes Biorock-Skelett sowie künstliche Wellenbrecher installiert. Bojen statt Korallen sollen zur Verankerung der Boote dienen, und auch die einheimischen Kinder werden im umsichtigen Umgang mit der Unterwasserwelt geschult. Seit 2009 widmet sich die Non-Profit-Organisation weiteren Missständen: Reduzierung von Plastik, Organisation der Müllentsorgung (zweimal wöchentlich fährt ein Boot auf Kosten der Stiftung Müll nach Lombok), Sterilisation von streunenden Katzen, veterinärmedizinische Behandlung der Pferde und entsprechende Unterweisungen der *Cidomo*-Fahrer. Aktiv beteiligen kann man sich über die Coral Watch Dives der Tauchschulen, problemorientierte Tauchgänge, die über den Zustand der Korallen informieren und dabei Untersuchungen durchführen.

---

lung lebte und die Inseln vor rund 200 Jahren wegen ihrer Süßwasservorkommen ansteuerte. Während des Zweiten Weltkriegs nutzten die japanischen Besatzer die Gegend am Hügel von Gili Trawangan als Gefangenenlager und Spähposten. Richtige Dörfer entstanden erst ab den 1970er-Jahren, nachdem vergeblich versucht worden war, Kokosplantagen anzupflanzen. Bereits in den 1980er-Jahren fanden die ersten Touristen ihren Weg auf die Inseln.

Inzwischen sind die meisten der 1500 Einwohner zugewanderte Sasak und der Tourismus ist ihre Haupteinnahmequelle. Auch wenn sie offen und entspannt mit den Touristen umgehen, sollten Besucher den moslemischen Glauben der Einheimischen respektieren. So ist Nacktbaden per Gesetz verboten, und man sollte abseits der Strände und vor allem in der Nähe einer Moschee nicht in spärlichen Badesachen herumlaufen. Besonders im Fastenmonat Ramadan sollte man sich rücksichtsvoll verhalten.

Der Wandel der Insel hat auch Schattenseiten: So muss aufgrund des hohen Wasserverbrauchs reichlich Frischwasser vom Festland eingeführt werden. Zudem sinkt der Grundwasserspiegel mehr und mehr ab, sodass das aus immer tieferen Erdschichten hervorgeholte Brackwasser einen zunehmenden **Salzgehalt** aufweist. Der steigende Energiehunger wird von den Generatoren kaum noch gedeckt, und es mehren sich die Stromausfälle. Die Situation wird durch zahllose Klimaanlagen, die auch in unbesetzten Zimmern laufen, nicht besser. Schließlich wird das in Indonesien allgegenwärtige **Müllproblem** auf den kleinen Inseln besonders sichtbar: Ein Spaziergang über die Insel geht nicht ohne den Anblick der vielen Plastikmüllhaufen vonstatten, allerdings kämpfen Initiativen zur gemeinschaftlichen Säuberung der Insel vom Müll dagegen an (s. Kasten).

ÜBERNACHTUNG

Alle drei Inseln verfügen nur über einen kleinen, vom Festland importierten Frischwasservorrat, daher sind Frischwasserduschen nur in den teureren Anlagen zu finden. Viele Mittelklassehotels stellen ihren Gästen kleine Frischwasserbassins zur Verfügung, die nach der Dusche mit dem salzigen Brackwasser zum Abspülen genutzt werden können.
Weitere Übernachtungsmöglichkeiten s. **eXTra [4260]**.

Untere Preisklasse
Alexyane Bungalows, ☏ 0812-3779 3533. Etwas dunkle und warme, aber sehr saubere Holzbungalows mit guten Matratzen, Open-Air-Du/WC und Veranda mit Bambusstühlen. Freundliches Personal. Frühstück inkl. ❷
Beach Wind Bungalows, ☏ 0812-376 4347, 🖥 beachwindbungalows.blogspot.de. Die

26 Zimmer im vorderen Teil der schmalen, etwas trostlosen Bungalowanlage bieten zwar ein gutes Preis-Leistungs-Verhältnis, die teureren Zimmer weiter hinten mit älteren Bambusmöbeln, TV, DVD-Player, Safe und Warmwasser-Du/WC machen aber den besseren Eindruck. Auch 2 *Lumbung* mit Open-Air-Du/WC. Frühstück und WLAN inkl. ❸–❹
Black Sand, ✆ 0878-6474 0650. In einem beschaulichen Garten stehen neben einfachen Bungalows mit Frischwasser und alter Bettwäsche auch 2-stöckige Häuschen mit AC, TV, Du/WC und großzügigen Terrassen. Frühstück inkl. ❷–❸
Koi Gili Gh., ✆ 0370-619 4828. Abseits des Strandes stehen 6 saubere, helle Zimmer mit guten Matratzen, verkalkter Du/WC und Veranda mit Bambusmöbeln in einem kleinen Garten. Frühstück und WLAN inkl. ❸
🧳 **Rumah Kundun**, ✆ 0813-3863 1414, 🖥 www.rumahkundun.hotnoodle.net. In einem Garten mit Orangenbäumen und Sandkasten vermieten Kade und Dian in familiärer Atmosphäre 4 saubere, geräumige und individuell gestaltete Zimmer im Reihenhaus mit kleiner Du/WC, teils auch mit AC. Frühstück inkl. ❷–❸

Schlafsäle
Gili Backpackers, ✆ 0812-3965 4663, 🖥 www.facebook.com/gilibackpackers. Um einen Innenhof mit Tischen, Restaurant (billiges Bier) und hohem Strohdach sind 4 AC-Schlafsäle mit je 4 Betten à 100 000 Rp, Gemeinschafts-Du/WC mit Frischwasser sowie 4 Doppelzimmer untergebracht. Frühstück und WLAN inkl. ❷
€ **Gili Hostel**, ✆ 0877-6526 7037, 🖥 www.gilihostel.com. Vom Strand zurückversetzt liegt ein bunt und verspielt gestalteter Bau mit Bar im Obergeschoss, unter dem 7 AC-Zimmer à 7 Betten zu 135 000 Rp vermietet werden. Jedes hat ein Schließfach, Leselampe und Steckdose. 2 Zimmer teilen sich Du/WC. Büchertausch, Wäscheservice und tgl. Filmvorführungen. Ein Pool war 2013 in Planung. Frühstück und WLAN inkl.
Le Grand Gili Backpacker, ✆ 0812-1686 4269, 🖥 www.legrandgilibackpacker.com. Hinter einer aus Türen und Fensterläden kreativ

Preispolitik auf den Gilis
Reisende und Gastgeber sind in den letzten Jahren auf den Gilis regelmäßig wegen unterschiedlicher Preisvorstellungen aneinandergeraten. Oft werden viel höhere **Zimmerpreise** verlangt als in der Reiseliteratur angegeben. In der Hauptsaison von Juni bis September sind die Inseln ein ungemein beliebtes Reiseziel. Dann stehen Touristen wortwörtlich Schlange oder übernachten am Strand. In dieser Zeit sollte die Unterkunft unbedingt im Voraus gebucht werden, sonst kann es passieren, dass man gar nicht erst auf die Insel gelassen wird und wieder umkehren muss. Ein Aufschlag von 100–300 % im Vergleich zu den hier angegebenen Nebensaisonpreisen ist durchaus üblich und 400 000 Rp für eine einfache Bambushütte keine Seltenheit. Das kann man gerechtfertigt finden oder nicht, es lässt sich ohnehin nicht ändern. Völlig normal hingegen ist, dass sämtliche **Waren** mehr kosten als auf Lombok oder Bali. Schließlich muss alles mit den kleinen Booten hinübergebracht werden.

zusammengebastelten Fassade verbergen sich 8 Zimmer mit je 6 Betten zu 85 000 Rp (inkl. Fahrradverleih 100 000 Rp) sowie 1 dunkles und sehr warmes Doppelzimmer. Trinkwasser, Frühstück und WLAN inkl. ❷

Mittlere Preisklasse
Alam Gili, ✆ 0370-613 0466, 🖥 www.alamgili.com. Sehr ruhig im Norden der Insel in karger Umgebung gelegene, luftige und gepflegte Anlage mit schönem, schattigem Garten. Ältere Massivhäuschen mit strohgedeckten Dächern, schön verzierten Türen und *Ikat*-Dekoration beherbergen die Räume mit Schaumstoffmatratzen, Moskitonetz, Du/WC und Terrasse mit vielen Kissen, teils mit AC. Im schattigen Salzwasserpool kann man unter hohen Bäumen dem Vogelgezwitscher lauschen. Am Strand laden Hängematten und Liegen zum Verweilen ein. Frühstück inkl. ❺–❼
Bale Sampan Bungalows, ✆ 0812-3702 4048, 🖥 www.balesampanbungalows.com. Der Weg vorbei an lila blühenden Bougainvilleen führt zu

LOMBOK Übersichtskarte S. 348

www.stefan-loose.de/bali

GILI TRAWANGAN **387**

13 weißen, modernen, etwas dunklen, aber komfortablen Bungalows mit AC, kleinem LCD-TV, breiten, bequemen Betten, Safe und halboffener Frischwasser-Du/WC. Frühstück und WLAN inkl. **⑤**

Blu d'a Mare, ✆ 0858-8866 2490, 🖥 www.bludamare.it. Die freundliche italienische Besitzerin hat ihren blühenden Garten mit 5 alten Holzhäusern aus Java geschmückt, die komfortabel mit schweren, antiken Möbeln, AC, Safe und Open-Air-Du/WC mit Frischwasser eingerichtet sind. Italienische Küche im kleinen Restaurant an der Straße. Frühstück und WLAN inkl. **③–④**

Dream Village, ✆ 0370-613 4415, 0818-546591, 🖥 www.dreamvillagetrawangan.net. Von einem Italiener geleitete, gepflegte Mittelklasseanlage mit 6 Bungalows und 6 Lumbung, die mit viel dunklem Holz, AC, Marmorbädern mit Steinwaschbecken und großem Duschkopf ansprechend und modern eingerichtet sind. Frühstück und WLAN inkl. **⑤**

Gili Nyepi Resort, ✆ 0853-3749 1996, 🖥 www.gilinyepi.com. Die gemütliche, hübsche Gartenanlage unter Leitung eines holländisch-indonesischen Paares umfasst 4 saubere, einladende Zimmer in Massivhäuschen mit Himmelbetten, guten Matratzen, hohen Decken und Safe, teils auch mit AC. Frühstück und WLAN inkl. **④**

🧳 **Karma Kayak**, ✆ 0818-0559 3710, 🖥 www.karmakayak.com. Kleine Anlage mit Pool und 6 stilvollen, sehr sauberen Bungalows, die mit viel Liebe zum Detail im orientalischen, afrikanischen, karibischen oder Lombok-Stil gestaltet wurden. Dazu 2 zweistöckige Häuser mit AC, toller Aussicht, Warm- und Frischwasser, die im Erdgeschoss chinesisch/griechisch und im 2. Stock indisch/balinesisch gestaltet sind. Die holländische Chefin Grace führt auch das Restaurant. Am Strand werden statt Handtüchern Sarongs gereicht. Gutes Schnorcheln, Schnorchelausrüstung 60 000 Rp pro Tag, davon gehen 30 000 Rp an den Gili Eco Trust (Kasten S. 386). Reservierung empfehlenswert. Riffschuhe, Frühstück und WLAN inkl. **④–⑤**

Mango Dive & Bungalow, ✆ 0813-5359 9558, 🖥 www.mango-trawangan.com. Der Wiener

Tauchlehrer Georg vermietet 11 Bungalows und luftige Lumbung mit Bambusmöbeln, AC, harten Matratzen, Frischwasser-Du/WC und Hängematte auf der Veranda. Frühstück und WLAN inkl. **④–⑦**

🧳 **Martas Hotel**, ✆ 0812-372 2777, 🖥 www.martasgili.com. Geleitet wird die Anlage mit Pool von einer netten Australierin. 10 empfehlenswerte und sehr saubere, wohnliche 2-stöckige Bungalows mit schöner Terrasse mit Liege, AC, guten und sehr großen Matratzen, viel dunklem Holz, Kühlschrank und schönen Du/WC. Auch Familienzimmer. Generator für zuverlässige Stromversorgung. Sehr freundliches Personal. Unbedingt reservieren. Frühstück und WLAN inkl. **⑤**

Rumah Saga, ✆ 0370-648604, 🖥 www.rumahsaga.com. In einem kleinen gepflegten Garten vermieten die skandinavisch-indonesischen Eigentümer Stine und Nedy 4 geräumige, kühle Zimmer mit TV, AC und älterer Einrichtung. Frühstück und WLAN inkl. **③–④**

The Beach House Resort, ✆ 0370-614 2352, 🖥 www.beachhousegili.com. Ein innovatives Resort mit Hausbäckerei, Pool und 16 günstigeren, traditionellen Stelzenbungalows, die klein, aber kunstvoll mit Liebe zum Detail eingerichtet und mit Safe, Open-Air-Du/WC mit Warmwasser, teils auch mit TV, DVD-Player, AC und Frischwasser versehen sind. Auch Luxusvillen mit Privatpool. Reservierung empfehlenswert. Frühstück und WLAN inkl. **④–⑦**

The Exile, am Sunset Point, Weststrand, ✆ 0819-0707 7475, 0819-0722 9053, ✉ the.exile.gili@gmail.com. Die einfach, aber komfortabel und teils mit AC ausgestatteten Lumbung am einsamen Strandabschnitt haben Open-Air-Du/WC und eine erstklassige Lage für den abendlichen Sonnenuntergang vor der Strandbar. Freundlicher Service, Frühstück und WLAN inkl. **④**

Obere Preisklasse

🌳 **Gili Joglo**, ✆ 0813-5678 4741, 🖥 www.gilijoglo.com. Abseits des Strandtrubels hat Martinique-Franzose Didier aus alten, traditionellen Holzhäusern aus Java 2 stilvolle

Villen für bis zu 4 Pers. mit Sinn für die Umwelt und Gespür für das Auge errichtet und den Ansprüchen an eine Luxusunterkunft angepasst. Beide Häuser haben 2 Schlafzimmer, Wohnbereich, Bar und Küche sowie Open-Air-Du/WC. Zudem bioseptische Wassertanks, Solarwärmegewinnung und Trinkwasser zum Nachfüllen. 2013 war ein drittes Haus für 2 Pers. im Bau. Reichhaltiges Frühstück und WLAN inkl. ❼–❽

Laguna Gili, ✆ 0819-9903 1441. Hinter dem teuren, italienischen Restaurant liegen ein Pool und 13 mediterran gestaltete, saubere Zimmer in beigen Massivhäusern mit Marmorboden, großen Betten, LCD-TV, schicken Bädern, Wasserkocher und stilvoller, dezenter Ausschmückung. Frühstück und WLAN inkl. ❼

Villa Almarik Resort, ✆ 0370-613 8520, 🖥 www.almarik-lombok.com. Schöne Gartenanlage mit Pool, Spa und eleganten, kühlen, aber etwas dunklen Doppelbungalows mit Marmorboden und Terrasse. 27 großzügig bemessene Zimmer mit AC, altem TV, Kühlschrank, Wasserkocher, Föhn und Du/WC, die Deluxe-Zimmer auch mit schöner Sitzecke und DVD-Player. Hochwertige *Ikat*-Stoffe sowie geschmackvolle Holz- oder Porzellanarbeiten schmücken die hohen Wände. Frühstück und WLAN inkl. ❼

Vila Ombak, ✆ 0370-614 2336, 🖥 www.hotelombak.com. Das erste internationale Hotel der Insel mit großer Poollandschaft und top ausgestatteten *Lumbung* und Bungalows hat ein vielfältiges Freizeitangebot (z. B. Tischtennis, Riesenschach), ein gutes Restaurant, ein Spa sowie eine Tauchschule. Zudem ein Reisebüro, das Flugtickets bucht. Frühstück und WLAN inkl. Auf der Westseite der Insel liegt das Schwester-Resort **Ombak Sunset**, siehe **eXTra [6967]**. ❼–❽

ESSEN

Südlich der Bootsanlegestelle findet am Pasar Seni ein kleiner Nachtmarkt mit Essensständen statt, auf dem Sate, Mais und einheimische Spezialitäten eingekauft werden und auf Plastikstühlen an Holztischen verzehrt werden können.

Asiatisch

🛄 **Café Kecil & Taman Thai,** ✆ 0878-6534 9403, 🖥 www.facebook.com/kafe.kecil. In dem offenen, bunten Restaurant mit Sitzkissen, Laternen und entspanntem Ambiente wird es abends rappelvoll, während neben indonesischen und westlichen vor allem Thai-Gerichte ab 55 000 Rp serviert werden. Englisches Management. ⊕ 8–22 Uhr.

Pesona Rest., ✆ 0370-6123521, 🖥 www.pesonaresort.com. Das Angebot des Strandrestaurants mit indischem Flair umfasst authentische indische Currys, Tandoori-Kebabs, Thali-Sets für 80 000 Rp und kühle Fruchtlassis. Hauptgerichte ab 70 000 Rp, Shisha 120 000 Rp. Happy Hour 16–19 Uhr. ⊕ 7–1 Uhr.

Cafés

Ecco Boutique Café, 🖥 www.eccoboutique cafe.com. Möbel und Accessoires aus recyceltem Holz zieren das kleine Café, das neben Frühstück, Kaffee und ein paar Gerichten auch Desserts serviert. Freundliches Personal.

Gili Deli. Zum Frühstück oder Mittagessen ist eines der Sandwiches mit selbst gebackenem Brot ab 35 000 Rp, ein reich belegter Bagel oder ein Panini mit frischem Salat genau das Richtige. Außerdem eine Auswahl von 11 Kaffeesorten aus ganz Indonesien. WLAN. ⊕ 7–19 Uhr.

Gili Gelato, mehrere Zweigstellen. Für 15 000 Rp pro Kugel bzw. 25 000 Rp für 2 Kugeln kann man aus 12 Geschmacksrichtungen wählen. Das Eis wird auf der Insel von einem Deutschen hergestellt, der auch das Brot des Gili Deli backt, s. o.

🛄 **Kayu Café**, ✆ 0370-646395, 🖥 www.kayucafe.com. Das nette, klimatisierte Café hat auch Sitzmöglichkeiten draußen und überzeugt mit guten Kuchen, Salaten, Frühstück und Suppen sowie Haloumi, Falafel und anderen Hauptgerichten um 60 000 Rp. Illy-Kaffee und Verkauf von Bio-Produkten. WLAN. ⊕ 7–19 Uhr, Küche bis 18 Uhr.

International

Black Penny, ✆ 0828-9703 0034, 🖥 www.blackpennyvillas.com. Zu entspannter Musik kann man in dem modern eingerichteten Restaurant mit komfortablen Sitzmöglichkeiten gemütlich ein paar Drinks genießen und Pizza, Risotto oder das abendliche Barbecue probieren. Hauptgerichte ab 60 000 Rp, vegetarische günstiger. ⏲ 7–23 Uhr.

Coral Beach I Restaurant, ☎ 0370-619481. Hier gibt es Pizzen aus dem Steinofen, die unter den *Bale* am Meer genossen werden können. In der Ferne brummt der Generator des Elektrizitätswerks, sonst hört man nur Meeresrauschen und Reggaemusik. Pizzen 45 000–60 000 Rp. WLAN. ⏲ 8–21 Uhr.

Egoiste, 🖥 auf Facebook. Mit vielen Sonnen-liegen schön am Strand positioniert, bietet dieses betont entspannte Lounge-Restaurant unter französischer Leitung Baguettes, Salate, Fisch, Pasta, Weine und Smoothies, die man sich nach eigenen Wünschen zusammen-stellen kann. Shishas in 11 Geschmacksrich-tungen für 115 000 Rp und gutes Eis von Gili Gelato. WLAN. Landeinwärts werden 2 geräu-mige Doppelstockbungalows für jeweils 4 Pers. vermietet, **6**. ⏲ 7–23 Uhr.

Genius, ☎ 0813-5344 6557, 🖥 www.facebook.com/GeniusGiliTrawangan. In dem einfachen Restaurant gibt es deutsch-österreichische Küche, z. B. Schnitzel, Knödel, Bratwurst und Gulasch ab 45 000 Rp. ⏲ 10–23 Uhr.

Horizontal Restaurant, ☎ 0370-639248, 🖥 www.thegiliislands.com. In edel anmuten-dem Lounge-Stil können auf roten Sesseln und an weiß gedeckten Tischen Cocktails sowie internationale Gerichte wie Pizza und Barbecue ab 45 000 Rp probiert werden. Auch schöne Sitzgelegenheiten am Strand, aber durch-wachsener Service. Happy Hour 16–20 Uhr. ⏲ 7–24 Uhr.

ko-ko-mo Restaurant, ☎ 0370-613 4920, 🖥 kokomogilit.com. Das sehr schön gelegene, edle und hochpreisige Restaurant serviert bei Kerzenschein an weiß gedeckten Tischen spannende Kreationen des australischen Küchenchefs ab 120 000 Rp, z. B. Entenconfit oder Kokos-Krebsfleisch-Ravioli. Auch Früh-stück. ⏲ 7–23 Uhr.

Taco Corner, ☎ 0812-3810 2025. Das landein-wärts gelegene, nette, halboffene Restaurant mit Interieur aus recyceltem Holz serviert gute

Tacos, Burritos und Quesadillas ab 45 000 Rp. ⏲ 18–23 Uhr.

The Beach House und **Scallywags Organic Seafood Bar & Grill**, 🖥 www.scallywagsresort.com. Die benachbarten Restaurants wetteifern um das beste Seafood-Barbecue der Insel. Abends werden erst-klassige Fische, Hummer und Meerestiere auf einer Theke zum Aussuchen ausgelegt und frisch zubereitet. Fisch kostet ab 30 000 Rp pro 100 g, Garnelen 55 000 Rp. Auch Seafood Kebab für 70 000 Rp inkl. Beilagen. Salatbuffet inkl. Als Alternative zu Seafood stehen auch Würste und Rippchen auf der Karte. ⏲ 19–23 Uhr.

Trattoria Cucina Italiana, ☎ 0819-0798 2995, 🖥 www.trattoriaasia.com. Hausgemachte Foccaccia, Baguette, Pasta und Pizzen ab 70 000 Rp, zudem Wein, Salate und Mittags-menüs ab 80 000 Rp. ⏲ 11.30–23.30 Uhr.

Wrap A Snapper, ☎ 0370-612 4217. Für den schnellen Hunger wirbt das Restaurant mit den „besten Fish'n'Chips auf Gili Trawangan" für 60 000 Rp. Die Salatbar bietet mit leckeren Antipasti und frischen Salaten ab 20 000 Rp eine gesündere Alternative. Gerichte ab 40 000 Rp, auch Burger. Mi ab 22 Uhr legt ein DJ auf. ⏲ 7–23 Uhr.

Mehr Restauranttipps s. **eXTra [4274]**.

UNTERHALTUNG

Tagsüber nutzen viele „Beach Bums" die Liegen der Strandbars, die dafür einen Mindestverzehr von meist 100 000 Rp verlangen. Nachts steigen selbst zur moslemischen Fastenzeit Ramadan fast jede Nacht Partys. Livebands spielen abends in Bars und Restaurants, und manchmal reisen sogar DJs aus Bali oder Australien an, um das Publikum mit House, Techno und psychedelischen Klängen zum Schwitzen zu bringen. Mo große Party bei **Blue Marlin Dive**, Mi im **Tir Na Nog** und Fr in **Rudy's Pub**.

Paradise Sunset Beach Bar & Grill, 🖥 www.facebook.com/sunset.bar.585. Wer mit Blick auf den Gunung Agung und den Sonnenuntergang einen Snack einnehmen oder in entspannt-rustikaler Atmosphäre ein Bier trinken möchte, findet am Südzipfel der Insel die günstigere Alternative

390 GILI TRAWANGAN

www.stefan-loose.de/bali

zu den gehobenen Strandrestaurants.
WLAN.

Pearl Beach Lounge, ☎ 0812-381 2999,
🖥 www.pearlbeachlounge.com. Von einer
offenen, muschelförmigen Konstruktion
überdachte schicke Strandbar mit Liegen,
Schirmen, Sitzkissen und Blick auf Lombok.
Landseitig liegt der Pool mit künstlichem
Wasserfall und Liegen. Große Auswahl an
Weinen, Cocktails und Longdrinks ab 80 000 Rp,
großes Bintang 50 000 Rp. Zudem Tapas und
Hauptgerichte ab 60 000 Rp.

Rudy's Pub. Jeden Fr versammelt sich das
Partyvolk hier, um zu abwechslungsreicher
Musik zu feiern. Vorsicht bei Mixgetränken:
An Silvester 2013 vergiftete sich ein Tourist an
einem methanolhaltigen Cocktail und starb!
🕑 ab 21 Uhr.

Sama-Sama Bungalows Bar. In der Reggae
Bar kann man den Tag ruhiger ausklingen
lassen. Jeden Abend tritt ab 20.30 Uhr eine
Liveband auf.

Tir Na Nog, ☎ 0370-639463, 🖥 www.
tirnanoggili.com. Die irische Kneipe und
Strandbar ist vor allem bei Sportfans beliebt.
Die meiste Zeit wird Fußball oder Motorsport
übertragen, jeden Mi legt ein DJ auf. So
ist Ladies' Night. Wer Appetit auf Burger,
britisches Pub Food und Hausmannskost
ab 52 000 Rp hat, kann in einem gemütlichen
Beruga speisen.

EINKAUFEN

Südlich der Bootsanlegestelle ist der
Souvenirmarkt **Pasar Seni**. Dort befindet sich
auch **William Bookshop**, wo gebrauchte
Bücher in vielen Sprachen an- und verkauft
werden und auch Briefmarken zu haben sind.
🕑 8–21.30 Uhr.
In kleinen Minimärkten bekommt man alles
Nötige von Snacks und Kosmetikartikeln bis
hin zu Spirituosen und Bier zu vertretbaren
Preisen. 🕑 7–22 Uhr.

Kleidung

Casa Vintage, gegenüber Kafe Kecil & Taman
Thai und hinter dem Pasar Seni, 🖥 www.
vintagedelivery.com. Die nette, australisch
geführte Boutique verkauft stilvolle Neuware

Vorsicht beim Feiern!

Wie überall sonst sollte man auch auf Gili Trawangan, Meno und Air beim Feiern ein gesun-
des Maß an Vorsicht walten lassen. Die laxe
Selbstverwaltung der Einheimischen ohne Polizei machte es in der Vergangenheit so gut wie
unmöglich, Diebstahl, Vergewaltigungen unter
Anwendung von K.-O.-Tropfen oder Ausschank
illegalen Alkohols zu ahnden! Man sollte seine
Getränke nie aus den Augen lassen, damit
keine Substanzen zugemischt werden können.
Es ist wiederholt vorgekommen, dass junge
Frauen nach einer ausgelassenen Nacht auf
diese Weise gefügig gemacht und vergewal-
tigt wurden! Zudem sollte man beim Genuss
von **Mixgetränken** sehr vorsichtig sein, Kasten
S. 380. Allein reisende Frauen sollten aufpassen, mit wem sie abends einen Drink nehmen,
und in bedrohlichen Situationen den Schutz
anderer Traveller suchen!

---

und Second-Hand-Klamotten im Vintage-Look.
T-Shirts für 300 000 Rp. 🕑 9–22 Uhr.
Topaz am nördlichen Oststrand. In der kleinen
Boutique gibt es geschmackvolle Frauenmode
sowie Schmuck zu gehobenen Preisen.
🕑 9–21 Uhr.

AKTIVITÄTEN

Aufgrund der vielen Korallen eignen sich
nur wenige Stellen zum unbeschwerten
Schwimmen. Beim Strandspaziergang
muss man sich vor Korallensplittern in Acht
nehmen.

Kajakfahren

Astrid vom Karma Kayak, s. Übernachtung,
bietet nur noch selten professionelle Halb-
tagstouren (4–5 Std.) mit Einerkajaks für bis zu
5 Pers. nach Gili Meno für 250 000 Rp. Sehr oft
sind aufgrund der starken Strömung keine
Touren möglich.

Kochen

Gili Cooking Classes, 🖥 0877-6324 8215,
🖥 www.gilicookingclasses.com. Um 11 und
16 Uhr starten 3-stündige Kochkurse mit

LOMBOK · Übersichtskarte S. 348

www.stefan-loose.de/bali

GILI TRAWANGAN **391**

16 HIGHLIGHT

Tauchen vor den Gilis

Die tropische **Unterwasserwelt** mit guten Tauchrevieren ist die Hauptattraktion der Gilis. Auch wenn viele Korallengärten vor den Küsten durch Dynamitfischerei stark beschädigt worden sind, lohnt ein Schnorchelausflug oder Tauchgang, um im klaren Wasser die bunte Artenvielfalt von Meerestieren zu bestaunen.

Der **Shark Point** östlich von Gili Trawangan ist ein beliebtes Tauchrevier mit Tiefen von 10–40 m. Hier kann man im flacheren Teil Weichkorallen und Schildkröten beobachten oder in den tieferen Gefilden Bekanntschaft mit Riffhaien, Barrakudas und Rochen machen. Wer sich für die Haibestände der Inseln interessiert, findet Infos und Hinweise zu Veranstaltungen auf der Website der Gili Shark Foundation, 🖥 www.facebook.com/gilisharkfoundation.

Im **Coral Fan Garden** etwas weiter nördlich ist der Name Programm. Man taucht in einen bunten Korallengarten mit Fächerkorallen und unzähligen Kleinfischen. Am planktonreichen **Manta Point** tummeln sich v. a. in der Regenzeit viele der faszinierenden Rochen. Der Steilabfall **Halik** endet in einer Reihe von Schluchten mit Tiefen bis zu 35 m und bietet neben sehr schönen Hartkorallen, Papageienfischen, Schildkröten und Moränen im flacheren Teil auch erfahrenen Tauchern die Möglichkeit, im **Deep Halik** auf die Suche nach Mantas, Oktopussen und Haien zu gehen.

An der bis zu 25 m tiefen **Meno Wall** östlich von Trawangan tummeln sich vor allem Schildkröten, kleine Korallenbewohner und sogar Ammenhaie. In den außergewöhnlichen Bogen und Überhängen der mit Weichkorallen bewachsenen und bis zu 30 m tiefen **Air Wall** kann man quirligen Korallenbewohnern, Oktopussen und Skorpionfischen begegnen, etwas tiefer auch Haien und Anglerfischen. Das **Hans Reef** vor Gili Air eignet sich auch für Anfänger, die zwischen Seepferdchen und Fangschreckenkrebsen sicher ihre ersten Tauchgänge absolvieren und dabei Moränen und Glaswelse sichten können. Ein gutes Stück nördlich zwischen Gili Meno und Gili Air finden erfahrene Taucher im **Simon Reef** mit 14–35 m Tiefe sehr schöne Korallen, Großfische und sogar Leopardenhaie. Mehr Infos und Tauchspots auf den Karten und Websites der Anbieter.

Die Tauchanbieter haben sich zum Gili Eco Trust zusammengeschlossen (Kasten S. 386), um die Gewässer zu schützen und das Müllproblem an den Stränden in den Griff zu bekommen. Jeder Taucher beteiligt sich an diesem Programm, indem er eine einmalige Riffsteuer von 50 000 Rp bezahlt. Die Gelder werden für Strandsäuberungen, Recycling und die Entlohnung der Fischer für die Anwendung nachhaltiger Fangmethoden verwendet.

Die Tauchschulen haben sich auf feste Preise geeinigt: Schnupperkurse für US$65, Open-Water-Kurse US$370, 1 Tauchgang US$35, Nachttauchgang US$45. In der Hochsaison sind in vielen Tauchschulen auch deutschsprachige Dive Guides verfügbar, und fast jedes Tauchzentrum vermietet Zimmer.

---

indonesischen Rezepten (s. Website) für 385 000 Rp p. P., 364 000 Rp bei 4 Pers. **Sweet & Spicy Gili Cooking School**, 📞 0819-1722 6344, ✉ gilicookingschool@gmail.com. Ähnliches Angebot wie Gili Cooking Classes.

Reiten

Stud Horse Riding, 📞 0878-6179 1565. Ausritte um die Insel auf gepflegten Australier-Pferden für 400 000 Rp pro Std., 500 000 Rp für 1 1/2 Std. und 700 000 Rp für 2 Std.

Schnorcheln

Gute Schnorchelgebiete liegen vor der Nordküste zwischen Alam Gili im Osten und den Eco Villas im Westen sowie vor der Nordostküste. **Achtung**: Die Strömung kann sehr heftig und gefährlich sein!

Schnorchelausrüstung wird an vielen Ständen für 30 000 Rp pro Tag vermietet. Für Schnorcheln an weiter seewärts gelegenen Stellen empfiehlt es sich, die überladenen Touren in Glasbodenbooten zu meiden und stattdessen ein Boot und einen Guide zu mieten (z. B. als kleine Gruppe), um unabhängig und ohne Zeitdruck zu sein.

Tauchen

Blue Marlin Dive, ℘ 0370-6132424, 🖳 www.bluemarlindive.com. Das große, alteingesessene Zentrum war die erste 5-Sterne-Tauchschule auf Trawangan, kümmert sich gut um ihre Ausrüstung und hat kompetente Tauchlehrer.

Diversia, ℘ 0813-3960 7849, 🖳 www.diversiadiving.com. 2011 eröffnete Tauchschule unter italienischer Leitung mit modernem Equipment und einem großem Pool.

Dream Divers, ℘ 0370-6134496, 🖳 www.dreamdivers.com. Die professionell von einer Deutschen geführte Tauchschule bietet neben Tauchkursen auf Deutsch auch Schnorcheln für US$5.

Freedive Gili, ℘ 0370-614 0503, 0871-5718 7170. Der erste Anbieter für Tauchen ohne Ausrüstung auf den Gilis führt Neulinge in 2- bis 4-tägigen Kursen für US$220–460 in die Welt des Apnoetauchens ein. Mit ein wenig Übung im 25 m langen Pool und der richtigen Technik kann man seinen Atem doppelt so lange anhalten und auf Tiefen von über 20 m hinabsteigen.

Lutwala Dive, ℘ 0370-619 4835, 🖳 www.lutwala.com/de. In kleinen Gruppen bis 4 Pers. werden auch Anfänger professionell ans Tauchen herangeführt. Das Grundstück verfügt über einen originell integrierten Pool und eine Minigolfanlage.

Manta Dive, ℘ 0370-614 3649, 🖳 www.manta-dive.com. Alteingesessene Schule mit deutschsprachigen Tauchlehrern, die neben PADI auch nach SSI-Standard unterrichtet.

Surfen

Südlich der Vila Ombak kann man bei Flut gut surfen. Mehr Informationen und Surfbrett-Verleih für 20 000 Rp pro Std. oder 100 000 Rp

pro Tag gibt es im **Gili Surfshop**, ℘ 0812-372 7615, 🖂 ketutsurferx@hotmail.com, hinter dem Pasar Seni.

Yoga

Gili Yoga, ℘ 0370-614 0503, 🖳 www.giliyoga.com. Hier kann man nicht nur in komfortablen *Lumbung* mit AC und Frischwasser wohnen, sondern auch den Tag um 7 und 17.30 Uhr jeweils 90 Min. lang mit Hatha- oder Vinyasa-Yoga begrüßen bzw. verabschieden. Die Teilnahme kostet 100 000 Rp, ab 3 Kursen Rabatte.

TOUREN

Viele Unterkünfte bieten neben Schnorchelausflügen auch Besteigungen des Gunung Rinjani oder Exkursionen zu traditionellen Sasak-Dörfern auf Lombok an. Größter, aber auch teuerster Anbieter ist **Perama**, 🖳 www.peramatour.com, mit Büro an der Bootsanlegestelle. Zu Schiffsfahrten von Lombok über Sumbawa und den Komodo-Nationalpark nach West-Flores (Labuan Bajo).

SONSTIGES

Fahrräder

Überall am Oststrand werden Fahrräder für 10 000–15 000 Rp pro Std. bzw. 40 000–50 000 Rp pro Tag vermietet. Stellenweise ist der Sand auf den Wegen so tief, dass man nur schiebend vorankommt. Das Vorhaben, den Rundweg um die Insel durchgängig zu pflastern, ist noch immer nicht komplett umgesetzt worden.

Geld

Geldautomaten, die alle gängigen Karten akzeptieren, gibt es zuhauf an der Ostküste, s. Karte S. 384 Die großen Hotels und **Wechselstuben** in der Nähe des Pasar Seni wechseln Bargeld zu schlechten Kursen.

Internet

Internetcafés nahe der Anlegestelle der Boote verlangen 400 Rp pro Min.

Medizinische Hilfe

Clinic Vila Ombak, ℘ 0370-6142336. Die kleine Privatpraxis steht rund um die Uhr bereit und berechnet 250 000 Rp pro Untersuchung.

Post

Der William Bookshop hinter dem Pasar Seni hat einen Briefkasten, der 2x wöchentlich geleert wird.

NAHVERKEHR

Wie auf den anderen Gilis gibt es keine motorisierten Fahrzeuge, sondern nur Pferdekutschen. Der Name **Cidomo** ist eine Zusammenziehung aus dem Sasak-Wort *cikar* (Handwagen), dem indonesischen *dokar* (Pferdewagen) und dem internationalen *motor*. Alle 76 *Cidomo* auf den Inseln werden von ein und demselben Handwerker auf Lombok gefertigt. Auf Gili Trawangan sind sie gelb, auf Gili Air und Gili Meno blau-weiß. Die lizensierten Fahrer kaufen oder pachten die Vehikel und bilden eine Kooperative mit festen Preisen sowie je 2–3 Sumba-Ponys, die abwechselnd vor ein *Cidomo* gespannt werden. Da auch sämtliches Futter für die Tiere auf die Inseln gebracht wird, ist ein *Cidomo* nicht billig. Von der Bootsanlegestelle sollte eine Fahrt zum Hotel 40 000–80 000 Rp kosten, eine Inselrundfahrt 130 000–150 000 Rp. Besonders vormittags zur Check-Out-Zeit sind in der Hochsaison alle 32 *Cidomo* auf Gili Trawangan beschäftigt und schwer zu bekommen.

Es ist ratsam, vor der Fahrt darauf zu achten, dass die Tiere gesund sind und keine Verletzungen aufweisen. Viele *Cidomo*-Fahrer laden selbst schwachen und verletzten Pferden zentnerweise Gepäck und Passagiere auf, und einige Tiere haben an den Zugpunkten des Geschirrs offene Wunden.

Fußgänger sollten auf die schnell die schmalen Wege entlangpreschenden Kutschen Acht geben.

Zwar werden auch Fahrräder vermietet, aber auf den sandigen Wegen ist die Fahrt bisweilen beschwerlich.

TRANSPORT

Dank zahlreicher Schnellboote sind die Inseln mittlerweile auf allen Touristenkarten verzeichnet. Mit dem nötigen Kleingeld kann man Gili Trawangan von Bali aus in weniger als 2 Std. erreichen oder für US$365 sogar mit dem Hubschrauber einfliegen, 🖥 www.airbali.com.

Minibusse

Preisbeispiele inkl. Bootsfahrt und ggf. Fähre:
Bali
CANDI DASA, UBUD, KUTA, SANUR, DENPASAR mit Perama für 400 000 Rp, PADANG BAI per Fähre ab Lembar für 200 000 Rp.
Lombok
KUTA LOMBOK, TETEBATU oder SENARU für 225 000 Rp, LEMBAR mit Perama für 160 000 Rp, MATARAM und SENGGIGI für 100 000 Rp.
Sumbawa
SUMBAWA BESAR für 275 000 Rp, DOMPU für 350 000 Rp, BIMA für 375 000 Rp, SAPE für 400 000 Rp.
Flores
LABUHAN BAJO für 450 000 Rp.

Öffentliche Boote

Tickets bekommt man im *Loket*, einem unscheinbaren Häuschen, s. Karte.
Nach BANGSAL bei genügend Passagieren (20–30 Pers.) bis 17 Uhr für 13 000 Rp.
Mit dem Island-Hopping-Boot nach GILI AIR via GILI MENO (25 000 Rp) um 9.30 und 16 Uhr für 30 000 Rp.
Charterpreise: Nach GILI MENO für 350 000 Rp, nach GILI AIR und BANGSAL für 375 000 Rp.

Schnellboote

Zahlreiche Anbieter verbinden Gili Trawangan und Lombok (Teluk Kode, Teluk Nara, Bangsal, Senggigi) mit Nusa Lembongan, Sanur, Amed und Padang Bai auf Bali. Da die Überfahrt bei starkem Seegang eine schauklige und anstrengende Angelegenheit werden kann, ist sie für Kleinkinder ungeeignet und mitunter auch für Erwachsene nicht zu empfehlen. Zur Hochsaison verlangen die Schnellboote die auf den Websites angegebenen Preise (Kinder zahlen weniger), zur Nebensaison kann man sie deutlich herunterhandeln:
AMED für 200 000–400 000 Rp in 1 Std.
PADANG BAI für 400 000–690 000 in 70–90 Min.
SANUR via NUSA LEMBONGAN (Jungutbatu) für 450 000–690 000 Rp in 2 1/2 Std.
Wer lieber alles unkompliziert im Voraus organisiert, kann auf 🖥 www.gilibookings.com seine Überfahrt buchen und die (nicht immer aktuellen) Routen und Fahrpläne vergleichen.

Nach AMED:

Gili Sea Express, ✆ 0853-3925 3944, ⌨ www.
çili-sea-express.com. Ab Gili Trawangan um
10.30 Uhr, in der Hauptsaison auch um 15 Uhr.
Kuda Hitam Express, ✆ 0363-23482, 0817-471
4503. Ab Gili Trawangan um 10.15 Uhr, Gili Meno
10.45 Uhr, Gili Air 11.15 Uhr und Bangsal 12 Uhr.
Pacha Express, ✆ 0363-23460, ✉ info@pacha-
express.com. Ab Gili Trawangan um 9.45 Uhr,
Gili Meno 10 Uhr, Gili Air 10.15 Uhr und Bangsal
10.30 Uhr. In der Hochsaison auch 16.45 Uhr, Gili
Meno 17 Uhr, Gili Air 17.15 Uhr, Bangsal 17.30 Uhr.

Nach PADANG BAI:

Blue Water Express, Jl. Tukad Punggawa
(Serangan), ✆ 0361-895 1111, ⌨ www.bwsbali.
com. Nach PADANG BAI und SERANGAN ab
Gili Trawangan um 11 Uhr, Teluk Kode um
11.30 Uhr, zur Hochsaison auch13.30 Uhr, Teluk
Kode um 14 Uhr. Günstigere Preise im Internet.
Gili Cat, ✆ 0361-271680, ⌨ www.gilicat.com.
Ab Gili Trawangan um 11 Uhr und Teluk Kode
11.20 Uhr.
Gili Gili, ✆ 0361-773770, ⌨ www.giligilifast
boat.com. Ab Gili Trawangan um 12 Uhr und
Teluk Nara 12.30 Uhr.
JJ Fast Boat, ✆ 0361-281935, ⌨ www.jjfast
boat.com. Ab Gili Trawangan um 11 und 15 Uhr.
Marina Srikandi, Jl Pantai Senggigi, Plaza
Senggigi A3, ✆ 0370-693383, ⌨ www.marina
srikandi.com. Ab Gili Trawangan um 8, 12 und
15 Uhr, Senggigi um 9, 13 und 16 Uhr.
Perama, ✆ 0370-613 8514, ⌨ www.peramatour.
com. Abfahrt gegen 11.30 Uhr für 400 000 Rp.

Nach NUSA LEMBONGAN und SANUR:

Gili Sea Express, s. o. Ab Gili Trawangan um
10.30 Uhr.
Scoot Fast Cruises, ✆ 0370-612 3433, 0828-9701
5468, ⌨ www.scootcruise.com. Ab Senggigi um
12.45 und 14.30 Uhr, Gili Air 13.15 und 15 Uhr und
Gili Trawangan um 13.45 und 15.30 Uhr.

Gili Meno

Die kleinste, ruhigste und romantischste der drei
Inseln kann in einer gemütlichen Wanderung in
ein bis zwei Stunden umrundet werden und hat

deutlich weniger Zimmer, dafür aber die schönsten Strände. Mittlerweile hat Meno auch einen
Generator, der den ganzen Tag Strom liefert –
theoretisch jedenfalls.

Rund um die Insel liegen schöne **Tauch- und
Schnorchelgebiete**, und es gibt gut ausgestattete Tauchschulen. Alle Schnorcheltrips, die
von den anderen Inseln kommen, machen vor
der Nordostküste Halt, wo große Meeresschildkröten, blaue Korallen und sogar die kuriosen,
„Weihnachtsbaumwurm" genannten Kalkröh-
renwürmer bestaunt werden können.

Bei entsprechenden Strömungsverhältnissen kann man an der Südküste surfen, muss dabei aber auf die Korallen aufpassen. Surfbretter
können am Oststrand geliehen werden.

Wenige hundert Meter landeinwärts von der
Bootsanlegestelle können im etwas tristen und
durch viele „Abgänge" stark dezimierten **Gili
Meno Bird Park**, ✆ 0370-642321, exotische Vögel, aber auch Warane oder Rehe in kleinen Gehegen bzw. Volieren beobachtet werden. Auf
dem 2500 m² großen Gelände wurden einst rund
300 Arten gehalten; heute sind es nur noch 36.
Der gegenwärtig Verantwortliche bemüht sich im
Rahmen seiner Möglichkeiten um die Zucht, doch
den aus Papua oder Borneo stammenden Spezies ist das trocken-heiße Klima nicht sehr zuträg-
lich. Eintritt 60 000 Rp, ⏱ 9–17 Uhr.

In der Trockenzeit lassen sich bei einem Spaziergang zum flachen Salzsee im Norden der Insel Salzhäufchen entdecken. Der in der Sonne
glitzernde Boden des ausgetrockneten Sees ist
dann mit Salzkristallen überzogen.

Es gibt zwei Aufzuchtstationen für Babyschildkröten, das **Gili Meno Turtle Sanctuary** am
Oststrand und die **Balenta-Aufzuchtstation** am
Nordstrand. Suppen- und Echte Karettschildkrö-
ten kommen zur Eiablage an die Strände, wo der
gefährdete Nachwuchs von Freiwilligen aufgesammelt wird. An beiden Orten kann man gegen
eine Spende an der Aussetzung kräftiger junger Schildkröten teilnehmen. Nach Einbruch der
Dunkelheit sollte man eine Taschenlampe dabei-
haben, denn die Wege sind nicht beleuchtet.

ÜBERNACHTUNG

Die meisten günstigen Unterkünfte nutzen
Brackwasser-Duschen, während es Frisch-

LOMBOK Übersichtskarte S. 348

wasser nur gegen Aufpreis oder in den teureren Anlagen gibt. Die angegebenen Preiskategorien gelten für die Nebensaison, Kasten „Preispolitik auf den Gilis", S. 387.

Untere Preisklasse

Amber House, ☎ 0878-6109 6374, 🖥 amber house896f.wix.com/gili-meno-amber#!. In einem gepflegten Garten stehen 5 einfache, nette Holzbungalows mit Blick aufs Meer, Moskitonetz und Du/WC, teils auch Open-Air. Die Einrichtung ist spartanisch, dafür wird aber auf Sauberkeit geachtet. Für 25 000 Rp zusätzlich auch Frischwasser zum Duschen. WLAN. ❷–❸

Gili Garden Bungalows, ☎ 0819-0781 0768. Etwas versteckt stehen 100 m vom Strand 5 spartanisch eingerichtete, dunkle *Lumbung* mit guten Matratzen, Moskitonetz und halboffener Du/WC zu günstigen Preisen. Viele frei umherlaufende Hühner. Frühstück inkl. ❷–❸

Gili Meno Bird Park Resort, ☎ 0361-287727, 🖥 www.balipvbgroup.com. Das an den Vogelpark angeschlossene Hotel ist den Beatles gewidmet. Die 4 etwas vernachlässigten Zimmer sind jeweils nach einem der Pilzköpfe benannt und haben TV, AC, Minibar, Mikrowelle und Du/WC, teils auch AC. Zudem ein günstiges Zimmer für 150 000 Rp und ein 6-Bett-Schlafsaal für 50 000 Rp p. P. ❷–❸

Paul's Last Resort, im Norden, ☎ 0878-6569 2272. In den 5 offenen, nur durch Bambusrollos abgeschirmten Schlafhütten mit kleinem Ventilator am Strand fühlt man sich fast wie Robinson – wäre da nicht der 24 m lange Pool auf der anderen Seite des Weges. ❷

Rawa Indah, ☎ 0817-578 6820. 5 bescheidene, dunkle, aber günstige Massivbungalows mit guten Matratzen, spärlicher Einrichtung und sauberer Frischwasser-Du/WC. Trinkwasser und Frühstück inkl. ❷

Tunai Cottages, ☎ 0878-6410 7342, 🖥 www. tunaicottages.com. Die einfachen Bungalows haben gute Matratzen, Safe und dunkel gefliese Warmwasser-Du/WC. Trinkwasser und Frühstück inkl. ❷

🧳 **Turtle Bungalows**, ☎ 0819-3303 7210, ✉ turtlebungalows@gmail.com. Hinter einem winzigen Restaurant liegen

6 ordentliche, saubere Massivhäuschen im *Lumbung*-Stil mit guten Matratzen, AC und gutem Preis-Leistungs-Verhältnis, die in der Hochsaison doppelt so teuer sind. Nebenan ähnliche Anlagen. Frühstück und WLAN inkl. ❸

Mittlere Preisklasse

Biru Meno Bungalows, ☎ 0813-3975 8968, 🖥 birumeno.com. Eine nette Österreicherin und ihr indonesischer Mann vermieten 12 gepflegte, mit Naturmaterialien und Muscheldeko gestaltete und geräumige, teils etwas dunkle Bungalows für bis zu 3 Pers. mit Du/WC, hohen Fenstern, die 2-stöckige mit Balkon. Ein Filter sorgt für die Entsalzung des Brackwassers. Das offene Restaurant bietet eine große Auswahl an günstigen indonesischen und italienischen Speisen. ❺

Gazebo Meno, ☎ 0370-635795, 🖥 www.bali budgetinnandresidences.com. Die 23 Jahre alte, sehr weitläufige Anlage wirkt mitsamt dem Vogelgezwitscher wie ein Waldpark. Geschmackvoll eingerichtete, geräumige Holzbungalows älteren Jahrgangs mit guten Betten, AC, kleinem LCD-TV, Safe und Wasserspender. Der kleine Pool lag während der Recherche trocken. Frühstück inkl., WLAN an der Rezeption. ❺

🧳 **Meno Dream Resort**, ☎ 0819-1596 1251, 🖥 www.gilimenobungalows.com. Versteckt im Inneren des Eilands überrascht die kleine, gepflegte Bungalowanlage mit einem schönen Garten, Gazebos, Hängematten und 4 ansprechenden, sauberen, teils 2-stöckigen Holzhäuschen mit netten Details, Open-Air-Du/WC und warmen Farben, z. T. auch Möbeln aus Naturmaterialien. Aufgrund der Lage eher für Ruhesuchende geeignet. Frühstück inkl. ❸–❹

€ **Rust Mimpi Manis Bungalows**, nahe der Anlegestelle, ☎ 0878-6525 9368, 0878-6585 9368, 🖥 www.rustgilimenobungalows. com. Hinter dem großen Strandrestaurant und dem Shop vermieten dieselben Betreiber in einem schattigen, weitgehend sich selbst überlassenen Garten 9 geräumige, saubere Bungalows auf Stelzen mit AC, guten Matratzen, Veranda und Du/WC, einige auch mit

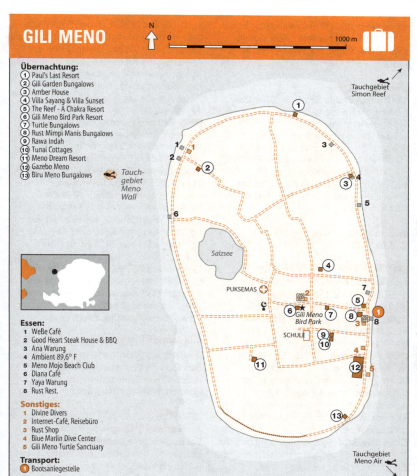

GILI MENO

Übernachtung:
1. Paul's Last Resort
2. Gili Garden Bungalows
3. Amber House
4. Villa Sayang & Villa Sunset
5. The Reef - A Chakra Resort
6. Gili Meno Bird Park Resort
7. Turtle Bungalows
8. Rust Mimpi Manis Bungalows
9. Rawa Indah
10. Tunai Cottages
11. Meno Dream Resort
12. Gazebo Meno
13. Biru Meno Bungalows

Essen:
1. WeBe Café
2. Good Heart Steak House & BBQ
3. Ana Warung
4. Ambient 89,6° F
5. Meno Mojo Beach Club
6. Diana Café
7. Yaya Warung
8. Rust Rest.

Sonstiges:
1. Divine Divers
2. Internet-Café, Reisebüro
3. Rust Shop
4. Blue Marlin Dive Center
5. Gili Meno Turtle Sanctuary

Transport:
1. Bootsanlegestelle

Twin-Betten, Open-Air-Du/WC und Warmwasser. Frühstück und WLAN im Restaurant inkl. ③–④

Villa Sayang & Villa Sunset, ☏ 0818-361052, 🖳 www.villasayanggilimeno.com. In einem großen Garten abseits vom Strand liegen die mit Liebe zum Detail verzierten, familienfreundlichen Ferienhäuser Villa Sayang und Villa Sunset. Erstere mit 2 Schlafzimmern im Obergeschoss, einem großen Balkon, Küche, Wasserspender, Toaster, Open-Air-Du/WC mit Steinwaschbecken und hübschen Fensterläden. Die neuere, auch für Gehbehinderte geeignete Villa Sunset hat ebenfalls 2 Schlafzimmer und Küche. Zustellbett für Kleinkinder mit eigenem Moskitonetz. Die sehr freundlichen Gastgeber Silvia und Saleh organisieren Transporte, verwöhnen ihre Gäste mit Spezialitäten wie selbst gebackenem Brot, Marmelade sowie Räucherfleisch und veranstalten gemütliche Abende am Lagerfeuer. Reservierung erforderlich. Kaffee, Tee, Wasser und WLAN inkl. **5**

Obere Preisklasse

The Reef – A Chakra Resort, ✆ 0370-642340 🖳 www.chakraresorts.com/#the_reef. Nach Abriss der Hütten des alten Royal Reef Resort wurden 2013 ein teures Strandrestaurant, ein Spa und 10 moderne, luxuriöse 2-stöckige Häuser mit Meerblick im *Lumbung*-Stil erbaut, die mit hochwertigen Holzmöbeln, AC, großem LCD-TV, DVD-Player, Open-Air-Du/WC und Kochnische ausgestattet sind. Frühstück und WLAN inkl. **7**

Weitere Übernachtungsmöglichkeiten s. **eXTra [4286]**.

ESSEN UND UNTERHALTUNG

Ambient 89.6° F, im Nordosten, ✆ 0878-6109 6374. Das entspannte, nett gestaltete Strandcafé sticht mit Müsli für 55 000 Rp, Salaten um 60 000 Rp, Baguette-Sandwiches ab 50 000 Rp sowie Kräutertees aus dem gängigen Angebot heraus. ⏲ 7.30–23 Uhr.

€ **Ana Warung**, ✆ 0819-1726 5166, 🖳 www.anawarung.com. Kleiner Warung mit überschaubarer Auswahl an einfachen Gerichten für wenig Geld. Gemütliche Sitze am Strand mit Muschelkettendekoration. Auch Zimmervermietung, s. Website. ⏲ 8–21 Uhr.

Diana Café. Schönes Strandbistro mit frischem Barbecue, indonesischen und internationalen Gerichten sowie Getränken zu verträglichen Preisen. Pünktlich zum Sonnenuntergang erklingt Reggae. ⏲ ab 8 Uhr.

Good Heart Steak House & BBQ, im Norden, ✆ 0813-3955 6976. Von hier aus ist der Sonnenuntergang über Gili Trawangan zu beobachten, und man bekommt das beste Fisch-Barbecue der Insel. Hauptgerichte ab 20 000 Rp, gegrillter Fisch ab 55 000 Rp. ⏲ 7–23 Uhr.

Meno Mojo Beach Club, ✆ 0878-6241 3193, 🖳 www.gilimenomojo.com. Das mit Korbstühlen, Strandliegen und hellem Interieur schick anmutende Lounge-Restaurant mit Blick

auf Gili Air und Lombok serviert Pizza, Pasta, Seafood sowie internationale und indonesische Gerichte um 70 000 Rp. Zur Happy Hour von 17–19 Uhr viele Rabatte, ab 21 Uhr werden Filme gezeigt. Nebenan Vermietung von 2-stöckigen, nett dekorierten, aber muffigen Zimmern mit Wohnraum und komfortabler Ausstattung, **6 – 7**. WLAN.

🧳 **Rust Rest.**, vor dem Rust Shop südlich der Bootsanlegestelle. In den *Bale* und unter dem offenen Dach des Restaurants hat man die Wahl aus vielen indonesischen und internationalen, zumeist leckeren und preislich absolut angemessenen Gerichten, z. B. Nasi Goreng, Pizza oder Pasta. ⏲ bis 21 Uhr.

WeBe Café. Hier gibt es gute Seafood-Gerichte ab 30 000 Rp, und zu Gitarrenklängen am Strand kann man Fruchtsäfte, Cocktails oder ein großes Bier für 35 000 Rp trinken. ⏲ 8–22 Uhr.

Yaya Warung. Das kleine, günstige Strandrestaurant macht einen etwas verlotterten Eindruck, das Essen ist jedoch frisch und sehr lecker. Ab und zu gibt es eine Gitarren-Kostprobe der einheimischen Beach Boys.

EINKAUFEN

Am Oststrand liegen einige Warung und der **Rust Shop** mit einer ausreichenden Auswahl an Lebensmitteln, Sonnenbrillen und -cremes, Hygieneartikeln und Getränken.

AKTIVITÄTEN

Tauchen und Schnorcheln

Der nordwestliche Küstenabschnitt eignet sich gut zum Schnorcheln. Die Strömung kann jedoch stark werden, sodass man sich nicht allzu weit vom Strand entfernen sollte. Die nötige Ausrüstung wird für 30 000 Rp pro Tag vermietet. Ein Fischerboot kann für ca. 400 000 Rp für 3 Std. gechartert werden, um zu den Schnorchelplätzen zu gelangen. Die Preise für Tauchgänge und -kurse sind wie auf Gili Trawangan, S. 392.

Blue Marlin Dive Center, südlich der Rust Bar, ✆ 0370-639980, 🖳 www.bluemarlindive.com. Die große Tauchschule unterhält auch auf Gili Meno eine gut ausgestattete Niederlassung. Max. Gruppengröße 4–5 Pers.

Divine Divers, ℡ 0852-4057 0777, 🖥 www.
divinedivers.com. Die kleine Tauchschule bietet
Tauchausflüge ab US$37. Hier kann man auch
Tauchkurse auf Deutsch belegen.

SONSTIGES

Internet
Internetcafés gegenüber dem Meno Bird Park
und neben dem Rust Shop verlangen 500 Rp
pro Min.

Medizinische Hilfe
In der kommunalen Poliklinik im Dorf nahe dem
Meno Bird Park sind zumindest theoretisch
rund um die Uhr Krankenschwestern im Dienst.
Einen englischsprachigen Arzt gibt es auf Gili
Trawangan, S. 393, oder in Bangsal, **Dr. Bahar**,
℡ 0812-382 1967.

NAHVERKEHR

Pferdekutschen *(Cidomo)* kosten 80 000 Rp pro
Fahrt bzw. 175 000 Rp einmal um die Insel.

TRANSPORT

Boote ankern am Oststrand, s. Karte S. 397.
Am Schalter werden Fahrkarten für das **Island-
Hopping-Boot** verkauft:
GILI TRAWANGAN um 8.45 und 15.15 Uhr
für 30 000 Rp.
GILI AIR um 9.45 und 16.15 Uhr für 25 000 Rp.
BANGSAL um 8 Uhr für 13 000 Rp.
Charterboote nach GILI TRAWANGAN für
350 000 Rp, nach GILI AIR für 300 000 Rp und
nach BANGSAL für 375 000 Rp.
Für weitere Details zum Transport S. 394,
Gili Trawangan.

Gili Air

Die der Küste von Lombok am nächsten gelegene Insel ist mit knapp 1800 Einwohnern im Verhältnis zu ihrer Fläche die am dichtesten besiedelte, doch davon merken aus Süd-Bali,
Senggigi oder von Gili Trawangan kommende
Besucher wenig. Wenn es in der Hauptsaison
in den vielen Strandbars auch lebhaft zugeht, ist
Gili Air doch noch immer ruhiger, übersichtlicher
und besser für Familien geeignet als Gili Tra-

wangan. Die Unterkünfte liegen nicht so dicht
beieinander, und besonders abends ist bis auf
wenige Bars und sporadische Partys am Nordstrand nicht viel los.

Der schmale Oststrand eignet sich aufgrund
der Korallenbänke nur bedingt zum Schwimmen,
dafür umso besser zum Schnorcheln. Schildkröten und Fischschwärme sind hier keine Seltenheit und bei einem Blick unter die Wasser-
oberfläche leicht zu erspähen. Vor der Südküste
erlaubt der „Play Gili" genannte Surfspot bei guten Wetterverhältnissen geübten Surfern den Ritt
durch eine zum Barrel geformte Rechtswelle.

Auf der Insel gibt es noch einen ansehnlichen, von Palmenhainen durchsetzten Baum-
bestand, sodass man auf schattigen Wegen
spazieren gehen kann. Die gesamte Insel lässt
sich bequem auf einem knapp zweistündigen
Strandspaziergang umrunden. Dagegen ist es
nicht immer einfach, den Pfaden quer über die
Insel zu folgen. Wer in der Dunkelheit unterwegs
ist, sollte eine Taschenlampe mitnehmen, denn
die Wege sind nur spärlich oder gar nicht beleuchtet.

ÜBERNACHTUNG

In der Hochsaison von Juni–September wird
deutlich mehr verlangt, Kasten „Preispolitik
auf den Gilis", S. 387. Während am belebten
Oststrand zu dieser Zeit oft sämtliche Unterkünfte ausgebucht sind, lassen sich westlich
der Bootsanlegestelle häufig noch Zimmer
ergattern.
Weitere Übernachtungsmöglichkeiten
s. **eXTra [4278]**.

Untere Preisklasse
7 Seas Cottages, ℡ 0370-660 4485, 🖥 www.
7seas.asia. Für Backpacker mit kleiner Reisekasse eignen sich die 8 einfachen Zimmer
mit je 4 Betten à 70 000 Rp (ohne Frühstück)
im hinteren Gebäude, durch das ein mit Bast
verkleideter Flur zu je 4 Duschen und separaten
Toiletten führt. Die Zimmer sind überteuert und
nicht empfehlenswert. Tauchzentrum. Frühstück und WLAN inkl. ❹–❺
€ **Bintang Beach Bungalows** ℡ 0878-
6434 8227, 🖥 bintangbeach.blogspot.de,
und **Bollata Bungalows**, im Norden der Insel,

📞 0878-6499 3850, 🖥 bollata.weebly.com. Das Bintang hat 4 günstige, helle Bungalows, das Bollata daneben 8 nettere *Lumbung* mit guten Matratzen, Moskitonetzen und Du/WC, teils auch Veranda, AC, Kühlschrank und TV. Nebenan hat die Familie ähnliche, neuere Massivbungalows. Frühstück und WLAN inkl. ❷–❸
Gusung Indah Bungalows, 📞 0819-0732 3849, ✉ gusungindahbungalows@yahoo.com. An einem schönen Strandabschnitt stehen 12 helle, mit *Alang-Alang*-Gras gedeckte, spartanisch eingerichtete Bungalows mit großem Bett, Open-Air-Du/WC und Hängematte auf der Veranda, teils auch AC. Abends sitzt man beim Essen gemütlich im *Bale* am Strand. Freundliches Personal. Frühstück und WLAN inkl. ❷–❸

€ **Rival Village**, 📞 0878-655 0970, ✉ gilis_point@hotmail.com. Im Inselinneren vermietet eine nette Familie 4 schlichte, saubere Zimmer in einem Reihenhaus mit AC, Open-Air-Du/WC und Veranda. Frühstück und WLAN inkl. ❸

Mittlere Preisklasse

Manta Dive, 📞 0813-5305 0462, 🖥 www.manta-dive-giliair.com. An einem gut zum Schwimmen geeigneten Strandabschnitt geht es hinter dem Pool zwischen Bougainvilleen zu empfehlenswerten, gepflegten *Lumbung* mit AC, guten Matratzen, TV mit DVD-Player, Kühlschrank und Warmwasser-Du/WC sowie weiteren modernen Zimmern in Flachbauten. Die neueren Zimmer nebenan teilen sich einen weiteren Pool. Frühstück und WLAN inkl. ❺
Oceans 5 Bungalows, 📞 0813-3877 7144, 🖥 www.oceans5dive.com. Rund um den großen Pool liegen die ansprechend gestalteten Bungalows mit Massivholzmöbeln, LCD-TV, AC und Warmwasser-Du/WC mit großem Duschkopf. Der holländische Besitzer betreibt eine Tauchschule und eine kleine Schildkrötenstation. Reservierung empfehlenswert. WLAN. ❹–❺

🧳 **Omah Gili**, 📞 0816-145 5080, 🖥 www.omahgili.com. Um ein im Joglo-Stil überdachtes Restaurant und einen Pool liegen 12 geräumige, nette Zimmer in *Lumbung*- oder javanischen Gladak-Häusern mit hohen Decken, harten

Matratzen, *Ikat*-Dekoration und AC. Freundlicher Service. Frühstück und WLAN inkl. ❹
Orong Villages, 📞 0818-0500 6492, 🖥 orong villages.wordpress.com. Kleine Anlage mit Hängematten und 7 sauberen, strohgedeckten Zimmern. Die günstigeren in Doppelbungalows mit Bambusbetten und Schaumstoffmatratzen, die teureren mit AC, TV, Federkernmatratzen, Moskitonetz und schönem, mit Pflanzen, Korallen und Steinen dekoriertem Open-Air-Du/WC. Frühstück und WLAN inkl. ❸–❹
Salili Bungalows, 📞 0819-3673 7901, 🖥 www.facebook.com/salili.bungalow.3. Nah am Strand der ruhigen Westküste liegt ein verhältnismäßig grünes Grundstück mit 7 modernen Bungalows mit Veranda, teils AC und Open-Air-Du/WC mit großem Duschkopf. Frühstück und WLAN inkl. ❹
Scallywags Mango Retreat & Motel, 📞 0370-639434, 🖥 www.scallywagsresort.com. In der von einer hohen Mauer umzäunten und durch einen Mangobaum überschatteten kleinen Anlage wohnt man abgeschottet in 6 kleinen, aber hell und modern eingerichteten Zimmern am Pool mit komfortablen Betten, LCD-TV, DVD-Player, Kühlschrank und Wasserkocher oder 6 ähnlichen, aber deutlich günstigeren Zimmern um die Ecke. Der Aufpreis für die teuren Zimmer lohnt nicht. Frühstück und WLAN inkl. ❹–❻
Sejuk Cottages, 📞 0370-636461, 🖥 www.sejukcottages.com. Etwas abseits vom Strand hinter einem Palmenwald versteckt sich die entspannte Oase unter französischer Leitung. In einem gepflegten Garten mit schönem Pool und Fischteichen stehen einladende, ältere Holzbungalows mit teils durchgelegenen Matratzen, großer Veranda und Hängematte sowie neuere Häuser, einige mit AC, Safe, Warmwasser-Du/WC, Kühlschrank und luftiger Sitzgelegenheit im oberen Stock. ❺–❻

🧳 **Sunrise Cottages**, 📞 0370-642370, 🖥 www.sunrisegiliair.com. Freundliche, gepflegte Anlage mit Pandan-Bäumen, Bale am Strand, Liegen am Pool und großen, sauberen, 2-stöckigen Bungalows im Stil traditioneller *Lumbung* mit Balkon und Schnitzereien, Frischwasser-Du/WC, Moskitonetz, Hängematten, AC und Kühlschrank, die teureren schicker und mit

GILI AIR

Übernachtung:
1. Bintang Beach Bungalows
2. Boilata Bungalows
3. Gusung Indah Bungalows
4. Orong Villages
5. Sejuk Cottages
6. Salili Bungalows
7. Villa Bulan Madu
8. Scallywags Mango Retreat & Motel
9. Rival Village
10. Omah Gili
11. Manta Dive
12. Sunrise Cottages
13. Oceans 5 Bungalows
14. 7 Seas Cottages

Essen:
1. Biba Beach Café
2. Le Cirque
3. Zipp Bar
4. Scallywags Organic Seafood Bar & Grill
5. Gili Gelato
6. Caballito de Mar

Transport:
1. Perama
2. Bootsanlegestelle

Sonstiges:
1. Mirage Bar
2. Legend Pub
3. Ozzy's Shop
4. H2O Yoga & Meditation Centre
5. GAM (Gili Air Medika)
6. Gita Gili
7. Manta Dive
8. Oceans 5 Dive
9. Dream Divers

Steinboden. Im Erdgeschoss gemütliche Sitzmöglichkeiten. ❺–❼

Obere Preisklasse

Villa Bulan Madu, ☎ 0819-0733 0444, 🖳 www.bulan-madu.de. Während die günstigen Bungalows vorne nicht zu empfehlen sind, machen im hinteren Teil des Grundstücks die 6 großzügigen, hellen Villen mit Himmelbetten, Wohn-Veranda, Sitzecke sowie dekorativen Masken und *Ikat*-Stoffen ihrem Namen („Flitterwochen") alle Ehre. Frühstück und WLAN inkl. ❻–❼

ESSEN

Biba Beach Café, ☎ 0819-1727 4648, 🖳 www.bibabeach.com. Das von einem italienischen Paar geführte Restaurant am Strand macht leckere Pasta ab 30 000 Rp, z. B. mit Spinat und Käse gefüllte Ravioli, aber auch Tagliatelle und Gnocchi. Von 7.30–9.30 Uhr Frühstücksbuffet für 45 000 Rp. Hinter dem Restaurant werden Bungalows vermietet.

Caballito de Mar, ☎ 0812-1535 3088, 🖳 www.cdemar.com. Das offene Lounge-Restaurant mit entspanntem Chique, hellem Holz und Korbmöbeln im luftigen 2. Stock punktet zwar nicht mit der kleinen Speisekarte für Tapas, Salate, Burger und Pasta ab 55 000 Rp, dafür jedoch mit einer großen Auswahl an Spirituosen und schönem, aber oft einsamem Ambiente. ⏰ 12–14 und 17–23 Uhr.

Scallywags Organic Seafood Bar & Grill, 📞 0370-639434, 🖥 www.scallywagsresort.com. Schickeres Strandrestaurant mit stilvollem Interieur, Sitzecken und schöner Atmosphäre. Auf den Liegen am Strand kann man sich sonnen und aus einer guten Auswahl an Säften, leckeren Sandwiches, Burgern und Desserts sowie indonesischen Gerichten wählen; viele Bio-Zutaten. Hauptgerichte ab 50 000 Rp. Abends reichhaltiges, teures Barbecue. WLAN. ⏰ ab 7 Uhr.

🏨 **Le Cirque**, vor den Sunrise Cottages, 📞 0370-642370, 🖥 www.lecirque-giliair.com. Das bunt mit Tischen aus recycletem Holz gestaltete, offene Restaurant unter französischer Leitung serviert französisch-asiatische Fusions-Gerichte zu gehobenen Preisen, aber auch leckere Sandwiches für 33 000–77 000 Rp, guten Eistee und Wein. Brote europäischer Machart auf Bestellung. ⏰ 7–23 Uhr.

🏨 **Zipp Bar**. Das freundliche Personal serviert ab 18 Uhr frisches Seafood in großen Portionen für 50 000–100 000 Rp sowie westliche und indonesische Gerichte ab 25 000 Rp. Die Auswahl an Fisch reicht von Barrakuda über Thunfisch bis zu Red Snapper. Gesessen wird am Tisch oder auf Sitzkissen am Strand. Die Fischreste werden allabendlich von den umherstreunenden Katzen vom Teller stibitzt. Happy Hour von 17–20 Uhr mit großem Bintang für 25 000 Rp. ⏰ ab 8 Uhr.

UNTERHALTUNG

In der Hochsaison (außer im Ramadan) steigen ab und zu Partys. Besonders im Norden findet sich immer ein gemütliches Plätzchen am Meer. In Bezug auf den Genuss von hartem Alkohol gelten die gleichen Warnungen wie für Gili Trawangan, S. 391, und Senggigi, S. 380.

Legend Pub. Mi steigt eine Party mit ausgefallener Beleuchtung, Reggae und psychedelischen Beats. ⏰ bis spät in die Nacht.

Mirage Bar, 🖥 auf Facebook. Zum Sonnenuntergang am Nordstrand bietet sich die Happy Hour der kleinen lauschigen Bar mit tollem Blick auf das Abendrot an. Neben Cocktails und Bier sind auch Tapas und Lassis im Angebot.

AKTIVITÄTEN

Tauchen und Schnorcheln

Die meisten Tauchschulen haben gutes Equipment und die gängigen Kurse und Spezialtauchgänge im Angebot. Die Preise unterscheiden sich kaum von denen auf Gili Trawangan. Für mehr Informationen Kasten S. 392.

Dream Divers, 📞 0370-634547, 🖥 www.dreamdivers.com. Gute Tauchschule unter deutscher Leitung. Der Open-Water-Kurs kostet 3,7 Mio. Rp, ein Tauchgang 380 000 Rp.

Manta Dive, 📞 0370-629366, 0813-5305 0462, 🖥 www.manta-dive-giliair.com. Professionelle Tauchschule mit deutschen Tauchlehrern, PADI- und SSI-Kursen sowie eigener Unterkunft, s. o. Der Open-Water-Kurs kostet 3,4 Mio. Rp. Tauchgänge mit max. 4 Pers. pro Dive Guide.

Oceans 5 Dive, 📞 0813-3877 7144, 🖥 www.oceans5dive.com. Neben den üblichen Kursen wie dem Open-Water-Kurs für 285 € beteiligt sich die Schule auch am Reef-Check-Programm zur Überwachung der Korallen. Günstige Packages mit Übernachtung in der hauseigenen Unterkunft, s. o.

Schnorchelausrüstung bekommt man ab 25 000 Rp bei **Ozzy's Shop** oder in den Unterkünften. Es können Schnorchelausflüge mit einem Glasbodenboot für 100 000 Rp p. P. organisiert werden.

Yoga und Meditation

H2O Yoga & Meditation Centre, 📞 0877-6103 8836, 🖥 www.h2oyogaandmeditation.com. Um 10 und 17.30 Uhr jeweils 90-minütiges Hatha-Yoga für 100 000 Rp. Um 15.45 Uhr findet tgl. wechselnd Meditation oder Qigong statt. 4 Kurse für 350 000 Rp.

SONSTIGES

Bücher

Gita Gili hat eine kleine Auswahl an gebrauchten Büchern.

Geld
Geldautomat, s. Karte. Einige wenige **Wechselstuben** an der Ostküste wechseln zu schlechten Kursen.

Information und Internet
Ozzy's Shop bietet Informationen und Touren. Hier kann man Flugtickets kaufen und mit Master- oder Visa-Karte zahlen. Auch Internet für 600 Rp pro Min. Ein weiteres Internetcafé am Oststrand verlangt 400 Rp pro Min.

Medizinische Hilfe
Die kleine Praxis **Gili Air Medika**, ✆ 0819-0747 3113, versorgt einfache Verletzungen für 150 000 Rp pro Untersuchung. Eine kommunale Poliklinik liegt im südlichen Teil des Dorfes. Englischsprachige Ärzte gibt es auf Gili Trawangan, S. 393, oder in Bangsal, **Dr. Bahar**, ✆ 0812-382 1967.

NAHVERKEHR
Mit einem **Cidomo** kommt man für ca. 30 000 Rp von der Bootsanlegestelle zu jedem Hotel auf der Insel. Eine Inselrundfahrt kostet ca. 80 000 Rp. Bei **Ozzy's Shop** und **Gita Gili** können Fahrräder für 50 000 Rp pro Tag geliehen werden.

TRANSPORT
Perama, ✆ 0818-0527 2735, 🖥 www.peramatour.com, hat eine winzige Hütte am Strand, die selten besetzt ist.

Boote
Öffentliche Boote legen neben dem Pier im Süden der Insel an. In dem weißen Gebäude kauft man die Fahrkarten nach:
GILI TRAWANGAN via GILI MENO (25 000 Rp) um 8.30 und 15 Uhr für 30 000 Rp.
BANGSAL bei genügend Passagieren (20–30 Pers.) für 10 000 Rp, ein verlässliches Boot legt zwischen 7.30 und 8.30 Uhr für 25 000 Rp ab.
Charterboote nach GILI TRAWANGAN für 375 000 Rp, nach GILI MENO für 350 000 Rp und nach BANGSAL für 280 000 Rp.
Für Schnellboote und weitere Details s. Transport S. 394.

Gunung Rinjani

Schon unter den Holländern wurde ein 40 000 ha großes Gebiet rund um den 3726 m hohen Vulkan unter Naturschutz gestellt. Inzwischen ist das Reservat sogar um mehr als die Hälfte erweitert und zum Nationalpark erklärt worden. Priorität genießen dabei die ausgedehnten Bergwälder, die praktisch den einzigen natürlichen Wasserspeicher der Insel darstellen. Lombok ist wie ganz Nusa Tenggara mit keiner großen Vielfalt an Säugetierarten gesegnet; umso interessanter ist die Vogelwelt, die schon einen australischen Einschlag verrät. So kommen z. B. diverse Arten von Honigfressern und der Timor-Gelbwangenkakadu vor.

Anders als auf der fruchtbaren Südseite des Berges sind seine nördlichen Ausläufer in Küstennähe durch trockene, versteppte Vegetation gezeichnet, jedoch wird es mit zunehmender Höhe immer grüner, und Reis, Kakao, Kaffee, Vanille und Nelken gedeihen auf den fruchtbaren Vulkanböden.

Der Rinjani ist für die Sasak und Balinesen auf Lombok der heiligste Ort der Insel und Wohnsitz der Götter. Viele pilgern an Pujawali (S. 367) zum ausgedehnten, blauen Kratersee **Danau Segara Anak** („Kind des Ozeans") auf knapp über 2000 m Höhe. Dort werfen die Gläubigen während der *Pekelan*-Zeremonie Opfergaben ins Wasser und baden in den nahe gelegenen **heißen Quellen**. Das *Aik Kalak* („heißes Wasser") soll eine heilende, lebensverlängernde Wirkung haben. An der Ostseite des Sees erhebt sich der 2363 m hohe **Gunung Baru**, ein kleinerer aktiver Vulkan, der beim Ausbruch des Rinjani 1994 entstanden ist. Die letzte Eruption ereignete sich 2010, als Lava austrat und Aschewolken kilometerhoch in die Umgebung aufstiegen.

Bayan
Ist Bali die Insel der tausend Tempel, so ist Lombok die der tausend Moscheen, und die älteste von ihnen steht in Bayan. Die **Masjid Kuno Bayan Beleq** aus dem 15. Jh. soll noch von Sunan

Prapen, einem der neun Wali, die den Islam im Archipel verbreiteten, errichtet worden sein. Heute wird die Moschee nur noch an hohen moslemischen Feiertagen von Gläubigen besucht. Während der untere Teil des 9 m langen und breiten Baus aus groben Steinen gemauert wurde, sind die Wände schlichter Bambus mit einem hohen Dach aus *Alang-Alang*-Gras. Die einfache Moschee umschließt eigentlich nur eine große alte Trommel (Beleq), die einst zum Gebet rief, und vier Säulen, die je eines der umliegenden Dörfer symbolisieren. In einer Drachenfigur verweisen drei Vögel auf die heilige Trinität des Wetu-Telu-Glaubens (S. 351). Um die Moschee herum liegen die Gräber verehrter Islamgelehrter. Für eine Besichtigung ist im Dorf um Erlaubnis zu bitten.

Batu Kok und Senaru

Von vielen Dörfern führen Wanderwege zum Kratersee, doch die meisten Besucher kommen nach **Batu Kok** und **Senaru**, wo sich die Mehrzahl der Unterkünfte befindet. Auch wer nicht vorhat, den Berg zu erklimmen, kommt auf seine Kosten, denn Wanderungen führen durch den tropischen Dschungel zu den beeindruckenden **Wasserfällen** Sendang Gile, Tiu Kelep und Betara Lenjang.

Der ca. 40 m hohe Sendang Gile liegt am Ende eines 20-minütigen Fußwegs, der vom Parkplatz neben der Hauptstraße einen Bewässerungskanal entlang und über 315 Stufen führt. Der Legende nach jagten Einheimische einst eine große Raubkatze, die in blinder Wut das Dorf verheerte, durch den Wald und entdeckten dabei zufällig den Wasserfall (*sendang* = Wasserfall, *gile* = verrückt). In drei Abschnitten strömt das Wasser vom Fels, und wer hinter den Wasserfall gelangt, verjüngt sich dem Volksglauben nach um ein Jahr. Eintritt 5000 Rp. Für die anderen Wasserfälle sollte man einen Führer anheuern.

Die Besteigung ab Senaru

Die Besteigung des Gunung Rinjani ist ein berauschendes, aber außerordentlich anstrengendes Abenteuer und nur mit einem lizenzierten Führer möglich. Größere Gruppen engagieren zudem Träger und ab zehn Personen einen Trekking Leader, der die Träger und Guides koordiniert und Erfahrung im Umgang mit großen Gruppen hat. Obwohl man unnötiges Gepäck in der Unterkunft lassen kann und ein Träger die Verpflegung und Campingausrüstung schleppt, muss man in guter körperlicher Verfassung sein. Außerdem sind festes Schuhwerk mit Profil, ein Rucksack sowie warme und windabweisende Kleidung und ausreichend Trinkwasser erforderlich.

Spätestens am **Rinjani Trekking Center**, am Parkeingang in Senaru, kann man alle wichtigen Utensilien leihen. Dort werden zwei- bis viertägige Trekking-Pakete angeboten, die je nach Wunsch zum Kraterrand, Kratersee, zu den heißen Quellen oder zum Gipfel führen. Generell ist zu beachten, dass Preise für Gruppen von unter drei Personen hoch veranschlagt sind. Deshalb empfiehlt sich die Besteigung in einer größeren Gruppe.

Eine Tour zum Gipfel, die drei Tage und zwei Nächte dauert, startet frühmorgens am Rinjani Trekking Center (600 m). Es geht in fünf bis sechs Stunden auf einer 7,4 km langen Wanderung durch dichten Wald und über die kaum bewachsenen Berghügel bis zum **Base Camp** (Pos 3) auf 2000 m. Man kann hier übernachten, doch die schöne Nachmittagssonne und den herrlichen Sonnenuntergang am Kratersee bekommt man nur zu sehen, wenn auch noch der nächste sehr steile Abschnitt mit viel Schutt, Geröll und Steinen zum **Kraterrand 1** (2461 m) zurückgelegt wird.

Die meisten Gruppen schlagen hier, nach 9,2 km Strecke, ihr Lager für die sehr windige und kalte Nacht auf, um den spektakulären Sonnenuntergang zu genießen und noch genügend Kraft für den nächsten Tag in den Beinen zu haben, der mit einem ebenso schönen Sonnenaufgang grüßt.

Achtung: Besonders der erste Tag der Besteigung kann auch für den Kopf sehr anstrengend sein, da fast 2000 m Höhenunterschied überwunden werden. Es empfiehlt sich, viel Wasser zu trinken und regelmäßige Pausen einzulegen, um der Höhenkrankheit und den damit verbundenen starken Kopfschmerzen vorzubeugen.

Ist man sehr gut in Form und schnell unterwegs, kann am ersten Tag noch vor Sonnenuntergang der Abstieg in den Krater bis zum

GUNUNG RINJANI-NATIONALPARK

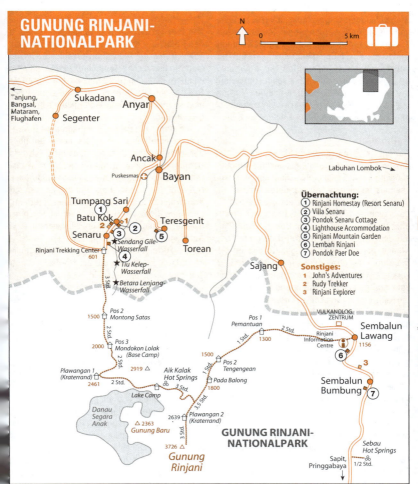

Lake Camp in Angriff genommen werden (insgesamt etwa neun Stunden und 12 km ohne längere Pausen). Bei Regen ist der Pfad allerdings äußerst rutschig und gefährlich.

Am Kratersee bietet das Lake Camp einen Zeltplatz mit einer Trinkwasserquelle, und auch die heißen Quellen sind nicht allzu weit entfernt. Der sechs bis acht Stunden dauernde Aufstieg vom See zum **Gipfel** ist wesentlich schwieriger als der bereits zurückgelegte Weg. Die Belohnung ist ein unvergesslicher Sonnenaufgang, der vom höchsten Punkt auf Lombok genossen werden kann. Bei wolkenfreiem Himmel hat man eine tolle Sicht bis nach Sumbawa im Osten und Bali im Westen.

In der Regenzeit, besonders von Januar bis März, sind die Pfade in so schlechtem Zustand, dass der Nationalpark wegen Erdrutsch- und

Steinschlaggefahr geschlossen wird. Von November bis April werden oft nur Touren bis zum Kraterrand zugelassen. Mit der Schließung des Gipfels, des Lake Camp oder des ganzen Parks muss auch gerechnet werden, wenn der kleine Gunung Baru wieder Lava speit. Für weitere Infos, Bilder, Trekking-Routen und den Wetterdienst ist die Webseite 🖳 www.rinjaninationalpark.com zu empfehlen.

Sembalun

Auf der Ostseite des Rinjani bietet sich **Sembalun** als alternativer Ausgangspunkt für eine Besteigung an. Auf 1100 m Höhe liegt ein beeindruckendes Tal mit einer völlig anderen Landschaft. Statt saftiger Regenwälder erstreckt sich karge Savanne. Nur wenige Bäume und Sträucher trotzen dem trockenen Boden. Dafür wird auf dem überaus fruchtbaren Untergrund jede Menge Obst und Gemüse angebaut, das auf den Märkten in Mataram und sogar bis nach Java verkauft wird. Süße Erdbeeren können direkt vom Feld genascht werden, und eine der besten Kaffeesorten von Lombok gedeiht hier oben.

Die meisten Gäste fahren von Senaru aus nach Sembalun. Dabei kann man reißende Flüsse überqueren und eine wunderschöne Aussicht auf das tiefblaue Meer an der Nordküste genießen. Beeindruckender ist jedoch die Fahrt von Süden über **Suwela** und **Sapit**. In steilen Serpentinen wird das Gebirge erklommen. Nach 45-minütiger Fahrt durch den Nationalpark lichtet sich der Wald, die Vegetation nimmt ab und man gelangt an einen Aussichtspunkt, der die Sicht auf das Tal von Sembalun freigibt.

Neben der Bergbesteigung bieten sich Alternativen. So können Vögel beobachtet werden, Touren zu Wasserfällen, traditionellen Dörfern oder durch die Gemüsebeete unternommen werden. Mit etwas Glück kann man das Ritual **Pangilan Sapi** erleben, bei dem die Besitzer ihre Kühe, die ansonsten völlig wild im der Umgebung leben, zurück ins Dorf rufen.

Außerdem kann man sich im **Community Development Center** nützlich machen, Englisch unterrichten oder andere wertvolle Fähigkeiten teilen und austauschen. Längerfristige Freiwilligenaufenthalte werden über **4th World Love**, 🖳 www.fourthworldlove.org, vermittelt.

Die Besteigung ab Sembalun

Von hier ist der Aufstieg zum Gipfel oft auch dann möglich, wenn der Weg ab Senaru wegen vulkanischer Aktivitäten geschlossen ist, da man von hier nicht erst hinunter zum Lake Camp wandern muss. Im Gegensatz zu den Touren ab Senaru kann der Berg von Sembalun her in einer höchst anstrengenden Zweitagestour bezwungen werden.

Am ersten Tag geht es durch trockene Savannenlandschaft, in der man die ganze Zeit über der brennenden Sonne ausgesetzt ist. Als Belohnung für die Strapazen bietet sich bereits während des Aufstiegs eine wunderbare Aussicht. In siebeneinhalb Stunden ist man am **Kraterrand 2** (2639 m), wo der Sonnenuntergang über dem **Kratersee** zu bewundern ist. Nach einer kurzen Nacht folgt der drei- bis vierstündige Aufstieg zum Gipfel, den man kurz vor Sonnenaufgang erreicht. Bei mehrtägigen Trekkingtouren verläuft der Abstieg auf der Nordseite durch den Regenwald und endet in Senaru.

ÜBERNACHTUNG

Senaru und Batu Kok

Entfernungsangaben jeweils ab Rinjani Trekking Center.

🏠 **Lighthouse Accomodation**, 300 m, ✆ 0878-8642 41941, 0818-0548 5480, 🖳 www.rinjanilighthouse.mm.st. Melle und Ari aus Deutschland haben neben einem gewaltigen Mangobaum 4 geräumige, etwas dunkle Zimmer in 2 großen Häusern erbaut, sie mit kühlen Böden, Moskitonetz, Warmwasser, teils auch halboffener Decke ausgestattet und anschließend Einheimische für das Tagesgeschäft geschult. Im günstigen Familienhaus mit Steinboden, Bastwänden, Kochnische und Trinkwasserspender kommen bis zu 6 Pers. in einem Doppelbett und 2 Etagenbetten unter. Ari engagiert sich als Entwicklungshelfer und hat auf dem Grundstück eine Biogasanlage installiert, die auch Lampen und Gaskocher versorgt. Gemüse und Obst kommen teils aus eigenem Anbau. Frühstück inkl. ❸
Pondok Senaru Cottage, 1,5 km, ✆ 0818-0362 4129, 🖳 www.pondoksenarulombok. com. Die recht karge, ältere Anlage bietet 22 saubere, kühle, große Zimmer und Bunga-

Selbst bei einer Besteigung des Gunung Rinjani muss man nicht auf warme Mahlzeiten verzichten.

lows mit Veranda und teils guter Aussicht auf das Tal mit Wasserfall. Die günstigeren haben harte Federkernmatratzen und Du/WC, die teureren TV, Warmwasser, AC und große Fenster. Das Essen im Restaurant ist preiswert und gut. Frühstück und WLAN inkl. ❸–❺

Rinjani Homestay (Resort Senaru), 2 km, ☏ 0817-575 0889. Die von der Regierung unterhaltene Unterkunft besteht aus einer Handvoll dunkler, etwas heruntergekommener Bungalows mit Eingangstüren hinten und vorne, guten Matratzen, TV und einfachen Bädern mit Hocktoilette, Mandi und Dusche. Gegenüber liegen noch billigere, privat vermietete Zimmer mit dünnen Schaumstoffmatratzen und Hocktoilette. ❶–❷

Villa Senaru, 2,2 km, ☏ 0817-578 8018, 🖥 www.rinjanimaster.com. Die vom großen Trekking-Anbieter John's Adventures (s. Touren) errichtete Unterkunft mit Restaurant und Verleih von Ausrüstung hat 7 neuere Zimmer, davon 2 mit großer Glasfront und moderner Einrichtung, TV, AC, Terrasse und giftgrünem Anstrich sowie ein Family House genanntes Apartment mit Küche und 2 Schlafzimmern, die auch einzeln vermietet werden. Ein Pool war 2013 in Planung. Verleih von Ausrüstung. WLAN. Bei Buchung von Touren sind die Zimmer inkl., sonst ❹.
Weitere Übernachtungsmöglichkeiten s. **eXTra [4304]**.

Sembalun

Lembah Rinjani, ☏ 0818-0365 2511, 0852-3954 3279, 🖥 sites.google.com/site/lembahrinjani. Die beste Unterkunft des Ortes mit 15 Zimmern in Bungalows mit ordentlichen Betten und Warmwasser-Du/WC. Angeschlossen ist eines der wenigen Restaurants. Frühstück inkl. ❸–❹

Pondok Paer Doe, ☏ 0819-1771 4514. Einfache rosafarbene Bungalows, die kitschig, aber immerhin dekoriert und mit indonesischem Mandi ausgestattet sind. Die sehr nette Besitzerin betreibt außerdem ein Warung. ❷
Weitere Übernachtungsmöglichkeiten s. **eXTra [4308]**.

Teresginit

In Bayan nach Süden abbiegen (jeder Taxifahrer kennt Roland).

www.stefan-loose.de/bali GUNUNG RINJANI **407**

Rinjani Mountain Garden, ☎ 0818-569730, ✉ rinjanigarden@hotmail.com. Das ca. 2 ha große, harmonisch in die Reisterrassen eingepasste Grundstück mit Quellwasserpool ist nicht nur dank der traumhaften, naturnahen Lage einmalig, denn zahlreiche Tiere laufen überwiegend frei herum: Zutrauliche Hunde und Katzen, Truthähne, Gänse, ein Pony, ein Pferd, ein Affe und sogar ein Hornbill werden von den fürsorglichen Gastgebern genauso gut gepflegt wie ihre Gäste. Hier übernachtet man mit toller Aussicht in komfortablen, teils 2-stöckigen Bungalows mit Warmwasser und warmen Decken, kleinen Holzhütten, 2 neueren Massivhäuschen mit Terrasse oder Zelten mit sauberen Gemeinschafts-Du/WC. Die indonesischen Gerichte und besonders die deutsche Hausmannskost ist lecker und reichhaltig. Bei Bedarf organisiert Roland, der spannende Geschichten parat hält, Transporte und Touren in die Umgebung sowie die Besteigung des Rinjani. Voranmeldung erforderlich. Zelt 13 € bzw. für Einzelreisende 8 €, Bungalows 16–26 €. Herzhaftes Frühstück mit frisch gebackenem Brot, Marmelade und Schinken inkl. ❷–❹

AKTIVITÄTEN UND TOUREN
Bergsteigen
In Tourpaketen sollten ein Guide, Träger, Parkeintritt, Zelt, Schlafsack, Kochutensilien, Wasser und 3 Mahlzeiten pro Tag inkl. sein. Auch wenn man allein oder zu zweit ist, wird der Berg meist in Gruppen von 4–10 Pers. mit 3 Trägern und einem Guide bestiegen. Das sollte man bei Preisverhandlungen zur Sprache bringen, da die Preise bei steigender Gruppengröße sinken. Bucht man in Senggigi oder anderen Orten auf Lombok, sollte auch der Transport im Preis inkl. sein.

John's Adventures, s. o., Villa Senaru. Besteigung in kleinen Gruppen und in 2 Tagen für 1,5 Mio. Rp, in 3 Tagen für 2 Mio. Rp und in 4 Tagen für 2,3 Mio. Rp inkl. Transport und einer Übernachtung in der Villa Senaru. Verleih von Ausrüstung für 50 000 Rp pro Gegenstand.

Rinjani Explorer, Sembalun, ☎ 0813-3960 9205, 🖥 www.rinjaniexplore.com. Pak Ulan und seine nette Familie vermieten auch 2 Zimmer in ihrem Haus.

Rinjani Trekking Center, Senaru, ☎ 0818-0362 8893, 🖥 www.lombokrinjanitrek.org. Der kommunale Anbieter hat eine Liste mit festen Preisen. Preisspannen von „Budget" (ohne Trekking Leader und mit einfachem Essen) bis „Standard" (mit Trekking Leader und besserer Verpflegung) bei 1/2/3 oder mehr Pers.:
2 Tage zum Kraterrand, zum See und zu den heißen Quellen für 2,18/1,36/1,25 Mio. Rp p. P.
3 Tage zum Kraterrand, zum See und zu den heißen Quellen für 3,47/2,15/1,82 Mio. Rp p. P.
3 Tage zum Gipfel für 2,9–3,96/1,8–2,44/1,67–2 Mio. Rp p. P.
4 Tage zum Gipfel, zum See und zu den heißen Quellen für 3,27–5,02/2–3,08/1,73–2,6 Mio. Rp p. P.

Rudy Trekker, südlich vom Pondok Senaru Cottage in Senaru, ☎ 0818-0365 2874, 🖥 www.rudytrekker.com. Für 2–6 Pers. kostet eine 2-tägige Tour ab Senaru US$200 (inkl. Gipfel US$225) bzw. US$230 (inkl. Gipfel US$240) bei 3 Tagen oder US$265 bei 4 Tagen, jeweils inkl. Transport auf Lombok. Die Preise liegen etwas höher als üblich, doch das Essen ist gut, die Isomatten dick und die Guides mit gutem Englisch gesegnet.

Ausrüstung und Informationen
Ausrüstung (auch Jacken und Rucksäcke) kann für 50 000–70 000 Rp pro Stück und Tour geliehen werden und sollte sofort auf Qualität und Funktionalität überprüft werden. Bei Tour-Paketen ist sie i. d. R. enthalten. Luftmatratzen isolieren nachts besser vor der Bodenkälte. John's Adventures, s. o., hat neben der gängigen Ausrüstung auch Schuhe und Stirnlampen, alles in gutem Zustand für 50 000 Rp pro Stück.

Rinjani Trekking Center, s. o. Kurz vor dem Eingang in den Nationalpark am Beginn des Wanderweges versorgt das offizielle Parkzentrum Interessenten mit Kartenmaterial, Informationen zum Berg und Trekking-Angeboten. Schlafsack, Zelt und Isomatte sind für insgesamt 130 000 Rp zu leihen, Gaskocher 25 000 Rp, Luftmatratzen 25 000 Rp. ⏲ 7–18 Uhr.

Rinjani Information Center, Sembalun Lawang, 🖥 www.lombokrinjanitrek.org. Wertvolle

Vorsicht vor Betrügern und Abzocke!

In der Vergangenheit gab es Betrugsfälle, bei denen Touristen von Anbietern in Padang Bai vorgegaukelt wurde, Touren über das offizielle Rinjani Trekking Center zu buchen. Auf Angebote angeblicher Vertreter des Nationalpark-Managements in Bali sollte nicht eingegangen werden! Auch warnen wir vor dem Anbieter Restu Adventure in Senaru. Dort werden Touren zu scheinbar günstigen Preisen angeboten, die jedoch am Essen, an der Ausrüstung, an Trägern und sogar am Trinkwasser sparen, die Sicherheit der Teilnehmer vernachlässigen und sehr schlecht organisiert sind.

Informationen zum Aufstieg, zu Soft-Trekking-Touren und zum Nationalpark.

Eintritt
Wer die Besteigung selbst organisiert, muss 150 000 Rp p. P. Eintritt in den Nationalpark zahlen. Im Preis eingeschlossen sind Gebühren für Müllentsorgung, Schulungen für die lokale Bevölkerung sowie Entwicklungsprogramme in den Dörfern der Umgebung.

Guides
Der Weg ist kaum zu verfehlen, trotzdem sollte man einen Führer nehmen. Immer muss mindestens ein erfahrener Träger engagiert werden, der die Wege des Nationalparks kennt und beim Tragen der Ausrüstung und des Essens behilflich ist. Auf Anfrage sind mit etwas Glück neben englischsprachigen auch deutschsprachige Guides zu bekommen.

Alternative Touren
Das Rinjani Trekking Center in Senaru bietet Panorama Walks ab 8 Uhr mit lokalen, weiblichen Guides zu einem Wasserfall, in ein traditionelles Dorf und zu kleinen Plantagen für 208 000/198 000/90 000/64 000 Rp p. P. bei 1/2/3/4 oder mehr Pers.
Das **Community Development Center** in Sembalun, ✆ 0818-0579 1762, 🖳 www.facebook.com/SaveSembalun, organisiert Führungen durch das Dorf, auf die umliegenden Bergkämme, zu Wasserfällen oder zum traditionellen Ritual *Pangilan Sapi*, bei denen die wilden Kühe zurück ins Dorf gerufen werden.

SONSTIGES

Geld
Der nächste Geldautomat steht in Tanjung, daher sollte ausreichend Bargeld mitgenommen werden.

Medizinische Hilfe
Ein 2013 eröffnetes, kommunales Gesundheitszentrum (Puskesmas) liegt ca. 4,5 km nördlich des Rinjani Trekking Center. Ernsthafte Krankheiten sollte man in Mataram oder auf Bali behandeln lassen.

TRANSPORT
Viele Unterkünfte bieten einen Abholservice von anderen Orten der Insel. Der Preis sollte telefonisch vereinbart werden.
Praktisch jede Unterkunft vermittelt für die Weiterreise Pkw mit Fahrer nach:
BANGSAL, 75 km, für 300 000 Rp.
FLUGHAFEN, 113 km, für 450 000–600 000 Rp.
KUTA LOMBOK, 130 km, für 500 000–650 000 Rp.
LABUHAN LOMBOK, 100 km, für 400 000–500 000 Rp.
Mataram, 83 km, für 400 000–500 000 Rp.
Senggigi, 80 km, für 300 000–400 000 Rp.

Öffentliche Transportmittel
Senaru
Motorradtaxis fahren nach BAYAN oder ANYAR für 20 000–25 000 Rp und nach SEMBALUN für 80 000 Rp. Von Anyar verkehren von 7–14 Uhr **Minibusse** via TANJUNG nach MATARAM für 40 000 Rp in 3 Std.

Sembalun
Es fahren vormittags Minibusse nach AIK MEL für 40 000 Rp, wo man nach MATARAM umsteigen kann, ebenfalls 40 000 Rp. Für das Chartern eines Pkw oder Minibusses nach SENARU sind 200 000–250 000 Rp zu veranschlagen.

Taxis
Mit Blue Bird von Senggigi oder Bangsal nach SENARU für etwa 250 000 Rp in 1 1/2–2 Std.

LOMBOK Übersichtskarte S. 348

www.stefan-loose.de/bali

GUNUNG RINJANI **409**

Labuhan Lombok und Umgebung

Von Labuhan Lombok legen die Fähren nach Sumbawa ab. Der Fährhafen ist als **Labuhan Kayangan** ausgeschildert und liegt etwa 3,5 km außerhalb des Ortes. Man erreicht ihn, wenn man beim Markt an der Hauptkreuzung rechts abbiegt und der Straße folgt. In der Gegend stehen außerdem noch einige der höchsten Mahagonibäume der Insel. Wer hier stecken bleibt, muss sich mit einfachen Unterkünften an der Straße zum Fährhafen zufriedengeben, in denen vorwiegend indonesische Fernfahrer absteigen.

Geführte Touren ab Senggigi oder Mataram bieten die Möglichkeit einer 15-minütigen Bootsfahrt zu den kleinen Inseln **Gili Kondo** und **Gili Bidari**, die etwa 25 km nördlich von Labuhan Lombok vor der Küste liegen und über hervorragende Schnorchelgründe und weiße Sandstrände verfügen.

Fischerei und Landwirtschaft bilden das wirtschaftliche Rückgrat der Region. Reis und Kopra werden angebaut, und Firmen wie Philipp Morris oder British American Tobacco haben viel Geld in den Anbau des qualitativ hochwertigen Virginia-Tabaks investiert, der hier produziert wird. Dennoch lebt rund ein Viertel der Bevölkerung unter der offiziellen Armutsgrenze, was auch an der Wasserknappheit liegen dürfte.

Klimatisch weitaus trockener als der Westen, ist Ost-Lombok in den letzten Jahren oft von Dürre und Lebensmittelknappheit bedroht gewesen.

TRANSPORT

Busse
Vom Markt in Labuhan Lombok zum Mandalika-Busbahnhof in MATARAM via AIKMEL (Umstieg nach SEMBALUN), PAOKMOTONG (Umstieg nach TETEBATU) und NARMADA (Umstieg nach SURANADI) bis in den Nachmittag für 40 000 Rp in 3 Std.

Fähren
Nach Poto Tano (West-Sumbawa), rund um die Uhr alle 45 Min. für 22 000 Rp p. P., 85 000 Rp pro Motorrad und 352 000 Rp pro Pkw, in 2 Std. Ticketverkauf für Einzelpersonen am ersten Schalter, für Fahrzeuge am zweiten. Ein Motorradtaxi *(Ojek)* vom Markt zum Hafen kostet 5000 Rp.

Schnellboote
Zum Hafen von BENETE bei Maluk mit der *Tenggara Satu*, ☎ 0370-635318, um 10 und 16.30 Uhr, So um 13 Uhr für 100 000 Rp in 90 Min. Zurück um 7.30 und 14, So um 11.30 Uhr. An Wochenenden sind kaum Tickets zu bekommen, da die Schnellfähre hauptsächlich Angestellte der PT Newmont bei Benete transportiert.

Anhang

Sprachführer S. 412
Glossar S. 420
Reisemedizin zum Nachschlagen S. 422
Bücher S. 428
Filme S. 430
Index S. 431
Danksagung S. 440
Bildnachweis S. 442
Impressum S. 443
Kartenverzeichnis S. 444

411

Sprachführer

Eine Nation – ein Land – eine Sprache: Der Slogan der indonesischen Nationalisten in den 1920er-Jahren verdeutlicht den politischen Stellenwert einer einigenden Sprache. Seit 1945 ist das aus dem klassischen Malaiisch entwickelte Indonesisch Staatssprache. Viele Wörter wurden aus Fremdsprachen übernommen – aus Regionalsprachen ebenso wie aus dem Arabischen, dem Sanskrit, dem Chinesischen, dem Holländischen und dem Englischen.

Wortschöpfungen, die auch ohne Übersetzungshilfen verständlich sein dürften, sind zum Beispiel: Wenn ein *jerman intelektual* mit viel *emosi* im *restoran* am *telepon* hängt, um vom *imagrasi (birokrasi)* endlich den *pas* und die *permisi* für den *impor* von einem *mobil* zu kriegen. Doch der *agen polisi* hat eine *infeksi* und ist mit dem *taksi* zum *dokter* und zur *apotik*. Leider ist nicht alles so einfach zu verstehen, deshalb hier einige Hilfestellungen:

Grundregeln

Generell gehören Attribute immer hinter das Bezeichnete, also ist z. B. *langit* (Himmel) *biru* (blau) nicht „himmelblau", sondern der „blaue Himmel". Alle Worte, bis auf Namen, Anredeformen, den Satzanfang und Sonderbezeichnungen werden kleingeschrieben.

Zudem werden das Hilfsverb „sein" *(ada)* und seine Konjugationen im Indonesischen nur dann verwendet, wenn explizit auf dieses Sein Bezug genommen wird, z. B. bei der Aussage, dass etwas nicht ist *(tidak ada)*. Wenn man sagen möchte: „Ich bin hungrig", aber nur die Worte für „Ich" *(saya)* und „hungrig sein" *(lapar)* kennt, reicht das vollkommen aus.

Aussprache

Generell werden die Wörter so ausgesprochen, wie sie geschrieben werden – mit wenigen Ausnahmen:

(e)	selten wie in „Meer", häufig verschluckt oder wie „gekommen"
(c)	*candi* (Tempel): ein tsch wie in „rutschen"
(j)	*jalan* (Straße): ein weiches dsch wie z. B. in „Gin"
(kh)	*akhirnya* (endlich): wie in „Loch"
(ng)	*bunga* (Blume): wie in „singen"
(ny)	*nyanyi* (singen): ähnlich wie das gn in „Champagner"
(r)	*roti* (Brot): gerolltes r wie im bayerischen Dialekt
(y)	*wayang* (Theater): wie in „ja"

Wörterbücher und Sprachführer

Wer sich intensiver mit der indonesischen Sprache befassen will, kann sich einen praktischen Sprachführer für unterwegs kaufen.

Indonesisch Wort für Wort von Gunda Urban, Bielefeld 2007. In der Kauderwelsch-Reihe sind auch ein Sprachführer Balinesisch sowie indonesischer Slang und Jugendsprache erschienen.

Alternativ bieten vor Ort einige Buchhandlungen Wörterbücher an, die deutlich billiger als in Deutschland, aber oft zu unhandlich für die Reise sind.

Kamus Jerman – Indonesia von Adolf Heuken, Jakarta 2003. Das empfehlenswerteste Wörterbuch ist in jeder Gramedia-Buchhandlung zu bekommen.

Kamus Jerman – Indonesia von R. Yunia und T. Kühne, Jakarta 2010. Kleiner, handlicher und als Taschenbuchausgabe auch billiger.

Apps und Websites

Indonesisch lernen mit Babbel von Babbel, kostenlos bei Google Play, im Apple App Store und im Internet unter 🖳 de.babbel.com. Umfangreiche App mit 2000 Wörtern und Redewendungen, die optisch ansprechend aufbereitet werden. Neben dem Basiswortschatz können für einzelne Themenbereiche vertiefende Updates heruntergeladen werden. Gute Sprachfassung und eine nicht immer zuverlässige Spracherkennung

Learn Bahasa Indonesian/Learn Indonesian – Phrasebook for Travel in Indonesia von Codeçent, kostenlos bei Google Play und im Apple App Store. Die englischsprachige App ist eine gute Ergänzung des Basiswortschatzes. Alle nach Kategorien sortierten Sätze und Phrasen werden vorgesprochen. Die Pro-Version kostet 4,49 €.

🖥 **www.jot.de**. Kostenloses Online-Wörterbuch, das mehr als 15 500 Übersetzungen von Wörtern und Wortgruppen umfasst und automatisch in beide Richtungen funktioniert (Deutsch-Indonesisch, Indonesisch-Deutsch).

Smalltalk

Wie geht's?	*Apa kabar?*
Mir geht's gut.	*Kabar baik.*
Wie heißt du?	*Siapa namanya?*
Ich heiße …	*Nama saya …*
Woher kommst du?	*Dari mana?*
Aus Deutschland/ der Schweiz/ Österreich.	*Dari Jerman/ Swiss/ Austria.*
Wohin gehst du?	*(Pergi/Mau) ke mana?*
Zum Strand.	*Ke pantai.*
Spazierengehen.	*Jalan-jalan.*
Wo wohnst du?	*Tinggal di mana?*
Im Hotel.	*Di hotel.*
Wie lange bist du schon auf Bali?	*Sudah berapa lama di Bali?*
Schon lange.	*Sudah lama.*
Einen Tag.	*Satu hari.*
Eine Woche.	*Satu minggu.*
Sprichst du Indonesisch?	*Bisa bicara Bahasa Indonesia?*
Nur ein wenig.	*Sedikit saja.*
Ich verstehe kein Indonesisch.	*Saya tidak mengerti Bahasa Indonesia.*
Wie alt bist du?	*Umur berapa?*
20 Jahre.	*Dua puluh tahun.*
Alleine? (Sofern man alleine unterwegs ist)	*Sendiri?*
Schon verheiratet?	*Sudah kawin/nikah?*
Falls „Ja", folgt: **Wie viele Kinder?**	*Berapa anak?*

Grußformeln

Guten Morgen.	*Selamat pagi.*
Guten Mittag.	*Selamat siang.*
Guten Nachmittag. (von ca. 14 Uhr bis Sonnenuntergang)	*Selamat sore.*
Guten Abend.	*Selamat malam.*
Schlafe gut.	*Selamat tidur.*
Herzlich willkommen.	*Selamat datang.*

Fragen

Was?	*Apa?*
Was ist das?	*Apa ini?*
Wer?	*Siapa?*
Wie viel?	*Berapa?*
Wie lange?	*Berapa lama?*
Wie weit?	*Berapa jauh?*
Wann?	*Kapan?*
Wann kommt der Bus an?	*Kapan bis datang?*
Warum?	*Mengapa?*
Warum (ist das) so?	*Mengapa begitu?*

Ortsnamen besser verstehen	
Bukit	Hügel
Danau	See
Goa	Höhle
Gunung	Berg
Gunung berapi	Vulkan
Hutan	Wald
Jalan	Straße
Kampung, desa	Dorf
Kota	Stadt
Negara, negeri	Land
Pantai	Strand
Pulau	Insel
Puncak	Gipfel
Pusat	Zentrum
Sungai	Fluss
Taman nasional	Nationalpark

ANHANG

www.stefan-loose.de/bali

SPRACHFÜHRER **413**

Wie?	Bagaimana?
Wie geht/ funktioniert das?	Bagaimana caranya?
Wo?	Dimana?

Personen

ich	saya (förmlich) / aku (umgangs-sprachlich)
du/Sie	kamu/Anda
er/sie	dia
wir	kita/kami* (*ohne die ange-sprochene Person)
ihr	kalian
sie (Plural)	mereka

Anrede

Vater	bapak (pak)
Mutter	ibu (bu)
älterer Bruder/ ältere Person (freundschaftlich)	kakak (kak)
jüngerer Bruder/Kind	adik (dik)
Großmutter	nenek
Großvater	kakek (kek)
Bruder/Schwester (förmlich)	saudara
Freund	kawan/teman
Kind	anak
Frau	perempuan/wanita
Mann	laki-laki

Zeit

Morgen (bis 11 Uhr)	pagi
Mittag	siang
Nachmittag	sore
Abend	malam
heute/dieser Tag	hari ini
morgen (auch irgendwann in der Zukunft)	besok
gestern (auch irgendwann in der Vergangenheit)	kemarin

Zeit	waktu
Wie spät ist es?	Jam berapa?
„Gummizeit" (die typische indone-sische Unpünktlichkeit)	jam karet
jetzt	sekarang
bald (bis 12 Stunden)	sebentar lagi
später	nanti
noch nicht	belum
schon/fertig	sudah
vor …	… yang lalu
lange andauernd	lama
vorher/früher	dulu
gerade/vorhin	tadi
vor/bevor	sebelum

Minute	menit
Stunde	jam
Tag	hari
Woche	minggu
Monat	bulan
Jahr	tahun
jeden Tag	setiap hari

Montag	hari Senin
Dienstag	hari Selasa
Mittwoch	hari Rabu
Donnerstag	hari Kamis
Freitag	hari Jumat
Samstag	hari Sabtu
Sonntag	hari Minggu

Zahlen

0	nol/kosong
1	satu
2	dua
3	tiga
4	empat
5	lima
6	enam
7	tujuh
8	delapan

ANHANG

414 SPRACHFÜHRER

www.stefan-loose.de/bali

9	*sembilan*
10	*sepuluh*
11	*sebelas*
12	*dua belas*
13	*tiga belas*
14	*empat belas*
15	*lima belas*
20	*dua puluh*
30	*tiga puluh*
50	*lima puluh*
100	*seratus*
200	*dua ratus*
1000	*seribu*
2000	*dua ribu*
10 000	*sepuluh ribu*
100 000	*seratus ribu*
1 000 000	*sejuta*

1/2	*setengah*
1/4	*seperempat*
viel	*banyak*
wenig	*sedikit*
weniger (–)	*kurang*
mehr (+)	*tambah/lagi/lebih*

Essen und Trinken

essen	*makan*
trinken	*minum*
Frühstück	*sarapan*
Mittagessen	*makan siang*
Teller	*piring*
Glas	*gelas*
Portion	*porsi*
zum Mitnehmen	*bungkus*
lecker	*enak*
Essen	*makanan*
Das Essen ist gut.	*Makanan enak.*
Ich habe Hunger/Durst.	*Saya lapar/haus.*
Ich hätte gern …	*Saya minta …*
Ich will essen.	*Saya mau makan.*
mögen	*suka*

Ich mag kein Fleisch.	*Saya tidak suka daging.*
Wasser	*air*
kalt	*dingin*
warm	*hangat*
gebraten/frittiert	*goreng*
gekocht (in Wasser)	*rebus*
Brot	*roti*
Fleisch	*daging*
Rind	*sapi*
Büffel	*kerbau*
Schwein	*babi*
Huhn	*ayam*
Ziege	*kambing*
Ente	*bebek*
Leber	*hati*
Hirsch	*rusa*
Maus	*tikus*
Hund	*anjing*
Fisch	*ikan*
Krabben	*udang*
Tintenfisch	*cumi-cumi*
Gemüse	*sayur*
Kartoffel	*kentang*
Zwiebel	*bawang merah*
Knoblauch	*bawang putih*
Frucht	*buah*

Weiteres im Kapitel Essen und Trinken, S. 40.

Einkaufen

kaufen	*(mem)beli*
verkaufen	*(men)jual*
bezahlen	*(mem)bayar*
Geld	*uang/duit*
teuer	*mahal*
billig	*murah*
zu (teuer)	*terlalu (mahal)*
Wie viel kostet es? (wörtl.: **Wie viel der Preis?**)	*Berapa harganya?*
Kann man handeln/ feilschen?	*Boleh menawar?*
Geht es billiger?	*Bisa turun?*

ANHANG

www.stefan-loose.de/bali

SPRACHFÜHRER **415**

normaler (richtiger) Preis	harga biasa
Festpreis	harga pas
ohne/mit (Un)kosten	tanpa/dengan ongkos
Lohn/Verdienst/ Ernte/Einkommen	gaji/hasil
Einkaufsladen	toko
Supermarkt	pasar swalayan
Buchhandlung	toko buku
öffentlicher Fernsprecher	wartel
Internetcafé	warnet
Postamt	kantor pos
Kleidung	pakaian
Hose	celana
T-Shirt	kaos
Hemd	kemeja
(gewebter) Stoff	kain
Baumwolle	kapas
Seide	sutra
Mückenschutz	obat nyamuk
Brille	kaca mata
Shampoo	sampo/sampu
Schreibpapier	kertas tulis
Toilettenpapier	kertas wc
Brief	surat
Briefmarke	pranko
Briefumschlag	amplop
Tageszeitung	koran
unten, oben	di bawah, di atas
vor, hinter	di depan, di belakang

Übernachten

Wo gibt es ein Hotel?	Dimana ada hotel?
Haben Sie ein freies Zimmer?	Ada kamar kosong?
für 2 Personen (Nächte)	untuk dua orang (malam)
Zimmer	kamar
leer	kosong
voll	penuh
Bad	kamar mandi
Bett	tempat tidur

Warmwasser	air panas
Klimaanlage	AC
Kühlschrank	kulkas
Decke	selimut
Handtuch	handuk
Schlüssel	kunci
Moskito	nyamuk
Moskitonetz	kelambu
Tür	pintu
Fenster	jendela
Tisch	meja
Stuhl	kursi
eintreten	masuk
hinausgehen	keluar
sitzen	duduk
Kleidung waschen	cuci pakaian
baden/duschen	mandi
schlafen	tidur
aufstehen	bangun

Reisen und Transport

Wo ist/gibt es …?	Dimana ada …?
nach	ke
in/auf	di
von/aus	dari
Ich gehe nach …	Saya pergi ke …
Ich komme aus …	Saya datang dari …
Ich wohne (übernachte) in …	Saya tinggal (nginap) di …
in … Richtung	di … arah
Welche Richtung?	Arah mana?
geradeaus	terus
links	kiri
rechts	kanan
abbiegen	belok
Norden	utara
Süden	selatan
Osten	timur
Westen	barat
weit	jauh
nah	dekat
Flugzeug	pesawat

Flughafen	*bandara*
Busbahnhof	*terminal bis*
Bus	*bis*
Schiff	*kapal laut*
Fähre	*feri*
Hafen	*pelabuhan*
Taxi	*taksi*
Pferdekutsche	*cidomo/dokar/bendi*
Motorrad-„Taxi"	*ojek*
Tankstelle	*pompa bensin*
mieten	*sewa*
Auto	*mobil*
Motorrad	*sepeda motor*
Fahrrad	*sepeda dorong*
Pferd	*kuda*
zu Fuß gehen	*jalan kaki*
Autofahren/ mit dem Auto	*naik mobil*
Flugzeug fliegen/ mit dem Flugzeug	*naik pesawat*
Fahrkarte (Zug, Bus)	*karcis*
Ticket (Flugzeug)	*tiket*
(Fahrkarten-) Schalter	*loket*
günstigste Klasse	*ekonomi*
Businessklasse	*bisnis*
Sitzplatz	*tempat duduk*
Gepäck	*barang*
Koffer	*koper*
schnell	*cepat*
langsam	*pelan*
verschwinden	*hilang*
Vorsicht!	*hati-hati*
Achtung!	*awas*
umherreisen	*keliling*
Straße	*jalan*
Brücke	*jembatan*
Kreuzung	*perempatan*
gefährlich	*berbahaya*
sicher/bestimmt	*tentu/pasti*
aufbrechen/abfahren	*berangkat*
gehen nach	*pergi ke*
zurückkehren	*pulang*
hin und zurück	*pulang pergi (pp)*

fallen	*jatuh*
fliegen	*terbang*
Auf Wiedersehen! (zu dem, der bleibt)	*Selamat tinggal!*
Auf Wiedersehen! (zu dem, der geht)	*Selamat jalan!*

Umwelt

Dorf	*kampung/desa*
Stadt	*kota*
Insel	*pulau*
Land	*negeri*
Berg	*gunung*
Vulkan	*gunung berapi*
Gipfel	*puncak*
Hügel	*bukit*
Höhle	*goa*
Wald	*hutan, rimba*
Baum	*pohon*
Tier	*binatang*
Vogel	*burung*
Blume	*bunga*
Blatt	*daun*
Holz	*kayu*
Silber	*perak*
Eisen	*besi*
Gold	*(e-)mas*
See	*danau*
Quelle	*mata air*
Wasserfall	*air terjun*
Frischwasser	*air tawar*
Flut	*air pasang*
Ebbe	*air surut*
Fluss	*sungai*
Meer	*laut*
Strand	*pantai*
Stein	*batu*
Koralle	*karang*
Sand	*pasir*
Bucht	*teluk*
Landzunge	*tanjung*
Welle	*ombak*
Inselgruppe	*kepulauan*

ANHANG

Welt	*dunia*
Nassreisfeld	*sawah*
Riedgras	*alang-alang*
Feld	*lapangan*
Luft	*udara*
Stern	*bintang*
Mond	*bulan*
Sonne	*matahari*

Wetter

Wolken	*awan*
Blitz	*kilat*
Regen	*hujan*
Schnee	*salju*
Wind	*angin*
Himmel	*langit*
nass	*basah*
trocken	*kering*

Freizeit

spielen	*(ber)main*
Fußball	*sepak bola*
tauchen	*menyelam*
entspannen/relaxen	*bersantai*
schwimmen	*berenang*
ein Buch lesen	*membaca buku*
Party/Feier	*pesta*

Farben

schwarz	*hitam*
weiß	*putih*
gelb	*kuning*
rot	*merah*
(hell-) blau	*biru (muda)*
grün	*hijau*
braun	*coklat*

Krankheit

Ich bin krank.	*Saya sakit.*
gesund	*sehat*
Mein Kopf/Bauch/ Zahn schmerzt.	*Kepala/perut/ gigi saya sakit.*

Kopfschmerzen	*sakit kepala*
Bauchschmerzen	*sakit perut*
Husten	*batuk*
Schnupfen	*pilek*
Fieber	*demam*
Durchfall haben	*mencret, diare*
sich übergeben	*muntah*
Erkältung	*flu*
Blut	*darah*
sterben	*meninggal*
Krankenhaus	*rumah sakit*
kommunale Poliklinik (meist nur mit Kranken- schwestern)	*Puskesmas*
Medizin	*obat*
Arzt/Apotheke	*dokter/apotik*

Körperteile

Kopf	*kepala*
Auge	*mata*
Zahn	*gigi*
Nase	*hidung*
Bauch	*perut*
Arm	*lengan*
Finger	*jari*
Bein/Fuß	*kaki*
Haar	*rambut*
Brust	*dada*
Ohr	*telinga*
Hand	*tangan*
Mund	*mulut*
Rücken	*punggung*

Gefühle / Gemütszustände

glücklich/fröhlich	*bahagia/gembira*
froh/glücklich/ sich wohlfühlen	*senang*
lieben	*cinta*
vermissen	*rindu*
müde	*lelah, cape*
wütend/zornig	*marah*
enttäuscht	*kecewa*

Wichtige Adjektive

alt	*tua*
jung	*muda*
neu	*baru*
gut aussehend (für Frauen/für Männer)	*cantik/ganteng*
schön (Dinge)	*indah*
freundlich	*ramah*
schmutzig	*kotor*
hässlich	*jelek*
leise/still	*sepi*
friedlich	*damai*
sicher	*aman*
laut/betriebsam/ voller Leute	*ramai*
kaputt	*rusak*
lang	*panjang*
kurz	*pendek*
hoch	*tinggi*
niedrig	*rendah*
groß	*besar*
klein	*kecil*

Gespräch

Ich mag/will/ kann/muss	*Saya suka/mau/ bisa/harus*
Vielen Dank.	*Terima kasih.*
Antwort: **desgl.**	*Sama-sama!*

Bitte! (fordernd/ anbietend)	*Tonglah!/Silakan!*
Entschuldigung!	*Permisi!* (vorher) *Maaf!* (nachher)
Ja	*ya*
Nein (bei Substantiven)	*tidak (bukan)*
tu (das) nicht! (verneinter Imperativ)	*jangan*
Bsp.: **Renn nicht (so rum)!**	*Jangan lari!*
Fass das/mich/usw. nicht an!	*Jangan memegang!*
Ich lerne Indonesisch.	*Saya belajar bahasa indonesia.*
gut/okay	*bagus/baik-baik*
Sprechen Sie Englisch?	*Apakah anda bisa bicara Bahasa Inggris?*
Bitte sprich langsam!	*Tolong bicara lebih pelan!*
Ich verstehe nicht.	*Saya tidak mengerti.*
Was ist das?	*Apa ini?/Apa itu?*
Wie heißt das auf Indonesisch?	*Bagaimana dalam Bahasa Indonesia?*
Was ist die Bedeutung von …?	*Apa artinya…?*
Darf ich fotografieren?	*Boleh saya foto?*
Religion/Glaube	*agama/kepercayaan*
kennen	*tahu* (Dinge) *kenal* (Personen)

ANHANG

www.stefan-loose.de/bali

SPRACHFÜHRER **419**

Glossar

A

Adat traditionelles Gewohnheitsrecht

Angkot öffentlicher Minibus, der auf einer festgelegten Strecke verkehrt und entlang dieser überall angehalten werden kann

Animismus schriftlose Religion, die von der Beseeltheit aller Dinge und einem Regelwerk der Naturelemente ausgeht

B

Bale Versammlungshalle der Dorfgemeinschaft

Banjar Dorfrat, Dorfversammlung

Barong magiegeladene, menschenähnliche riesige Figur

Bemo s. Angkot

Beruga traditionelle, hölzerne Pavillons, manchmal mit einem Strohdach

C

Candi Tempel

Cidomo Pferdekutsche

E

Endek handgewebter Stoff, bei dem die einzelnen Kettfäden schon vor dem Weben im sehr arbeitsintensiven *Ikat*-Verfahren im gewünschten Muster eingefärbt werden

G

Galungan erster Tag einer zehntägigen Feier zu Ehren der Schöpfer der Welt

Gamelan typisch balinesisches Orchester, das von einem Gong angeführt wird, um den herum sich die anderen Instrumente formieren. Klingt für europäische Ohren unrhythmisch.

I

Ikat traditionelle Webtechnik, bei der der Garn vor der Verarbeitung abschnittsweise abgebunden und eingefärbt wird. Besonders aufwändig sind Doppel-*Ikat*.

J

Jukung traditionelle balinesische Fischerboote, bunte Einbaumkanus mit Ausleger, deren Buge mit magischen Augen und einem Schnabel verziert sind

K

Kopi Luwak Katzenkaffee, dessen Bohnen durch den Verdauungsprozess des Fleckmusangs ihr berühmtes Aroma erhalten. Die ausgeschiedenen, aber nicht verdauten Bohnen werden zu Kaffee gemahlen. Der Kaffee ist eine begehrte, seltene und teure Spezialität, besonders außerhalb Indonesiens.

Kraton Palastanlage eines Sultans oder Rajas

Kris asymmetrischer, traditioneller Dolch, dem eine spirituelle Bedeutung beigemessen wird. Er gilt als Symbol für die Würde des Mannes.

Kulkul Glockenturm mit Schlitztrommel, die den Tod eines Dorfbewohners verkündet oder zum Banjar zusammenruft

Kuningan letzter Tag einer zehntägigen Feier zu Ehren der Schöpfer der Welt

L

Lamak Opfergabe aus kunstvoll geflochtenen Palmblättern

Lontar altjavanisches Wort, das ein Blatt *(ron)* vom Rontal-Baum *(tal)* bezeichnet

Lontar-Schriften in die Blätter der Lontar-(Rontal-)Palme geritzte Schriften

Lumbung traditionelle Reisspeicher auf Pfählen

M

Mandi indonesische Art zu duschen. Besteht aus einem großen Wasserbehälter und einer kleinen Schüssel, mit der man den Körper mit Wasser übergießt.

Melasti aufwendige Prozessionen, die zu einer Wasserquelle, zumeist zum Strand, führen und die rituelle Reinigung von Figuren, Masken oder anderen Heiligtümern beinhalten

Meru balinesische Pagode, ein turmartiges Bauwerk, v. a. bei Tempeln zu finden; der Berg Meru ist Sitz der Götter.

Moksa Vorgang der Nirwana-Erlangung

N

Ngaben rituelle Verbrennung, durch die ein Verstorbener seine nächste Wiedergeburt erreicht. Die Asche wird anschließend im Meer oder in Flüssen verstreut.

Nyepi großes Neujahrsfest

O

Odalan Jahresfeier eines Tempels; wichtigstes Tempelfest

Ojek Motorradtaxi

P

Pande balinesische Schmiede

Pantun indonesische Gedichtform, oft im Duett vorgetragen

Pemangku Laienpriester

Penjor mit Opfergaben behängter Bambusstab

Prahu malaiische Segelboote

Pratima kleine steinerne Figuren, die Gottheiten darstellen. Sie dienen als Behälter für die göttlichen Ahnen oder verschiedene Götter bei ihren Besuchen auf die Erde.

Puputan der in ausweglos erscheinenden Situationen von den Könighäusern durchgeführte rituelle Massenselbstmord

Pura balinesischer Tempel

Puri balinesischer Palast

Purnama Vollmond

R

Raja König

S

Sad Kahyangan Bezeichnung für die sechs heiligsten Tempel auf Bali

Sasak die ursprünglichen Einwohner Lomboks und deren Sprache

Sawah Reisfeld im Nassreisanbau

Slendang Tempelschal

Songket Stoff mit Gold-/Silberstickerei; Brokat

Subak Gemeinschaft von Reisbauern

Sudra die niedrigste Kaste des hinduistischen Kastensystems

T

Trimurti Dreiheit von Shiva, Vishnu und Brahma (Hinduismus)

W

Wantilan Hahnenkampfarena, oft im Inneren eines Tempels

Warung Essenstand

Wayang Kulit Schattenspiel, bei dem die flachen Spielpuppen aus Tierhaut *(kulit)* bestehen

Wetu Telu die ursprüngliche Religion der Sasak

Reisemedizin zum Nachschlagen

Im Folgende eine alphabetische Aufstellung der wichtigsten Gesundheitsrisiken. Es besteht aber kein Grund zur Panik – die meisten Risiken sind durch normales, umsichtiges Verhalten minimierbar.

Denguefieber

Diese Viruskrankheit tritt zunehmend in ganz Indonesien auf und wird von manchen Leuten auch die „moderne Pest" genannt, da die Zahl der weltweiten Neuerkrankungen – zurzeit über 50 Mio. pro Jahr – in ganz Südostasien rasant steigt.

Das Virus wird durch die tagaktive Tigermücke *(Stegomyia aegypti)* übertragen, die an ihren schwarz-weiß gebänderten Beinen zu erkennen ist. Nach der Inkubationszeit von bis zu 14 Tagen kommt es zu Fieberanfällen, Kopf- und Muskelschmerzen. Nach drei bis fünf Tagen kann ein Hautausschlag am ganzen Körper auftreten. Bei der Erstinfektion klingen die Symptome in der Regel nach ein bis zwei Wochen ab. Gefährlich wird es bei einer Zweitinfektion. Dann kann es zu inneren und äußeren Blutungen kommen.

Wie bei der Malaria, ist der Schutz vor Mückenstichen die beste Vorsorge, um eine Infektion zu verhindern. Es gibt keine Impfung oder spezielle Behandlung. Schmerztabletten, fiebersenkende Mittel und kalte Wadenwickel lindern die Symptome. Keinesfalls sollten ASS, Aspirin oder andere acetylsalicylsäurehaltige Medikamente genommen werden, da diese einen lebensgefährlichen hämorrhagischen Verlauf begünstigen können.

Wer befürchtet, an Dengue erkrankt zu sein, sollte auf jeden Fall ins Krankenhaus gehen. Die Erreger sind nicht immer sofort nachweisbar. Um andere nicht zu gefährden, sollte man sich isolieren (z. B. im Krankenhaus oder unter dem Moskitonetz), um die weitere Übertragung durch Mücken zu verhindern.

Durchfälle und Verstopfungen

Verdorbene Lebensmittel, nicht kontinuierlich gekühlter Fisch, zu kurz gegartes Fleisch, ungeschältes, schon länger liegendes, aufgeschnittenes Obst, Salate, kalte Getränke oder schlecht gekühlte Eiscreme sind häufig die Verursacher von Durchfall. Da auch Mikroorganismen im Wasser durchschlagende Wirkung zeigen können, sollte man nur Wasser aus Flaschen oder Wasserspendern trinken. Eis ist normalerweise unbedenklich, solange es sich nicht um zerstoßenes Stangeneis handelt, das eigentlich nur zum Kühlen dient.

Eine **Elektrolyt-Lösung** (Elotrans, für Kinder Oralpädon), die die verlorene Flüssigkeit und Salze ergänzt, reicht bei harmlosen Durchfällen aus und wird auch in Indonesien verkauft. Wer selbst eine Lösung herstellen möchte, nimmt 4 Teelöffel Zucker oder Honig, 1/2 Teelöffel Salz und 1 l Orangensaft oder abgekochtes Wasser. Zur Not, etwa vor langen Fahrten, kann auf **Imodium**, das die Darmtätigkeit ruhiglegt, zurückgegriffen werden. Außerdem hilft eine Bananen- oder Reis-und-Tee-Diät sowie Cola in Maßen. Bei längeren Erkrankungen einen Arzt aufsuchen – es könnte sich auch um eine **Ruhr** oder eine Cholera handeln.

Verstopfungen können durch eine große Portion geschälter Früchte, darunter Ananas oder Papaya (mit Kernen essen), verhindert werden.

Geschlechtskrankheiten (Veneral Diseases)

Gonorrhöe und die gefährlichere **Syphilis** sind in Asien verbreitete Infektionskrankheiten, vor allem bei Prostituierten. Bei den ersten Anzeichen einer Erkrankung (Ausfluss/Geschwüre) unbedingt ein Krankenhaus aufsuchen.

Giardiasis / Lambliasis

Giardiasis ist eine Infektion des Verdauungstraktes, ausgelöst von dem Parasiten *Giardia lamblia*, der über fäkal verunreinigtes Wasser oder

Lebensmittel aufgenommen wird. Die Symptome treten ein bis zwei Wochen nach der Infektion auf: Durchfälle, Bauchkrämpfe, Blähungen, Müdigkeit, Gewichtsverlust und Erbrechen. Bei ausbleibender Behandlung mit Antibiotika verschlimmert sich das Krankheitsbild, daher sollte unverzüglich ein Arzt aufgesucht werden.

Hauterkrankungen

Bereits vom Schwitzen kann man sich Hautpilze holen. Für andere Erkrankungen sind oft Kopf-, Kleider- oder Filzläuse, Flöhe, Milben oder Wanzen verantwortlich, s. u. Nicht selten treten an Stellen, an denen die Kleidung eng aufliegt, Hitzepickel auf, die man mit Prickly Heat Powder behandeln kann. Gegen Kopfläuse hilft Organoderm, oder, zurück in Deutschland, Nyda L.

Hepatitis

Hepatitis ist in Indonesien sehr weit verbreitet. Nach Schätzungen des Gesundheitsministeriums leiden über 25 Mio. Indonesier an der Krankheit, und die meisten wissen es nicht einmal. Die Infektion der Leber wird von verschiedenen Virus-Typen verursacht (inzwischen sind die Typen A–G bekannt). Für Reisende spielen nur die ersten beiden eine Rolle:

Hepatitis A, auch Reisegelbsucht genannt, wird oral durch infiziertes Wasser und Lebensmittel übertragen. Die Symptome ähneln am Anfang denen einer Grippe: Übelkeit, Erbrechen, gelegentliche Durchfälle und allgemeine Abgeschlagenheit. Später kommt es zu einer Gelbfärbung der Haut, der Stuhl wird heller und der Urin dunkler. Einen guten Schutz bieten die Impfstoffe Havrix und Vaqta. Reisemediziner raten dazu, sich vor einer Reise gegen Hepatitis A oder kombiniert gegen Hepatitis A und Typhus (ViATIM oder Hepatyrix) impfen zu lassen.

Hepatitis B wird genau wie HIV v. a. durch Intimkontakte oder Blut übertragen (unsaubere Injektionsnadeln, Transfusionen usw.). Die Symptome ähneln denen einer Hepatitis A, jedoch kann eine Hepatitis B chronisch werden. Im schlimmsten Fall führt sie nach einigen Jahren zu einer Leberzirrhose und zum Tod. Eine Impfung, etwa mit Gen H-B-Vax, Engerix oder Twinrix (Kombi-Impfung gegen Hepatitis A und B), ist bei langen Aufenthalten zu erwägen.

HIV/Aids

Die Übertragungswege von HIV (Human Immunodeficiency Virus) sind jedem bekannt: ungeschützter Geschlechtsverkehr, verschmutzte Injektionsnadeln, Bluttransfusionen – alle Wege, auf denen infiziertes Blut oder andere Körperflüssigkeiten in den eigenen Blutkreislauf gelangen können.

HIV/Aids ist auch in Indonesien ein ernstes Problem. Im Jahr 2012 lebten Schätzungen der Unaids zufolge 610 000 Menschen in Indonesien, die Aids haben oder mit dem HI-Virus infiziert sind. Trotz Aufklärungskampagnen steigt die Zahl der Infizierten.

Auf das schützende Kondom sollte auf keinen Fall verzichtet werden. Kondome sind in Süd-Bali überall zu bekommen.

Insektenstiche und -bisse

Insekten und Fliegen sind allgegenwärtig und zu Beginn der Trockenzeit eine echte Plage. Auch in der heißen Jahreszeit lassen sie sich in Scharen von Lichtquellen und Wärme anlocken, doch die meisten sind eher lästig als gefährlich. Vorsicht ist vor **Moskitos** geboten, da manche Arten Dengue-Fieber und Malaria übertragen.

An einigen Sandstränden treten **Sandfliegen** auf, deren gemeine Bisse sich erst Stunden später durch juckende Hautrötungen bemerkbar machen. Kratzen erhöht die Gefahr einer Entzündung, die mitunter erst nach einem Monat abklingt und Narben hinterlässt. Da sich die kleinen Plagegeister nur in begrenzten Bereichen aufhalten, sollte man sich von diesen Stränden fernhalten. Zudem hilft Skin-So-Soft von Avon oder Baby-Öl.

Flöhe und **Bettwanzen**, deren Bisse fürchterlich jucken können, verstecken sich bevorzugt in Bettzeug. Wanzenbisse bilden gewöhnlich eine säuberliche Linie. Nicht kratzen, sondern

www.stefan-loose.de/bali

ein Antihistaminikum (Salbe) gegen Entzündungen auftragen. Besonders in Billig-Unterkünften werden immer wieder Traveller von Bettwanzen überfallen.

Vorsicht ist auch vor den angriffslustigen honiggelben und roten **Ameisen** (*Semut Merah*) geboten. Sie leben auf Büschen und Bäumen und sind in vielen Gärten zu finden. Ihr Biss ist äußerst schmerzhaft, klingt aber schnell wieder ab.

Auf dem Land sind viele Tiere von **Zecken** befallen, die sich in gesättigtem Zustand von ihrem Wirt fallen lassen und auf das nächste Opfer warten, dem sie ihre mit Haken besetzten Köpfe ins Fleisch bohren, um Blut zu saugen. Sie sind vorsichtig zu entfernen, damit keine Haken stecken bleiben.

Blutegel sind vor allem zur Regenzeit im Dschungel eine Plage. Sobald sie sich mit Blut vollgesogen haben, fallen sie ab, doch schon vorher kann man sie mit brennenden Zigaretten, Salz oder *Cap-Kapak* (einem ätherischen Öl, das vielerorts erhältlich ist) vertreiben. Langärmelige Hemden und in die Socken gesteckte lange Hosen können vor den kleinen Blutsaugern schützen.

Malaria

Bali gilt als malariafrei, hingegen besteht auf Lombok ein geringes Malaria-Risiko.

Die weibliche Anopheles-Mücke, die den Erreger *Plasmodium falciparum* überträgt, sticht zwischen Beginn der Dämmerung und Sonnenaufgang. Die meisten Tropeninstitute (S. 54) empfehlen eine medikamentöse Prophylaxe. Ob und welches Mittel das richtige ist, sollte ein Tropenarzt individuell nach Reiseart, -dauer und gesundheitlicher Verfassung entscheiden. Einige Touristen wollen nicht auf die Prophylaxe verzichten, andere lassen sich von den möglichen Nebenwirkungen abschrecken. Das Tauchen könnte zu einem Problem werden, wenn man die Malaria-Prophylaxe eingenommen hat. Weitere Infos hierzu unter ⌨ www.deinklick.de/Malariaprophylaxe_und_Tauchen.html. Die beste Vorbeugung gegen Malaria besteht natürlich darin, möglichst nicht gestochen zu werden.

In Deutschland gibt es den Malaria-Schnelltest *MalaQuick*, mit dem Reisende anhand eines Blutstropfens in acht Minuten selbst feststellen können, ob sie an Malaria erkrankt sind.

Wer sich in einem Gebiet ohne ärztliche Versorgung infiziert, kann zur Überbrückung mit einer **Standby-Therapie** mit Mefloquin *(Lariam)*, Atovaquon/Proguanil *(Malarone)* oder Artmether/Lamefantrin *(Riamet)* beginnen. Wer aus Indonesien zurückkehrt und an einer fieberhaften Erkrankung leidet, auch wenn es sich nur um leichtes Fieber und Kopfschmerzen handelt und erst Monate nach der Rückkehr auftritt, sollte dem Arzt unbedingt über den Tropen-

---

Schutz vor Mücken

Am Abend schützt **helle Kleidung**; wichtig sind lange Hosen, langärmlige Hemden, engmaschige lange Socken und ein **mückenabweisendes Mittel** auf der Basis von DEET, das auf die Haut aufgetragen wird und die Geschmacksnerven stechender Insekten lähmt. Einige Apotheken bieten sanftere Mittel an, die auf Zitronella- und Nelkenöl basieren. Als eines der besten Mückenmittel auf dem deutschen Markt gilt Autan Family, das hautverträglich und wirksam gegen Tropenmücken ist. In den USA hat sich der Wirkstoff **Permethrin** bewährt, mit dem die Kleidung und das Moskitonetz eingesprüht werden. Er geht eine Verbindung mit dem Gewebe ein und bleibt wochenlang wirksam. Ähnliche Produkte sind auch in deutschen Apotheken erhältlich.

Wer ganz sichergehen will, sollte ein eigenes **Moskitonetz** mitbringen. Löcher werden am besten mit Klebeband verschlossen. Bei niedrigen Temperaturen in klimatisierten Räumen sind Mücken zwar weniger aktiv, aber keineswegs ungefährlich.

Notfalls helfen **Moskito-Coils**, grüne Räucherspiralen, die wie Räucherstäbchen abbrennen und für ca. acht Stunden die Luft verpesten. Oft werden sie abends in Restaurants unter die Tische gestellt, um Moskitos zu vertreiben. Der Einsatz in geschlossenen Räumen endet aber in üblen Kopfschmerzen.

aufenthalt berichten. Die ersten Symptome einer Malaria können denen eines grippalen Infekts ähneln.

Pilzinfektionen

Frauen leiden im tropischen Klima häufiger unter Pilzinfektionen im Genitalbereich. Vor der Reise sollten sie sich entsprechende Medikamente verschreiben lassen. Eine Creme oder Kapseln sind besser als Zäpfchen, die bei der Hitze schmelzen. Unsaubere Pools sind Brutstätten für Pilze aller Art.

Schlangen- und Skorpionbisse, giftige Meerestiere

Die verbreitete Angst vor Schlangenbissen steht in keinem Verhältnis zur realen Gefahr, denn **Giftschlangen** greifen nur an, wenn sie selbst attackiert werden. Da Schlangen leicht zu übersehen sind, sollten beim Wandern knöchelhohe Schuhe und lange Hosen getragen werden. Ein Stock hilft dabei, die Schlangen zu vertreiben.

Einige Schlangen töten durch ein Blutgift, in diesem Fall benötigt man sofort ein Serum, andere töten durch ein Nervengift, dann ist außerdem eine künstliche Beatmung wichtig. Das Krankenhaus, in das der Betroffene schnellstens gelangen sollte, muss zudem sofort informiert werden, damit ein Arzt und das Serum beim Eintreffen bereitstehen. Ein Foto oder eine Beschreibung der Schlange hilft bei der Bestimmung der Art.

Skorpionstiche sind in dieser Region generell nicht tödlich. Kräutertabletten und Ruhigstellen des Körperteils lindern den Schmerz. Wasserkontakt meiden. Normalerweise lassen die anfangs starken Schmerzen in bis zwei Tagen nach. Auch die großen **Geckos** *(tokeh)* beißen, wenn sie sich bedroht fühlen. Die kleinen sind hingegen harmlos.

Durchaus real ist die Gefahr, mit nesselnden und giftigen Meerestieren in Kontakt zu kommen. Zwei Arten von Fischen können gefährlich werden: **Stachelrochen**, deren Gift fürchterliche Schmerzen verursacht, und **Steinfische**, die sehr giftige Rückenstacheln besitzen. Beide sind nur schwer vom Meeresboden zu unterscheiden. Beim Schnorcheln führt die Berührung von **Feuerkorallen** zu stark brennenden Hautreizungen, während giftige Muränen, Rotfeuerfische und Seeschlangen nur selten gefährlich werden.

Seeigel sind zwar nicht giftig, ein eingetretener Stachel ist aber sehr schmerzhaft und verursacht eiternde Wunden.

Wie überall auf der Welt breiten sich auch vor Balis Meeren vermehrt **Quallen** aus, sodass Badende immer häufiger ihre giftigen Tentakel streifen. Gehen die schmerzhaften Bläschen nach der Behandlung mit hochprozentigem Essig, Cortisonspray oder säurehaltigem Pflanzenbrei nicht innerhalb einer Stunde zurück, muss ein Arzt aufgesucht werden. Menschen mit Allergien sind besonders gefährdet.

Sonnenbrand und Hitzschlag

Selbst bei bedecktem Himmel ist die Sonneneinstrahlung in den Tropen intensiv. Viele Reisende treffen nur am Strand Vorkehrungen gegen Sonnenbrand und Hitzschlag, doch dies ist auch bei Touren durch das Hinterland unbedingt notwendig. Als wichtigste Schutzmaßnahmen empfiehlt es sich, regelmäßig Mittel mit hohem Sonnenschutzfaktor auf die Haut aufzutragen, Hut und Sonnenbrille zu tragen und viel zu trinken.

Erschöpfungszustände bei Hitze äußern sich durch Kopfschmerzen, Übelkeit, Benommenheit und erhöhte Temperatur. Dann sollte man unbedingt schattige Bereiche aufsuchen. Erbrechen und Orientierungslosigkeit können auf einen Hitzschlag hinweisen, der potenziell lebensbedrohlich ist und sofortige medizinische Behandlung erfordert.

Tetanus

Verletzungen sind nie auszuschließen, und Wundstarrkrampf-Erreger finden sich überall. Die Grundimmunisierung erfolgt über zwei Impfungen im Abstand von vier Wochen, die nach einem Jahr aufgefrischt werden müssen. Danach genügt eine Impfung alle zehn Jahre. Gut ist die Impfung mit dem Tetanus-Diphterie-Pertussis-Impfstoff (für Personen ab fünf Jahre). So erhält man gleichzeitig einen Schutz vor Diphtherie und Keuchhusten.

Thrombose

Durch stundenlanges Sitzen verringert sich der Blutfluss, vor allem in den Beinen. Dadurch kann es zur Bildung von Blutgerinnseln kommen, die, wenn sie sich von der Gefäßwand lösen und durch den Körper wandern, eine akute Gefahr darstellen (Lungenembolie). Zur Risikogruppe gehören Ältere, Schwangere, starke Raucher, Menschen mit Venenleiden und Frauen, die die Pille nehmen.

Die einfachste Vorbeugung ist, mindestens einmal stündlich aufzustehen und viel zu trinken (keinen Kaffee, Tee oder Alkohol). Wer sichergehen will, kann medizinische Stützstrümpfe tragen, Risikopatienten sollten ihren Arzt zurate ziehen.

Tollwut

In Indonesien ist die Tollwut weitverbreitet, beim Menschen tritt sie jedoch nur vereinzelt auf. Nachdem es auf Bali Tollwutfälle gegeben hat, die auch Touristen dahinrafften, sind konsequente Maßnahmen zu Eindämmung der Krankheit eingeleitet worden.

Theoretisch können sich alle Säugetiere mit dem Tollwut-Virus infizieren. Das Virus wird meist durch einen Biss mit dem Speichel übertragen, aber auch Kratzen kann reichen. Wer von einem streunenden Hund, einer Katze oder einem Affen gekratzt oder gebissen wurde, muss die Wunde sofort mit viel Wasser und Seife oder einem anderen Detergenz (Shampoo, Geschirrspülmittel) für mindestens 15 Minuten ausspülen und anschließend mit einem Desinfektionsmittel behandeln – PVP-Jod, 70 % Alkohol (schmerzhaft) o. ä. Hierdurch wird das Virus in der Wunde inaktiviert. Anschließend gilt es, schnellstmöglich ärztlichen Rat und eine Impfung zu suchen, da eine Infektion mit Tollwut tödlich endet. Eine vorbeugende Impfung ist nur bei längerem Aufenthalt in ländlichen Gegenden oder bei vorhersehbarem Umgang mit Tieren sinnvoll. Die effektiven, in Deutschland angebotenen Impfungen schützen drei bis fünf Jahre.

Typhus

Typhus ist nach Hepatitis A die häufigste Tropenkrankheit. Es wird vom Bakterium *Salmonella typhi* verursacht und oral übertragen. Typische Symptome sind ansteigendes Fieber, einhergehend mit einem eher langsamen Puls und Benommenheit. Später folgen eventuell Hautausschlag, Verstopfung oder Durchfall und Bauchschmerzen.

Empfehlenswert für Reisende ist die gut verträgliche Schluckimpfung mit Typhoral L. Drei Jahre lang schützt eine Injektion der neuen Typhus-Impfstoffe Typhim VI oder Typherix.

Vogelgrippe

Die Vogelgrippe ist eine Viruserkrankung der Vögel und kann unter Umständen auch auf Menschen übertragen werden, die mit infizierten Vögeln in Berührung kommen. Das Risiko ist jedoch für Menschen ohne Kontakt mit erkrankten Tieren äußerst gering. Sind in Indonesien zeitnah Fälle von Vogelgrippe aufgetreten, empfiehlt das Auswärtige Amt, Geflügelmärkte und Vogelparks zu meiden sowie Geflügel und Eier nur nach mindestens zehnminütigem Garen zu essen. Wird ein toter Vogel gesichtet, sollte man das Weite suchen. Die prophylaktische Einnahme von *Tamiflu* wird nicht empfohlen. Die aktuelle Lage sollte vor Reiseantritt mit einem Arzt erörtert werden. Neueste Informationen gibt es unter 🖳 www. who.int/csr/disease/avian_influenza/en.

Wundinfektionen

Unter unhygienischen Bedingungen können sich schon aufgekratzte Moskitostiche zu beträchtlichen Infektionen auswachsen. Wichtig ist, dass jede noch so kleine Wunde desinfiziert, sauber gehalten und eventuell mit einem Pflaster geschützt wird. Antibiotika-Salben, im feuchtwarmem Klima noch besser Antibiotika-Puder, unterstützen den Heilungsprozess.

Wurmerkrankungen

Würmer können überall lauern: in rohem oder halbgarem Fleisch und Fisch, verunreinigtem Wasser oder auf Gemüse. Sie setzen sich an verschiedenen Organen fest und sind häufig erst Wochen nach der Rückkehr festzustellen. Die meisten sind harmlos und durch eine einmalige Wurmkur zu vernichten. Nach einer Reise in abgelegene Gebiete ist es durchaus sinnvoll, den Stuhl auf Würmer untersuchen zu lassen. Das wird auch notwendig, wenn man

über einen längeren Zeitraum auch nur leichte Durchfälle hat.

An durch Hunde- oder Katzenkot verunreinigten Stränden können Infektionen mit **Hakenwürmern** auftreten. Die Parasiten dringen durch die Fußsohlen ein und graben sich von außen sichtbare Gänge. Zur Behandlung empfiehlt es sich, einen Facharzt aufzusuchen.

Eine unangenehme Erscheinung sind **Lungen- und Leberegel**, die in rohem Süßwasserfisch, fermentierter Fischsoße und Schalentieren vorkommen können. Die Symptome hängen von der Schwere des Befalls ab. Bei Leberegeln kann es zu Fieber und Gelbsucht kommen, Lungenegel verursachen Husten (z. T. mit rötlichem Auswurf), Fieber und Brustschmerzen. Die Diagnose erfolgt anhand einer Stuhlprobe. Die beste Prävention ist, auf rohe oder halbgare Süßwassertiere zu verzichten.

Bücher

Allgemeine Einführungen

Bali – Sekala & Niskala (Eiseman, Fred B. Jr.; Tuttle Publications 2009). Eine aufschlussreiche Sammlung von mit wissenschaftlicher Akribie verfassten Kapiteln über die unterschiedlichsten Aspekte Balis. Natur, Religion, Alltagskultur, Feste und Rituale werden detailliert beleuchtet.
Island of Bali (Covarrubias, Miguel; Periplus 2009). Das Standardwerk über Bali. In weiten Teilen immer noch faszinierend aktuell, auch wenn es erstmals 1937 aufgelegt wurde.
Ratu Pedanda. Reise ins Licht – bei einem Hohepriester auf Bali (Drüke, Milda; National Geographic Taschenbuch 2006). Eine europäische Frau lebt mit einem Hohepriester auf Bali und beobachtet, dokumentiert und beschreibt das Leben, die Religion und die Gesellschaft auf Bali. Ein wunderbar authentischer Einblick.
Secrets of Bali – Fresh Light on the Morning of the World (Copeland, Jonathan; Orchid Press 2010). Umfassende, klar verständliche Erläuterungen des balinesischen Alltags, der Religion, Feste, Architektur, Tänze und Künste.

Kinderbücher

A Club of Small Men – A Children's Tale from Bali (McPhee, Colin; Periplus 1993). Die wahre Geschichte einer Gruppe von jungen Männern zwischen sechs und 60 Jahren, die in den 1930er-Jahren eine Gamelan-Gruppe gründen.
Gecko's Complaint – Balinese Folktale (Bowler, Ann M., I Gusti Made Sukanada.; Periplus 2002). Eine Geschichte über Libellen für Kinder bis zehn Jahre, mit schönen gezeichneten Illustrationen.

Geschichte

A Magic Gecko (Geerken, Horst H.; Kompas 2011). Der deutsche Elektriker Geerken war am Aufbau des balinesischen Radiorundfunks beteiligt und berichtet von den Zuständen zwischen 1963 und 1981, mit Ausflügen in die deutsch-indonesische Vergangenheit, z. B. zu den Malern Raden Saleh und Walter Spies sowie zur deutschen Marine vor Java im Ersten Weltkrieg.
Bali Chronicles (Hanna, Willard A.; Periplus Editions 2004). Eine ausführliche Abhandlung der balinesischen Geschichte bis in die 1970er-Jahre. Besonders beleuchtet werden die einmalige Kultur und Religion der Insel und die Gründe für ihr Überleben mitten im islamischen Indonesien.
Bali – Insel der Götter (Steinicke, Esther; Belser Verlag 1996). Die kurze Einführung in die Geschichte ergibt zusammen mit den Beschreibungen der Sehenswürdigkeiten ein rundes Porträt des Urlaubsparadieses.
Bones of the Dark Moon (Lewis, Richard E.; Saritaksu Editions 2012). Empfehlenswerter, sehr spannender Roman über die Massaker und Hintergründe von 1965/66.
In the Arms of the Angels (Patra, Kim A.; Wakefield Press 2004). Die Memoiren einer Krankenschwester und Mutter, die im Anschluss an die Bombenanschläge in Kuta 2002 als Freiwillige im RSU Sanglah gearbeitet hat.
Island of Demons (Barley, Nigel; Monsoon Books 2009). Dieser unterhaltsam geschriebene Roman nimmt den Leser mit auf eine spannende Reise ins Bali der 1930er-Jahre. Der Künstler Walter Spies lebte damals in der Nähe von Ubud und empfing zahlreiche Berühmtheiten.
Liebe und Tod auf Bali (Baum, Vicki; Kiepenheuer & Witsch 2002). Dieser Roman (Erstveröffentlichung 1937) erzählt die tragischen Ereignisse der Jahre 1904–1906, in Bali als *Puputan* – das Ende – bekannt. Die Holländer nehmen die angebliche Plünderung eines chinesischen Schiffes zum Vorwand, um auf der Insel einzumarschieren; die Invasion gipfelt in der Schlacht von Badung, wo Hunderte von Balinesen ihrem Fürsten freiwillig in den Tod folgen.
Pretext for Mass Murder (Roosa, John; University of Wisconsin Press 2006). Die mikrohistorische Darstellung der Ereignisse und Personen, die zu einem der schlimmsten Massenmorde des 20. Jhs., den Massakern von 1965/66, führten, übersieht auch die Ungereimtheiten nicht, die eine Aufklärung bis heute verhindern.
Stilles Lied eines Stummen. Aufzeichnungen aus Buru (Toer, P.A.,Bad Honnef 2000). Übersetz

te und editierte Sammlung der noch erhaltenen Essays, Erinnerungen und Briefe aus der Verbannung auf der Insel Buru, wo Toer wegen seiner politischen Überzeugung mit Zwangsarbeit bestraft wurde.

The Dark Side of Paradise – Political Violence in Bali (Robinson, Geoffrey; Cornell University Press 1998). Das interessante und wissenschaftlich einwandfrei recherchierte Buch beleuchtet die historischen Entwicklungen auf der Insel von Ende des 19. Jh. bis zu den Massakern von 1965/66. Dabei werden viele Verbindungen zwischen der Kolonialzeit und späteren Konflikten geknüpft.

Kunst und Kultur

A House in Bali (McPhee, Colin; Periplus Editions 2000). Der in den 1930er-Jahren verfasste Roman ist das einzige Buch über Bali, das von einem professionell ausgebildeten Musiker geschrieben wurde. Es widmet sich besonders dem Gamelan und der Musik allgemein, aber auch anderen Aspekten der Kultur.

Dichte Beschreibung (Geertz, Clifford; Suhrkamp 2007). Aufsatzsammlung, die in jeder guten Bibliothek zu finden ist, mit vielen Essays, z. B. zum Hahnenkampf oder zu der Bedeutung der Namensgebung auf Bali. Auf Deutsch übersetzt und auch für Nicht-Anthropologen spannend.

DuMont Kunstreiseführer Bali (Spitzing, Günter; DuMont 1991). Gut und sehr engagiert geschrieben und mit zahlreichen Fotos.

Eat, Pray, Love (Gilbert, Elizabeth; Viking Adult 2006). Kaum ein Buch (und die dazugehörige Verfilmung) löste einen derartigen Bali-Hype aus wie die Schilderung der Autorin auf Selbstfindungsreise, welche schließlich auf Bali ihr krönendes Ende findet. Der Tourismus in Ubud profitiert noch heute von Besuchern, die auf den Spuren der Autorin wandeln.

Introduction to Balinese Architecture (Davison, Julian und Granquist, Bruce; Periplus 2003). Einführung in profane und sakrale Architektur samt ihrer rituellen und religiösen Bedeutung. Baustile und -techniken, Materialien, Ornamentik, Raumkonzepte – was will man als Architekturfan mehr?

Kulturschock Indonesien (David, Bettina; Reise Know-How 2010). Die Indonesien-Expertin vermittelt grundlegende Charakteristika sowohl gesamtindonesischer als auch teilkultureller Sitten, Glaubenssysteme und Verhaltensregeln. Dabei werden nicht nur die traditionell typischen Denksysteme, Tabus und Gepflogenheiten, sondern auch Jugendkultur, Slang und moderne Lebensweisen erläutert.

Kunst und Kultur in Bali (Ramseyer, Urs; Schwabe Verlag 2002). Standardwerk zur balinesischen Kunst, ihrer Geschichte und zur Bedeutung der Religion für das künstlerische Schaffen.

Mudras or the Ritual Hand Poses of the Buddha Priests and the Shiva Priest of Bali (Kleen, Tyra de; Kessinger Publishing Co. 2003). Über balinesische Priester, ihre Aufgaben, ihren Alltag, ihr Zeremoniell und besonders ihre Mudras, die rituellen Handhaltungen.

Negara – The Theatre State in Nineteenth-Century Bali (Geertz, Clifford; Princeton University Press 1981). Ein anthropologischer Blick auf die balinesische Gesellschaft und Kultur. Hier werden ihr Aufbau und ihre Funktionsweise detailliert dargestellt. Ideal für alle, die die genaue Abfolge und Bedeutung von Ritualen interessiert.

Treasures of Bali – A Guide to the Museums of Bali (Mann, Richard; Gateway 2006). Ein bebilderter Museumsführer zu allen öffentlichen und privaten Museen der Insel bis 2006, inkl. praktischer Infos wie Anfahrtsbeschreibungen.

Tanz und Theater

Balinese Dance, Drama and Music – A Guide to the Performing Arts of Bali (I Wayan Dibia, Ballinger, Rucina und Anello, Barbara; Periplus 2010). Illustrierte Einführung zu den typischen Formen der darstellenden Kunst und Musik Balis.

Das Indonesische Schattenspiel – Bali, Java, Lombok (Spitzing, G.; Köln 1981). Ausführliche Beschreibung von Ursprung, Entwicklung und Bedeutung des *Wayang Kulit*, viele Abbildungen.

Ramayana (Schmöldees, Claudia; Diedrichs 2004). Das ursprünglich aus Indien stammende hinduistische Epos ist eine literarische Grundlage des *Wayang* auf Java und Bali wie auch zahlreicher balinesischer Tänze.

ANHANG

www.stefan-loose.de/bali

BÜCHER **429**

Küche

Essen wie im Paradies – Die Küche auf Bali und Java (Noni Siauw und Britta Rath; Köln 2000). Schön gestaltetes Kochbuch mit kreativen Rezepten einer hervorragenden indonesischen Köchin, die in Köln das beliebte Bali-Restaurant betreibt.

Fragrant Rice – My Continuing Love Affair with Bali (De Neefe, Janet; Periplus Editions 2006). Die spannend geschriebene Lebensgeschichte der Protagonistin, die zwei erfolgreiche Restaurants führt, ist mit lustigen Anekdoten, tiefen Einblicken in die Bedeutung verschiedener Rituale und leckeren balinesischen Rezepten gespickt.

The Food of Bali – Authentic Recipes from the Island of Gods (Periplus 1993). Mehrere führende Chefköche aus Bali haben ihren Senf zu dieser Sammlung dazugegeben, ohne den Brei zu verderben. Inkl. einer Einführung zur Rolle von Essen in der balinesischen Kultur.

Bildbände

Bali (fotografiert von Michael Friedel, Edition MM, 1995). Hervorragender Druck, tolle Fotos.

Bali 1912 (Krause, Gregor; Pepper Publications 2002). Die erste Fotodokumentation Balis, in den 1920er-Jahren veröffentlicht. Die Bilder des als Arzt auf Bali stationierten Krause prägten die europäische Vorstellung von der Insel nachhaltig.

Bali in the 1930s (Fleischmann, Arthur; Pictures Publishers 2007). Im Jahre 1937 erreichte der ungarische Bildhauer Fleischmann Bali mit einer 35-mm-Kamera im Gepäck. Auf über 1800 Fotos hielt er das damalige Inselleben fest – Bräuche und Persönlichkeiten, Zeremonien und Alltag. Nach seiner kriegsbedingten Flucht nach Australien verfasste er ein passendes Manuskript.

Filme

Eat, Pray, Love (2010)
Die Verfilmung des Bestsellers von Elizabeth Gilbert (s. S. 429) sorgte für einen regelrechten Bali-Boom. Gezeigt werden sehr schöne Bilder der Region um Ubud, die Handlung ist allerdings etwas seicht.

Fool Me Twice (2008)
Kontroverser australischer Dokumentarfilm, der die australische Politik mit den blutigen Geschehnissen in Ost-Timor 1999 und den Terroranschlägen auf Bali 2002 in Verbindung bringt und einige Fragen aufwirft. Zu sehen unter 🖥 vimeo.com/1435236.

Long Road to Heaven (2007)
Indonesischer Spielfililm über die Bombenanschläge von Kuta mit drei Erzählsträngen, die jeweils die Planung der Anschläge, ihre Ausführung und das folgende Gerichtsverfahren behandeln. Auf Bali darf der Film nicht gezeigt werden.

The Act of Killing (2012)
Mehrfach preisgekrönter Dokumentarfilm über die Massenmörder von 1965/66. Die noch heute unbehelligten Täter stellen ihre Tötungsmethoden nach und sind auch noch stolz darauf – verstörend sehenswert.

The Healings of Bali (2003)
Der australische Dokumentarfilmer John Darling zeigt die vielseitigen Methoden, die Balis Einwohner und Betroffene der Terroranschläge von Kuta nutzten, um ihrer Schmerzen und ihrer Verluste Herr zu werden – bewegende Zeitzeugenportraits und spirituelle Einblicke.

Index

A

Abang 338
Abkommen von Linggarjati 103
Adapter 40
Adat-Partei 100
Adharma 114
Affen 196, 207
Affenwald 207, 225
Aids 423
Aik Berik 365
Airport Tax 80
Air Sanih 294
Air Terjun Tegenungan 236
Aktivitäten 62
Algenanbau 316
Algenfarmer 316
Ambon 98
Amed 339
   Essen 342
   Transport 344
   Übernachtung 339
Ameisen 424
Amlapura 333
Anggur Hitam 42
Angkot 32, 69
Anreise 34
Anwartschaftsversicherung 77
Apuan 252
Arak 42
Arbeitslosenquote 112
Arja 142
Asahduren 255
Asta 93
Atman 116
Auslandsgespräche 68
Auslandsreise-Kranken-versicherung 76
Aussprache 412

B

Babi Guling 41
Badong 261
Bahasa Indonesia 412
Bakso 44
Bale Agung 125

Bale Banjar 90
Bale Gong 125
Bale Kambang 300, 333
Bale London 333
Bale Paruman 127
Bale Pewedaan 127
Bali Aga 87, 291, 331, 332
Bali Barat-Nationalpark 263
Bali Bird Park 232
Bali Butterfly Park 252
Balih-Balihan 135
Bali Safari & Marine Park 241
Bali-Star 85
Bali-Tiger 86
Bali Treetop Adventure Park 285
Bali-Wein 44
Bali Zoo 233
Bandaneira 98
Bandara Internasional Lombok 363
Bangkiang Sidem 228
Bangko-Bangko 354
Bangli 241
Bangsal 382
Banjar 90
Banten 98
Banten Tegeh 113
Banyan-Bäume 85
Bapak Pembangunan 105
Baris 139
Barong 123, 138
Barrierefreies Reisen 60
Batavia 98
Batik 39, 240
Batu-Bolong-Tempel 375
Batubulan 201, 233
Batugendeng-Halbinsel 353
Batukaru-Naturreservat 255
Batu Kok 404
Batu Layar 375
Batur 289
Batur-Massiv 287
Baum, Vicki 132
Bau Nyale Ritual 357
Bebali 135
Bebek Betutu 41
Bedugul 285
Bedulu 234

Bahasa Indonesia 412
Belege 240
Bemo 69
Benang Kelambu 365
Benang Stokel 365
Benzin 71
Berge 82
Besakih 303
Betteln 76
Bettwanzen 423
Bevölkerung 87
Bevölkerungswachstum 101
Bhatara Turun Kabeh 304
Bhuta-Yadnya-Riten 123
Bier 42
Bildung 88
Bingin Beach 197
Biorock Reef Structures Projekt (Pemuteran) 265
Blahbatuh 236
Blanco, Antonio 203
Blimbingsari 262
Blutegel 424
Bombenanschlag 152
Bonjol 100
Bonnet, Rudolf 39, 131, 203
Bono 240
Bootstouren 65
Botanischer Garten von Bedugul 284
Botschaften 37
Brahmana-Kaste 91
Brahma Vihara Arama 279
Bratan-Massiv 82, 280
Brem 42
Bücher 59, 428
Budakeling 336
Budi Utomo 101
Bumbung 260
Bunut Bolong 255
Bupati 111
Buruan 236
Busse 32, 79

C

Cagar Alam Batukaru 255
Calonarang 124
Campuhan 229
Candi Bentar 125

www.stefan-loose.de/bali

INDEX **431**

Candi Dasa 326
   Aktivitäten 330
   Essen 329
   Transport 331
   Übernachtung 326
   Wellness 331
Candi Kuning 284
Cap Cai 42
Catur Muka 146
Cekik 264
Celuk 231
Cidomo 394
Cikar 261
Clown 140
Coconut Bay 314
Cokorda Gede Agung
   Sukawati 133
Covarrubias, Miguel 128
Culik 338

D
Daendels, Herman Willem 99
Dalang 133, 136
Dämonenmauer 93
Danau Batur 290
Danau Bratan 82, 283
Danau Buyan 82, 285
Danau Segara Anak 403
Danau Tamblingan 82, 285
Danghyang Markandeya 113
Danghyang Nirartha
   114, 195
Delphintouren 274
Demak 98
Demokratisierung 106
Denguefieber 422
Denpasar 145
Depa 93
Dewa Manggis 240
Dewa-Yadnya-Riten 118
Dewi Sri 90
Dharma 114
Diebstahl 61
Diplomatische Vertretungen
   37
Dong-Son-Kultur 235
Dorfstruktur 92
Drama Gong 142

Dreamland Beach 197
Drogen 62
Durchfälle 422
Durian 43

E
Eat, Pray, Love 202, 429
Ehrenschuld 101
Einkaufen 38
   DVDs 160
   Souvenirs 161
   Textilien 161
Einreisebestimmungen 77
Eintrittspreise 31
Einwanderungsbehörde 78
Einwohnerzahl 87
Eka Dasa Rudra 108, 304
Elektrizität 40
Elephant Safari Park 239
E-Mail 57
Empu Kuturan 113, 195
Empu Sang Kulputih 113
Endek 240
Enten 85
Essen 40
Essensmärkte 45
Ethische Politik 101

F
Fähren 37, 80
Fahrräder 70
Fahrradtouren 337
Familienplanung 104
Feiertage 47
Fernsehen 59
Feste 47, 118
Filme 430
Finanzkrise 105
Flora 83
Flugbuchung 36
Flüge 34, 35, 79
Fluggesellschaften 79
Flughafengebühr 80
Flughafentransfers 34
Flugtickets 36
Fotografieren 48
Frauen 49, 88
Früchte 43

Frühgeschichte 95
Führerschein 70

G
Gado-Gado 42
Gajah Mada 97, 107
Galungan 119
Gambuh 142
Gamelan 131
Gamelan-Musik 134
Garuda 111
Gebug-Kampfspiele 333
Geckos 84
Gedung Kirtya 272
Geld 49
Geldautomaten 50
Geldwechsel 50
Gelenkte Demokratie 103
Gelgel 107, 130, 300
Gelungan 261
Gemüse 44
Geografie 82
Gepäck 51
Gerupuk 362
Geschichte 94
   Bali 106
   Indonesien 95
Gesellschaft 89
Gesundheit 52
Getränke 42
Gewürze 44
Gianyar 240
Giardiasis 422
Gili Air 399
   Aktivitäten 402
   Essen 401
   Nachtleben 402
   Transport 403
   Übernachtung 399
   Unterhaltung 402
Gili Gede 354
Gilimanuk 262
Gili Meno 395
   Aktivitäten 398
   Essen 398
   Übernachtung 395
Gili Meno Bird Park 395
Gili Nanggu 354

Gilis
Preispolitik 387
Gili Trawangan 383
Aktivitäten 391
Essen 389
Sicherheit 391
Transport 394
Übernachtung 386
Unterhaltung 390
Gitgit-Wasserfall 283
Glossar 420
Goa Gajah 233
Goa Lawah 320
Goldrausch 353
Golkar 105
Gonorrhöe 422
Gottheiten 114
Guides 31
Gumicik 233
Gunung Abang 82, 289, 290
Gunung Agung 82, 306
Gunung Baru 403
Gunung Batukaru 254, 282
Gunung Batur 82, 287, 289, 290
Gunung Kawi 237
Gunung Lebah 203
Gunung Penggilingan 282
Gunung Pengsong 374
Gunung Rinjani 403
Gunung Seraya 82, 337
Gus Dur 106

H
Habibie 105
Hahnenkämpfe 94
Handeln 40
Handy 68
Hanuman 137, 141
Hatta, Mohammad 102
Hauterkrankungen 423
Hayam Wuruk 97
Helmpflicht 71
Hepatitis 423
Hinduismus 96
Hitzschlag 425
HIV 423
Hochsaison 30

Holländer 98, 100, 351
Holzschnitzer 39, 236
Holzschnitzereien 230
Hüftgurt 52
Hunde 84
Hutan Pariwisata Suranadi 374

I
Ida Sanghyang Widhi Wasa 114
I Gusti Nyoman Lempad 133
Ikat 39, 332
Impfungen 52
Impossible Beach 197
Indisierung 96
Inflation 112
Informationen 56
Insekten 423
Internet 57, 68
Iseh 307
Islamisierung 97

J
Jackfrucht 43
Jagaraga 293
Jasi 335
Jatiluwih 253
Jauk 139
Java-Krieg 100
Jemaah Islamiyah 110
Jembrana-Küste 256
Jimbaran 190
Joged Bumbung 142
Jukung 344
Jungutbatu 314

K
Kahyangan Tiga 127
Kajakfahren 391
Kajeng Kliwon 117, 123
Kakadu 85
Kalender 80, 117
Kamasan 300, 302
Kanda Empat 122
Kapal 251
Karangasem 333
Karma 116, 121

Kasten 91
Kbo Iwo 234, 238, 288
Kebyar Duduk 141
Kecak 137, 196
Kedonganan Fischmarkt 190
Keliki 237
Kelod–Kaja 92
Kemenuh 236
Kepala Desa 101, 111
Kerambitan 248
Keramik 251
Kerta Gosa 300
Kertanegara-Reich 97
Kinder 58
Kinderbücher 428
Kintamani 289
Kleiderordnung 51
Klian 111
Klimawandel 30, 35
Klungkung 298
Kochbücher 430
Kochkurse 220, 330
Koffer 51
Kolonialherrschaft 99
Kolonialpolitik 107
Kommunistenhatz 236, 351
Kommunistenverfolgung 108
König Maya Danawa 239
Konsulate 37
Korallenabbau 326
Korallenriffe 86
Kori Agung 125
Krankenhäuser 53
Kreditkarten 50
Kriminalität 61
Kris 132
Krupuk 45
Ksatriya-Kaste 91
Kubutambahan 293
Küche, balinesische 41
Kukuh 252
Kul Kul 125
Kul-Kul-Trommel 90
Kultur 22, 118
Kuningan 119
Kunst 22, 118
Kunstgeschichte 129

www.stefan-loose.de/bali

INDEX **433**

ANHANG

Kunsthandwerk 38, 112, 128
Kusamba 303
Kuta 151
  Einkaufen 160
  Essen 157
  Feste 160
  Touren 162
  Transport 163
  Übernachtung 153
  Unterhaltung 159
Kuta Karneval 160
Kuta Lombok 357, 362
  Aktivitäten 360
  Essen 358
  Feste 360
  Sicherheit 361
  Transport 362
  Übernachtung 358
Kutri 233, 236

L

Labuan Sait Beach 197
Labuhan Kayangan 410
Labuhan Lombok 410
Lamak 119
Lambliasis 422
Landkarten 57
Lebenserwartung 87
Legian 164
  Essen 167
  Übernachtung 164
Legong 138, 207
Lembar 352
Lembongan 314
Lempad 133
Liberale Politik 101
Ling Gwan Kiong 272
Lingsar 374
Lombok
  Bevölkerung 350
  Flora und Fauna 350
  Flüge 364
  Geografie 350
  Geschichte 351
  Medizinische Hilfe 372
  Religion 351
  Verhaltensregeln 352
Lombok-Straße 82
Longan 43

Lontar 301
Lontar-Schriften 89, 113
Lontong 42
Lovina 274
  Aktivitäten 278
  Essen 277
  Touren 278
  Transport 279
  Übernachtung 274

M

Magazine 59
Mahabharata 113, 129
Maheswara 320
Majapahit 97, 107, 130, 132, 351
Makaken 84
Makanan Padang 41
Malacca 98
Malaria 424
Malerei 39, 131, 220, 302
Mandi 73
Manggis 307
Mangroven 83
Mangsit 375
Mantarochen 85
Manusia-Yadnya-Riten 122
Marga 252
Margarana 252
Markt 93
Mas 230
Mas-Mas 366
Massagen 66
Mataram 367
  Einkaufen 369
  Essen 368
  Informationen 372
  Kampung Arab 367
  Pura Meru 367
  Souvenirs 369
  Taman Mayura 367
  Touren 369
  Transport 372
  Übernachtung 368
  West Nusa Tenggara Museum 367
Mataram-Reich 98
Mawi-Bucht 362
Mayong 286

Medien 59
Medikamente 56
Medizinische Hilfe 53
Meersalzgewinnung 302, 303
Meier, Theo 128
Mekaki 354
Mekepung 261
Melasti 124
Mengwi 251
Mie 42
Mie Goreng 41
Mietwagen 32, 71
Minibusse 69
Moksa 116, 121
Mondfisch 85, 312
Mond von Pejeng 235
Moneychanger 49
Monkey Forest 207
Monumen Perjuangan Rakyat Bali 146
Motorräder 70
Mountainbiking 62
Mücken 424
Munduk 286
Munggu 251
Museen
  ARMA – Agung Rai Museum of Art 203
  Bali Museum 146
  Batur Volcano Museum 289
  Blanco Renaissance Museum 202
  Community of Artists 206
  Gunarsa Museum 300
  Le Mayeur Museum 180
  Museum Gedong Arca Purbakala 234
  Museum Pasifika 192
  Museum Puri Lukisan 202
  Neka Art Museum 203
  Rudana Museum 230
  Sidik Jari Museum 146
  Subak Museum 248
  West Nusa Tenggara Museum 367
Museum von Pejeng 106
Mushroom Bay 314
Musik 134
Musti 93

N

Nachrichten 57
Nachtleben
  Gili Trawangan 390
  Kuta 159
  Seminyak 175
  Senggigi 379
Nacktbaden 62
Naga Basuki 320
Nahverkehr 69
Namen 91
Narmada 373
Nasakom 103
Nasi Campur 41
Nasi Goreng 41
Nasi Padang 41
Nationalpark 82
Natur 22
Naturschutz 85
Nebelwald 83
Negara 260
Negara Kertagama 97
Negari 233
Nepotismus 105
Neue Ordnung 103
Ngaben 121
Ngerebug-Zeremonie 251
Ngerupuk-Zeremonie 124
Ngis 338
Niederschlag 30
Nipah Beach 375
Notrufnummern 69
Nung Nung 230
Nusa Ceningan 314
Nusa Dua 192
Nusa Lembongan 314
  Aktivitäten 318
  Essen 318
  Transport 319
  Übernachtung 314
Nusa Penida 310
Nyekah 122
Nyepi 118, 124
Nyuh Kuning 208

O

Odalan 90, 113, 118
Ogoh-Ogoh 124
Open-Air-Badezimmer 74

Organisierte Touren 23
Ost-Timor 106

P

Pacung 294
Padang Bai 321
  Aktivitäten 324
  Essen 323
  Transport 325
  Übernachtung 322
Padang Padang Beach 197
Padmasana 127
Palasari 262
Palinggih 125
Palmenwälder 83
Pamuhunan 121
Pancasari 283
Panca Sila 111
Panglipuran 242
Panimpanan 127
Pantai Air Jeruk 233
Pantai Balian 246, 257
Pantai Batu Bolong 178
Pantai Canggu 178
Pantai Echo 178
Pantai Lebih 241
Pantai Medewi 257
Pantai Pasut 246
Pantai Purnama 231
Pantai Seger 357
Pantai Seseh 178
Pantai Soka 256
Paon 125
Partai Indonesia (Partindo)
  102
Partai Komunis Indonesia
  102
Partai Nasional Indonesia
  102
Pasar Burung Satria 148
Pasimpangan 127
Pasir Putih 326
Patulangan 121
Pawukon-Kalender 47, 117
PDI (Partai Demokrasi
  Indonesia) 105
Pedanda 116
Pejaten 249
Pejeng 235

Pejeng-Dynastie 107, 300
Peliatan 206
PELNI 37
Pemaksan 90
Pemandesan 333
Pemangku 116
Pemedal Agung 300
Pemenang 382
Pemuteran 265
Penatahan 255
Pendidikan Nasional
  Indonesia 102
Penelokan 289
Penestanan 229
Pengabenan 121
Pengambengan 261
Penjor 119
Pentang 225
Perancak 260
Perean 252
Perisean 333
Perserikatan Komunis
  Di Hindia 102
Petanu 239
Petulu 236
Pflanzen 83
Pilzinfektionen 425
Pisang Goreng 42
Pita Maha 133
Pitra-Yadnya-Riten 121
Plantagen 101
Politik 111
Polizei 61
Portugiesen 98
Post 59
PPP (Partai Persatuan
  Pembangunan) 105
Prapat Agung 264
Pratima 124
Praya 363
Preiskategorien 74
Prinz Diponegoro 100
Prinzessin Mahendradatta
  107, 138
Prinzessin Mandalika 357, 360
Puaya 231
Pujawali 367
Pujung 239
Pujungan 255

Pulau Menjangan 263, 264, 278
Puputan 108, 300
Puputan-Platz 146
Pura 124
Pura Alas Kedaton 252
Pura Asmara 307
Pura Balangan 197
Pura Batu Pageh 197
Pura Beji 293
Pura Besakih 303
Pura Canggi 231
Pura Dalem 92, 127
Pura Desa 92, 127
Pura Desa Ubud 208
Pura Durga Kutri 236
Pura Gede Perancak 261
Pura Goa Lawah 320
Pura Gunung Kawi Sebatu 239
Pura Gunung Lebah 228
Pura Jagatnata 146
Pura Kebo Edan 234
Pura Kehen 241
Pura Lingsar 374
Pura Luhur Batukaru 254
Pura Luhur Lempuyang 338
Pura Luhur Mekori 255
Pura Luhur Rambut Siwi 258
Pura Luhur Uluwatu 195
Pura Masuka 197
Pura Meduwe Karang 293
Pura Meru 367
Pura Pancering Jagat 291
Pura Pasar Agung 306
Pura Ped 310
Pura Penataran Agung 303
Pura Penataran Sasih 235
Pura Ponjok Batu 294
Pura Pulaki 265
Pura Puncak Mangu 283
Pura Puseh 92, 127
Pura Sadha 251
Pura Sakenan 189
Pura Segara 314
Pura Silayukti 321
Pura Suranadi 374
Pura Taman Ayun 251
Pura Tanah Lot 246
Pura Tegeh Kuripan 289

Pura Tirta Empul 238, 239
Pura Ulun Danu Batur 289
Pura Ulun Danu Bratan 283
Pura Ulun Siwi 191
Pura Yeh Gangga 252
Pura Yeh Tiba 231
Puri Agung Kanginan 333
Puri Anyar 248
Puri Saren Agung 208
Puri Sukawati 203
Puskesmas 53
Putera 102
Putri Nyale Festival 360
Putung 307

Q
Quallen 425

R
Rabatte 32
Radio 59
Raffles, Stamford 99
Rafting 62, 222, 230, 309
Rai, I Gusti Ngurah 108
Ramayana 113, 115, 129, 137, 141
Ramayana-Ballett 142
Rambutan 43
Rangda 124, 138
Ratna Banten 234
Regen 30
Regent 101
Regierung 111
Reis 112
Reiseapotheke 55
Reisegepäckversicherung 77
Reisemedizin 422
Reisepass 77
Reiserouten 24
   Bali für Einsteiger 25
   Bali Standard 27
   Bali und Lombok total 28
Reiserücktrittskosten-
   versicherung 76
Reiseschecks 50
Reiseziele 21
Reiten 360, 392
Religion 23, 87, 112
Rendang 306

Renville-Abkommen 103
Resident 101
Restaurants 45
Rituale 118
Roti 42
Routenvorschläge 24
Rucksäcke 51
Rumah Makan 45
Rupiah 49

S
Sade 357
Sad Kahyangan 128
Sailendra-Dynastie 97
Sakah 231
Saka-Kalender 118
Sampalan 310
Samudra 97
Sangeh 225
Sanghyang 137, 140
Sangsit 293
Sanur 180
   Aktivitäten 187
   Einkaufen 186
   Essen 184
   Le Mayeur Museum 180
   Touren 187
   Transport 188
   Übernachtung 182
Saraswati 119
Sarekat Dagang Islam 101
Sarong 51
Sasak 350
Sate 42
Sawah 83
Sawan 293
Schiffe 37, 80
Schildkröten 189
Schlangenbisse 425
Schulsystem 89
Sebatu 239
Sebudi 306
Seealgen 85
Sekotong 353
Sekumpul-Wasserfall 283
Selat 306
Semarapura 298
Sembalun 406
Sembiran 294

Seminyak 168
Einkaufen 176
Essen 171
Übernachtung 168
Unterhaltung 175
Senaru 404
Senggigi 375
Batu-Bolong-Tempel 375
Einkaufen 379
Essen 378
Feste 379
Souvenirs 379
Touren 380
Transport 381
Übernachtung 375
Unterhaltung 379
Serangan 189
Sezessionsbestrebungen 103
Shakti 115
Shiva 115
Sibetan 307
Sicherheit 61
Sida-Karya-Maske 140
Sidemen 307
Silberschmuck 39
Singapadu 201, 232
Singaraja 271
Sing-Sing-Wasserfall 279
Sirsak 44
Sita 141
Sjahrir, Sutan 102
Sjarifuddin, Amir 103
Skorpione 425
Smit, Arie 133
Snel, Han 203
Songket 39
Sonnenbrand 425
Sop 42
Soto 42
Souvenirs 39, 379
Spas 66, 68
Speditionen 60
Spies, Walter 39, 131, 138,
203, 253, 307
Sport 62
Sprachen 91
Sprachführer 412
Sri Vijaya 96
Staatswappen 111

Stadtpläne 57
Steckdosen 40
Strände 23
Bukit-Halbinsel 196
Lovina 274
Pantai Balian 258
Sanur Beach 180
Umgebung von Tabanan 248
Straßennamen 153
Strömung 82
Stromversorgung 40
Subak 89, 127
Subak Museum 248
Suharto 103, 104, 108
Sukarara 364
Sukarno 102, 108, 304
Sukarnoputri, Megawati 106
Sukawati 231
Suluban Beach 197
Suranadi 374
Surfen 23, 65, 257
Batugendeng-Halbinsel 354
Bukit-Halbinsel 196
Gili Trawangan 393
Kuta 152, 161
Kuta Lombok 360
Nusa Lembongan 318
Pantai Balian 257
Pantai Medewi 257
Sanur 187
Syphilis 422

T

Tabanan 248
Tagesbudget 31
Tagestouren 229
Tageszeitungen 59
Taman Gili 298
Taman Mayura 367
Taman Narmada 373
Taman Nasional Bali Barat
263
Taman Werdi Budaya Art
Center 146
Tampaksiring 237
Tanah Lot 246
Tanjung Aan 357, 362
Tanjung Benoa 193
Tanz 135

Tanzaufführungen 206
Tanzunterricht 207
Taro 239
Tauchen 23, 66, 177, 264, 278
Amed 343
Candi Dasa 330
Gili Air 402
Gili Meno 398
Gilis 392
Gili Trawangan 393
Kuta Lombok 361
Lovina 278
Nusa-Inseln 312
Nusa Lembongan 318
Padang Bai 324
Pemuteran 268
Pulau Menjangan 264
Sanur 187
Senggigi 380
Tulamben 345
Taxis 32, 69
Tegallalang 237
Teges 230
Tejakula 294
Telefon 67
Teluk Terima 263, 265
Tempel 31, 124
Tempeletikette 75
Tenganan 331
Terroranschläge 63
Terrorismus 109, 110
Tetanus 425
Tetebatu 365
Textilien 39
Thrombose 426
Tierschutz 86
Tierwelt 84
Tihingan 303
Tirtagangga 335
Toiletten 73
Tokee 84
Tollwut 426
Topeng 139
Touren 23
Tourismus 108, 109, 112
Touristenvisum 78
Toyapakeh 310
Transmigrasi 87
Transport 32, 69

ANHANG

Travellers Cheques 50
Trekking 62
Trimurti 115
Trinken 40
Trinkgeld 76
Tropeninstitute 54
Trunyan 291
Tsunami 64
Tuak 42
Tuanku Imam 100
Tulamben 345
Typhus 426

U

Überlandbusse 70
Übernachtung 32, 73
Ubud 201
 Aktivitäten 220
 ARMA – Agung Rai Museum
  of Art 203, 221
 Blanco Renaissance
  Museum 202
 Community of Artists
  206, 221
 Einkaufen 219
 Essen 214
 Feste 219
 Informationen 224
 Kochkurse 220
 Malerei 220
 Medizinische Hilfe 224
 Monkey Forest 207
 Museum Puri Lukisan
  202, 221
 Neka Art Museum 203
 Tanzaufführungen 206
 Touren 223
 Transport 224
 Übernachtung 208
 Unterhaltung 218
 Wellness 222

Udayana 107
Ujung 335
Uluwatu 190, 195
Umwelt 85
Unabhängigkeit 102, 108
Unabhängigkeitsbewegung
 Acehs (GAM) 106
Unruhen 105
Unterhaltung 74
Upanishaden 113

V

van Deventer 101
Veden 113
Vegetarier 41
Verfassung 102
Vergnügungsparks 161
Verhaltenstipps 74
Verkehrsregeln 72
Versicherungen 76
Versicherungspakete 77
Verwaltung 111
Visa 77
Visa on Arrival 77
Vishnu 115
Visumsverlängerung 78
Vogelgrippe 426
Volksraad 102
Vorwahlen 68
Vulkane 82

W

Wadah 121
Wahid, Abdurrahman 106
Währung 49
Wali 135
Walk-in-Rates 32
Wallace-Linie 84, 350
Wantilan 93, 94, 125
Warmadewa 130
Warnasari 262

Warung 31, 45
Wasserbüffelrennen
 260, 261
Wasserpalast 335
Wassersport 23, 195, 198
Wayang Kulit 39, 129, 136, 206
Wayang Wong 142
Webkurse 310
Websites
 Informationen 56
 Reisemedizin 53
Wechselkurse 50
Wellness 66, 222, 331
West-Papua 103
Wesya-Kaste 91
Wetu-Telu 23, 351
Wirtschaft 112
Wirtschaftswunder 104
WLAN 57, 73
Wörterbuch 412
Wundinfektionen 426
Wundstarrkrampf 425
Wurmerkrankungen 427

Y

Yeh Embang 258
Yeh Pulu 234
Yoga 222, 319, 393, 402
Yogyakarta 99
Young Artists 39, 133
Yudhoyono, Susilo Bambang
 106

Z

Zahnfeilungs-Zeremonie 122
Zeit 80
Zeitungen 59
Zeitverschiebung 58
Zoll 80
Zwangsanbausystem 99, 100
Zweiter Weltkrieg 102

Notizen

Danksagung

Wir danken allen Menschen, die uns unterwegs mit Tipps und Informationen versorgt haben sowie unseren Familien und Freunden in Berlin und Brandenburg.

Unser ganz besonderer Dank gilt Bich Van Nguyen für ihre exzellente Arbeit an der letzten Auflage dieses Buches sowie Christian Wachsmuth, Eva Eichenauer, Christiane Hauk und David Huthmann für ihren Einsatz bei vergangenen Aktualisierungen. Auch bei Werner Mlyneck, der dieses Buch ins Leben rief, möchten wir uns in ganz herzlich bedanken.

Für das Vertrauen in unser junges Team und die Unterstützung möchten wir uns bei Stefan und Renate Loose, dem gesamten Bintang-Team, Maria Anna Hälker und dem DuMont Reiseverlag bedanken.

Für ihre Hilfe während unserer Recherche auf Bali danken wir Andreas „Andre" Reich, Jon Zürcher und seiner Frau Suci, unserer Gastfamilie in Ubud rund um Balon und Kadek, Lambert und seiner Frau Reki, den Mitarbeitern des Yayasan Bina Wisata in Ubud sowie der Tourism Offices in Denpasar und Kuta. Auf Lombok gilt Sakinah, Roland und Toni ein großes Dankeschön. Auch bei Basilisa Dengen möchten wir uns für ihren Beitrag zum Thema Vergangenheitsbewältigung der Massaker 1965/66 bedanken.

Für hilfreiche Leserbriefe und Internetupdates möchten wir uns bei unseren Lesern Janina B., Jenny B., Katharina B., Manni B., Veronika B., Saskia Baumert, Ben und Katha, Bernhard. Betty, Christa Born, Sabine Bösz, Andreas Büchel, Chaska, Conny, Katharina Fletcher, Sandra Füchsl, Susanne Grittmann, Madeline H., Katrin Hegi, Thomas Hofmann, Felix Huber, Reiner J., Frederike Jordan, Michael Krumrich, Matthias Kunkel, Sofie L., Famile Lange, Daniela Lauther, Verena Limmer, Lindenblatt, Marcel Lisson, Martine und Julie Mansouri, Maria März-Traut, Bettina Mayer, Sonja und Günter Neyer, Edith Rothermel, Johanna S., Lisa S., Sabby, Larissa Schedel, Dietrich Scheiter, G. R. Stiepel, Trezen, Anna und Nina W., Sybille W., Winni, Nils Wolff und Traudel Zimmermann bedanken.

So funktioniert der Loose Travel Club

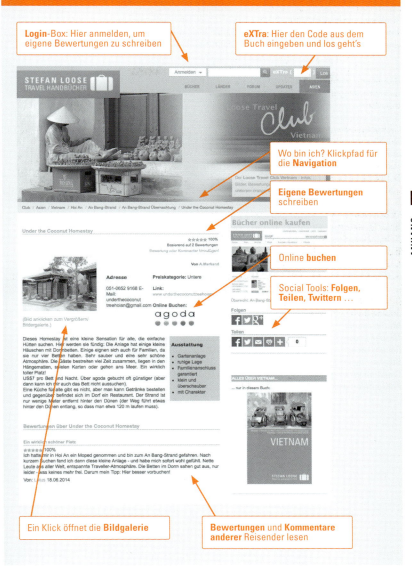

www.stefan-loose.de/bali LOOSE TRAVEL CLUB 441

Bildnachweis

Umschlag
Titelfoto getty images/Martin Puddy; Reisterrassen bei Ubud
Umschlagklappe vorn huber-images.de/Bortoli Manfred; Dreamland Beach, Bukit-Halbinsel
Umschlagklappe hinten laif/Frank Heuer; Pura Besakih

Farbteil
S. 2 picture alliance/Nic Bothma
S. 3 Getty Images/Rhonda Gutenberg
S. 4 Mischa Loose
S. 5 Josie Grabarevic (oben)
laif/Frank Heuer (unten)
S. 6 Mischa Loose (2)
S. 7 Elizabeth Michiel
S. 8/9 LOOK-foto/Frank Waldecker
S. 10 Mischa Loose (oben)
picture alliance/Made Nagi (unten)
S. 11 Corbis Images/JAI/Michele Falzone (oben)
Getty Images/Rob Henderson (unten)
S. 12/13 Renate Loose
S. 14 Mischa Loose
S. 15 Corbis Images/Dave Fleetham (oben)
Christian Wachsmuth (unten)
S. 16 laif/Hemispheres

Schwarz-Weiß
Sabine Bösz S. 81, 207
Moritz Jacobi S. 240, 297, 361
Mischa Loose S. 22, 29, 30, 83, 88, 143, 169, 179, 243, 247, 263, 269, 281, 288, 291, 342, 347, 373
Renate Loose S. 26, 28, 33, 129, 149, 199, 228, 411
Stephen Taylor S. 21 (oben)
Christian Wachsmuth S. 21 (unten), 24, 31, 196, 254, 305, 316, 321, 407
Philipp Wachsmuth S. 313

Impressum

Bali Lombok
Stefan Loose Travel Handbücher
7., vollständig überarbeitete Auflage **2015**
© DuMont Reiseverlag, Ostfildern

Alle Rechte vorbehalten – insbesondere die der Vervielfältigung und Verbreitung in gedruckter Form sowie die zur elektronischen Speicherung in Datenbanken und zum Verfügbarmachen für die Öffentlichkeit zum individuellen Abruf, zur Wiedergabe auf dem Bildschirm und zum Ausdruck beim Nutzer (Online-Nutzung), auch vorab und auszugsweise.

Die in diesem Buch enthaltenen Angaben wurden von den Autoren nach bestem Wissen erstellt und vom Lektorat im Verlag mit großer Sorgfalt auf ihre Richtigkeit überprüft. Trotzdem sind, wie der Verlag nach dem Produkthaftungsrecht betonen muss, inhaltliche und sachliche Fehler nicht vollständig auszuschließen.
Deshalb erfolgen alle Angaben ohne Garantie des Verlags oder der Autoren. Der Verlag und die Autoren übernehmen keinerlei Verantwortung und Haftung für inhaltliche und sachliche Fehler. Alle Landkarten und Stadtpläne in diesem Buch sind von den Autoren erstellt worden und werden ständig überarbeitet.

Gesamtredaktion und -herstellung
Bintang Buchservice GmbH
Zossener Str. 55/2, 10961 Berlin
www.bintang-berlin.de
Lektorat: Jan Haas
Redaktion: Sabine Bösz
Karten: Klaus Schindler
Reiseatlas: DuMont Reisekartografie, Fürstenfeldbruck
Grafisches Konzept: Groschwitz, Hamburg
Layout und Herstellung: Gritta Deutschmann
Farbseitengestaltung: Anja Linda Dicke

Printed in China

www.stefan-loose.de/bali

Kartenverzeichnis

Reiserouten
Für Einsteiger 25
Standard 27
Bali und Lombok total 28

Regionalteil
Amed 340
Amlapura (Karangasem) 334
Bangli 242
Candi Dasa 328/329
Denpasar 147
Gianyar 241
Gili Air 401
Gili Meno 397
Gili Trawangan 384
Gunung Rinjani-Nationalpark 405
Kuta 154
Kuta Lombok 359
Legian 165
Lombok 348/349
Lovina 276
Mataram, Ampenan und Cakranegara
  370/371

Negara 260
Nord-Bali 270
Nusa Dua und Tanjung Benoa 194
Nusa Lembongan 315
Nusa Penida 311
Ost-Bali 298/299
Padang Bai 322
Pantai Balian 257
Pemuteran 267
Sanur 181
Semarapura (Klungkung) 301
Seminyak 170
Senggigi 376
Sideman 308
Singaraja 273
Süd-Bali 144
Tabanan 249
  Umgebung 250
Ubud 204/205
  Spaziergänge und Tagestouren 227
  Umgebung 232
West-Bali 244/245
Zentral-Bali 200

444 KARTENVERZEICHNIS

www.stefan-loose.de/bali

Bali Lombok — Reiseatlas

Symbol	Bedeutung
—	Schnellstraße
—	Fernstraße
—	Hauptstraße
—	Nebenstraße
—	Straße, nicht asphaltiert
—	Fahrweg
—	Fußweg
—	Straße in Bau; Straße in Planung
—	Straße für Kfz gesperrt
—	Tunnel
—	Fähre, Schiffsverbindung
—	Riff
—	Provinzgrenze
—	Distriktgrenze
—	Nationalpark; Naturpark
—	Internationaler Flughafen
⚓ ⛵	Hafen
★ ☾	Sehenswürdigkeit; Moschee
—	Balinesischer Tempel; Buddha-Tempel
—	Chinesischer Tempel; Wetu-Telu-Heiligtum
—	Badestrand; Windsurfen
—	Tauchen; Gute Schnorchelmöglichkeit
—	Busstation; Schutzhütte
—	Leuchtturm; Mangrovenwald
—	Wasserfall; Höhle
▲)(	Berggipfel; Pass, Joch
—	Naturpark; Aussichtspunkt
ℹ ⊕	Information; Krankenhaus
Ⓜ	Museum; Theater
✦ ✉	Polizei; Post
—	Busbahnhof
—	Denkmal, Monument

445

Bali: Gilimanuk, Negara, Mendaya, Seririt

Bali: Denpasar, Legian, Kuta, Sanur, Nusa Dua, Ubud

S. 448

S. 447

Lumbung Kauh
Anekah
Tinggading
Antegana
Pegubugan
Cepik
Tunjuk
Marga
Lembung
Manseke
Selamadeg
Singing
Jelijih
Gadungan
Timpak
Sarosi
Ngis
Sandan
Kesiyut
Wanasari
Taman Kupu Kupu
Beng
Antosari
Megali
Blubuk
Batuaji
Rianggede
Bluahan
Bajera
Srampingan
Bantas-
baleagung
Meliling
Sembunggede
Subamia-
baleagung
Calagi
Lod-
dalang
Batan
Mambang-
kadia
Mandung
Tawakilang
Ambengan
Jadi
Bli
Bei
**Pura Alas
Kedaton**
Dukuhkanginan
Kamasan
Surabratan
Lalang Linggah
Balian Beach

Antap
Soka
Cekik
Bebali
Santanbua
Mambanggede
Samsam
Tenebang
Mengwi
Tanjung Bulungdaya
Soka Beach
Klecung
Bongan
Tista
Kukuh
Museum Subak M
Pang-
kungperabu
Puri Agung
Pangkung-
karung
Sanggulan
Papuan
Tanguntit
Jaketebe
Krambitan
Blum-
bang
Bonganpuseh
Kediri
Pasekan
Jempayah
Pasut Beach
Tibubiyu
Penarukan
Pandak
meranggi
Pakan
Pura Desa/P
Kelating
Kalanganyar
Pejaten
Nyitdah
Kelating Beach
Kelatingdukuh
Sudimara
Pamesan
Tangeb
Yeh Gangga Beach
Yeh Gangga
Bengkel
Belalang
Dauhjero
Abi
Kedungu
Beraban
Budu
Tanah Lot
Cemagi
Krobokan
Munggu
Tumbak-
bayuh
Dalung
Pura Tanah Lot
Sangiangan
Danginsema
Balakan
BADUNG
Kangkang
Canggu
Kalibul
Mengening
Pipitan
Seseh
Kulutulang
Seseh Beach
Pengem-
bungan
Anyarbaleran
Kero-
bok.
Banjar-
tengah
Tibu-
beneng
Kero
bok.
Canggu Beach
Berawa
Malas
Batubelig
Pura Petitenget
Pengipia

Samudera Hindia
(I n d i s c h e r
O z e a n)

Seminyak Beach
Legian Kaja
Teluk
Legian
Legian Beach
Kuta
Ku
Kuta Beach
Abian Kuta
**Ngurah Rai
Airport**
Jimbar
Teluk
Jimbaran
**Jimbaran
Beach**
Pu
Ul
Si
Tanjung
Tegalwangi
Tanjung Balangan
Teluk
Sait
Tanjung Batupangga
Cengiling
Dreamland Beach
Pura Balangan
Gua
Peteng
Padang Padang Beach
Bangket
Simpangan
P.
Suluban Beach
Labuan Sait
B u k i t B
Tanjung Tanguma
Suluban
Umpeng
Gunung Diana
**Pura
Prerepan**
Bakung
Jngasan
Pura Luhur Uluwatu
Uluwatu
182 m
–125 m
Pecatu
**Nyang Nyang
Beach**
**Pura
Masuka**

450

Bali: Batur-See, Gunung Agung, Amlapura, Candi Dasa

Lombok: Mataram, Ampenan, Labuhan Lembar, Praya

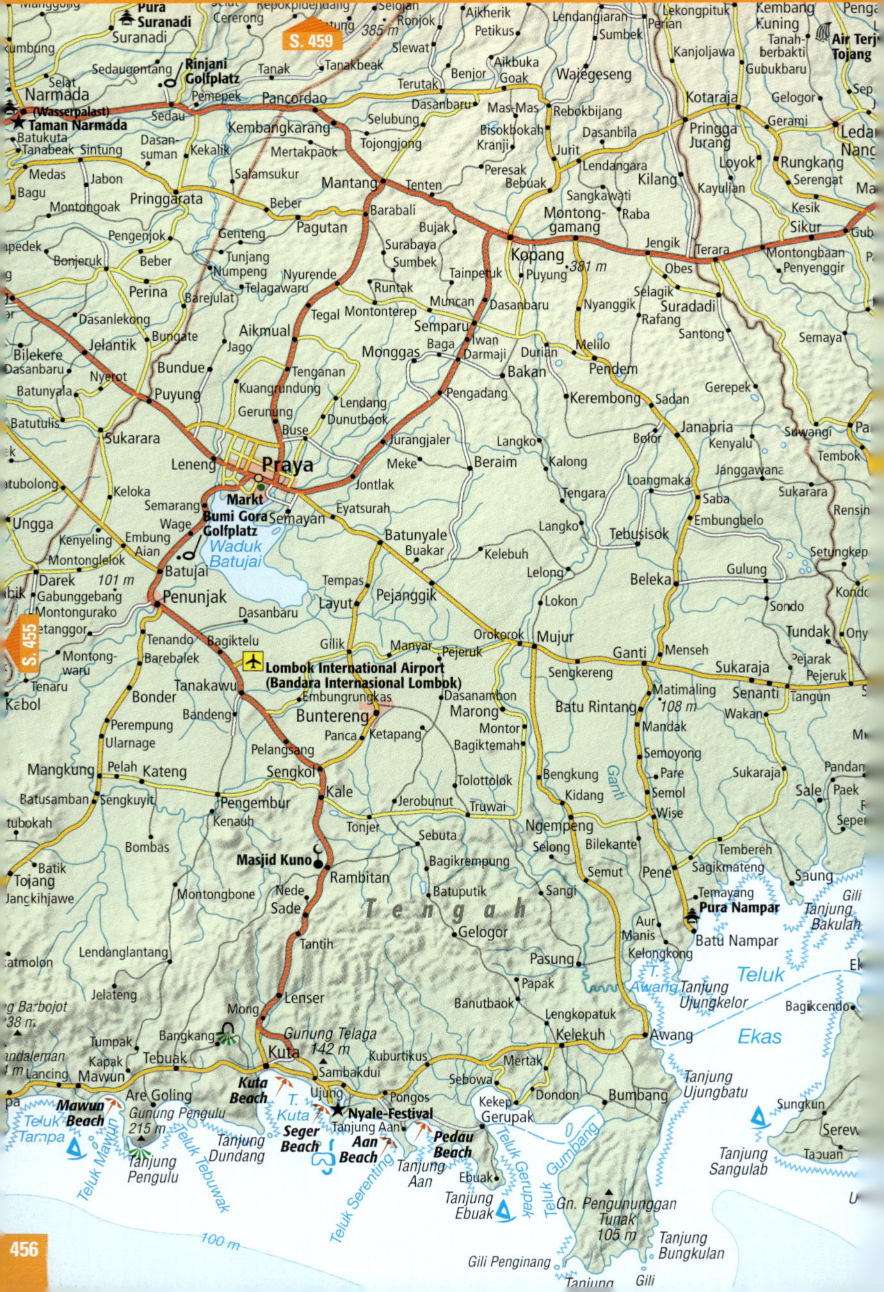
S. 459
S. 455
Pura Suranadi
Suranadi
Cerenong
Selat
Narmada
(Wasserpalast)
Taman Narmada
Sedaugontang
Rinjani Golfplatz
Pemepek
Tanak
Tanakbeak
Pancordao
Sedau
Dasan-suman
Kekalik
Kembangkarang
Mertakpaok
Selubung
Tojongjong
Batukuta
Tanabeak
Sintung
Medas
Jabon
Bagu
Montongoak
Pringgarata
Salamsukur
Mantang
Tenten
Beber
Pagutan
Barabali
Pengenjok
Genteng
Bonjeruk
Beber
Tunjang
Numpeng
Nyurende
Telagawaru
Perina
Barejulat
Dasanlekong
Bungate
Aikmual
Jago
Jelantik
Bilekere
Dasanbaru
Nyerot
Bundue
Batunyala
Puyung
Kuangrundung
Tenganan
Gerunung
Batutulis
Sukarara
Leneng
Buse
Lendang
Dunutbaok
Praya
Markt
Bumi Gora Golfplatz
Semayan
Semarang
Wage
Keloka
Ungga
Kenyeling
Embung Aian
Montonglelok
Waduk Batujai
Batujai
Darek
101 m
Gabunggebang
Montongurako
Penunjak
Dasanbaru
Tenando
Barebalek
Bagiktelu
Montong-waru
Tenaru
Kabol
Bonder
Tanakawu
Lombok International Airport
(Bandara Internasional Lombok)
Embungrungkas
Bandeng
Perempung
Ularnage
Bunterenq
Panca
Ketapang
Pelangsang
Mangkung
Pelah
Kateng
Sengkol
Kale
Batusamban
Sengkuyit
Pengembur
Kenauh
Bombas
Batik
Tojang
Janckihjawe
Masjid Kuno
Rambitan
Montongbone
Nede
Sade
Tantih
Lendanglantang
Jelateng
Lenser
Mong
Bangkang
Gunung Telaga 142 m
Kuta
Tumpak
Kapak
Tebuak
Lancing
Mawun
Are Goling
Mawun Beach
Teluk Tampa
Gunung Pengulu 215 m
Tanjung Pengulu
Teluk Mawun
Teluk Tebuwak
Tanjung Dundang
Kuta Beach
T. Kuta
Seger Beach
Ujung
Sambakdui
Kuburtikus
Nyale-Festival
Tanjung Aan
Aan Beach
Pedau Beach
Pongos
Teluk Serenting
Tanjung Aan
Tanjung Ebuak
Ebuak
Kekep
Gerupak
Teluk Gerupak
Teluk Gumbang
Gn. Pengunungan Tunak 105 m
Tanjung Bungkulan
Gili Penginang
100 m
Aikherik
Petikus
Ronjok
Slewat
Benjor
Aikbuka
Goak
Terutak
Dasanbaru
Mas-Mas
Bisokbokah
Kranji
Peresak
Bebuak
Lendangiaran
Sumbek
Perian
Lekongpituk
Wajegeseng
Rebokbijang
Dasanbila
Jurit
Lendangara
Sangkawati
Montong-gamang
Raba
Kopang
381 m
Puyung
Bujak
Surabaya
Sumbek
Runtak
Tainpetuk
Muncan
Dasanbaru
Tegal
Montonterep
Semparu
Iwan
Darmaji
Baga
Monggas
Durian
Bakan
Pengadang
Nyanggik
Melilo
Pendem
Kerembong
Sadan
Jurangjaler
Meke
Beraim
Langko
Kalong
Jontlak
Eyatsurah
Tengara
Langko
Batunyale
Buakar
Kelebuh
Lelong
Tempas
Layut
Pejanggik
Lokon
Gilik
Manyar
Pejeruk
Orokorok
Mujur
Dasanambon
Marong
Montor
Bagiktemah
Tolottolok
Jerobunut
Truwai
Tonjer
Sebuta
Bagikrempung
Batuputik
Tengah
Gelogor
Sangi
Pasung
Papak
Banutbaok
Lengkopatuk
Kelekuh
Mertak
Sebowa
Dondon
Bumbang
Sengkereng
Batu Rintang
Bengkung
Kidang
Ngempeng
Selong
Bilekante
Semut
Ganti
Kembang Kuning
Tanah-berbakti
Air Terjun Tojang
Kanjoljawa
Gubukbaru
Kotaraja
Gelogor
Gerami
Pringga Jurang
Loyok
Rungkang
Serengat
Kilang
Kayulian
Kesik
Sikur
Terara
Jengik
Obes
Montongbaan
Penyenggir
Selagik
Suradadi
Rafang
Santong
Semaya
Gerepek
Janapria
Kenyalu
Bolor
Suwangi
Tembok
Loangmaka
Janggawana
Saba
Sukarara
Embungbelo
Rensing
Tebusisok
Setungkep
Gulung
Beleka
Sondo
Tundak
Menseh
Sukaraja
Pejarak
Pejeruk
Matimaling
108 m
Senanti
Tangun
Mandak
Wakan
Semoyong
Pare
Semol
Wise
Sukaraja
Sale
Paek
Pandan
Tembereh
Sagikmateng
Pene
Saung
Temayang
Pura Nampar
Batu Nampar
Tanjung Bakulah
Aur
Manis
Kelongkong
T. Awang
Tanjung Ujungkelor
Teluk Ekas
Bagikcendo
Awang
Tanjung Ujungbatu
Sungkun
Tanjung Sangulab
Tapuan

Lombok: Gilis, Senggigi, Mataram, Ampenan, Gunung Rinj

Labuhan Lombok

1 cm = 2,5 km   1 : 250.000